Kompendien

für Studium, Praxis und Fortbildung

Prof. Dr. Kai von Lewinski

Berufsrecht

der Rechtsanwälte, Patentanwälte
und Steuerberater

5., aktualisierte und erweiterte Auflage

Nomos

Die Deutsche Nationalbibliothek verzeichnet diese Publikation in der Deutschen Nationalbibliografie; detaillierte bibliografische Daten sind im Internet über http://dnb.d-nb.de abrufbar.

ISBN 978-3-8487-6180-7

5., aktualisierte und erweiterte Auflage 2022

Vorwort

Das Ende der 19. Legislaturperiode des Deutschen Bundestages brachte für das Berufsrecht reichlich Änderungen und Neuerungen. Nicht nur wurde die „Große" BRAO-Reform – die eine ebenso große PAO-Reform beinhaltet – Wirklichkeit, sondern es wurde auch das RDG und überhaupt das Recht der Anwälte und Steuerberater an die neuen und „digitalen" nicht-anwaltlichen Wettbewerber v.a. im Inkassobereich angepasst. Und schließlich ist mit dem MoPeG das herkömmliche Sozietätsrecht stark verändert worden. – Mehr als genug Anlässe, das vorliegende Lehrbuch umfassend auf den Verkündungsstand vom 1.10.2021 und den Rechtsstand vom 1.8.2022 zu aktualisieren.

Die Neuauflage führt die didaktisch und berufsrechtssystematisch bewährte gemeinsame und parallele Behandlung von Rechtsanwälten, Patentanwälten und Steuerberatern fort. Das Buch enthält alle „wesentlichen Teile des anwaltlichen Berufsrechts" i.S.d. § 43f S. 2 BRAO. Erstmals ist umfassend das Internationale Berufsrecht (→ Kap. 16) aufgenommen worden, das in der Praxis immer wichtiger wird, im Schrifttum aber noch kaum Niederschlag gefunden hat.

Diese Auflage wäre ohne die prächtige Mitarbeit meines Assistenten *Tim Kerstges* so umfassend nicht so zügig möglich gewesen; v.a. verdanken wir ihm weitgehend die erwähnten Ausführungen zum Internationalen Berufsrecht. Durch sein waches Auge haben sich mancherlei Querbezüge im Berufsrecht erschlossen. – Ebenfalls zu danken ist den studentischen Hilfskräften meines Lehrstuhls, zuvörderst *Carolin Sippel*, die mit großer Sorgfalt die Umformatierung des Werkes in die neue Reihe besorgt hat, daneben noch *Christina Knoepffler* und *Viktoria v. Nagorski* für das Aktualisieren der Fundstellen sowie *Annalena Fuchshuber*, *Vinzenz Luckas* und *Isabell Selbmann* für das Korrekturlesen.

Über inhaltliche Anregungen, Hinweise auf Fehler, Dreher und Ungenauigkeiten sowie konzeptionelle Kritik freue ich mich wie stets unter kai.lewinski@uni-passau.de oder an den Lehrstuhl für Öffentliches Recht, Medien- und Informationsrecht, Universität Passau, 94030 Passau.

Passau, Oktober 2021 *Kai v. Lewinski*

Inhaltsverzeichnis

Abkürzungsverzeichnis

(Für allgemeine juristische Abkürzungen vgl. *Kirchner* (Begr.), Abkürzungsverzeichnis der Rechtssprache, 10. Aufl. 2021.)

ABS	Alternative Business Structures
ADR	Alternative Dispute Resolution, Alternative Streitbeilegung
AGO	→ prAGO
ANWALT	ANWALT (Beilage zur NJW) (Zsch.)
AnwBl.	Anwaltsblatt (Zsch.)
BAB	→ BerlAnwBl.
BDPA	Bundesverband Deutscher Patentanwälte
beA	besonderes elektronisches Anwaltspostfach
BerHG	Beratungshilfegesetz
BerlAnwBl.	Berliner Anwaltsblatt (Zsch.)
BMJ(V)	Bundesminister(ium) der Justiz (und für Verbraucherschutz)
BNSDJ	Bund Nationalsozialistischer Deutscher Juristen → NSRB
BOPA	Berufsordnung der Patentanwälte
BORA	Berufsordnung der Rechtsanwälte
BOStB	Berufsordnung der Steuerberaterkammer
BRAK	Bundesrechtsanwaltskammer
BRAK-Mitt.	Mitteilungen der Bundesrechtsanwaltskammer (BRAK-Mitteilungen) (Zsch.)
BRAGO	Bundesrechtsanwaltsvergütungsgesetz → RVG
BRAO	Bundesrechtsanwaltsordnung
CCBE	Conseil Consultative des Barreaux Européens (Rat der Europäischen Anwaltschaften)
CJF	Corpus Juris Fridericanum v. 1781 (pr. Zivilprozessordnung)
DAV	Deutscher Anwaltverein
DPMA	Deutsches Patent- und Markenamt
DSGVO	Datenschutz-Grundverordnung
DStR	Deutsches Steuerrecht (Zsch.)
DStZ	Deutsche Steuerzeitung (Zsch.)
DSWR	Datenverarbeitung – Steuer – Wirtschaft – Recht (Zsch.)
DVStB	Steuerberater-Durchführungsverordnung
EGH	Ehrengerichtshof
EGHE	(Sammlung der) Entscheidungen des Ehrengerichtshofes für Rechtsanwälte
FAO	Fachanwaltsordnung (für Rechtsanwälte)
FBO	Fachberaterordnung (für Steuerberater)
GwG	Geldwäschegesetz
IBA	International Bar Association
INF	Die Information über Steuer und Wirtschaft (Zsch.)
JurBüro	Das Juristische Büro (Zsch.)
MBO-Ä	(Muster-)Berufsordnung für die in Deutschland tätigen Ärztinnen und Ärzte
MDR	Monatsschrift des Deutschen Rechts (Zsch.)
Mitt.	→ MittdtschPatAnw

MittdtschPatAnw	Mitteilungen der deutschen Patentanwälte (Zsch.)
NJW	Neue Juristische Wochenschrift (Zsch.)
NJW-Spezial	NJW-Spezial (Beilage zur NJW) (Zsch.)
NSRB	Nationalsozialistische Rechtswahrerbund
NWB	Neue Wirtschaftsbriefe (Zsch.)
OTC	Over the Counter
PAO	Patentanwaltsordnung
PatAnwAPrV	Patentanwaltsausbildungs- und -prüfungsverordnung
prAGO	preußische Allgemeine Gerichtsordnung v. 1783/85
PRev	Revisionspraxis (Zsch.)
RAO	Rechtsanwaltsordnung v. 1878
RAObritZ	Rechtsanwaltsordnungen für die britische Zone
RBerG	Rechtsberatungsgesetz
RDG	Rechtsdienstleistungsgesetz
RDi	Recht Digital (Zsch.)
RiliRA	Grundsätze des anwaltlichen Standesrechts (festgestellt durch die BRAK)
RKGO	Reichskammergerichtsordnung v. 1495
RRAO	Reichs-Rechtsanwaltsordnung v. 1936
r+s	Recht und Schaden (Zsch.)
RVG	Rechtsanwaltsvergütungsgesetz
StB	Der Steuerberater (Zsch.)
StBerG	Steuerberatungsgesetz
StBp	Die steuerliche Betriebsprüfung (Zsch.)
StBVV	Steuerberatervergütungsverordnung
SteuK	Steuerrecht kurzgefaßt (Zsch.)
Stbg	Die Steuerberatung (Zsch.)
VSBG	Verbraucherstreitbeilegungsgesetz
WPg	Die Wirtschaftsprüfung (Zsch.)
ZAP	Zeitschrift für die Anwaltspraxis (Zsch.)
Zsch.	Zeitschrift

Allgemeines Literaturverzeichnis

Ahrens, Hans-Jürgen, Berufsrecht der Rechtsanwälte, 2017
Axmann, Mario, Anwaltsstrategien im Berufsrecht, 2006
Bayer, Alexander, Der Patentanwalt – Stellung und Funktion im Rechtssystem, 2002
Beck'sches Steuerberater-Handbuch 2021/2022, 18. Aufl. 2021
Borgmann, Brigitte/Jungk, Antje/Schwaiger, Michael, Anwaltshaftung, 6. Aufl. 2020
Breidenbach, Stephan/Glatz, Florian, Rechtshandbuch Legal Tech, 1. Aufl. 2018, 2. Aufl. 2021
Bundessteuerberaterkammer, Berufsrechtliches Handbuch, Stand Juni 2021 (www.berufsrecht-handbuch.de)
Cicero, Marcus Tullius, De oratore, 55 v. Chr.
Deckenbrock, Christian/Henssler, Martin, Rechtsdienstleistungsgesetz, 5. Aufl. 2021
Degen, Thomas/Diem, Frank/Grams, Holger/Hauffe, Ingo/Luz, Heidi, Anwaltsrecht I, 6. Aufl. 2015
Fahrendorf, Klaus/Mennemeyer, Siegfried, Die Haftung des Rechtsanwalts, 9. Aufl. 2017
Fischer, Gero/Vil, Gerhard/Fischer, Detlev/Chab, Bertin/Pape, Gerhard, Handbuch der Anwaltshaftung, 5. Aufl. 2019
Fitzner, Uwe, Der Patentanwalt, 5. Aufl. 2019
Franzen, Hans, Anwaltskunst, 3. Aufl. 2001
Friedlaender, Adolf/Friedlaender, Max, Kommentar zur Rechtsanwaltsordnung vom 1. Juli 1878, 1. Aufl. 1908, 3. Aufl. 1930
Gaier, Reinhard/Wolf, Christian/Göcken, Stephan, Anwaltliches Berufsrecht, 3. Aufl. 2020
Gleiss, Alfred, Soll ich Rechtsanwalt werden?, 3. Aufl. 1992
[v.] Gneist, Rudolf, Freie Advokatur, 1867
Goez, Christoph, Zivilrechtliche Haftung und strafrechtliche Risiken des Steuerberaters, 2010
Gräfe, Jürgen/Lenzen, Rolf/Schmeer, Andreas, Steuerberaterhaftung, 6. Aufl. 2017
Hartung, Wolfgang (Begr.)/*Scharmer, Hartmut* (Hrsg.), Berufs- und Fachanwaltsordnung, 7. Aufl. 2020
Hartung, Markus/Bues, Micha-Manuel/Halbleib, Gernot, Legal Tech, 2018.
Hellwig, Hans-Jürgen, Berufsrecht und Berufsethik der Anwaltschaft in Deutschland und Europa, 2015 (Aufsatzsammlung)
Henssler, Martin/Prütting, Hanns (Hrsg.), Bundesrechtsanwaltsordnung, 5. Aufl. 2019
Heussen, Benno, Anwalt und Mandat, 1999
Isele, Walter, Bundesrechtsanwaltsordnung, 1976
Jessnitzer, Kurt/Blumberg, Hanno, Bundesrechtsanwaltsordnung, 9. Aufl. 2000
Kalsbach, Werner, Bundesrechtsanwaltsordnung, 1960
Kalsbach, Werner, Standesrecht des Rechtsanwalts, 1956
Kilian, Matthias/Koch, Ludwig, Anwaltliches Berufsrecht, 2. Aufl. 2018
Kilian, Matthias/Offermann-Burckart, Susanne/vom Stein, Jürgen (Hrsg.), Praxishandbuch Anwaltsrecht, 3. Aufl. 2017
Kilian, Matthias, Rechtliche Grundlagen der anwaltlichen Tätigkeit, 2005
Kleine-Cosack, Michael, Bundesrechtsanwaltsordnung, 8. Aufl. 2020
Koslowski, Günther, Steuerberatungsgesetz, 7. Aufl. 2015
Kuhls, Clemens u.a., Kommentar zum Steuerberatungsgesetz, 4. Aufl. 2020
v. Lewinski, Kai, Anwaltliches Berufsrecht und Mandatsvertrag, JuS 2004, S. 396 ff.
Lingenberg, Joachim/Hummel, Fritz/Zuck, Rüdiger/Eich, Alexander, Kommentar zu den Grundsätzen des anwaltlichen Standesrechts, 1. Aufl. 1991, 2. Aufl. 1988[1]
Meng, Dietrich, Berufsrecht der Steuerberater, 1991
Mittelsteiner, Karl-Heinz/Gilgan, Hans Günther/Späth, Wolfgang, Berufsordnung der Steuerberater, 2002 (allerdings noch zur Altfassung der BOStB)
Offermann-Burckart, Susanne (Hrsg.), Anwaltsrecht in der Praxis, 2010

1 Der (zu dem Zeitpunkt schon fertiggestellten) 2. Auflage wurde wegen der grundlegenden Neukonzeption des Berufsrechts durch die Bastille-Entscheidungen des BVerfG v. 4.7.1987 (→ Kap. 1 Rn. 18 f.) ein von *Zuck* verfasster und grün gekennzeichneter Nachtrag beigegeben.

Okraß, Jochen/Kispert, Oliver, Berufsrecht in der mündlichen Steuerberaterprüfung, 6. Aufl. 2019
Ostler, Fritz, Die deutschen Rechtsanwälte 1871–1971, 1. Aufl. 1971, 2. Aufl. 1982
Oswald, Georg, 55 Gründe, Rechtsanwalt zu werden, 2013
Otten, Giseltraud, Anwaltliches Berufsrecht, 2004
Peitscher, Stefan, Anwaltsrecht, 3. Aufl. 2021
Peitscher, Stefan/Matzat, Martin, Die Stellung des Rechtsanwalts – gestern, heute und morgen, AL 2015, S. 72 ff.
Reinhard, Elisabeth (Hrsg.), Berufsrecht der Patentanwälte, 7. Aufl. 2017
Reinhard, Elisabeth, PAO, in: Weyland, Bundesrechtsanwaltsordnung, 10. Aufl. 2020, S. 1664–1853
Römermann, Volker (Hrsg.), Berufsordnung für Rechtsanwälte (Beck'scher Online-Kommentar), 32. Ed. Stand 1.6.2021
Römermann, Volker, Einführung in das Anwaltliche Berufsrecht, JA 2004, S. 254 ff., u. JURA 2006, S. 196 ff.
Römermann, Volker/Hartung, Wolfgang, Anwaltliches Berufsrecht, 3. Aufl. 2018
Rose, Gerd, Einführung in den Beruf des Steuerberaters, 2. Aufl. 1995
Schnabl, Daniel, Das Rechtsverhältnis zwischen Anwalt und Mandant, JA 2005, S. 896 ff.
Schuchard, Gothofredus, De advocatis, Diss. iur. Gießen 1658
Schulz, Uwe, Berufsrechtliche Pflichtverletzung des Rechtsanwalts – Materiell-rechtliche und verfahrensrechtliche Grundlagen, JA 2009, S. 206 ff.
Späth, Wolfgang, Die zivilrechtliche Haftung des Steuerberaters, 4. Aufl. 1994
Steinkraus, Astrid/Schaaf, Christian, Zur Einführung: Das Berufsrecht der Rechtsanwälte, JuS 2001, S. 167 ff., 275 ff., 377 ff.
Vollkommer, Max/Greger, Reinhard/Heinemann, Jörn, Anwaltshaftungsrecht, 5. Aufl. 2021
Wagner, Christian/Hansen, Frank, Der Rechtsanwalt, 2005
Weißler, Adolf, Geschichte der Rechtsanwaltschaft, 1905
Wesel, Uwe, Risiko Rechtsanwalt, 2001
Weyland, Dag, Bundesrechtsanwaltsordnung, 10. Aufl. 2020
Zuck, Rüdiger, Anwalts-ABC Berufsrecht, 1999

Kapitel 1: Einleitung

Nuckelt Die Regelungssysteme der rechts-, steuer- und wirtschaftsberatenden Freien Berufe in Deutschland, England und Wales, 2006; *Streck* Beruf: Anwalt/Anwältin, 2. Aufl. 2011.

A. Begriff des rechts- und steuerberatenden Berufs

Anwälte und ähnliche „Spitzbuben" erkannte man früher auf den ersten Blick[1]. 1
Auch in der vorliegenden Darstellung werden die Rechts- und Steuerberater, also Rechtsanwälte, Patentanwälte und Steuerberater, zusammen betrachtet. Allerdings gibt es **keinen einfachen Oberbegriff** für diese Berufe. Steuerberater werden nicht als Anwälte bezeichnet. Auch haben Rechtsanwälte, Patentanwälte[2] und Steuerberater keine gemeinsame geschichtliche Wurzel, wenngleich sie immer schon eine gewisse Nähe hatten (→ Rn. 6 f.). Heute allerdings bilden sie mit anderen als rechts- und steuerberatend bezeichneten Berufen (→ Kap. 17) eine Gruppe, die trotz aller Binnendifferenzierungen vielfache und wachsende Überschneidungen hat.

Während die Vergleichbarkeit dieser drei Berufsgruppen kaum erklärungsbedürftig 2
ist, mag verwundern, dass eine weitere Berufsgruppe aus der überkommenen Zusammenfassung der „sozietätsfähigen Berufe" (→ Kap. 11 Rn. 8) ausgeklammert bleibt, nämlich die **Wirtschaftsprüfer** (→ Kap. 17 Rn. 22 f.). Dabei sind diese ausdrücklich zur Steuerberatung befugt (§ 2 Abs. 2 WPO). Ihre berufsprägende Tätigkeit besteht aber in betriebswirtschaftlichen Prüfungen und deren Bestätigung (§ 2 Abs. 1 WPO). Anders als Anwälte und Steuerberater, für die die parteiliche Tätigkeit für den Mandanten berufsbildprägend ist (→ Kap. 2 Rn. 30 ff.), haben sich Wirtschaftsprüfer bei den Prüfungen ausdrücklich unparteilich zu verhalten (§ 43 Abs. 1 S. 2 WPO). Insoweit wären sie berufsrechtlich eher mit den Notaren zu vergleichen.

B. Begriff des Berufsrechts

Remmertz Anwaltschaft zwischen Tradition und Wettbewerb, 1996; *Böllhoff/Ruffert* Berufsrecht in Kluth (Hrsg.), Handbuch des Kammerrechts, 3. Aufl. 2020, S. 295 ff.

Das Berufsrecht der Rechts- und Steuerberater ist nicht gesamthaft kodifiziert. 3
Vielmehr ist es **auf mehrere Gesetze** verteilt. Auch ist das Berufsrecht ein Querschnittsgebiet. Als funktional Wirtschaftsrecht enthält es gleichermaßen Öffentliches Recht und Zivilrecht; relevante Regelungen finden sich darüber hinaus im Strafrecht sowie in den Prozessordnungen.

Der Begriff des Berufsrechts – früher Standesrecht genannt – ist vielschichtig. Je- 4
denfalls aber liegt ihm **keine Legaldefinition** zugrunde. Je nach Standpunkt kann man darunter die Berufspflichten der jeweiligen Berufsträger, das Recht der jeweils

---

1 So eine bekannte Charakterisierung des Berufsstandes durch *Friedrich Wilhelm I. von Preußen* aus dem Jahre 1726 (Die hierfür angeführte pr. Kabinettsorder v. 15.12.1726 [abgedr. bei *Kleine-Cosack* BORA § 20 Rn. 1] ist nicht [mehr] nachweisbar; kritisch zu dieser Quelle *Dietzel* in FS Dolf Weber, 2016, S. 63, 81 f., dort insgesamt auch zur Vorgeschichte und zu einer nachweisbaren Verordnung v. 24.1.1727; zur hierauf zurückgeführten Robenpflicht → Kap. 7 Rn. 66 ff.).

2 Zur Herkunft und Zusammensetzung des Begriffs des Patentanwalts *Bayer*, Patentanwalt, 2002, S. 181 f.

einschlägigen Berufsordnung (BRAO u. BORA; PAO u. BOPA; StBerG u. BOStB) oder das gesamte berufsbezogene Recht fassen[3].

5 Dieser Darstellung liegt ein **weites Verständnis des Berufsrechts** zugrunde. Gegliedert wird der Stoff wie folgt: Nach den Grundlagen (→ Kap. 1 und 2) behandeln die Kapitel 3 bis 8 das Recht des Mandats als „Außenprivatrecht"[4] (Berufspflichten, Vergütung), Kapitel 10 bis 13 das berufliche Unternehmensrecht (Organisation der beruflichen Niederlassung, Berufsausübungsgemeinschaft, Arbeitsrecht, Werbung) und Kapitel 14 und 15 das Ordnungsrecht (Kammerorganisation, Zulassung, Aufsicht). Die Haftung nach Privatrecht, Wettbewerbsrecht, Öffentlichem Recht und Strafrecht wird im Kapitel 9 behandelt. Kapitel 16 bespricht kollisions- und internationalrechtliche Aspekte, Kapitel 17 enthält einen Ausblick auf benachbarte Berufe.

C. Geschichte des Berufsrechts

Berneker Die juristischen Berufe in Vergangenheit und Gegenwart, 1948, S. 101–128; *Deutscher Anwaltverein* (Hrsg.) Anwälte und ihre Geschichte, 2011; *Krämer* Der Rechtsanwalt als unabhängiges Organ der Rechtspflege, 2018, S. 3–93; *Mittelsteiner/Pausch/Kumpf* Illustrierte Geschichte der steuerberatenden Berufe, 2. Aufl. 1986; *Ostler* Die deutschen Rechtsanwälte 1871–1971, 1. Aufl. 1971, 2. Aufl. 1982; *Pausch* Die historische Dimension des steuerberatenden Berufs, StB 1984, 129 ff.; *Pöllath/Saenger* (Hrsg.) 200 Jahre Wirtschaftsanwälte in Deutschland, 2009; *Weißler* Geschichte der Rechtsanwaltschaft, 1905.

6 Die Geschichte der Anwälte und Steuerberater ist im wesentlichen eine Geschichte der **Rechtsanwaltschaft als dem weitaus ältesten rechtsberatenden Beruf**. Erst deutlich später sind die Patentanwälte und die Steuerberater als Berater in speziellen Bereichen neben die Rechtsanwälte als die bis heute allgemeinen Berater in allen Rechtsangelegenheiten (vgl. § 3 Abs. 1 BRAO) getreten.

7 Vorformen der Rechts- und (eingeschränkt auch der) Steuerberatung zeigen sich **schon in der Antike und im Mittelalter**[5]. Ohne dass es eine historische Kontinuität gäbe, findet man doch zu allen Zeiten und in allen politischen Systemen Rechtsvertreter. Wegen der engen Verbindung mit dem jeweiligen Rechts- und Prozesssystem ist das Berufsrecht der Vergangenheit für die Klärung heutiger dogmatischer Fragen selten ergiebig. Doch ist der Blick zurück immer lehrreich, und er bietet unerschöpfliches Material für Festreden.

I. Entstehung eines modernen Berufsrechts

8 Der Liberalismus des 19. Jahrhunderts stieß sich an der staatlichen Kontrolle und Einbindung der Anwaltschaft durch den obrigkeitlichen Staat[6]. Die Forderungen bündelten sich in der durch Titel und Inhalt einflussreichen Schrift von *Rudolf [v.] Gneist* über die **„Freie Advocatur"**[7] (1867) als der „erste[n] Forderung aller Justizreform in Preußen".

3 Vgl. *Kilian/Koch*, AnwBerufsR, 2. Aufl. 2018, S. VI.

4 *Henssler* RDA 1999, 38 (39), der aber mit diesem Begriff das Anwaltsrecht insgesamt bezeichnet.

5 Zur Geschichte der rechts- und wirtschaftsberatenden Berufe s. Voraufl. 2017, S. 53 ff.

6 Zu den rechts- und wirtschaftsberatenden Berufen in der Frühen Neuzeit s. Voraufl. 2017, S. 56 ff.

7 In der wohl gründlichsten Gneist-Biographie von *Hahn*, Rudolf von Gneist 1816–1895, 1995, findet bemerkenswerterweise die „Freie Advocatur" – soweit ersichtlich – keine Erwähnung.

Zunächst einmal aber führte die Gewerbeordnung v. 1869 zur Gewerbefreiheit für „Rechtskonsulenten“[8] und „Patentagenten“, letztere oft auch als „Zivilingenieure“ firmierend. Mit der Miquel'schen Steuerreform 1891/1893 wurde den Rechtskonsulenten zudem die Möglichkeit der Beratung Steuerpflichtiger eröffnet[9]. Die **Öffnung des Markts der Rechtsdienstleistung bzw. Steuerberatung für nichtregulierte Berufsträger** markiert den Beginn einer Zweispurigkeit des Berufs des (allgemeinen) Rechtsberaters[10], die (für Teilbereiche) schon mit der Novelle der Gewerbeordnung v. 1883[11], für die Patentanwälte ebenfalls schon früh mit der PAO v. 1900, für die Steuerberater mit der Abschaffung der Helfer in Steuersachen 1972[12] und für Rechtsanwälte dann erst mit Abschaffung der Vollrechtsbeistände 1980[13] endete. 9

Ebenfalls in der Kaiserzeit entstanden die **Berufsrechtsgesetze im modernen Sinne**. Als Teil der sogenannten Reichsjustizgesetze wurde die Rechtsanwaltsordnung v. 1878 (RAO) erlassen, die den Rechtsanwalt als Freien Beruf und Organ der Rechtspflege im modernen Sinne definierte[14]. In diese Zeit fällt auch die Errichtung der anwaltlichen Ehrengerichtsbarkeit[15] und die Gründung des Deutschen Anwaltvereins (DAV)[16]. Inhaltlich eng an die RAO angelehnt erging etwas später die Patentanwaltsordnung v. 1900 (PAO)[17]. 10

In **Konkretisierung der RAO** von 1879 wurden die einzelnen rechtsanwaltlichen Berufspflichten 1929 durch den Deutschen Anwaltverein (DAV) in den „Richtlinien für die Ausübung des Anwaltsberufs“, kurz „Vademecum“[18] genannt, erstmals zusammengefasst. Sie basierten zu einem guten Teil auf dem „Exkurs II zu § 28 [RAO]“ des damals maßgeblichen, 1908 in erster Auflage erschienenen Kommentars der Brüder *Adolf* und *Max Friedlaender*[19]. 11

Eine Reaktion auf die zunehmende Komplexität der modernen Gesellschaft war die **Einführung von Fachanwaltschaften**[20]. Solche bestanden ursprünglich (1930) für Steuerrecht, Urheber- und Verlagsrecht, Staats- und Verwaltungsrecht, Ausländerrecht und Arbeitsrecht sowie später auch für Sozialrecht. 12

Trotz der wirtschaftlichen Not der Nachkriegsjahre verschlief die Rechtsanwaltschaft die **wachsende Bedeutung des Steuerrechts** und überließ dieses Betätigungsfeld in den zwanziger Jahren des 20. Jahrhunderts den Steuerberatern[21]. Es zeigte sich, 13

8 *Klose* KJ 2007, 35 (36 f.).
9 *Pausch* StB 1977, 179 (184).
10 Vgl. *Ostler*, Die deutschen Rechtsanwälte 1871–1971, 1971, S. 101 f.
11 Mittelsteiner/Gilgan/Späth/*Späth*, 2002, Einführung Rn. 3.
12 2. Steuerberatungsänderungsgesetz v. 11.8.1972 (BGBl. I 1401).
13 G. v. 18.8.1980 (BGBl. I 1503); vgl. BVerfG Beschl. v. 5.5.1987 – 1 BvR 724/81 u.a., BVerfGE 75, 246 (247–253).
14 *Krach* NJOZ 2008, 2628 ff.
15 *Winkler* AnwBl. 2004, 677 (679 f.); *Holly*, Geschichte der Ehrengerichtsbarkeit der deutschen Rechtsanwälte, 1989, S. 221 ff.; *Morisse* AnwBl. 2011, 890 ff.; interessante Fallstudie bei *Falk* in Mayali/Schioppa/Simon, Officium advocati, 2000, S. 135 ff.; allgemein zu Ehrengerichten in der damaligen Zeit *Collin* Rg 2017, 138 ff. (allerdings nur eingeschränkt zur rechtsanwaltlichen Ehrengerichtsbarkeit, vgl. a.a.O., S. 140); zu den anwaltlichen Berufsgerichten → Kap. 14 Rn. 55 ff.
16 Eine erste, allerdings folgenlose Gründung hatte es schon 1848 in Dresden gegeben (*Mathy* AnwBl. 2004, 696 (696)), der älteste lokale und heute noch existierende Anwaltsverein ist der in Hannover (gegr. 1831; vgl. AnwBl. 2006, 820); zum Deutschen Anwaltverein → Kap. 14 Rn. 65.
17 RGBl. 1900 S. 233.
18 AnwBl. 1929, S. 172, dort „Vademekum“ genannt.
19 *Haas/Ewig* in Heinrichs u.a., Deutsche Juristen jüdischer Herkunft, 1993, S. 555.
20 Zur Geschichte vgl. *Stobbe* AnwBl. 2007, 187 (187 f.).
21 Zum Anwaltsberuf als der einen geschichtlichen Wurzel des Steuerberaterberufs *Pausch* DStZ/A 1978, 290 (295 f.); vgl. *Pöllath/Heukamp* in FS Meilicke, 2010, S. 549 (551). – Wohl um einen vergleichbaren

dass die Anwaltschaft sich nicht hinreichend mit den Steuernormen befasste und ihr zudem das notwendige betriebswirtschaftliche und buchhalterische Wissen für eine Beratung nach den gestiegenen Anforderungen des neuen Steuerrechts fehlte[22]. Der zunehmende Bedarf nach Steuersachverständigen neben der Anwaltschaft führte zur ersten gesetzlichen Verankerung eines „Bevollmächtigten“ für „Rat und Hilfe in Steuersachen“ in § 88 der (Reichs-)Abgabenordnung (AO) durch die Erzberger'sche Steuerreform 1919[23], was als die „reichsrechtliche Keimzelle“[24] des Steuerberaterberufs angesehen werden kann.

II. Berufsrecht in der Nachkriegszeit

Brunn/Kirn Rechtsanwälte – Linksanwälte 1971 bis 1981, 2004; *Busse* Deutsche Anwälte – Geschichte der deutschen Anwaltschaft 1945–2009, 2009; *Krusche* Die Bundesrechtsanwaltsordnung vom 1. August 1959, 2012; *Lorenz* Rechtsanwaltschaft in der DDR, 1998; *Wolf* Die jüngere Geschichte der Bundesrechtsanwaltskammer – zwischen Autonomie, Fremdbestimmung und Deregulierung, in FS 60 Jahre BRAK, 2019, S. 63 ff.

14 Nach dem II. Weltkrieg knüpfte man an das **Berufsrecht von vor 1933** an. Institutionell und vielfach auch personell musste die (Selbst-)Verwaltung der Berufsträger nach der Gleichschaltung im Nationalsozialismus[25] neu aufgebaut werden.

15 Das zunächst aufgrund des Besatzungsregimes zersplitterte Rechtsanwaltsrecht wurde in den Westzonen in der **Bundesrechtsanwaltsordnung (BRAO) v. 1959** zusammengefasst. Diese lehnte sich wieder an die RAO v. 1878 an[26] und enthielt im wesentlichen Verfahrens- und Organisationsvorschriften, verschob aber das zugrundeliegende Berufsbild vom (reinen) Gerichtsanwalt hin zum (allgemeinen) Rechtsberater[27]. Zuvor schon hatten die Rechtsanwaltsordnungen für die britische Zone (RAObritZ) und in den anderen westlichen Gebieten starke Anleihen bei der RAO v. 1878 genommen. Das eigentliche Standesrecht, wie man das Berufsrecht damals noch nannte, war nicht gesetzlich oder durch Satzung geregelt, sondern wurde lediglich in Form der „Richtlinien“ (RiliRA) oder „Grundsätze des anwaltlichen Standesrechts“ vom Präsidium der Bundesrechtsanwaltskammer (BRAK) nach § 177 Abs. 2 BRAO a.F. festgestellt und zusammengefasst; insgesamt gab es drei Fassungen (1957[28], 1963, 1973[29]), die jeweils im Laufe der Zeit punktuelle Änderungen erfuhren. Diese Art des Zustandekommens der „Grundsätze“ war später Gegenstand der Entscheidungen des Bundesverfassungsgerichts im Jahre 1987 (→ Rn. 18 f.).

16 Für das Patentanwaltswesen war unmittelbar nach dem Krieg relevant, dass das (Reichs-)Patentamt in Berlin lag und viele Schutzrechte von den Alliierten beschlagnahmt worden waren. 1949 wurde in München das Bundespatentamt gegründet und

„Fehler“ nicht zu wiederholen, ist die Anwaltschaft bemüht gewesen, Mediation nicht anderen Berufen zu überlassen (*Wesel*, Risiko Rechtsanwalt, 2001, S. 195).

22 *Pausch* StB 1984, 129 (135).

23 *Mittelsteiner/Pausch/Kumpf*, Illustrierte Geschichte der steuerberatenden Berufe, 2. Aufl. 1986, S. 173 ff.; s. hierzu auch Mittelsteiner/Gilgan/Späth/*Späth*, 2002, Einführung Rn. 6–8.

24 *Mittelsteiner/Pausch/Kumpf*, Illustrierte Geschichte der steuerberatenden Berufe, 2. Aufl. 1986, S. 179.

25 Zum Berufsrecht im Nationalsozialismus s. Voraufl. 2017, S. 63 ff.

26 Vgl. BT-Drs. 3/120, 45.

27 Vgl. *Römermann* in FS Hartung, 2008, 145 (147).

28 Abgedr. z.B. bei *Kalsbach*, BRAO, 1960, nach § 43 BRAO (S. 165–444).

29 Abgedr. z.B. bei *Lingenberg/Hummel/Zuck/Eich*, RiliRA, 2. Aufl. 1988, S. 34 ff.

mit der **Patentanwaltsordnung (PAO) v. 1966**[30] die **Parallelführung des Berufsrechts mit dem der Rechtsanwälte** fortgesetzt.

Auch für die Steuerberater gab es nach Kriegsende zunächst Berufsregelungen der Besatzungsmächte[31]. Die erste einheitliche Berufsregelung erging schließlich für die damals in der Steuerberatung tätigen Berufsgruppen der Steuerberater und der Steuerbevollmächtigten mit dem **Steuerberatungsgesetz (StBerG) v. 1961**[32]. Bei der Gelegenheit wurden damals alternative Berufsbezeichnungen für den Steuerberater erwogen (z.B. „Steuerbeauftragter", „Steuerrechtsrat" und „Steueranwalt")[33]. Das Standesrecht der Steuerberater wurde ähnlich dem Anwaltsrecht ebenfalls durch „Richtlinien" der Bundeskammerversammlung der Bundessteuerberaterkammer (RichtlStB) geregelt, welche erstmals 1977 festgestellt wurden[34]. 17

III. Liberalisierung seit Ende der 1980er Jahre

Kämmerer Die Zukunft der Freien Berufe zwischen Regulierung und Neuordnung, 68. DJT, 2010, S. H1 ff.; *Kleine-Cosack* Der „Fall" der Standesrichtlinien, in: Gaier/Wolf, 25 Jahre Bastille-Entscheidung, 2014, S. 30 ff.; *Knauer/Wolf* 20 Jahre „Bastille-Entscheidung" des Bundesverfassungsgerichts – Von der Liberalisierung und Kommerzialisierung des Anwaltsberufs, BRAK-Mitt. 2007, 142 ff.; *Ober* Anwaltsberufsrecht zwischen Markt und Regulierung, 2011; *Odersky* Anwaltliches Berufsrecht und höchstrichterliche Rechtsprechung, 1991.

Mit seinen sogenannten **„Bastille-Entscheidungen" vom 14.7.1987**[35], in denen die „Grundsätze des anwaltlichen Standesrechts", die bisher die Berufsausübung geregelt hatten, (aus vornehmlich formalen Gründen) für verfassungswidrig erklärt wurden, stieß das Bundesverfassungsgericht die bis heute andauernde Modernisierung und Liberalisierung des Berufsrechts an, nicht nur des rechtsanwaltlichen. Überhaupt ist das höchste deutsche Gericht mit einer großen Zahl von Entscheidungen ein Motor der berufsrechtlichen Entwicklung[36]. Daneben war es das (zwischen 2006 und 2018 aufgelöste) BayObLG gewesen, das insbesondere auf gesellschaftsrechtlichem Gebiet die Liberalisierung entscheidend vorangetrieben hat[37]. 18

In der Folge der Entscheidungen des Bundesverfassungsgerichts wurde das Berufsrecht auf eine **neue rechtliche Grundlage** gestellt, zunächst und zuvörderst das rechtsanwaltliche Berufsrecht in Form der Novellierung der BRAO v. 1994 sowie 19

---

30 BGBl. 1966 I 557.

31 *Mittelsteiner/Pausch/Kumpf*, Illustrierte Geschichte der steuerberatenden Berufe, 2. Aufl. 1986, S. 322 ff.

32 BT-Drs. 3/128, 30.

33 BGBl. 1961 I 1301; vgl. auch *Koslowski* Einleitung Rn. 5 f.; Mittelsteiner/Gilgan/Späth/*Späth*, 2002, Einführung, Rn. 15.

34 Kuhls/*Ruppert* StBerG § 86 Rn. 18.

35 BVerfG Beschl. v. 14.7.1987 – 1 BvR 537/81 u.a., NJW 1988, 191 ff. (= E 76, 171 ff. = AnwBl. 1987, 598 ff. = BRAK-Mitt. 1988, 54 ff.); BVerfG Beschl. v. 14.7.1987 – 1 BvR 362/79, NJW 1988, 194 ff. (= E 76, 196 ff. = AnwBl. 1987, 603 ff. = BRAK-Mitt. 1988, 58 ff.). – Die Entscheidungen werden sowohl wegen des Datums als auch wegen der umwälzenden Wirkung „Bastille-Entscheidungen" genannt.

36 *W. Hartung* NJW 2003, 261 (262). – Die bekanntesten Entscheidungen sind „Anwaltssuchservice" (BVerfG Beschl. v. 17.2.1992 – 1 BvR 899/90, NJW 1992, 1613 f.), „Versäumnisurteil I+II" (BVerfG Beschl. v. 2.11.1992 – 1 BvR 911/90, NJW 1993, 121 f.; BVerfG Urt. v. 14.12.1999 – 1 BvR 1327/98, NJW 2000, 347 ff.), „Zweitberuf" (BVerfG Beschl. v. 4.11.1992 – 1 BvR 79/85 u.a., NJW 1993, 317 ff.), „Simultanzulassung" (BVerfG Urt. v. 13.12.2000 – 1 BvR 335/97, NJW 2001, 353 ff.), „Sozietätswechsler" (BVerfG Beschl. v. 3.7.2003 – 1 BvR 238/01, NJW 2003, 2520 ff.), „Sportliche Erfolge" (BVerfG Beschl. v. 4.8.2003 – 1 BvR 2108/02, NJW 2003, 2816 ff.), „Interessenkollision" (BVerfG Beschl. v. 3.7.2003 – 1 BvR 238/01, NJW 2003, 2520 ff.) und „Erfolgshonorar" (BVerfG Beschl. v. 12.12.2006 – 1 BvR 2576/04, NJW 2007, 979 ff.).

37 „Anwalts-GmbH" (NJW 1995, 199 ff.), „Anwalts-AG" (MDR 2000, 733 ff.).

der Schaffung von BORA und FAO im Jahre 1996. Das Patentanwaltsberufsrecht wurde im Gleichklang mit dem Berufsrecht der Rechtsanwälte 1994 entsprechend novelliert; die BOPA datiert von 1997. Zudem trat für den steuerberatenden Beruf aufgrund der vorgenannten Entscheidungen zum rechtsanwaltlichen Berufsrecht eine Liberalisierung des Berufsrechts ein. Zwar wurden die RichtlStB nicht für verfassungswidrig erklärt, allerdings wurden sie nach Änderung des § 86 Abs. 2 Nr. 2 StBerG im Jahre 1997 ebenfalls durch eine Berufsordnung in Satzungsform, die BOStB, ersetzt. – Materiell ist die Kontinuität im Berufsrecht nicht gering, der wesentliche Unterschied liegt in der normativen Grundlage. Es kann deshalb durchaus gesagt werden, dass BORA, BOPA und BOStB „aus den Trümmern" der Standesregeln errichtet worden sind.

20 Die Liberalisierung betrifft aber nicht nur die materiellen Regeln des Berufsrechts, sondern auch den Rückgang des direkten staatlichen Zugriffs auf selbige. Insbesondere mit der Novelle von BRAO und PAO v. 2007[38] sowie der des StBerG v. 2008 sind viele Aufsichts- und Verwaltungsaufgaben von der staatlichen (Justiz-)Verwaltung auf die Kammern als Selbstverwaltungskörperschaften als **originäre Selbstverwaltungsaufgabe** übergegangen.

21 Der Prozess der Liberalisierung ist bis heute nicht abgeschlossen[39], wesentliche Beschränkungen sind aber bereits gefallen. Vor allem aus der Sicht der Europäischen Union soll die Liberalisierung bei den Freien Berufen in Deutschland noch weitergehen. Die EU-Kommission ist seit längerem bestrebt, den **Wettbewerb im freiberuflichen Sektor** zu fördern und sieht in berufsrechtlichen Regulierungen prinzipiell rechtfertigungsbedürftige Marktzugangsbeschränkungen. Insbesondere Vergütungsvorgaben wie Mindestpreise und gesellschaftsrechtliche Regelungen wie das Fremdkapitalverbot stehen immer wieder zur Diskussion. Begründet werden diese Liberalisierungsbestrebungen auch mit der Überlegung, dass ein möglichst freier Wettbewerb zu einer Qualitätssteigerung des freiberuflichen Dienstleistungsangebotes führe. Demgegenüber gehen vor allem mitgliedstaatliche Interessenverbände – aber auch der deutsche Gesetzgeber – davon aus, dass es sich bei freiberuflichen Leistungen regelmäßig um sog. Vertrauensgüter handele[40]. Deren Qualität könne von den Leistungsempfängern nicht eingeschätzt werden, weshalb ein freier Wettbewerb nur in begrenztem Maße funktioniere und **engmaschige Regulierungen notwendig** seien.

22 Auf die Liberalisierung folgt seit den 2010er Jahren die **Digitalisierung** und (damit) auch eine zunehmende **Industrialisierung** (**Legal Tech**)[41]. Diese Entwicklungen führen dazu, dass die einstmals abgeschlossenen Berufsfelder und Berufsbilder sich auflösen; ob man hierin eine Öffnung oder Verwässerung sieht, ist Perspektivenfrage.

---

38 Gesetz zur Stärkung der Selbstverwaltung der Rechtsanwaltschaft v. 26.3.2007 (BGBl. I 358); dazu *Dahns* NJW 2007, 1553 ff.

39 Vgl. nur *Monopolkommission*, Sechzehntes Hauptgutachten der Monopolkommission 2004/2005, BT-Drs. 16/2460, Tz. 872 ff.; zu einer ähnlichen Entwicklung in Großbritannien *Clementi*, Review of the Regulatory Framework for Legal Services in England and Wales, 2004 (sog. „Clementi-Report"). – Wie weit die Entschließungen des 68. DJT 2010 hier ein Ende der Liberalisierungstendenz bedeuten, wird sich erst in den kommenden Jahren erweisen.

40 Vgl. etwa den Endbericht des Instituts der deutschen Wirtschaft über die Rechtsanwaltsvergütung in Europa für die BRAK, 2008, 6.

41 Breidenbach/Glatz/*Breidenbach* Legal Tech-HdB, 1. Aufl. 2018, Kap. 2 et pass.

D. Rechtsgrundlagen

I. Völker- und Unionsrecht

Ewig Internationaler Dienstleistungshandel und neue Tätigkeitsfelder für die Anwaltschaft (GATS-Abkommen), NJW 1995, 434 ff.; *v. Lewinski* Freie Berufe, in Schulze/Janssen/Kadelbach, Europarecht, 4. Aufl. 2020, § 28; *Lörcher* Europäisches und internationales Anwaltsrecht, in: Heussen/Hamm, Beck'sches Rechtsanwalts-Handbuch, 11. Aufl. 2016, § 58; *Pöschl* Recht des Angeklagten auf Vertretung, 2015.

Das Unions- und Völkerrecht, die die **deutsche Rechts- und Verfassungsordnung** immer stärker **beeinflussen** und durchdringen, strahlen auf das Berufsrecht aus. 23

Das Recht des Angeklagten auf ein faires Verfahren, das auch das **Recht auf einen Verteidiger** umfasst, ist mittlerweile wohl völkergewohnheitsrechtlich anerkannt und gilt damit über Art. 25 S. 1 GG unmittelbar auch in Deutschland[42]. 24

Die Europäische Menschenrechtskonvention (EMRK) regelt das **Recht auf ein faires Verfahren** in Art. 6. Dass ein faires Verfahren nur dann gewährleistet ist, wenn die Möglichkeit besteht, sich von einem Verteidiger verteidigen zu lassen, stellt Art. 6 Abs. 3 lit. c EMRK ausdrücklich klar. Die Kommunikation zwischen Anwalt und Mandant ist über Art. 8 EMRK geschützt.[43] 25

Das Allgemeine Abkommen über den Handel mit Dienstleistungen (GATS) der Welthandelsorganisation (WTO) verpflichtet Deutschland (wie auch die anderen EU-Mitgliedstaaten), Drittstaatsangehörigen aus WTO-Staaten die Rechtsberatung im Recht des Herkunftsstaates und im Völkerrecht zu gestatten[44]. Dabei kommt es nicht auf die Staatsangehörigkeit an. Maßgeblich ist im **Welthandelsrecht** vielmehr, ob die betreffende Person in einem anderen WTO-Staat zur Rechtsberatung berechtigt ist[45]. 26

Auf unionsrechtlicher Ebene gibt es Regelungen zum einen auf der Ebene des **Primärrechts**. So enthält das Unionsrecht grundlegende Gewährleistungen entsprechend den Grund- bzw. Menschenrechten. Art. 47 Abs. 2 S. 2 GRCh bestimmt, dass sich (vor Gericht) jedermann „beraten, verteidigen und vertreten" lassen kann[46]. Die Berufsfreiheit der Anwälte und Steuerberater ist durch Art. 15 und Art. 16 GRCh geschützt. 27

Sekundärrechtlich ist im Strafverfahren der Zugang zu einem Rechtsbeistand gewährleistet[47], speziell für Flüchtlinge ordnet Art. 23 der Asylverfahrensrichtlinie 2013/32/EU die Gewährleistung rechtsdienstleistenden Beistands an. Ferner dürfen Rechtsschutzversicherungen die freie Anwaltswahl nicht beeinträchtigen, so dass jedenfalls die letztliche Entscheidung beim Versicherten liegen muss[48]. 28

Daneben trifft das Unionsrecht zahlreiche Regelungen, die speziell die **grenzüberschreitende Berufsausübung im europäischen Binnenmarkt** betreffen. 29

42 Maunz/Dürig/*Herdegen* GG Art. 25 Rn. 62.
43 EGMR Urt. v. 24.5.2018 – 28798/13, NJW 2019, 3131 ff. – Laurent/Frankreich.
44 *Ewig* NJW 1995, 434 (435).
45 Henssler/Prütting/Kilian BRAO § 206 Rn. 6.
46 *Jarass* NJW 2011, 1393 (1398).
47 Richtlinie 2013/48/EU über das Recht auf Zugang zu einem Rechtsbeistand in Strafverfahren und in Verfahren zur Vollstreckung des Europäischen Haftbefehls sowie über das Recht auf Benachrichtigung eines Dritten bei Freiheitsentzug und das Recht auf Kommunikation mit Dritten und mit Konsularbehörden während des Freiheitsentzugs (ABl. EU Nr. L 294 v. 6.11.2013, S. 1).
48 Zu den Grenzen von Anreizsystemen EuGH Urt. v. 17.10.2013 – C-184/12, EuZW 2013, 959 f.; u. BGH Urt. v. 4.12.2013 – IV ZR 215/12, NJW 2014, 630 (632 ff.); allgemein zu den Grenzen der Einflussnahme von Rechtsschutzversicherern auf die freie Anwaltswahl *Terriuolo* AnwBl. 2015, 140 ff.

Auf primärrechtlicher Ebene umfassen Dienstleistungs- und Niederlassungsfreiheit (Art. 56 ff. AEUV bzw. Art. 49 ff. AEUV) quasi jedes grenzüberschreitende Tätigsein von Berufsträgern und schaffen damit einen omnipräsenten Rechtfertigungsdruck gegenüber marktzugangsbeschränkenden Regelungen der Mitgliedstaaten. Hinzu kommen auf sekundärrechtlicher Ebene die Rechtsanwaltsdienstleistungsrichtlinie (RL 77/249/EWG) und die Rechtsanwaltsniederlassungsrichtlinie (RL 98/5/EG).[49] Diese konkretisieren und erweitern die Vorgaben der Grundfreiheiten. Die Dienstleistungsrichtlinie (RL 2006/123/EG) statuiert sogar Grenzen für die Ausgestaltung des mitgliedstaatlichen Rechts in reinen Inlandssachverhalten. Für Anwälte und Steuerberater relevant ist etwa Art. 24 der Dienstleistungsrichtlinie, der die Mitgliedstaaten verpflichtet, sämtliche absoluten Werbeverbote für reglementierte Berufe aufzuheben[50].

30 Schließlich finden sich im Unionsrecht verschiedene Regelungen, die zwar keinen unmittelbaren Einfluss auf das mitgliedstaatliche Berufsrecht im engeren Sinne nehmen, dennoch für die anwaltliche bzw. steuerberaterliche Berufsausübung relevant sind. Dazu zählen insbesondere die **Regelungen zum Internationalen Privat- und Zivilverfahrensrecht** (Brüssel Ia-VO, Rom I-VO, Rom II-VO), die wettbewerbsrechtlichen Vorgaben der Richtlinie über unlautere Geschäftspraktiken (RL 2005/29/EG), die E-Commerce-Richtlinie (RL 2000/31/EG) sowie die Datenschutz-Grundverordnung (VO (EU) 2016/679).

II. Verfassungsrecht

Gaier Anwaltliche Berufsfreiheit – Art. 12 GG als Garant einer unabhängigen starken Anwaltschaft, in: Gaier/Wolf, 25 Jahre Bastille-Entscheidung, 2014, S. 124 ff.

31 Das **Grundgesetz erwähnt** die rechts- und steuerberatenden Berufe – mit Ausnahme der Kompetenzvorschrift des Art. 74 Abs. 1 Nr. 1 GG hinsichtlich der Rechtsanwaltschaft und der Rechtsberatung – **nicht ausdrücklich**. Selbst in der Funktion als Verteidiger taucht der Rechtsanwalt in der Verfassung nicht ausdrücklich auf; allerdings wird er in vielen Fällen die „Person [des] Vertrauens" i.S.d. Art. 104 Abs. 4 GG sein.

32 Gleichwohl ist anerkannt, dass rechtlicher, insbesondere anwaltlicher Beistand ein wesentlicher und unverzichtbarer **Bestandteil des Grundsatzes des fairen Verfahrens** bzw. eine **Ausprägung des effektiven Rechtsschutzes**[51] ist[52], weil erst so der Zugang zum Recht tatsächlich besteht[53]. Zwar sind diese Grundsätze im Grundgesetz ebenfalls nicht ausdrücklich normiert, jedoch werden sie allgemein aus dem Rechtstaatsprinzip abgeleitet. So umfasst der Anspruch auf rechtliches Gehör entstehenssichernd die freie Anwaltswahl[54]. Im Steuerstrafverfahren gilt hinsichtlich der freien Wahl eines Steuerberaters und dem Anrecht auf Beistand durch diesen nichts anderes, wie dies § 392 Abs. 1 AO zum Ausdruck bringt. In (mittelbar und unmittelbar) grundrechtsgeprägten Bereichen dürfen aus dem Umstand, dass sich jemand

49 Dazu ausführlich Schulze/Janssen/Kadelbach/*v. Lewinski* EuropaR-HdB § 28 Rn. 34 ff.

50 Hartung/Scharmer/*v. Lewinski* BORA vor § 6 Rn. 64; vgl. auch EuGH Urt. v. 4.5.2017 – C-339/15, GRUR 2017, 627 ff.

51 BVerfG Beschl. v. 8.10.1974 – 2 BvR 747/73 u.a., BVerfGE 38, 105 (107); *Kingreen/Poscher*, StaatsR II, 35. Aufl. 2019, Rn. 1242.

52 Vgl. Schmidt-Bleibtreu/Hofmann/Henneke/*Schmahl* GG Art. 103 Rn. 35.

53 *Gaier* BRAK-Mitt. 2015, 114 (114 ff.).

54 *Kloepfer*, Grundrechte als Entstehenssicherung und Bestandsschutz, 1970, S. 56.

eines Beistands bedient, keine nachteiligen Konsequenzen gezogen werden[55], auch wenn ansonsten die Drohung mit dem Anwalt eine recht fortgeschrittene Stufe der zwischenmenschlichen Eskalation darstellt[56].

Während also die freie Wahl rechtlichen und steuerlichen Beistands nicht verboten 33 werden kann, ist die Frage, ob eine (objektivrechtliche **Gewährleistungs-)Pflicht** hinsichtlich Beistands in Rechts- und Steuersachen oder gar ein subjektiver **Leistungsanspruch** auf einen bestimmten Beistand besteht, umstritten.

Neben diesen verfassungsrechtlichen Gewährleistungen des Instituts von Rechts- 34 und Steuerberatern steht Angehörigen dieser Berufe zudem die **Berufsfreiheit** nach Art. 12 Abs. 1 GG als subjektives Recht zu.

III. Rahmengesetze für Rechtsdienstleistung und Steuerberatung

Geiger Die Reform des Rechtsberatungsgesetzes, in: FS Busse, 2005, S. 73 ff.; *Hund* Die Bedeutung des Rechtsdienstleistungsgesetzes für den steuerberatenden Beruf, DStR 2008, 1208 ff.; *M. Kilian/Sabel/vom Stein* Das neue Rechtsdienstleistungsrecht, 2008; *Sabel* Das Gesetz zur Neuregelung des Rechtsberatungsrechts, AnwBl. 2007, 816 ff.

Die gerichtliche Rechtsvertretung richtet sich nach den Prozessordnungen, bei Be- 35 hörden nach den Verfahrensordnungen (VwVfG; SGB X; §§ 34 ff. PatG; AO). Zusammen mit dem Rechtsdienstleistungsgesetz (RDG) ist der Grundsatz der Selbstvertretung in das deutsche Prozessrecht eingeführt worden[57]. Nur vor den höheren Gerichten herrscht **Anwaltszwang**[58]. Vor allem in den Verfahrensgesetzen finden sich auch die (besonderen) Befugnisse insbesondere der Rechtsanwälte, etwa das Recht, in fremden Sachen vor Gericht aufzutreten, die Möglichkeit der Akteneinsicht und der für Strafverteidiger wichtige Zugang zum inhaftierten Mandanten. Der Steuerberater ist nach § 3 Nr. 1, § 33 StBerG lediglich zur unbeschränkten Hilfeleistung in Steuersachen als Teil der allgemeinen Rechtsberatung berufen[59]. Demgemäß kann der Steuerberater den Mandanten nach § 62 Abs. 2 S. 1 FGO im finanzgerichtlichen Verfahren vertreten; im Steuerstrafverfahren darf der Steuerberater den Mandanten allerdings gemäß § 392 Abs. 1 AO nur allein, d.h. ohne Mitwirkung eines Rechtsanwalts verteidigen, soweit die Finanzbehörde das Strafverfahren nach § 386 Abs. 2 AO selbständig durchführt[60].

Außergerichtliche Rechtsdienstleistungen sind für jedermann durch das RDG ge- 36 regelt. Nach § 3 RDG gilt für anwaltliche Tätigkeit allerdings nicht das RDG, sondern das insoweit speziellere Rechtsanwaltliche Berufsrecht, wonach der Rechtsanwalt der „berufene unabhängige Berater und Vertreter in allen Rechtsangelegenheiten" (§ 3 Abs. 1 BRAO) und der Patentanwalt dies auf dem Gebiet des Gewerblichen Rechtsschutzes ist (§ 3 PAO). Aufgrund seiner auf steuerliche Angelegenheiten beschränkten Rechtsdienstleistungsbefugnis kann der Steuerberater außergerichtlich andere Rechtsdienstleistungen nur erbringen, sofern diese nach § 5 Abs. 1 RDG als

55 Vgl. ArbG Dortmund Urt. v. 12.2.2014 – 9 Ca 5518/13, NZA-RR 2014, 293 (294 f.).
56 Ausführlich *v. Lewinski*, MedienR, 2020, § 27 Rn. 19.
57 BT-Drs. 16/3655, 96.
58 Vgl. §§ 78 ff. ZPO; § 67 Abs. 2 VwGO; § 138 Abs. 1 StPO, ggf. i.V.m. § 385 AO; § 22 Abs. 1 S. 1 BVerfGG; § 73 Abs. 2 SGG; § 62 Abs. 2 FGO; § 11 Abs. 2 ArbGG; § 114 FamFG. – Teilweise sind aber auch Rechtslehrer zur Prozessvertretung befugt (→ Kap. 17 Rn. 53 ff.).
59 Vgl. Kuhls/*Kleemann* StBerG § 33 Rn. 38; *Koslowski* StBerG § 33 Rn. 13.
60 *Peter* StB 2017, 106 (107 f.).

Nebenleistung zum Berufsbild des Steuerberaters gehören, die Haupttätigkeit also steuerlicher oder betriebswirtschaftlicher Natur ist[61].

37 Steuerberatung (**Hilfeleistung in Steuersachen**) darf dagegen geschäftsmäßig nur von den in §§ 3 ff. StBerG genannten Personen erbracht werden, zu denen insbesondere auch Rechtsanwälte gehören (§ 3 Nr. 1 Var. 3 StBerG).

IV. Berufsrecht der Rechts- und Steuerberater im eigentlichen Sinne

BVerfG NJW 1988, 191 ff. u. 194 ff.; *Henssler* Die Berufsregeln der Rechtsanwälte in der Europäischen Union (CCBE-Regeln) in der Rechtsprechung deutscher Gerichte, BRAK-Mitt. 2011, 178 ff.; *Kleine-Cosack* Berufs- und Fachanwaltsordnung für Rechtsanwälte – Satzungsförmiges Berufsrecht und Ergänzung der BRAO, NJW 1997, 1257 ff.; *Römermann* 50 Jahre BRAO, BRAK-Mitt. 2009, 208 ff.; *Steinkraus* Anwaltliche Berufsordnung und Zivilrecht, 2004; *Taupitz* Die Standesordnungen der freien Berufe, 1991; *Wirtz* Die Regelungskompetenz der Satzungsversammlung, 2004.

38 Das Berufsrecht der Rechts- und Steuerberater ist Gegenstand der **konkurrierenden Gesetzgebung** nach Art. 74 Abs. 1 Nr. 1 GG („die Rechtsanwaltschaft" und „die Rechtsberatung")[62], für Patentanwälte ist teilweise auch die ausschließliche Gesetzgebung nach Art. 73 Abs. 1 Nr. 9 GG („gewerblicher Rechtsschutz") einschlägig, für die Steuerberater auch Art. 108 Abs. 5 u. 6 GG.

1. Berufsgesetze

39 Der Bund hat von seiner Gesetzgebungskompetenz für das Anwaltsrecht mit Erlass der **Bundesrechtsanwaltsordnung (BRAO)** v. 1959[63] und der **Patentanwaltsordnung (PAO)** v. 1966[64] abschließend Gebrauch gemacht; Landesanwaltsrecht gibt es daher nicht. In gleicher Weise hat der Bund mit dem Erlass des **Steuerberatungsgesetzes (StBerG)** v. 1961[65] das Berufsrecht der Steuerberater abschließend geregelt, so dass auch insoweit kein spezifisches Landesrecht existiert.

2. Berufsordnungen

40 Die Berufsordnungen sind Satzungen und konkretisieren die Berufspflichten bzw. -regeln für den Erwerb einer Fach(anwalts)bezeichnung. Bei dem von der jeweiligen Berufsträgerschaft (in Gestalt der Satzungsversammlung) gesetzten und dem Bundesjustizminister (für die Anwälte) bzw. dem Bundesfinanzminister (für die Steuerberater) zur Prüfung vorzulegenden Recht handelt es sich um **„regulierte Selbstregulierung"**. BORA[66] und FAO[67], BOPA[68] sowie BOStB und FBO[69] entfalten als

61 Vgl. *Koslowski* StBerG § 33 Rn. 15; eingehend Kuhls/*Kleemann* StBerG § 33 Rn. 49 ff.
62 BK-GG/*Niedobitek* Art. 74 Abs. 1 Nr. 1 Rn. 69.
63 BGBl. 1959 I 565, zul. geänd. d. Art. 22 d. G v. 5.10.2021 (BGBl. I 4607).
64 BGBl. 1996 I 557, zul. geänd. d. Art. 30 d. G v. 5.10.2021 (BGBl. I 4607).
65 BGBl. 1961 I 1301, zul. geänd. d. Art. 50 d. G. v. 10.8.2021 (BGBl. I 3415).
66 BRAK-Mitt. 1996, S. 241, i.d.F. d. Veröff. in BRAK-Mitt. 2019, 245 f.
67 BRAK-Mitt. 1996, S. 249, i.d.F. d. Veröff. in BRAK-Mitt. 2019, 245 f.
68 MittdtschPatAnw 1997, S. 243, i.d.F. d. Veröff. in MittdtschPatAnw 2014, 53.
69 Beide DStR 2010, S. 2659.

Binnenrecht der jeweiligen Berufsgruppe keine Wirkung gegenüber Dritten[70]. Ihr möglicher Inhalt ist durch § 59a BRAO, § 52a PAO und § 86 Abs. 2 Nr. 2, Abs. 3 StBerG vorgegeben und begrenzt.

3. Vergütungsrecht

Gaier Die Angemessenheit anwaltlicher Vergütung als Grundrechtsproblem, AnwBl. 2010, 73 ff.; *Geringhoff* Gebührenrecht, in: Beck'sches Steuerberater-Handbuch 2020/2021, 18. Aufl. 2021, S. 2215 ff.; *M. Kilian* Die Vergütung des Anwalts – von der RAGebO über die BRAGO zum RVG, AnwBl. 2011, 877 ff.

Wegen ihrer engen Verknüpfung mit dem Prozessrecht, insbesondere mit der Kostenerstattungspflicht der unterlegenen Partei, ist die Vergütung der Anwälte traditionellerweise in einem separaten Gesetz geregelt[71], dem **Rechtsanwaltsvergütungsgesetz (RVG)**, das 2004 die Bundesrechtsanwaltsgebührenordnung (BRAGO) abgelöst hat. Der Vergütungsanspruch des Steuerberaters bestimmt sich hinsichtlich der sog. Vorbehaltsaufgaben nach der **Steuerberatungsvergütungsverordnung (StBVV**; bis 2012: Steuerberatergebührenverordnung, StBGebV), welche auf der Verordnungsermächtigung des § 64 Abs. 1 StBerG beruht. Für die Patentanwälte gibt es kein gesetzliches Vergütungsrecht. 41

Im Rahmen der **Selbstregulierung** versucht ein „Deutscher Vergütungsrat", Vorgaben für die Gestaltung von Anwaltshonoraren im B2B-Bereich zu etablieren (sog. „Honorarcodex"). Hierfür können sich Kanzleien zertifizieren lassen. 42

V. Berufsrecht und Auslandsbezug

Weist die Bearbeitung eines konkreten Mandates oder auch die Struktur einer Berufsausübungsgesellschaft grenzüberschreitende Bezüge auf, stellen sich spezielle rechtsanwendungsrechtliche Fragen. So gilt es einerseits zu klären, ob und inwieweit das deutsche Berufsaufsichtsrecht Anwendung findet (→ Kap. 16 Rn. 44 ff.). Zudem ist mit Hilfe des **Internationalen Privatrechts** zu ermitteln, welcher Rechtsordnung die zivilrechtlichen Gesichtspunkte des Mandats unterliegen (→ Kap. 16 Rn. 1 ff.). Daneben können sich auch internationalgesellschaftsrechtliche und strafrechtsanwendungsrechtliche Fragen ergeben (→ Kap. 16 Rn. 52 ff.). 43

VI. Berufsethik

Busse Anwaltsethik unter der Geltung des neuen Berufsrechts, AnwBl. 1998, 231 ff.; *Diller* Ethische Standards für Großkanzleien, in: FS J.-H. Bauer, 2010, S. 275 ff.; *Hannappel* Die Ethik des Rechtsanwalts im Beruf, Beilage zu NJW 5/2006, 13 ff.; *Henssler* Die Anwaltschaft zwischen Berufsethos und Kommerz, AnwBl. 2008, 721 ff.; *Herrmann* Wertewechsel in einer Rechtsanwaltsethik globalen Diskurses, AnwBl. 2009, 812 ff.; *Hommerich* Ethik des steuerberatenden Berufs als freier Beruf, DStR 2008, 1161 ff.; *Ignor* Vom Beruf des Anwalts – Fähigkeiten – Kenntnisse – Ethik, in: FS Adomeit, 2008, S. 309 ff.; *ders.* Gedanken zur Berufsethik des Rechtsanwalts, in: FS Egon Müller, 2008, S. 283 ff.; *ders.* Die Ethikdiskussion in der Anwaltschaft, NJW 2011, 1537 ff.; *Kilger* Berufsethische Überlegungen, in: FS A. Krämer, 2009,

---

70 *Steinkraus*, Anwaltliche Berufsordnung und Zivilrecht, 2004, S. 44–87; differenzierend Hartung/Scharmer/*Scharmer* Einführung Rn. 79 ff.

71 Das RVG ist deshalb im *Schönfelder* beim (Gerichts-)Kostenrecht unter Ziff. 117 abgedruckt und nicht im Zusammenhang mit dem Berufsrecht bei der Ziff. 98 im Schönfelder-Ergänzungsband.

S. 135 ff.; *v. Lewinski* Professional Ethics in Alternative Dispute Resolution, IDR 2004, 150 ff.; *Münkler* Profis ohne Professionalität, MittdtschPatAnw 1994, 254 ff.; *Prütting* Ethos anwaltlicher Berufsausübung, AnwBl. 1994, 315 ff.; *Singer* Zwischen Berufsethos und Kommerz: Eine Frage der Ehre?, AnwBl. 2009, 393 ff.; *Wagner* Vorsicht Rechtsanwalt, 2014; *Zuck* Der Gute Anwalt – Sein Beruf und seine Berufung, NJW 2012, 1681 ff.

44 Eine allen Berufsträgern oder auch nur allen Rechtsanwälten, allen Patentanwälten oder allen Steuerberatern gemeinsame Ethik gibt es nur noch in geringem Maße[72]. Sie ist Opfer der Verrechtlichung der Tätigkeit der jeweiligen Berufsträger geworden. In dem Maße, in dem die Pflichten zu äußerlich verbindlichem Berufs*recht* wurden, verschwand die innerlich verbindliche Ethik. Da alle über das gesetzlich gesetzte Maß hinausgehenden Beschränkungen eine – dann nicht gerechtfertigte – Beschränkung der Berufsfreiheit darstellen[73], hat sich die (als solche nicht justitiable) gemeinsame Ethik verflüchtigt[74]. Sie ist heute **Privatsache des Berufsträgers** und bestenfalls Maßstab seines öffentlichen Ansehens und der Ehre[75], nicht aber mehr Sache des Berufsrechts. In Anlehnung an das bekannte Böckenförde'sche Diktum könnte man die Berufsethik, verstanden als eine Berufskultur, als eine Voraussetzung des Berufsrechts verstehen, welche dieses selbst nicht garantieren kann.

45 Gleichzeitig hat die Liberalisierung des Berufsrechts (→ Rn. 18 ff.) wie auch die des Marktes für Rechtsdienstleistungen und Steuerberatung dazu geführt, dass Berufsträger überhaupt weniger rechtlichen Vorgaben unterliegen. Die damit einhergehende Annäherung an kaufmännische Unternehmen – Transaktionsfixiertheit bei Großkanzleien, marktschreierische Werbung und Discountpreise beim „anwaltlichen Prekariat" – haben zu rechtspolitischen Bestrebungen geführt, insbesondere für die Rechtsanwaltschaft eine geltende gemeinsame Ethik zu formulieren[76] und in einem **„Professional Governance Codex"** zu kodifizieren[77]. Dies steht dann vor dem Problem, dass solche Regelungen einer anwaltlichen Ethik entweder unverbindlich bleiben, weil sie nicht rechtlich binden, oder rechtlich binden, dann aber nicht mehr (nur) ethische Maßstäbe sind.

46 Deshalb kann man viel über Berufsethik sprechen, ja, sie vielleicht sogar benennen und definieren. Sie bleibt gleichwohl nur (bloße) soziale Norm, die als solche auch **nur sozial sanktioniert** werden kann.

72 Zu einer gemeinsamen Ethik aller Juristen *Böckenförde*, Ethos, 2010.

73 Vgl. OLG Schleswig Urt. v. 12.5.2016 – 6 U 22/15, MMR 2016, 752 (753 f.) (zu einem zahnärztlichen Ehrenkodex).

74 Anders, nämlich in Richtung eines (zusätzlichen) „Code of Conduct" *Kluth* JZ 2010, 844 (851).

75 *Singer* AnwBl. 2009, 393 (401); zur Ehre als normative Ressource *Collin* Rg 2017, 138 (139).

76 Überblick bei *Ignor* NJW 2011, 1537 ff., *Kilian* NJW 2011, 3413 (3418 f.); s.a. das Diskussionspapier der BRAK, abgedr. in BRAK-Mitt. 2011, S. 58 ff.

77 So vor allem *Henssler* AnwBl. 2008, 721 (727 f.).

Kapitel 2: Prinzipien des Berufsrechts

Hellwig Das Konzept des anwaltlichen Berufsbilds, AnwBl. 2008, 644 ff.; *Prütting* Ethos anwaltlicher Berufsausübung, AnwBl. 1994, 315 ff.; *Rick* Die verfassungsrechtliche Stellung des Rechtsanwalts, 1998; *Ring* Der Steuerberater, ein „unabhängiges Organ der Steuerrechtspflege" – Zur Unabhängigkeit des Steuerberaters, DStR-Beih. 2019, 54; *Stürner* Die Anwaltschaft – ein Berufsstand ohne eigene Grundkonzeption?, in: FS Busse, 2005, S. 297 ff.; *Westpfal* Veränderungen und Bedrohungen des anwaltlichen Berufsbildes, in: FS A. Krämer, 2009, S. 149 ff.

Das Berufsrecht der Rechts- und Steuerberater ist geprägt von den Prinzipien der Staatsferne und der Unabhängigkeit, der freien Berufsausübung und der Stellung als Organ der (Steuer-)Rechtspflege sowie als Interessenvertreter des Mandanten. Berufsträger sind „unabhängig" (§ 1 BRAO; § 1 PAO) und Organ der (Steuer-)Rechtspflege (§ 1 BRAO; § 1 PAO; § 32 Abs. 2 S. 1 StBerG) und haben einen Freien Beruf (§ 2 Abs. 1 BRAO; § 2 Abs. 1 PAO; § 32 Abs. 2 S. 3 StBerG), Rechtsanwälte üben ausdrücklich „Freie Advokatur" (Überschrift zu § 1 BORA) aus, Anwälte (§ 3 Abs. 1 BRAO; § 3 Abs. 1 PAO) und Steuerberater[1] sind „unabhängige Berater und Vertreter" in Rechtsangelegenheiten. Verschiedene **Idealtypen für Berufsträger aus unterschiedlichen Zeiten** werden in diesen Regelungen ineinander verschachtelt, was dann durch die unterschiedliche textliche Fassung in den jeweiligen Berufsrechtsordnungen zum Ausdruck kommt. 1

Die unabhängige Tätigkeit einerseits und die Organstellung andererseits markieren die beiden Pole, zwischen denen sich die Berufe der Rechts- und Steuerberater geschichtlich entwickelt haben und auch heute noch stehen. Dieses Spannungsverhältnis dient in erster Linie der Beschreibung des rechtlichen Phänomens. Rechtliches Prinzip und **maßgeblicher Bezugspunkt zur Auslegung** der berufsrechtlichen Bestimmungen ist die Stellung als parteilicher Interessenvertreter[2]. 2

A. Freiheit der Berufsausübung

I. Freie Advokatur

[v.] Gneist Freie Advocatur: die erste Forderung aller Justizreform in Preußen, 1867; *Mayen* Die Freiheit der Advokatur im Spiegel des Verfassungsrechts, AnwBl. 2011, 405 ff.

Die Freie Advokatur ist ein Schlagwort und schillernder Begriff, politisch aufgeladen und damit eigentlich als Rechtsbegriff ungeeignet. In ihm bündeln sich die **Forderung des 19. Jahrhunderts**, die damalige obrigkeitliche Gängelung der Anwaltschaft zu beseitigen, das Unbehagen der etablierten Anwaltschaft mit der Kommerzialisierung und gleichzeitig das Aufbrechen der engen Schranken des (früheren) Standesrechts. Zudem hat die Freie Advokatur begrifflich eine Nähe zum Freien Beruf. Erkennbar aber stammt sie aus einer Zeit vor dem Aufkommen der Steuerberatung. 3

---

1 Für Steuerberater ergibt sich das aus der Rechtsprechung des BVerfG (BVerfG Urt. v. 4.7.1989 – 1 BvR 1460/85 u.a., BVerfGE 80, 269 (280 f.)).

2 So auch für den Rechtsanwalt als Verteidiger im Strafverfahren Löwe/Rosenberg/*Jahn* StPO vor § 137 Rn. 26 („Vertragstheorie"); kritisch in diesem Zusammenhang *Hamm* NJW 1993, 289 (289).

II. Staatsferne

Knopp Die Selbstverwaltung der Rechtsanwälte, BRAK-Mitt. 2004, 242 ff.; *Schautes* Anwaltliche Unabhängigkeit, 2005, S. 97–112; *Welker* Mösers „Vorschlag zu einem besondern Advocatencollegio", in: ders., Vom Ursprung der anwaltlichen Selbstverwaltung: Justus Möser und die Advokatur, 2007, S. 35 ff.

4 Die „Freie Advokatur", wie sie nach dem Titel der Schrift von *Rudolf [v.] Gneist* von 1867 als Schlagwort geführt wird, bedeutete ursprünglich die Befreiung der Rechtsanwaltschaft von staatlicher Aufsicht und Gängelung, wie sie in der zeitgenössischen Charakterisierung als „Halbbeamte"[3] noch zum Ausdruck kam. Sie wies zunächst in Richtung **Selbstregulierung des Anwaltsstandes**. Allerdings war das Ergebnis der Selbstregulierung weniger die Freiheit der Advokatur, sondern deren Beschränkung durch die eigene Standesorganisation, vor allem in Hinblick auf die Außendarstellung. Seit den Entscheidungen des Bundesverfassungsgerichts von 1987 (→ Kap. 1 Rn. 18 f.) bedeutet Staatsferne auch die **Freiheit von Gängelung durch mittelbare Staatsverwaltung**, wie sie durch die Kammern ausgeübt wird.

5 Anders als in BORA und BOPA findet sich dagegen weder im StBerG noch in der BOStB der Begriff einer „freien Steuerberaterschaft" im Sinne einer Staatsferne des Steuerberaterberufes. Die **Unabhängigkeit des Steuerberaters** (→ Rn. 9 ff.) erfasst jedoch auch eine Unabhängigkeit des Steuerberaters gegenüber dem Staat, namentlich der Finanzverwaltung, der keinerlei Weisungs- oder Aufsichtsrecht gegenüber den Steuerberatern zukommt[4]. Mehr als für den Anwalt ist diese „Staatsferne" gegenüber der Exekutive unabdingbar für eine sinnvolle Berufsausübung des Steuerberaters, da dieser, anders als ein Anwalt, für seinen Auftraggeber nahezu ausschließlich im Verhältnis zum Staat als „Gegner" des Steuerpflichtigen und nur selten im Verhältnis zu Dritten tätig wird.

6 Das wesentliche Element der Staatsferne und Unabhängigkeit ist, dass ein Berufsträger nicht **dem Staat gegen den eigenen Mandanten dienen** darf[5]. Um auch nur mittelbare Abhängigkeiten zu vermeiden, darf der Zugang zu den jeweiligen Berufen lediglich aus fachlichen Gründen und damit nur zur Qualitätssicherung beschränkt werden (→ Kap. 15 Rn. 3 ff.). Ein Spannungsverhältnis besteht zwischen dem Grundsatz der Staatsferne und der vor einiger Zeit eingeführten Meldepflicht für Rechtsanwälte und Steuerberater im Hinblick auf bestimmte Steuergestaltungsmodelle (→ Kap. 6 Rn. 23) sowie Informationspflichten der Gegenseite bei Inkassodienstleistungen (→ Kap. 6 Rn. 27 ff.).

III. Freier Beruf

Deutsches wissenschaftliches Institut der Steuerberater e.V. (Hrsg.), Stellung und Zukunft der freien Berufe in Europa, 2015; *Kämmerer* Die Zukunft der Freien Berufe zwischen Deregulierung und Neuordnung, in: Verhandlungen des 68. DJT, 2010, S. H9 ff.; *Michalski* Der Begriff des freien Berufs im Standes- und im Steuerrecht, 1989; *Redeker* Der Rechtsanwalt: „Freier Beruf" – „unreglementiert" – „dereguliert", NJW 2004, 2799 ff.

---

3 *Triepel* in FS Binding, Bd. 2, 1911, S. 1 (66 ff.), insb. S. 68 f.

4 *Koslowski* StBerG § 57 Rn. 9; Kuhls/*Maxl* StBerG § 57 Rn. 33; *Thümmel* WPg 1986, 643 (644); vgl. auch Schriftlicher Bericht zu BT-Drs. 3/2859, 5.

5 Vgl. hierzu KG, bei *Rosskopf*, Friedrich Karl Kaul, 2002, S. 43 (Mitgliedschaft eines in Westdeutschland zugelassenen Anwalts in ostdeutschem Anwaltskollegium).

Es ist heute unbestritten, dass Anwälte und Steuerberater einen Freien Beruf ausüben. Im anwaltsrechtlichen Schrifttum wird die Freiberuflichkeit oft in einem Atemzug mit der Freien Advokatur genannt. Eine Wurzel des Begriffs des „Freien Berufs" liegt bei den *Artes liberales*, den Freien Künsten der in der Renaissance wiedergegründeten Universitäten, eine andere in dem Attribut des im liberalen Zeitalter aus der engen staatlichen Bindung entlassenen Berufs[6]. Allerdings steht dem vollen Klang des „Freien Berufs" der Befund gegenüber, dass bis heute **keine allgemein anerkannte Definition des Freien Berufs** gelungen ist[7]. Die Nähe zu einem Gewerbe, in die große Sozietäten und Anwaltsfirmen durch das Verblassen des persönlichen Elements rücken, wenn ein Partner seine Dienste nicht mehr selbst erbringt, sondern die Tätigkeiten anderer nur noch überwacht, bleibt wegen der Unschärfe des Begriffs des Freien Berufs rechtlich folgenlos[8]. 7

Nur in Einzelfragen knüpft das deutsche Recht konkrete Rechtsfolgen an die Figur des Freien Berufs: So steht Berufsträgern als Angehörigen eines Freien Berufs die **Partnerschaftsgesellschaft** (→ Kap. 11 Rn. 16f.) als Rechtsform für die gemeinschaftliche Berufsausübung zur Verfügung. **Insolvenzrecht**lich genießen sie, weil sie als Freiberufler kein Gewerbe ausüben (§ 2 Abs. 2 BRAO; vgl. § 6 Abs. 1 S. 1 GewO), nicht den Schutz des § 12 GewO. Von fiskalischer Relevanz ist, dass Freiberufler **keine Gewerbesteuer** zahlen[9] (§ 2 Abs. 1 GewStG i.V.m. § 18 Abs. 1 Nr. 1 S. 2 EStG). 8

IV. Unabhängigkeit

Grunewald Die Unabhängigkeit des Rechtsanwalts, AnwBl. 2004, 463ff.; *Habscheid* Die Unabhängigkeit des Rechtsanwalts, NJW 1962, 1985ff.; *M. Hartung* Unabhängigkeit von Syndikusanwälten und von angestellten Kanzleianwälten, AnwBl. 2017, 160ff.; *Meng* Die unabhängige Berufsausübung des Steuerberaters, StB 1988, 333ff.; *Schautes* Anwaltliche Unabhängigkeit, 2005; *Schiller* Anwaltliche Unabhängigkeit, in: FS Streck, 2011, S. 797ff.; *Thümmel* Die unterschiedliche Bedeutung des Begriffs „Unabhängigkeit" im Rahmen prüfender und beratender Tätigkeit, WPg 1986, 643ff.

Zentral ist die Unabhängigkeit der Berufsträger. Das Berufsrecht betont deren Unabhängigkeit deshalb **an vielen Stellen**. So ist der Anwalt *„unabhängiges* Organ der Rechtspflege" (§ 1 BRAO; § 1 PAO), *„unabhängiger* Berater und Vertreter" (§ 3 Abs. 1 BRAO, § 1 Abs. 3 BORA; § 3 Abs. 1 PAO), „übt seinen Beruf frei, selbstbestimmt und unreglementiert aus" (§ 1 Abs. 1 BORA; § 1 Abs. 1 BOPA) und darf „keine Bindungen eingehen, die seine berufliche *Unabhängigkeit* gefährden" (§ 43a Abs. 1 BRAO; § 39a Abs. 1 PAO). Die § 57 Abs. 1 StBerG und § 1 Abs. 2 BOStB nennen als zentrales und erstes berufliches Prinzip ebenfalls die unabhängige Berufsausübung durch 9

---

6 Isensee/Kirchhof/*Mann* StaatsR-HdB § 146 Rn. 7.

7 *Heuss* in FS Brentano, 1916, S. 273 (273–278); *Hirte*, Berufshaftung, 1996, S. 341 f. – Das BVerfG hat sich diesem (resignierenden) Befund angeschlossen (BVerfG Beschl. v. 25.2.1960 – 1 BvR 239/52, BVerfGE 10, 354 (364)). – Zusammenfassung des Diskussionstands bei *Kämmerer*, 68. DJT-Gutachten, 2010, S. H12ff.

8 Vgl. *Kluth* JZ 2010, 844 (845); ausführlich *Bernütz/Kreusch/Loll* BRAK-Mitt. 2009, 146ff.; s. auch den Hinweis bei *Jaeger* NJW 2004, 1 (4).

9 Dazu BVerfG Beschl. v. 13.5.1969 – 1 BvR 25/65, BVerfGE 26, 1 (8); BVerfG Beschl. v. 25.10.1977 – 1 BvR 15/75, BVerfGE 46, 224 (236); BVerfG Beschl. v. 15.1.2008 – 1 BvL 2/04, BVerfGE 120, 1 (24ff.); zur Bagatellgrenze (sog. „Abfärberegelung" nach § 15 Abs. 3 Nr. 1 EStG) nun BFH Urt. v. 27.8.2014 – VIII R 6/12, SteuK 2015, 101; allgemein zur Grenze der Gewerbesteuerbefreiung *Sterzinger* NJW 2008, 20 (20ff.); *Seer* in FS Hartung, 2008, S. 203ff.; zur Geschichte dieser Regelung *Voß*, Steuern im Dritten Reich, 1995, S. 47 Fn. 264.

den Steuerberater. Dies wird ergänzt durch die Regelungen in § 2 BOStB, wonach der Steuerberater seine persönliche und wirtschaftliche Unabhängigkeit gegenüber jedermann zu wahren hat, keine Bindungen eingehen darf, die seine berufliche Entscheidungsfreiheit gefährden können, und Dritte nicht am wirtschaftlichen Erfolg seiner Tätigkeit beteiligen darf.

10 Wegen des Gebots der Unabhängigkeit darf es zum einen **keine Abhängigkeit von Dritten** geben[10]. So würden Anwälte in öffentlichen Ämtern oder privaten Anstellungsverhältnissen Beschränkungen durch das Direktionsrecht des Dienstherrn und Arbeitgebers unterliegen; allerdings wird die „anwaltliche Tätigkeit" von Syndikusanwälten als hinreichend unabhängig angenommen (vgl. § 46 Abs. 2 S. 1, Abs. 3 BRAO; § 41a Abs. 2 S. 1, Abs. 3 PAO). Aus dem Prinzip der Unabhängigkeit leitet sich zudem ab, dass die **wirtschaftlichen Verhältnisse des Berufsträgers** geordnet sein müssen, um einen Verlust beruflicher Unabhängigkeit durch finanzielle Notlagen zu vermeiden[11]. Deutlichster Ausfluss dieses Erfordernisses sind die Regelungen, die eine Versagung der Zulassung bzw. einen Widerruf derselben bei ungeordneten wirtschaftlichen Verhältnissen vorsehen (§ 7 Nr. 8 u. § 14 Abs. 2 Nr. 7 BRAO; § 14 Nr. 8 u. § 21 Abs. 2 Nr. 9 PAO; § 40 Abs. 2 Nr. 1 u. § 46 Abs. 2 Nr. 4 StBerG; → Kap. 15 Rn. 12) und damit zeigen, dass eine finanzielle Unabhängigkeit vorausgesetzt wird.

11 Vor allem auch **innerhalb der Mandatsbeziehung** muss der Berufsträger unabhängig sein. Dies erweist sich etwa in den Vorgaben für Syndikusanwälte (§ 46 Abs. 3 BRAO; § 41a Abs. 3 PAO). Der Justitiar (Hausanwalt)[12], der als selbständiger Anwalt auf Dauer angelegt sämtliche rechtlichen Probleme eines Mandanten bearbeitet, darf **nicht in eine wirtschaftliche Abhängigkeit** zu diesem geraten[13]. Ein erlaubter Grenzfall ist der Vertragsanwalt (etwa von Rechtsschutzversicherungen oder Automobilvereinen), der aufgrund einer vertraglichen, aber nicht vornehmlich entgeltlichen Beziehung Kunden und Mitgliedern empfohlen wird. Ebenfalls steht ein Lehrauftrag an einer Hochschule deren Beratung und Vertretung nicht entgegen[14].

12 Mehr als nur geringwertige **Geschenke von Mandanten** zu fordern oder anzunehmen, kann deshalb problematisch sein[15], auch wenn es im Berufsrecht der Anwälte und Steuerberater ein ausdrückliches Verbot diesbezüglich nicht gibt (anders aber etwa nach § 32 MBO-Ä).

13 Nach wie vor werden auch die **Beschränkungen erfolgsabhängiger Vergütungen** (§ 49b Abs. 2 BRAO; § 9a StBerG; → Kap. 8 Rn. 9 ff.) mit dem Schutz der Unabhängigkeit begründet, weil der Berufsträger regelmäßig keinen wirtschaftlichen Anteil am Erfolg in der Rechtssache haben soll. Unter diesem Gesichtspunkt sind etwa Vermittlungsprovisionen für Anwälte, die eine (nicht-anwaltliche) Leistung für ihre Mandanten betreffen (z.B. Vorrats-GmbHs), zumindest problematisch.

14 Seit einigen Jahren hat die Unabhängigkeit zudem einen **unternehmerischen Aspekt**. In größeren Sozietäten und Anwaltsfirmen bilden sich förmliche Hierarchien vom Seniorpartner über den Partner hin zum angestellten Associate heraus; ähnli-

---

10 Trotz fehlender Unabhängigkeit und Distanz zu sich selbst darf sich der Anwalt – außer in Strafsachen – selbst anwaltlich vertreten (kritisch hierzu *Jaeger* NJW 2004, 1 (5)).

11 OLG Düsseldorf Urt. v. 5.12.2002 – StO 1/02, DStRE 2003, 1422 (1422); *Koslowski* StBerG § 57 Rn. 10.

12 Begrifflich ist der Hausanwalt nicht mit dem angelsächsischen In-House Counsel, dem wiederum im wesentlichen der deutsche Syndikus (bis Ende 2015) entsprach, zu verwechseln.

13 Speziell zum Fall des Masseninkassos *Kleine-Cosack* NJW 2011, 2251 (2253 f.).

14 EuGH Urt. v. 4.2.2020 – C-515/17 P u.a., NJW 2020, 1277.

15 VG Berlin Urt. v. 30.4.2021 – VG 90 K 6.19 T, BeckRS 2021, 10597.

ches gilt für Syndici[16]. Dies kann die **Freiheit des angestellten Berufsträgers** und auch die des Partners beschränken. Allerdings setzt die Unabhängigkeit nicht zwingend Selbständigkeit (dazu → Kap. 12) voraus. Bei von Berufsträgern angestellten Berufsträgern geht man grundsätzlich nicht von einer Beeinträchtigung ihrer Unabhängigkeit aus (vgl. § 46 Abs. 1 BRAO; § 41a Abs. 1 PAO).

Keine berufsrechtlich unstatthafte Abhängigkeit wird durch weltanschauliche[17] oder **15** konfessionelle Nähe, sexuelle Orientierung, Parteimitgliedschaft oder familiäre Bindungen begründet[18]. Generell haben **identitätspolitische Aspekte** das Berufsrecht noch nicht erreicht, so dass aktivistische oder betroffene Berufsträger durch ihr Engagement beruflich weder besonders beschränkt noch geschützt sind.

V. Eigenverantwortlichkeit (des Steuerberaters)

Meilicke Der Begriff der Eigenverantwortlichkeit des Steuerberaters, StB 1963, 161 f.; *Ueberfeldt* Die Pflicht des Steuerberaters zur eigenverantwortlichen Berufsausübung, DStR 2016, 1574 ff.

Während das Berufsrecht der **Rechts- und Patentanwälte keine explizite Pflicht** **16** zur Eigenverantwortlichkeit kennt[19], hat der Steuerberater nach § 57 Abs. 1 StBerG und § 3 Abs. 1 S. 1 BOStB seine Tätigkeit in eigener Verantwortung auszuüben.

Die Unabhängigkeit des Steuerberaters (→ Rn. 9 ff.) und dessen Eigenverantwort- **17** lichkeit werden häufig als kongruent angesehen[20], haben aber richtigerweise nur partiell einen identischen Inhalt[21], insbesondere kann die Eigenverantwortlichkeit nicht lediglich als „Unabhängigkeit light" angesehen werden. Das Prinzip der Eigenverantwortlichkeit erfordert nach § 3 Abs. 1 S. 2 BOStB, dass der Steuerberater sich sein **Urteil selbst bildet** und seine **Entscheidungen selbständig trifft**. Hiervon ausgehend hat das Erfordernis eines eigenverantwortlichen Tätigwerdens zwei Aspekte: Zum einen darf er an Weisungen nicht generell gebunden sein, und zum anderen hat er auch die volle Verantwortung für das zu übernehmen, was innerhalb seiner Praxis vorgenommen wird[22].

Das Prinzip der Eigenverantwortlichkeit verlangt allerdings nicht, dass ein Steuerbe- **18** rater die in seiner Praxis erbrachten Leistungen allesamt persönlich ausführt[23]. Die (Un-)Tätigkeit als bloßer „Frühstücksdirektor" einer Steuerberaterpraxis ist allerdings verboten[24]. Im übrigen ist es dem Steuerberater durchaus erlaubt, Tätigkeiten auf Angestellte und freie Mitarbeiter zu delegieren. Er muss dabei allerdings stets seiner **Auswahl- und Überwachungspflicht** nachkommen, insbesondere muss er selbst oder ein nach §§ 58, 60 Abs. 1 Nrn. 2 u. 3 StBerG eigenverantwortlich als Mitarbeiter tätiger Steuerberater oder Steuerbevollmächtigter zumindest überblicksartig **Kennt-**

16 *Hartung* AnwBl. 2017, 160 ff.

17 Kritisch zu der Vermischung von anwaltlicher Tätigkeit und politische Agitation insb. von „Linksanwälten" *Ahrens* DVBl. 2014, 1096, 1097 m. Fn. 13; zu diesen sog. „Linksanwälten" Vorauf1. 2017, S. 69 f.

18 *Peitscher*, Anwaltsrecht, 3. Aufl. 2021, Rn. 186.

19 Kuhls/*Maxl* StBerG § 57 Rn. 40.

20 Vgl. BGH Urt. v. 9.10.1986 – I ZR 16/85, NJW 1987, 1326 (1327).

21 *Koslowski* StBerG § 57 Rn. 28; etwas anders Kuhls/*Maxl* StBerG § 57 Rn. 40, der die Eigenverantwortlichkeit lediglich als Konkretisierung der Verpflichtung zur unabhängigen Berufsausübung ansieht.

22 BGH Beschl. v. 10.11.1975 – AnwZ (B) 9/75, BGHZ 65, 238 (240); *Koslowski* StBerG § 57 Rn. 28.

23 Mittelsteiner/Gilgan/Späth/*Mittelsteiner*, 2002, § 3 BOStB Rn. 3; *Koslowski* StBerG § 57 Rn. 35.

24 BeckStB-HdB 2019/2020/*Koslowski* Kap. X Rn. 86; Kuhls/*Maxl* StBerG § 57 Rn. 87. – Zur Ausübung von Mehrfachfunktionen s. § 18 BOStB.

nis von der Tätigkeit der Angestellten haben und diese selbst beurteilen können[25]. Die Tätigkeiten in einem Steuerbüro dürfen dabei nicht auf beliebig viele Mitarbeiter verteilt werden, da ansonsten eine Überwachung derselben nicht mehr sichergestellt werden könnte; konkrete Zahlen lassen sich dabei dem Prinzip der Eigenverantwortlichkeit nicht entnehmen, vielmehr richten sich diese nach dem jeweiligen Zuschnitt des Steuerbüros[26].

B. Organ der (Steuer-)Rechtspflege

Eckertz-Höfer Organ der Rechtspflege oder Core Values?, NJW 2013, 1580 ff.; *Fetzer* Der Rechtsanwalt als unabhängiges Organ der Rechtspflege, in: FS Tolksdorf, 2014, S. 451 ff.; *Hellwig* Der Rechtsanwalt – Organ der Rechtspflege oder Kaufmann, AnwBl. 2004, 213 ff.; *Jaeger*, Rechtsanwälte als Organ der Rechtspflege, NJW 2004, 1 ff.; *Kämmerer* „Organ der Steuerrechtspflege" – Steuerberater im Spannungsfeld von Staat und Gesellschaft, DStR 2019, 2668 ff.; *Krämer* Der Rechtsanwalt – Garant des Rechtsstaats, in: FS Raue, 2006, S. 165 ff.; *Krämer* Der Rechtsanwalt als unabhängiges Organ der Rechtspflege, 2018, S. 121 ff.; *Th. Mann* Der Steuerberater als Organ der Steuerrechtspflege, 2019; *Schneider* Der Rechtsanwalt, ein unabhängiges Organ der Rechtspflege, 1976; *G. Wolf* Ein neuer Historikerstreit – Zur Entstehung der „Organformel", JuS 1991, 976 ff.

19 Nach § 1 Abs. 1 BRAO und § 1 PAO sind Anwälte (unabhängiges) „Organ der Rechtspflege"[27]; für Steuerberater ergibt sich dies seit 2019 aus § 32 Abs. 2 StBerG[28]. Die Bedeutung dieser Aussage ist nicht ganz klar, das **pathetische Element nicht unerheblich**. Er hat im wesentlichen eine statusrechtliche Bedeutung, enthält daneben aber auch eine materiellrechtliche Vermutung und eine Pflichtigkeit.

I. Organstellung

20 Zunächst soll insbesondere der Anwalt nach der Vorstellung des Gesetzgebers gleichberechtigt auf einer Stufe mit dem Gericht und der Staatsanwaltschaft stehen[29], ist also Teil des „Rechtsstabes" der Gesellschaft, wie es in der Rechtssoziologie gelegentlich formuliert wird[30]. Ebenso steht der Steuerberater als Organ der Steuerrechtspflege gleichberechtigt neben den Finanzbehörden und Finanzgerichten[31]. Für alle Berufsträger umfasst die Stellung als „Organ der Rechtspflege" die gerichtlichen und die außergerichtlichen Tätigkeiten gleichermaßen. Die Organstellung bedeutet aber freilich **kein Amt im dienstrechtlichen Sinne**, so dass die Übernahme eines Richteramts (in der Berufsgerichtsbarkeit) oder die Tätigkeit als „Special Master", wie sie das angelsächsische Recht kennt, berufsrechtlich einen Zweitberuf darstellt.

---

25 Ausführlich Kuhls/*Maxl* StBerG § 57 Rn. 90 ff.

26 Kuhls/*Maxl* StBerG § 57 StBerG Rn. 92; *Koslowski* StBerG § 57 StBerG Rn. 38.

27 Der Begriff des „Organs der Gerechtigkeitspflege" stammt von *Abegg*, Lehrbuch des gemeinen Criminal-Prozesses, 1833, S. 254, bezieht sich dort aber auf den mit dem Anwalt nicht notwendigerweise identischen Verteidiger. Von der (anwaltsgerichtlichen) Rechtsprechung ist er 1881 übernommen worden (EGHE, Erk. v. 25.5.1883 – G 7/82, 1, 140 (140)). Zur Genese des Begriffs *Stern*, Anwaltschaft und Verfassungsstaat, 1980, S. 12 f.

28 S. zuvor aber schon BT-Drs. 3/128, 24: „Diener des Rechts".

29 BT-Drs. 3/120, 49.

30 Vgl. nur *Röhl*, Das Dilemma der Rechtstatsachenforschung, 1974, S. 115 ff.

31 So auch ausdrücklich die früheren Nr. 45 Abs. 1 und Nr. 46 Abs. 1 RichtlStB, welche infolge der „Bastille-Entscheidungen" des BVerfG als (formell) verfassungswidrig anzusehen waren, indes nie aufgehoben wurden.

Eine Einschränkung der Parteilichkeit der Interessenvertretung des Mandanten ist mit der Organstellung nicht verbunden. Der Berufsträger muss und darf **nicht die Interessen des Staates und der Rechtspflege zulasten des Mandanten** berücksichtigen. So ist z.B. ein Rechtsanwalt gehalten, selbst ein unrichtiges Hauptverhandlungsprotokoll zur Grundlage einer Verfahrensrüge zu machen[32]. Auch werden Staat und Öffentliche Hand, wenn sie durch Berufsträger vertreten werden, nicht anders oder gar besser behandelt als jedermann[33]. 21

Die Organstellung bedeutet, dass der Berufsträger eine **funktionale Rolle** einnimmt. Das erlaubt es dem Verfahrens- und Berufsrecht, auch nur an dieser Rolle anzuknüpfen. So kann etwa das Verhalten des Berufsträgers außerhalb seiner Berufstätigkeit oder auch in einem anderen Mandat nicht zulasten eines Mandanten gewürdigt werden[34]. 22

Die Organstellung begründet eine **Vermutung für die Redlichkeit** insbesondere des Rechtsanwalts[35], was etwa bei der Auslegung von Verfahrensvorschriften (Akteneinsicht; Zugang des Verteidigers zu Gefangenen, § 148 Abs. 1 StPO[36]) von Bedeutung ist. Allerdings bedeutet diese Vermutung keine Pflicht zur vollständigen verfahrensmäßigen Gleichbehandlung mit Richtern und Staatsanwälten, wie sich etwa in der Möglichkeit differenzierender Handhabung der Sitzungspolizei (§ 176 GVG) und hierauf gestützter sogenannter Sicherungsverfügungen zeigt. So ist etwa bei Verfahren mit terroristischem Hintergrund die alleinige Durchsuchung von Rechtsanwälten auf Waffen verfassungsrechtlich nicht zu beanstanden[37]. 23

Die rechtlichen Folgerungen aus der Stellung als „Organ der (Steuer-)Rechtspflege" sind allerdings im **Prozessrecht** stellenweise unterschiedlich. So greift nach § 160a Abs. 1 StPO bei Ermittlungsmaßnahmen gegen Rechtsanwälte ein absolutes Beweiserhebungsverbot, soweit Erkenntnisse zu erwarten sind, über die dem Rechtsanwalt ein Zeugnisverweigerungsrecht zukommt, bei Patentanwälten und Steuerberatern hingegen nach § 160a Abs. 2 StPO lediglich ein relatives Beweiserhebungsverbot[38]. 24

Auch wenn der Berufsträger grundsätzlich über die Annahme oder Ablehnung eines Mandats frei entscheiden kann, folgt aus der Organstellung für die Anwaltschaft und Steuerberaterschaft als Ganzes die Pflicht und Funktion, **für jede Tat und jedermann als rechtlicher Beistand bereitzustehen**. Verkörpert wurde diese Haltung besonders durch den französischen Anwalt *Jacques Vergès*, dem „Advokaten des Teufels", und ist immer wieder Thema bei der Verteidigung nach abscheuerregenden Taten. 25

Die Organstellung der Berufsträger verbietet wohl auch einen **Streik**[39]. 26

In der Corona-Pandemie trat noch ein weiterer Aspekt der Organstellung hervor. Denn weil der Rechtstaat auf die Möglichkeit rechtlicher Vertretung angewiesen 27

32 Vgl. *Ignor* NJW 2011, 1537, 1541 m.w.N.
33 *v. Lewinski*, Gesetzesverfasser und Gesetzgeber, 2015, S. 25 f.
34 BVerwG Urt. v. 24.11.2020 – 10 C 12/19, NVwZ 2021, 646.
35 RG Urt. v. 17.11.1904 – I 1178/04, RGSt 37, 321 (323).
36 Jenseits der Verteidigung muss er allerdings wie jedermann die Beschränkungen im Verkehr mit Gefangenen beachten (vgl. § 115 OWiG).
37 BVerfG Beschl. v. 5.1.2006 – 2 BvR 2/06, NJW 2006, 1500 (1500 f.); stärker verfahrensrechtlich OLG Hamm Beschl. v. 24.1.2011 – 3 Ws 370/11, NStZ-RR 2012, 118 f.
38 Kritisch hierzu Kuhls/*Kleemann* StBerG § 32 Rn. 14.
39 Über einen solchen Streik in Serbien F.A.Z. v. 31.12.2014, S. 16.

ist, sind Anwälte und Steuerberater systemrelevant[40] und – wie man es im Katastrophenrecht ausdrückt – eine **Kritische Infrastruktur**. Hieraus leiten sich einstweilen allerdings keine unmittelbaren verfahrens- oder berufsrechtlichen Folgen ab, weil es, anders als für viele andere Lebensbereiche, keine Sicherstellungs- und Versorgungsgesetze für Justiz oder Rechtsdienstleistungen gibt. Rechtspolitisch kann diese **Systemrelevanz** indes insoweit von Bedeutung sein, dass Anwälte und Steuerberater in den gesetzlichen Regelungen zu Kinder-Notbetreuungen, Impfungen u.ä. priorisiert berücksichtigt werden. Teilweise wird vertreten, Steuerberater seien nicht systemrelevant, da die Tätigkeiten eines Steuerberaters im Rahmen der Steuerrechtspflege vollständig vom Aufgabenbereich der (demnach) systemrelevanten Rechtsanwälte umfasst seien[41].

II. Reglementierter Beruf

28 Das europäische Recht, wiewohl es die Kategorie des Freien Berufs kennt (Art. 57 Abs. 2 lit. d AEUV; ErwGr. 43 Berufsqualifikationsrichtlinie 2005/36/EG)[42], stellt für die konkreten sekundärrechtlichen Regelungen auf die Eigenschaft als Reglementierter Beruf ab[43]. Was ein Reglementierter Beruf ist, findet sich in Art. 3 Abs. 1 lit. a **Berufsanerkennungsrichtlinie 2005/36/EG definiert**; europarechtlich unerheblich ist, dass das Berufsrecht von einer „unreglementierten“ Berufsausübung (§ 1 Abs. 1 BORA; § 1 Abs. 1 BOPA) spricht.

29 Auch wenn damit der Ausgangspunkt für viele Regelungen im deutschen und europäischen Recht unterschiedlich ist, mithin die (nach deutscher Kategorisierung) Freien Berufe eben nicht kategorisch von anderen Berufen und deren Regelungen zu trennen sind, können Elemente des Berufsrechts durchaus auch vor dem europarechtlichen Hintergrund gerechtfertigt werden; so etwa sind die berufsständischen **Kammern als grundsätzlich europarechtskonform** eingestuft worden[44]. Nicht aber kann vor dem Hintergrund des Europarechts dagegen pauschal mit der Freiberuflichkeit argumentiert werden, sondern der Grund für eine abweichende mitgliedsstaatliche (Sonder-)Regelung für Reglementierte Berufe muss konkret benannt werden. Durch diesen gegenüber der überkommenen Rechtslage in Deutschland erhöhten Begründungsaufwand für berufsspezifische Sonderregelungen will die EU eine stärkere (innere) Kohärenz der mitgliedsstaatlichen Berufsrechtsregelungen erreichen. Insbesondere Vergütungsregelungen in Form von Fest-, Mindest- und Höchstpreisen sind unionsrechtlich bedenklich, soweit sie geeignet sind, den Marktzugang für EU-Ausländer zu erschweren[45]. Regelungen der Honorarordnung für Architekten und Ingenieure (HOAI) hat der EuGH bereits kassiert[46]. In Bezug auf das Vergütungsrecht der rechts- und steuerberatenden Berufe dürfte das letzte Wort noch nicht gesprochen sein[47].

---

40 So die BRAK (F.A.Z. v. 6.4.2020, S. 19).

41 VG Frankfurt (Oder) Beschl. v. 13.5.2020 – VG 6 L 227/20, DStRE 2021, 318 ff.; kritisch dazu *Willerscheid* DStR 2020, 2455 (2456).

42 S.a. EuGH Urt. v. 11.10.2001 – C-267/99, EuGHE 2001 I, 7467, 7495 (Tz. 39) – Adam.

43 *Kämmerer*, 68. DJT-Gutachten, 2010, S. H17.

44 EuGH Urt. v. 22.9.1983 – 271/82, EuGHE I 1983, 2729, 2744 (Tz. 18) – Auer.

45 Ausführlich dazu Schulze/Janssen/Kadelbach/*v. Lewinski* EuropaR-HdB § 28 Rn. 111 ff.

46 EuGH Urt. v. 4.7.2019 – C-377/17, NVwZ 2019, 1120 ff.

47 Die Höchstsätze des italienischen Gebührenrechts für Rechtsanwälte hatte der EuGH 2011 für noch unionsrechtskonform eingeordnet (vgl. EuGH Urt. v. 29.3.2011 – C-565/08, NJW 2011, 1575 ff.); zu berücksichtigen ist allerdings, dass der EuGH Mindest- und Festpreise grundsätzlich kritischer beurteilt als Höchstpreise, da die Annahme einer marktzugangsbeschränkenden Wirkung naheliegender ist.

C. Berufener Interessenvertreter

Heussen Anwalt und Mandant, 1999, S. 3–11; *Roser* Der verfassungsrechtliche Schutz des Vertrauensverhältnisses zwischen Rechtsanwalt und Mandant am Beispiel des Steuerrechts, 2021.

Es ist Aufgabe des Anwalts, die Interessen seines **Mandanten gerichtlich und außergerichtlich parteilich zu vertreten** (§ 3 Abs. 1 BRAO), der Patentanwalt wird ebenfalls als „Vertreter" charakterisiert (§ 3 Abs. 1 PAO), und das StBerG spricht von „Hilfeleistung in Steuersachen" (§ 3 StBerG). Der Mandant ist es, der sich eines Rechtsanwalts „bedienen" kann (vgl. § 137 Abs. 1 S. 1 StPO). Die Ausrichtung auf das Interesse des Mandanten ist das entscheidende Prinzip im Berufsrecht von Rechtsanwälten[48], Patentanwälten und Steuerberatern. Die Stellung der Anwälte lediglich als „Rechtspflegeorgan" wäre zu sehr auf die Justiz bezogen[49], die Freiheit der Advokatur zu sehr auf die Berufsgruppe der Anwälte selbst. 30

Konsequenterweise stellt besonders die jüngere (Verfassungs-)Rechtsprechung hinsichtlich des Schutzobjekts des Berufsrechts vor allem auf den **individuellen Mandanten** und daneben nur noch auf die **Rechtspflege als solche** ab. Das bedeutet einerseits, dass **berufsständische Interessen** bei der Auslegung des Berufsrechts unerheblich und andererseits dem Berufsträger alle Tätigkeiten gestattet sind, die – im Rahmen der allgemeinen Gesetze – dem Interesse des Mandanten nützen sowie der (Steuer-)Rechtspflege und dem Vertrauen der Allgemeinheit hierein nicht zuwiderlaufen. 31

Vereinzelt werden Anwälte auch Regeln unterworfen, die nicht dem Schutz des eigenen Mandanten, sondern dem **Schutz der Gegenseite** dienen. Zu nennen sind insoweit insbesondere die Verbote der § 12 BORA bzw. § 17 BOPA, einen anwaltlich vertretenen Mandanten direkt zu kontaktieren (→ Kap. 7 Rn. 40 ff.) sowie die Informationspflichten gem. § 43d BRAO für Rechtsanwälte, die Inkassodienstleistungen erbringen (→ Kap. 4 Rn. 27). 32

48 *Heussen*, Anwalt und Mandant, 1999, S. 3 et pass.

49 Wenn man – im ursprünglichen Zitat allerdings ironisierend – die Staatsanwaltschaft als die „objektivste Behörde der Welt" bezeichnen kann (*v. Liszt* DJZ 1901, 179 (180), neuabgedr. in BerlAnwBl. 2001, 159 (160)), dann sind der Rechtsanwalt, der Patentanwalt und der Steuerberater die subjektivsten Rechtspflegeorgane.

Kapitel 3: Mandatsverhältnis

Anders/Gehle Das Recht der freien Dienste. Vertrag und Haftung, 2001, S. 199–243; *v. Lewinski* Anwaltliches Berufsrecht und Mandatsvertrag, JuS 2004, 396 ff.; *Stader* Mandanten-Schwarzbuch, 2009.

1 Das Mandatsverhältnis ist eine **Rechtsbeziehung eigener Art**. Es wird regelmäßig durch einen Vertrag begründet. In bestimmten sozialstaatlich oder strafprozessual motivierten Konstellationen (Beiordnung, Pflichtverteidigung) kann ein Mandat auch ohne privatrechtlichen Vertrag als gesetzliches Schuldverhältnis zustandekommen. Mit dem Mandat ist meist eine (Prozess-)Bevollmächtigung verbunden, die rechtstechnisch strikt vom Mandatsverhältnis zu trennen ist.

2 Ein Anwalt kann auch andere Tätigkeiten, die keine Rechtsdienstleistung (→ Kap. 4 Rn. 45 ff.) zum Gegenstand haben, für Dritte übernehmen, insbesondere die in § 45 Abs. 1 Nr. 3 BRAO (z.B. Vermögensverwaltung, Insolvenzverwaltung[1], Testamentsvollstreckung) und § 41 Abs. 1 Nr. 2 PAO (technische Beratung) genannten Tätigkeiten sowie jede andere erlaubte **zweitberufliche Dienstleistung**. Sie unterfallen dann insoweit nicht dem Berufsrecht; das Verhältnis zum Auftraggeber sollte dann nicht als Mandat bezeichnet werden[2]. – Bei Steuerberatern wird dogmatisch davon abweichend nicht zwischen Berufstätigkeit und Zweitberuf unterschieden, sondern zwischen der Hilfeleistung in Steuersachen (§ 32 Abs. 1 StBerG), (regelmäßig) vereinbaren Tätigkeiten (§ 57 Abs. 3 StBerG, § 15 BOStB; z.B. Wirtschaftsprüfung, wie bei Rechtsanwälten etwa aber auch Vermögensverwaltung und Insolvenzverwaltung) und nur ausnahmsweise erlaubten gewerblichen Tätigkeiten (§ 57 Abs. 4 Nr. 1 StBerG, § 16 BOStB).

A. Rechtsnatur des Mandats

3 Das Mandat ist ein Rechtsverhältnis, das regelmäßig durch Vertrag entsteht, aber auch durch Hoheitsakt (eines Gerichts oder der Justiz- oder Steuerverwaltung) sowie unmittelbar aufgrund öffentlichrechtlicher Normen begründet werden kann. In den allermeisten Fällen wird das Mandat eine vertragliche Grundlage haben. Dogmatisch ist dies ein **gestuftes verbundenes Rechtsverhältnis**[3], bestehend aus einem Grundverhältnis (Vertrag, Verwaltungsakt oder Norm), dem eigentlichen Mandatsverhältnis und gegebenenfalls noch einer Bevollmächtigung. Stets kann das Mandat, auch als gesetzlich begründetes Schuldverhältnis (Pflichtverteidigung, Beiordnung), vom Mandanten durch Weisung (→ Kap. 4 Rn. 15 ff.) ausgestaltet werden[4].

---

1 A.A. zur Frage der Anwendung des § 12 BORA auf den anwaltlichen Insolvenzverwalter BGH Urt. v. 6.7.2015 – AnwZ (Brfg) 24/14, NJW 2015, 3241 (3242); dazu auch BVerfG Urt. v. 28.10.2015 – 1 BvR 2400/15, AnwBl. 2016, 69 ff.

2 Fahrendorf/Mennemeyer/*Mennemeyer* RA Haftung-HdB Rn. 6 ff., unterscheidet insoweit zwischen echtem und unechtem Rechtsbesorgungsvertrag.

3 Vgl. für vergleichbare Konstruktionen beim Kontrahierungszwang und diktiertem Vertrag *Busche*, Privatautonomie und Kontrahierungszwang, 1999, S. 647, s.a. S. 116; früh schon *Nipperdey*, Kontrahierungszwang und diktierter Vertrag, 1920, S. 86 ff.

4 Die Unterscheidung von Mandatsvertrag und Mandatsverhältnis entspricht der (inzwischen nach Ansicht der h.M. allerdings überholten) arbeitsrechtlichen Figur der vom Arbeitsvertrag unabhängigen Treuepflicht, was letztlich deutschrechtlichen Ursprungs ist (vgl. MAH ArbR/*Reichhold* § 47 Rn. 2, 5).

In der Wissenschaft ist die Rechtsnatur des Mandats bislang **noch nicht eingehend untersucht** worden[5]. Von der h.M. wird es generell als (einheitliches) Vertragsverhältnis eingeordnet. Allerdings ist weitgehend unstreitig, dass es sich bei der Bestellung als Pflichtverteidiger um ein gesetzliches Schuldverhältnis handelt, das durch einen gerichtlichen Verwaltungsakt zustandekommt[6]. Im Hinblick auf die Beiordnung im Scheidungs- oder Prozesskostenhilfeverfahren sowie bei der als Notanwalt (§ 78b ZPO) liegt nach h.M. hingegen ein (ggf. unter Kontrahierungszwang) geschlossener Mandatsvertrag vor[7]. Die §§ 48–49a BRAO, § 42 PAO und §§ 65a f. StBerG begründen die Pflicht für den Berufsträger, sich im Rahmen der Prozesskostenhilfe „zur Vertretung bereitzufinden" (vgl. § 121 ZPO; § 142 Abs. 2 FGO), Beratungshilfe zu „gewähren" (§ 3 Abs. 1 BerHG) bzw. sich an den kostenlosen Erfinderberatungsstellen[8] zu beteiligen. 4

B. Zustandekommen des Mandats

Borgmann Die Mandatsannahme, BRAK-Mitt. 2000, 77; *Koslowski* Steuerberatungsvertrag, in: Beck'sches Steuerberater-Handbuch 2021/2022, 18. Aufl. 2021, S. 2029 ff.; *Mutschler* Die zivilrechtliche Einordnung des Steuerberatungsvertrages als Dienst- oder Werkvertrag, DStR 2007, 550 ff.

Da ein Mandat regelmäßig auf der **Vertrauensbeziehung zwischen Berufsträger und Mandant** beruht, muss es von beiden Seiten gewollt sein und getragen werden. 5

I. Mandat aufgrund zivilrechtlichen Vertrags

Szerkus Der Anwaltsvertrag in der Prüfung, JA 2018, 328 ff.

Allgemein kommt das Mandatsverhältnis zwischen Mandant und Berufsträger durch einen (zivilrechtlichen) Vertrag zustande. Durch die freie Entscheidung beider Seiten (**Privatautonomie**) wird für das Mandat auch dem **Recht auf freie Anwaltswahl** (§ 3 Abs. 3 BRAO; § 3 Abs. 4 PAO) und dem Vertrauensverhältnis zwischen Mandant und Berufsträger[9] Rechnung getragen. Wegen des Verbots der Einzelfallwerbung (§ 43b Var. 2 BRAO; § 39b Var. 2 PAO; § 57a Var. 2 StBerG; → Kap. 13 Rn. 49 ff.) muss die (unmittelbare) Initiative regelmäßig vom Mandanten ausgehen[10]. 6

1. Vertragstyp

Die anwaltliche oder steuerberaterliche Tätigkeit ist nicht durch einen speziellen BGB-Vertragstyp geregelt, anders als etwa für die Heilberufe in §§ 630a ff. BGB. Meist wird eine **(entgeltliche) Geschäftsbesorgung** (§ 675 BGB) in der Form eines 7

5 Die Rechtsnatur des Mandats war auch in der DDR umstritten. Diskutiert wurde insbesondere, ob eine so wichtige „gesellschaftliche" Aufgabe wie die Rechtspflege zivilrechtlich (nach §§ 197 ff. des DDR-Zivilgesetzbuches [ZGB]) geregelt sein durfte (s. zu der dogmatischen Konstruktion *Göhring* NJ 1978, 300 ff.; *Brand*, Der Rechtsanwalt und Anwaltsnotar in der DDR, 1985, S. 95–98; *Gysi* (Lt.), Handbuch für Rechtsanwälte, 1990, S. 50 f.).

6 Henssler/Prütting/*Henssler* BRAO § 49 Rn. 3.

7 Hartung/Scharmer/*Peitscher* BRAO § 48 Rn. 11; Henssler/Prütting/*Henssler* BRAO § 48 Rn. 7; Weyland/*Nöker* BRAO § 48 Rn. 2; stärker differenzierend noch Voraufl., 2017, S. 77 f.

8 Weyland/*Reinhard* PAO § 43 Rn. 3.

9 Zum Vertrauensverhältnis zwischen Rechtsanwalt und Mandant *Dombek* in FS Streck, 2011, S. 655 ff.

10 *Peitscher*, Anwaltsrecht, 3. Aufl. 2021, Rn. 497 f.

Dienstvertrags vorliegen, die eine Rechtsberatung, Rechtsvertretung bzw. eine Hilfeleistung in Steuersachen zum Gegenstand hat[11]. Reine Dauerberatungen können auf einem **Dienstvertrag** (§§ 611 ff. BGB) basieren[12]. Das Erstellen von (Muster-)Verträgen[13], Bilanzen oder Gutachten kann **Werkvertrag**srecht (§§ 631 ff. BGB) unterfallen. Bei gemischten Verträgen, die auch eine Beratung zum Gegenstand haben, ist nach neuerer Rechtsprechung des BGH „in jedem Fall" von einem Dienstvertrag auszugehen[14].

2. Informierungspflichten vor Zustandekommen des Mandats

Greißinger Beratungshilfe, Prozeßkostenhilfe und anwaltliche Aufklärungspflicht, AnwBl. 1982, 288 ff.; *Jung* Vorvertragliche Informationspflichten des Rechtsanwalts, AnwBl. 2015, 724 ff.; *Ueberfeldt* Informationspflichten für Steuerberater im Überblick, DStR 2017, 900 ff.

8 Wegen der strukturell schwächeren Position des Mandanten besteht für den Berufsträger eine Reihe von Informierungspflichten. Man kann unter diesem Oberbegriff dogmatisch zwischen **Unterrichtungspflichten** über tatsächliche Umstände und **Belehrungen** über Rechte und Wahlmöglichkeiten unterscheiden[15]. Die Informierung hat grundsätzlich vor dem Zustandekommen des Mandats stattzufinden. Verstöße können wettbewerbs- bzw. verbraucherrechtlich relevant sein (§ 5a Abs. 2 UWG).

a) Berufsrechtliche Informationspflichten

9 Hinzuweisen haben Anwalt und Steuerberater vorvertraglich zunächst auf gegebenenfalls potentielle[16] oder bestehende[17] **Interessenkonflikte**, etwa um mit dem Mandanten über sein Einverständnis nach § 3 Abs. 2 S. 2 BORA, § 5 Abs. 2 BOPA bzw. § 6 Abs. 2 S. 1 BOStB zu sprechen. Anders als ein Mediator (§ 3 Abs. 5 MediationsG) ist der Berufsträger dagegen nicht verpflichtet, seinen Mandanten über „seinen fachlichen Hintergrund, seine Ausbildung und seine [beruflichen] Erfahrungen" zu unterrichten. Einen Hinweis auf algorithmische Zuarbeit, wie sie für Inkassodienstleister nach § 13 f Abs. 2 RDG besteht, existiert für Berufsträger ebenfalls nicht.

b) Außerberufsrechtliche Informationspflichten

Etzkorn/Kremer Das Widerrufsrecht bei anwaltlicher Beratung via E-Mail und Internet, K&R 2008, 273 ff.; *Haug* Informationspflichten bei Social Media-Präsenzen von Rechtsanwälten, NJW 2014, 661 ff.; *Schmidt-Keßeler* Neue Informationspflichten für Steuerberater durch die Dienstleistungs-Informationspflichten-Verordnung, DStZ 2010, 647 ff.; *Schons* Europas neuester Streich: Informationspflichten für Anwälte, AnwBl. 2010, 419 ff.

---

11 Zu den engen Voraussetzungen eines anwaltlichen Garantieversprechens für den Eintritt eines bestimmten Erfolgs OLG Frankfurt a.M. Urt. v. 14.2.2007 – 19 U 175/06, NJW 2007, 1467 (1468).

12 Palandt/*Weidenkaff* BGB vor § 611 BGB Rn. 20.

13 RG Urt. v. 17.3.1914 – 468/13 III, JW 1914, 642 (642 f.) – Chinesische Kohlegruben.

14 BGH Urt. v. 11.5.2006 – IX ZR 63/05, DStR 2006, 1247 (1247); zustimmend *Mutschler* DStR 2007, 550 (554).

15 Zum parallelen Sprachgebrauch im Datenschutzrecht *v. Lewinski* DuD 2002, 395 (395 f.).

16 Vgl. BGH Urt. v. 19.9.2013 – IX ZR 322/12, NJW 2013, 3725 (3726 f.).

17 BGH Urt. v. 8.11.2007 – IX ZR 5/06, BRAK-Mitt. 2008, 56 (56); BGH Urt. v. 23.4.2009 – IX ZR 167/07, NJW 2009, 3297 (3300); *Fischer* BerlAnwBl. 2009, 39 f.

Eine Reihe von Informierungspflichten ergeben sich aus dem Telemedienrecht, andere sind in den zur Umsetzung entsprechender Vorgaben der Fernabsatzrichtlinie 97/7/EG ergangenen §§ 312c ff. BGB (früher §§ 312b ff. BGB) und der Dienstleistungsrichtlinie 2006/123/EG ergangenen DL-InfoV[18] geregelt. Sie sind nicht unmittelbar an einen Vertrags- bzw. Mandatsschluss geknüpft, aber auf die **Informierung im Vorfeld von Vertragsabschlüssen** gerichtet. 10

Dienstleistungsrechtlich sind Rechtsanwälte, Patentanwälte und Steuerberater zunächst verpflichtet, dem (zukünftigen) Mandanten eine Reihe von allgemeinen Informationen zur Verfügung zu stellen bzw. für ihn bereitzuhalten[19]. Dies sind nach § 2 Abs. 1 DL-InfoV der **Name** bzw. die Firma einschließlich der **Rechtsform** und ggf. entsprechender Registerangaben, die (ladungsfähige) **Anschrift** und elektronische **Kontaktdaten**, die **Anschrift der zuständigen Kammer**, ggf. die **Umsatzsteuer-Identifikationsnummer**, die Bezeichnung als Rechtsanwalt, Patentanwalt oder Steuerberater und **Angaben über die Berufshaftpflichtversicherung** einschließlich des Versicherers[20]. – Diese Angaben hat der Berufsträger nach § 2 Abs. 2 DL-InfoV entweder von sich aus zu machen oder für den Mandanten leicht zugänglich oder elektronisch bereitzuhalten. 11

Auf Anfrage des Mandanten muss zusätzlich noch nach § 3 Abs. 1 Nr. 1 DL-InfoV auf die einschlägigen **Normen des Berufsrechts** verwiesen und nach § 3 Abs. 1 Nr. 2 DL-InfoV auf ggf. bestehende **multidisziplinäre Tätigkeiten**, berufliche Gemeinschaften mit weiteren Personen und, soweit erforderlich, die **zur Vermeidung von Interessenkonflikten ergriffenen Maßnahmen** hingewiesen werden. Falls sich ein Berufsträger einem **Verhaltenskodex** – neben dem Berufsrecht – unterworfen hat, ist auch dieser anzugeben (§ 3 Abs. 1 Nrn. 3 u. 4 DL-InfoV). In Allgemeinen Geschäftsbedingungen und im Rahmen eines Internetauftritts muss auf eine gegebenenfalls bestehende **Bereitschaft zur Beteiligung an einem Streitbeilegungsverfahren** nach VSBG i.V.m. § 191f Abs. 4 BRAO hingewiesen werden[21]. 12

Wenn ein **Internetauftritt** unterhalten wird, müssen die in § 5 Abs. 1 TMG genannten Informationen leicht erkennbar, unmittelbar erreichbar und ständig verfügbar sein. Nach § 5 Abs. 1 Nrn. 5 u. 6 TMG müssen vor allem die für den Berufsträger zuständige Kammer, die Berufsbezeichnung „Rechtsanwalt", „Patentanwalt" bzw. „Steuerberater" mit dem Zulassungsstaat und die geltenden Berufsrechte mit entsprechenden Fundstellen sowie ferner die Umsatzsteueridentifikationsnummer nach § 27a Abs. 1 UStG genannt werden. Diese Erfordernisse gelten auch für **Auftritte in Sozialen Netzwerken**; es kann jedoch dort dann ein Link zu einem Impressum genügen, das sich auf der eigenen Homepage des Berufsträgers befindet, wenn der Link als solcher leicht erkennbar i.S.d. § 5 Abs. 1 TMG ist[22]. Vergleichbares soll bei **Einträgen in Internet-Verzeichnissen** anzunehmen sein, soweit diese der Berufsträger selbst anlegt und kontrolliert[23]. 13

---

18 Dienstleistungs-Informationspflichten-Verordnung v. 12.3.2010 (BGBl. I 267). – Diese Verordnung beruht, was aus anwaltsrechtlicher Perspektive systemfremd ist, auf der Ermächtigungsnorm des § 6c GewO.

19 Dazu LG Dortmund Urt. v. 26.3.2013 – 3 O 102/13, NJW-RR 2013, 1381 (1381 ff.).

20 Zur Angabe auch des räumlichen Geltungsbereichs der Berufshaftpflichtversicherung OLG Hamm Urt. v. 28.2.2013 – 4 U 159/12, NJW-RR 2013, 1054 (1055); für eine teleologische Reduktion der Angaben nach § 2 Abs. 1 Nr. 11 DL-InfoV *Schons* AnwBl. 2010, 419 (420).

21 *Ruge* BRAK-Mitt. 2016, 271 ff.

22 LG Stuttgart Urt. v. 27.6.2014 – 11 O 51/14, MMR 2014, 674 (676); umfassend *Haug* NJW 2015, 661 (664 f.).

23 LG Stuttgart Urt. v. 24.4.2014 – 11 O 72/14, AnwBl. 2014, 217 (220 f.); a.A. *Härting/Thiess* AnwBl. 2014, 611 (612).

14 Werden durch den Internetauftritt des Berufsträgers nicht nur Informationen angeboten, sondern personenbezogen Telemediendienste erbracht (z.B. personalisierte elektronische Vertragsentwürfe und andere Legal Tech-Dienstleistungen), müssen die umfangreichen **Informationspflichten der Art. 13 und Art. 14 DSGVO** beachtet werden[24]. Über die telemedienrechtlichen Anforderungen (→ Rn. 13) hinaus sind u.a. Angaben über die Rechtsgrundlage der personenbezogenen Datenverarbeitung und ggf. die hierfür in Anspruch genommenen berechtigten Interessen (Art. 6 Abs. 1 lit. f DSGVO) des Berufsträgers, (Kategorien von) Empfängern der Daten, Speicherdauer für die Daten ggf. eine Übermittlung in außereuropäische Drittländer und der Name und die Kontaktdaten eines ggf. bestellten betrieblichen Beauftragten für den Datenschutz zu machen.

15 Bei **Mandatsabschluss mit Verbrauchern per Telefon oder im Internet**[25] bestehen zusätzliche vorvertragliche Informierungspflichten nach § 312d Abs. 1 BGB, wenn ein solcher „im Rahmen eines für den Fernabsatz organisierten Vertriebs- oder Dienstleistungssystems erfolgt". Hier kommt es darauf an, ob der Berufsträger allgemein Mandate über Fernkommunikationsmittel i.S.d. § 312c Abs. 2 BGB annimmt und bearbeitet[26].

c) Vergütung

M. Kilian Deregulierung des anwaltlichen Vergütungsrechts im Bereich Beratung und Begutachtung, BB 2006, 1509 ff.; *Rink* Die Hinweispflicht nach § 49b Abs. 5 BRAO – eine Bestandsaufnahme, in: FS Hartung, 2008, S. 127 ff.; *Römermann/Günther* Das Anwaltshonorar – Vereinbarung und Rückforderung, NJW 2016, 1001 ff.; *Schultzky* Neue Anwaltspflichten durch die Kostenrechtsmodernisierung, in: FG Vollkommer, 2006, S. 411 ff.

16 Insbesondere wegen der Unübersichtlichkeit des Vergütungsrechts (→ Kap. 8) sind Anwalt und Steuerberater gegenüber Verbrauchern[27] zur **Angabe von Endpreisen** einschließlich der Mehrwertsteuer und sonstiger Bestandteile verpflichtet (§ 1 Abs. 1 S. 1 PAngV[28]). In allen anderen Fällen müssen nach § 4 Abs. 1 Nr. 1 DL-InfoV Angaben zur Vergütung bzw. nach § 4 Abs. 1 Nr. 2 DL-InfoV zur Art der Honorarberechnung gemacht werden. Falls sich beim Rechtsanwalt die gesetzliche Vergütung nach dem **Gegenstandswert** richtet, muss dieser nach § 49b Abs. 5 BRAO hierauf hinweisen[29]. Der Steuerberater muss darauf hinweisen, dass eine **Abweichungsmöglichkeit nach oben wie nach unten** besteht (§ 4 Abs. 4 StBVV). Eine Pflicht

24 Umfassend *Lapp* NJW 2019, 345 ff.

25 Dazu *Schöttle* NJW 2005, 1979 ff.

26 BGH Urt. v. 19.11.2020 – IX ZR 133/19, NJW 2021, 304 ff.; BGH Urt. v. 23.11.2017 – IX ZR 204/16, NJW 2018, 690 ff.; *Hinne/Klees/Müllerschön/Winkler*, Vereinbarungen mit Mandanten, 4. Aufl. 2019, Rn. 29.

27 Die Terminologie der PAngV ist etwas verwirrend. Denn mit „Letztverbraucher" (§ 1 Abs. 1 S. 1 PAngV) sind auch gewerbliche und staatliche gemeint, die dann aber nach § 9 Abs. 1 Nr. 1 PAngV wieder aus dem Anwendungsbereich herausgenommen werden.

28 Die früher geltende Ausnahme für Rechtsanwälte, Patentanwälte und Steuerberater nach § 9 Abs. 1 Nr. 3 PAngV („Leistungen, soweit für sie aufgrund von Rechtsvorschriften eine Werbung untersagt ist") ist angesichts der grundsätzlichen Werbefreiheit (→ Kap. 13 Rn. 1 f.) nicht mehr einschlägig (a.A. noch *Kallenbach* AnwBl. 2010, 279).

29 *Rick* in FS Hartung, 2008, S. 127 ff.; *Kuhles/Kallenbach* AnwBl. 2010, 125. – Ein Verstoß kann neben berufsrechtlichen Folgen auch Schadensersatzansprüche des Mandanten nach sich ziehen (BGH Urt. v. 11.10.2007 – IX ZR 105/06, NJW 2008, 371 (372); BGH Urt. v. 24.5.2007 – IX ZR 89/06, NJW 2007, 2332 (2334); für eine Beschränkung auf berufsrechtliche Sanktionen noch die Erstaufl. 2006, S. 37 m.w.N.).

des Rechtsanwalts, darauf hinzuweisen, dass die gleiche Leistung bei einem Notar günstiger zu erhalten ist, besteht allerdings nicht[30].

Die (weitgehende) Freigabe der Vergütung im außergerichtlichen Bereich (→ Kap. 8 Rn. 1 f.) hat Anwalt und Mandant nun ohnehin in den meisten (außergerichtlichen) Fällen gezwungen, die Vergütung auszuhandeln, so dass die Frage der Informierung **an praktischer Relevanz verloren** hat[31]. Anders liegt dies hingegen für die Vergütung der Steuerberater, da die StBVV nach § 64 StBerG, § 1 StBVV für die gesamte selbständig ausgeübte Berufstätigkeit des Steuerberaters i.S.d. § 33 StBerG gilt und auch für die Abrechnung vereinbarter Tätigkeiten nach § 57 Abs. 3 StBerG Einzelbestimmungen der StBVV herangezogen werden dürfen[32], weshalb ein Aushandeln weitaus seltener erforderlich ist. 17

d) Bedürftige Mandanten

Ciper Der Mandant dritter Klasse, BerlAnwBl. 2011, 419 ff.; *Kawamura* Die Geschichte der Rechtsberatungshilfe in Deutschland, 2014; *Zuck* Praktische Hinweise zur Beratungshilfe, NJW 2012, 2170 f.

Der Anwalt muss, anders als der Steuerberater, den Mandanten, wenn die entsprechenden Voraussetzungen vorliegen können, **auf Prozesskosten- oder Beratungshilfe** (→ Kap. 8 Rn. 44) **hinweisen**[33] (§ 16 Abs. 1 BORA; Ziff. 3.7.2 CCBE-Berufsregeln; § 11 Abs. 1 BOPA). Eine Nachforschungspflicht des Berufsträgers hinsichtlich der Vermögensverhältnisse besteht jedoch nicht; bei der rechtsanwaltlichen Beratungshilfe obliegt es sogar dem Mandanten, seine „persönlichen und wirtschaftlichen Verhältnisse“ zu offenbaren (§ 7 BerHG). Auf die Möglichkeit einer Prozessfinanzierung durch einen Dritten muss durch den Anwalt nur aufmerksam gemacht werden, wenn der Mandant erkennbar sonst auf eine Rechtsverfolgung verzichten würde[34]. 18

Wenn mit einem solchen Mandanten ein Erfolgshonorar vereinbart wird, muss die Vereinbarung die Höhe der ansonsten zu zahlenden gesetzlichen bzw. der vom Berufsträger verlangten **Vergütung** enthalten (§ 4a Abs. 3 Nrn. 1 u. 4 RVG; § 43b Abs. 3 Nr. 1 PAO; § 9a Abs. 2 S. 1 StBerG), ebenso die Angabe, welche Vergütung bei Eintritt welcher Bedingungen verdient ist[35]. Nach § 4a Abs. 3 S. 2 RVG muss die Vereinbarung zusätzlich den Hinweis enthalten, dass der Mandant gleichwohl im Falle des Unterliegens die **Kosten des Gerichts und der Gegenseite** zu tragen hat (ähnlich § 12a ArbGG). Schließlich muss eine solche Erfolgshonorarabrede nach § 4a Abs. 4 S. 1 RVG, § 43b Abs. 4 S. 2 PAO und § 9a Abs. 6 S. 2 StBerG zudem die „wesentlichen Gründe angeben, die für die Bemessung des Erfolgshonorars bestimmend sind“ (vgl. auch § 4 Abs. 1 Nr. 2 DL-InfoV). Der Berufsträger ist also insoweit vorvertraglich zu einer unentgeltlichen Kurzbegutachtung verpflichtet. 19

---

30 BGH Urt. v. 18.9.1997 – IX ZR 49/97, NJW 1998, 136 (137); VerfGH Berlin Beschl. v. 31.10.2003 – VerfGH 77/02, BerlAnwBl. 2004, 110 (110 f.).

31 Tatsächlich kann eine Vereinbarung über die Vergütung auch noch nachträglich, sogar nach Ende des Mandats geschlossen werden (*Hinne/Klees/Müllerschön/Winkler*, Vereinbarungen mit Mandanten, 4. Aufl. 2019, § 1 Rn. 6, mit Hinweis auf den anderslautenden § 7 HOAI in der Fassung bis zum 31.12.2020). Rechtlich handelt es sich dabei um eine einvernehmliche Vertragsänderung.

32 Kuhls/*Goez* StBerG § 64 Rn. 31.

33 BGH Beschl. v. 20.12.2006 – XII ZB 118/03, NJW 2007, 844 (846).

34 *Kochmann*, Die gewerbliche Prozessfinanzierung, 2003, S. 215 ff.

35 BGH Urt. v. 25.9.2014 – 4 StR 586/13, NJW 2014, 3669 (3670 f.); vgl. BVerfG Beschl. v. 12.12.2006 – 1 BvR 2576/04, NJW 2007, 979 (984 f.).

3. Form des Mandatsschlusses

20 Ein Mandatsverhältnis begründender Vertrag kann nach den allgemeinen Grundsätzen formfrei zustandekommen, wenngleich zum **Schutz des fachlich regelmäßig unterlegenen Mandanten** zahlreiche Formvorschriften existieren.

a) Grundsatz der Formfreiheit

21 Der Mandatsvertrag ist nicht formbedürftig und kann deshalb **auch konkludent** geschlossen werden[36]. Kriterien für einen Vertragsschluss sind die Gesprächsdauer, die (erkennbare) Bedeutung für den Mandanten sowie auf den Wert der Sache[37], möglicherweise zudem auf die fachliche Herausgehobenheit des Berufsträgers. Ein Indiz für das Zustandekommen eines Vertrags ist das schriftliche Beantworten von Anfragen[38], wobei darauf abzustellen ist, ob der Rechtsanwalt, Patentanwalt oder Steuerberater geschäftliches Briefpapier, eine berufliche E-Mail-Adresse oder den Zusatz „Rechtsanwalt", „Patentanwalt" bzw. „Steuerberater" verwendet. Kein (wesentliches) Indiz soll sein, ob ein Entgelt verlangt wird[39].

b) Vergütung

K.J. Hartung Die Vergütungsvereinbarung nach § 4 Abs. 1 RVG, in: FS W. Hartung, 2008, S. 17 ff.; *Madert/Schons* Die Vergütungsvereinbarung des Rechtsanwalts, 3. Aufl. 2006; *Schneider* Die Vergütung im Dauermandat, AnwBl. 2009, 208 ff.; *v. Seltmann* Die anwaltliche Vergütungsvereinbarung, 2006; *Toussaint* Formbedürftigkeit der Gebührenvereinbarung für anwaltliche Beratung, AnwBl. 2007, 67 ff.; *Weitze-Schol/Jendrzok* Vergütungsvereinbarungen rechtssicher gestalten, DStR 2017, 65 ff.

22 Die Vergütung ist kein Essentialium negotii, da sie für Rechtsanwälte im RVG bzw. für Steuerberater in der StBVV als **Taxe** geregelt ist oder ansonsten jedenfalls Berufsträgern nach §§ 675 Abs. 1, 612 Abs. 2 BGB ein **übliches Honorar** geschuldet wird.

23 Wird eine von den gesetzlichen Vorgaben **abweichende Vergütung** vereinbart, muss sie bei Steuerberatern und bei Rechtsanwälten (stets) der **Textform** genügen (§ 3a Abs. 1 S. 1 RVG bzw. § 4 Abs. 1 StBVV i.V.m. § 126b BGB), um gerichtlich durchsetzbar zu sein und nicht zurückgefordert werden zu können (vgl. § 4b RVG)[40]; für Patentanwälte gibt es keine Formvorgaben für die Vergütungsabrede. Da es für rechtsanwaltliche Beratung allgemein keine gesetzliche Gebühr mehr gibt, ist eine Vergütungsabrede formfrei möglich (§ 3a Abs. 1 S. 4 RVG). Die rechtsanwaltsrechtlichen Formvorschriften gelten deshalb – mit Ausnahme der Fälle der Beratung von Verbrauchern nach § 34 Abs. 1 S. 3 RVG – nur für Vertretungsmandate.

24 Diese Vergütungsabreden müssen „deutlich abgesetzt" (§ 3a Abs. 1 S. 2 RVG; § 4 Abs. 1 S. 2 Nr. 2 StBVV) sein[41], bei Steuerberatern muss sie auch als „Vergütungs-

---

36 BGH Urt. v. 18.12.2008 – IX ZR 12/05, BRAK-Mitt. 2009, 70 (Ls.); *Fissenewert* DStR 1992, 443 (446).

37 *Wesel*, Risiko Rechtsanwalt, 2001, S. 168 ff.

38 BGH Urt. v. 17.3.1988 – IX ZR 43/87, NJW 1988, 2880 (2281).

39 BGH Urt. v. 18.12.2008 – IX RZ 12/05, NJW 2009, 1141 (1142).

40 LG Görlitz Urt. v. 1.3.2013 1 S 51/12, AnwBl. 2013, 939; *Kilian* NJW 2008, 1905 (1906); *Henke* AnwBl. 2009, 296; → Kap. 8 Rn. 18 ff.

41 S. auch BGH Urt. v. 27.4.1994 – VIII ZR 223/93, NJW 1994, 1800 (1801) (zu § 1b Abs. 2 S. 2 AbzG: „in drucktechnisch deutlich gestalteter Weise").

vereinbarung" oder in vergleichbarer Weise bezeichnet werden (§ 4 Abs. 1 S. 2 Nr. 1 StBVV). Rechtsanwälte müssen ihren zukünftigen Mandanten nach § 3a Abs. 1 S. 3 RVG **schriftlich** dahingehend belehren, dass ein unterliegender Gegner Kosten nur in Höhe der gesetzlichen Gebühren erstattet. Steuerberater müssen in **Textform** darüber belehren, dass eine von der gesetzlichen Vergütung abweichende Vergütung textförmlich vereinbart werden kann (§ 4 Abs. 4 StBVV). Für Erfolgshonorare (→ Kap. 8 Rn. 11 ff.) gilt die **qualifizierte Schriftform** des § 4a Abs. 3 RVG, § 43b Abs. 3 u. 4 PAO und § 9a Abs. 3 u. 4 StBerG.

Soll die Honorarforderung nicht nur an Berufsträger abtretbar sein (sondern etwa an eine Verrechnungsstelle), muss dies nach § 49b Abs. 4 S. 2 BRAO, § 43a Abs. 2 S. 2 PAO bzw. § 64 Abs. 2 S. 2 u. 3 StBerG **schriftlich und nach erfolgter Belehrung** des Mandanten vereinbart sein (→ Kap. 8 Rn 70 ff.). 25

Bei Vereinbarung einer Ratenzahlung sind die §§ 506 ff. BGB zu beachten[42]. Verlangt der Berufsträger von einem Verbraucher oder Existenzgründer hierfür Zinsen oder einen Zuschlag, bedarf der Vertrag der **Schriftform** und muss die in § 502 BGB genannten Punkte enthalten. Insbesondere ist der Mandant **über sein Widerrufsrecht zu belehren** (§ 501 i.V.m. § 495 BGB). 26

c) Haftungsbeschränkung

Kilian/Esser Instrument des Risikomanagements für Steuerberater, Rechtsanwälte und Wirtschaftsprüfer, DStR 2017, 564 ff.

Haftungsbeschränkung und -konzentration können nach § 52 Abs. 1, Abs. 2 S. 2 u. 3 BRAO, § 45b PAO bzw. § 67a StBerG nur **schriftlich** und unter bestimmten, dort aufgeführten Voraussetzungen **auch durch AGB** vereinbart werden (→ Kap. 9 Rn. 30 ff.). 27

4. AGB-rechtliche Grenzen

Blattner Die Vertragsgestaltung im Anwaltsvertrag unter besonderer Berücksichtigung Allgemeiner Mandatsbedingungen, 2011; *dies.* Formularvertragliche Vereinbarungen im Anwaltsvertrag, AnwBl. 2012, 237 ff.; *Gelmke* Zur Bedeutung vorformulierter Bedingungen im anwaltlichen Mandatsvertrag, 2009; *Hinne/Klees/Müllerschön/Winkler* Vereinbarungen mit Mandanten, 4. Aufl. 2019, S. 166–196; *Ring/Klingelhöfer* AGB-Recht in der anwaltlichen Praxis, 4. Aufl. 2017.

Auf Mandatsverträge findet das **allgemeine AGB-Recht** der §§ 305 ff. BGB ohne weiteres Anwendung. Soweit Allgemeine Mandatsbedingungen, wie sie z.B. oft auf dem Vollmachtsformular abgedruckt sind, verwendet werden, müssen sie vom Mandanten nach § 305 Abs. 2 BGB zur Kenntnis genommen werden können, um wirksam zu sein. Dies steht der Ausdehnung der in einem Mandat vereinbarten Allgemeinen Mandatsbedingungen auf Folgemandate desselben Mandanten – jedenfalls mit Blick auf Verbrauchermandanten – entgegen.[43] Vor allem in Bezug auf Vergütungs- und Abrechnungsvereinbarungen verlangt die Rechtsprechung im Rahmen 28

42 *Hinne/Klees/Müllerschön/Winkler*, Vereinbarungen mit Mandanten, 4. Aufl. 2019, Rn. 40–42.
43 *Hinne/Klees/Müllerschön/Winkler*, Vereinbarungen mit Mandanten, 4. Aufl. 2019, Rn. 343.

der Inhaltskontrolle eine transparente Formulierung der AGB-Klauseln[44]. Gegenüber Unternehmermandanten sind zwar zahlreiche spezielle Vorschriften des AGB-Rechts gem. § 310 Abs. 1 S. 1 BGB ausgeschlossen. Über die Generalklausel des § 307 BGB kommen die meisten Grundsätze aber auch in diesen Fällen zur Anwendung.

29 Haftungsbegrenzungen sind dem Berufsträger formularmäßig nach § 52 Abs. 1 Nr. 2 BRAO, § 45b Abs. 1 Nr. 2 PAO und § 67 Abs. 1 Nr. 2 StBerG nur auf den **vierfachen Betrag der Mindestversicherungssumme** erlaubt, wenn zudem insoweit **Versicherungsschutz** besteht (→ Kap. 9 Rn. 30 f.). Bei Anwälten ist ein solcher Ausschluss der Haftung nur für Fälle einfacher Fahrlässigkeit möglich, während in der Steuerberatung sämtliche Fahrlässigkeitsstufen zum Gegenstand einer Haftungsbegrenzung gemacht werden dürfen[45].

30 Formularmäßige Zeitvergütungen dürfen keine zu große Taktung vorsehen, da sonst das Prinzip der Gleichwertigkeit von Leistung und Gegenleistung verletzt sein kann, was gegen § 307 Abs. 1 S. 1, Abs. 2 Nr. 1 BGB verstößt[46]. Üblich und deshalb im Zweifel auch AGB-rechtlich angemessen ist für Rechtsanwälte eine **Taktung in Zehntelstunden**, für Steuerberater gibt es einen satzungsmäßigen Anhalt für eine **Halbstundentaktung** (§ 13 S. 2 StBVV).

31 Zunehmend werden **AGBs von Mandanten**, insbesondere großen Unternehmen, beim „Einkauf" von Rechtsdienstleistungen und Steuerberatungen verwendet. Sie unterfallen nicht der speziellen berufsrechtlichen AGB-Kontrolle, auch wenn sich der Berufsträger darauf einlässt. Wenn dies zur Umgehung berufsrechtlicher Regelungen genutzt wird, entfällt jedenfalls die Anwendbarkeit des AGB-Rechts, weil die Umgehung stets individuell gewollt sein muss.

5. Vorschusszahlung als aufschiebende Bedingung

32 Üblich ist es, das Wirksamwerden eines Mandatsvertrags unter die aufschiebende Bedingung der Zahlung eines Vorschusses (§ 9 RVG; § 8 StBVV; vgl. § 14 BOPA; → Kap. 8 Rn. 64 f.) oder der **Deckungszusage einer Rechtsschutzversicherung** zu stellen. Tritt diese Bedingung nicht ein, kommt kein Mandatsvertrag zustande; wird der Berufsträger gleichwohl tätig, fehlt es an einem Vertragsverhältnis und damit an einem Rechtsgrund für eine vertragliche Vergütung[47].

6. Vergaberecht

Pauka Die Vergabe von Anwaltsdienstleistungen nach der VgV und der UVgO, ZfBR 2017, 651 ff.

33 Grundsätzlich sind auf **Leistungen** eines Rechtsanwalts oder – was in praxi seltener vorkommt – eines Patentanwalts oder Steuerberaters **für die Öffentliche Hand** die vergaberechtlichen Vorschriften anwendbar. Wegen der hohen Schwellenwerte

44 So hat etwa das LG Köln Urt. v. 24.1.2018 – 26 O 453/16, DStRE 2019, 121 (125 ff.) zehn Klauseln, größtenteils mangels hinreichender Transparenz, für AGB-rechtswidrig befunden; vgl. dazu auch *Blattner* AnwBl. 2019, 534 ff.

45 Kuhls/*Goez* StBerG § 67a Rn. 26.

46 OLG Düsseldorf Urt. v. 18.2.2010 – I-24 U 183/05, BRAK-Mitt. 2010, 90 (92); der BGH hält eine formularmäßig vereinbarte 15-Minuten-Zeittaktklausel jedenfalls gegenüber Verbrauchermandanten für unwirksam (vgl. BGH Urt. v. 13.2.2020 – IX ZR 140/19, NJW 2020, 1811 (1815)).

47 BGH Urt. v. 14.2.2019 – IX ZR 203/18, NJW-RR 2019, 1076 (1076).

(vgl. § 106 GWB) und der Ausnahmeregelungen ist das aufwendige Verfahren nach §§ 97 ff. GWB nur ausnahmsweise durchzuführen. Die Vergabeordnung für freiberufliche Leistungen (VOF)[48] ist mit der Vergaberechtsreform 2016 entfallen.

Für Vergaben unterhalb der genannten Schwellenwerte (§ 100 Abs. 1 GWB) erfolgt die Vergabe von Rechtsdienstleistungs- und – was praktisch fast nie vorkommt – Steuerberatungsaufträgen nur nach Maßgabe des Haushaltsrechts. So hat eine **Ausschreibung** voranzugehen (§ 55 BHO/LHO), was aber aus der Natur der Rechtsdienstleistung einzelfallbezogen ausgeschlossen sein kann. Den Zuschlag erhält das **wirtschaftlichste Angebot** (§ 7 BHO/LHO). Allerdings ist bei einer solchen unterschwelligen Vergabe ein subjektiver Rechtsschutz (des unterlegenen Bieters) regelmäßig nicht gegeben, da das Haushaltsrecht keine subjektiven Rechtspositionen verleiht. **34**

Bei Vergaben mit **grenzüberschreitendem Bezug** sind (auch) die europarechtlichen Vorgaben zu beachten. Dies ist angesichts des Sitzes vieler Großkanzleien im Ausland eine auch praktisch relevante Konstellation, denn so werden (deutsche) Rechtsdienstleistungen von Berufsträgern aus anderen Mitgliedsstaaten der Europäischen Union nicht nur ausnahmsweise angeboten[49]. **35**

II. Mandat als gesetzliches Schuldverhältnis

Brangsch Wahlfreiheit der Partei und Ablehnungsbefugnis des RA bei der Anwaltsbeiordnung, AnwBl. 1982, 99 f.; *Jahn* Das Zivilrecht der Pflichtverteidigung, JR 1999, 1 ff.; *Zecher* Die Übernahme der Beratungshilfe, BerlAnwBl. 2012, 163.

Ein Mandat kann ferner ohne übereinstimmende Willenserklärungen von Berufsträger und Mandant zustandekommen. Die wesentlichen Fälle sind die Beiordnung im Rahmen der **Prozesskostenhilfe** (§ 121 ZPO, ggf. i.V.m. § 166 VwGO; § 11a ArbGG; § 4a Abs. 2 InsO; § 142 Abs. 2 FGO), oder in **Scheidungssachen** (§ 138 FamFG) , in **Patentsachen** (insb. § 133 Abs. 1 PatG), in **Massenverfahren** (§ 67a Abs. 1 S. 2 VwGO; vgl. §/Art. 18 Abs. 1 S. 2 VwVfG, der allerdings nicht nur für Anwälte gilt) und als **Notanwalt** (§ 78b ZPO), die Bestellung als **Pflichtverteidiger** (vgl. § 141 Abs. 4 StPO) sowie die **Beratungshilfe** nach dem BerHG. **36**

Die Rechtsnatur der Beiordnung eines Anwalts oder Steuerberaters sowie der Verteidigerbestellung als öffentlichrechtlich ist nicht umstritten. Streitig ist aber seit jeher, welche Rechtswirkungen sie entfaltet, insbesondere ob es neben der Beiordnung und Bestellung noch eines privatrechtlichen Auftragsverhältnisses bedarf[50]. Dies ist zu verneinen[51]; vielmehr kann der Mandant das Mandatsverhältnis zwischen ihm und dem Berufsträger (→ Rn. 3 ff.) durch das jedem Mandat immanente **Weisungsrecht** ausgestalten, dem Anwalt oder Steuerberater (Prozess-)**Vollmacht** erteilen und das Mandat kündigen. Das gesetzliche Schuldverhältnis wirkt zugunsten des Mandanten und ist Grundlage für zivilrechtliche (Haftungs-)Ansprüche gegen den Anwalt[52] und den Steuerberater[53]. Eines zusätzlichen Vertrags bedarf es also nicht, er ist jedoch nicht ausgeschlossen. **37**

---

48 Zuletzt VOF 2009 (BAnz. Nr. 185a v. 8.12.2009).

49 *Würfel* NZBau 2010, 420 (422); a.A. wohl OLG Düsseldorf Beschl. v. 21.4.2010 – VII-Verg 55/09, NZBau 2010, 390 (391 f.).

50 Vgl. schon RG, Urt. v. 26.11.1926 – III 536/25, RGZ 115, 60 (62 f.).

51 So auch *Schlecht*, Die zivilrechtliche Haftung des Strafverteidigers, 2006, S. 21–31 m.w.N.

52 *Vollkommer/Greger/Heinemann*, Anwaltshaftungsrecht, 5. Aufl. 2021, § 3 Rn. 23, § 7 Rn. 5.

53 Kuhls/*Goez* StBerG § 65 Rn. 6; *Koslowski* StBerG § 65 Rn. 2.

38 Auch wenn ein Anwalt oder Steuerberater grundsätzlich zur Übernahme eines Mandats verpflichtet ist (Notanwalt, Beratungshilfe, Pflichtverteidigung usw., vgl. §§ 78b–78c ZPO, §§ 48–49a BRAO, §§ 65, 65a StBerG), kann er stets **aus wichtigem Grund ablehnen** (§ 49a Abs. 1 S. 2 BRAO; § 65a S. 2 StBerG) bzw. beantragen, die Beiordnung bzw. Bestellung aufzuheben (§ 48 Abs. 2, ggf. i.V.m. § 49 Abs. 2 BRAO; § 43a Abs. 2 PAO; § 65 S. 2 StBerG). Ein solcher Grund liegt etwa bei **Arbeitsüberlastung** oder einem **fehlenden Vertrauensverhältnis zum Mandanten**[54] vor, nicht aber bei fehlender Vertrautheit mit dem Rechtsproblem des Mandanten.

III. Mandatsparteien

39 Ein Mandat besteht immer zwischen einerseits einem Berufsträger und andererseits einem Mandanten. Es ist aber durchaus **nicht immer klar**, welcher Berufsträger mandatiert ist oder wer sein Mandant ist und zu wessen Gunsten das Mandat sonst noch wirken soll.

1. Berufsträger

Ganter Zum Gleichlauf von Anwaltsmandat und Anwaltsbeiordnung, AnwBl. 2007, 847 f.; *W. Hartung* Mandatsvertrag – Das Einzelmandat in der Anwaltssozietät, MDR 2002, 1224 ff.; *Markworth* Anwaltsvertragsschlüsse für die Sozietät, NJW 2015, 2152 ff.

40 Grundsätzlich kommt das Mandat mit dem Rechtsanwalt, Patentanwalt oder Steuerberater zustande, mit dem man redet. Auch bei sogenannten **Anwaltshotlines** kommt das Mandat mit dem Anwalt, mit dem man spricht, zustande, schon weil das anbietende (Telekommunikations-)Unternehmen erkennbar nicht zur Rechtsdienstleistung befugt ist[55].

41 Bei Vertragsschluss mit einem in Sozietät praktizierenden Berufsträger kommt der Vertrag mit der Sozietät – auch der Außen- und Scheinsozietät[56] – und damit mit allen Berufsträgern zustande (**Grundsatz des Gesamtmandats**). Dies gilt gleichermaßen für interprofessionelle Sozietäten[57]. Ein Mandat mit einem angestellten Berufsträger bindet im Zweifel (nur) dessen Arbeitgeber. Der Mandatsvertrag mit einer Berufsausübungsgesellschaft bindet im Zweifel nur diese, nicht (auch) die Gesellschafter. Die Beauftragung eines **Korrespondenzanwalts** oder **anwaltlichen Spezialisten** durch den eigenen Anwalt begründet ein Mandatsverhältnis mit dem Mandanten, obwohl möglicherweise Vertragsbeziehungen nur zwischen den Anwälten bestehen.

42 **Einzelmandatierung** muss vereinbart werden[58]; nur ausnahmsweise kann sich eine solche auch aus den Umständen ergeben, z.B. aufgrund einer Freundschaft zwischen Berufsträger und Mandant[59] oder weil es auf die besondere Qualifikation

---

54 Vgl. zu einem Grenzfall OLG Dresden Beschl. v. 24.8.1998 – 7 W 1039-98, NJW-RR 1999, 643 f.; a.A. für die allgemeine Arbeitsüberlastung des Steuerberaters u.a., 3. Aufl. 2012, § 65 StBerG Rn. 7; *Koslowski* StBerG § 65 Rn. 3.

55 BGH Urt. v. 26.9.2002 – I ZR 44/00, NJW 2003, 819 (819 f.).

56 BGH Urt. v. 24.1.1991 – IX ZR 121/90, NJW 1991, 1225 (1225); Kuhls/*Riddermann* StBerG § 56 Rn. 66.

57 BGH Urt. v. 9.12.2010 – IX ZR 44/10, NJW 2011, 2301 (2301 f.); *Koslowski* StBerG § 56 Rn. 10.

58 OLG Koblenz Urt. v. 18.2.1997 – 3 U 286/96, NJW-RR 1997, 952 (953 f.).

59 OLG Brandenburg Urt. v. 8.11.2005 – 6 U 42/05, NJOZ 2006, 1225 (1227).

eines bestimmten Berufsträgers ankommt[60]. Selbst ein angestellter Anwalt oder Steuerberater kann auf diese Weise mandatiert werden; arbeits- und wettbewerbsrechtliche Beschränkungen wirken nur im Innenverhältnis zu seinem Arbeitgeber (→ Kap. 12 Rn. 8 ff.). Bei (sachlich verwandten) **Folgemandaten** kommt in Zweifelsfällen das Mandat mit dem zuvor Mandatierten zustande[61].

Bei der **Strafverteidigung** ist das **Einzelmandat** allerdings gesetzlich vorgesehen[62] **43**
(vgl. § 137 StPO). Bei Gewährung von Prozesskostenhilfe wird üblicherweise nur ein einzelner Berufsträger beigeordnet[63].

2. Mandant

Wegen des **Verbots, widerstreitende Interessen zu vertreten** (→ Kap. 5), ist **44**
entscheidend, wer Mandant ist. Dies kann insbesondere bei Eheleuten, bei Vertretungs- und Konzernverhältnissen und bei der Mandatierung durch eine Personalvertretung[64] fraglich sein (vgl. für den Rechtsanwalt auch Ziff. 3.1.1 CCBE-Berufsregeln).

Auf Mandantenseite ist regelmäßig der unmittelbar Begünstigte Vertragspartei, al- **45**
so z.B. nicht etwa die Rechtsschutzversicherung[65]. Bei der Vertretung, Steuerberatung und Verteidigung **Minderjähriger** ist zwischen dem Auftraggeber (Erziehungsberechtigter) und dem Vollmachtgeber (Minderjähriger) zu unterscheiden, ebenso bei Rechtsdienstleistungen für Organteile wie z.B. eine Personalvertretung[66] (vgl. § 49 Abs. 1 BetrVG). Ein Mandatsvertrag kann also auch **zugunsten eines Dritten** bestehen.

Um den Anforderungen des **Geldwäschegesetzes** zu entsprechen, muss ein Man- **46**
dant vom Anwalt im Zusammenhang mit den in § 2 Abs. 1 Nr. 10 GwG aufgezählten Transaktionen, vom Steuerberater nach § 2 Abs. 1 Nr. 12 GwG generell, identifiziert werden[67] (know your client, KYC).

Praxishinweis: **47**

Dies kann z.B. über die **Handelsregisternummer** geschehen[68].

3. Schutzwirkung zugunsten Dritter

Meixner Haftung gegenüber dem „Nichtmandanten", BerlAnwBl. 2009, 245 ff.; *Ramm* Die Einbeziehung Dritter in den Anwaltsvertrag: Der Fall Mappus und seine Folgen, BRAK-Mitt. 2016,

60 BGH Urt. v. 16.12.1999 – IX ZR 117/99, NJW 2000, 1333 (1334 f.) (keine Mit-Mandatierung eines Steuerberaters bei Rechtsberatungsmandat).

61 BGH Urt. v. 5.2.2009 – IX ZR 18/07, NJW 2009, 1597 (1598) (Einzelanwalt); BGH Urt. v. 9.12.2010 – IX ZR 44/10, NJW 2011, 2301 (2303) (Sozietät).

62 BVerfG Beschl. v. 28.10.1976 – 2 BvR 23/76, BVerfGE 43, 79 (91).

63 BGH Beschl. v. 17.9.2008 – IV ZR 343/07, NJW 2009, 440 (440 f.); vgl. *Ganter* AnwBl. 2007, 847 (847 f.).

64 *Haas*, Anwaltliches Mandatsverhältnis zum Betriebsrat, 2009, S. 13–43.

65 AnwG Berlin BerlAnwBl. 2003, 602; vgl. § 17 der Allgemeinen Bedingungen für die Rechtsschutzversicherung (ARB); zu den Auskunftspflichten des Anwalts gegenüber der Rechtsschutzversicherung *Schulz* NJW 2010, 1729 f.

66 BGH Urt. v. 25.10.2012 – III ZR 266/11, NJW 2013, 464 (465 ff.); zu Haftungsfragen hinsichtlich der Vergütung *Dzida* NJW 2013, 433 (434 f.).

67 Detailliert Herzog/Mülhausen/*Johnigk* Geldwäschebekämpfung-HdB Rn. 13 ff.

68 BT-Drs. 14/9043, 8; RAK Berlin BerlAnwBl. 2004, 291 (291).

211 ff.; *Sieber* Vertragliche Dritthaftung von Berufsträgern, 2009; *Zugehör* Berufliche „Dritthaftung" insbesondere der Rechtsanwälte, Steuerberater, Wirtschaftsprüfer und Notare in der deutschen Rechtsprechung, NJW 2000, 1601 ff.

48 Das Mandat kann zudem Schutzwirkung zugunsten Dritter entfalten, z.B. bei Verletzung eines **konkludent geschlossenen Auskunftsvertrages**[69], bei der Beratung eines Alleingesellschafters zugunsten der Gesellschaft[70] (und umgekehrt[71]), einer **Konzerngesellschaft**[72], bei **Mitwirkung an einer Testamentsgestaltung** zugunsten der eingesetzten Erben[73] oder bei der Erstellung eines Gutachtens, das (auch) Dritten dienen soll[74], insbesondere bei den im angelsächsischen Rechtskreis verbreiteten sogenannten **„Legal Opinions"**. Ob und inwieweit das Mandat auch Schutzwirkungen zugunsten Dritter entfaltet, ist nach dem – ggf. durch Auslegung zu bestimmenden – Inhalt und Umfang des Mandatsverhältnisses zu beurteilen[75]. Da das Berufsrecht die Vertretung widerstreitender Interessen verhindern will (→ Kap. 5), ist jedenfalls beim Anwaltsvertrag eine Drittbegünstigung, bei der die Gefahr der Vertretung widerstreitender Interessen besonders groß ist („dieselbe Rechtssache"), nur ausnahmsweise anzunehmen[76]; so ist etwa der (gesetzliche) Vertreter des Mandanten (mit Blick auf einen möglichen Regress) regelmäßig nicht von einer Schutzwirkung umfasst[77]. Für den Steuerberater begründet etwa ein Dauermandat zur **Erstellung der Jahresabschlüsse** einer GmbH keine Verpflichtung, den Geschäftsführer bei einer bilanziellen Unterdeckung auf eine etwaige Insolvenzantragspflicht nach § 15a InsO hinzuweisen, da eine solche gegenüber der GmbH als Mandantin bei einem Mandat üblichen Zuschnitts nicht besteht[78].

IV. Anzeige der Mandatsablehnung

49 Jenseits der §§ 48–49a BRAO, § 43 PAO und §§ 65 f. StBerG besteht für den Berufsträger keine Pflicht zur Mandatsübernahme, auch nicht aufgrund seiner Stellung als Organ der (Steuer-)Rechtspflege. Anders aber als nach der allgemeinen Rechtsgeschäftslehre müssen Anwalt und Steuerberater die **Ablehnung eines Mandats unverzüglich** (§ 121 BGB) **anzeigen**, sonst machen sie sich nach § 44 S. 1 BRAO, § 40 PAO bzw. § 63 S. 1 StBerG – einem Unterfall der Culpa in contrahendo (§ 280 Abs. 1, § 241 Abs. 1, § 311 Abs. 2 BGB) und Spezialfall des § 663 BGB – schadensersatzpflichtig. Dementsprechend haben sie etwa auf ihre Ungeeignetheit im konkreten Fall, etwa wegen einer Dauermandatierung durch den Gegner[79], hinzuweisen.

---

69 Kuhls/*Kleemann* StBerG § 33 Rn. 12.

70 Vgl. BGH Urt. v. 13.11.1973 – VI ZR 53/72, BGHZ 61, 380 (382 ff.).

71 BGH Urt. v. 13.10.2011 – IX ZR 193/10, BRAK-Mitt. 2012, 25 (Ls.).

72 BGH Urt. v. 10.12.2015 – IX ZR 56/15, DStR 2016, 887.

73 *Zugehör* NJW 2000, 1601 (1603 f. m.w.Bsp.en u. Nachw.).

74 BGH Urt. v. 20.4.2004 – X ZR 250/02, NJW 2004, 3035 (3035 ff.), dort auch zum geschützten Personenkreis.

75 BeckStB-HdB 2019/2020/*Koslowski* Kap. U Rn. 4a.

76 *Zugehör* NJW 2008, 1105 (1110); zum Verbot widerstreitender Interessen bei Abgabe von sog. „Legal Opinions" *Ganter* NJW 2014, 1771 ff.; ferner *Reimer* NJW 2014, 2613 ff. – Zu einer ausnahmsweiser Garantestellung (aufgrund Delikts) in einer Abmahnkonstellation BGH Urt. v. 1.12.2015 – X ZR 170/12 NJW 2016, 2110 (2112 f.).

77 Vgl. BGH Urt. v. 21.7.2016 – IX ZR 252/15, ZIP 2016, 1586 ff. – Mappus.

78 BeckStB-HdB 2019/2020/*Koslowski* Kap. U Rn. 4a f.

79 BGH Urt. v. 8.11.2007 – IX ZR 5/06, DB 2008, 463 (463 f.); *Grunewald* JZ 2008, 691 f.

V. Bevollmächtigung

Paulus/Henkel Rechtsschein der Prozessvollmacht, NJW 2003, 1692 ff.

Die Mandatierung ist regelmäßig mit einer Bevollmächtigung – insbesondere einer Verfahrens- (§ 97 Abs. 2 PatG; § 14 VwVfG; § 13 SGB X; § 80 AO) und Prozessvollmacht (§§ 80 ff. ZPO; § 62 Abs. 6 FGO) – verbunden. Sie ist in ihrem Bestand von dem Mandatsverhältnis unabhängig[80] (**Abstraktionsprinzip**). Die Bevollmächtigung durch einen beschränkt Geschäftsfähigen bedarf der vorherigen Einwilligung des gesetzlichen Vertreters. Fehlt es an der Einwilligung, ist die Bevollmächtigung gemäß § 111 S. 1 BGB unwirksam[81]. 50

VI. Nichtigkeit

Aufgrund eines nichtigen Mandatsverhältnisses vorgenommene Prozesshandlungen und Rechtsgeschäfte bleiben wegen der **Abstraktheit der (Prozess-)Vollmacht** grundsätzlich wirksam. 51

Dies wird insbesondere beim **Erlöschen und bei der Aufhebung der Zulassung** (→ Kap. 15 Rn. 38 ff.) relevant. Hier ist umstritten, ob man zum Schutze des Mandanten, insbesondere vor einer (unverschuldeten) Fristversäumnis, ein Fortwirken der Vollmacht annehmen soll oder zu seinem Schutze vor ungeeigneter Rechtsvertretung bzw. Steuerberatung gerade nicht[82]. 52

Eine nichtige Beziehung von Berufsträger und Mandant ist **nach den Grundsätzen des Bereicherungsrechts abzuwickeln**. Für geleistete Dienste kann ein Betrag in Höhe der gesetzlichen Vergütung nach dem RVG bzw. der StBVV (→ Kap. 9 Rn. 22 ff.) verlangt werden; für Patentanwälte gilt mangels einer gesetzlichen Vergütungsregel das allgemeine Zivilrecht für den Aufwendungsersatz. 53

C. Beendigung des Mandats

Bodewig Vertragliche Pflichten post contractum finitum, JURA 2005, 505 ff.

Da der Mandant auf den Anwalt oder Steuerberater angewiesen ist und er zu dem Berufsträger regelmäßig besonderes Vertrauen hat, kann das Mandat grundsätzlich von beiden Seiten **jederzeit mit sofortiger Wirkung beendet** werden. Allerdings bestehen für den Berufsträger nachvertragliche Interessenwahrungspflichten. 54

I. Mandatsende

Jungk Wege zur Beendigung des Mandats – und ihre Konsequenzen, AnwBl. 2011, 62 ff.

Regelmäßig endet ein Mandat mit Kündigung oder Zweckerreichung, kann aber auch durch externe Ereignisse wie den Tod oder eine Insolvenz ihr Ende finden. 55

80 OLG Hamm Beschl. v. 1.10.1991 – 15 W 266/91, NJW 1992, 1174 (1175 f.).
81 A.A. KG Beschl. v. 12.3.2012 – 4 Ws 17/12 – 141 AR 64/12, NJW 2012, 2293.
82 Vgl. BGH Beschl. v. 26.1.2006 – III ZB 63/05, NJW 2006, 2260 (2261 f. m.w.N.).

1. Zweckerreichung

56 Zweckerreichung liegt bei **Verfahrensende** oder anderweitiger – insbesondere außergerichtlicher – Erledigung des erteilten Auftrags vor. Soweit das Prozessende maßgeblich ist, wird jeder Rechtszug gesondert betrachtet (vgl. § 17 Nr. 1 RVG), stets einschließlich der Kostenfestsetzung (§ 17 Abs. 1 Nr. 14 RVG), nicht jedoch auch des insoweit selbständigen Vollstreckungsverfahrens. Bei der Steuerberatung wird auf das **jeweilige Steuerjahr** abgestellt[83]. Ein Verfahren ist zudem durch den Abschluss eines **Vergleichs** beendet.

57 Bei Werkverträgen (Gutachten, Vertragsentwurf) endet der Vertrag mit der **Abnahme**. Bei Dienstverträgen (Rechts- bzw. Steuerberatung) ist das Ende nicht immer eindeutig zu bestimmen. Aus Gründen der Klarheit über den Verjährungsbeginn schicken Berufsträger deshalb oft ein **deklaratorisches „Abschlussschreiben"**, meist zusammen mit der Rechnung.

2. Kündigung durch den Mandanten

58 Das regelmäßig als Dienstvertrag anzusehende Mandat beruht auf dem Vertrauen zwischen den Vertragsparteien. Es kann deshalb vom Mandanten **jederzeit und ohne das Vorliegen besonderer Gründe** nach § 627 BGB **gekündigt** werden. Soweit der Mandatsvertrag einen Werkvertrag darstellt, ist der Mandant gemäß § 649 S. 1 BGB bis zur Vollendung des Werkes ebenfalls jederzeit ohne Einhaltung einer Frist zur Kündigung berechtigt[84]. Ein Pflichtverteidigungsverhältnis kann allerdings nicht durch den Mandanten beendet werden, weil die Bestellung durch das Gericht erfolgt und dies grundsätzlich selbst gegen den Willen des Betroffenen erfolgen kann (arg. ex cont. § 142 Abs. 1 S. 2 StPO).

59 Ein Kündigungsrecht aus wichtigem Grund gilt **auch bei einem Dauermandat**, selbst wenn es als Dienstverhältnis mit festen Bezügen ausgestaltet ist[85]. Will der Berufsträger verhindern, dass das Vertragsverhältnis jederzeit beendet werden kann, muss er sich als Syndikus (→ Kap. 4 Rn. 32 ff.) unter den Schutz des Arbeitsrechts begeben.

60 Ist ein Mandat mit einem Verbraucher als Fernabsatzgeschäft nach §§ 312c ff. BGB zu qualifizieren, steht dem Mandanten für zwei Wochen (§ 355 Abs. 2 S. 1 BGB) ein **Widerrufsrecht** nach § 312g BGB zu. Die bis Mitte 2014 geltende Ausnahme für Mandate, die auftragsgemäß schon wieder abgeschlossen waren (§ 312d Abs. 3 BGB a.F.), gilt seit der Umsetzung der Verbraucherrechterichtlinie[86] nicht mehr.

3. Rechtsverstoß des Berufsträgers

61 Ob ein Rechtsverstoß des Berufsträgers zur Nichtigkeit des Mandats führt, hängt davon ab, welche Rolle der Schutz des Mandanten im konkreten Fall spielt. Normen des Berufsrechts, die lediglich den Mandanten selbst oder andere Berufsträger schützen, bewirken **keine Unwirksamkeit**, weil der Mandant sonst, etwa hinsicht-

83 Vgl. LG Aachen v. 21.10.1983 – 5 S 183/83, DStR 1984, 242; a.A. *Koslowski* StBerG § 33 Rn. 24 m.w.N.
84 Kuhls/*Kleemann* StBerG § 33 Rn. 10; BeckStB-HdB 2019/2020/*Koslowski* Kap. U Rn. 28.
85 *Koslowski* StBerG § 33 Rn. 21.
86 Gesetz zur Umsetzung der Verbraucherrechterichtlinie und zur Änderung des Gesetzes zur Regelung der Wohnungsvermittlung v. 20.9.2013 (BGBl. I 3642).

lich seines Rückgriffs auf den Berufsträger, schlechter stünde[87]. Einer Beendigung des Mandats qua Gesetzes bedarf es auch nicht, da der Mandant es jederzeit kündigen kann.

Möglich ist allerdings ein **Mandatsende ex lege** gemäß § 134 BGB, wenn der Verstoß des Rechtsanwalts, Patentanwalts oder Steuerberaters sich (auch) gegen die Rechtspflege richtet. 62

4. Niederlegung durch den Berufsträger

Ritter Stolpersteine bei der Mandatsniederlegung, NJW 2015, 2008 ff.

Auch der Rechtsanwalt, Patentanwalt oder Steuerberater kann das Mandat nach § 627 BGB jederzeit kündigen („Mandatsniederlegung"), soweit dieses einen Dienstvertrag darstellt. Bei **grundloser Kündigung zur „Unzeit"** macht er sich allerdings nach § 627 Abs. 2 S. 2 BGB schadensersatzpflichtig; manche Gerichte lassen insoweit den Vergütungsanspruch entfallen, der für die Mandatierung eines neuen Anwalts[88] oder Steuerberaters aufgewendet werden muss. Eine Niederlegung, etwa kurz vor einer Verhandlung oder Ablauf einer abgabenrechtlichen Frist, kann zudem sittenwidrig sein[89]. Allerdings ist eine geschuldete, aber nicht erbrachte anwaltliche oder steuerberatende Tätigkeit im Rahmen eines Dienstvertrages als solche (**Primärleistung**) **nicht erzwingbar** (vgl. § 888 Abs. 3 ZPO). 63

Einen Werkvertrag kann der Berufsträger nach § 643 S. 1 BGB wegen **mangelnder Mitwirkung des Mandanten** kündigen oder aus wichtigem Grund, wenn ihm das Festhalten am Vertrag infolge eines dem Mandanten zuzurechnenden Grundes unzumutbar ist[90]. 64

5. Entlassung aus gesetzlichem Schuldverhältnis

Beruht das Mandat auf einem gesetzlichen Schuldverhältnis, kann es neben der Kündigung durch den Mandanten auch durch die Aufhebung der Bestellung des Anwalts oder Steuerberaters durch **(Justiz-)Verwaltungsakt** beendet werden[91]. 65

6. Insolvenz

Franke/Böhme Die Kollision von Berufsrecht und Insolvenzrecht bei der Kanzleiabwicklung, AnwBl. 2004, 339 ff.; *Ganter* Die Insolvenz des Rechtsanwalts oder seines Mandanten, in: FS Tolksdorf, 2014, S. 23 ff.; *Grau* Die Insolvenz des selbständigen Freiberuflers aus der Sicht des Verwalters, 2010; *Harlfinger* Der Freiberufler in der Insolvenz, 2005; *Koch* Die Insolvenz des selbstständigen Rechtsanwalts, 2008; *Mai* Die Insolvenz des Freiberuflers, 2009; *Maier* Die Insolvenz des Rechtsanwalts, 2008; *Schildt* Die Insolvenz des Freiberuflers, 2006.

Nach § 116 S. 1, § 115 Abs. 1 InsO endet ein Mandat mit Eröffnung des **Insolvenzverfahrens gegen den Mandanten**, nach § 117 InsO zudem die (Prozess-)Voll- 66

87 Fahrendorf/Mennemeyer/*Mennemeyer* RA Haftung-HdB Rn. 93, für Vorgaben der BORA.
88 Vgl. BGH Urt. v. 29.9.2011 – IX ZR 170/10, AnwBl. 2011, 962 (963).
89 BGH Urt. v. 7.2.2013 – IX ZR 138/11, NJW 2013, 1591 (1591 f.); BGH Urt. v. 4.2.2010 – IX ZR 18/09, NJW 2010, 1364 (1367).
90 Kuhls/*Kleemann* StBerG § 33 Rn. 10; BeckStB-HdB 2019/2020/*Koslowski* Kap. U Rn. 28.
91 Vgl. *Hinne/Klees/Müllerschön/Winkler*, Vereinbarung mit Mandanten, 2019, Rn. 17.

macht. Nach § 116 S. 1, § 115 Abs. 2 InsO kann und muss der Anwalt und Steuerberater als Dienstverpflichteter das Mandat weiterbetreiben, soweit eine Gefahr für den Mandanten und dessen Interessen, finanzielle wie ideelle, besteht. Erst wenn der Insolvenzverwalter „anderweitig Fürsorge" getroffen hat, endet die Fiktion des Fortbestands des Geschäftsbesorgungsvertrages und damit das Mandat. Eine ähnliche Fiktion gilt in dem Fall, dass der Berufsträger von der Insolvenz ohne Verschulden keine Kenntnis hat.

67 Bei der **Insolvenz des Berufsträgers** dagegen hängt das Schicksal des Mandats davon ab, ob die Zulassung widerrufen wird[92] (§ 14 Abs. 2 Nr. 7 BRAO; § 21 Abs. 2 Nr. 8 PAO; § 46 Abs. 2 Nr. 4 StBerG; → Kap. 15 Rn. 44). Erfolgt ein Widerruf der Zulassung, wird nach § 55 Abs. 5 BRAO, § 48 Abs. 5 PAO bzw. § 70 Abs. 1 S. 2 StBerG ein Abwickler bestellt[93]. Wird – ausnahmsweise – die Zulassung nicht widerrufen, liegt die Entscheidung über das Weiterbetreiben der Kanzlei oder Praxis (als einem Vermögensgegenstand des Schuldners) nach §§ 157 ff. InsO bei der Gläubigerversammlung[94]. Wird die berufliche Niederlassung nach deren Entscheidung nicht weitergeführt, tritt ebenfalls der Abwickler auf den Plan. Könnte der Mandant nicht ohnehin jederzeit das Mandat kündigen, würde ihm in beiden Konstellationen ein Sonderkündigungsrecht zustehen.

68 Wird eine **Berufsausübungsgesellschaft insolvent**[95], hat das zunächst nur Auswirkungen auf den Mandatsvertrag, nicht aber auf das Mandatsverhältnis mit den Berufsträgern, deren Zulassung von der Insolvenz nicht betroffen wird. Allerdings kann hier nicht nur der Mandant fristlos kündigen, sondern auch die betroffenen Berufsträger werden das Mandat niederlegen können, wobei sie allerdings beachten müssen, dass dies nicht zur Unzeit (→ Rn. 63) geschieht.

7. Tod

Knodel Anwaltliche Pflichten und Rechte beim Tode des Mandanten, MDR 2006, 121 ff.; *ders.* Wohin mit den Handakten des verstorbenen schweigepflichtigen Freiberuflers?, ZRP 2006, 263 ff.

69 Stirbt der Mandant, setzt sich das Mandatsverhältnis mit den **Erben** fort (§§ 675, 672 S. 1 BGB).

70 Beim Tod des Rechtsanwalts, Patentanwalts oder Steuerberaters ordnet das Gesetz zwar „im Zweifel" ein **Erlöschen des Auftrags** an (§§ 675, 673 BGB). Soweit ein **Vertreter für den Verstorbenen** vorgesehen ist (§ 55 BRAO; § 58 PAO; § 70 Abs. 1 S. 1 StBerG), besteht das Mandat fort. Mit dieser Regelung und dem jederzeitigen Kündigungsrecht ist den Interessen des Mandanten Rechnung getragen.

---

92 Dazu *Klose* AnwBl. 2010, 6 ff.

93 Zum Verhältnis von Abwickler und Insolvenzverwalter *Tauchert/Schulze-Grönda* BRAK-Mitt. 2010, 115 ff.

94 *Schildt*, Die Insolvenz des Freiberuflers, 2006, S. 184 f. – Einem Schuldenbereinigungsplan eines Berufsträgers darf sich das Finanzamt als (Steuer-)Gläubigerin nicht (als einzige) verweigern (FG Düsseldorf Urt. v. 24.2.2010 – 4K 212/10 AO).

95 International prominent waren die Fälle der u.s.-amerikanischen Sozietät Dewey & LeBoeuf im Mai 2012 und des europäischen Teils der pazifisch-westlichen Sozietät King & Wood Mallesons Ende 2016.

II. Erlöschen der Vollmacht

Rechtlich ist vom Mandat die Bevollmächtigung zu trennen (→ Rn. 50). Zwar wird die Vertretungsmacht regelmäßig mit der Mandatsbeendigung erlöschen, doch können sich gutgläubige Dritte bis zur Anzeige des Erlöschens noch auf sie berufen (§§ 169 ff. BGB; speziell auch § 87 Abs. 1 ZPO[96]). In Anwaltsprozessen **erlischt die Vollmacht erst nach Anzeige der Bestellung eines neuen Anwalts**[97] (§ 87 Abs. 1 a.E. ZPO). Ein ähnliches gilt für den Steuerberater im Prozess vor dem Bundesfinanzhof. Da dort nach § 62 Abs. 4 FGO Vertretungszwang herrscht, werden ein Widerruf der Bevollmächtigung und eine Mandatsniederlegung erst dann wirksam, wenn die Bestellung eines anderen Bevollmächtigten angezeigt wird[98]. Das Erlöschen der Vollmacht hat insbesondere Bedeutung im Zusammenhang mit Zustellungen (§ 176 ZPO)[99]. Zudem kann der Berufsträger nach § 87 Abs. 2 ZPO dann nach Mandats- und Bevollmächtigungsende prozessual außenwirksam für den Mandanten tätig sein. 71

III. Fälligkeit und Entfallen der Vergütung

Mennemeyer Auswirkungen von Gewährleistung, Kündigung und Verwirkung auf den Honoraranspruch des Anwalts, in: Fahrendorf/ders., Die Haftung des Rechtsanwalts, 9. Aufl. 2017, Rn. 1077–1161; *Steenken* Die Auswirkungen der Schlechterfüllung des Anwaltsvertrages auf den Vergütungsanspruch, 2002; *Würdinger/Pechartschek* Der Vergütungsanspruch des Rechtsanwalts gegenüber seinem Mandanten, JA 2007, 401 ff.

Sofern nicht abweichend vereinbart oder durch einen Vorschuss abgegolten, ist eine Vergütung (→ Kap. 8) zum **Ende des Mandats** fällig (vgl. § 8 Abs. 1 RVG u. § 7 StBVV). Der (Teil-)Vergütungsanspruch bei einem vorzeitig beendeten Mandat bestimmt sich nach § 628 BGB[100]. Bei **grundlos niedergelegtem Mandat** kann der Vergütungsanspruch entfallen, wenn die Leistung für den Mandanten nutzlos war und soweit er einen anderen Anwalt oder Steuerberater beauftragen musste[101]. 72

Eine Schlechtleistung des Berufsträgers kann nur zu einem Schadensersatzanspruch führen, nicht dagegen zu einer **Minderung der Vergütung**[102]. Allerdings kann bei einer insgesamt unbrauchbaren Leistung die Einrede der Nichterfüllung erhoben werden[103]. 73

96 In der FGO fehlt eine entsprechende ausdrückliche Regelung, allerdings gilt bei Widerruf der Bevollmächtigung eines Steuerberaters nichts anderes (BFH v. 23.11.1993 – V B 102/93, BFH/NV 1994, 643; BFH v. 17.9.1997 – X S 14/96, BFH/NV 1998, 470), weshalb Zustellungen durch das Gericht weiterhin an den Steuerberater bewirkt werden können. Streitig ist allerdings, ob dies auch bei Anzeige der Mandatsniederlegung durch den Steuerberater zutrifft (vgl. Gräber/*Stapperfend* FGO § 62 Rn. 14).

97 BGH Urt. v. 25.4.2007 – XII ZR 58/06, NJW 2007, 2124 (2125) (speziell auch zu Problemen der Postulationsfähigkeit).

98 BFH v. 24.3.1998 – V B 158/97, BFH/NV 1998, 1237; Gräber/*Stapperfend* FGO § 62 Rn. 15.

99 Vgl. BGH Beschl. v. 11.6.2008 – XII ZB 184/07, NJW 2008, 2713 (2714).

100 BGH Urt. v. 15.7.2004 – IX ZR 256/03, NJW 2004, 2817 (2817) (noch zu § 628 BGB a.F.); *Würdinger/Pechartschek* JA 2007, 401 (402); *Henssler/Deckenbrock* NJW 2005, 1 (1 ff.).

101 BGH Urt. v. 29.9.2011 – IX ZR 170/10, AnwBl. 2011, 962 (963).

102 BGH Urt. v. 15.7.2004 – IX ZR 256/03, NJW 2004, 2817 (2817); OLG Düsseldorf Beschl. v. 18.10.2011 – I-24 U 50/10, BRAK-Mitt. 2011, 299 (299 f.); anders noch RG v. 24.4.1926 – III 208/25, RGZ 113, 264 (268).

103 OLG Koblenz Urt. v. 19.12.2002 – 5 U 669/02, VersR 2003, 1255 (1255 f.).

IV. Nachvertragliche Pflichten

74 Mit der **umfassenden Interessenwahrung** durch den Berufsträger korrespondiert die Pflicht, den Mandanten vor Schäden durch die Beendigung des Mandats zu bewahren.

1. Nachwirkende Interessenwahrung

75 Dies geschieht in aller Regel durch entsprechende **Belehrungen**[104]. Dabei muss der Anwalt bzw. Steuerberater insbesondere auf ablaufende Fristen hinweisen; eine allgemeine Pflicht zu „Ratschlägen über die Sachbehandlung für alle Zukunft"[105] besteht nicht. Hat der vormalige Mandant nach der Beendigung noch rechtliche oder tatsächliche **Rückfragen**, so ist der Berufsträger zu deren Beantwortung verpflichtet. Ein neues Mandat oder ein Aufleben des alten folgt daraus jedoch nicht, was insbesondere für die Frage der Verjährung von Bedeutung ist.

76 Aufgrund einer **nachwirkenden Empfangsvollmacht** hat der Berufsträger bei ihm eingehende Schriftsätze und Nachrichten an den ehemaligen Mandanten weiterzuleiten und dafür Sorge zu tragen, dass ein Rechtsmittel eingelegt wird, wenn dies erforderlich ist[106].

77 Die Ansprüche auf **Auskunft und Rechenschaft** (§§ 675, 676 BGB) gelten nach Beendigung des Mandats fort. Bezüglich der **Handakte** besteht für den Anwalt eine Aufbewahrungsfrist von sechs Jahren (§ 50 Abs. 1 S. 2 u. 3 BRAO; § 44 Abs. 1 S. 2 u. 3 PAO), für Steuerberater eine von zehn Jahren (§ 66 Abs. 1 S. 1 StBerG). Allerdings kann ein Herausgabeanspruch früher und unabhängig von der Aufbewahrungsfrist verjähren[107].

2. Abrechnung

78 Alles, was der Berufsträger im Rahmen des Mandats erlangt hat, muss er **herausgeben** (§§ 675, 667 BGB; für den Rechtsanwalt speziell auch § 43a Abs. 5 S. 2 BRAO)[108]. Bei Mandatsende (→ Kap. 3 Rn. 54 ff.) hat der Berufsträger unverzüglich[109] die von ihm verwahrten **Vorschüsse und Fremdgelder abzurechnen** (für Rechtsanwälte speziell § 4 Abs. 2 S. 6, § 23 BORA; für Patentanwälte § 14 Abs. 4 BOPA).

79 Der Berufsträger darf eigene Forderungen nicht mit von ihm verwahrten Mandantengeldern, die zur Auszahlung an Dritte bestimmt sind, aufrechnen (§ 4 Abs. 3 BORA, vgl. auch § 8 Abs. 3 BOStB[110]); eine **Aufrechnung** mit (zweckgebundenen) Geldern

---

104 Vgl. BGH Urt. v. 28.11.1996 – IX ZR 39/96, NJW 1997, 1302 (1302).

105 BGH v. 12.12. 57 III ZR 155/56, VersR 1958, 127 (127); in Borgmann/Jungk/Schwaiger/*Jungk* Anwaltshaftung Kap. III Rn. 114; *Koslowski* StBerG § 57 Rn. 55.

106 BGH Beschl. v. 6.10.2011 – IX ZR 21/09, BRAK-Mitt. 2011, 282 (Ls.); VGH Mannheim Beschl. v. 14.6.2004 – A 12 S 633/04, DVBl. 2004, 1499 (Ls.).

107 LG Frankfurt a.M. Urt. v. 1.3.2018 – 2-25 O 125/17, DStRE 2019, 402 (403 ff.).

108 *Koslowski* StBerG § 57 Rn. 56.

109 Nicht mehr unverzüglich ist eine Abrechnung nach sieben Monaten (RAK Berlin BerlAnwBl. 2005, 155).

110 Vgl. BGH Urt. v. 14.6.2007 – IX ZR 56/06, NJW 2007, 2640 (2641 f.); auf die Möglichkeit der Aufrechnung im Anwaltsregressprozess, Fahrendorf/Mennemeyer/*Mennemeyer* RA Haftung-HdB Rn. 1133 ff.; allgemein *Schellhammer* ZAP (2000), Fach 2, 267 ff.

Dritter ist schon aus allgemeinen zivilrechtlichen Gründen ausgeschlossen[111]. Patentanwälten ist zusätzlich die Annahme von Rechten an Gewerblichen Schutzrechten untersagt (§ 14 Abs. 3 BOPA).

3. Verschwiegenheitspflicht

Ranker Einmal zur Verschwiegenheit verpflichtet – immer zur Verschwiegenheit verpflichtet?!, DStR 2015, 778 ff.

Selbstverständlich besteht die Schweigepflicht (→ Kap. 6) nach Mandatsende fort **80**
(§ 2 Abs. 2 BORA; § 4 Abs. 2 BOPA; § 5 Abs. 5 BOStB). Sie gilt grundsätzlich **bis in die Ewigkeit**, selbst wenn die Geheimhaltungsbedürftigkeit mit der Zeit verblassen wird.

Ob die Verschwiegenheit auch **gegenüber den Erben** gilt, die Vertragspartei werden **81**
und einen Anspruch auf Rechnungslegung haben, hängt vom Einzelfall unter Berücksichtigung des postmortalen Persönlichkeitsrechts des verstorbenen Mandanten ab[112].

4. Prävarikation

Schließlich können beendete Mandate insoweit eine Nachwirkung haben, als bei **82**
der **Übernahme neuer Mandate** ein Interessenwiderstreit mit ihnen entstehen kann (→ Kap. 5).

111 BGH Urt. v. 8.1.2009 – IX ZR 229/07, NJW 2009, 840 (841).
112 OLG München AnwBl. 1975, 159 (160 f.); BayObLG Beschl. v. 2.3.1966 – BReg. 1 a Z 76/65, NJW 1966, 1664 (1665 f.).

Kapitel 4: Mandatsgegenstand, Interessenwahrung, Rechtsdienstleistung

Streck Meine Anwältin – Wem gehört der Anwalt, AnwBl. 2004, 266 ff.

1 Der Rechtsanwalt berät und vertritt den Mandanten in allen rechtlichen Belangen (§ 3 Abs. 1 BRAO), der Patentanwalt beschränkt auf die in §§ 3, 4 u. § 100 PAO bezeichneten, der Steuerberater auf den abgabenrechtlichen Bereich. Der Steuerberater ist nach § 33 S. 1 StBerG zur Hilfeleistung in Steuersachen berufen, als Rechtsberatung ist die Steuerberatung auch Aufgabe der Rechtsanwälte. In beiden Bereichen – Rechtsdienstleistung und Steuerberatung – sind Interessenwahrung und Rechtsdienstleistung bzw. Steuerberatung die **Hauptleistungspflichten** innerhalb des Mandatsverhältnisses.

A. Leistung des Berufsträgers

2 Rechtsanwälte, Patentanwälte und Steuerberater erbringen rechtliche und steuerliche Dienstleistungen. Dass für Anwälte von „Beratung und Vertretung in Rechtsangelegenheiten" gesprochen wird, für Steuerberater dagegen von „Hilfeleistung in Steuersachen", findet seinen Grund lediglich in der überkommenen Üblichkeit[1]. Beide Beschreibungen sind in jeweils spezifischer Weise **unscharf**. Für Rechtsberatung und -vertretung gibt es eine Reihe teilweiser **Synonyma**, während der Begriff der „Hilfeleistung in Steuersachen" nach allgemeiner Auslegung keine Begrenzungsfunktion für den Steuerberaterberuf hat.

3 Aus geschichtlichen Gründen, nämlich weil sie die älteste Berufsgruppe innerhalb der rechts- und steuerberatenden Berufe darstellen, sind **Rechtsanwälte** zur **umfassenden Rechtsberatung und -vertretung** (§ 3 Abs. 1 BRAO) befugt, also auch auf dem Gebiet des Gewerblichen Rechtsschutzes (§ 3 Abs. 5 PAO) und der Steuerberatung (§ 3 Abs. 1 Nr. 1 Var. 3 StBerG). **Patentanwälte** müssen sich auf **Rechtsdienstleistungen auf dem Gebiet des Gewerblichen Rechtsschutzes** beschränken (§ 3 Abs. 2 u. 3 PAO), **Steuerberater** auf den **abgabenrechtlichen Bereich** (§ 32 Abs. 1, § 33 StBerG). Allerdings muss ein Patentanwalt bei seiner Tätigkeit besonders die technischen Vorfragen berücksichtigen, und die beruflichen Aufgaben des Steuerberaters gehen über den Bereich der Hilfeleistung in Steuersachen hinaus und erfassen Wirtschaftsberatung und Treuhandtätigkeiten[2]. Insoweit sind die Tätigkeitsfelder der drei hier behandelten Berufe sich überschneidende Kreise, die bei den Rechtsanwälten die Rechtsberatung und -vertretung umfänglich abdecken, während sie dies bei Patentanwälten nur für den Teilbereich des Gewerblichen Rechtsschutzes tun und die Steuerberater auf den Bereich des Abgabenrechts beschränkt sind, aber darüber hinaus noch weitere technik- bzw. wirtschaftsberatende Tätigkeiten zum jeweiligen Berufsbild gehören.

4 Ein Berufsträger kann mehrere Freie Berufe nebeneinander ausüben („Doppelbänder"). Eine Unvereinbarkeitsklausel, wie § 128 Abs. 1 S. 1 WPO sie für die Berufe

1 *Koslowski* StBerG § 2 Rn. 4 mit Verweis auf § 107 AO a.F.
2 *Koslowski* StBerG § 2 Rn. 4.

des vereidigten Buchprüfers und des Wirtschaftsprüfers enthält, gibt im es Verhältnis von Rechtsanwälten, Patentanwälten und Steuerberatern nicht. Bei der **parallelen Ausübung mehrerer Berufe** stellt sich die Frage nach dem anwendbaren Berufsrecht – insbesondere dann, wenn die konkrete Tätigkeit jedem der ausgeübten Berufe zugerechnet werden könnte. Einen kategorischen Vorrang des einen oder anderen Berufsrechts gibt es nicht[3]. Vielmehr ist im Einzelfall zu ermitteln, durch welche Berufsordnung die konkret verletzte Pflicht am stärksten geprägt ist.[4] In verfahrensrechtlicher Hinsicht trifft § 118a Abs. 1 BRAO allerdings eine Vermutungsregel für den Vorrang des rechtsanwaltlichen Disziplinarverfahrens.

I. Beratung und Vertretung in Rechtsangelegenheiten

Rechtsdienstleistung, Rechtsvertretung, Rechtsbesorgung und Rechtsberatung werden vom Gesetz – insbesondere in den Gesetzesbezeichnungen – **sprachlich und legistisch nicht eindeutig** verwendet und klar voneinander abgegrenzt[5]. So regelte das frühere Rechtsberatungsgesetz (RBerG) die Rechtsbesorgung (vgl. Art. 1 § 1 Abs. 1 S. 1 RBerG), das Beratungshilfegesetz betrifft gleichermaßen Rechtsberatung und (außergerichtliche) Rechtsvertretung (vgl. § 2 Abs. 1 BerHG). Das RDG hat den Begriff der Rechtsbesorgung durch den der Rechtsdienstleistung („Tätigkeit in konkreten fremden Angelegenheiten, sobald sie eine rechtliche Prüfung des Einzelfalls erfordert", § 2 Abs. 1 RDG) ersetzt und eingegrenzt[6], ist dann selbst aber nur auf die Rechtsberatung und die außergerichtliche Rechtsvertretung anwendbar (§ 1 Abs. 1 S. 1 RDG). Das Anwaltliche Berufsrecht spricht von „Beratung und Vertretung in [...] Rechtsangelegenheiten" (vgl. § 3 Abs. 1 BRAO, § 1 Abs. 2 u. 3 BORA; vgl. § 3 Abs. 1 PAO). Nach einem „modernen" Berufsbegriff wird die anwaltliche Tätigkeit als „juristisches Konfliktmanagement und Rechtsgestaltung" definiert[7]. Die Rechtsdienstleistung der Steuerberater wird vom Gesetz hingegen als „geschäftsmäßige Hilfe in Steuersachen" (§ 3, § 32 Abs. 1 StBerG) bezeichnet[8]. 5

1. Rechtsberatung

Heese Beratungspflichten, 2015, insb. S. 327–380.

Rechtsberatung ist die Beratung[9] des Mandanten über die **Rechtslage** und über die **Handlungsmöglichkeiten in einem konkreten Einzelfall**. Rechtsberatung findet immer nur im Innenverhältnis zwischen Berufsträger und Mandant statt. Die Rechtsberatung von mehr als einer Partei kann nicht nur Probleme hinsichtlich kollidierender Interessen aufwerfen (→ Kap. 5), sie hat auch fließende Übergänge zur unparteiischen Streitentscheidung (→ Rn. 49), die keine rechtsberatende Tätigkeit mehr darstellt. 6

---

3 BVerwG Urt. v. 22.8.2000 – 1 C 6/00, NJW-RR 2001, 350.

4 Weyland/*Reelsen* BRAO § 118a Rn. 9.

5 Vgl. BT-Drs. 16/3655, 46; *Weber*, Die Ordnung der Rechtsberatung in Deutschland nach 1945, 2010, S. 11; zur zusätzlichen verfassungsrichterlichen Begriffsverschiebung *Birkenheier* in FS Isensee, 2002, S. 149 (162 ff.).

6 Ausdrücklich BT-Drs. 16/3655, 35, mit Bezug auf BGH Urt. v. 11.11.2004 – I ZR 213/01, NJW 2005, 969 ff. – Testamentsvollstrecker.

7 *R. Römermann* in FS Hartung, 2008, 145 (149 f.).

8 Zur Unvereinbarkeit des früheren Buchführungsprivilegs für steuerberatende Berufe mit Art. 12 GG s. BVerfG Urt. v. 18.6.1980 – 1 BvR 697/77, BVerfGE 54, 301 ff.

9 Zum soziologischen Hintergrund *Steiner*, System Beratung, 2009.

2. Rechtsgestaltung

7 Die Rechtsberatung kann ferner das **Entwerfen von Schriftstücken** umfassen, ja sogar das Erstellen von Gesetzesentwürfen[10]. Der Begriff der insbesondere von Rechtsanwälten auch praktizierten Rechtsgestaltung darf aber nicht dahingehend missverstanden werden, als könnten sie autoritativ und hoheitlich Recht setzen. Vielmehr geben sie den Mandanten immer nur Hilfestellung für deren autonomes rechtliches Handeln.

3. Rechtsvertretung

Dreßler Der Steuerberater als Vermittler, auch bei Außenprüfungen, StBp 2016, 111 ff.

8 Rechtsvertretung ist die **rechtsgeschäftliche und verfahrensmäßige Vertretung in konkreten fremden Rechtsangelegenheiten**. Sie findet immer im Außenverhältnis statt und kann in gerichtliche und außergerichtliche Rechtsvertretung unterteilt werden. Auch die Anmeldung von Schutzrechten[11], die Bestellung als allgemeiner Repräsentant (z.B. für einen ausländischen Datenverarbeiter nach Art. 27 DSGVO oder für ein Soziales Netzwerk nach § 5 NetzDG) ist Rechtsvertretung[12], wenn und solange die rechtliche Vertretung (einschließlich der Entgegennahme rechtlicher Erklärungen) keine völlig untergeordnete Rolle spielt.

9 Die Rechtsvertretung erschöpft sich nicht in rechtsförmigem Handeln (Abfassen von Schriftsätzen, Stellen von Anträgen), sondern umfasst zudem darüberhinausgehende **interessenwahrende und -durchsetzende Tätigkeiten** (Akteneinsicht[13]) wie eine prozessbegleitende Öffentlichkeitsarbeit[14].

10 Auch noch zur Rechtsvertretung gehört die **Teilnahme an der Fachdiskussion**[15] durch Vorträge und das Veröffentlichen von Fachaufsätzen. Solche „bezahlten Meinungen" sind berufsrechtlich unbedenklich (→ Kap. 7 Rn. 75), allerdings kann es von einem wissenschaftsethischen Standpunkt aus unstatthaft sein, seine Interessen bzw. Interessenvertreterschaft nicht offenzulegen. Rechtliche Sanktionen hat ein Berufsträger in diesen Fällen nicht zu befürchten, seine wissenschaftliche und fachliche Reputation mag freilich leiden.

4. Keine Rechtsentscheidung

11 Die (langjährige) Praxis im Rentenversicherungswesen sah für den Rechtsanwaltsberuf als „berufsgruppenspezifische Merkmale" neben der Rechtsberatung, Rechtsge-

---

10 *Battis* ZRP 2009, 201 ff.; *v. Lewinski*, Gesetzesverfasser und Gesetzgeber, 2015, S. 24–26; zu den berufsrechtlichen Fragen *v. Lewinski* AnwBl. 2011, 665 ff.; umfassend *Kloepfer* (Hrsg.), Gesetzgebungsoutsourcing, 2011, *Leven*, Gesetzgebungsoutsourcing, 2013, u. *Woiki*, Gesetzgebungsoutsourcing unter dem Grundgesetz, 2016.

11 LG Siegen Urt. v. 28.3.2014 – 5 O 169/13, MittdtschPatAnw 2014, 290 (291 f.).

12 Vgl. Auernhammer/*Schreibauer* DSGVO Art. 27 Rn. 44.

13 Mit der berufsrechtlichen Zuständigkeit geht allerdings nicht notwendigerweise eine entsprechende Befugnis einher, wie etwa im Personalaktenrecht, wo zur Wahrung der Interessen der personalaktenführenden Stelle nur der Beistand durch ein Personalratsmitglied erlaubt ist (§ 83 BetrVG; vgl. BAG Urt. v. 12.7.2016 – 9 AZR 791/14, NZA 2016, 1344).

14 Umfassend zur Praxis, dogmatisch (S. 178 ff.) aber nur zum schweizerischen Recht *Herzog*, Öffentlichkeits- und Medienarbeit des Strafverteidigers (Litigation-PR), 2014.

15 S. aber OLG Naumburg Urt. v. 22.1.2009 – 1 U 82/08, NJW 2009, 1679 (1679) („entfernt sich vom Leitbild anwaltlicher Tätigkeit").

staltung und Rechtsvermittlung auch die Rechtsentscheidung an[16]. Dies war **falsch, jedenfalls missverständlich**. Da der Rechtsanwalt der parteiliche Interessenvertreter ist, ist diese Rolle per se mit der eines (neutralen) Entscheiders nicht kompatibel (→ Rn. 49). Richtigerweise ist deshalb die Schiedsrichtertätigkeit oder die Tätigkeit als Streitmittler (§ 6 VSBG) nicht Teil des Anwaltsberufs. Wenn dagegen „Rechtsentscheidung" nur die Beurteilung rechtlicher Fragen (Entscheidung von rechtlichen Zweifelsfragen) meint, ist dies Rechtsberatung (→ Rn. 1 ff.).

II. Hilfeleistung in Steuersachen

Die „Hilfeleistung in Steuersachen" ist als Rechtsbegriff identisch mit der der **Beratung und Vertretung in Rechtsangelegenheiten**, freilich **beschränkt auf das Steuer- und Abgabenrecht**[17]. In Form der Erlaubtheit von Annexrechtsberatung (§ 5 Abs. 1 RDG; → Kap. 16 Rn. 6) erweitern sich die Befugnisse der Steuerberater durchaus in Richtung allgemeiner Rechtsberatung[18]. Allerdings sind Steuerberater nicht auf die Tätigkeit als Steuer*rechts*berater beschränkt, sondern können insbesondere zudem wirtschaftsberatend und treuhänderisch tätig sein; § 57 Abs. 3 Nr. 3 StBerG wird entgegen seiner systematischen Stellung nicht als Zweitberufsregel verstanden, sondern als Berufsbilddefinition[19]. 12

B. Interessenwahrungspflicht

Aus der Stellung des Anwalts als „berufener unabhängiger Berater und Vertreter in Rechtsangelegenheiten" (§ 3 Abs. 1 BRAO; vgl. § 3 Abs. 1 PAO) und aus dem Geschäftsbesorgungscharakter des Mandatsverhältnisses folgt ein **besonderes Vertrauens- und Treueverhältnis**[20]. Nichts anderes gilt für das Mandatsverhältnis der Steuerberater, da ihre Beschränkung auf Hilfeleistungen in Steuersachen nichts an der besonderen Vertrauens- und Treuebezogenheit eines Tätigwerdens in diesem Aufgabenbereich zu ändern vermag. 13

Die daraus resultierende Interessenwahrungspflicht ist **konstitutiv für die Tätigkeit** der Rechtsanwälte, Patentanwälte und Steuerberater. Die Interessen des Mandanten gehen – im Rahmen der allgemeinen Gesetze – den Interessen von anderen Berufsträgern („Kollegen") und auch denen der Rechtsanwälte, Patentanwälte und Steuerberater insgesamt vor (für die Anwälte Ziff. 2.7 CCBE-Berufsregeln). Es ist ein Spezifikum, dass Berufsträger (nur!) dem Interesse ihres Mandanten verpflichtet sind; dies unterscheidet sie – insbesondere nach der Liberalisierung durch das RDG – von anderen Rechtsdienstleistern wie Rechtsschutzversicherungen, Banken und Fördermittelberatern, die vornehmlich ihren eigenen wirtschaftlichen Erfolg verfolgen dürfen. 14

---

16 Vgl. *Wirges* NZS 2006, 19 (20 f.).

17 *Koslowski* StBerG § 2 Rn. 4.

18 *Henssler/Deckenbrock* DB 2008, 41 (43).

19 *Koslowski* StBerG § 57 Rn. 105.

20 RG Urt. v. 24.4.1926 – III 208/25, RGZ 113, 264 (269); RG Urt. v. 7.9.1939 – VIII 25/39, RGZ 161, 280 (282) (zu § 1009 ABGB); *Vollkommer/Greger/Heinemann*, Anwaltshaftungsrecht, 5. Aufl. 2021, § 9 Rn. 1; vgl. BGH Urt. v. 11.11.1982 – 4 StR 406/82, NJW 1983, 461 (461); teilweise wird sogar von einer „Fürsorgepflicht" des Rechtsanwalts gesprochen (OLG Düsseldorf Urt. v. 17.7.2007 – 20 U 54/07, BRAK-Mitt. 2007, 274 (275) – Coffee and Law).

15 Diese Parteibindung ist der eigentliche **Ausgangspunkt für die Auslegung berufsrechtlicher Vorschriften.** Sie folgt unmittelbar aus der Stellung des Anwalts und Steuerberaters als einem Interessenvertreter und -wahrer[21]. Als Geschäftsbesorgung nach § 675 Abs. 1 BGB enthält das Mandatsverhältnis die Interessenwahrungspflicht als „qualifizierendes Merkmal“[22]. Die zu wahrenden Interessen können allerdings nicht abstrakt bestimmt werden, sondern nur nach dem konkreten Mandat und den Weisungen des Mandanten[23]; bei der Bestimmung können auch rechtstaatliche Grundsätze herangezogen werden[24].

I. Grundsatz des umfassenden und unbeschränkten Mandats

Zugehör Das beschränkte Mandat des Rechtsanwalts und des steuerlichen Beraters, in: FS Ganter, 2010, S. 573 ff.

16 Aufgrund des Mandats ist der Berufsträger zur umfassenden Interessenwahrung verpflichtet[25]. Die Tätigkeit des Rechtsanwalts bezieht sich grundsätzlich auf **alle rechtlichen Aspekte des Mandats**, die des Patentanwalts nur auf den Bereich des Gewerblichen Rechtsschutzes, während der Steuerberater über das Abgabenrecht hinaus auch die wirtschaftlichen Aspekte berücksichtigen muss. Allerdings ist die umfassende Interessenwahrungspflicht keine Regel im Sinne einer rechtlichen Vermutung[26], vielmehr kommt es auf die Umstände des Einzelfalles an. Beschränkungen können sich z.B. bei der Einschaltung eines zusätzlichen Spezialisten[27] oder etwa aus Kostengründen, etwa bei vereinbarter Zeitvergütung, ergeben. Insbesondere beim Steuerberater kann häufig lediglich ein auf konkrete Tätigkeiten wie die Fertigung des Jahresabschlusses beschränktes Mandat vorliegen, was zur Folge hat, dass sich die Interessenwahrungs- und Beratungspflichten dann allein nach dem Umfang dieses beschränkten Auftrages bestimmen[28].

II. Weisungsgebundenheit

Schlecht Die zivilrechtliche Haftung des Strafverteidigers, 2006, S. 40–75; *Ullrich* Der Rechtsanwalt als Weisungsempfänger bei Schriftsatzentwürfen des eigenen Mandanten, MDR 2009, 1017 ff.

17 Rechtsanwalt, Patentanwalt und Steuerberater sind grundsätzlich an die Weisungen des Mandanten gebunden (vgl. §§ 675 Abs. 1, 665 BGB). Die Weisungsgebundenheit folgt aus der Natur des Mandatsverhältnisses als (üblicherweise) einem Dienst-

---

21 Vgl. *Kleine-Cosack* BRAO, 4. Aufl. 2003, § 43a Rn. 6, stärker auf die Verbindung zwischen Verschwiegenheit und Schutz des Persönlichkeitsrechts abstellend nun in der aktuellen Ausgabe aber *Kleine-Cosack* BRAO § 43a Rn. 8.

22 *Oechsler*, SchuldR, 2003, Rn. 784; Staudinger/*Martinek/Omlor* BGB § 675 Rn. A 22, A 24, B 2.

23 *Kleine-Cosack* BRAO vor §§ 51–52 Rn. 30–33.

24 *Siduh/v. Saucken/Ruhmannseder* NJW 2011, 881 ff. (zur anwaltlichen Rolle bei unternehmensinternen arbeitsrechtlichen Ermittlungen).

25 Zu Rechtsanwälten: OLG Hamm Urt. v. 14.9.2004 – 28 U 158/03, NJW-RR 2005, 134 (136); BGH Urt. v. 20.6.1996 – IX ZR 106/95, NJW 1996, 2929 (2931); zu Steuerberatern: BGH Urt. v. 3.6.1993 – IX ZR 173/92, BB 1993, 1682 (1683); Kuhls/*Maxl* StBerG § 57 Rn. 114; vgl. auch *Späth*, Die zivilrechtliche Haftung des Steuerberaters, 4. Aufl. 1994, Rn. 131 ff.

26 BGH Urt. v. 20.7.2006 – IX ZR 47/04, NJW 2006, 3496 (3496).

27 BGH Urt. v. 19.7.2001 – IX ZR 246/00, NJW 2001, 3477 (3478); BGH Urt. v. 4.5.2000 – IX ZR 142/99, NJW-RR 2001, 201 (202).

28 BGH Urt. v. 7.5.2015 – IX ZR 186/14, DStR 2015, 2094 (2094); OLG Oldenburg Urt. v. 18.7.2013 – 14 U 44/12, DStR 2014, 2094 (2095); vgl. *Gehrlein*, Anwalts- und Steuerberaterhaftung, 5. Aufl. 2019, S. 71 f.

vertrag, bei dem nur eine Tätigkeit und kein Erfolg geschuldet ist. Hier muss der Mandant, der insoweit das Risiko der Tätigkeit des Berufsträgers trägt, entsprechende **Steuerungsmöglichkeit** haben[29]. Der Berufsträger verstößt zudem nicht allein gegen seine vertraglichen Verpflichtungen, sondern zudem gegen seine Pflicht zur gewissenhaften Berufsausübung (§ 43 S. 1 BRAO; § 39 S. 1 PAO; § 57 Abs. 1 StBerG), wenn er entgegen dem ausdrücklich erklärten, wenn vielleicht auch objektiv interessenwidrigen Willen seines Mandanten eine Klage erhebt[30]. Sich widersprechende Weisungen von gesamthaft vertretenden Mandaten begründen zudem einen Interessenkonflikt (→ Kap. 5).

Bei **rechts- oder sittenwidrigen Weisungen** haben Rechtsanwalt, Patentanwalt **18**
und Steuerberater aufgrund ihrer Verpflichtung zur eigenverantwortlichen Berufsausübung die Pflicht, die Weisung abzulehnen[31]. Bei **aussichtslosen oder querulatorischen Weisungen** besteht dagegen kein Recht, die Weisung abzulehnen, sondern nur die Pflicht abzuraten. Wenn der Berufsträger der Weisung nicht folgen will, muss er das Mandat niederlegen (→ Kap. 3 Rn. 63 f.). Von einer Weisung darf er nur unter den Voraussetzungen der §§ 675 Abs. 1, 665 BGB abweichen.

III. Wahl des sichersten Weges

Der Maßstab für die Beratung durch den Rechtsanwalt, Patentanwalt oder Steuerbe- **19**
rater ist der sicherste Weg[32]. Bei **unklarer oder fehlender Rechtsprechung** ist die für den Mandanten ungünstigste zugrunde zu legen, bei **uneinheitlicher Handhabung durch Aufsichtsbehörden** die jeweils strengste. **Außergerichtliche Einigungen und Vergleiche** sind darauf zu prüfen, ob sie in gleicher Weise vollstreck- und durchsetzbar sind wie gerichtliche Titel. Die Pflicht zur Wahl des sichersten Weges schließt so (scheinbar) abseitige Prüfungen wie die der **Insolvenzsicherung von Anderkonten** ein[33]. Die Wahl des sichersten Weges umfasst auch den sichersten Post- und Zustellungsweg im Falle eines Poststreiks[34].

Der für den Mandanten sicherste Weg in der Beratung und Vertretung wird meist **20**
aus Bequemlichkeit verlassen, etwa durch die **Hinterlegung von Geld beim Gegenanwalt** oder durch das **Übermitteln von Unterlagen an eine Versicherung** des Mandanten, obwohl ein Regress nicht ausgeschlossen ist.

Wenn der Mandant einen risikoreicheren Weg zu gehen wünscht, ist er **auf risi- 21**
koärmere Handlungsalternative hinzuweisen[35]. Eine ausdrückliche Pflicht zur Dokumentation besteht nicht, hat aber beweisrechtliche Vorteile[36].

---

29 *Vollkommer/Greger/Heinemann*, Anwaltshaftungsrecht, 5. Aufl. 2021, § 14 Rn. 1.
30 AnwG Hamburg Urt. v. 2.2.2014 – I 4/14 EV, BRAK-Mitt. 2015, 140.
31 *Koslowski* StBerG § 57 Rn. 33.
32 BGH Urt. v. 4.6.1996 – IX ZR 51/95, NJW 1996, 2648 (2649); BGH Urt. v. 23.6.1981 – VI ZR 42/80, NJW 1981, 2741 (2742); vgl. BGH Urt. v. 13.3.1997 – IX ZR 81/96, NJW 1997, 2168 (2169) (für den Rechtsanwalt); BGH Urt. v. 8.2.2007 – IX ZR 188/05, NJW-RR 2007, 1556 (1557); BeckStB-HdB 2019/2020/*Koslowski* Kap. U Rn. 19; *Späth*, Die zivilrechtliche Haftung des Steuerberaters, 4. Aufl. 1994, Rn. 178 ff.
33 *K.J. Hartung* in FS W. Hartung, 2008, S. 41 (52).
34 Vgl. BGH Beschl. v. 18.2.2016 – V ZB 126/15, NJW 2016, 2750 (2750 f.).
35 Fahrendorf/Mennemeyer/*Fahrendorf* RA Haftung-HdB Rn. 633; *Späth*, Die zivilrechtliche Haftung des Steuerberaters, 4. Aufl. 1994, Rn. 180.
36 *Heese*, Beratungspflichten, 2015, S. 378 f.

IV. Wahl des günstigsten Weges

22 Zur Interessenwahrung gehört ebenfalls, dass der für den Mandanten günstigste Weg gewählt wird (für den Rechtsanwalt Ziff. 3.7.1. CCBE-Berufsregeln)[37]. Insbesondere sind bei gerichtlichen Verfahren die Verfahrenskosten niedrig zu halten[38], was einschließt, darauf hinzuwirken, dass das Gericht den **Streitwert**, der meist in seinem Ermessen steht (z.B. § 3 ZPO, § 51 Abs. 1 GKG), niedrig ansetzt[39]. Dabei ist auch der **Berechnungsmodus der Vergütung** zu berücksichtigen, etwa bei in der Anwaltschaft üblichen Zeittaktklauseln[40]. Überhaupt ist das günstigste Verfahren zu wählen, um das Sachziel des Mandanten zu erreichen[41]. Es besteht also eine Pflicht zum **„Forum Shopping"**[42] und kann etwa das Hinwirken auf eine außergerichtliche und **alternative Streitbeilegung** bedeuten, zum einen hinsichtlich der Kosten und zum anderen wegen des sprichwörtlichen „Vergrößerns des Kuchens" bei der Mediation[43].

23 Liegt eine **Deckungszusage der Rechtsschutzversicherung** vor, braucht der Berufsträger allerdings den Kosten insoweit keine Beachtung zu schenken[44]; ein solcher Fall kann „ausgebührt" werden.

V. Keine Pflicht zur Wahl des schnellsten Weges

24 Ob der schnellste Weg den Interessen des Mandanten am besten dient, hängt von den **Umständen des Einzelfalls** ab. Diesem kann als Adressaten eines belastenden Verwaltungsaktes oder als Schuldner einer Forderung gerade daran gelegen sein, eine rechtlich verbindliche Entscheidung hinauszuzögern. Insoweit darf ein Anwalt oder Steuerberater gegebenenfalls dann „auf Zeit spielen". Dabei hat er allerdings auch die mit zunehmender Dauer regelmäßig steigenden Kosten für den Mandanten im Blick zu behalten, also das Spannungsverhältnis zwischen der zeitlich und der kostenmäßig günstigsten Konstellation. Rechtsdienstleistungen wie die in dem unendlichen Fall Jarndyce vs. Jarndyce in *Charles Dickens'* Roman „Bleak House" sind kaum je sachgerecht.

VI. Vertrauliche Kommunikation mit der Gegenseite

25 Grundsätzlich müssen Informationen, die dem Berufsträger durch die Gegenseite „vertraulich", „off the record" mitgeteilt werden, an den Mandanten weitergeleitet

---

37 BGH Urt. v. 3.6.1993 – IX ZR 173/92, BB 1993, 1682 (1683) (für Steuerberater); *Gehrlein*, Anwalts- und Steuerberaterhaftung, 5. Aufl. 2019, S. 74; BeckStB-HdB 2019/2020/*Koslowski* Kap. U Rn. 19.

38 OLG Koblenz Urt. v. 8.11.2000 – 1 U 1760/98, MDR 2001, 720 – Sammelklage. – Die Wahrung der Interessen des Mandanten erfordert es, nicht ohne dessen Einverständnis einen Musterprozess gegen eine als falsch erkannte Rechtsprechung zu führen (*Vollkommer/Greger/Heinemann*, Anwaltshaftungsrecht, 5. Aufl. 2021, § 11 Rn. 51).

39 Hier die Gefahr kollusiven Zusammenwirkens mit der Gegenseite zulasten der Gerichts- bzw. Staatskasse witternd OLG Düsseldorf Beschl. v. 10.5.2011 – 2 W 15/11, NJW 2011, 2979 (2981) – Du sollst nicht lügen II.

40 OLG Düsseldorf Urt. v. 29.6.2006 – 24 U 196/04, NJW-RR 2007, 129 (130 f.).

41 *Schultzky* in FS Vollkommer, 2006, S. 411 (418 ff.).

42 *Linke/Hau,* IntZivilVerfR, 7. Aufl. 2018, S. 76–78.

43 Hierzu *Längsfeld*, Anwaltspflichten und Mediation, 2015, S. 238 ff.

44 OLG Celle Beschl. v. 5.7.2010 – 3 U 83/10, NJW-RR 2010, 1400 (1400 f.); OLG Hamm Urt. v. 14.9.2004 – 28 U 158/03, BRAK-Mitt. 2005, 19 (Ls.). – Zur anwaltsseitig missbräuchlichen Gestaltung von massenhaften Parallelverfahren LG Lüneburg Urt. v. 25.3.2014 – 5 O 58/14, GWR 2014, 373.

werden[45]. Ausnahmen sind nur statthaft, wenn die **Nichtweiterleitung dem Interesse des Mandanten** entspricht und dieser damit einverstanden ist. Diese Konstellation ist im Vorfeld etwa von Unternehmenstransaktionen häufig, wenn ein Berufsträger im Rahmen einer sog. Due Diligence ohne eine solche Verschwiegenheitspflicht *zugunsten der anderen Partei* nicht in den „Datenraum" gelassen wird.

Ein Grenzfall zum Verbot der Vertretung widerstreitender Interessen und der Treuepflicht gegenüber dem Mandanten liegt vor, wenn eine Information anders hätte nicht erlangt werden können oder wenn der Berufsträger seinem **Informanten Vertraulichkeit zugesichert** hat. 26

VII. Rechtsanwaltliche Geltendmachung von Forderungen

Möller, Neue Informationspflichten für Rechtsanwälte – § 43d BRAO tritt in Kraft, BRAK-Mitt. 2014, 308 ff.

Für Rechtsanwälte, nicht aber Patentanwälte und Steuerberater, hat die strikte Interessenbindung und Parteilichkeit durch den 2013 eingefügten § 43d BRAO eine geringfügige **Modifikation** erfahren. Danach muss ein **inkassotreibender Rechtsanwalt**, der gegenüber einer Privatperson Forderungen für einen Mandanten geltend macht, diese über eine Reihe von Umständen unterrichten. Durch diese ausdrückliche Regelung wird der Rechtsanwalt ausnahmsweise (auch) im Interesse der Gegenseite tätig; allerdings sind Berufspflichten zugunsten der Gegenseite (und damit der Rechtspflege insgesamt) dem Anwaltsrecht nicht fremd, wie das Umgehungsverbot (→ Kap. 7 Rn. 40 ff.) zeigt. Zudem muss die Anschrift des Mandanten gem. § 43d Abs. 1 Nr. 1 BRAO auch auf Nachfrage nicht mitgeteilt werden, wenn der Rechtsanwalt darlegen kann, dass durch die Mitteilung überwiegende schutzwürdige Interessen des Mandanten beeinträchtigt würden. 27

C. Persönliche Erbringung

Aus der Freiberuflichkeit der Tätigkeit der Anwälte und Steuerberater folgt der Grundsatz der persönlichen Leistungserbringung. Dies **hindert eine Industrialisierung und unbegrenzte Skalierung** von Rechts- und Steuerdienstleistungen durch Berufsträger. 28

Dies schließt allerdings eine **Arbeitsteilung zwischen Berufsträgern** nicht aus. Der Sinn von Berufsausübungsgemeinschaften liegt genau hierin, aber auch andere Formen des arbeitsteiligen Zusammenwirkens gibt es seit jeher (z.B. Korrespondenzanwälte und Terminsvertreter). Eine solche institutionalisierte Zusammenarbeit in der Berufsausübung ist ferner mit Angehörigen der sozietätsfähigen Berufe (§ 59c Abs. 1 BRAO; § 52c Abs. 1 PAO; § 50 Abs. 1 StBerG) möglich. 29

Auch mit Angehörigen anderer Berufe ist eine Zusammenarbeit möglich. Vor dem Hintergrund der Lehre von den zwei Berufen (Trennung von Anwalts- bzw. Steuerberatertätigkeit einerseits und Zweitberuf andererseits) ist zu differenzieren: Unproblematischerweise darf der Rechtsanwalt, Patentanwalt oder Steuerberater **als Unterauftragnehmer Rechtsdienstleistungen** und Hilfeleistungen in Steuersachen erbringen. Zudem kann er vom Auftraggeber neben einem anderen Dienstleister man- 30

45 Vgl. AnwG Schwerin Beschl. v. 1.8.2007 – I AG 6/07, BRAK-Mitt. 2007, 227 (227 f.) (zum Mediationsgeheimnis).

datiert werden. Wenn er aber mit dem Nichtberufsträger gemeinsam eine (gemischte Dienst-)Leistung erbringt (z.B. Projektberatung), können dabei die gesellschaftsrechtlichen Vorschriften des Berufsrechts zur interprofessionellen Zusammenarbeit zu beachten sein (→ Kap. 11 Rn. 6 ff.). Zudem kann eine gemischt erbrachte Leistung eine nicht-rechtsanwaltliche, nicht-patentanwaltliche bzw. nicht-steuerberatende Leistung sein, die sich außerhalb des Berufshaftpflichtversicherungsschutzes bewegt; ggf. begründet eine solche gemischte Tätigkeit dann eine Gewerbesteuerpflicht (§ 15 Abs. 3 EStG). Eine punktuelle Unterbeauftragung von Nichtberufsträgern macht allerdings aus einem Rechtsdienstleistungsmandat keinen gemischten Auftrag.

31 Im Zusammenhang mit der Digitalisierung und Legal Tech wird für die freiberufliche Erbringung gelegentlich von einem **Menschenvorbehalt** gesprochen. Das bedeutet nicht, dass Berufsträger sich nicht auch digitaler Werkzeuge bedienen dürften. Allerdings dürfen sie der Maschine nicht – einen etwa in Art. 22 DSGVO postulierten Gedanken fortspinnend – die (Beratungs-)Entscheidung überlassen. Ferner müssen sie die elektronischen Systeme, derer sie sich bedienen, und die dort programmierte Logik soweit verstehen, dass sie für sie keine Black Box darstellen. Anwalt und Steuerberater dürfen nicht zum User Interface eines Legal Tech-Systems werden.

D. Syndikus-Tätigkeit

Baudenbacher/Speitler Der Syndicus der Gegenwart – Interessenvertreter oder Anwalt des Rechts?, NJW 2015, 1211 ff.; *Bissel* Die Rechtsstellung des Syndikusanwalts und die anwaltliche Unabhängigkeit, 1996; *Fitzner* Der Syndikuspatentanwalt, MittdtschPatAnw 2017, 315 ff.; *Lenz* Die Rechtsabteilung: Der Syndikus und Steuerberater im Unternehmen, 3. Aufl. 2019; *Lange* Die Bedeutung der anwaltlichen Grundpflichten für Syndikusrechtsanwälte in Aktiengesellschaften und in konzernangehörigen Unternehmen, 2021; *Mann* Der Syndikus-Steuerberater – Entstehungsgeschichte, Gesetzessystematik, Auslegungsfragen, Beihefter zu DStR 8/2014, 21; *Moorhead/Vaughan/Godinho* In-House Lawyers' Ethics, 2019; *Niemann* Der Syndikus-Steuerberater, 2020; *Ring* Vergleich der Berufsbilder von Syndikus-Steuerberater und Syndikus-Rechtsanwalt, Beihefter 8 zu DStR 2014, 28 ff.; *Schwung* Corporate Governance/Compliance und der Syndikusanwalt, AnwBl. 2007, 14 ff.

32 Eine besondere Form der Leistungserbringung durch Berufsträger ist die Syndikustätigkeit. Syndikus-Steuerberater und Syndikusanwälte, letztere landläufig auch Syndici oder Unternehmensjuristen und im angelsächsischen Sprachgebrauch In-House Counsel oder General Counsel genannt, befinden sich in einem Anstellungsverhältnis zu einem Nicht-Berufsträger, üben dort dann eine fachlich unabhängige Tätigkeit aus (§ 46 Abs. 3 BRAO; § 41a Abs. 3 PAO; § 58 Nr. 5a StBerG). Sie arbeiten einerseits **anwaltlich bzw. steuerberaterlich** (§ 46 Abs. 2 BRAO; § 41a Abs. 2 PAO; § 58 Nr. 5a StBerG), andererseits jedoch **nicht als Rechtsanwalt, Patentanwalt oder Steuerberater**, sondern (nur) als Syndikusanwalt bzw. Syndikus-Steuerberater. Das bedeutet, dass man als Berufsträger zugleich, dann aber im Zweitberuf, Syndikusanwalt bzw. Syndikus-Steuerberater sein kann.

I. Doppelberufslehre und ihr Ende

Mann Der Syndikus-Steuerberater – Entstehungsgeschichte, Gesetzessystematik und Auslegungsfragen, Beihefter zu DStR 8/2014, 21 ff.

Die Syndikustätigkeit war – aus der Perspektive des Berufsrechts – der **klassische Zweitberuf** und ausdrücklich nicht Tätigkeit als Berufsträger (Doppelberufslehre)[46]. In der Funktion eines Angestellten durften sie zwar auf ihre Eigenschaft als Berufsträger (im Erstberuf) hinweisen, übten aber gleichwohl keine Tätigkeit als Anwalt oder Steuerberater aus. 33

Sozialversicherungsrechtlich hatten Syndici lange davon profitiert, dass sie mit ihrer angestellten Tätigkeit auch als **berufsträgerähnlich** eingeordnet werden konnten. Dies war, in dogmatisch konsequenter Übertragung der Doppelberufslehre auf das Sozialrecht, zwischenzeitlich von den Sozialgerichten versperrt worden[47]. 34

Aus letztlich ressortpolitischen Rücksichtnahmen und mit Blick auf die politische Durchsetzbarkeit sowie unter Aufgabe der dogmatisch vorzugswürdigen Doppelberufslehre sind mit Beginn des Jahres 2016 die Berufsvarianten des Syndikusrechtsanwalts (§§ 46–46c BRAO) bzw. Syndikuspatentanwalts (§§ 41a–41d PAO) eingeführt worden[48]; die Rechtslage hinsichtlich der Syndikus-Steuerberater war angesichts des bereits bestehenden § 58 StBerG nicht geändert worden. Systematisch handelt es sich bei der Änderung von BRAO und PAO um die **Regelung einer originär sozialversicherungsrechtlichen Frage mit den Mitteln des Berufs- und Zulassungsrechts**, was sich nicht zuletzt an der Vielzahl von Klagen gegen die Zulassung einzelner Syndici durch die Rentenversicherungsträger zeigt[49]. 35

II. Stellung

Henssler/Deckenbrock Die Neuordnung des Rechts der Syndikusanwälte, DB 2016, 215 ff.; *Offermann-Burckart* Das Gesetz zur Neuordnung des Rechts der Syndikusanwälte, NJW 2016, 113 ff.; *Wolf* Sozialrechtliche, arbeitsrechtliche und berufsrechtliche Implikationen für den Syndikusrechtsanwalt, BRAK-Mitt. 2016, 9 ff.

In materieller Hinsicht setzt die Zulassung als Syndikus voraus, dass die Tätigkeit im Anstellungsverhältnis **anwaltlich bzw. steuerberaterlich geprägt** ist. Im Hinblick auf Rechtsanwälte hat der BGH mittlerweile klargestellt, dass es ausreichend ist, wenn mindestens 65% der im Arbeitsverhältnis anfallenden Tätigkeiten anwaltlicher Natur sind[50]. Auf die Qualität oder die Schwierigkeit der einzelnen anwaltlichen Tätigkeiten kommt es dabei nicht an[51]. Wird die rechtsberatende Tätigkeit nicht nur gegenüber dem Arbeitgeber, sondern auch gegenüber dessen Kunden erbracht, ist dies nicht Syndikustätigkeit. Dabei kommt es nicht darauf an, welchen Umfang die Tätigkeit gegenüber den Kunden hat und ob der Syndikus in direkten Kontakt zu 36

---

46 Grundlegend BGH Beschl. v. 7.11.1960 – AnwZ (B) 2/60, BGHZ 33, 266 ff.; s.a. *Ring* DStR 2014, Beih. 8, 28 ff.

47 BSG Urt. v. 3.4.2014 – B 5 RE 3/14 R, DStR 2014, 2185 ff.

48 Gesetz zur Neuordnung des Rechts der Syndikusanwälte und zur Änderung der Finanzgerichtsordnung v. 21.12.2015 (BGBl. I 2517); s.a. den Regierungsentwurf (BT-Drs. 18/5563) und Änderungen des Rechtsausschusses (BT-Drs. 18/6915).

49 S. etwa BGH Urt. v. 29.1.2018 – AnwZ (Brfg) 12/17, NJW-Spezial 2018, 158; AnwGH NRW Urt. v. 19.5.2017 – 1 AGH 62/16, NJW-Spezial 2018, 158; AnwGH NRW Urt. v. 10.11.2017 – 1 AGH 97/16, NJW-Spezial 2018, 286; BGH Beschl. v. 12.3.2018 – AnwZ (Brfg) 15/17, NJW-Spezial 2018, 383; BGH Beschl. v. 27.9.2018 – IX ZB 67/17, NJW-Spezial 2018, 734 f.; BGH Urt. v. 18.3.2019 – AnwZ (Brfg) 6/18, NJW-Spezial 2019, 319; AnwGH RLP Urt. v. 6.2.2019 – 2 AGH 13/17, NJW-Spezial 2019, 414; AnwGH Berlin Urt. v. 15.8.2018 – II AGH 3/17, NJW-RR 2019, 56 ff.; BGH Urt. v. 6.5.2019 – AnwZ (Brfg) 31/17, NJW-RR 2019, 879 ff.; BGH Urt. v. 22.6.2020 – AnwZ (Brfg) 81/18, NJW-RR 2020, 1317 ff.

50 BGH Beschl. v. 9.1.2020 – AnwZ (Brfg) 11/19, NJW-Spezial 2020, 159; anders zuvor noch AnwGH Berlin Urt. v. 15.8.2018 – II AGH 3/17, NJW-RR 2019, 56 (75%).

51 BGH Beschl. v. 15.8.2019 – AnwZ (Brfg) 36/19, NJW-Spezial 2019, 670.

den Kunden tritt[52]. Etwas anderes kann gem. dem 2021 neu eingefügten § 46 Abs. 6 BRAO bzw. § 41a Abs. 6 PAO gelten: Ist der Arbeitgeber des Syndikus nach dem RDG zur Erbringung von Rechtsdienstleistungen gegenüber Dritten befugt (etwa als Inkassodienstleister gem. § 10 Abs. 1 S. 1 Nr. 1 RDG), können diese Rechtsdienstleistungen auch durch den Syndikus erbracht werden. Dabei handelt es sich dann allerdings um eine gegenständlich beschränkte Rechtsdienstleistung, die gerade keine anwaltliche Beratung darstellt.

37 Anwaltlich bzw. steuerberaterlich sind nur Tätigkeiten, die der Syndikus **fachlich unabhängig und eigenverantwortlich** ausübt[53]. Die fachliche Unabhängigkeit wird durch § 46 Abs. 4 S. 1 BRAO und § 41a Abs. 4 S. 1 PAO negativ konkretisiert und besteht demnach nicht, wenn sich der Syndikus an Weisungen zu halten hat, die eine eigenständige Analyse der Rechtslage und eine einzelfallorientierte Rechtsberatung ausschließen. Die Weisungsfreiheit muss durch arbeitsvertragliche Vereinbarungen dergestalt gewährleistet sein und auch in tatsächlicher Hinsicht bestehen. So ist der Geschäftsführer einer GmbH nicht hinreichend unabhängig, wenn das Weisungsrecht der Gesellschafterversammlung weder durch die Gesellschaftssatzung noch durch Gesellschafterbeschlüsse eingeschränkt ist[54]. Dass der Arbeitgeber sich vorbehält, von Handlungsvorschlägen, die der Syndikus eigenverantwortlich ausgearbeitet hat, im Einzelfall abzuweichen, steht der hinreichenden Unabhängigkeit des Syndikus indes nicht entgegen[55].

38 Die **Zulassung** als Syndikus ist keine Voraussetzung für die Befugnis zur Erbringung von Rechtsdienstleistungen. Denn Rechtsdienstleistungen für den Arbeitgeber im Rahmen eines Anstellungsverhältnisses stellen keinen Rechtsdienstleistungen im Sinne des § 2 Abs. 1 RDG und unterliegen somit nicht dem allgemeinen Verbot des § 3 RDG[56]. Etwas anderes gilt jedoch für die geschäftsmäßige Hilfeleistung in Steuersachen. Diese besondere Form der Rechtsdienstleistung ist nicht nur gem. § 3 RDG, sondern auch gem. § 2 StBerG unter Erlaubnisvorbehalt gestellt. Und § 2 StBerG umfasst auch die Hilfeleistung in Steuersachen gegenüber dem Arbeitgeber, weshalb die Zulassung als Syndikus-Steuerberater für die Befugnis zur Hilfeleistung in Steuersachen konstitutiv sein kann.

39 Wie weit Syndikusanwälte in ihrer Funktion zugunsten ihres Arbeitgebers **anwaltliche Verschwiegenheitsrechte** in Anspruch nehmen können, war im deutschen Recht lange umstritten[57], ist europarechtlich von den Gerichten jedenfalls in negativem Sinne entschieden worden[58] und wird nun seit 2016 vom deutschen Recht differenziert beantwortet[59]. Richtigerweise steht Syndikusanwälten ein **Recht zur Zeugnisverweigerung** als Anwalt nicht per se, sondern (nur) in anwaltlicher Funktion zu, die sie für ihren Arbeitgeber nach § 46 Abs. 1 BRAO und § 41a Abs. 1 PAO aber gerade nicht ausüben (dürfen). Rechtspraktisch kann man hiermit dadurch umgehen, dass es dem Arbeitgeber unbenommen bleibt, seinen Syndikus in dessen

52 BGH Urt. v. 7.12.2020 – AnwZ (Brfg) 11/20, NJW-RR 2021, 246 f.
53 Henssler/Prütting/*Prütting* BRAO § 46 Rn. 27.
54 AnwGH Koblenz Urt. v. 6.2.2019 – 2 AGH 13/17, NJW-RR 2019, 1147.
55 BGH Beschl. v. 26.6.2019 – AnwZ (Brfg) 29/19, NJW-RR 2019, 1267 ff.
56 Deckenbrock/Henssler/*Deckenbrock/Henssler* § 2 Rn. 20 f.
57 Vgl. LG Berlin Beschl. v. 30.11.2005 – 505 Qs 185/05, NStZ 2006, 470 (470 f.) m.w.N.
58 EuGH Urt. v. 14.9.2010 – C-550/07 P, NJW 2010, 3557 (3559 f.) – Akzo/Akcros; zuvor schon EuGH Urt. v. 18.5.1982 – C-155/79, EuGHE 1982, 1575, Tzn. 8–20 – AM&S; EuG Urt. v. 12.12.1991 – T-30/89, EuGHE 1990 II, S. 163, Tzn. 18–28 – Hilti; EuG Urt. v. 17.9.2007 – T-125, 253/03, EWiR 2007, 653 (Ls.) = BeckRS 2007, 70724 – Akzo/Akcros; zusammenfassend *Moosmayer* NJW 2010, 3548 ff.; *Klees* EWS 2011, 76 ff.
59 *Henssler/Deckenbrock* DB 2016, 215 (220 f.).

(Erst-)Beruf als Rechts- oder Patentanwalt zu mandatieren. Bei Syndikus-Steuerberatern besteht diese Möglichkeit nicht. Denn der Syndikus-Steuerberater darf gem. § 58 Nr. 5a StBerG für seinen Arbeitgeber nicht in seiner Eigenschaft als Steuerberater oder Steuerbevollmächtigter tätig werden. Diese unterschiedliche Behandlung sieht der Gesetzgeber durch die unterschiedlichen Berufsbilder und Berufszugangsmöglichkeiten gerechtfertigt[60].

Syndici unterliegen besonderen Berufsausübungsregeln (insb. §§ 46–46c BRAO; 40
§§ 41a–41d PAO). Sie dürfen für ihre **Arbeitgeber nur eingeschränkt gerichtlich und außergerichtlich „anwaltlich" tätig** sein (§ 46 Abs. 5 BRAO; § 41 Abs. 5 PAO; s.a. Art. 19 Abs. 4 EuGH-Satzung[61]). Gemäß § 58 S. 2 Nr. 5a StBerG dürfen Steuerberater-Syndici für den Arbeitgeber **nicht in ihrer Eigenschaft als Steuerberater tätig werden**[62]. Zudem ist ein Tätigwerden als Syndikus-Steuerberater – im Gegensatz zur Regelung für anwaltliche Syndici, für welche eine entsprechende Begrenzung nicht existiert – nach eben genannter Vorschrift nur zulässig, wenn dem Steuerberater nach § 33 StBerG vorbehaltene Aufgaben wahrgenommen werden[63]. Umstritten ist dabei allerdings, ob der Steuerberater ausschließlich Tätigkeiten i.S.d. § 33 StBerG wahrnehmen darf[64] oder ob diesem auch vereinbare Tätigkeiten nach § 57 Abs. 3 StBerG erlaubt sind[65]. Zutreffend dürfte dabei letztgenannte Ansicht sein, da kein Grund zu erkennen ist, weshalb ein Verbot vereinbarter Tätigkeiten zur Wahrung eines wichtigen Gemeinwohlbelangs erforderlich sein könnte, so dass eine Beschränkung der Berufsausübung des Syndikus-Steuerberaters auf Vorbehaltsaufgaben nach § 33 StBerG schon aus verfassungsrechtlicher Warte schwer mit Art. 12 GG in Einklang zu bringen wäre[66].

Eine berufsrechtliche Erleichterung für Syndikusanwälte und -steuerberater gegen- 41
über Berufsträgern besteht darin, dass sie **keine Berufshaftpflichtversicherung** abschließen müssen. Für Syndikusanwälte ergibt sich das aus den expliziten Ausnahmeregelungen der § 46a Abs. 4 Nr. 1 BRAO bzw. § 41b Abs. 4 Nr. 1 PAO, für Steuerberater daraus, dass angestellte Steuerberater in § 67 StBerG nicht genannt werden. Diese Sonderbehandlung der Syndici ist rechtspolitisch nicht unumstritten und war auch während des Gesetzgebungsverfahrens ein Diskussionsthema.

Syndikusanwälte unterschreiben Geschäftsbriefe mit „Rechtsanwalt (Syndikus- 42
rechtsanwalt)"[67] bzw. „Patentanwalt (Syndikuspatentanwalt)". Bei einer parallelen Zulassung als niedergelassener Anwalt mag in Fortschreibung der bis 2015 geltenden Praxis[68] die Unterschrift nur als „Rechtsanwalt" bzw. „Patentanwalt" **nicht wettbewerbs- oder berufsrechtswidrig** sein[69]. Auch der Syndikus-Steuerberater darf – obgleich ihm nach § 58 S. 2 Nr. 5a, S. 3 StBerG ein Tätigwerden für den Arbeitgeber als Steuerberater versagt ist – im geschäftlichen Verkehr die Bezeichnung „Steuer-

60 BT-Drs. 16/7077, 33; s.a. *Ring* DStR 2014, Beih. 8, 28 (29 f.).
61 EuGH Urt. v. 6.9.2012 – C-422/11 P, AnwBl. 2012, 1003 (1003 f.).
62 Kuhls/*Ruppert* StBerG § 58 Rn. 33.
63 *Koslowski* StBerG § 58 Rn. 20.
64 *Ruppert* DStR 2008, 2184 (2185 f.).
65 *Koslowski*, 7. Aufl. 2015, § 58 StBerG Rn. 20; Kuhls/*Ruppert* StBerG § 58 Rn. 41; *Ruppert* DStR 2008, 2184 (2186).
66 So zutreffend neben weiteren Gründen Kuhls/*Ruppert* StBerG § 58 Rn. 41; *Ruppert* DStR 2008, 2184 (2186); ähnlich *v. Eichborn* DStR 2012, 673 (674 ff.) unter Würdigung der widersprüchlichen BFH-Entscheidungen zu dieser Frage.
67 Vgl. *Theus* BB 2016, 203.
68 Vgl. OLG Nürnberg Urt. v. 8.6.1993 – 3 U 1075/93, NJW 1994, 2301 (2301 f.).
69 Für einen Vertrauensschutz in dieser Frage *Remmertz* BRAK-Mitt. 2016, 47 (47 ff.).

berater" führen, allerdings besteht, anders als bei seiner Tätigkeit als Berufsträger, keine Verpflichtung hierzu[70].

E. Dienstleistung außerhalb der Tätigkeit als Berufsträger

Zimmermann Anwaltsvergütung außerhalb des RVG, 2007.

43 Rechtsanwälte, Patentanwälte und Steuerberater sind nicht immer im Dienst, jedenfalls handeln sie nicht immer als solche[71]. Doch auch wenn sie als Mediator, Wirtschaftsberater oder Treuhänder oder einem sonstigen **Zweitberuf** (→ Kap. 15 Rn. 13ff.) sowie selbst in ihrem **privaten Umfeld** tätig sind, müssen bestimmte berufsrechtliche Vorgaben beachtet werden.

44 Wenn diese Berufsträger (zulässigerweise) eine nicht-rechtsanwaltliche, nicht-patentanwaltliche oder nicht-steuerberatende Tätigkeit ausüben, kommt es für die **Anwendung des jeweiligen Berufsrechts** darauf an, ob die Tätigkeit nicht doch (auch) dem Berufsbild des Rechtsanwalts, Patentanwalts oder Steuerberaters zugerechnet werden kann[72]. Das Kernelement der hauptberuflichen Tätigkeit, insbesondere die Rechtsdienstleistung bzw. Hilfeleistung in Steuersachen, darf nicht völlig zurücktreten[73]. Herkömmlich haben Rechtsprechung und Schrifttum aber ein weites Verständnis von rechts- und steuerberatender Tätigkeit[74]. Für die Steuerberater sind die Zweitberufsregelungen insoweit strenger als bei den Anwälten (§ 57 Abs. 4 StBerG).

I. Interessenvertretung außerhalb der Tätigkeit als Berufsträger

45 Interessenvertretung jenseits der Rechtsberatung und -vertretung bzw. Steuerberatung ist Berufsträgern nicht verwehrt. Teilweise werden alle Tätigkeiten, die **von Berufsträgern üblicherweise ausgelagert** werden (Outsourcing, → Kap. 10 Rn. 55ff.), nicht mehr zu den anwaltlichen oder steuerberaterlichen Kernaufgaben gezählt[75], was aber unzulässigerweise vom Sein auf das Sollen schließt.

46 So sind **Wirtschafts- und Unternehmensberatung**[76] und das **Lobbying**[77] – selbst wenn es fachsprachlich auch als „Advocacy" bezeichnet wird – nicht *rechtliche* Interessenvertretung und damit nicht mehr anwaltliche Tätigkeit und damit auch nicht mehr Gegenstand des anwaltlichen Berufsrechts. Ferner sind **Verwaltungs- und Treuhänderaufgaben**[78], wie § 1 Abs. 2 RVG und § 45 Abs. 1 Nr. 3 BRAO zei-

---

70 *Koslowski* StBerG § 58 Rn. 21; Kuhls/*Ruppert* StBerG § 58 Rn. 55.

71 Die Entwicklung des Anwaltsberufs zu einem (allgemeinen) Dienstleistungsberuf skizziert *Römermann* in FS Hartung, 2008, S. 145 (149f.).

72 BGH Urt. v. 12.10.2004 – WpSt (R) 1/04, AnwBl. 2005, 149 (149); BVerwG Urt. v. 22.8.2000 – 1 C 6.00, BVerwGE 112, 1 (4); VGH Kassel Urt. v. 14.8.2008 – 6 B 815/08, DVBl. 2008, 1330 (Ls.).

73 BGH Urt. v. 27.1.1994 – IX ZR 195/93, NJW 1994, 1405 (1406).

74 So schon RG Urt. v. 16.6.1893 – 69/83 II, JW 1893, 347 (Nr. 20).

75 *Filges* AnwBl. 2010, 239 (239) (zu Patentanwälten).

76 Dazu *Müller-Feldhammer* NJW 2008, 1777ff.

77 Dazu *Geiger/Santomauro* NJW 2003, 2878 (2880f.); zum Grenzfall („vom Leitbild anwaltlicher Tätigkeit [...] entfernt") OLG Naumburg Urt. v. 22.1.2009 – 1 U 82/08, NJW 2009, 1679 (1679); zum Schreiben in eigener bzw. des Mandanten Sache → Kap. 7 Rn. 74f.

78 A.A. VGH Kassel Urt. v. 14.8.2008 – 6 B 815/08, BRAK-Mitt. 2008, 280 (281f.); anders auch PräsKG, zit. bei *Metschke/Wellbrock*, Datenschutz in Wissenschaft und Forschung, 3. Aufl. 2002, S. 44.

gen, keine anwaltlichen Tätigkeiten[79], so auch nicht die **Buchführung**[80] oder die **Tätigkeit als Staatsbeauftragter** („Staatskommissar")[81]. **Insolvenzverwalter, Testamentsvollstrecker, Betreuer** usw. (→ Kap. 17 Rn. 46 ff.) unterliegen eigenen Regeln. Der Rückschluss aus § 45 Abs. 1 Nr. 3 BRAO dahingehend, dass die dort genannten Verwaltertätigkeiten keine anwaltlichen Tätigkeiten darstellen, ist allgemeine Meinung[82]. Die Tätigkeit als (externer) **Beauftragter für den Datenschutz** (Art. 37 Abs. 6 Var. 2 VO (EU) 679/2016) ist nicht (syndikus-)rechtsanwaltlich, da der Umgang mit der IT und dem Datenschutzmanagement nicht „prägend" i.S.d. § 46 Abs. 3 BRAO ist[83]. Allerdings kann die anwaltliche Beratung einer Stelle mit der unabhängigen Stellung des betrieblichen/behördlichen Datenschutzbeauftragten in Konflikt geraten.

Für Patentanwälte gilt dasselbe wie für Rechtsanwälte, wobei die technische Bera- **47**
tung etwa bei der **Produktentwicklung** vom Berufsbild noch umfasst ist[84], was sich freilich im Gesetz, auch in § 3 Abs. 3 Nr. 1 PAO, so nicht abbildet, durch die Erlaubnisfreiheit technischer und naturwissenschaftlicher Beratung aber erklärlich ist. Wegen dieser „technischen" Prägung (vgl. § 41a Abs. 3 PAO) mag ein Syndikuspatentanwalt – anders als sein rechtsanwaltlicher Kollege (→ Rn. 46) – durchaus **betrieblicher Datenschutzbeauftragter** sein.

Bei den Steuerberatern liegen die Dinge partiell etwas anders, da das Berufsrecht **48**
zwischen den originären „Vorbehaltsaufgaben" und den „vereinbaren Tätigkeiten" (§ 57 Abs. 3 StBerG, § 15 BOStB) unterscheidet. So stellt die Hilfsleistung bei der Erfüllung von **Buchführung**spflichten für den Steuerberater nach § 33 S. 2 StBerG eine Hauptaufgabe des Steuerberaterberufes dar. Ferner ist die **Wirtschafts- und Unternehmensberatung** – insbesondere die umfassende betriebswirtschaftliche Beratung – nicht allein als eine i.S.d. § 57 Abs. 3 Nr. 3 StBerG vereinbare Tätigkeit anzusehen, sondern zählt unmittelbar zum Aufgabenbereich des Steuerberaters und prägt damit dessen Berufsbild mit[85]. Die Wahrnehmung von **Verwaltungs- und Treuhandaufgaben** sowie die Tätigkeit als **Insolvenzverwalter** oder **Testamentsvollstrecker** sind zwar als solche nicht vom Berufsbild des Steuerberaters umfasst, stellen aber ebenfalls vereinbare Tätigkeiten nach § 57 Abs. 3 Nrn. 2 u. 3 StBerG, § 15 Nrn. 3, 8 u. 9 BOStB dar. Anders als beim Anwalt sind nach überwiegender Ansicht die Berufspflichten für Steuerberater nicht allein bei der Ausübung von Vorbehaltsaufgaben nach § 33 StBerG, sondern auch bei der Ausübung von vereinbaren Tätigkeiten zu beachten[86].

---

79 Zur Abgrenzung zwischen der Tätigkeit als Anwalt und als Treuhänder VGH Kassel Urt. v. 14.8.2008 – 6 B 815/08, BRAK-Mitt. 2008, 280 (282), u. *Müller* AnwBl. 2007, 787 (788), wonach es auf den Schwerpunkt der Tätigkeit ankommt.

80 BGH Urt. v. 9.4.1970 – VII ZR 146/68, NJW 1970, 1189 (1190).

81 BGH Beschl. v. 20.3.2007 – AnwSt (B) 6/06, BRAK-Mitt. 2007, 170 (Ls.); vgl. *Frielinghaus*, Die kommunale Insolvenz, 2007, S. 100.

82 Weyland/*Träger* BRAO § 45 Rn. 24; vgl., Hartung/Scharmer/*Peitscher* BRAO § 45 Rn. 33 ff.; Henssler/Prütting/*Kilian* BRAO § 45 Rn. 7; *Kleine-Cosack* BRAO § 45 Überschrift vor Rn. 11.

83 BGH Urt. v. 2.7.2018 – AnwZ (Brfg) 49/17, NJW 2018, 3100; Weyland/*Träger* BRAO § 46 Rn. 30; Henssler/Prütting/*Kilian* BRAO § 46 Rn. 46; *Kleine-Cosack* BRAO § 45 Überschrift vor Rn. 11; *Heberlein* RDV 2021, 135 (139); a.A. *Meyer* RDV 2021, 31 (32 f.) – Die Berufsverschiedenheit zeigt sich auch daran, dass die Tätigkeit als externer Datenschutzbeauftragter gewerbesteuerpflichtig ist (BFH Urt. v. 14.1.2020 – VIII R 27/17, ZD 2020, 423).

84 Vgl. *Bayer*, Patentanwalt, 2002, S. 127 ff.

85 *Koslowski* StBerG § 57 Rn. 106.

86 BGH Urt. v. 26.9.1991 – VII ZR 376/89, ZIP 1992, 552 (557); *Koslowski* StBerG § 57 Rn. 6; kritisch Kuhls/*Raab* StBerG § 57 Rn. 15; BGH Urt. v. 12.10.2004 – WPSt (R) 1/04, NJW 2005, 1057; BVerwG Urt. v. 22.8.2000 – 1 C 6/00, DSRE 2000, 1287.

II. Vorsorgende Rechtspflege. Streitbeilegung. Mediation

Henssler/M. Kilian Das Mediationsmandat, ZAP (2001), Fach 23, 525 ff.; *Längsfeld* Anwaltspflichten und Mediation, 2015; *H.G. Mähler/G. Mähler* Streitschlichtung – Anwaltssache, hier – Mediation, NJW 1997, 1262 ff.; *U. Meyer* Die Abgrenzung von anwaltlicher und notarieller Tätigkeit beim Anwaltsnotar, 2004; *Prengel* Die Rolle des juristischen Beraters in der Mediation, 2009; *Römermann/Praß* Anwalt vs. Mediator – wirklich eine Frage des Anwaltsrechts?, AnwBl. 2013, 499 ff.

49 Nicht Teil anwaltlicher bzw. steuerberaterlicher, damit nämlich parteilicher Interessenvertretung ist die Tätigkeit als **Unparteiischer**[87] (→ Kap. 17 Rn. 26 ff.). Für den Überschneidungsbereich zwischen den Berufsfeldern von Rechtsanwalt und **Notar** gilt für den Anwaltsnotar § 24 Abs. 2 BNotO. Wie § 45 Abs. 1 Nr. 1 BRAO, § 1 Abs. 2 RVG und § 41 Abs. 1 Nr. 1 PAO deutlich machen, ist **Schiedsrichtertätigkeit** nicht Teil des Anwaltsberufs[88]. Entsprechendes muss für die Tätigkeit als **Schlichter**[89], **Ombudsmann**[90] oder neuere konfliktlösende Tätigkeiten wie **Streitmittler** (§ 6 VSBG), **Konfliktcoach** oder **Adjudikator**[91] gelten. Eine andere Beurteilung ist nur dann angezeigt, wenn die unparteiliche Tätigkeit eine rechtsbesorgende Komponente hat[92].

50 Konsequenterweise müsste für Anwälte gleiches auch für deren Tätigkeit als **Mediator** gelten[93]. Mehr aufgrund der Einflussnahme der Rechtsanwaltschaft auf den Gesetz- und Satzungsgeber als aufgrund systematischer Überlegungen gehen das Gesetz (§ 34 Abs. 1 S. 1 RVG; § 2 Abs. 3 Nr. 4 RDG)[94] und die Berufsordnung (insb. § 18 BORA, vgl. § 7a BORA[95] u. § 9 BOPA) davon aus, dass Mediation anwaltliche Tätigkeit sei. Insoweit ist es wohl als nun gesetzgeberisch abgestützte Entscheidung anzuerkennen, dass zwar nicht die Mediation als solche, wohl aber die, bei der die Rechtsdienstleistung (Beratung) nicht ganz in den Hintergrund tritt, anwaltliche Tätigkeit ist und damit dem anwaltlichen Berufsrecht unterfällt[96].

51 Mit der Berufstätigkeit als Steuerberater sind unparteiische Tätigkeiten wie die als **Mediator** sowie als **Schiedsgutachter** und **Schiedsrichter** nach § 57 Abs. 3 Nrn. 2 u. 3, § 15 Nrn. 2 bzw. 7 BOStB vereinbar (→ Rn. 45 ff. zur Interessenvertretung außerhalb der eigentlichen Berufstätigkeit).

---

87 EuGH Urt. v. 16.9.1997 – Rs C-145/96, RIW 1997, 965 (965 [Tz. 17]); anders *Schlosser* NJW 2002, 1376 (1376 f.).

88 *Prütting* AnwBl. 2012, 28 (31).

89 Systematisch falsch deshalb Art. 5 Abs. 2, Art. 8 Abs. 1 Bayerisches Schlichtungsgesetz (baySchlG).

90 *Hild* AnwBl. 2010, 641 ff.

91 Zu diesem aus dem Baurecht stammenden Konfliktlösungsmechanismus s. *Jung/Lembcke/Steinbrecher/Sundermeier* ZKM 2011, 50 ff.

92 Vgl. auch die Diskussion in den Satzungsversammlungen am 13.1.1996 (SV-Prot. 4/1, S. 2–4) und am 28./29.11.1996 (nicht im SV-Prot. 5/1 nachgewiesen).

93 Wie hier *Parthe* ZKM 2006, 104 (107); *Deckenbrock*, Strafrechtlicher Parteiverrat und berufsrechtliches Verbot der Vertretung widerstreitender Interessen, 2008, S. 76; *Römermann/Praß* AnwBl. 2013, 499 (501 f.); anders die Rspr. (z.B. BGH Beschl. v. 1.7.2002 – AnwZ (B) 52/01, NJW 2002, 2948) und die h.M. (*Henssler* in Henssler/Koch, Mediation in der Anwaltspraxis, 2. Aufl. 2004, § 3 Rn. 15–17; ebenso *Mähler/Mähler* NJW 1997, 1262 (1265); *Cremer*, Vertraulichkeit in der Mediation, 2007, S. 35; ähnlich *Duve/Eidenmüller/Hacke/Fries*, Mediation in der Wirtschaft, 3. Aufl. 2019, S. 99 f.).

94 So nun wohl auch der (Bundes-)Gesetzgeber (vgl. Begr. zu § 1 MediationsG, BT-Drs. 17/5355, 14) unter ausdrücklichem Bezug auf § 18 BORA.

95 Zur Verfassungswidrigkeit des § 7a BORA aus anderen Gründen *W. Hartung* AnwBl. 2007, 752 (753).

96 Vgl. etwa BGH Beschl. v. 1.7.2002 – AnwZ (B) 52/01, NJW 2002, 2948; OLG Stuttgart Urt. v. 26.1.2017 – 11 U 4/16, MDR 2017, 367 (368).

III. Private Rechtsdienstleistungen und Steuerhilfeleistung durch Berufsträger

Privat unterfallen Anwälte, Patentanwälte und Steuerberater dem RDG bzw. dem StBerG. Sie dürfen also außerhalb ihres Berufs – **ohne Berufshaftpflichtversicherung**, **ohne Haftung** (§ 675 Abs. 2 BGB) und **ohne gesetzlichen Vergütungsanspruch** (§ 49b BRAO; § 64 StBerG) – nur dann rechtsdienstleistend und steuerberatend tätig sein, solange dies **unentgeltlich** geschieht (§ 6 Abs. 1 u. 2 RDG; vgl. § 6 Nr. 2 StBerG). Angestellte Berufsträger müssen bei privaten Rechtsbesorgungen und Steuerberatungen zudem arbeitsrechtliche Wettbewerbs- und Tätigkeitsverbote beachten (→ Kap. 12 Rn. 19 f.). 52

Private Rechtsbesorgungen durch Anwälte sind im Zusammenhang mit den **Interessenkollision**svorschriften der § 45 BRAO u. § 41 PAO nicht erwähnt. Deshalb besteht für private (Vor- oder Nach-)Befassung mit einer Rechtssache kein anwaltliches Tätigkeitsverbot. Gleichwohl kann ein privat mit einer Sache vorbefasster Anwalt die Interessen seines Mandanten nicht mehr wahren und darf ein solches Mandat aufgrund der berufsrechtlichen Generalklausel (§ 43 BRAO; § 39 PAO) nicht annehmen und bearbeiten. 53

Kapitel 5: Verbot der Vertretung widerstreitender Interessen

Kumpan Der Interessenkonflikt im deutschen Privatrecht, 2014; *Schramm* Interessenkonflikte bei Wirtschaftsprüfern, Steuerberatern und Rechtsanwälten unter dem besonderen Aspekt der beruflichen Verschwiegenheit, DStR 2003, 1316 ff., 1364 ff.; *dies.* Das Verbot der Vertretung widerstreitender Interessen, 2004.

1 Das Verbot der Vertretung widerstreitender Interessen ist eine der beiden **Hauptsäulen des Berufsrechts**, für Anwälte (→ Rn. 3 ff.) wohl noch wichtiger als die Verschwiegenheitspflicht. Für Steuerberater (→ Rn. 45 ff.), die nur in Ausnahmefällen den regelmäßig in Gestalt der Finanzverwaltung auf der Gegenseite stehenden Staat vertreten, ist sie als Unterfall der Unabhängigkeit ebenfalls eine zentrale Berufspflicht.

2 Um die parteiliche Interessenwahrung sicherzustellen, ist es Anwalt und Steuerberater verboten, widerstreitende Interessen zu vertreten. Während allgemein das Tätigwerden eines Berufsträgers der Dispositionsfreiheit der Parteien unterliegt und der Berufsträger nur in wenigen Fällen rechtlich gehalten ist, ein bestimmtes Mandat zu übernehmen, sind in der Praxis die Fälle wesentlich häufiger, in denen er ein **Mandat *nicht* übernehmen darf**.

A. Interessenwiderstreit bei Anwälten

Dahns Vertretung widerstreitender Interessen, NJW-Spezial 2016, 446 f.; *Deckenbrock* Strafrechtlicher Parteiverrat und berufsrechtliches Verbot der Vertretung widerstreitender Interessen, 2008; *v. Falkenhausen* Interessenkonflikt – wenn Dritte am Mandat beteiligt sind?, AnwBl. Online 2021, 5 f.; *Gallandi* Interessenkollision und Parteiverrat als Risiken patentanwaltlicher Tätigkeit, MittdtschPatAnw 2009, 501 ff.; *Henssler* Das Verbot der Vertretung widerstreitender Interessen, NJW 2001, 1 ff.; *ders.* Interessenkonflikte – der Dauerbrenner des Berufsrechts, AnwBl. 2013, 668 ff.; *ders.* Große BRAO-Reform: Interessenkollision bei Anwaltsreferendaren, AnwBl. Online 2021, 51 ff; *v. Lewinski* Kollidierende Interessen beim Einsatz von Legal Tech, BRAK-Mitt. 2020, 68 ff.; *Offermann-Burckart* Die Interessenkollision – Anwaltschaft im Wandel?, AnwBl. 2005, 312 ff.; *dies.* Interessenkollision – Jeder Fall ist anders, AnwBl. 2009, 729 ff.; *dies.* Interessenkollision – Es bleibt dabei: Jeder Fall bleibt anders, AnwBl. 2011, 809 ff.; *Schlosser* Anwaltsrechtliches Verbot der Vertretung widerstreitender Interessen, NJW 2002, 1376 ff.

3 Für Anwälte sind **zwei Fallgruppen** zu unterscheiden: das mandatsbezogene Verbot des Tätigwerdens im konkreten Fall einerseits (→ Rn. 4 ff.) und die abstrakten Tätigkeitsverbote andererseits (→ Rn. 37 ff.). Sie werden durch die Strafbarkeit des Parteiverrats (§ 356 StGB) flankiert (→ Rn. 36; → Kap. 9 Rn. 104).

I. Vertretungsverbot bei konkret widerstreitenden Interessen

Offermann-Burckart Interessenkollision, NJW 2010, 2489 ff.

4 **„Prävarikation"** – Interessenkollision im anwaltsrechtlichen Sinne (§ 43a Abs. 4 BRAO; § 3 BORA; Ziff. 3.2 CCBE-Berufsregeln; § 39a Abs. 4 PAO; § 5 BOPA) – liegt bei beruflicher Vorbefassung (→ Rn. 6 ff.), Sachverhaltsidentität (→ Rn. 9 ff.) und In-

teressenwiderstreit (→ Rn. 15 ff.) vor[1]. Sie knüpft dogmatisch beim jeweiligen Anwalt an, wird aber grundsätzlich auf die mit dem Anwalt zur Berufsausübung verbundenen Kollegen erstreckt (→ Rn. 22 ff.).

Ob ein Interessenkonflikt vorliegt, wird durch die „gesetzesgeleitete verantwortliche **Einschätzung der betroffenen [A]nwälte**" entschieden[2], ist dann freilich in vollem Umfang **gerichtlich überprüfbar**. 5

1. Berufliche Vorbefassung

Deckenbrock Tätigkeitsverbote wegen nichtanwaltlicher Vorbefassung und ihre Sozietätserstreckung, NJW 2015, 522 ff.; *Knöfel* Gilt das Verbot der Vertretung widerstreitender Interessen auch für Tätigkeiten außerhalb des Anwaltsberufs?, NJW 2005, 6 ff.

Der Begriff der (Vor-)Befassung ist **weit zu verstehen**. Dabei unterscheidet das Gesetz systematisch zwischen der Vorbefassung als Anwalt (§ 43a Abs. 4 BRAO; § 39a Abs. 4 PAO) und im Zweitberuf (§ 45 BRAO; § 41 PAO). Er umfasst anwaltliche wie außeranwaltliche, rechtliche wie außerrechtliche, beratende wie vertretende Tätigkeiten. Insbesondere ist er nicht auf die Rechtsdienstleistung (→ Kap. 4 Rn. 43 ff.) beschränkt[3]. Im Ergebnis wird jeweils die berufliche, aber nicht-anwaltliche Vorbefassung der anwaltlichen (dazu sogleich) weitestgehend gleichgestellt, was Differenzierungen im einzelnen jedoch nicht ausschließt, etwa in zeitlicher Hinsicht bezüglich des Zweitberufs, der nicht Vertrauensberuf ist (vgl. § 45 Abs. 1 Nr. 3 BRAO), oder für Anwälte, die zugleich Syndikusanwälte sind[4]. Auch eine Vorbefassung als Praktikant oder wissenschaftlicher Mitarbeiter kommt in Betracht[5]; für Referendare ist dies nun allerdings klarstellend ausgeschlossen (§ 45 Abs. 2 S. 2 BRAO). 6

Die (Vor-)Befassung muss allerdings **tatsächlich stattgefunden** haben, der Anwalt muss also bereits tätig gewesen oder jedenfalls über den Fall informiert worden sein. Auf die bloße Mandatierung, insbesondere nach dem Grundsatz des Gesamtmandats (→ Kap. 3 Rn. 6 ff.), kommt es nicht an. 7

Die **private Vorbefassung** oder die Kollision mit Eigeninteressen des Anwalts ist gesetzlich nicht geregelt. Zu denken ist hier an private Rechtsdienstleistung (→ Kap. 4 Rn. 52 f.), an wirtschaftliche Interessen, etwa aus Wertpapierbesitz[6] oder eigenen Erfindungen, oder an vertragliche Beziehungen zu einer Rechtsschutzversicherung (sog. „Pool-Anwälte")[7]. § 43a Abs. 4 BRAO und § 39a Abs. 4 PAO sind auf diese Fälle nicht anwendbar. Die rechtlichen Grenzen für den Anwalt werden durch das generalklauselhafte Würdigkeitsgebot des § 43 Abs. 1 S. 2 BRAO und § 39 Abs. 1 S. 2 PAO beschrieben, die etwa zu Aufklärungspflichten gegenüber dem (potentiel- 8

1 Eine abweichende Prüfungsreihenfolge schlägt *Henssler* NJW 2001, 1521 (1523), vor: 1. widerstreitende Interessen, 2. Vertretung, 3. dieselbe Rechtssache. Die – methodisch bedenkliche – Integration von Lösungsmöglichkeiten in die Prüfung verficht *Westerwelle* NJW 2003, 2958 (2959–2960): 1. Feststellen von Mandantenidentität, 2. Feststellen von konkreten Konflikten und bestehenden Schutzmaßnahmen, 3. Aufklärung des Mandanten und ggf. dessen Entscheidung über die Beeinträchtigung dessen Interessen.

2 BVerfG Beschl. v. 3.7.2003 – 1 BvR 238/01, NJW 2003, 2520 (2521); *Westerwelle* NJW 2003, 2958 (2959) („ähnlich der Selbstablehnung eines Richters").

3 So aber *Henssler*, in Henssler/Prütting, 5. Aufl. 2019, § 43a BRAO Rn. 196; *Offermann-Burckart* NJW 2010, 2489 (2489).

4 *Henssler/Deckenbrock* DB 2016, 215 (222).

5 Ausführlich dazu und den gebotenen Differenzierungen *Henssler* AnwBl. Online 2021, 51 (59 f.).

6 *Heussen*, Anwalt und Mandant, 1999, S. 108.

7 Dazu *Samimi/Liedtke* NZV 2013, 20 ff.; *Schilasky*, Einschränkung freie Rechtsberatung, 1998, S. 149 ff., S. 172 ff.

len) Mandanten führen können[8] (§ 5 Abs. 4 Var. 1 BOPA; vgl. auch § 3 Abs. 1 S. 1 MediationsG für Mediatoren).

2. Sachverhaltsidentität

Thomas Der Begriff der Identität bei der Prävarikation, 1963, S. 69–96.

9 Die Sachverhaltsidentität („dieselbe Rechtssache") war früher ein **ungeschriebenes Tatbestandsmerkmal**[9] der § 43a Abs. 4 BRAO und § 39a Abs. 4 PAO. Seit der BRAO-Reform 2021 ist es gesetzlich normiert (vgl. § 43a Abs. 4 S. 1 BRAO; § 39a Abs. 4 S. 1 PAO). Definiert ist die Sachverhaltsidentität als **„einheitliches Lebensverhältnis"**[10], ihr Vorliegen bestimmt sich nach der allgemeinen Verkehrsanschauung.

10 Typische Fälle für Sachverhaltsidentität sind **mehrseitige Vertragsverhältnisse** wie Wohnraummiete und Gesellschafterbeziehungen. Auch **mehrseitige gesetzliche Schuldverhältnisse**, insbesondere aus Delikt (Verkehrsunfälle), bilden „dieselbe Rechtssache". Gleiches gilt für mehrere Tatbeteiligte in Strafverfahren (vgl. § 146 StPO). „Dieselbe Rechtssache" liegt in der Regel zudem bei **einander nahestehenden Mandanten** vor, z.B. bei Gesellschafter und Gesellschaft, Geschäftsführer und Gesellschaft[11], Mutter- und Tochtergesellschaft oder Ehemann und Ehefrau, ferner oft bei Verlobten. In **Familien- und Erbsachen** besteht fast immer eine Sachverhaltsidentität, weil die Vermögenssphären der Beteiligten aneinandergrenzen und durch (gesetzliche) Ansprüche miteinander verflochten sind. Gleiches gilt für **Mediationsmandate** (→ Kap. 4 Rn. 49 ff.).

11 Sachverhaltsidentität ist **durch voneinander getrennte Verfahren nicht ausgeschlossen**[12], etwa bei Parallelverfahren[13]. Eine Sachverhaltsidentität wird durch Zeitablauf nicht beseitigt, allerdings kann der Widerstreit von Interessen (→ Rn. 15 ff.) mit der Zeit verblassen.

12 Ob eine Vor*befassung* schon durch eine **Vorbesprechung**, die vielleicht gerade mit dem Ziel der Identifizierung und Ausgrenzung der interessenkollisionsgeneigten Aspekte (→ Rn. 15 ff.) und den damit zusammenhängenden Vergütungsfragen geführt wird, begründet wird, liegt nach dem Wortlaut nahe, ist aber in dieser Strenge kaum praktikabel.

13 **Mandantenidentität** als solche bedeutet nicht zwingend Sachverhaltsidentität[14], stets jedoch die Gefahr der „kompromittierenden Doppelzüngigkeit"[15]. Wenn ein Berufsträger zugleich Berater und Aufsichtsratsmitglied einer Gesellschaft ist, bestimmt sich die Sachverhaltsidentität danach, ob der Bereich, in dem er als Anwalt oder Steuerberater tätig ist, zu seinem „Überwachungsbereich" als Aufsichtsratsmitglied

8 Henssler/Streck/*Deckenbrock* SozietätsR-HdB Kap. M Rn. 145 f.

9 Vereinzelt wird dieses Tatbestandsmerkmal für entbehrlich gehalten (*Knöfel*, Grundfragen der internationalen Berufsausübung von Rechtsanwälten, 2005, S. 732 ff.).

10 Hartung/Scharmer/*v. Falkenhausen* BORA § 3 Rn. 53; für eine engere Interpretation *Kleine-Cosack* BORA § 43a Rn. 157.

11 Vgl. BGH Urt. v. 27.7.2010 – VI ZR 261/09, MMR 2011, 114 (115 f.) (dort allerdings zu einer Vergütungssache).

12 OLG Hamburg Urt. v. 19.10.2000 – 3 U 252/00, NJW-RR 2002, 61 (63).

13 *Deckenbrock*, Strafrechtlicher Parteiverrat und berufsrechtliches Verbot der Vertretung widerstreitender Interessen, 2008, S. 132 ff.

14 OLG Hamburg Urt. v. 19.10.2000 – 3 U 252/00, NJW-RR 2002, 61 (63).

15 Strafverteidiger-HdB/*Dahs* Rn. 87.

gehört[16]. Diese Maßstäbe müssen sich auf andere „Doppelmandatierungen" übertragen lassen, etwa die Tätigkeit eines Berufsträgers als (externer) Datenschutzbeauftragter (Art. 37 Abs. 6 Var. 2 DSGVO).

Praxishinweis: 14

Die Sachverhaltsidentität bestimmt sich zwar **nach objektiven Kriterien**[17]. Gleichwohl kann sie durch Berufsträger und Mandant beim Zustandekommen des Mandats gesteuert werden. Der Umfang des Zweitmandats kann nämlich u.U. so definiert werden, dass der zugrundeliegende Sachverhalt sich mit dem Erstmandat nicht überschneidet[18]. Rechtlich handelt es sich bei einer solchen Rücksprache nicht um eine Einwilligung, wenngleich eine Abstimmung mit den Mandanten durchaus konsensualen Charakter hat.

3. Interessenwiderstreit

Henssler/Deckenbrock Renaissance der objektiven Interessenbestimmung beim Verbot der Vertretung widerstreitender Interessen?, NJW 2012, 3265 ff.; *Kähler/Neumann* Widerstreitende Interessen bei der Anwaltstreuhand, NJW 2016, 1121 ff.

Interessen i.S.d. § 43a Abs. 4 S. 1 BRAO und § 39a Abs. 4 S. 1 PAO können jeder 15 Art sein. Regelmäßig sind sie **finanzieller Natur**, haben aber oft auch einen ideellen oder – wie in Familien- und Erbsachen häufig – **emotionalen Grund**; ebenfalls kommt **Erfinderstolz** in Frage. Ein „latenter Interessenkonflikt" ist allerdings noch kein Interessenwiderstreit im rechtlichen Sinne[19]. Zu bestimmen sind die Interessen und deren Konflikt aus der verobjektivierten Perspektive der betroffenen Parteien[20].

Widerstreitend sind gegenläufige Interessen, wenn also ein **Vorteil der einen Seite nur auf Kosten der anderen** erreicht werden kann. Es reicht aus, dass ein Vermögensvorteil der einen Seite zu einem Beweisnachteil der anderen oder auch nur zur Umkehr der Darlegungslast in einem Verfahren führt. Sich widersprechende Weisungen von gemeinschaftlich vertretenen Mandanten sind stets ein Interessenwiderstreit, selbst wenn sie teilweise willkürlich oder querulatorisch sind. 16

Ein solcher Interessenwiderstreit wird vom Gesetz im Strafprozess unterstellt, da 17 die **Mehrfachverteidigung** nach § 146 StPO verboten ist[21]. Ein weiteres Beispiel[22] widerstreitender Interessen ist die treuhänderische Verwahrung für sowohl den Man-

16 *Heussen* NJW 2001, 708 (709); umfassend *Birk*, Rechtsanwalt im AR, 2014, insb. S. 219 ff.; *Wetzig*, Rechtsberatungsverträge mit Aufsichtsratsmitgliedern, 2017.

17 Vgl. auch die Kommentierungen zum Parteiverrat (§ 356 StGB), der kein einwilligungsfähiges Delikt ist (z.B. Schönke/Schröder/*Heine/Weißer* StGB § 356 Rn. 26); für die Möglichkeit der eine Prävarikation ausschließenden Einwilligung *Schlosser* NJW 2002, 1376 (1378 f.).

18 Vgl. BGH Beschl. v. 16.1.2013 – IV ZB 32/12, NJW 2013, 1247 (1247); *Schramm*, Das Verbot der Vertretung widerstreitender Interessen, 2004, S. 97. – Zur Bestellung eines Sonderinsolvenzverwalters zur Vermeidung von Interessenkonflikten bei als Anwalt arbeitenden Insolvenzverwaltern *Schäfer*, Sonderinsolvenzverwalter, 2009, insb. S. 58 ff. et pass.

19 Ausdrücklich BGH Urt. v. 23.4.2012 – AnwZ (Brfg) 35/11, NJW 2012, 3039 (3041).

20 *Peitscher*, Anwaltsrecht, 3. Aufl. 2021, Rn. 249 ff.

21 Zur Verfassungswidrigkeit der ursprünglich noch engeren Fassung der § 146 StPO BVerfG Beschl. v. 28.10.1976 – 2 BvR 23/76, BVerfGE 43, 79 (90 ff.) – Eingeführt worden war das Verbot der Mehrfachverteidigung im Zusammenhang mit der Terroristengesetzgebung (*Ipsen*, Staat der Mitte, 2009, S. 296).

22 Noch weitere Beispiele bei *Knöfel*, Grundfragen der internationalen Berufsausübung von Rechtsanwälten, 2005, S. 772 f.

danten als auch den Gegner (§ 3 Abs. 1 S. 2 BORA)[23] oder das Erstatten einer **„Third Party Legal Opinion“**[24]. Ebenfalls ein Interessenkonflikt besteht bei der Tätigkeit für Mutter- und Tochtergesellschaft[25] im **Insolvenzfall**[26] und als Vertreter mehrerer Autoinsassen nach einem Unfall[27]. Bei der **Verteilung begrenzter Güter** besteht stets Interessenwiderstreit; Beispiele sind die Vertretung mehrerer Kündigungsschutzklagen wegen der Sozialauswahl, Studienplatzklagen und beamtenrechtliche Konkurrentenklagen[28]. Interessen können abhängig vom konkreten Mandat und der „Beratungstiefe“ ebenfalls kollidieren, wenn ein **Anwalt gleichzeitig als Aufsichtsratsmitglied** tätig ist[29]. In einem **Kündigungsschutzprozess** hat die Rechtsprechung dagegen keinen Interessenwiderstreit darin gesehen, dass das betroffene Betriebsratsmitglied und der Betriebsrat vom selben Rechtsanwalt vertreten werden[30].

18 Interessenwiderstreit liegt oft auch dann vor, wenn die Parteien vordergründig dasselbe Ziel verfolgen. Dies ist z.B. der Fall bei (vorderhand) **einvernehmlicher Scheidung**[31], in **Erbschaftssachen**[32], in **Unterhaltssachen**[33], bei **Gesamtschuldnern**[34] oder bei der **Vertretung von Konsortien** sowie Erfinder- und Bietergemeinschaften, die trotz gleichgerichteter rechtlicher regelmäßig unterschiedlicher wirtschaftlicher Interessen haben[35]. Ob bei **Musterverfahren**, etwa nach dem KapMuG, mehrere Kläger parallel vertreten werden können, bestimmt sich nach den Ausgangsverfahren[36]. Regelmäßig kein Interessenkonflikt liegt bei **verflochtenen Tochtergesellschaften unter einheitlicher Führung** vor[37]. Bei **Massenverfahren** geht selbst das Gesetz von der grundsätzlichen Erlaubtheit von gemeinsamen Vertretern aus, wie etwa § 67a Abs. 1 S. 2 VwGO (amtlich bestellter anwaltlicher gemeinsamer Vertreter)

---

23 RAK Berlin BerlAnwBl. 2005, 155; *Kähler/Neumann* NJW 2016, 1121 ff.; *K.J. Hartung* in FS W. Hartung, 2008, S. 41 (54 f.); *Römermann* AnwBl. 2015, 34 ff.

24 *Meier-Reimer* NJW 2014, 2613 (2616 f.).

25 Bemerkenswerterweise kann aber das Fehlen eines Interessenkonflikts kartell- und regulierungsrechtlich dazu führen, dass ein Anwalt Mutter- und Tochtergesellschaft nicht vertreten darf, wenn nämlich beide Gesellschaften unabhängig (etwa bei der Netzregulierung) agieren müssen (vgl. BVerwG Urt. v. 18.5.2010 – 3 C 21.09, DVBl. 2010, 986 (Ls. 4); dazu *Wachinger* NVwZ 2010, 1343 ff.).

26 AG Potsdam Beschl. v. 30.11.2001 – 35 IN 677/01, ZInsO 2002, 90 (91) (Insolvenzverwalter).

27 LG Saarbrücken Urt. v. 16.1.2015 – 13 S 124/14, BRAK-Mitt. 2015, 142 (143); *Peitscher* ZAP (2004), Fach 23, 647 (647 ff.).

28 *Deckenbrock*, Strafrechtlicher Parteiverrat und berufsrechtliches Verbot der Vertretung widerstreitender Interessen, 2008, S. 138.

29 LG Stuttgart Urt. v. 27.5.1998 – 27 O 7/98, BB 1998, 1549 (1552) (ohne ausdrückliche Berücksichtigung der BRAO); vgl. auch BGH Urt. v. 4.7.1994 – II ZR 197/93, NJW 1994, 2484 (2485 ff.); dazu *Birk*, Rechtsanwalt im AR, 2014, S. 95 ff.

30 BAG Beschl. v. 25.8.2004 – 7 ABR 60/03, NJW 2005, 921 (921 f.); dazu *Kleine-Cosack* AnwBl. 2005, 228 ff.; differenzierend für Kündigungsschutzklagen und Klagen gegen einen Sozialplan *Haas*, Anwaltliches Mandatsverhältnis zum Betriebsrat, 2009, S. 60 ff.

31 Vgl. KG Urt. v. 12.7.2007 – 16 U 62/06, NJW 2008, 1458 (1459); OLG Bremen Beschl. v. 24.4.2008 – 4 WF 38/08, FamRZ 2008, 1544 (1544 f.); *Schulz* AnwBl. 2009, 743 ff.; offengelassen von BGH Urt. v. 19.9.2013 – IX ZR 322/12, NJW 2013, 3725 (3726) (zur Beratung von beiden scheidungswilligen Ehegatten). – Das BayObLG (Urt. v. 23.1.1981 – RReg. 2 St 125/80, NJW 1981, 832 (833)) sah in Scheidungsfällen sogar stets einen Interessengegensatz.

32 BGH Beschl. v. 16.1.2013 – IV ZB 32/12, NJW 2013, 1247 (1247).

33 BGH Urt. v. 23.4.2012 – AnwZ (Brfg) 35/11, BRAK-Mitt. 2012, 224 (225); *W. Hartung* AnwBl. 2011, 679 ff.

34 Differenzierend für als Gesamtschuldner Beklagte OLG München Urt. v. 10.5.2010 – 17 U 4977/09, BRAK-Mitt. 2010, 277 (Ls.), u. *Henssler* in FS Streck, 2011, S. 677.

35 Henssler/Prütting/*Henssler* BRAO § 43a Rn. 182; allgemein schon RG, Urt. v. 18.12.1928 – 1 D 761/28, JW 1929, 3169 (3169); ausführlich *Haffke* in Duss-von Werdt/Mähler/Mähler, Mediation, 1995, S. 65, 99 f.; anders Hartung/Scharmer/*v. Falkenhausen* BORA § 3 Rn. 174 f., der keine „gemeinsame Rechtssache“ sieht; vgl. auch *Kleine-Cosack* BRAO § 43a Rn. 227.

36 Vgl. *Stackmann* NJW 2010, 3186 (3187 f.).

37 OLG Koblenz Urt. v. 29.11.2006 – 1 U 44/06, BRAK-Mitt. 2007, 88 (89 f.).

und § 7 RVG (Vergütung bei mehreren Auftraggebern) zeigen[38]. Die **Tätigkeit als Unparteiischer** (Schiedsrichter, Streitmittler, Mediator usw.) ist keine Tätigkeit *in* widerstreitendem Interesse und richtigerweise (→ Kap. 4 Rn. 49 ff.) schon nicht Teil anwaltlicher Tätigkeit. Ein Grenzfall liegt vor, wenn die Anwälte der Parteien gemeinsam die Funktion eines Unparteiischen einnehmen.

Ausgeschlossen ist stets die **anschließende Vertretung in derselben Sache eines** 19 **der Mandanten gegen den anderen**[39]. Ein Interessenwiderstreit kann ferner dann vorliegen, wenn ein Anwalt einen Mandanten in einer Angelegenheit vertritt, an der er selbst mit eigenen gegenläufigen Interessen beteiligt ist[40], so etwa wenn eine Rechtsanwalts-GmbH für einen Mandanten gegen eine Erfolgsbeteiligung als Handelsvertreterin tätig ist und zugleich mit der Erstellung und rechtlichen Prüfung der hierbei für den Mandanten geschlossenen Verträge beauftragt wird[41].

Nicht berufsrechtlich ausgeschlossen ist das Vertreten seines Mandanten in einem 20 streitigen Verfahren, für den man zuvor als sogenannter „Collaborative Lawyer" in einer „Mediation ohne Mediator" tätig gewesen war (**Collaborative Dispute Resolution**[42]). Denn hier haben die Anwälte jeweils auf der Seite ihrer Mandanten gestanden, dabei lediglich einen nicht-konfrontativen Ansatz verfolgt. Ein Verbot der Fortsetzung der Tätigkeit für den eigenen Mandanten, das es in der Praxis durchaus geben mag, beruht alleine auf der Abrede zwischen den Mandanten (Disqualifikationsklausel)[43]; eine Mandatierung in derselben Sache durch die Gegenseite ist nach den allgemeinen berufsrechtlichen Regeln ausgeschlossen.

Hinsichtlich eines Interessenkonflikts kommt es immer auf das „objektive Mandan- 21 teninteresse" an[44]; eine **„Einwilligung" der Mandanten hilft nicht**[45]. Allerdings kann auch nur der Mandant bestimmen, was seine Interessen sind[46], was für eine gewisse Disponibilität spricht[47]. Gleichwohl ist zu betonen, dass die Einwilligungsmöglichkeit nach § 3 Abs. 2 S. 2 BORA und § 5 Abs. 2 S. 2 PAO nicht für einen Interessenkonflikt in der Person des Anwalts selbst, sondern nur in der des Sozius gilt (dazu sogleich).

4. Interessenkollision in einer Berufsausübungsgemeinschaft

Deckenbrock Interessenkollision und gemeinschaftliche Berufsausübung – was gilt?, AnwBl. 2009, 170 ff.; *W. Hartung* Ist die Vertretung widerstreitender Interessen künftig erlaubt?, NJW 2006, 2721 ff.; *Kleine-Cosack* Sozietätserstreckung des Verbots der Interessenkollision, AnwBl. 2006, 13 ff.; *Maier-Riemer* Widerstreitende Interessen und Anwaltssozietät, NJW 2006, 3601 ff.;

38 Weitere Nachweise bei *Deckenbrock*, Strafrechtlicher Parteiverrat und berufsrechtliches Verbot der Vertretung widerstreitender Interessen, 2008, S. 129 f.

39 OLG Karlsruhe Urt. v. 19.9.2002 – 3 Ss 143/01, NJW 2002, 3561 (3561 ff.); OLG Karlsruhe Urt. v. 26.4.2001 – 2 U 1/00, NJW 2001, 3197 (3198) (Vorbefassung als Mediator); *Erb* NJW 2003, 730 ff.

40 Henssler/Prütting/*Henssler* BRAO § 43a Rn. 185; Weyland/*Träger* BRAO § 43a Rn. 57.

41 OLG München Urt. v. 29.10.2014 – 7 U 4279/13, BRAK-Mitt. 2015, 140.

42 Auch Collaborative Practice oder Praktische/Praxisorientierte Zusammenarbeit (dazu *Bruhn* NJOZ 2008, 1726 ff.).

43 *Engel*, Collaborative Law, 2013, S. 4, 173 ff.; *Bruhn* NJOZ 2008, 1726 (1728).

44 BGH Urt. v. 23.4.2012 – AnwZ (Brfg) 35/11, NJW 2012, 3039 (3040); a.A. *Henssler/Deckenbrock* NJW 2012, 3265 (3267 f.).

45 AnwGH München Beschl. v. 6.4.2005 – BayAGH I – 31/04, BRAK-Mitt. 2005, 195 (197); *Kleine-Cosack* BRAO § 43a Rn. 206; vgl. aber *Schlosser* NJW 2002, 1376 (1377–1378).

46 *Kempf* in FS Busse, 2005, S. 191 (194).

47 In diese Richtung auch BVerfG Beschl. v. 3.7.2003 – 1 BvR 238/01, BVerfGE 108, 150 (162); vgl. ferner LG Itzehoe Beschl. v. 19.2.2008 – 2 Qs 22/08, NStZ-RR 2008, 170 (172) (zu § 356 StGB); zur inzwischen in der Rspr. vorherrschenden subjektiv-konkreten Perspektive *Restemeier* in FS Scharf, 2008, S. 281 (286 ff.).

Purrucker Der fremde § 3 Abs. 2 Satz 2 BORA, BRAK-Mitt. 2007, 150 ff.; *Saenger/Riße* Offene Fragen zur Sozietätserstreckung beim Interessenwiderstreit, MDR 2006, 1385 ff.; *Sahan* Anwälte einer Sozietät als Vertreter widerstreitender Interessen, AnwBl. 2008, 698 ff.; *Scharmer* Die Selbstentkernung der Anwaltschaft, AnwBl. 2006, 150 ff.; *Westerwelle* Rechtsanwaltssozietäten und das Verbot der Vertretung widerstreitender Interessen, 1997.

22 Interessenkollisionen treten potenziert auf, wenn ein Anwalt mit anderen zusammenarbeitet[48]. Während das Verbot der Vertretung widerstreitender Interessen für den jeweiligen Anwalt umfassend und ohne Ausnahme gilt, wird es auf mit diesem beruflich verbundene Berufsträger nur nach Maßgabe der § 43a Abs. 4 S. 2–6 BRAO u. § 3 Abs. 2 u. 3 BORA bzw. der § 39a Abs. 4 S. 2–6 PAO u. § 5 Abs. 2 u. 3 BOPA erstreckt[49]. Grundsätzlich unterschieden wird dabei zwischen einer Erstreckung in Sozietät oder auf andere Weise zur gemeinsamen Berufsausübung[50] verbundenen Anwälte[51] und von einer Berufsausübungsgemeinschaft zur anderen wechselnden Anwälte (→ Kap. 11 Rn. 49 ff. und → Kap. 12 Rn. 26 ff.). Die **Abstufung der Regelung** beruht auf der Erwägung, dass eine Erstreckung der Interessenkollision auf andere Anwälte, die *nicht* mit dem Mandat befasst waren, nur dem Vorfeldschutz dient und deshalb aus Verhältnismäßigkeitsgründen nicht mit derselben Strenge durchgeführt werden darf[52]. Syndikusanwälte bilden mit ihrem Arbeitgeber dagegen keine Berufsausübungsgemeinschaft (vgl. § 46 Abs. 1 u. Abs. 2 BRAO; § 41a Abs. 1 u. Abs. 2 PAO)[53]. Die § 43a Abs. 4 S. 2–6 BRAO und § 39a Abs. 4 S. 2–6 PAO sollen nach dem Willen des Gesetzgebers nicht auf Bürogemeinschaften anwendbar seien, da die Schutzzwecke des Verbots dies nicht erfordern und den Gefahren für die Einhaltung von Verschwiegenheitspflichten durch die gemeinsame Nutzung von Betriebsmitteln durch die Organisationspflichten der § 59q Abs. 3 BRAO und § 52p Abs. 3 PAO Rechnung getragen wird[54]. Unklar ist, ob damit die weitergehenden Regelungen in BORA und BOPA, die auch Bürogemeinschaften erfassen, rechtswidrig sind.

23 Die sehr strikte Regelung des früheren § 3 Abs. 2 BORA, die einen Interessenkonflikt des einzelnen Rechtsanwalts in jedem Fall auf die gesamte Berufsausübungsgemeinschaft erstreckt hatte, war verfassungswidrig[55]. Der Interessenkonflikt nach den nun geltenden § 43a Abs. 4 S. 2–6 BRAO, § 3 Abs. 2 S. 1 BORA bzw. § 39a Abs. 4 S. 2–6 PAO, § 5 Abs. 2 S. 1 BOPA eines Anwalts **erstreckt sich auf alle mit ihm (gegenwärtig) beruflich verbundenen Kollegen**. Eine berufliche Verbindung kann sowohl über das Gesellschafts- wie über das Arbeitsrecht bestehen. Im Hinblick auf

---

48 Größere und insbesondere überörtliche Sozietäten führen deshalb institutionalisierte sogenannte Habilitätsprüfungen oder „Conflict Checks“ durch, um Interessenkollisionen zu erkennen (→ Kap. 10 Rn. 45).

49 Eine Erstreckung kann sich grundsätzlich auch aus den v.a. kommunalrechtlichen Normen ergeben, die Vertretungsverbote statuieren (→ Rn. 40 f.). Allerdings hat die Rechtsprechung hier bislang eine Erstreckung auf Sozien nicht angenommen (vgl. BVerfG Beschl. v. 7.7.1982 – 2 BvR 1142/80, NJW 1982, 2177 (2178); VGH München Beschl. v. 29.1.1980 – Nr. 14 C – 2218/79, NJW 1980, 1870 (1870 f.); Weyland/*Träger* BRAO § 45 Rn. 52).

50 Wenn sie nicht der gemeinsamen Berufsausübung dient, ist die Kooperation (→ Kap. 11 Rn. 38 ff.) von § 3 Abs. 2 BORA nicht umfasst (Hartung/Scharmer/*v. Falkenhausen* BORA § 3 Rn. 95).

51 Die Erstreckung der Tätigkeitsverbote auf in Bürogemeinschaft verbundene Anwälte ist widersprüchlich, weil ein Interessenkonflikt nur unter Bruch der Verschwiegenheitspflicht überhaupt festgestellt werden kann (*Deckenbrock* NJW 2008, 3529 (3532 f.)).

52 Vgl. LG Karlsruhe Urt. v. 6.10.2016 – 10 O 219/16, BRAK-Mitt. 2017, 33 (34 f.).

53 *Henssler/Deckenbrock* DB 2016, 215 (223).

54 BT-Drs. 19/27670, 163.

55 BVerfG Beschl. v. 3.7.2003 – 1 BvR 238/01, BVerfGE 108, 150 (158 ff.) – Sozietätswechsler. Auch das zu § 114 AktG ergangene Urteil des LG Stuttgart (Urt. v. 27.5.1998 – 27 O 7/98, BB 1998, 1549 (1552)) würde diesen Vorgaben nicht mehr genügen.

Freie Mitarbeitern und Of Counsels ist dies umstritten[56]. Als Satzungsrecht können § 3 BORA und § 5 BOPA nur jeweils Rechts- und Patentanwälte, nicht aber Angehörige anderer Berufe binden[57].

Ausnahmen vom Verbot der Vertretung widerstreitender Interessen innerhalb von Berufsausübungsgemeinschaften bestehen im Falle der Einwilligung aller betroffenen Mandanten (→ Rn. 25 f.) und bei technisch-organisatorischen Abschottungen (→ Rn. 27 f.). 24

a) Einwilligung der Mandanten

Lange war man ganz grundsätzlich davon ausgegangen, dass eine Einwilligung des Mandanten in einen Interessenkonflikt – auch nur innerhalb einer Berufsausübungsgemeinschaft – nicht möglich sei, weil dadurch die Integrität des Anwalts und damit ein **Belang der Rechtspflege** geschützt werde, der der **Disposition des Einzelnen** entzogen sei[58]. Mit dieser Überzeugung hat das Bundesverfassungsgericht gebrochen[59], die Satzungsversammlungen der Anwälte sind dem bei der Neufassung von § 3 Abs. 2 S. 2 BORA und § 5 Abs. 2 S. 2 BOPA gefolgt. Trotz vielfältiger Kritik an dieser Regelung[60] scheint sie vom Bundesverfassungsgericht gebilligt zu werden[61]. Auch im Gesetz ist die Einwilligungsmöglichkeit nun in den § 43a Abs. 4 S. 4 BRAO, § 39a Abs. 4 S. 4 PAO ausdrücklich geregelt. 25

Ein Interessenkonflikt hindert nach § 3 Abs. 2 S. 2 BORA und § 5 Abs. 2 S. 2 BOPA also den beruflich verbundenen Anwalt nicht, ein Mandat anzunehmen, wenn **alle betroffenen Mandanten umfassend informiert** worden sind und sich **ausdrücklich einverstanden** erklären. Dass „Belange der Rechtspflege" nicht entgegenstehen dürfen, ist eine Selbstverständlichkeit[62], die schon aus der Organstellung der Anwälte folgt. Die **Textform** der Informierung und Einwilligung ist nicht zwingend[63], aus Beweisgründen für den Anwalt aber ratsam. 26

b) Abschottungen und andere organisatorische Maßnahmen

Das Bundesverfassungsgericht hält auch interne Abschottungen und andere organisatorische Maßnahmen grundsätzlich für geeignet, um Interessenkonflikten zu begegnen[64]. Zu denken ist an informationelle Trennungen (**Chinese Walls**) innerhalb 27

---

56 *Kleine-Cosack* AnwBl. 2006, 13 (15); *W. Hartung* NJW 2006, 2721 (2723). – Öffentlichkeitswirksam wurde eine solche Konstellation jüngst im Rahmen einer juristischen Auseinandersetzung zwischen der AfD und dem Bundesamt für Verfassungsschutz. *Hans-Georg Maaßen*, der zuvor sechs Jahre lang die Behörde geleitet hatte, war zu dem Zeitpunkt, als die Rechtsstreitigkeiten begannen, Of Counsel bei der Kanzlei, die die AfD vertreten hat.

57 *W. Hartung* NJW 2006, 2721 (2723).

58 Erstaufl. 2006, S. 49 m.w.N.

59 BVerfG Beschl. v. 3.7.2003 – 1 BvR 238/01, BVerfGE 108, 150 (161) – Sozietätswechsler.

60 Vgl. nur die Beiträge von *Kleine-Cosack* AnwBl. 2006, 13 ff.; *Scharmer* BRAK-Mitt. 2006, 150 ff.; *W. Hartung* NJW 2006, 2721; *Maier-Reimer* NJW 2006, 3601 ff.

61 BVerfG Beschl. v. 20.6.2006 – 1 BvR 594/06, AnwBl. 2006, 580 (581).

62 Deutlicher betont von *Purrucker* BRAK-Mitt. 2007, 150 (151 f.); *Sahan* AnwBl. 2008, 698 (701), hält den Bezug deshalb auch für „redundant".

63 *Saenger/Riße* MDR 2006, 1385 (1387); weitergehend in die andere Richtung *Purrucker* BRAK-Mitt. 2007, 150 (152).

64 BVerfG Beschl. v. 3.7.2003 – 1 BvR 238/01, BVerfGE 108, 150 (168) – Sozietätswechsler; vgl. zur Mehrfachverteidigung von Sozietätskollegen schon BVerfG Beschl. v. 28.10.1976 – 2 BvR 23/76, BVerfG, NJW 1977, 99 (99 f.).

einer Berufsausübungsgemeinschaft[65], also die räumliche, organisatorische und EDV-technische Trennung der mit den widerstreitenden Mandaten befassten Anwälte. Solche Abschottungen sind aus anderen Bereichen des Rechts bekannt, etwa aus dem Regulierungs- (z.B. § 9a AEG; § 32 TKG 2021 [bislang § 40 TKG a.F.]); besonders ausführlich §§ 6 ff. EnWG) und Aktienrecht. Allerdings sind die v.a. im Regulierungsrecht formulierten aufwendigen Vorgaben auf die nur mandatsbezogenen Abschottungen in den allgemein deutlich kleineren Unternehmenseinheiten bei Anwälten nicht ohne weiteres zu übertragen.

28 Das Konzept der internen Abschottung ist von den Satzungsversammlungen bei der Neuformulierung des § 3 Abs. 2 BORA bzw. § 5 Abs. 2 BOPA jedoch nicht aufgenommen worden. Verfassungsrechtlich stellt sich damit die Frage, ob eine Chinese Wall o.ä. nicht eine gleichermaßen geeignete, aber **weniger stark in die Berufsausübung der Anwälte eingreifende Möglichkeit** darstellt, als die Pflicht, die Einwilligung der Mandanten einzuholen[66]. Dies betrifft insbesondere überörtliche und internationale Anwaltsfirmen mit vielen Berufsträgern auf verschiedenen Kontinenten, wenn Mandate eine bloße lokale Bedeutung haben[67].

5. Interessenkonflikt in Sternsozietäten oder Zweigstellen

Quaas Verbot widerstreitender Interessen und Sternsozietät, NJW 2008, 1697 ff.

29 Mit der Freigabe der Sternsozietät – der Möglichkeit, Mitglied in mehreren Berufsausübungsgemeinschaften zu sein – und der Zweigstelle – der Möglichkeit, mehrere Kanzleien zu betreiben – (zu beidem → Kap. 10 Rn. 20 ff.) ergeben sich zusätzliche Konstellationen möglicher Interessenkollisionen[68]. Kollidieren können Mandate in diesen Fällen, wenn **in den zwei Sozietäten bzw. Kanzleien Mandate mit gegenläufigen Interessen** bearbeitet werden.

30 Da die „Sternsozietät" keine Sozietät im Rechtssinne und damit auch keine Berufsausübungsgemeinschaft im Sinne des § 3 Abs. 2 BORA und § 5 Abs. 2 BOPA ist[69], sind diese Normen nicht anwendbar. Interessenkollisionsfälle sind **nach § 3 Abs. 3 BORA und § 5 Abs. 3 BOPA zu bewerten**, selbst wenn der Anwalt nicht von einer Kanzlei zur anderen „gewechselt" hat[70]. Der in beiden Berufsausübungsgemeinschaften tätige Anwalt „infiziert" mit allen Mandanten, mit denen er selbst befasst war oder ist, die jeweils andere Berufsausübungsgemeinschaft[71] (zu der parallelen Konstellation beim Wechsel der Sozietät oder des anwaltlichen Arbeitgebers → Kap. 11 Rn. 49 ff. und → Kap. 12 Rn. 26 ff.).

31 Ein Interessenkonflikt mit dem in einer Zweigstelle bearbeiteten Mandat richtet sich dagegen **nach § 3 Abs. 1 BORA bzw. § 5 Abs. 1 BOPA**. Besteht für einen

65 AnwGH München Beschl. v. 6.4.2005 – BayAGH I – 31/04, BRAK-Mitt. 2005, 195 (197); grundsätzlich zur rechtlichen Bewertung von Chinese Walls *Carrara*, Interessenkonflikte bei Interessenwahrungsverträgen, 2005, S. 83 f.

66 So ausdrücklich *Kleine-Cosack* BORA § 3 Rn. 53 ff.; teilweise wird die Regelung des § 3 Abs. 2 BORA n.F. aber auch ausdrücklich für angemessen gehalten, etwa von *Saenger/Riße* MDR 2006, 1385 (1387).

67 Vgl. bei *Kopp* BRAK-Mitt. 2007, 102 (102).

68 Hierzu Henssler/Streck/*Deckenbrock* SozietätsR-HdB Kap. M Rn. 55 f.

69 *Quaas* NJW 2008, 1697 (1699); Henssler/Streck/*Deckenbrock* SozietätsR-HdB Kap. M Rn. 110.

70 *Deckenbrock*, Strafrechtlicher Parteiverrat und berufsrechtliches Verbot der Vertretung widerstreitender Interessen, 2008, S. 311 f.

71 Anders möglicherweise für eine nur kurzfristige Zugehörigkeit zu einer Berufsausübungsgemeinschaft OLG Düsseldorf Urt. v. 31.1.2012 – 24 U 216/10, NJW 2012, 1892 (1893).

Anwalt ein Interessenkonflikt, dann besteht er für ihn auch in seiner Zweigstelle. Insbesondere kann ein nach § 3 Abs. 2 BORA bzw. § 5 Abs. 2 BOPA in der Arbeit eines beruflich verbundenen Anwalts bestehender Interessenkonflikt nicht dadurch umgangen werden, dass er in der außerhalb der Berufsausübungsgemeinschaft liegenden Zweigstelle bearbeitet wird. Eine Ausnahme würde nur dann gelten, wenn man die „Auslagerung" in eine Zweigstelle (im konkreten Fall) als eine geeignete (Abschottungs-)Maßnahme ansieht, über den Wortlaut § 3 Abs. 2 BORA bzw. des § 5 Abs. 2 BOPA hinaus einen Interessenkonflikt auszuschließen (→ Rn. 27 f.).

6. Folgen eines Interessenkonflikts

Kommt ein Anwalt zu dem Schluss, wegen eines Interessenkonflikts in einem Fall nicht tätig werden zu können, muss er das Mandat (unverzüglich, § 44 S. 1 BRAO u. § 40 PAO) **ablehnen** (§ 3 Abs. 4 Var. 1 BORA; § 5 Abs. 4 Var. 1 BOPA). Betrifft der Interessenkonflikt nur ihn und wird nicht auf seine Sozien und Kanzleikollegen erstreckt, so können diese **geeignete Maßnahmen ergreifen** (→ Rn. 27 f.), um gleichwohl ohne den belasteten Anwalt das Mandat zu bearbeiten. Eine solche Konstellation kann etwa dann vorliegen, wenn ein Anwalt früher in einer anderen Berufsausübungsgemeinschaft gearbeitet hat, die den Gegner des jetzigen Mandanten in derselben Sache vertreten hat, ohne dass allerdings der Anwalt selbst mit der Sache befasst war. Wäre er das gewesen, würde er die jetzige Berufsausübungsgemeinschaft infizieren, eine Mandatsannahme wäre ausgeschlossen. 32

Wird die Interessenkollision erst zu einem späteren Zeitpunkt bemerkt oder tritt sie erst im Laufe der Zeit ein, muss das Mandat **unverzüglich niedergelegt** werden. Kollidieren zwei aktuelle Mandate, sind **beide zu beenden** (§ 3 Abs. 4 Var. 2 BORA; § 5 Abs. 4 Var. 2 BOPA). 33

Der Mandant, zu dessen Lasten ein Interessenkonflikt besteht, kann Unterlassung, also **Niederlegung des Mandats, verlangen**[72]. Nur bei Verfahren nach der StPO hat auch das Gericht Mehrfachverteidigungen[73] und damit Interessenkollisionen zu verhindern; nach § 146a Abs. 1 S. 1 StPO ist ein solcher Verteidiger zurückzuweisen bzw. nach § 142 Abs. 1 S. 3 StPO gar nicht erst zu bestellen[74]. 34

Ob eine Interessenkollision zur **Nichtigkeit des Mandatsvertrags** nach § 134 BGB führt, war umstritten[75], wird von der Rechtsprechung inzwischen tendenziell bejaht[76]. Wenn man dies verneint, stehen dem Mandanten im Falle eines Schadens nicht nur deliktische, sondern zudem vertragliche Schadensersatzansprüche zu; allerdings hat der Anwalt dann auch einen Honoraranspruch. Prozesshandlungen bleiben unabhängig von der Antwort auf diese Streitfrage jedenfalls wirksam. 35

---

72 OLG Hamburg Urt. v. 19.10.2000 – 3 U 252/00, NJW-RR 2002, 61 (63).

73 Auch wenn § 146 StPO der Vertretung von mehreren Angeklagten durch Sozien nicht entgegensteht (BVerfG Beschl. v. 28.10.1976 – 2 BvR 23/76, BVerfGE 43, 79 (90 ff.); *Kleine-Cosack* AnwBl. 2006, 13 (13)), bleiben gleichwohl die berufsrechtlichen Voraussetzungen (§ 3 Abs. 2 BORA) zu beachten (*Hartung* NJW 2006, 2721 (2723); Henssler/Prütting/*Henssler* BRAO § 43a Rn. 174).

74 BGH Beschl. v. 15.1.2003 – 5 StR 251/02, NJW 2003, 1331 (1332 ff.).

75 Für eine Nichtigkeit BGH Urt. v. 21.10.2010 – IX ZR 48/10, NJW 2011, 373 (373) (zu § 45 Abs. 1 Nr. 1 BRAO); anders BGH Urt. v. 23.4.2009 – IX ZR 1667/07, NJW 2009, 3297 (3299 f.); offengelassen bei BGH Urt. v. 19.9.2013 – IX ZR 322/12, AnwBl. 2013, 933 (933 f.) – Insg. ist die Rechtsprechung (noch) schwankend; zu der Nichtigkeit wegen Verstoßes gegen §§ 113, 114 AktG (BGH Urt. v. 2.4.2007 – II ZR 325/05, AnwBl. 2007, 634 (Ls.)).

76 So jetzt zuletzt BGH Urt. v. 12.5.2016 – IX ZR 241/14, NJW 2016, 2561 (2561 f.); implizit auch OLG Celle Beschl. v. 19.1.2017 – 2 W 12/17, NJW 2017, 1557 f.

36 Unter den speziellen Voraussetzungen des **§ 356 StGB** kann das Vertreten widerstreitender Interessen sogar eine **Straftat** darstellen[77].

II. Tätigkeitsverbot bei abstrakter Gefahr widerstreitender Interessen

37 Nachdem die Rechtsprechung ihre strenge Linie in Bezug auf das anwaltliche Zulassungsverfahren bei zweitberuflicher Tätigkeit (→ Kap. 15 Rn. 13 ff.) aufgegeben hat, sind an deren Stelle – als „kleine Münze" – Tätigkeitsverbote getreten. Sie verbieten einem Anwalt in bestimmten, wenngleich **abstrakt umschriebenen Bereichen und Konstellationen** das Tätigwerden, ohne dass es auf einen konkreten Interessenwiderstreit (→ Rn. 15 ff.) ankäme.

1. Zweitberuf. Syndikustätigkeit

Bultmann Die allgemeinen Berufspflichten des Anwalts als Sozius: § 43 BRAO, AnwBl. 2003, 607 ff.

38 Eine Reihe von Zweitberufen (insb. Richter, Schiedsrichter, Staatsanwalt, Beamter, Notar) führt zu einem Tätigkeitsverbot des Anwalts, wenn er dort schon **mit derselben Rechtssache befasst** war (§ 45 Abs. 1 Nrn. 1–3 BRAO; § 41 Abs. 1 Nr. 1 PAO). Dies gilt auch für Syndikusanwälte (§ 46c Abs. 1 BRAO; § 41d Abs. 1 PAO), und diese Regelung erstreckt sich nach § 45 Abs. 1 Nr. 4 BRAO und § 41 Abs. 1 Nr. 2 PAO auf alle Zweitberufe, die zum jeweiligen Zeitpunkt noch ausgeübt werden. Und umgekehrt ist dem Anwalt nach § 45 Abs. 2 BRAO und § 41 Abs. 2 PAO eine entsprechende Tätigkeit im Zweitberuf verwehrt, wenn er **in derselben Rechtssache** zuvor anwaltlich tätig gewesen war. Ob es sich um dieselbe Rechtssache handelt, bestimmt sich anhand des sachlich-rechtlichen Inhalts der anvertrauten Interessen. Es kommt darauf an, ob das anvertraute materielle Rechtsverhältnis bei natürlicher Betrachtungsweise auf ein innerlich zusammengehöriges, einheitliches Lebensverhältnis zurückzuführen ist[78]. Die Tätigkeitsverbote erstrecken sich nach § 45 Abs. 3 und § 41 Abs. 3 PAO auf die Sozien und die sonst mit ihm zur gemeinschaftlichen Berufsausübung verbundenen Anwälte, allerdings setzt ein Tätigkeitsverbot für einen Sozius aus § 45 Abs. 3 BRAO, § 41 Abs. 3 PAO voraus, dass dieser die Umstände kannte oder zumindest kennen musste, aus denen sich das Tätigkeitsverbot ergibt[79]. Anders als im Zusammenhang mit § 43a Abs. 4 BRAO, § 3 Abs. 2 BORA bzw. § 39a Abs. 4 PAO, § 5 Abs. 2 BOPA besteht die Möglichkeit einer Einwilligung des bzw. der Mandanten nicht[80].

39 **Syndikusrechtsanwälte** dürfen ihre Arbeitgeber in Zivil-, Arbeits- und (eingeschränkt) Strafverfahren nicht vertreten (§ 46c Abs. 2 BRAO; anders für Syndikuspatentanwälte § 41d Abs. 2 PAO). Diese Regelung dient aber weniger der Verhinderung von Interessenwiderstreit als einer (vorgeblichen) Waffengleichheit (hinsichtlich des Kostenrisikos einer gerichtlichen Auseinandersetzung)[81].

---

77 *Schulz* AnwBl. 2009, 743 ff.
78 BGH Urt. v. 2.4.2020 – IX ZR 135/19, NJW 2020, 2407 (2411).
79 BGH Urt. v. 3.11.2014 – AnwSt (R) 4/14, NJW 2015, 567 (568).
80 Gaier/Wolf/Göcken/*Bormann/Strauß* BRAO § 45 Rn. 46.
81 *Henssler/Deckenbrock* DB 2016, 215 (222).

2. Kommunale Vertretungsverbote

Bauer Zum personellen Anwendungsbereich der kommunalrechtlichen Vertretungsverbote, NJW 1981, 2171 f.; *Schoch* Zum sachlichen Geltungsbereich des kommunalen Vertretungsverbotes, NVwZ 1984, 626 ff.

Eine Beschränkung für die anwaltliche Tätigkeit kann sich aus der **Mitgliedschaft in einer kommunalen Selbstverwaltungskörperschaft**[82] (vgl. in Bayern Art. 50 GemO) oder für Inhaber eines kommunalen Ehrenamts ergeben[83] (vgl. in Berlin § 11 Abs. 3 BezVG[84]). Diese kommunalrechtlichen Vertretungsverbote schützen nicht etwa den Mandanten oder die Unabhängigkeit des Anwaltes an sich. Sie dienen vielmehr dem Zweck, die Gemeindeverwaltung von allen Einflüssen freizuhalten, die eine objektive, unparteiische und einwandfreie Führung der Gemeindegeschäfte gefährden könnte. Aus diesem Grund erkennt das BVerfG auch keine den Beruf des Anwalts regelnde Tendenz in diesen Vorschriften und hat die grundsätzliche Verfassungsmäßigkeit kommunalrechtlicher Vertretungsverbote mehrfach bestätigt[85]. In der Literatur finden sich insoweit kritische Stimmen, die auch zurecht darauf hinweisen, dass kommunalrechtliche Vertretungsverbote mangels bundesgesetzlicher Grundlage in Konflikt stehen mit § 3 Abs. 2 BRAO[86]. 40

Im Gegensatz zu den Vertretungsverboten bei konkret widerstreitenden Interessen (→ Rn. 4 ff.) besteht hier ein **pauschales Berufsausübungsverbot**, nicht nur ein einzelfallbezogenes Tätigkeitsverbot[87]. Wenn Interessen der Rechtspflege nicht entgegenstehen, also insbesondere eine Kollision zwischen Amtspflichten und Mandanteninteressen ausgeschlossen ist, kann die jeweilige Kammer eine Anwaltstätigkeit sogar gestatten (§ 47 Abs. 1 S. 2 BRAO; § 42 Abs. 1 S. 2 PAO). 41

3. Folgen von Verstößen gegen Tätigkeitsverbote

Deckenbrock Tätigkeitsverbote des Anwalts: Rechtsfolgen beim Verstoß, AnwBl. 2010, 221 ff.; *ders.* Tätigkeitsverbote wegen nichtanwaltlicher Vorbefassung und ihre Sozietätserstreckung, NJW 2015, 522 ff.

Ein Verstoß gegen die Tätigkeitsverbote führt zur **Nichtigkeit des Mandatsvertrags** nach § 134 BGB[88]. Eine (Prozess-)Vollmacht bleibt (aufgrund des Abstraktionsprinzips) allerdings wirksam, ebenso die vorgenommenen Verfahrenshandlungen (§ 155 Abs. 5 BRAO analog)[89]. Ein Rechtsanwalt, der gegen ein kommunales Vertretungsverbot verstößt, macht sich einer Verletzung seiner Pflichten als Mitglied der kommunalen Körperschaft schuldig, für die er mit einem Ordnungsgeld belegt werden kann[90]. Prozesshandlungen, die der Rechtsanwalt entgegen dem Verbot vornimmt, sind jedenfalls so lange nicht unwirksam, bis der Rechtsanwalt als Bevollmächtigter 42

82 BVerfG Beschl. v. 18.7.1979 – 2 BvR 488/76, BVerfGE 52, 42 (53 ff.); VG Frankfurt/Oder Beschl. v. 13.1.2011 – 5 L 164/09, BRAK-Mitt. 2011, 168 (Ls.); anders für die Strafverteidigung BVerfG Beschl. v. 21.1.1976 – 2 BvR 572/74, BVerfGE 41, 231 (240 ff.).

83 *Römermann/Hartung*, AnwBerufsR, 3. Aufl. 2018, § 12 Rn. 12.

84 *Musil/Kirchner*, Das Recht der Berliner Verwaltung, 4. Aufl. 2017, Rn. 300.

85 BVerfG Beschl. v. 12.1.1976 – 2 BvR 572/74, NJW 1976, 954 ff; BVerfG Beschl. v. 18.7.1979 – 2 BvR 488/76, NJW 1980, 33 ff.

86 Vgl. etwa Henssler/Prütting/*Busse* BRAO § 3 Rn. 20.

87 So aber OVG Bautzen Beschl. v. 10.7.2003 – 2 E 98/02, NJW 2003, 3504 (3505).

88 OVG Bautzen Beschl. v. 10.7.2003 – 2 E 98/02, NJW 2003, 3504 (3504).

89 *Feuerich* MDR 1993, 1141 (1146).

90 BeckOK KommunalR Bayern/*Kreiselmeier* BayGO Art. 50 Rn. 13.

durch gerichtlichen Beschluss zurückgewiesen wird[91]. Strittig ist, ob diese Zurückweisung von Amts wegen zu erfolgen hat[92].

III. (Kein) Tätigkeitsverbot aufgrund der Erlangung sensibler Informationen

43 Im Rahmen der BRAO-Reform 2021 hatte der **Regierungsentwurf** vorgesehen, mit § 43a Abs. 4 S. 1 Nr. 2 BRAO-E bzw. § 39a Abs. 4 S. 1 Nr. 2 PAO-E eine neue Variante des Verbots der Vertretung widerstreitender Interessen zu schaffen. Demnach sollte ein Anwalt bereits dann nicht tätig werden dürfen, wenn er in Ausübung seines Berufs im Rahmen eines anderen Mandatsverhältnisses vertrauliche Informationen erhalten hat, die für die Rechtssache von Bedeutung sind und deren Verwendung in der Rechtssache im Widerspruch zu den Interessen des Mandanten des vorhergehenden Mandats stehen würden. Nach teilweise **heftiger Kritik in der Literatur**[93] hat der Bundestags-Rechtsausschuss empfohlen, die Regelung zu streichen, da kein praktisches Bedürfnis bestehe und sie nicht praktikabel sei[94]. Dieser Empfehlung ist der Bundestag gefolgt.

IV. Würdigkeit

44 Soweit Interessenkollisionen sich nicht an einer konkreten Rechtssache festmachen lassen und auch nicht von den abstrakten Tätigkeitsverboten adressiert werden, greifen das allgemeine Parteilichkeitsgebot (→ Kap. 4 Rn. 1 ff.) und das Würdigkeitsgebot (§ 43 S. 2 BRAO bzw. § 39 Abs. 1 S. 2 PAO) im Sinne einer **Auffangregel**. Dies kann etwa der Fall sein, wenn ein Anwalt lange Zeit und überwiegend für eine bestimmte Art von Mandanten tätig war (Mandantschafts-Bias). Allerdings ist die Einhaltung dieser Vorgaben nicht gesondert sanktioniert[95].

B. Interessenwiderstreit bei Steuerberatern

45 Dem Berufsrecht der Steuerberater ist ein § 43a Abs. 4 BRAO und § 39a Abs. 4 PAO vergleichbares Verbot der Vertretung widerstreitender Interessen fremd[96]. Die Interessenkollision wird im StBerG weniger unter dem Blickwinkel des Mandantenschutzes betrachtet, sondern primär als **Unterfall der Berufspflicht zur unabhängigen Berufsausübung** nach § 57 Abs. 1 StBerG[97]. Anders als bei Wirtschaftsprüfern (§ 49 WPO) müssen Steuerberater aber nicht schon den Anschein von Befangenheit als solchen vermeiden[98]. Rechtsanwälte, die steuerlich beraten, unterfallen den insoweit strengeren Regeln ihres Berufsrechts.

---

91 BVerwG Beschl. v. 8.12.1955 – BVerwG I B 8/55, NJW 1956, 563 ff.

92 Dafür VGH München, Urt. v. 19.6.1953 – 171 IV 52, BeckRS 1953, 106121; a.A. OVG Lüneburg, Beschl. v. 22.12.1967 – I OVG B 62/67 und BeckOK KommunalR Bayern/*Kreiselmeier* BayGO Art. 50 Rn. 13.

93 Vgl. etwa *Römermann* AnwBl. Online 2020, 588 (602).

94 BT-Drs. 19/30516, 44.

95 Vgl. *v. Lewinski*, Gesetzesverfasser und Gesetzgeber, 2015, S. 26.

96 *Schramm*, Das Verbot der Vertretung widerstreitender Interessen, 2004, S. 155; *Schramm* DStR 2003, 1364 (1364).

97 *Willerscheid* DStR 2018, 635.

98 BeckStB-HdB 2019/2020/*Koslowski* Kap. X Rn. 75.

I. Vertretungsverbot bei konkretem Interessenwiderstreit

Nähere Regelungen zur Vertretung widerstreitender Interessen trifft **§ 6 BOStB**, 46
der in Absatz 1 ein Tätigkeitsverbot bei einer Kollision mit Eigeninteressen des Steuerberaters, in Absatz 2 eine Regelung zur Kollision von Mandanteninteressen und Drittinteressen und in Absatz 3 ein Umgehungsverbot durch Berufsausübungsgemeinschaften enthält.

1. Widerstreit mit Eigeninteressen des Steuerberaters

Dass das Berufsrecht der Steuerberater die Interessenkollision anders als das An- 47
waltsrecht primär als potentielle Gefahr für die Unabhängigkeit des Steuerberaters ansieht, zeigt sich deutlich an der Regelung des § 6 Abs. 1 BOStB, wonach der Steuerberater nicht tätig werden darf, wenn eine Kollision mit eigenen Interessen gegeben ist[99]. Eine solche ein Tätigkeitsverbot auslösende Kollision mit Eigeninteressen kann sich zunächst in den in § 2 Abs. 3 Nrn. 2 u. 3 BOStB explizit genannten Fällen einer Beeinträchtigung der Unabhängigkeit des Steuerberaters durch die Vereinbarung bzw. Annahme von **Provisionen** oder die **Übernahme von Mandantenrisiken** ergeben. Denkbar ist ein Konflikt mit Eigeninteressen des Steuerberaters aber auch bei sonstigen wirtschaftlichen Beteiligungen und Verflechtungen zwischen Steuerberater und Mandant, wie etwa bei Beteiligungen an Mandantenunternehmen, der Übernahme von Bürgschaften bzw. Darlehen zugunsten des Mandanten oder der Annahme eines Darlehens von diesem[100]. Weiter kann eine Kollision der Interessen von Steuerberater und Mandant dann eintreten, wenn der Steuerberater nach § 392 Abs. 1 AO die **Verteidigung eines Mandanten übernimmt, für den er bereits vorher steuerberatend tätig war**, da der Mandant im Steuerstraf- oder Bußgeldverfahren häufig versuchen wird, die Verantwortung zumindest partiell auf seinen Berater abzuwälzen[101]. Von einem generellen Tätigkeitsverbot kann allerdings insoweit nicht ausgegangen werden, vielmehr hat der Steuerberater vor Übernahme der Verteidigung sorgfältig zu prüfen, ob eine Interesskollision i.S.d. § 6 Abs. 1 BOStB besteht.

2. Kollision von Mandanteninteressen

Obgleich der Steuerberater für seinen Mandanten vertretend meist gegenüber den 48
Steuerbehörden tätig wird, die als solche als Mandantschaft nicht in Betracht kommen, kann – wenngleich dies in praxi seltener der Fall ist – auch bei der Beratung und Vertretung in Steuersachen ein Interessenkonflikt in dem aus dem Anwaltsrecht bekannten Sinn, d.h. als Kollision von Mandanten- und Drittinteressen, insbesondere von **gegenläufigen Mandanteninteressen**, eintreten[102]. Ein derartiger Interessenkonflikt kann sich etwa dann einstellen, wenn ein Steuerberater eine Gesellschaft

99 Vgl. hierzu auch Kuhls/*Raab* StBerG § 57 Rn. 47.
100 Kuhls/*Raab* StBerG § 57 Rn. 75.; vgl. auch LG Kiel Urt. v. 26.10.2009 – 29 StL 4/09, DStRE 2010, 776 zur Annahme eines Darlehens durch den Steuerberater von einer Erbengemeinschaft.
101 *Koslowski* StBerG § 57 Rn. 18.
102 Vgl. auch *Schramm*, Das Verbot der Vertretung widerstreitender Interessen, 2004, S. 155f.

und zugleich deren Gesellschafter oder Ehegatten[103] bei der gemeinsamen Veranlagung steuerlich berät oder vertritt[104].

49 Das Vorliegen einer Kollision von Mandanten- und Drittinteressen bestimmt sich nicht allein nach der subjektiven Sichtweise der Mandanten, gleichwohl sie häufig ein wesentlicher Indikator sein wird, vielmehr ist primär ein **objektiver Maßstab** anzulegen[105]. Eine Interessenkollision ist dabei – ähnlich dem Anwaltlichen Berufsrecht (→ Rn. 15 ff.) – dann anzunehmen, wenn das Interesse eines Mandanten mit hoher Wahrscheinlichkeit nur unmittelbar auf Kosten der Interessen eines anderen Mandanten verwirklicht werden kann[106]. Unerheblich ist in dieser Hinsicht, ob die betreffenden Mandanten gleichzeitig oder sukzessive beraten bzw. vertreten werden, weshalb ein Interessenwiderstreit auch aufgrund früherer Mandate begründet werden kann[107].

50 Nach § 6 Abs. 2 S. 1 BOStB darf der Steuerberater **mehrere Auftraggeber in derselben Angelegenheit** vertreten, wenn diese zustimmen oder ein gemeinsamer Auftrag erteilt worden ist. Diese Regelung darf allerdings nicht zu der Annahme verleiten, dass in der Steuerberatung eine Vertretung widerstreitender Interessen mit Einwilligung der betroffenen Mandanten zulässig wäre, da die unabhängige Berufsausübung keine nur im Interesse der Mandanten bestehende Berufspflicht darstellt und damit nicht zur Disposition der Auftraggeber steht. Eine gemeinsame Vertretung (und Beratung) von Auftraggebern ist daher Steuerberatern nur dann erlaubt, wenn zwischen diesen kein Interessenwiderstreit vorliegt[108].

51 Soweit eine Interessenkollision besteht, darf der Steuerberater gemäß § 6 Abs. 2 S. 2 BOStB lediglich **mit Zustimmung der Beteiligten vermittelnd** tätig werden, wobei dann aber auch keine Beratung oder Vertretung bei widerstreitenden Interessen, sondern eben nur eine Vermittlung vorliegt[109].

3. Umgehungsverbot für die Tätigkeit in Berufsausübungsgemeinschaften

52 Für Interessenkonflikte in Berufsausübungsgemeinschaften besteht nur eine rudimentäre Regelung, wenn § 6 Abs. 3 BOStB festlegt, dass Berufsausübungsgemeinschaften nicht zu einer Umgehung eines Betätigungsverbots missbraucht werden dürfen. Ihrem Wortlaut nach untersagt die Vorschrift nur einen „Missbrauch", d.h. eine **bewusste und gewollte Umgehung** des Verbots der Vertretung widerstreitender Interessen, ordnet aber im Gegensatz zu § 3 Abs. 2 BORA **keine umfassende Erstreckung auf Berufsausübungsgemeinschaften** an[110].

53 Da das Verbot der Vertretung widerstreitender Interessen im Berufsrecht der Steuerberater einen Unterfall der Berufspflicht zur unabhängigen Berufsausübung nach

---

103 Vgl. LG Bielefeld Urt. v. 6.3.2015 – 17 O 6/14, DStR 2015, 1335 (1336).

104 BeckStB-HdB 2019/2020/*Koslowski* Kap. X, Rn. 140; Kuhls/*Raab* StBerG § 57 Rn. 83; vgl. zu letztgenanntem Beispiel auch Mittelsteiner/Gilgan/Späth/*Späth*, 2002, § 6 BOStB Rn. 32.

105 Kuhls/*Raab* StBerG § 57 Rn. 82.

106 *Schramm*, Das Verbot der Vertretung widerstreitender Interessen, 2004, S. 159; *Schramm* DStR 2003, 1364 (1365).

107 Kuhls/*Raab* StBerG § 57 Rn. 81; *Schramm*, Das Verbot der Vertretung widerstreitender Interessen, 2004, S. 160; *Schramm* DStR 2003, 1364 (1365).

108 *Schramm*, Das Verbot der Vertretung widerstreitender Interessen, 2004, S. 159; *Schramm* DStR 2003, 1364 (1365).

109 Mittelsteiner/Gilgan/Späth/*Späth*, 2002, § 6 BOStB Rn. 23; *Schramm*, Das Verbot der Vertretung widerstreitender Interessen, 2004, S. 159.

110 Mittelsteiner/Gilgan/Späth/*Späth,* 2002, § 6 BOStB Rn. 13.

§ 57 Abs. 1 StBerG darstellt, kann es in der Tat nicht überzeugen, das Tätigkeitsverbot bei einem Interessenwiderstreit vollumfänglich auf eine Berufsausübungsgemeinschaft übertragen zu wollen, vielmehr muss maßgeblich sein, ob und inwieweit die Übernahme eines kollidierenden Mandats durch einen Sozius zu einer Beeinträchtigung der Unabhängigkeit eines der Berufsträger führt[111]. Dies ist immer dann der Fall, wenn ein Steuerberatungsmandat der Sozietät insgesamt übertragen wird, da alsdann jeder Sozius zur Wahrnehmung des Mandats befugt ist und der Interessenwiderstreit verschiedener Mandate folglich dem Grunde nach in der Person jedes Sozietätsmitglieds besteht[112]. Anders ist es hingegen, wenn lediglich die **Mandatierung eines bestimmten Steuerberaters** erfolgt und die übrigen Sozien von einer Vertretung ausgeschlossen sind, weil hier schon a priori für keinen der Sozien eine Beeinträchtigung seiner unabhängigen Berufsausübung bestehen kann. Aus demselben Grund muss auch eine Erstreckung auf Bürogemeinschaften ausscheiden, in denen stets nur Einzelmandate erteilt werden[113].

Für den **Sozietätswechsel** ist ähnlich dem Anwaltlichen Berufsrecht darauf abzu- 54
stellen, ob der wechselnde Sozius unmittelbar an einem Mandat beteiligt war und in derselben Sache in der neuen Sozietät eine Mandatierung mit gegenläufigem Interesse besteht. Ist dies der Fall, so infiziert nach den eben dargelegten Grundsätzen bei einem unbeschränkten Mandat die frühere Tätigkeit des eintretenden Sozius die gesamte Sozietät, die Einzelmandatierung eines anderen Sozius bleibt hingegen möglich[114]. Soweit hingegen lediglich eine mittelbare Betroffenheit des eintretenden Sozius aufgrund eines Gesamtmandats in der früheren Sozietät gegeben ist, ginge es entsprechend dem Berufsrecht der Rechtsanwälte und Patentanwälte hingegen zu weit, ein Tätigkeitsverbot für die gesamte aufnehmende Sozietät annehmen zu wollen, weshalb hier nur für den wechselnden Sozius ein Tätigkeitsverbot bestehen kann[115].

4. Rechtsfolgen eines Konflikts von Mandanten- und Drittinteressen

Der Steuerberater muss bei einer Interessenkollision nach überwiegender Ansicht 55
alle Mandate bis auf eines niederlegen[116]. Entscheidend dabei muss aber sein, ob trotz Fortsetzung zumindest eines Mandats der Interessenwiderstreit beseitigt wird[117]. Jedenfalls bei einem sukzessiven Interessenwiderstreit bleibt dem Steuer-

111 *Schramm*, Das Verbot der Vertretung widerstreitender Interessen, 2004, S. 164; *Schramm* DStR 2003, 1364 (1366). – Nichts anderes kann sich entgegen Mittelsteiner/Gilgan/Späth/*Späth*, 2002, § 6 BOStB Rn. 13 auch daraus ergeben, dass jeder Sozius trotz des Zusammenschlusses zum unabhängigen Tätigwerden verpflichtet ist und zudem § 72 StBerG eine sinngemäße Geltung dieser Berufspflicht für die Steuerberatungsgesellschaft anordnet, da hierdurch weder dargetan ist, dass die Verpflichtung auch die Sozien untereinander bindet, noch, dass überhaupt generell eine Gefährdung der unabhängigen Berufsausübung durch eine Mandatierung verschiedener Sozien besteht.

112 *Schramm*, Das Verbot der Vertretung widerstreitender Interessen, 2004, S. 165.

113 *Schramm*, Das Verbot der Vertretung widerstreitender Interessen, 2004, S. 165.

114 In diese Richtung – allerdings ohne Differenzierung zwischen Gesamt- und Einzelmandat – auch Mittelsteiner/Gilgan/Späth/*Späth*, 2002, § 6 BOStB Rn. 39. Inkonsequent im Verhältnis zu ihrer vorherigen Ansicht hingegen *Schramm*, Das Verbot der Vertretung widerstreitender Interessen, 2004, S. 166, derzufolge ein Tätigkeitsverbot für die aufnehmende Sozietät stets ausscheiden soll.

115 Mittelsteiner/Gilgan/Späth/*Späth*, 2002, § 6 BOStB Rn. 39.

116 *Meng* StB 1988, 333 (336); Mittelsteiner/Gilgan/Späth/*Späth*, 2002, § 6 BOStB Rn. 40.

117 So zutreffend Kuhls/*Raab* StBerG § 57 Rn. 86; *Schramm*, Das Verbot der Vertretung widerstreitender Interessen, 2004, S. 168; ablehnend Mittelsteiner/Gilgan/Späth/*Späth*, 2002, § 6 BOStB Rn. 12, 40.

berater keine andere Wahl, als das **spätere Mandat abzulehnen** bzw. niederzulegen[118].

56 Verstöße gegen das Verbot der Vertretung widerstreitender Interessen haben neben berufsrechtlichen Konsequenzen für den Steuerberater insbesondere auch den **Verlust seines Vergütungsanspruchs** zur Folge, da die betroffenen Mandatsverträge nach § 134 BGB zumindest ex nunc nichtig sind[119]. Darüber hinaus ist der Steuerberater als „anderer Rechtsbeistand" i.S.d. § 356 Abs. 1 StGB anzusehen[120], weshalb für diesen ebenfalls eine **Strafbarkeit wegen Parteiverrats** in Betracht kommen kann.

II. Tätigkeitsverbot bei abstrakter Gefahr widerstreitender Interessen

Speich Das Berufsverbot nach § 25 StBerG für ehemalige Angehörige der Finanzverwaltung, Stbg 1963, 202 ff.

57 Nach § 61 StBerG dürfen **ehemalige Beamte und Angestellte der Finanzverwaltung für einen Zeitraum von drei Jahren** nach ihrem Ausscheiden aus dem Öffentlichen Dienst nicht für Auftraggeber tätig werden, mit deren Steuerangelegenheiten sie innerhalb von drei Jahren vor ihrem Ausscheiden materiell befasst waren. Die Vorschrift dient zum einen der Sicherstellung einer ordnungsgemäßen Steuerrechtspflege, zum anderen ist sie vor allem auch eine Regelung zur Vermeidung von Interessenkollisionen bei der Wahrnehmung von steuerrechtlichen Mandaten, die der Berufsträger vorher als Angehöriger der Finanzverwaltung zu bearbeiten hatte, und gewährleistet damit eine unabhängige Berufsausübung i.S.d. § 57 Abs. 1 StBerG[121].

58 Die in § 61 StBerG getroffene Regelung ist dabei weniger weitreichend als die für Anwälte geltenden Parallelvorschriften der § 45 Abs. 1 BRAO und § 41 Abs. 1 PAO (→ Rn. 38 f.), weil sie kein dauerhaftes, sondern nur ein **zeitlich begrenztes Tätigkeitsverbot** statuiert. Ferner fehlt es an einer dem § 45 Abs. 3 BRAO und § 41 Abs. 3 PAO entsprechenden Erstreckung auf Sozien, die mit dem betroffenen Steuerberater in einer Berufsausübungsgemeinschaft verbunden sind oder waren. Allerdings findet zudem hinsichtlich des Tätigkeitsverbots aus § 61 StBerG das eben erläuterte Umgehungsverbot des § 6 Abs. 3 BOStB Anwendung, was sich aus dem beispielhaften Verweis in dieser Vorschrift auf § 61 StBerG ergibt[122].

59 Das Tätigkeitsverbot des § 61 StBerG ist zudem dahingehend deutlich enger gefasst, als es sich anders als § 45 Abs. 1 BRAO und § 41 Abs. 1 PAO auf ehemalige Beamte und Angestellte lediglich der Finanzverwaltung beschränkt und damit etwa **ehemalige Finanzrichter** und **sonstige Angehörige des Öffentlichen Dienstes**, die mit der Bearbeitung von Steuerangelegenheiten betraut waren, nicht erfasst[123]. Es kann allerdings für diese Personen bei Ausübung des Steuerberaterberufs eine Kollision mit Eigeninteressen i.S.d. § 6 Abs. 1 BOStB anzunehmen sein, wenn diese für einen Auftraggeber tätig werden, mit deren steuerlichen Angelegenheiten sie bereits in ihrer früheren dienstlichen Stellung befasst waren[124]. Für **Wissenschaftler**

118 Vgl. auch *Schramm*, Das Verbot der Vertretung widerstreitender Interessen, 2004, S. 168.
119 *Schramm*, Das Verbot der Vertretung widerstreitender Interessen, 2004, S. 169; Mittelsteiner/Gilgan/Späth/*Späth*, 2002, § 6 BOStB Rn. 41.
120 *Fischer* StGB § 356 Rn. 2b.
121 Kuhls/*Ruppert* StBerG § 61 Rn. 1 f.
122 Kuhls/*Ruppert* StBerG § 61 Rn. 5; vgl. auch *Koslowski* StBerG § 61 Rn. 4.
123 Kuhls/*Ruppert* StBerG § 61 Rn. 4, 6.
124 *Koslowski* StBerG § 61 Rn. 3.

öffentlicher Hochschulen ist kraft ausdrücklicher Regelung in § 57 Abs. 3 Nr. 4 StBerG die Vereinbarkeit von Öffentlichem Dienst und Steuerberatertätigkeit statuiert.

Voraussetzung für ein Tätigkeitsverbot nach § 61 StBerG ist nach dem Wortlaut der **60** Vorschrift, dass der frühere Angehörige der Finanzverwaltung mit der Steuerangelegenheit seines Auftraggebers „materiell befasst" war. Dies ist nur dann der Fall, wenn der ehemalige Beamte oder Angestellte **steuerrechtlich relevante Entscheidungen**, etwa in der Steuerfestsetzung oder Steuerermittlung, in einem Verfahren gegen seinen jetzigen Auftraggeber getroffen hatte, eine bloße Entscheidung reiner Verfahrensfragen oder eine Tätigkeit im Vollstreckungs- oder Kassenwesen reichen hingegen nicht aus[125]. Sofern ein Tätigkeitsverbot eingreift, ist dem Steuerberater nicht allein ein selbständiges Tätigwerden, sondern auch eine Bearbeitung des Mandats als Angestellter eines anderen Steuerberaters versagt[126].

Die Überwachung der Berufspflicht aus § 61 StBerG obliegt allein den **Steuerberaterkammern**, nicht aber der Finanzverwaltung, allerdings hat diese nach § 10 Abs. 1 **61** StBerG ihrerseits festgestellte Verstöße an die zuständige Kammer zu melden[127].

125 Kuhls/*Ruppert* StBerG § 61 Rn. 8; zu weitgehend hingegen *Speich* Stbg 1963, 202 (203).

126 So zutreffend Kuhls/*Ruppert* StBerG § 61 Rn. 5; a.A. *Koslowski* StBerG § 61 Rn. 4, der lediglich eine selbständige Tätigkeit für verboten erachtet.

127 BFH Beschl. v. 3.6.1966 – VII 248/64, BFHE 86, 292; *Koslowski* StBerG § 61 Rn. 7.

Kapitel 6: Verschwiegenheit

Ehrenberg Die Verschwiegenheit der Angehörigen rechtsberatender, steuerberatender und wirtschaftsprüfender Berufe, 2012; *Henssler* Das anwaltliche Berufsgeheimnis, NJW 1994, 1817 ff.; *Gurlit/Zander* Verfassungs- und europarechtliche Grundlagen des Anwaltsgeheimnisses, BRAK-Mitt. 2012, 4 ff.; *Kloepfer* Informationsrecht, 2004, § 9 (Geheimnisschutzrecht); *Meng* Die verschwiegene Berufsausübung des Steuerberaters, StB 1991, 121 ff.; *Siegmund* Die anwaltliche Verschwiegenheit in der berufspolitischen Diskussion, 2014; *Schmidt/Roschek* Datenschutz im anwaltlichen Home- und Mobile-Office, NJW 2021, 367 ff.; *Späth* Neues zur Verschwiegenheitspflicht der Steuerberater und Steuerbevollmächtigten, DStZ 1994, 78 ff.; *Urban* Die Verschwiegenheitspflicht des Steuerberaters und seiner Mitarbeiter, INF 1998, 536 ff.; *Wild* Die anwaltliche Verschwiegenheitspflicht in Deutschland und Frankreich, 2008.

1 Ähnlich wie bei Ärzten und Apothekern beruht das Vertrauen des Mandanten zu einem Anwalt oder Steuerberater auf dessen Verschwiegenheit. Diese wird durch das Prozessrecht[1], das Berufsrecht (§ 43a Abs. 2 BRAO, § 2 BORA; § 39a Abs. 2 PAO, § 4 BOPA; § 57 Abs. 1 StBerG, § 5 BOStB) und das Strafrecht (§ 203 Abs. 1 Nr. 3 StGB) gewährleistet. Sie ist eine der **tragenden Säulen des Berufsbildes** und des Ansehens des jeweiligen Berufs.

A. Gegenstand der Verschwiegenheitspflicht

Rüpke Das Anwaltsgeheimnis auf dem Prüfstand des Strafrechts – ein quasi-datenschutzrechtliches Missverständnis zu § 203 StGB?, NJW 2002, 2835 ff.

2 Die Verschwiegenheitspflicht umfasst grundsätzlich das gesamte Mandat: Dies sind zunächst **alle Unterlagen**, schriftliche Akten sowie elektronische Dateien. Sie dürfen Dritten außerhalb der beruflichen Niederlassung oder Berufsausübungsgemeinschaft nicht zur Kenntnis gelangen. Schon die Tatsache, dass jemand einen Anwalt oder Steuerberater aufgesucht hat oder wer Mandant ist oder war, unterliegt der Verschwiegenheit des Berufsträgers[2] (sog. reflexives Geheimnis), ebenso die **Identität des Mandanten**[3]. Schon das Verbinden über „Freundschaften“ in Sozialen Netzwerken birgt die Gefahr, dass algorithmengestützt Mandanten Dritten als „Freunde“ empfohlen werden, was dann implizit eine Mandatsbeziehung aufdecken kann. Auch gegenüber der Rechtsschutzversicherung des Mandanten müssen Einzelheiten des Mandats ohne Einwilligung des Mandanten unaufgedeckt bleiben[4].

3 Die Verschwiegenheitspflicht von Anwälten erstreckt sich **nicht auf offenkundige und bedeutungslose** (§ 43a Abs. 2 S. 3 BRAO; § 39a Abs. 2 S. 3 PAO) sowie **privat erlangte**[5] **Tatsachen**. Die Schweigepflicht des Steuerberaters soll auch dann

1 Vgl. § 383 Abs. 1 Nr. 6, § 385 Abs. 2 ZPO, ggf. i.V.m. § 29 Abs. 2 FamFG; § 53 Abs. 1 Nr. 3, § 53a, § 97 Abs. 1 S. 3, § 100d Abs. 3 S. 1 StPO; § 102 Abs. 1 Nr. 3 AO; § 84 Abs. 1, § 15 Abs. 1 FGO; § 46 Abs. 2, § 80 Abs. 2 ArbGG; § 98 VwGO; § 118 SGG; § 28 BVerfGG.

2 LG Dresden Beschl. v. 14.6.2007 – 3 AR 5/07, NJW 2007, 2789 (2790), mit Bezug aauf BGH Urt. v. 20.2.1985 – 2 StR 561/84, NJW 1985, 2203 (2204); BFH Urt. v. 14.5.2002 – IX R 31/00, DStR 2002, 1300 (1301).

3 Vgl. den Fall der Aufdeckung der Identität der Schriftstellerin *Joanne K. Rowling* hinter ihrem Pseudonym *Robert Galbraith* durch ihren eigenen Anwalt (F.A.Z. v. 4.1.2014, S. 35).

4 AnwG Frankfurt a.M. Urt. v. 23.11.2011 – IV AG 69/11 – 4 EV 231/11, BRAK-Mitt. 2012, 86 (88).

5 Borgmann/Jungk/Schwaiger/*Jungk* Anwaltshaftung Kap. IV Rn. 175; *Lingenberg/Hummel/Zuck/Eich*, 2. Aufl. 1988, § 42 Rn. 5; noch weitergehend *Friedlaender*, 3. Aufl. 1930, Exkurs I zu § 28 RAO Rn. 17, der bei Informationen mit Doppelnatur – innerhalb und außerhalb des Mandats – von einer freien Verwertbarkeit ausgeht.

greifen, wenn die Verhältnisse seines Mandanten **allgemein bekannt** sind[6], erfasst aber ebenfalls nicht rein private Tatsachen, die der Steuerberater außerhalb seiner Berufstätigkeit erfahren hat[7]. Betroffen von der Schweigepflicht sind allerdings nicht allein Tatsachen, die dem Steuerberater bei der Wahrnehmung von Vorbehaltsaufgaben i.S.d. § 33 StBerG anvertraut wurden, sondern auch solche aus vereinbaren Tätigkeiten nach § 57 Abs. 3 StBerG[8].

Bei Gelegenheit eines Mandats erlangtes Wissen unterliegt der Verschwiegenheit, 4
selbst wenn es einen **nur entfernten Bezug zum Mandat** hat (so explizit § 5 Abs. 1 BOStB)[9]. Geheimnisse des Berufsträgers *vor* seinem Mandanten, vor allem in Haftungssachen, fallen nicht unter die Verschwiegenheit[10], möglicherweise jedoch unter den Unternehmensgeheimnisschutz des Berufsträgers. Alles, was Gegenstand einer **öffentlichen (Gerichts-)Verhandlung** war, ist wegen des Öffentlichkeitsgrundsatzes (§ 169 GVG) ebenfalls kein Geheimnis mehr[11]. Im Bereich der Unternehmensgeheimnisse wird häufig eine Art **Regelfrist von fünf Jahren** angenommen, nach der die Geheimhaltungsbedürftigkeit entfällt[12], § 13 S. 2 GeschGehG legt nun für Geschäftsgeheimnisse eine Frist von sechs Jahren fest. Ohne Prüfung des Einzelfalles und der jeweiligen Interessen des Mandanten wird ein Berufsträger dies aber nicht auf sich übertragen können.

Allgemein nicht von der Verschwiegenheitspflicht umfasst sind statistische, allge- 5
meine, falsche[13] und (ausschließlich) drittbezogene[14] Informationen sowie Geheimnisse des Gegners[15], soweit sie sich nicht (auch) auf den Mandanten beziehen. Eine Offenbarung solcher nicht der Verschwiegenheitspflicht i.e.S. unterliegenden Informationen kann aber u.U. Interessen des Mandanten und die gegenüber diesem bestehende Treuepflicht des Berufsträgers verletzen[16], etwa bei (noch geheimen) technischen und wirtschaftlichen Branchenentwicklungen[17]; gleiches gilt für die nicht-mandantenbezogene (anonymisierte) Weitergabe[18] oder Nutzung von Informationen. Hier verbietet die **allgemeine Interessenwahrungspflicht** (→ Kap. 4

---

6 Kuhls/*Maxl* StBerG § 57 Rn. 224.

7 Mittelsteiner/Gilgan/Späth/*Späth* 2002, § 9 BOStB Rn. 9; enger Kuhls/*Max* StBerG § 57 Rn. 222, der dies nur bei ausschließlicher Verwertung im privaten Bereich annehmen will.

8 *Koslowski* StBerG § 57 Rn. 62; Kuhls/*Maxl* StBerG § 57 Rn. 222.

9 BGH Beschl. v. 16.2.2011 – IV ZB 23/09, NJW 2011, 1077 (1078); Kuhls/*Maxl* StBerG § 57 Rn. 217.

10 AnwG Köln Beschl. v. 20.5.2009 – 10 EV 330/07, AnwBl. 2009, 792 (794).

11 OLG Köln Beschl. v. 4.7.2000 – Ss 254/00, NJW 2000, 3656 (3656); VGH Kassel Beschl. v. 1.10.2008 – 6 B 1133/08, NVwZ 2009, 60 (61); a.A. *Rossi* DVBl. 2010, 554 (561); differenzierend bei tatsächlicher Nicht-Teilnahme der Öffentlichkeit wohl AnwG Freiburg Beschl. v. 28.1.2002, BRAK-Mitt. 2002, 94 (Ls. 2); *Peitscher*, Anwaltsrecht, 3. Aufl. 2021, Rn. 192.

12 Differenzierend aber VG Köln Beschl. v. 22.9.2009 – 1 K 6878/02, MMR 2010, 209 (210).

13 Die „falsche Tatsache" ist eine Contradictio in adiecto. Sie ist entweder eine zutreffende Tatsache und unterliegt dann der Verschwiegenheitspflicht, oder sie ist unzutreffend und dann kein tauglicher Gegenstand der Verschwiegenheit. Zu bedenken ist allerdings, dass bei dem Verbreiten einer Unwahrheit immer auch viel – ggf. der Verschwiegenheitspflicht unterliegende – Wahrheit mitgeteilt wird.

14 Anders OLG Köln Beschl. v. 4.7.2000 – Ss 254/00, NJW 2000, 3656 (3657); vgl. OLG Frankfurt a.M. Beschl. v. 11.12.1978 – 4 Ws 127/78, NJW 1979, 1172 (1172 f.) (Abhören *durch* den Rechtsanwalt bzw. entsprechende Verwertung).

15 AnwG Schwerin Beschl. v. 1.8.2007 – I AG 6/07, BRAK-Mitt. 2007, 227 (227 f.); *Rüpke* NJW 2002, 2835 (2837); *Risse/Reichert* NJW 2008, 3680 (3683 f.); Mittelsteiner/Gilgan/Späth/*Späth* 2002, § 9 BOStB Rn. 32.

16 Vgl. Kuhls/*Maxl* StBerG § 57 Rn. 223.

17 Für ein bloßes Verbot der Offenbarung, nicht aber der Verwendung, *Kleine-Cosack* BRAO § 43a Rn. 38.

18 AnwG Köln Beschl. v. 20.5.2009 – 10 EV 330/07, BRAK-Mitt. 2009, 290 (291).

Rn. 13 ff.) eine Preisgabe[19]. Im Wertpapierhandel kann sich etwa ein Berufsträger bei der Verwertung von Mandatsinformationen wegen Insiderhandels u.U. sogar strafbar machen.

6 Die Schweigepflicht besteht nur insoweit, als der Mandant den Berufsträger nicht von ihr entbunden hat (§ 2 Abs. 4 lit. a BORA; § 5 Abs. 2 BOStB). Jener hat die alleinige Dispositionsmacht („Geheimnisherr"), was etwa – neben der Interessenkollision – in Strafverfahren gegen Organwalter einer juristischen Person als Mandantin problematisch sein kann[20]. Die **Entbindung von der Schweigepflicht** kann konkludent erfolgen, nur bei der Verwendung zu Werbezwecken des Berufsträgers muss sie ausdrücklich erklärt werden (so für den Anwalt explizit § 6 Abs. 2 S. 2 BORA bzw. § 8 Abs. 2 S. 2 BOPA)[21]. Ist über das Vermögen der juristischen Person das Insolvenzverfahren eröffnet und ein Insolvenzverwalter bestellt worden, ist dieser befugt, die Entbindung von der Verschwiegenheitspflicht auszusprechen, soweit das Vertrauensverhältnis Angelegenheiten der Insolvenzmasse betrifft[22].

7 Das Berufsgeheimnis besteht auch dann nicht und insoweit nicht mehr, wenn der Mandant zu der Offenbarung von mandatsbezogenen Informationen verpflichtet ist. Wenn ihm die „Herrschaft über das Geheimnis" durch das Recht genommen wird, dann kann sich auch der Berufsträger nicht mehr hierauf berufen. Praktisch wird diese Konstellation im Zusammenhang mit **Informationszugangsansprüchen gegen die Öffentliche Hand** aufgrund von sog. Informationsfreiheits- oder Transparenzgesetzen (z.B. IFG des Bundes).

8 Hoheitliche Eingriffe in das Informationskondominium mit dem Mandanten (Mandatssphäre) kann der Berufsträger als **Verletzungen eines eigenen subjektiven Rechts** abwehren[23]. Zudem kann er ein eigenes Schweigerecht haben (z.B. Gefahr der Selbstbelastung, Geschäftsgeheimnis, negative Meinungsäußerungsfreiheit[24]), das dann aber nicht aus dem Berufsrecht folgt[25].

B. Verschwiegenheit als persönliche Pflicht und Gesamtmandat

Michalski/Römermann Verkauf einer Anwaltskanzlei, NJW 1996, 1305 ff.; *Pfordte/Gotzens* Die Schweigepflicht von Mitarbeitern einer Anwaltskanzlei im Lichte der neuen Berufsordnung, BRAK-Mitt. 1997, 82 ff.; *Schauenburg* Schweigepflichtverletzungen in arbeitsteiligen Organisationsstrukturen, 2011.

---

19 Ähnlich *Deckenbrock*, Strafrechtlicher Parteiverrat und berufsrechtliches Verbot der Vertretung widerstreitender Interessen, 2008, S. 218 ff., der dies rechtspolitisch durch eine Erweiterung des § 43a Abs. 4 BRAO erreichen will.

20 Dazu *Huber-Lotterschmidt*, Verschwiegenheitspflichten, Zeugnisverweigerungsrechte und Beschlagnahmeverbote zugunsten juristischer Personen, 2006, S. 56 ff.; OLG Zweibrücken, Beschl. v. 8.12.2016 – 1 Ws 334/16, DStR 2017, 1006 f.

21 Hartung/Scharmer/*v. Lewinski* BORA § 6 Rn. 203; Kuhls/*Maxl* StBerG § 57 Rn. 21; a.A. *Hagemeister* AnwBl. 2007, 748 (749).

22 BGH Beschl. v. 27.12021 – StB 44/20, NJW 2021, 1022 (1023 f.).

23 In diese Richtung sind § 2 Abs. 1 BORA/§ 4 Abs. 1 BOPA („zur Verschwiegenheit berechtigt und verpflichtet") und Ziff. 2.3.1 S. 3 CCBE-Berufsregeln („gleichzeitig ein Grundrecht und eine Grundpflicht des Rechtsanwaltes von besonderer Bedeutung") zu verstehen.

24 Auf letzteres weist *Rüpke*, Advokatur 1995, S. 136 ff., hin.

25 Rechtspolitisch hierzu *Ewer* AnwBl. 2008, 475 (476); vgl. VG Berlin Urt. v. 18.1.2018 – VG 2 K 50.17, BeckRS 2018, 788 (zu einem IFG-Anspruch gegen die mandatierende Öffentliche Hand hinsichtlich der Vergütung).

Die Pflicht zur Verschwiegenheit besteht grundsätzlich **auch zwischen Angehörigen desselben Berufs**, insbesondere in Bürogemeinschaften[26]. In Berufsausübungsgemeinschaften gilt jedoch der **Grundsatz des Gesamtmandats**, so dass dann Berufsträger mandatsbezogen miteinander sprechen dürfen[27]. Etwas anderes kann gelten, wenn aufgrund einer Vereinbarung mit dem Mandanten oder zur Vermeidung von Interessenkollisionen informationelle Sperren (Chinese Walls, Screens; → Kap. 5 Rn. 27 f.) errichtet werden. Ferner kann das gesetzliche Verbot, Insider-Informationen weiterzugeben (§ 14 Abs. 1 Nrn. 2 u. 3 WpHG), den Informationsfluss in der Berufsausübungsgemeinschaft beschränken[28]. 9

Bei der berufsrechtlichen Verschwiegenheit handelt es sich um eine **persönliche Pflicht des Berufsträgers**, nicht um die einer wie auch immer gearteten „unternehmerischen Einheit"[29]. Trotzdem hat die Wahrung der Vertraulichkeit gleichwohl einen institutionellen Aspekt. Denn bei Einbindung des Anwalts oder Steuerberaters in wirtschaftliche Einheiten – sei es nun in einer großen Law Firm oder bloß bei Anstellung einer (Teilzeit-)Bürokraft – nimmt er vertraglich nicht nur Vertrauen in seine persönliche Verschwiegenheit in Anspruch, sondern zusätzlich „Organisationsvertrauen"[30], wobei die Weitergabe von berufsbezogenen Informationen an andere durch den Berufsträger im Rahmen der Arbeitsabläufe des Büros einschließlich der Inanspruchnahme von Leistungen Dritter nach der neuen Regelung des § 2 Abs. 3 lit. c BORA nicht als berufsrechtswidrig anzusehen ist, soweit diese objektiv dem sozial Üblichen entspricht[31]. Dieses „Organisationsvertrauen" wird bezüglich der Hilfskräfte durch Belehrung (§ 2 Abs. 4 BORA; § 4 Abs. 4 BOPA; § 62 StBerG, § 5 Abs. 3 BOStB), durch die Strafbarkeit nach § 203 Abs. 3 S. 2 StGB und prozessuale Weigerungsrechte (§ 383 Abs. 1 Nr. 6 ZPO; § 53 Abs. 1 S. 1 Nr. 3 StPO) flankiert. 10

C. Zeugnis- und Aussageverweigerungspflicht

Bosbach Ungeschriebene strafprozessuale Zeugnisverweigerungsrechte im Bereich der Rechtsberatung?, 2009; *Christ* Zeugnisverweigerungsrecht und Schweigepflicht der steuerberatenden Berufe, INF 2003, 36 ff.; *Hass* Die Grenzen des anwaltlichen Zeugnisverweigerungsrechts, NJW 1972, 1081 ff.; *Hilger* Über den flankierenden Schutz von Zeugnisverweigerungsrechten, GA 2003, 482 ff.; *Magnus* Das Anwaltsprivileg und sein zivilprozessualer Schutz, 2010, S. 44–88; *Mittelsteiner* Verschwiegenheitspflicht und Aussageverweigerungsrechte der Steuerberater und Steuerbevollmächtigten – Rechtslage ab 1. April 1965, DStR 1965, 198a ff.; *ders.* Verschwiegenheitspflicht, Auskunfts- und Zeugnisverweigerungsrechte der Steuerberater und Steuerbevollmächtigten, DStR 1976, 340 ff.; *Schroer* Rechte und Pflichten des Steuerberaters als Zeuge, INF 2001, 213 ff., 245 ff.

Rechtsanwälte, Patentanwälte und Steuerberater haben in Strafverfahren gegen ihre Mandanten nach § 53 Abs. 1 S. 1 Nr. 3 StPO und in anderen Verfahren zugunsten ihrer Mandanten nach § 383 Abs. 1 Nr. 6 ZPO, ggf. i.V.m. den jeweiligen Verfahrensordnungen, ein **Zeugnisverweigerungsrecht**. Dieses besteht (ungeschrieben) auch bei der Vorlagepflicht nach § 142 ZPO[32] und zudem schon für ein vormandatliches 11

26 *Deckenbrock* NJW 2008, 3529 (3530): *Koslowski* StBerG § 57 Rn. 66.
27 *Koslowski* StBerG § 57 Rn. 66. – Auch die (nicht-anwaltlichen) Gesellschafter und Organe einer Rechtsanwalts-GmbH nehmen an der Gesamtmandatierung teil.
28 *Lorenz* NJW 2009, 1254 (1254 f.).
29 So aber *Michalski/Römermann* NJW 1996, 1305 (1310).
30 *Michalski*, Freie Berufe, 1989, S. 283–285, s.a. S. 216.
31 Kritisch zu dieser Regelung *W. Hartung* AnwBl. 2015, 649 (650 ff.).
32 *Konrad* NJW 2004, 710 (711 ff.).

Vertrauensverhältnis[33]. Aus der Geheimhaltungs- wie der Interessenwahrungspflicht folgt, dass Anwälte und Steuerberater von diesem Recht Gebrauch machen müssen[34].

12 **Abgesenkt** sind die Zeugnis- und Aussageverweigerungsmöglichkeiten des Anwalts oder Steuerberaters, soweit er **als Mediator tätig geworden** ist (vgl. § 4 MediationsG). Denn nach der Vorstellung des Gesetzgebers gehen die Regelungen des Mediationsgesetzes den berufsrechtlichen Regelungen als die speziellere Regelung vor[35], was dann möglicherweise die Regelung des § 53 Abs. 1 S. 1 Nr. 3 StPO verdrängen würde[36].

D. Kommunikationsmittel und Verschwiegenheit

Breyer Der neue § 2 BORA, DuD 2020, 189 ff.; *Günther* Haftungsfallen rund ums beA, NJW 2020, 1785 ff.; *Kubach/Gutsche* Wenn die NSA mitliest – berufsrechtliche Herausforderungen und technische Möglichkeiten sicherer Mandantenkommunikation per E-Mail, K&R 2015, 86 ff.; *v. Lewinski* Anwaltliche Schweigepflicht und Email, BRAK-Mitt. 2004, 12 ff.; *Sassenberg* Steuerberatung, EDV und Verschwiegenheit, DStR 2006, 2052 ff.; *Schöttle* Anwaltliche Kommunikation per E-Mail – nur verschlüsselt?, BRAK-Mitt. 2018, 118 ff.; *Siegmund* Das beA von A bis Z, NJW 2017, 3134 ff.

13 Bei der Kommunikation zwischen Berufsträger und Mandant, aber auch mit Dritten, muss auf Vertraulichkeit geachtet werden. Das Berufsrecht enthält bislang keine spezifischen Handlungspflichten zur Sicherung vertraulicher Kommunikation, sei es über elektronische oder herkömmliche Post oder über Telefon[37]. Dies hat seine Ursache weniger darin, dass das Berufsrecht keine aktive Handlungspflicht kennen würde[38], sondern dass das **allgemeine Sicherheits- und Vertraulichkeitsniveau als so hoch angesehen** wird, dass auch Anwälte und Steuerberater sich ohne weiteres der allgemeinen Kommunikationsmittel bedienen können. Allerdings darf nicht verkannt werden, dass Brief, Fax, E-Mail und Telefon nicht unerhebliche Risiken beinhalten können, ganz zu schweigen von den Gefahren, die durch Metadaten in elektronischen Dokumenten[39], falsches Adressieren[40], Zahlendreher und falsche Faxnummern entstehen[41].

14 Allgemein genügt nach überkommener Ansicht zur Wahrung der Verschwiegenheit ein **verschlossener Brief**, wie der Erst-Recht-Schluss aus der Abschaffung der Wahlumschläge im Jahre 2001[42] zeigt. Vertrauliche Kommunikation ist dagegen per Postkarte nicht möglich. **Fax** und **Telefon** gelten trotz einer technischen Abhörinfra-

---

33 BGH Beschl. v. 18.2.2014 – StB 8/13, NJW 2014, 1314 (1314).

34 *Schroer* INF 2001, 213 (214).

35 BT-Drs. 17/5335, 14 u. 17; dazu *Henssler/Deckenbrock* DB 2012, 159 (165).

36 Dagegen *Horstmeier* JR 2012, 1 (2).

37 Vgl. *Sassenberg* DStR 2006, 2052 (2052).

38 So aber *Härting* MDR 2001, 61 (62).

39 Vgl. BVerwG Beschl. v. 5.3. 2020 – 20 F 3.19, NVwZ 2020, 715; zu Word-Dokumenten *Rost* c't 3/2002, 172 ff.; zu PDF-Dokumenten *Trinkwalder* c't 18/2011, 172 ff.; zur Dateistruktur und „sprechenden" Pfadnamen *Veth* ANWALT 12/2002, 32 (34).

40 Bei E-Mail-Rundschreiben sollten aus dem Adressfeld nicht die E-Mail-Adressen von anderen Empfängern zu ersehen sein (*Blumenthal* BerlAnwBl. 2005, 186 (187); illustrativ auch der Fall bei OLG Düsseldorf Urt. v. 24.5.2006 – I-15 U 45/06, MMR 2006, 681 (683)).

41 *Wagner/Lerch* NJW-CoR 1996, 380 (383); vgl. BVerwG Urt. v. 26.4.1988 – 9 C 271/86, NJW 1988, 2814; BayObLG Beschl. v. 13.10.1994 – 1Z BR 39/94, NJW 1995, 668; *Ebnet* NJW 1992, 2985 (2985 f.); *Schwachheim* NJW 1999, 621 (623 Fn. 23).

42 Art. 1 Nrn. 9 u. 10 d. 15. BWahlGÄndG v. 27.4.2001 (BGBl. I 698); dazu *Schreiber* NVwZ 2002, 1 (5); *Reimer* ZRP 2003, 8 ff.

struktur (vgl. nur § 170 TKG; bislang § 110 TKG a.F.) als sicher. Für **E-Mails** ging man bis 2013, dem Jahr der NSA-Enthüllungen *Edward Snowdens*, davon aus, dass eine Verschlüsselung berufsrechtlich nicht geboten sei, weil eine flächendeckende Internetüberwachung technisch noch nicht für möglich gehalten wurde[43]. Inzwischen sind die rechtlichen Regelungen insoweit verschärft worden.

Durch die Novellierung des § 2 Abs. 2 BORA (bzw. § 2 Abs. 4 BORA a.F.) ist Rechtsanwälten **berufsrechtlich** die unverschlüsselte elektronische Kommunikation mit Mandanten weiterhin erlaubt. § 2 Abs. 2 S. 5 BORA erklärt deshalb die Nutzung eines beliebigen elektronischen Kommunikationsweges für zulässig, wenn der Mandant darin **einwilligt**. Gegen diese Regelung wird mangelnde Vereinbarkeit mit der DS-GVO vorgebracht[44]. Allerdings kann die Einwilligungsmöglichkeit des § 2 Abs. 2 S. 5 BORA vor dem Hintergrund der Einwilligungsmöglichkeit gem. Art. 6 Abs. 1 lit. a DS-GVO keine Bedenken hervorrufen. Zudem wären bei konsequenter Anwendung dann nicht nur unverschlüsselte E-Mails, sondern auch die Kommunikation via Telefon oder Fax per se unzulässig[45], was offensichtlich lebensfremd wäre. – Problematischer ist, dass nach § 2 Abs. 2 S. 6 BORA die **Einwilligung fingiert** wird, wenn der Mandant einen ungesicherten Kommunikationsweg vorschlägt oder nutzt und auch nach einem Hinweis des Rechtsanwalts auf bestehende Risiken fortsetzt. Damit will die Satzungsversammlung offensichtlich der bestehenden Rechtspraxis Rechnung tragen[46]. 15

Wie § 2 Abs. 5 BORA klargestellt, bleiben **datenschutzrechtliche Vorschriften** unberührt, können also insoweit zusätzliche und auch strengere Vorgaben treffen: Zum einen verpflichtet Art. 32 DS-GVO zum Ergreifen risikoangemessener technischer und organisatorischer Maßnahmen. Welche datenschutzrechtlichen Anforderungen nun im einzelnen für die Kommunikation von Berufsgeheimnisträgern zu entnehmen sind, ist nicht abschließend geklärt[47]. Die Rechtsprechung scheint die allgemeine Transportverschlüsselung genügen zu lassen[48], während man der erwartbaren Entwicklung der Quantencomputern für auch über 2030 hinaus vertraulich zu haltenden Informationen auch schon die **Post-Quanten-Verschlüsselung** (Post-Quantum Cryptography, PQC) in den Blick nehmen muss. Zum anderen muss die Einwilligungsfiktion des § 2 Abs. 2 S. 6 BORA sich an den Anforderungen des Art. 7 Abs. 1 (Nachweisbarkeit der Einwilligung) und Abs. 4 (Freiwilligkeit) DS-GVO messen lassen. 16

Der verbreitete **E-Mail-Disclaimer** jedenfalls hat – anders als im angelsächsischen Raum, wo Anwaltskommunikation „privileged" ist – keine rechtliche Bedeutung[49], weder hinsichtlich der Verschwiegenheit noch des Datenschutzes. 17

Mit dem Gesetz zur Förderung des elektronischen Rechtsverkehrs v. 2013[50] hat der Gesetzgeber einen speziellen Kommunikationskanal für Rechtsanwälte geschaffen, 18

---

43 *v. Lewinski* BRAK-Mitt. 2004, 12 ff.; *Degen* NJW 2008, 1473 (1479) (jeweils auch mit Nachw. zur a.A.); vgl. *Kleine-Cosack* BRAO § 43a Rn. 83 f.; a.A. *Sassenberg* DStR 2006, 2052 (2053 f.).

44 *Breyer* DuD 2020, 189 (192 f.).

45 *Breyer* DuD 2020, 189 (191).

46 Hartung/Scharmer/*Gasteyer* BORA § 2 Rn. 16 f.

47 Zu den verschiedenen Einschätzungen der Datenschutzaufsichtsbehörden *Breyer* DuD 2020, 189 ff.

48 VG Mainz Urt. v. 17.12.2020 – 1 K 778/19.MZ, BeckRS 2020, 41220, Rn. 40; differenzierend zwischen Transport- und Ende-zu-Ende-Verschlüsselung *Keppeler* CR 2019, 18 ff.

49 *Schmidl* MMR 2005, 501 ff.; *v. Lewinski* BRAK-Mitt. 2004, 12 (16 f.); OLG Saarbrücken Urt. v. 13.6.2012 – 5 U 5/12, ZD 2014, 56 (Ls.); anders aber aufgrund einer Abwägungsentscheidung LG Saarbrücken Urt. v. 16.12.2011 – 4 O 287/11, ZD 2012, 144 (Ls.).

50 BGBl. 2013 I 3786.

das **besondere elektronische Anwaltspostfach (beA)**. Nachdem die Rechtsprechung es zunächst ablehnte, aus § 31a BRAO eine (auch nur passive) Nutzungspflicht für Anwälte abzuleiten[51], wurde eine Pflicht zur Kenntnisnahme von Mitteilungen über das beA in § 31a Abs. 6 BRAO normiert. Diese sollte ursprünglich ab Anfang 2018 gelten. Im Dezember 2017 wurden jedoch eklatante Sicherheitsmängel bekannt, weshalb die BRAK das beA zunächst generell abschaltete[52]. Neun Monate später wurde das beA wieder in Betrieb genommen und Rechtsanwälte sind seitdem zur passiven Nutzung verpflichtet. Anfang 2021 stellte der Anwaltssenat des BGH klar, dass das beA in technischer Hinsicht hinreichend sicher ist, obgleich die via beA versendeten Nachricht nicht Ende-zu-Ende-verschlüsselt sind[53].

E. Grenzen der Verschwiegenheitspflicht

Losert Der Bruch der Schweigepflicht und seine Rechtfertigung, 2012; *Uwer* Das Anwaltsgeheimnis im außer-berufsrechtlichen Regulierungszugriff, AnwBl. 2019, 327 ff.

19 Die Pflicht zur Verschwiegenheit für Berufsträger gilt – anders als beim Beichtgeheimnis (vgl. § 139 Abs. 2 StGB)[54] – nicht schrankenlos. Tatsächlich liegt der Verschwiegenheit eine **Interessenabwägung**[55] zugrunde, die jedoch regelmäßig zugunsten des Mandanten die Informations- und Kommunikationsfreiheit des Berufsträgers einschränkt. **Ausnahmen** können sich insbesondere **aus dem Gesetz** ergeben:

I. Straftaten des Mandanten

20 Die **Nichtanzeige geplanter Straftaten** aus den Katalogen des § 138 StGB ist auch für Anwälte und Steuerberater strafbar. Die Strafbarkeit entfällt jedoch, wenn ernsthaft versucht wird, die Ausführung der Tat zu verhindern (§ 139 Abs. 3 S. 2, Abs. 4 StGB).

21 Eine Pflicht zur Anzeige geplanter Rechtsgutsverletzungen kommt – jenseits des § 138 StGB – ausnahmsweise zudem gegenüber Privaten in Betracht[56]. In Deutschland sind diese Fälle zuerst in Gestalt der AIDS-Fälle diskutiert worden, ob ein Arzt Gatten über eine Infektion informieren muss[57]. Übertragen auf den Anwalt oder Steuerberater kann sich bei **Pflichtenkollisionen** das Recht ergeben, das Schweigen zu brechen, wenn alle anderen Möglichkeiten ausgeschöpft sind, um eine bedrohte Person vor einem erheblichen Schaden zu bewahren[58]. In Fällen der Katalogtaten nach § 138 StGB, etwa im Falle eines geplanten Amoklaufs oder Terroranschlags, wird die Einschaltung der Sicherheitsbehörden immer eine Hand-

---

51 AnwGH Berlin Beschl. v. 6.6.2016 – II AGH 16/15, NJW 2016, 2195 ff.

52 Dazu ausführlich Henssler/Prütting/*Prütting* BRAO § 31a Rn. 3 ff.; *Degen/Emmert* Elektronischer Rechtsverkehr, 2. Aufl. 2021, § 2 Rn. 51 ff.

53 BGH Urt. v. 22.3.2021 – AnwZ (Brfg) 2/20, WM 2021, 941.

54 Dazu *Fischedick* DÖV 2008, 584 ff. – Die Verschwiegenheitspflicht des Seelsorgers ergibt sich aus innerkirchlichem Recht, z.B. Can. 983 § 1 CIC.

55 Vgl. dazu *Kloepfer* InfoR, 2002, Kap. 4 Rn. 20–23; gegen eine Relativierung anwaltlicher Verschwiegenheit *Rüpke* NJW 2002, S. 2835, 2836.

56 S. hierzu § 4 S. 3 Nr. 2 MediationsG.

57 Vgl. OLG Frankfurt a.M. Beschl. v. 8.7.1999 – 8 U 67/99, NJW 2000, 875 ff.

58 Vgl. LG Braunschweig Urt. v. 2.11.1989 – 4 O 240/89, NJW 1990, 770 (771); *Schlund* JR 2000, 376 f.

lungsmöglichkeit sein; bei Taten geringerer Intensität wird regelmäßig jedoch die Verschwiegenheitspflicht vorgehen (→ Rn. 33).

II. Geldwäsche

Burmeister/Uwer Die Rolle der Anwaltschaft bei der Bekämpfung der Geldwäsche, AnwBl. 2017, 1038 ff.; *Johnigk* Geldwäscheregelungen: Umsetzung bei Rechtsanwälten, Notaren, Patentanwälten, Steuerberatern und Wirtschaftsprüfern, in: Herzog/Mülhausen, Geldwäschebekämpfung und Finanzermittlungen, 2006, Rn. 80 ff.; *Müller* Der Pflichtenkatalog für Steuerberater und andere Freiberufler nach dem Geldwäschebekämpfungsgesetz, DStR 2013, 1313 ff.; *Weigell/Görlich* (Selbst-)Geldwäsche: Strafbarkeitsrisiko für steuerliche Berater, DStR 2016, 2178 ff.

Ein Rechtsanwalt oder Steuerberater muss nach § 43 Abs. 1 u. 2 GwG den **Verdacht, dass sein Mandant Geld wäscht**, der Zentralstelle für Finanztransaktionsuntersuchungen melden. Zwar sind Rechtsanwälte und Steuerberater insoweit privilegiert, als dass sie dem Mandatsgeheimnis unterfallende Informationen nicht offenlegen müssen (§ 43 Abs. 2 GwG). Das gilt jedoch nicht, wenn der Rechtsanwalt oder Steuerberater sicheres Wissen darüber hat, dass sein Mandant die Rechtsberatung oder Prozessvertretung zum Zwecke der Geldwäsche, der Terrorismusfinanzierung oder einer anderen Straftat genutzt hat. Wegen des **Verbots des Selbstbelastungszwangs** besteht keine Meldepflicht, wenn der Berufsträger selbst an einer Geldwäsche aktiv beteiligt ist und sich dadurch strafbar macht. 22

III. Meldepflicht „aggressiver Steuergestaltung"

Kepp/Schober Anzeigepflicht grenzüberschreitender Steuergestaltungsmodelle – Praxisfragen und Ausblick, BB 2018, 2455 ff.; *Roser* Der verfassungsrechtliche Schutz des Vertrauensverhältnisses zwischen Rechtsanwalt und Mandant am Beispiel des Steuerrechts, 2021; *Stöber* Zur verfassungs- und unionsrechtlichen (Un-)Zulässigkeit von Anzeigepflichten in Bezug auf Steuergestaltungen, BB 2018, 2464 ff.

Eine erhebliche Beeinträchtigung der Verschwiegenheit von Rechtsanwälten und Steuerberatern liegt in der gem. §§ 138d ff. AO normierten Pflicht zur Mitteilung grenzüberschreitender Steuergestaltungen. Die Regelungen, durch die der deutsche Gesetzgeber die RL (EU) 2018/822 (DAC-6) umgesetzt hat, sind seit Mitte 2020 in Kraft und sollen den Finanzbehörden der EU und der Mitgliedstaaten ermöglichen, auf steuerliche Gestaltungsmodelle reagieren zu können[59]. Steuerberater und Rechtsanwälte sind als sog. Intermediäre verpflichtet, **bestimmte grenzüberschreitende Steuergestaltungsmodelle**, die sie für Mandanten konzipiert, organisiert oder zur Nutzung bereitgestellt haben, dem Bundeszentralamt für Steuern mitzuteilen. Besonders pikant ist dabei, dass gem. § 138f Abs. 3 S. 1 Nr. 2 AO auch die **Identität des Mandanten** mitzuteilen ist. Das Auskunftsverweigerungsrecht, das Rechtsanwälten und Steuerberatern gem. § 102 Abs. 2 Nr. 3 AO zusteht, wurde durch den neu eingeführten § 102 Abs. 4 S. 3 AO entsprechend eingeschränkt. So nachvollziehbar die politische Intention hinter den §§ 138d ff. AO auch sein mag – 23

59 Mittlerweile ist die RL (EU) 2021/514 (DAC-7) in Kraft getreten, die von den Mitgliedstaaten bis Ende 2022 bzw. Ende 2023 umzusetzen ist. Diese sieht insbesondere eine Erweiterung der Meldepflichten auf Betreiber von Online-Verkaufsplattformen (Plattformbetreiber) vor (vgl. dazu *Hidien* BB 2021, 346 (348)).

an der Verfassungsmäßigkeit bestehen erhebliche Zweifel:[60] Zunächst sprechen starke Argumente dafür, dass ein Eingriff in die Berufsfreiheit der Berufsträger nicht gerechtfertigt ist, um die originäre Staatsaufgabe der Schließung von Besteuerungslücken auf die parteiischen Interessenvertreter abzuwälzen.[61] Daneben wird kritisiert, die Regelungen seien aufgrund ihrer Unübersichtlichkeit und Unbestimmtheit nicht mit dem Gebot der Normenklarheit vereinbar.[62] Außerdem umfasst die Anzeigepflicht auch (möglicherweise) rechtswidrige Steuergestaltungen; in diesen Konstellationen lässt sich ein Verstoß gegen das verfassungsrechtliche Verbot des Selbstbelastungszwangs kaum bestreiten.[63]

IV. Eigene Rechtsdurchsetzung des Berufsträgers

Losert Der Bruch der Schweigepflicht und seine Rechtfertigung, 2012; *Schons* Die Pflicht des Anwalts zur Verschwiegenheit, AnwBl. 2007, 441 ff.; *Schumann* Prozessuale Verteidigung durch Geheimnisverrat, 2016.

24 Der Berufsträger darf, um sich selbst zu verteidigen oder um einen eigenen Anspruch durchzusetzen (§ 2 Abs. 3 lit. b BORA; § 4 Abs. 3 BOPA; vgl. auch § 5 Abs. 2 Var. 1 BOStB), Informationen aus dem Mandatsverhältnis offenbaren. Dies ergibt sich aus dem **Gedanken des rechtfertigenden Notstands** (§ 34 StGB) und dem allgemeinen Grundsatz der Wahrnehmung berechtigter Interessen (vgl. § 193 StGB)[64]. Problematisch ist in diesem Zusammenhang die Offenbarung von Mandatsgeheimnissen im Rechtsstreit mit Dritten[65].

25 Hinsichtlich der Art und Weise hat der Berufsträger gleichwohl die Interessen des Mandanten zu wahren, sofern dies eine effektive Durchsetzung der Forderung nicht behindert. Die Offenbarung der für die Durchsetzung seines Anspruchs erforderlichen Details aus dem Mandatsverhältnis einem beauftragten Anwalt und dem Gericht gegenüber ist zulässig. Die Einschaltung eines Prozessfinanzierers ist allerdings im Hinblick auf die **(nachwirkende) Interessenwahrungspflicht** allgemein unverhältnismäßig[66].

26 Dem **Auskunftsbegehren eines Gegners** im Erkenntnisverfahren kann dagegen die Verschwiegenheitspflicht entgegengehalten werden[67].

V. Inkasso

27 Macht ein Rechtsanwalt **Forderungen eines Mandanten gegenüber einer Privatperson geltend**, muss er dieser eine Reihe von Informationen geben (§ 43d Abs. 1 u. 2 BRAO; → Kap. 4 Rn. 27). Die hiermit verbundene Aufhebung der Verschwiegen-

60 Vgl. die Entscheidung zur Vorlage an den EuGH durch franz. Conseil d'Etat, Beschl. v. 25.6.2021 – n°448486; a.A. aber die Bundesregierung (vgl. BT-Drs. 19/2144, 5).

61 Eingehend *Stöber* BB 2018, 2464 ff.

62 Ausführlich dazu Klein/*Rätke* AO § 138d Rn. 5 ff. mit klarer Haltung: „Die Neuregelungen der §§ 138d–138k sind verfassungswidrig."

63 *Stöber* BB 2018, 2464 ff.; Klein/*Rätke* AO § 138d Rn. 8.

64 Weyland/*Träger* BRAO § 43a Rn. 28; Kuhls/*Maxl* StBerG § 57 Rn. 236 f.; grundsätzliche Bedenken bei *Schumann*, Prozessuale Verteidigung durch Geheimnisverrat, 2016.

65 Dazu *Peitscher*, Anwaltsrecht, 3. Aufl. 2021, Rn. 220; *Koslowski* StBerG § 57 Rn. 69.

66 Vgl. LG Bonn Urt. v. 25.8.2006 – 15 O 198/06, JZ 2007, 203 (204 f.).

67 BGH Urt. v. 11.4.2002 – I ZR 317/99, NJW 2002, 2096 (2098) – vossius.de.

heit geht allerdings nicht wesentlich über das allgemeine schuldrechtliche Konkretisierungsgebot hinsichtlich Forderungen hinaus.

Eigene Forderungen des Berufsträgers können ohne weiteres (nur) jeweils an einen anderen Anwalt oder Steuerberater abgetreten werden (§ 49b Abs. 4 S. 1 BRAO; § 43a Abs. 2 S. 1 PAO; § 64 Abs. 2 S. 1 StBerG), da selbige von Gesetzes wegen derselben Verschwiegenheitspflicht unterliegen[68] (→ Kap. 8 Rn. 70 ff.). Bei der **Abtretung** an einen Nicht-Anwalt oder Nicht-Steuerberater muss eine Entbindung von der Verschwiegenheitspflicht vorliegen oder die Forderung rechtskräftig festgestellt sein (§ 49b Abs. 4 S. 2 BRAO; § 43a Abs. 2 S. 2 PAO; § 64 Abs. 2 S. 2 u. 4 StBerG). **28**

Nur auf den ersten Blick ähnlich sind **Patentverwertungsgesellschaften**, die aber nicht *fremde* Forderungen geltend machen, sondern dem Wesen des Patents als übertragbares gewerbliches Schutzrecht entsprechend *eigene* Immaterialgüterrechte verwerten. **29**

VI. Zwangsvollstreckung Dritter

Wirges Das Verhältnis zwischen § 840 Abs. 1 Nr. 1 ZPO und § 43 a BRAO, JurBüro 1997, 295 ff.

Das Zwangsvollstreckungsrecht geht der Verschwiegenheitspflicht vor. So ist sowohl die Pfändung einer Forderung des Berufsträgers gegen den Mandanten möglich[69] als auch die eines Anspruchs des Mandanten gegen den Berufsträger durch einen Dritten. Insbesondere hat der Anwalt oder Steuerberater dann **als Vollstreckungsschuldner** nach § 807 ZPO[70] bzw. **als Drittschuldner** dem Gläubiger des Mandanten nach § 840 ZPO Auskunft zu erteilen[71]. Ausdrücklich ist dies für den Fall angeordnet, dass der Anwalt oder Steuerberater als Mediator gearbeitet hat (§ 4 S. 3 Nr. 1 MediationsG). **30**

VII. Besteuerungsverfahren

Göpfert Die steuerliche Außenprüfung beim Rechtsanwalt – Mitwirkungspflichten versus Verschwiegenheitspflicht, DB 2006, 581 ff.; *Hentschel* Freiberufler zwischen Skylla und Charybdis – Mitwirkungspflichten im Besteuerungsverfahren und berufliche Schweigepflicht, NJW 2009, 810 ff.; *Mutschler* Betriebsprüfungen bei Steuerberatern und die Pflicht zur Verschwiegenheit, DStR 2008, 2087 f.; *Pieske-Kontny* Die Außenprüfung beim Rechtsanwalt unter Beachtung seiner Auskunfts- und Vorlageverweigerungsrechte, ZAP 2018, 943 ff.

Im Widerstreit zwischen Verschwiegenheit und steuerlicher Gleichheit geht letztere vor, weil das Steuergeheimnis (§ 30 AO) dem Vertraulichkeitsinteresse des Mandanten – nach freilich umstrittener Meinung[72] – hinreichend Rechnung trüge[73]. Informationen, die dem Berufsgeheimnis unterliegen, können danach also auch Teil der Steuererklärung des Anwalts oder Steuerberaters und Gegenstand einer Betriebs- **31**

68 BGH Urt. v. 1.3.2007 – IX ZR 189/05, NJW 2007, 1196 (1196 f.); *Koslowski* StBerG § 64 Rn. 8.
69 BFH Beschl. v. 1.2.2005 – VII B 198/04, NJW 2005, 1308 (1308 f.).
70 BGH Beschl. v. 2.12.2009 – I ZB 65/09, NJW 2010, 1380 (1381).
71 Vgl. OVG Berlin-Brandenburg Beschl. v. 23.6.2014 – OVG 9 N 57.12, BRAK-Mitt. 2014, 317.
72 Vgl. *Hentschel* NJW 2009, 810 (813 f.).
73 BFH Urt. v. 26.2.2004 – IV R 50/01, NJW 2004, 1614 (1615); FG Köln Urt. v. 15.4.2015 – 2 K 3593/11, BRAK-Mitt. 2015, 247 (249 f.) – Die Finanzgerichtsbarkeit stellt zur Begründung aber fälschlicherweise auf eine konkludente Einwilligung des Mandanten ab.

prüfung des Finanzamts bei ihm sein[74]. Wiewohl deshalb insoweit **kein Verstoß gegen die Verschwiegenheitspflicht** vorliegt, gebietet die **Interessenwahrungspflicht**, die eigene Buchhaltung (entsprechend § 147 Abs. 1 AO) von der Verwaltung der Mandatsakten zu trennen[75] und von dem Auskunftsverweigerungsrecht nach § 102 Abs. 1 Nr. 3 lit. b AO Gebrauch zu machen. Soweit möglich, dürfen (und müssen) Berufsträger die Namen und Adressen ihrer Mandanten in steuerlichen Unterlagen schwärzen[76].

VIII. Straftaten des Berufsträgers

32 Im Zusammenhang mit eigenen Straftaten kann sich der Berufsträger nicht auf den besonderen Schutz gegen Durchsuchung und Beschlagnahme berufen (→ Rn. 39 ff.); sogar Telekommunikationsüberwachungen von Mandantengesprächen können zulässig sein, wenn sie nicht gegen den Mandanten verwendet werden[77]. Allerdings steht ihm als Beschuldigtem, Angeschuldigtem und Angeklagtem ein **Aussageverweigerungsrecht** zu (§ 136 Abs. 1 S. 2 StPO). Dieses Recht muss er **zum Schutz seines Mandanten** auch wahrnehmen, jedenfalls so lange, wie seine eigene Verteidigung dadurch nicht beeinträchtigt wird.

IX. Rechtfertigender Notstand

33 Der rechtfertigende Notstand ist ein allgemeiner Rechtsgedanke (vgl. § 34 StGB), ebenso wie die „Wahrnehmung berechtigter Interessen" (§ 193 StGB). Beides findet sich wieder in der **allgemeinen Interessenabwägung im Informationsrecht**[78]. Hinsichtlich der großen Bedeutung des Berufsgeheimnisses der rechts- und steuerberatenden Berufe kommt sie allerdings nur in Ausnahmefällen zur Anwendung[79], und es ist ein **strenger Maßstab** anzulegen[80].

F. Staatliches Eindringen in das Mandatsverhältnis

Dann Durchsuchung und Beschlagnahme in der Anwaltskanzlei, NJW 2015, 2609 ff.; *Ignor* Der rechtliche Schutz des Vertrauensverhältnisses zwischen Rechtsanwalt und Mandant im Visier des Gesetzgebers, NJW 2007, 3403 ff.; *Kühne* Der Schutz der Verschwiegenheit von Rechtsanwälten, Steuerberatern und Notaren vor strafprozessualen Ermittlungsmaßnahmen, 2013; *Michalke* Wenn der Staatsanwalt klingelt – Verhalten bei Durchsuchung und Beschlagnahme, NJW 2008, 1490 ff.; *Park* Handbuch Durchsuchung und Beschlagnahme, 4. Aufl. 2018; *Sdrenka* Durchsuchung und Beschlagnahme von Geschäftsunterlagen, von Handakten und von Verteidigerpost beim Steuerberater, Wirtschaftsprüfer und Rechtsanwalt, StB 1990, 334 ff.; *Winkler* Das Vertrauensverhältnis zwischen Anwalt und Mandant, 2014.

---

74 BFH Urt. v. 8.4.2008 – VIII R 61/06, NJW 2008, 2366 (2367 f.), dort auch zu möglichen (verfahrensmäßigen) Beschränkungen von Kontrollmitteilungen.

75 Vgl. aus steuerrechtlicher Sicht RFH Urt. v. 5.6.1935 – VI A 925/34, RStBl. 1935, 937.

76 BFH Urt. v. 28.10.2009 – VIII R 78/05, BRAK-Mitt. 2010, 86 (90 ff.).

77 EGMR Entsch. v. 16.6.2016 – 49176/11.

78 Vgl. dazu *Kloepfer*, InfoR, 2002, Kap. 4 Rn. 20–23; gegen eine Relativierung anwaltlicher Verschwiegenheit *Rüpke* NJW 2002, 2835 (2836).

79 So wird ein Rechtsanwalt es nicht dem *Hl. Nepomuk* gleichtun müssen, der in den Tod ging, um das Beichtgeheimnis nicht zu brechen.

80 *Koslowski* StBerG § 57 Rn. 69.

Die Verschwiegenheit des Anwalts oder Steuerberaters kann mit staatlichen Informationsbeschaffungsinteressen kollidieren. Wenn der Staat Informationen über einen Mandanten von dessen Anwalt oder Steuerberater begehrt, so muss dieser schweigen (§ 43a Abs. 2 BRAO; § 39a Abs. 2 PAO; § 57 Abs. 1 StBerG; § 203 Abs. 1 Nr. 3 StGB). Allerdings ist der Staat in bestimmten Konstellationen durchaus befugt, Informationen ohne Mitwirkung des Berufsträgers zu erheben, und darf dann unbemerkt und ohne Zustimmung in die Kommunikation von Berufsträger und Mandant eindringen. Hierbei ist allerdings nicht nur die **(Grund-)Rechtsposition**[81] des Anwalts und Steuerberaters und die seines Mandanten zu bedenken, sondern auch das (objektivrechtliche) **Rechtstaatsprinzip**. 34

I. Aufsichtsbehörden

Amend Anwaltliche Geheimhaltungspflicht vs. Datenschutzaufsicht, DuD 2021, 265 ff.; *Eich* Die Pflicht der Vorstandsmitglieder der Rechtsanwaltskammer zur Verschwiegenheit, MDR 1991, 385 ff.; *König* Sektorale Datenschutzkontrolle bei Rechtsanwälten, 2015; *Kranig* Datenschutz in der Patentanwaltskanzlei, MittdtschPatAnw 2014, 153 ff.; *v. Lewinski* Verschwiegenheitspflicht bei Ärzten und Apothekern, Datenschutz und Aufsicht, MedR 2004, 95 ff.; *Rüpke* Freie Advokatur, anwaltliches Berufsgeheimnis und datenschutzrechtliche Kontrollbefugnisse, AnwBl. 2003, 19 ff.

Aufsichtsbehörden dürfen auf **allgemeiner ordnungsrechtlicher Grundlage** nicht in die Vertrauensbeziehung zwischen Berufsträger und Mandant eindringen[82]. Wie weit sie deshalb überhaupt die Berufsausübung überwachen können, ist umstritten[83]; die Gerichte haben etwa das Anwaltsgeheimnis vor einem Eingriff durch die Datenschutzaufsichtsbehörden geschützt[84]. Diese Rechtslage ist durch § 29 Abs. 3 BDSG (i.d.F. d. DSAnpUG-EU v. 2017 und in Ausfüllung von Art. 90 DSGVO) nun festgeschrieben[85]. 35

Grundsätzlich hat **nur die für den jeweiligen Berufsträger zuständige Aufsichtsbehörde**, also die jeweilige Kammer (→ Kap. 14 Rn. 3 ff.), die Befugnis, sich mandantenbezogene Unterlagen vorlegen zu lassen, weil sie selbst einer entsprechenden Verschwiegenheitspflicht unterliegt und ihr diesbezüglich informationelle Befugnisse (§ 56 BRAO; § 49 PAO; § 80 StBerG) ausdrücklich eingeräumt sind[86]. Darüber hinaus wird man jedenfalls in aufsichtsrechtlichen Verfahren, die aufgrund der Anzeige eines Mandanten eingeleitet wurden, bei einer Offenlegung von einem berechtigten Interesse des Berufsträgers ausgehen dürfen[87]. 36

Ausnahmen können nur in Konstellationen bestehen, in denen es um ein **Rechtsgut von ähnlichem Gewicht wie die Verschwiegenheit** des Anwalts oder Steuerberaters geht. Ein Beispiel hierfür ist die Offenlegungspflicht von Bundestagsabgeord- 37

81 Zu den einschlägigen Vorgaben der EMRK *Spielmann* AnwBl. 2009, 373 ff.

82 KG Beschl. v. 20.8.2010 – 1 Ws (B) 51/07 – 2 Ss 23/07, NJW 2011, 324.

83 *Redeker* NJW 2009, 554 (555 f.); zur Praxis s. *Weichert* NJW 2009, 550 (552), u. *Kranig* MittdtschPatAnw 2014, 153 (155); *Grupp*, PinG 2017, 55 (58).

84 KG Beschl. v. 20.8.2010 – 1 Ws (B) 51/07 – 2 Ss 23/07, NJW 2011, 324; zuvor schon AG Tiergarten Urt. v. 5.10.2006 – 317 OWi 3235/05, BRAK-Mitt. 2007, 43 (44); kritisch *Leowsky* DuD 2011, 412 ff.; ausführlich zum Fall *König* in FS Hamm, 2007, S. 325 ff.

85 Auernhammer/*v. Lewinski* BDSG § 9 Rn. 27; *Herb* BRAK-Mitt. 2017, 209 (203); *Amend* DuD 2021, 265 ff.

86 Vgl. auch den „Entwurf zur Informationsrechtlichen Ergänzung der BRAO" v. 23.11.2006 (abgedr. bei *König* in FS Hamm, 2007, S. 325 (336)); zum Entwurf *Rüpke* ZRP 2008, 87 (89 f.)); Vorfassung des Entwurfs abgedruckt in BRAK-Mitt. 1997, 16 ff.; umfassend *Rüpke* RDV 2003, 72 (75 ff.).

87 Kuhls/*Maxl* StBerG § 57 Rn. 237.

neten, die zugleich als Rechtsanwalt oder Steuerberater tätig sind (§ 44a Abs. 4, § 44b AbgG; s.a. konkrete Ausgestaltung durch § 2 der Anlage 1 zu § 18 GO BT)[88].

38 Weitere Grenzfälle in der Praxis sind insbesondere solche, in denen fraglich ist, ob eine **Tätigkeit noch zum beruflichen Aufgabenkreis** zählt[89]. Wenn der Mandant den Berufsträger gegenüber der Aufsichtsbehörde von der Verschwiegenheitspflicht entbunden hat, kann eine Geheimhaltungsbefugnis des Berufsträgers nur auf Grundlage seiner eigenen (unternehmerischen) Interessen bestehen, die aber nur ausnahmsweise den behördlichen Auskunftsinteressen vorgehen.

II. Durchsuchung

Bott/Hiéramente Durchsuchung von Anwaltskanzleien – wenig Schutz aus Straßburg, BB 2015, 3084 ff.; *Dann* Durchsuchung und Beschlagnahme in der Anwaltskanzlei, NJW 2015, 2609 ff.; *Leipold* Durchsuchung einer Anwaltskanzlei, NJW-Spezial 2005, 327; *Volk* Durchsuchung und Beschlagnahme von Geschäftsunterlagen beim Steuerberater, DStR 1989, 338 ff.; *Winterhoff* Kanzleidurchsuchungen im Lichte von Grund- und Menschenrechten, AnwBl. 2011, 789 ff.

39 Eine Durchsuchung der Räume der beruflichen Niederlassung und selbst der privaten Wohnung eines Anwalts oder Steuerberaters wegen Straftaten von Mandanten oder Dritten (§ 103 StPO) ist **nicht per se ausgeschlossen**[90]. Ein Privileg, das dem Zeugnisverweigerungsrecht nach § 53 Abs. 1 Nr. 3 StPO entsprechen würde, gibt es insoweit nicht. Allerdings müssen die Strafverfolgungsbehörden und der anordnende Richter in besonderem Maße die Ausstrahlungswirkung der **Berufsfreiheit** (Art. 12 GG) des Anwalts oder Steuerberaters beachten[91], insbesondere dass für diesen – und auf objektivrechtlicher Ebene auch für den **Rechtstaat** – die Vertrauensbeziehung zum Mandanten von besonderer Bedeutung ist. Die Durchsuchung der Kanzleiräume eines Anwalts etwa wegen dessen eigener Verkehrsordnungswidrigkeit ist stets unverhältnismäßig[92], ebenso bei Bestehen einer gesetzlichen Auskunfts- oder Herausgabepflicht[93], etwa hinsichtlich übersandter Verfahrensakten. Selbst bei einer (allgemein erlaubten) Durchsuchung in einem Ermittlungsverfahren gegen den Berufsträger selbst (§ 102 StPO; → Rn. 32) ist das Vertraulichkeitsinteresse von dessen Mandanten zu berücksichtigen[94].

---

88 BVerfG Urt. v. 4.7.2007 – 2 BvE 1/06 u.a., BVerfGE 118, S. 277, 352 ff. – Nebentätigkeit; BVerwG Urt. v. 30.9.2009 – 6 A 1/08, NVwZ 2010, 837 (838 f.) – Schily.

89 VGH Kassel Urt. v. 10.11.2010 – 6 A 1896/09, DVBl. 2011, 176 (177 f.); anders aber BVerwG Urt. v. 13.12.2011 – 8 C 24/10, NJW 2012, 1241 (1241 f.); so auch schon VG Frankfurt a.M. Urt. v. 14.5.2009 – 1 K 3874/08.F, BRAK-Mitt. 2009, 247 (249 f.) (Anwaltstätigkeit und Finanzdienstleistung).

90 Allerdings sind auch die Kanzleiräume durch Art. 13 Abs. 1 GG (BVerfG Beschl. v. 5.5.2008 – 2 BvR 1801/06, NJW 2008, 2422 (2423)) und durch Art. 8 Abs. 1 EMRK („Wohnung", „Privatleben") geschützt (EGMR Urt. v. 16.12.1992 – 72/1991/324/394, NJW 1993, 718 (718 f.); EGMR Urt. v. 9.4.2009 – 19856/04, NJW 2010, 2109 (2110)).

91 EGMR Urt. v. 21.1.2010 – Nr. 43757/05, DÖV 2010, S. 365 (Ls.); BVerfG Beschl. v. 11.7.2008 – 2 BvR 2016/06, NJW 2009, 281 (282); BVerfG Beschl. v. 14.1.2005 – 2 BvR 1975/03, NJW 2005, 1707 (1708); BVerfG Beschl. v. 5.5.2008 – 2 BvR 1801/06, RDV 2008, 157 (158) (Richterbeleidigung); OLG Rostock Beschl. v. 20.9.2012 – AGH 5/12 (I/3), NJW 2013, 484 (486) (anwaltsgerichtliches Verfahren).

92 BVerfG Beschl. v. 7.9.2006 – 2 BvR 1141/05, NJW 2006, 3411 (3412).

93 Vgl. BVerfG Beschl. v. 29.2.2012 – 2 BvR 1954/11, NJW 2012, 2096 (2097) (Durchsuchung eines Notariats).

94 BVerfG Beschl. v. 5.5.2008 – 2 BvR 1801/06, NJW 2008, 2422 (2423 f.); BVerfG Beschl. v. 6.5.2008 – 2 BvR 384/07, NJW 2008, 1937 (1937); BVerfG Beschl. v. 17.7.2003 – 2 BvR 497/03, NJW 2003, 3761.

Praxishinweis: 40

Nach den **allgemeinen Vorschriften** müssen in einem Durchsuchungsbefehl der Beschuldigte, die Straftat und die entsprechenden Räume als Durchsuchungsobjekt ausdrücklich genannt sein[95]. Soll ein Server durchsucht werden, muss dessen Standort bezeichnet sein[96].

Praxishinweis: 41

Telefonate mit seinem Rechtsbeistand dürfen im Falle einer Durchsuchung auch einem Anwalt oder Steuerberater nicht untersagt werden[97]. Beim Zuziehen von **Durchsuchungszeugen** (§ 105 Abs. 2 StPO) ist der Gewinn an Rechtsschutz gegen die zusätzliche Gefährdung der Verschwiegenheitspflicht abzuwägen[98].

III. Beschlagnahme

Birmans Die Beschlagnahme von Buchführungsunterlagen bei dem Steuerberater, MDR 1981, 102 f.; *Brenner* Zur Beschlagnahmefähigkeit von Buchhaltung und Bilanzen beim Steuerberater, BB 1984, 137 ff.; *Gülzow* Beschlagnahme von Unterlagen der Mandanten bei deren Rechtsanwälten, Wirtschaftsprüfern und Steuerberatern, NJW 1981, 265 ff.; *Heilmaier* Die Beschlagnahme von Buchführungsunterlagen des Mandaten bei seinem Steuerberater, Wirtschaftsprüfer und Rechtsanwalt, DStR 1980, 519 ff.; *Huber-Lotterschmidt* Verschwiegenheitspflichten, Zeugnisverweigerungsrechte und Beschlagnahmeverbote zugunsten juristischer Personen, 2006, S. 101 ff.; *Korge* Die Beschlagnahme elektronisch gespeicherter Daten bei privaten Trägern von Berufsgeheimnissen, 2009; *Kutzner* Die Beschlagnahme von Daten bei Berufsgeheimnisträgern, NJW 2005, 2652 ff.; *Pestke* Die Beschlagnahme von Buchhaltungsunterlagen beim Steuerberater, Stbg 1986, 39 ff.; *Rau* Beschlagnahme von elektronischen Daten bei Rechtsanwälten und Steuerberatern, WM 2006, 1281 ff.; *Schroer* Beschlagnahme von Unterlagen des Steuerberaters, INF 2002, 757 ff.; *Schumann* Zur Beschlagnahme von Mandantenunterlagen bei den Angehörigen der rechts- und steuerberatenden Berufe, wistra 1995, 50 ff.; *Uwer/v. Ermingen-Marbach* Bundesverfassungsgericht: Kein Vertraulichkeitsschutz für interne Untersuchungen? AnwBl. 2018, 470 ff.

42 Die Beschlagnahme von **Mandantenkorrespondenz**, mandatsbezogener Unterlagen des Mandanten[99], Aufzeichnungen aus der **Handakte** und anderen Gegenständen, auf die sich das Zeugnisverweigerungsrecht nach § 53 Abs. 1 Nr. 3 StPO beziehen würde, ist nicht rechtmäßig (§ 97 Abs. 1 StPO[100]; Art. 52 Abs. 2 lit. a EuGH-VfO). Es spricht eine **Vermutung für die Eigenschaft als Anwalts- bzw. Verteidigerunterlage**[101]. Im Bereich der Steuerberatung ist allerdings streitig, ob Geschäfts- und Buchführungsunterlagen, die dem Steuerberater zur Erstellung der Buchführung übergeben wurden, der Beschlagnahmefreiheit unterliegen[102].

---

95 Hierzu BVerfG Beschl. v. 8.4.2004 – 2 BvR 27/04, NJW 2004, 1517 (1518).

96 Vgl. *Rau* WM 2006, 1281 (1287) (zur Beschlagnahme von Servern); zum Schutz elektronischer Daten des Anwalts nach Art. 8 EMRK („Korrespondenz") vgl. EGMR Urt. v. 16.10.2007 – 74336/01, NJW 2008, 3409 3410.

97 Vgl. OLG Stuttgart StraFo 1997, 13 (15).

98 *Prasser* ANWALT 7/2003, 6 (7).

99 Vgl. BGH Urt. v. 25.2.1998 – 3 StR 490-97, NJW 1998, 1963 (1963 f.).

100 Für eine Erstreckung auch auf korrespondierende Beratungsakten *Taschke* in FS Hamm, 2008, S. 751 (759 ff.).

101 BVerfG Beschl. v. 6.11.2014 – 2 BvR 2928/10, BRAK-Mitt. 2015, 91.

102 Bejahend etwa OLG Hamburg Entsch. v. 8.1.1981 – 1 Ws 7/81, 1 Ws 13/81, MDR 1981, 603; *Birmans* MDR 1981, 102 (103); Meyer-Goßner/Schmitt/*Köhler* StPO § 97 Rn. 40; ablehnend etwa LG München Beschl. v. 14.12.1983 – 19 Qs 4/83, NJW 1984, 1191; *Heilmaier* DStR 1980, 519 (521).

43 Fraglich kann sein, inwieweit Dokumente der Beschlagnahme unterliegen, die einem Anwalt zum Zwecke interner Untersuchungen (**Internal Investigations**) übergeben wurden. Dabei geht es nicht um Dokumente, die den beschuldigten Mandanten selbst belasten könnten; diese dürfen gem. § 97 Abs. 1 Nr. 1 StPO ohnehin nicht beschlagnahmt werden. Problematisch ist vielmehr, wie weit der (verfassungsrechtliche) Schutz gegenüber Tochter- und Schwesterunternehmen im Rahmen einer konzernübergreifenden Untersuchung reicht. Die fachgerichtliche Rechtsprechung geht überwiegend davon aus, dass § 160 Abs. 1 S. 1 StPO auf Beschlagnahmen keine Anwendung findet, da der insoweit speziellere § 97 StPO Sperrwirkung entfalte[103]. Der Beschlagnahmeschutz des § 97 StPO ist enger als der allgemeine Schutz des § 160 Abs. 1 S. 1 StPO und umfasst nur das besondere Vertrauensverhältnis zwischen dem Rechtsanwalt und seinem im konkreten Ermittlungsverfahren beschuldigten Mandanten. Wird also im Rahmen eines Ermittlungsverfahrens eine Kanzlei durchsucht, und es werden Dokumente beschlagnahmt, die dem Rechtsanwalt anlässlich einer internen Untersuchung übergeben wurden, die aber nicht das beschuldigte Unternehmen selbst, sondern etwa eine Schwester- oder Tochtergesellschaft betreffen, dürfen diese Dokumente in einem weiteren Verfahren gegen die Schwester- oder Tochtergesellschaft verwertet werden. Das BVerfG hat diese Auslegung der StPO als verfassungskonform gebilligt[104]. In der Literatur wurde die Entscheidung des BVerfG teilweise kritisch beurteilt[105].

44 Die Beschlagnahme anderer Gegenstände kann bei kooperativem Verhalten unverhältnismäßig sein[106]. Wenn eine Beschlagnahme erlaubt ist, etwa bei Ermittlungen gegen den Berufsträger selbst[107] oder einen Sozius, ist das **Verhältnismäßigkeitsprinzip** zu beachten, insbesondere hinsichtlich des Umfangs des beschlagnahmten Materials[108].

45 Ob es sich bei Unterlagen um der Beschlagnahme unterliegende Gegenstände handelt, wird nicht ohne **Prüfung der jeweiligen Akten und Datenträger** entschieden werden können. Für eine solche Durchsicht sind der Richter[109] oder Staatsanwalt bzw. dessen Hilfsbeamte[110] (vgl. § 110 Abs. 1 StPO; s. für die Steuerfahndung aber § 404 Abs. 1 S. 2 AO) zuständig. Mit Genehmigung des Betroffenen können sie ferner von Polizeibeamten, die nicht Hilfsbeamte der Staatsanwaltschaft sind (§ 110 Abs. 2 S. 1 StPO), durchgesehen werden, ansonsten sind sie versiegelt der Staatsanwaltschaft zu übergeben.

46 Unkörperliche Gegenstände wie vornehmlich Daten und elektronische Dokumente teilen hinsichtlich des Beschlagnahmeschutzes das Schicksal des **Trägermediums**. Es kommt insoweit darauf an, ob der Berufsträger Gewahrsam (§ 97 Abs. 2 StPO) am Datenträger hat. Das ist für Festplatten usw. problemlos zu bejahen, für **Daten „in der Cloud“** aber angesichts des Wortlauts zu verneinen[111]. Für (Straf-)Verteidiger

103 So etwa LG Hamburg Beschl. v. 15.10.2010 – 608 Qs 18/10, NJW 2011, 942 ff.; anders aber LG Mannheim Beschl. v. 3.7.2012 – 24 Qs 1, 2/12, NStZ 2012, 713 ff.

104 BVerfG Beschl. v. 27.6.2018 – 2 BvR 1405/17 u.a., NJW 2018, 2385 ff.; vgl. EGMR, Az. 1022/19 u. 1125/19.

105 Z.B. *Uwer/v. Ermingen-Marbach* AnwBl. 2018, 470 ff.

106 LG Berlin Beschl. v. 24.7.2003 – 502 Qs 49/03, NJW 2003, 2694 (2695).

107 BGH Urt. v. 27.3.2009 – 2 StR 302/08, NJW 2009, 2690 (2691 f.).

108 BVerfG Beschl. v. 12.4.2005 – 2 BvR 1027/02, NJW 2005, 1917 (1920–1922).

109 *Pfeiffer* StPO § 110 Rn. 2; so ausdrücklich die bis 1974 geltende Fassung des § 110 StPO.

110 Seit 2004 heißen sie – sprachlich deutlich blasser – „Ermittlungspersonen der Staatsanwaltschaft“.

111 *Korge*, Die Beschlagnahme elektronisch gespeicherter Daten bei privaten Trägern von Berufsgeheimnissen, 2009, S. 111–113.

gilt allerdings wegen der Privilegierung der Verteidigerkommunikation (§ 148 Abs. 1 StPO)[112] auch ein Schutz für bei Dritten gespeicherten Daten.

IV. Überwachung

Bär Telekommunikationsüberwachung und andere verdeckte Ermittlungsmaßnahmen, MMR 2008, 215 ff.; *Kühne* Der Schutz der Verschwiegenheit von Rechtsanwälten, Steuerberatern und Notaren vor strafprozessualen Ermittlungsmaßnahmen, 2013, S. 151 ff.; *Müller-Jacobsen* Schutz von Vertrauensverhältnissen zu Rechtsanwälten im Strafprozess – Ein erster Schritt zum Abschied vom „Zwei-Klassen-Recht", NJW 2011, 257 ff.; *Sorge* Sicherheit der Kommunikation zwischen Rechtsanwalt und Mandant, NJW 2016, 20 ff.

Anwälte und Steuerberater sind nicht per se von staatlichen Informationserhebun- **47** gen gegen ihren Willen ausgenommen. Obgleich sie ein Zeugnisverweigerungsrecht nach § 53 Abs. 1 Nr. 3 StPO haben, können sie z.B. von einer **Rasterfahndung** (§ 98a StPO) erfasst sein. Zudem ist eine **Postbeschlagnahme** möglich. Lediglich die **Verteidigerpost** ist wegen § 148 Abs. 1 StPO besonders geschützt. Mandantenbezogene Informationen sind also nur im Gewahrsam des Berufsträgers sicher (vgl. § 97 Abs. 2 S. 1 StPO), nicht auch auf dem Wege der Übermittlung. Weiter können **Telekommunikationsanschlüsse abgehört** (§ 100a StPO) werden, einschließlich Telefax und E-Mail sowie der Verbindungs- (§ 100g StPO)[113] und Standortdaten (§ 100i StPO)[114]. Zudem kann der **Lauschangriff** den Anwalt oder Steuerberater treffen. So sind Kanzleiräume „Wohnung" i.S.d. § 100c Abs. 1 S. 1 StPO und dienen – im Sinne des Grundgesetzes – dem „Kernbereich privater Lebensgestaltung"[115], so dass sich der Hinweis in § 100c Abs. 4 S. 2 StPO auf „Betriebs- und Geschäftsräume" nicht auf sie bezieht.

Zugunsten von Rechtsanwälten sind in allen diesen Fällen die Regelungen des **48** § 160a StPO zu beachten. Danach sind Ermittlungsmaßnahmen gegen Rechtsanwälte verboten, und hierdurch erlangte Erkenntnisse unterliegen einem **Verwertungsverbot**. Nur beim Verdacht einer eigenen Tatbeteiligung des Rechtsanwalts nach § 160a Abs. 4 StPO greift dieses Privileg nicht ein. Für Patentanwälte und Steuerberater findet das absolute Beweiserhebungsverbot des § 160a StPO hingegen keine Anwendung; vielmehr besteht für sie nach § 160a Abs. 2 StPO nur ein **relatives Beweiserhebungsverbot** unter Beachtung des Grundsatzes der **Verhältnismäßigkeit**[116]. Überwachungen von Berufsträgern durch Verfassungsschutzbehörden und (Auslands-)Nachrichtendienst sind nach ähnlichen Maßstäben möglich (§ 3b Abs. 2 G 10 i.V.m. § 53 Abs. 1 S. 1 Nr. 3 StPO)[117].

Wenn staatliche Informationseingriffe in den Bereich der Schweigeverpflichtung hin- **49** einreichen können[118], ist der Anwalt oder Steuerberater bei einer entsprechenden Gefährdung aus seiner Verschwiegenheitspflicht heraus zu **technischen** (Verschlüsselung) und **organisatorischen** (Waldspaziergang[119], Aktentrennung, Trennung von

112 Zur menschenrechtlichen Einschränkbarkeit des Schutzes der Verteidigerkommunikation EGMR Urt. v. 18.3.2014 – 24069/03 u.a., NJOZ 2015, 234 (237).

113 Vgl. BVerfG Beschl. v. 17.6.2006 – 2 BvR 1085/05 u.a., NJW 2006, 3197 (3197 f.).

114 Zu den menschenrechtlichen Grenzen EGMR Urt. v. 3.2.2015 – 30181/05 – Pruteanu ./. Rumänien.

115 Vgl. BVerfG Urt. v. 3.3.2004 – 1 BvR 2378/98 u. 1 BvR 1084/99, NJW 2004, 999 (1004); s.a. EGMR Urt. v. 10.2.2009 – 25198/02, NJW 2010, 2111 (2111) (zu Art. 8 EMRK).

116 Vgl. Meyer-Goßner/Schmitt/*Köhler* StPO § 160a Rn. 9 f.; kritisch hierzu *Mann* DStR 2016, 2012 (2015 f.).

117 Vgl. zur parallelen Rechtslage bei Journalisten Lisken/Denninger/*Bergemann* PolR-HdB Kap. H Rn. 65.

118 Vgl. *v. Lewinski* wistra 2020, 481 (485 f.).

119 S. aber zu den Gefährdungen durch Wildkamera *Fuchs* ZD 2015, 212 ff.

anwaltlicher und wirtschaftsprüfender Tätigkeit im Hinblick auf § 37o Abs. 5 WpHG) **Maßnahmen** verpflichtet, die staatliche Informationserhebung zulasten des Mandanten zu verhindern bzw. zu erschweren[120]. Dies gilt auch mit Blick auf ausländische Sicherheitsbehörden und wirtschaftliche Konkurrenten des Mandanten (Industriespionage).

G. Datenschutz

Backu Datenschutz-Grundverordnung und Neuregelung zum Outsourcing durch Berufsgeheimnisträger, DStR 2017, 2699 ff.; *Blumenthal/Braun* Digitalisierung, Berufsrecht und datenschutzrechtliche Verantwortlichkeit, RDV 2021, 94 ff.; *Dauber* Praxis der EU-Datenschutz-Grundverordnung und des neuen Bundesdatenschutzgesetzes für Steuerberater, Wirtschaftsprüfer und rechtsberatende Berufe, 2018; *Dobmeier* Datenschutz in der Anwaltskanzlei, 2004; *Fuhlrott/Remy* „Neuer" Datenschutz in Kanzleien – Anwälte als Arbeitgeber, Datenverarbeitende und Werbende, NZA 2018, 609 ff.; *T.-R. König* Sektorale Datenschutzkontrolle bei Rechtsanwälten, 2015; *Kranig* Datenschutz in der Patentanwaltskanzlei, MittdtschPatAnw 2014, 153 ff.; *Lapp* Informations- und Auskunftspflichten von Anwaltskanzleien, NJW 2019, 345 ff.; *Rüpke* Freie Advokatur, anwaltliche Informationsverarbeitung und Datenschutzrecht, 1995; *ders.* Datenschutz, Mandatsgeheimnis und anwaltliche Kommunikationsfreiheit, NJW 2008, 1121 ff.; *Schmidt/Roschek* Datenschutz im anwaltlichen Home- und Mobile-Office, NJW 2021, 367 ff.; *Schumacher* Datenschutzrecht und anwaltliches Berufsrecht: Spannungsverhältnis, Zusammenspiel und aktuelle Brennpunkte, in: FS Taeger, 2020, S. 453 ff.; *Wagner* Datenschutz und Mandatsgeheimnis – der Umgang mit personenbezogenen Daten im Anwaltsmandat, BRAK-Mitt. 2011, 2 ff.; *Woger* Der Patentanwalt und die DSGVO – Ausgewählte Probleme, MittdtschPatAnw 2019, 438 ff.; *Ziegenhorn/Fokken* Rechtsdienstleister: Verantwortliche oder Auftragsverarbeiter?, ZD 2019, 194 ff.

50 Bei Anwälten – mehr als bei Steuerberatern – besteht die Aufgabe insbesondere auch darin, Daten über Dritte – insbesondere über den Gegner sowie Zeugen und Sachverständige – zu nutzen, was regelmäßig nicht in deren Interesse liegt. Für diese Konstellation stellt das **Datenschutzrecht herkömmlicher Prägung keine Lösung** bereit[121], ebenso wenig wie das insoweit **veraltete Berufsrecht**. Das Berufsrecht der Rechtsanwälte und das der Steuerberater erwähnt das Datenschutzrecht jedenfalls (prophylaktisch?) am Rande (§ 2 Abs. 5 BORA; § 5 Abs. 3 S. 1 a.E. BOStB; jetzt aber auch § 11 Abs. 2 S. 2 StBerG). Für die rechtliche Lösung zu berücksichtigen sind hierbei die mitgliedsstaatlichen Ausgestaltungsmöglichkeiten nach Art. 90 Abs. 1 DSGVO[122], der besondere verfassungsrechtliche Schutz der anwaltlichen Rede nach Art. 5 GG[123] und die Gefährdung des Mandantengeheimnisses durch datenschutzaufsichtsrechtliche Untersuchungseingriffe (→ Rn. 35 ff.).

51 Im **Verhältnis zum Mandanten** wird die Verarbeitung von dessen Daten stets auf die Erfüllung eines Vertrags zu stützen sein (Art. 6 Abs. 1 S. 1 lit. b DSGVO; speziell aber § 11 Abs. 2 StBerG), bei Pflichtverteidigungen und anderen gesetzlichen Mandatsverhältnissen (→ Kap. 3 Rn. 36 ff.) ggf. auch auf zur Erfüllung einer öffentlichen Aufgabe (Art. 6 Abs. 1 S. 1 lit. d DSGVO).

---

120 Vgl. für die ähnliche Situation der Banken in Bezug auf Ermittlungen der Steuerbehörden *v. Lewinski* DSWR 2002, 66 ff.

121 Im Schrifttum wurden in der Zeit vor der Datenschutz-Grundverordnung (EU) 679/2016 für das Verhältnis von Datenschutzrecht und (insb. rechtsanwaltlichem) Berufsrecht die unterschiedlichsten Theorien diskutiert (Übersicht über den damaligen Meinungsstand in der Voraufl. 2017, S. 168 f. Fn. 105).

122 *König*, Datenschutzkontrolle, 2015, S. 136 ff.

123 EGMR Urt. v. 15.12.2005 – 73797/01, NJW 2006, 2901 (2905 f.) (zu Art. 10 Abs. 1 EMRK); *Rüpke*, Advokatur, 1995, S. 64–112.

Die weisungsabhängige Buchhaltung, wie sie insbesondere zu den Aufgaben der Steuerberater gehört (§ 1 Abs. 2 Nr. 2 StBerG), kann eine Auftragsverarbeitung darstellen[124], für die dann besondere Anforderungen hinsichtlich Dokumentation sowie technische und organisatorische Vorgaben gelten (Art. 28 DSGVO); abgesehen von diesen Sonderkonstellationen ist die Tätigkeit von Freiberuflern ihrem Wesen nach grundsätzlich **keine Auftragsdatenverarbeitung**[125], wie § 11 Abs. 2 S. 1 u. 2 StBerG in für alle Berufsträger deklaratorisch feststellt. 52

Im **Verhältnis zu Dritten** und insbesondere einer gegnerischen Partei bilden Berufsträger und Mandant eine informationsrechtliche Einheit („Informationskondominium"[126]). Der Berufsträger muss mandatsbezogen unbeschränkt mit dem Mandanten kommunizieren können, einschließlich des Austauschs von Daten über Dritte. Personenbezogene Daten Dritter darf der Anwalt bzw. Steuerberater zudem jedenfalls in dem Umfang an weitere, „vierte" Personen (z.B. Gerichte, Sachverständige) übermitteln, wie es der Mandant innerhalb der für ihn geltenden Erlaubnistatbestände des Datenschutzrechts selber dürfte. Dies ist Ausfluss des (Grund-)Rechts auf effektiven Rechtsschutz[127] und kann findet seine ausdrücklich gesetzliche Anerkennung insbesondere in den Datenverarbeitungsbefugnissen zur „Geltendmachung, Ausübung oder Verteidigung" von Rechtspositionen nach § 24 Abs. 1 Nr. 2 BDSG, was über ihren jeweiligen Anwendungsbereich hinaus verallgemeinert werden kann (vgl. auch ErwGr. 52 S. 3 und Art. 49 Abs. 1 S. 1 lit. e DSGVO). 53

Die Verschwiegenheitspflicht der Anwälte und Steuerberater steht zudem **datenschutzrechtlichen Auskunftsansprüchen** Dritter, etwa des Prozessgegners, aus § 29 Abs. 1 u. 2 BDSG oder Art. 14 DSGVO entgegen[128]. 54

Die **Übermittlung personenbezogener Daten in Staaten außerhalb der EU** bzw. des EWR ist für die Anwaltstätigkeit und wohl auch Steuerberatung weitgehend erlaubt (Art. 49 Abs. 1 S. 1 lit. e DSGVO). 55

Außerhalb der Mandatsbearbeitung unterliegt allerdings der Berufsträger ohne weiteres den allgemeinen Regeln des Datenschutzrechts (→ Kap. 10 Rn. 48 ff.). Dies gilt besonders für Arbeitnehmerdatenverarbeitung und für das Marketing. Soweit der Berufsträger nicht als rechtlicher Interessenvertreter tätig wird (→ Kap. 4 Rn. 43 ff.) und deshalb ein Mandatsverhältnis nicht besteht, erscheint es konsequent, insoweit das Datenschutzrecht anzuwenden; eines „Schutzes vor dem Datenschutz" bedarf der Berufsträger insoweit nicht. 56

H. Verkauf und personelle Veränderung der beruflichen Niederlassung

Henssler/M. Kilian Erwerb von Anwaltssozietäten – Das Prinzip des „sanften Übergangs", MDR 2001, 1274 ff.; *Hülsmann* Zur Verschwiegenheitspflicht des Steuerberaters bei Übertragung

124 Str., vgl. *Seiter* DuD 2019, 127 (131–133); *Kramer* PinG 2014, 77 ff.

125 So auch *Blumenthal/Braun* RDV 2021, 94 (95 ff.); *Ziegenhorn/Fokken* ZD 2019, 194 (197).

126 *v. Lewinski* in Abel, Datenschutz, 2. Aufl. 2003, § 5 Rn. 6; Begriff von *Rüpke*, Advokatur, 1995, S. 25, zur Beschreibung der sich aus dem Anwaltsrecht ergebenden „Herrschaftsbefugnisse" von Mandant und Anwalt. – Jedenfalls aber ist das Verhältnis von Anwalt und Mandant nicht in einer solchen Weise (rechtlich) nach außen abgeschottet, dass dadurch ein „beleidigungsfreier Raum" entstünde, wie er teilweise für Familien- und enge Vertrauensverhältnisse entwickelt worden ist (BGH Urt. v. 27.3.2009 – 2 StR 302/08, NJW 2009, 2690 (2692)). – In der Medizin gibt es mit dem „singulären Kolloquium" ein ähnliches, aber umfassenderes Konzept (vgl. *Desrosière*, Die Politik der großen Zahlen, 2005 (fr.: La Politique es Grands Nombres, 2. Aufl. 2000), S. 93 f.).

127 EFTA-Gerichtshof Urt. v. 10.12.2020 – E 11/19, Ls. 1.

128 AG Köln Urt. v. 4.2.2015 – 134 C 174/14 Kl, NJW 2015, 1701 (1702).

oder Einbringung seiner Kanzlei, INF 1998, 727 ff.; *Huffer* Schweigepflicht im Umbruch, NJW 2002, 1382 ff.; *Krohm* Der Schutz personenbezogener Daten im Zuge von Unternehmenstransaktionen, 2012, S. 167–172; *Roßnagel* Datenschutz bei Praxisübergabe, NJW 1989, 2303 ff.; *Wehmeier* Praxisverkauf: Nichtigkeit eines Kaufvertrages, Stbg 1996, 345 ff.

57 Bei der Übertragung oder dem Verkauf einer beruflichen Niederlassung (Kanzlei, Praxis; → Kap. 10 Rn. 24) gilt als Grundsatz: **keine Übertragung von Mandantenakten und -daten ohne Einwilligung**[129]. Dies macht insbesondere eine Due Diligence bei Zusammenschlüssen von Berufsträgern voraussetzungsvoll[130].

58 Verstöße gegen die Verschwiegenheitspflicht führen zur **Nichtigkeit des Veräußerungsvertrags** nach § 134 BGB[131]. Dies gilt auch vor dem Hintergrund der § 49b Abs. 4 BRAO, § 43a Abs. 2 PAO und § 64 Abs. 2 StBerG, die die Abtretung einzelner Forderungen aus der anwaltlichen bzw. steuerberatenden Tätigkeit zulassen, insoweit aber zugleich begrenzen[132].

59 In der Praxis finden sich zwei pragmatische Lösungsansätze: So können die Unterlagen und Mandantenakten in der verkauften Kanzlei bzw. Praxis verbleiben, ein Zugang ist jedoch nur bei Einwilligung des jeweiligen Mandanten möglich (**Zwei-Schrank-Modell**). Oder es wird eine vorübergehende (Außen-)Sozietät gebildet (**Modell des „sanften Übergangs"**)[133]. Denn die Bildung einer Berufsausübungsgemeinschaft wird nicht als Bruch der Verschwiegenheit angesehen, der spätere Austritt des ursprünglichen Berufsträgers nicht als Umgehung. Auf diese Weise hat sich die ursprünglich sehr streng formulierte Rechtsprechung in diesem Bereich den Gegebenheiten des dynamischen heutigen Rechts- und Steuerberatungsmarkts angepasst[134].

60 Die **Aufnahme eines neuen Kollegen** ist im Hinblick auf die Verschwiegenheitspflicht dagegen unproblematisch, solange und soweit die Sozietät den Mandatsvertrag abgeschlossen hat. Denn dann sind alle Berufsträger (Sozien und angestellte Anwälte bzw. Steuerberater, auch zukünftige) aufgrund des **Gesamtmandats** untereinander von der Verschwiegenheitspflicht befreit.

---

129 Kuhls/*Maxl* StBerG § 57 Rn. 292.

130 Dazu Dombek/Ottersbach/Schulze zur Wiesche/*Dombek* Anwaltssozietät § 2 Rn. 36.

131 BGH Urt. v. 11.12.1991 – VIII ZR 4/91, BGHZ 116, 268 (272) – Patientenkartei; BGH Urt. v. 17.5.1995 – VIII ZR 94/94, NJW 1995, 2026 (2026 f.); BGH Urt. v. 22.5.1996 – VIII ZR 194/95, NJW 1996, 2087 (2088) – Steuerberaterpraxis.

132 OLG Hamm Urt. v. 15.12.2011 – 2 U 65/11, NJW 2012, 1743 (1744).

133 BGH Urt. v. 13.6.2001 – VIII ZR 176/00, NJW 2001, 2462 (2463 f.); *Henssler/Kilian* MDR 2001, 1274 (1274 ff.); vgl. auch Kuhls/*Maxl* StBerG § 57 Rn. 293.

134 *Huffer* NJW 2002, 1382 (1382 ff.).

Kapitel 7: Sonstige Pflichten gegenüber Mandant, Kollege, Verwaltung und Gericht

Meng Die gewissenhafte Berufsausübung des Steuerberaters, StB 1990, 113 ff.; *Zuck* Die berufsrechtlichen Pflichten des Rechtsanwalts, MDR 1996, 1204 ff.

Der Inhalt des Mandats bestimmt sich nach dem Willen der Parteien, wegen seines Weisungsrechts insbesondere nach dem des Mandanten. Viele Nebenpflichten des Berufsträgers sind jedoch schon durch das Berufsrecht – für den Rechtsanwalt insbesondere durch den **„Pathoskatalog“**[1] in § 43a BRAO, in vergleichbaren Vorschriften für Patentanwälte durch § 39a PAO und Steuerberater durch § 57 StBerG – zwingend vorgegeben. Bei der Übernahme eines Mandats werden Normen des Berufsrechts in das (meist privatrechtliche) Mandatsverhältnis transformiert[2]. Das Berufsrecht ist gleichsam die Geschäftsgrundlage des Mandats; es ist deshalb mehr als bloße „gute fachliche Praxis“. 1

Die gesetzlichen Regeln, wie ein Mandat zu führen ist, schützen in erster Linie das **Vertrauen und das Einvernehmen zwischen Mandant und Berufsträger**[3]. Doch auch die Zusammenarbeit der Berufsträger untereinander ist im Hinblick auf die **Funktionsfähigkeit der (Steuer-)Rechtspflege** von Bedeutung. Aus dem gleichen Grund finden sich, wenngleich nur vereinzelt, Bestimmungen über das Verhältnis zwischen Berufsträger und Gericht bzw. (Finanz-)Verwaltung. 2

A. Gewissenhaftigkeit. Würdigkeit

W. Hartung Sanktionsfähige Berufspflichten aus einer Generalklausel?, AnwBl. 2008, 782 ff.

§ 43 S. 1 BRAO, § 39 S. 1 PAO und § 57 Abs. 1 StBerG verlangen vom Berufsträger, seinen Beruf „gewissenhaft“ auszuüben. Der erste Teil der **berufsrechtlichen Generalklausel** der Anwälte hat keinen eigenständigen Regelungsgehalt, sondern muss zusammen mit Satz 2 gelesen werden. Dieser schreibt vor, dass sich der Anwalt „der Achtung und des Vertrauens, welche die Stellung des Anwalts erfordert, würdig [...] erweisen“ muss. Die Bedeutung dieser Generalklausel ist heute[4] allerdings gering, da die wesentlichen Pflichten inzwischen ausführlich in BRAO und BORA, in PAO und BOPA niedergelegt sind. Sie hat im wesentlichen noch die Funktion einer Auffangnorm[5]. – Der Berufspflicht zur Gewissenhaftigkeit wird im Berufsrecht der 3

---

1 *Kleine-Cosack* BRAO § 43a BRAO Rn. 1.

2 Teilweise werden Vertrags- und Berufspflichten auch kategorisch unterschieden (etwa bei *Würdinger/Pechartschek* JA 2007, 401 (402 f.)).

3 *Wesel*, Risiko Rechtsanwalt, 2001, S. 78, 84, vgl. S. 138.

4 Bis 1987 bzw. 1994 war die Generalklausel i.V.m. den von der BRAK nach § 177 Abs. 2 BRAO a.F. festgestellten „Standesauffassungen“ die gesetzliche Grundlage der einzelnen standesrechtlichen Pflichten. – Zur Transmission von außergesetzlichen Ehr- und Standesvorstellungen *Collin* Rg 2017, 138 (142 ff.).

5 Über die Bedeutung der berufsrechtlichen Generalklausel des § 43 BRAO gehen die Meinungen weit auseinander: Teilweise wird § 43 BRAO als ein überholtes Relikt angesehen (z.B. *Hartung* AnwBl. 2008, 782 (783); Hartung/Scharmer/*Peitscher* BRAO § 43 Rn. 15), von der h.M. (s. nur *Kleine-Cosack* BRAO § 43 Rn. 3; *Quaas* in Offermann-Burckart, AnwaltsR, 2010, § 12 Rn. 4 f.; *Bultmann* AnwBl. 2003, 607 (607)) und der Rspr. (BGH Beschl. v. 30.11.2009 – AnwZ (B) 11/08, BRAK-Mitt. 2010, 132 (133); AnwGH Berlin Beschl. v. 29.10.2015 – I AGH 8/15, BRAK-Mitt. 2016, 71) aber als Generalklausel, teilweise sogar

Steuerberater dagegen durchaus ein eigener Regelungsgehalt beigemessen, indem aus ihr die Kernanforderungen für die praktische Umsetzung der eigenverantwortlichen Entscheidungen des Steuerberaters, d.h. für die tatsächliche Erfüllung der dem Steuerberater obliegenden Aufgaben, abgeleitet werden[6].

B. Mandantenbezogene Pflichten

Dahns Berufspflichten bei der Wahrnehmung eines Mandats, NJW-Spezial 2015, 318; *Edenfeld* Anwaltshaftung - Beratungspflichten im Vergleich, MDR 2001, 972 ff.; *Schlecht* Die zivilrechtliche Haftung des Strafverteidigers, 2006, S. 75–137; *Zugehör* Schwerpunkte der zivilrechtlichen Haftung aus Steuerberatung, DStR 2007, 673 ff., 723 ff.

4 Die meisten berufsrechtlichen Pflichten bestehen zugunsten des Mandanten.

I. Sachverhaltsermittlung

Popp Die Verpflichtung des Anwalts zur Aufklärung des Sachverhalts, 2001.

5 Zu den allgemeinen Pflichten gehört zunächst die **sorgfältige und vollständige**, eben „gewissenhafte“ (§ 43 S. 1 BRAO; § 39 S. 1 PAO; § 57 Abs. 1 StBerG) **Sachverhaltsermittlung bzw. Sachverhaltsklärung**[7]. Ohne ein Verständnis der faktischen und (insb. bei Patentanwälten[8]) technischen Umstände ist eine Interessenvertretung nicht möglich. Die rechtliche bzw. steuerliche Strukturierung eines Lebenssachverhalts ist eine der wesentlichen Aufgaben des Berufsträgers[9]. Die bloße Übernahme von Daten aus einem (Online-)Formular genügt nicht[10], ein persönlicher Kontakt mit dem Mandanten ist aber – anders als bei Ärzten (vgl. § 9 HWG) – nicht erforderlich.

6 Allerdings muss der Anwalt oder Steuerberater **von sich aus keine Recherchen übernehmen**, wenn er keine deutlichen Hinweise auf Lücken im Sachverhalt oder auf Falschinformationen hat[11]. Die für eine insolvenzrechtliche Fortführungsprognose relevanten Umstände im Zusammenhang mit der Erstellung einer Bilanz müssen nicht proaktiv ermittelt werden[12], sondern der Mandant hat insoweit eine Informationsobliegenheit[13]. Erkennt der Rechtsanwalt, dass die Tatsachenschilderungen des Mandanten unrichtig sind, hat er diesen zunächst auf die Folgen hinzuweisen, die Falschinformationen nach sich ziehen können, und so auf eine korrekte Sachverhaltsermittlung hinzuwirken[14].

---

als Ausdruck des Grundprinzips „anwaltlicher Professionalität“ (*Knöfel*, Grundfragen der internationalen Berufsausübung von Rechtsanwälten, 2005, S. 65 ff.) interpretiert.

6 *Koslowski* StBerG § 57 Rn. 40; *Meng* StB 2009, 113 (114).

7 Grundlegend BGH Urt. v. 21.11.1960 – III ZR 160/59, NJW 1961, 601 (602).

8 Dazu die grundsätzliche, letztlich aber verneinende Denkschrift „Ist es eines Patentanwalts unwürdig, Schriftsätze zu unterzeichnen und einzureichen, die er nicht versteht?“, MittdtschPatAnw 1901, 24–26.

9 *Zugehör* DStR 2007, 673 (676).

10 LG Berlin Urt. v. 5.6.2014 – 14 O 395/13, NJW-RR 2014, 1145, dort allerdings dogmatisch als Beratungsfehler eingeordnet.

11 Vgl. BGH Urt. v. 23.9.2004 – IX ZR 148/03, NJW-RR 2005, 1223 (1224); OLG Frankfurt a.M. Urt. v. 15.04.1999 – U 26/98, OLGRspr. Frankfurt 1999, 178.

12 BGH Urt. v. 26.1.2017 – IX ZR 285/14, ZIP 2017, 427 (432).

13 Vgl. OLG Köln Urt. v. 22.7.2004 – 21 U 5/04, BRAK-Mitt. 2004, 219; missverständlich *Vollkommer/Greger/Heinemann*, AnwaltshaftungsR, 5. Aufl. 2021, § 10 Rn. 2 („echte Vertragspflicht“ des Mandanten); in dieselbe Richtung wohl Fahrendorf/Mennemeyer/*Fahrendorf* RA Haftung-HdB Rn. 478.

14 *Vollkommer/Greger/Heinemann*, AnwaltshaftungsR, 5. Aufl. 2021 § 10 Rn. 16.

II. Rechtliche und steuerliche Beurteilung

Weiss Erwartungen an den Rechtsanwalt – Rechtlicher Rat oder mehr?, BRAK-Mitt. 1997, 102 f.

Bei der rechtlichen Beurteilung muss der Anwalt das **gesamte geltende Recht berücksichtigen** und eine „im wesentlichen lückenlose Kenntnis des deutschen Rechts“[15] einschließlich der kommenden Rechtsänderungen[16] und der europarechtlichen Grundlagen haben. Der Patentanwalt muss daneben noch den **Stand der Technik** berücksichtigen[17]. Der Steuerberater muss ebenfalls die einschlägigen Rechtsnormen sowie die **entsprechenden Steuerrichtlinien und Steuererlasse** kennen und seiner rechtlichen Beurteilung zugrundelegen[18]. Die Rechtsprüfung hat sich an der **höchstrichterlichen Rechtsprechung** auszurichten[19]. Dass abweichende Stimmen in Rechtsprechung und Schrifttum nicht berücksichtigt werden müssen, ist nur eine scheinbare Erleichterung. Denn Änderungen in der Rechtsprechung müssen „vorausgeahnt werden“[20], was die Auswertung des Schrifttums – insbesondere auf „private“ Aufsätze von Vorsitzenden Richtern und Berichterstattern hin – und von Verwaltungsvorschriften[21] einschließt. Soweit die Rechtslage unklar ist, sich bislang weder eine Linie in der Rechtsprechung bzw. noch in der Praxis der Finanzverwaltung herausgebildet hat und die Stellungnahmen der Literatur uneinheitlich sind, kann ein Steuerberater zudem verpflichtet sein, eine amtliche Auskunft seitens der Steuerverwaltung einzuholen[22]. Fehler in der rechtlichen Würdigung und Unkenntnis von relevanten Entscheidungen sind immer eine Pflichtverletzung. Sie können lediglich und zudem nur ausnahmsweise (→ Kap. 9 Rn. 22 ff.) entschuldigt sein. 7

Trotz dieser Orientierung an der Rechtsprechung ist der Berufsträger nicht deren Sprachrohr. Vielmehr kann er eine **gerichtliche Rechtsauffassung auch bekämpfen.** Doch muss er sich und dem Mandanten vorher ein umfassendes und zutreffendes Bild von der bis dato bestehenden Rechtslage gemacht haben. 8

III. Informierungspflicht

Dahns Die Antwortpflicht nach § 11 II BORA, NJW-Spezial 2016, 574 f.; *Schöttle* Zur Bedeutung des neuen Fernabsatzrechts für die Anwaltshomepage, NJW 2005, 1979 ff.

Sowohl aus dem **bürgerlichrechtlichen Auftragsrecht** (§§ 675, 666 BGB) als auch aus dem **Berufsrecht** (für Rechtsanwälte § 11 Abs. 2 BORA, Ziff. 3.1.2 S. 3 9

15 *Odersky* NJW 1989, 1 (3 m.w.N. in Fn. 22).
16 BGH Urt. v. 15.7.2004 – IX ZR 472/00, NJW 2004, 3487 (3487). – Ob dies auch zur regelmäßigen Lektüre der Bundestagsdrucksachen verpflichtet, ist offen (*Borgmann* NJW 2005, 22 (24 Fn. 32)).
17 Vgl. OLG Düsseldorf Urt. v. 11.7.1996 – 2 U 5/96, MittdtschPatAnw 1997, 127 (129 f.).
18 BGH Urt. v. 20.10.2005 – IX ZR 127/04, NJW-RR 2006, 273 (274); BGH Urt. v. 7.12.2006 – IX ZR 37/04, NJW-RR 2007, 857 (859); *Zugehör* DStR 2007, 673 (676); ausführlich *Späth*, Die zivilrechtliche Haftung des Steuerberaters, 4. Aufl. 1994, Rn. 156 ff.
19 BGH Urt. v. 29.3.1983 – VI ZR 172/81, NJW 1983, 1665 (1665).
20 BGH Urt. v. 6.11.2008 – IX ZR 140/07, DStR 2009, 450 (450 f.) (zu Steuerberatern); OLG Karlsruhe Urt. v. 2.7.2003 – 1 U 233/01, BRAK-Mitt. 2004, 74 (Ls.); einschränkend aber OLG Karlsruhe Urt. v. 18.12.2006 – 1 U 77/0, BRAK-Mitt. 2007, 160 f.; *Kleine-Cosack* BRAO vor §§ 51–52 Rn. 40; zur Vorwirkung von Gesetzen allgemein *Kloepfer*, Vorwirkung von Gesetzen, 1974.
21 BGH Urt. v. 13.3.2014 – IX ZR 23/10, NJW-RR 2014, 1015 (1017 f.) (zu Steuerberatern).
22 BGH v. 8.2.2007 – IX ZR 188/05, DStRE 2007, 992; OLG Düsseldorf Urt. v. 20.1.2004 – I-23 U 28/03 u.a., Stbg 2004, 508; BeckStB-HdB 2019/2020/*Koslowski* Kap. U Rn. 19; *Zugehör* DStR 2007, 673 (676).

CCBE-Berufsregeln; für Steuerberater § 13 Abs. 2 BOStB) folgt eine laufende Informierungspflicht[23]. Sie ist zu unterscheiden von den vorvertraglichen Informierungspflichten (→ Kap. 3 Rn. 8 ff.). Auf An- und Nachfragen des Mandanten ist unverzüglich zu reagieren (§ 11 BORA)[24].

10 In der Praxis kommen Berufsträger dem durch Übersendung von **Kopien der ein- und ausgehenden Korrespondenz** nach, ggf. auch von **Telefonvermerken**[25] oder **Zwischenberichten**. Vereinfacht wird dies für E-Mails durch die Möglichkeit, den **Mandanten auf CC:** bzw. BCC: zu setzen. Bei der Vertretung einer großen Zahl von Mandanten (Wohnungseigentümergemeinschaften, Kommanditisten einer Publikums-KG) reicht die Informierung eines von den Mandanten gewählten Vertreters aus[26].

11 Substrat der Informierungspflicht ist die **Handakte** (§ 50 BRAO; § 44 PAO; § 66 StBerG; dazu → Rn. 25 ff.). Dem Mandanten ist nach §§ 675, 666 BGB Auskunft zu erteilen und nach § 810 BGB Einsicht zu gewähren. Nach § 50 Abs. 2 BRAO, § 17 BORA sowie § 44 Abs. 2 PAO bzw. § 66 Abs. 2 StBerG, § 13 Abs. 4 BOStB ist die Handakte dem Mandanten auf Verlangen herauszugeben, was jedoch nur der seltene Ausnahmefall ist und eher ein letztes Druckmittel in der Hand des Mandanten.

12 Die Informationspflichten beziehen sich auf alle Tatsachen, auch soweit der Anwalt oder Steuerberater dadurch **eigene Fehler offenlegt** (zu den Grenzen sogleich). Dass nach ErwGr. 25 S. 2 der Mediationsrichtlinie 2008/52/EG Rechtsanwälte angeregt werden sollen, „ihre Mandanten über die Möglichkeit der Mediation zu unterrichten", ist inhaltlich nur eine Selbstverständlichkeit.

13 Belügen darf der Berufsträger seinen Mandanten nicht. Ob **unangenehme Wahrheiten** verzögert oder verdünnt mitgeteilt werden, ist dagegen Sache der Einschätzung des Berufsträgers. Das Abfassen vorgeblicher Urteilsabschriften zur Ruhigstellung drängelnder Mandanten ist wohl keine Urkundenfälschung[27], jedenfalls aber ein berufsrechtlicher Verstoß gegen die Informierungspflicht.

14 Eine Pflicht zur „Data Breach Notification", wie man sie aus dem Datenschutzrecht kennt (z.B. Art. 34 DSGVO), wird sich gegenüber dem Mandanten schon aus dem Berufsrecht und der darin verankerten Interessenwahrungspflicht ableiten lassen. Deshalb ist der Mandant auch unabhängig von einem Personenbezug der betroffenen Daten über **Datenpannen** zu unterrichten (→ Kap. 10 Rn. 40); ob und welcher Aufsichtsbehörde (Kammer und/oder Datenschutzaufsichtsbehörde) ein solcher Vorfall ebenfalls mitzuteilen ist, hängt von der Betroffenheit personenbezogener Daten und überhaupt von der Frage der Anwendbarkeit einschlägiger datenschutzrechtlicher Regelungen auf Anwälte und Steuerberater ab (→ Kap. 6 Rn. 50 ff.).

IV. Belehrungen und Hinweise

Chab Warnung vor der Warnpflicht – Tipps für die Anwaltspraxis, AnwBl. 2011, 392 ff.; *Kellner* Belehrungspflichten des Anwaltes über die prozessualen Erfolgsaussichten, BRAK-Mitt. 2012,

23 BGH Urt. v. 30.11.1989 – III ZR 112/88, BGHZ 109, 260 (264 ff.); BeckStB-HdB 2019/2020/*Koslowski* Kap. U Rn. 18.

24 Zu berücksichtigenden tatsächlichen Umständen BGH Urt. v. 18.7.2016 – AnwZ (Brfg) 22/15, NJW-RR 2016, 1146 (1147 f.).

25 Vgl. OLG Düsseldorf Beschl. v. 28.10.2010 – I-24 U 75/10, AnwBl. 2011, 297 f.

26 OLG Koblenz Beschl. v. 20.10.2005 – 14 W 661/05, NJW 2005, 3789.

27 So OLG Hamm Beschl. v. 12.5.2016 – 1 RVs 18/16, NJOZ 2016, 1757 (1758); a.A. noch in der Vorinstanz LG Dortmund, Urt. v. 1.10.2015 – 45 Ns 222/14.

108 ff.; *Sarres* Anwaltliche Aufklärungs- und Belehrungspflichten, 2001; *Schwarz* Die zivilrechtliche Pflicht zur Anzeige eigener Fehler, 2006.

Die Interessenwahrung umfasst Unterrichtungs-, Belehrungs- und Hinweispflichten. 15
So ist der Mandant **über alle Rechtsfolgen und Risiken aufzuklären**, die direkt oder indirekt mit dem Mandat zusammenhängen[28]. Dies gilt auch für Obliegenheiten des Mandanten[29], etwa hinsichtlich der Anzeigeobliegenheit gegenüber einer Haftpflichtversicherung[30] oder beim Vorliegen von Insolvenzgründen[31]. Wirtschaftsberatung im eigentlichen Sinne wird vom Anwalt nicht verlangt[32], sie zählt aber durchaus zum Berufs- und Aufgabenbild des Steuerberaters[33]. Soweit einem Steuerberater eine außerhalb des Steuerrechts liegende Prüfung und Beratung erforderlich erscheint, zu der er nicht selbst befugt ist, hat er dem Mandanten zu empfehlen, einen geeigneten Rechtsanwalt aufzusuchen[34].

Anwalt und Steuerberater dürfen sich nicht darauf beschränken, auf **Risiken** bloß 16
hinzuweisen, sondern müssen sie **auch bewerten**[35], so dass der Mandant eine eigenverantwortliche Entscheidung treffen kann[36]. Eine vollständige Darstellung der Rechtslage in Form eines Gutachtens ist nicht gefordert, weil und wenn es dem Mandanten um die Bewertung seiner Handlungsalternativen, nicht um die rechtswissenschaftliche Klärung einer abstrakten Frage geht[37]. Insbesondere ist eine mögliche (intellektuelle) Überforderung des Mandanten bei einer eingehenden juristischen Analyse zu berücksichtigen („Information Overflow"). Ferner ist eine besondere Eindringlichkeit oder Nachdrücklichkeit der Belehrung nicht erforderlich. Ein aussichtsloser Fall muss dem Mandanten aber als ein solcher dargestellt werden[38].

Praxishinweis: 17

Die Belehrung des Mandanten muss **nicht notwendigerweise in schriftlicher Form** erfolgen, allerdings ist dies mit Blick auf die berufsrechtlich erforderliche Klarheit der Belehrung einerseits und eine etwaige Beweisbarkeit der Erfüllung der Belehrungspflicht in einem späteren Schadensersatzprozess andererseits zu empfehlen[39].

Anzeichen für **Fehler oder gar Straftaten von Mitarbeitern des Mandanten**, ins- 18
besondere von dessen Geschäftsführern, müssen den entsprechenden Gremien des Mandanten gemeldet werden. In den USA besteht eine solche Pflicht aufgrund des

28 BGH Urt. v. 19.1.2006 – IX ZR 232/01, NJW-RR 2006, 923 (924).
29 Kuhls/*Raab* StBerG § 57 Rn. 182 ff.
30 Vgl. OLG Köln Beschl. v. 12.10. und 16.11.2009 – 5 U 57/09, BRAK-Mitt. 2010, 22 (Ls.).
31 BGH Urt. v. 26.1.2017 – IX ZR 285/14, DStR 2017, 956 (957 f.); dazu *Heidrich/Mehmel* StB 2018, 65 ff.; anders noch BGH Urt. v. 7.3.2013 – IX ZR 64/12, NZI 2013, 438 ff.
32 BGH Beschl. v. 19.7.2012 – IX ZR 178/11, BRAK-Mitt. 2012, 262 (262 f.); Fahrendorf/Mennemeyer/*Fahrendorf* RA Haftung-HdB Rn. 448; zu den mit Unternehmensberatung zusammenhängenden Haftungsfragen *Müller-Feldhammer* NJW 2008, 1777 ff.
33 *Koslowski* StBerG § 33 Rn. 11.
34 BGH Urt. v. 19.5.2009 – IX ZR 43/08, WM 2009, 1376 (1377); BGH Urt. v. 12.2.2004 – IX ZR 246/02, WM 2004, 2034 (2036); *Gehrlein*, Anwalts- und Steuerberaterhaftung, 5. Aufl. 2019, S. 65, 69.
35 OLG Hamm Urt. v. 14.9.2004 – 28 U 158/03, NJW-RR 2005, 134 (136); BGH Urt. v. 8.12.1983 – I ZR 183/81, NJW 1984, 791 (792 f.).
36 *Zugehör* DStR 2007, 673 (676).
37 BGH Urt. v. 1.3.2007 – IX ZR 261/03, NJW 2007, 2485 (2486). – Allerdings sind solche gutachterlichen Erwägungen aus Dokumentationsgründen regelmäßig sinnvoll.
38 BGH Urt. v. 8.12.1983 – I ZR 183/81, NJW 1984, 791 (791 f.).
39 Vgl. Kuhls/*Raab* StBerG § 57 Rn. 181.

sogenannten Sarbanes-Oxley-Act[40], nach deutschem Recht folgt sie aus der Interessenwahrungspflicht des Berufsträgers[41].

19 Anwalt und Steuerberater sind ferner verpflichtet, den Mandanten auf **eigene Fehler** und damit auf **Schadensersatzansprüche gegen sich selbst** hinzuweisen[42], wie die frühere Rechtsprechung zur sogenannten „Sekundärverjährung" im Zusammenhang mit dem inzwischen aufgehobenen[43] § 51b BRAO a.F. verdeutlicht hatte[44]. Dagegen soll ein mit der Vertretung im Einspruchsverfahren beauftragter Steuerberater nicht verpflichtet sein, den Mandanten auf einen möglichen Regressanspruch gegen einen früheren Steuerberater und die insofern drohende Verjährung hinzuweisen[45].

V. Fristwahrung

Beck Wiedereinsetzung in den vorigen Stand bei Fristversäumnis durch Kanzleipersonal, JURA 2018, 860 ff.; *Becker* in: Baumbach/Lauterbach/Albers/Gehle, Zivilprozessordnung, 78. Aufl. 2020, § 233 ZPO, Rn. 49–188.

20 Das Erkennen und Wahren vertraglicher, gerichtlicher und gesetzlicher Fristen ist wesentlich, um Rechtspositionen des Mandanten durchzusetzen. Stets haben Anwalt und Steuerberater deshalb **Verjährungs- und andere Fristen** im Auge zu behalten[46]. Mit Bezug auf das Mandat müssen Anwalt und Steuerberater Post, E-Mails und das beA täglich[47] durchsehen[48]. Berufsträger handeln dabei regelmäßig nicht allein vertragswidrig, sondern auch berufsrechtswidrig, wenn sie ein übernommenes Mandat verspätet erledigen oder zwingende gesetzliche Fristen nicht einhalten. Insbesondere sind Zeitmangel und Überlastung des Berufsträgers kein Entschuldigungsgrund, vielmehr hat dieser das Mandat von vorneherein abzulehnen oder es zur rechtzeitigen Erfüllung an einen Kollegen weiterzugeben[49].

21 Während der Berufsträger den Mandanten frühzeitig, jedenfalls rechtzeitig und unter Einrechnung einer Überlegungsfrist auf Fristen aufmerksam machen muss[50], darf er **Fristen gegenüber dem Gegner, Behörden und dem Gericht voll ausschöpfen**. Er hat dann aber erhöhte Sorgfalt walten zu lassen. Insbesondere muss er Vorkehrungen gegen technische und sonstige Schwierigkeiten bei der Übermittlung treffen[51]. Auch bei sonstiger, selbst unerwarteter eigener Abwesenheit muss eine Fristwahrung gewährleistet sein[52].

---

40 S. immer noch *Block* BKR 2003, 774 ff.

41 *Mann*, Anwaltliche Verschwiegenheit und Corporate Governance, 2009, S. 171–202.

42 *Peters* JR 2011, 93 ff.; enger und für eine Beschränkung nur auf Tatsachen *Schwarz*, Die zivilrechtliche Pflicht zur Anzeige eigener Fehler, 2006, S. 72 ff.

43 *Borgmann* NJW 2005, 22 (30); kritisch schon *Kleutgens*, Die Sekundärhaftung des Rechtsanwalts, 1994.

44 Dazu Borgmann/Jungk/Schwaiger/*Borgmann* Anwaltshaftung Kap. X Rn. 6; → Kap. 9 Rn. 41 ff.

45 BGH Urt. v. 7.5.2015 – IX ZR 186/14, NJW 2015, 2326 (2327); anders hingegen nach BGH Urt. v. 29.4.1993 – IX ZR 101/92, NJW 1993, 2045 (2046) für den Rechtsanwalt.

46 BGH Urt. v. 9.7.1998 – IX ZR 324/97, WM 1998, 2246 (2247 f.); BGH Urt. v. 29.11.2001 – IX ZR 278/00, NJW 2002, 1117 (1119); BAG Beschl. v. 10.1.2003 – 1 AZR 70/02, NJW 2003, 1269 (1269 f.); vgl. BGH Beschl. v. 13.2.2003 – V ZR 422/00, NJW 2003, 1528 (1529); BGH Beschl. v. 5.2.2003 – VIII ZB 115/02, NJW 2003, 1815 (1816); vgl. auch *Bräuer* AnwBl. 2003, 715 (717 f.).

47 Für eine stündliche Kontrolle OLG Jena Beschl. v. 19.2.2016 – 1 W 591/15, AnwBl. 2016, 438.

48 KG Beschl. v. 6.1.2005 – 16 UF 114/04, BRAK-Mitt. 2005, 74 (Ls.).

49 *Koslowski* StBerG § 57 Rn. 52.

50 BGH Beschl. v. 23.5.2007 – IV ZB 48/05, NJW 2007, 2331.

51 BGH Beschl. v. 9.5.2006 – XI ZB 45/04, NJW 2006, 2637 (2637 f.).

52 BGH Beschl. v. 11.5.1989 – VII ZB 8/89, VersR 1989, 930 (930); VGH München Beschl. v. 28.12.1992 – 23 B 92/1549, NJW 1993, 1731 (1732).

Bei Prozessmandaten muss der Anwalt **postulationsfähig** sein[53] oder einen **Terminsvertreter** haben. Bereits während eines mehr als einwöchigen **Urlaubs** eines Rechtsanwalts (§ 53 Abs. 1 Nr. 1 BRAO)[54] bzw. eines zweiwöchigen eines Patentanwalts (§ 46 Abs. 1 Nr. 1 PAO) muss ein Vertreter bestellt werden, während ein Steuerberater nach § 69 Abs. 1 S. 1 StBerG erst bei einer Abwesenheit von mehr als einem Monat zur **Bestellung eines Vertreters** verpflichtet ist[55]. Sind Berufsträger gemeinsam mandatiert, etwa als Mitglieder einer Sozietät, sind Vorkehrungen für eine Vertretung unter Umständen entbehrlich. Allerdings müssen dann Urlaube und Reisen abgestimmt werden. Besitzt nur ein Anwalt – was heute kaum noch relevant ist, nur noch etwa vor dem Bundesgerichtshof und Kirchen- oder Parteigerichten – eine spezielle Zulassung (→ Kap. 15 Rn. 30), muss er eine entsprechend postulationsfähige Vertretung bestellen[56]. 22

Ein (prozessrechtliches) Verschulden liegt nur bei Verschulden des Anwalts oder des Steuerberaters, nicht aber bei dem seines Personals vor. Deshalb wird im Hinblick auf die **Wiedereinsetzung in den vorigen Stand** bei versäumten Fristen (§§ 233 ff. ZPO; § 44 StPO; § 60 VwGO; §/Art. 32 VwVfG; § 123 PatG; § 67 SGG; § 56 FGO; § 93 Abs. 2 BVerfGG) und damit auch auf die Haftung oft Büroversehen vorgeschützt. Wiedereinsetzung wird gewährt, wenn etwa der entsprechende Mitarbeiter „hinreichend geschult, unterrichtet und überwacht" ist[57], bewährte Kanzleisoftware eingesetzt wird[58] oder der Berufsträger auf übliche Faxübertragungsgeschwindigkeiten vertraut hat[59]. Abgestellt wird auf das Wahren der Organisationsobliegenheiten (→ Kap. 10 Rn. 27); er muss insoweit alles Zumutbare getan haben, wobei die Rechtsprechung über die Jahre einen umfassenden Katalog an Anforderungen zusammengestellt hat[60]. Kein Wiedereinsetzungsgrund liegt bei Versäumnissen angestellter Berufsträger vor, die nach dem Grundsatz des Gesamtmandats Vertreter der Partei sind und deren Verschulden deshalb zugerechnet wird[61]. 23

VI. Zügige Mandatsbearbeitung

Zastrow Mandatsbearbeitung in angemessener Zeit, BRAK-Mitt. 2017, 214 ff.

Anwälte sind gem. § 11 Abs. 1 S. 1 BORA bzw. § 13 Nr. 2 BOPA verpflichtet, **Mandate innerhalb angemessener Zeit zu bearbeiten**. Für Steuerberater findet sich dagegen keine berufsrechtliche Vorschrift, die eine über die fristgemäße Erfüllung hinausgehende zeitliche Vorgabe statuiert; denkbar ist allerdings, die Bearbeitung in angemessener Zeit als Aspekt der Einhaltung der Grundsätze pflichtgemäßer Berufsausübung im Sinne des § 13 Abs. 1 S. 1 BOStB zu begreifen. Relevant sind diese Vorschriften ohnehin nur im Hinblick auf berufsrechtliche Sanktionierungsmöglichkeiten. Denn gegenüber dem Mandanten folgt die Pflicht, die Mandatsbearbeitung 24

53 BGH Urt. v. 9.1.2003 – VII ZR 103/02, NJW-RR 2003, 569.
54 *Bräuer* AnwBl. 2003, 715 (716).
55 Vgl. Kuhls/*Ueberfeldt* StBerG § 69 Rn. 13.
56 OLG Dresden Urt. v. 1.9.2005 – 13 U 764/05, NJW 2006, 1359 (1360).
57 Weitere Beispiele bei Baumbach/Lauterbach/Hartmann/Anders/Gehle/*Becker* ZPO § 233 Rn. 146–153; für die Steuerberatung vgl. Kuhls/*Ruppert* StBerG § 57 Rn. 124.
58 BGH Beschl. v. 24.6.2004 – VII ZB 35/03, NJW 2004, 2830 (2831) – RA-Micro.
59 BGH Urt. v. 25.11.2004 – VII ZR 320/03, NJW 2005, 678 (679).
60 Ausführlich zu den Pflichten des Rechtsanwalts bei Versendung von Schriftsätzen per Telefax zur Schrift- und Fristwahrung *Toussaint* NJW 2015, 3207 ff.
61 OVG Schleswig Beschl. v. 2.6.2008 – 2 LB 15/08, NJW 2008, 3800 (3800 f.).

nicht zu verzögern, ohnehin aus dem Geschäftsbesorgungsvertrag[62] – wobei freilich im Einzelfall spezifischere oder abweichende Vereinbarungen getroffen werden können.

VII. Handakte

Bräuer Die Handakten des Anwalts – welche Pflichten treffen den Anwalt?, AnwBl. 2017, 440 f.; *Dahns,* Die Pflicht zum Führen von Handakten, NJW-Spezial 2018, 638 f.; *Fiala* Die Handakte des Steuerberaters, Wirtschaftsprüfers und Rechtsanwalts, DStR 1998, 694 ff., 736 ff.; *Gilgan* Die „Handakte" des Steuerberaters, Stbg 1995, 208 ff.; *Obenhaus* Handakten des Steuerberaters, Stbg 2010, 269 ff.; *Rüpke* Freie Advokatur, anwaltliche Informationsverarbeitung und Datenschutzrecht, 1995, S. 9–13; *Schroer* Das Zurückbehaltungsrecht des Steuerberaters an Arbeitsergebnissen und Mandantenunterlagen, INF 1995, 695 ff.; *Schulz* Herausgabe der Handakten des Rechtsanwalts aus zivilrechtlicher und berufsrechtlicher Sicht, BRAK-Mitt. 2012, 52 f.; *Weiß* Die Verpflichtung des Rechtsanwalts zur Herausgabe der Handakten, JR 1971, 356 ff.

25 Die **Dokumentationspflicht** dient der Transparenz der Mandatsbeziehung. Für Berufsträger ist dies in § 50 Abs. 1 BRAO und § 44 Abs. 1 PAO sowie § 66 Abs. 1 StBerG explizit normiert. Sie haben in einer „Handakte" alle wesentlichen Unterlagen eines Mandats[63] (Schriftsätze, sonstige Korrespondenz) zu sammeln und Fristen zu notieren. Beides kann zudem elektronisch geschehen (§ 50 Abs. 4 BRAO; § 44 Abs. 4 PAO; § 66 Abs. 4 StBerG), allerdings muss eine allein elektronisch geführte Handakte ihrem Inhalt nach einer Akte in althergebrachter Papierform entsprechen und insbesondere eine zuverlässige Notierung und Überprüfung von insbesondere Rechtsmittelfristen gewährleisten. Gesprächsnotizen sind bei Patentanwälten (§ 12 Abs. 1 S. 2 BOPA) und Steuerberatern (§ 66 Abs. 3 a.E. StBerG)[64] Teil der Handakte, bei Rechtsanwälten zählen diese ebenso wie Schmierzettel und Entwürfe nicht hierzu. Auch ist die Handakte umso dünner, je mehr Dokumente bereits an den Mandanten weitergeleitet worden sind (vgl. hierzu § 50 Abs. 3 BRAO; § 44 Abs. 3 PAO; § 66 Abs. 4 StBerG).

26 Die Handakte ist **dem Mandanten auf Verlangen herauszugeben**[65]. Durch diese Pflicht soll der Mandant in den Stand gesetzt werden, jederzeit einen anderen Rechts- oder Steuerberater mandatieren zu können. Ein Zurückbehaltungsrecht steht dem Berufsträger nur wegen ausstehender Honorare und nur in derselben Sache und zudem nur dann zu, wenn die Zurückbehaltung berechtigte Interessen des Mandanten nicht verletzt (§ 50 Abs. 3 BRAO, § 17 BORA; § 44 Abs. 3 PAO; § 66 Abs. 2 StBerG, § 13 Abs. 4 BOStB). Solche berechtigten Interessen bestehen, wenn ein anderer Berufsträger mit dem Fall beauftragt wird oder wenn der Berufsträger selbst in Regress genommen werden soll. Ob die Handakte herausgegeben werden muss oder auch nur darf, wenn die Berufsträger (etwa aus kartellrechtlichen Gründen) im Rahmen eines sog. „Clean Team Agreement" tätig waren, ist noch nicht geklärt.

62 *Zastrow* BRAK-Mitt. 2017, 214 (215).
63 Zum Mandatsbezug der Handakte AnwGH Hamm, BRAK-Mitt. 2012, S. 37, 39; *Obenhaus* Stbg 2010, 269 (270).
64 Vgl. hierzu *Koslowski* StBerG § 66 Rn. 4.
65 Vgl. BGH Urt. v. 3.11.2014 – AnwZ (Brfg) 72/13, BRAK-Mitt. 2015, 39 (40 f.); AnwG Frankfurt a.M. Urt. v. 17.3.2010 – IV AG 01/09 – 4 EV 335/08, BRAK-Mitt. 2010, 223 (224), *Koslowski* StBerG § 66 Rn. 10; die diese Pflicht nicht im Berufsrecht, sondern (nur) im allgemeinen Zivilrecht verorten.

Wie sich der Anspruch des Mandanten auf Herausgabe insbesondere der elektronisch geführten Handakte zum datenschutzrechtlichen **Recht auf Datenportabilität** (Art. 20 DSGVO) verhält, ist offen. Die unterschiedliche Schutzrichtung der Normen – Mandantenautonomie im Berufsrecht, Schutz der eigenen personenbezogenen Daten im Datenschutzrecht andererseits – spricht für ein Nebeneinander der Vorschriften. 27

Auch wenn dies nicht der Regelfall ist, können insbesondere Schriftsätze eine urheberrechtliche Schaffenshöhe erreichen und **Urheberrechtsschutz** erlangen[66]. Dieser kann dem Mandanten aber im Rahmen der § 50 Abs. 3 BRAO, § 44 Abs. 3 PAO und § 66 Abs. 2 StBerG nicht entgegengehalten werden; die Handakte ist insoweit ein Werkstück. Fraglich können alleine Verwertungsbefugnisse und hier insbesondere das Recht zur Veröffentlichung sein. 28

VIII. Fremdgeld

Dahns Die Behandlung von Fremdgeld, NJW-Spezial 2014, 446 f.; *Fiala/Behrendsen* Gefahren bei der Anlage und Verwaltung von Fremdgeldern, Rpfleger 1997, 281 ff.; *K.J. Hartung* Das anwaltliche Anderkonto – Schnittstelle zwischen Berufs- und Bankrecht, in: FS W. Hartung, 2008, S. 41 ff.; *Johnigk* Missverständnisse bei der „Pflicht" zur Errichtung eines Anderkontos und zur Funktion des Sammelanderkontos, BRAK-Mitt. 2012, 104 ff.; *Weiß* Rechtsanwalt, Fremdgeld und Anderkonto, 2014.

Verwahrt der Berufsträger Fremd- und insbesondere Mandantengelder, hat er besondere Sorgfalt anzuwenden (§ 43a Abs. 5 BRAO, § 4 BORA, Ziff. 3.8 CCBE-Berufsregeln; § 39a Abs. 5 PAO, § 6 Abs. 4 BOPA; § 8 Abs. 1 BOStB)[67]. Geld wird regelmäßig auf sogenannten **Anderkonten** (vgl. § 54 Abs. 1 S. 1 BeurkG) verwaltet, die als Treuhandvermögen nicht von einer eventuellen Insolvenz des Berufsträgers betroffen sind[68]. Durch die Verbuchung auf einem Anderkonto vermeidet ein Berufsträger zudem den Vorwurf der Untreue, wenn er aus anderen Gründen zahlungsunfähig wird[69]. 29

Grundsätzlich sind **Vermögensgegenstände unverzüglich an den Mandanten weiterzuleiten**. „Unverzüglich" bedeutet regelmäßig den nächsten Buchungstag, ist jedenfalls kürzer als die nach § 121 BGB angenommenen durchschnittlichen vierzehn Tage[70]. 30

C. Kollegiales Verhalten

Teilweise wird die Kollegialität nur noch als bloße soziale Norm verstanden, auch weil sie im Berufsrecht der Rechtsanwälte außerhalb der CCBE-Richtlinien nicht mehr angesprochen wird[71]. Doch ist kollegiales Verhalten für alle Berufsgruppen 31

---

66 OLG Brandenburg Urt. v. 16.3.2010 – 6 U 50/09, GRUR-RR 2010, 273 (274) – Dienstleistungsvertrag; vgl. ferner OLG München Beschl. v. 16.10.2007 – 29 W 2325/07, NJW 2008, 768 (769 f.); zu Wirtschaftsprüferberichten VG Magdeburg Urt. v. 23.1.2018 – 6 A 343/16, ZD 2018, 284.

67 Vgl. auch *Koslowski* StBerG § 57 Rn. 54.

68 BFH Urt. v. 12.8.1964 – II 125/62 U, NJW 1965, 1046 (1048); *K.J. Hartung* in FS W. Hartung, 2008, S. 41 (60 ff.).

69 Vgl. KG Urt. v. 23.3.2007 – (4) 1 Ss 186/05 – (94/05), AnwBl. 2007, 867 (867 f.).

70 Hierin besteht ein Unterschied zu der Verpflichtung nicht-anwaltlicher Rechtsdienstleister gemäß § 10 Abs. 3 S. 2 RDG, die nur als Sollenspflicht der Aufsichtsbehörde in Bezug auf eine entsprechende Verpflichtung des Rechtsdienstleistenden besteht (dazu HK-RDG/*D. Schmidt* RDG § 10 Rn. 122).

71 Hartung/Scharmer/*Scharmer* BORA § 25 Rn. 11.

normiert (Ziff. 5.1 CCBE-Richtlinien; § 16 Abs. 1 S. 1 BOPA; § 7 Abs. 1 BOStB) und dient dem reibungslosen Verkehr der jeweiligen Berufsträger untereinander und damit der **Funktionsfähigkeit der Rechtspflege**. Die (kleine) Gruppe der Patentanwälte kennt sogar eine berufsgruppenübergreifende Kollegialität (§ 16 Abs. 1 S. 1 BOPA).

32 Jedenfalls aber endet das Kollegialitätsgebot stets dort, wo **Interessen des Mandanten** aus Rücksicht auf Kollegen vernachlässigt würden. Von der Kollegialität im eigentlichen Sinne ist das Verhalten des Anwalts oder Steuerberaters gegenüber der (aufsichtsführenden) Kammer zu unterscheiden (→ Kap. 14 Rn. 40 ff.).

I. Sachlichkeit

Eylmann Unsachlichkeit als Charakterfehler ahnden?, AnwBl. 1999, 338 ff.; *Thum* Sachlichkeitsgebot und Wahrheitspflicht – Zu den berufsrechtlichen Grenzen des Anwaltsberufs, BRAK-Mitt. 2005, 60 ff.

33 Im Dienste von Mandant und Rechtspflege ist der Anwalt zur Sachlichkeit verpflichtet (§ 43a Abs. 3 BRAO; § 39a Abs. 3 PAO). Der rechtliche und justitiable Kern dieser Norm ist das **Wahrheitsgebot** und das **Verbot der anlasslosen Herabsetzung des Gegners** (§ 43a Abs. 3 S. 2 BRAO; § 39a Abs. 3 S. 2 PAO). Dem StBerG fehlt hingegen eine ausdrückliche Normierung der Berufspflicht zur Sachlichkeit; diese wird im Berufsrecht der Steuerberater vielmehr überwiegend als Unterfall der Pflicht zur Gewissenhaftigkeit aus § 57 Abs. 1 StBerG bzw. der Pflicht zur Wahrung des Ansehens aus § 57 Abs. 2 StBerG angesehen[72] und hat lediglich in § 7 Abs. 1 BOStB eine rudimentäre – und im Vergleich zum früheren § 5 BOStB zudem deutlich verkürzte – Regelung erfahren. Gleichwohl lassen sich auch dort das Wahrheitsgebot und das Verbot der grundlosen Herabsetzung als Hauptinhalte einer sachlichen Berufsausübung des Steuerberaters ausmachen[73].

1. Wahrheitsgebot

Brand Das Spannungsverhältnis zwischen Wahrheits- und Verschwiegenheitspflicht, AnwBl. 2014, 286 ff.; *Prütting* Ethos anwaltlicher Berufsausübung, AnwBl. 2004, 315 (319 f.).

34 Aus seiner **Stellung als Organ der (Steuer-)Rechtspflege** folgt, dass Anwalt und Steuerberater der Wahrheitsfindung dienen müssen. Es ist ihnen deshalb verboten zu lügen (§ 43a Abs. 3 S. 2 BRAO; § 39a Abs. 3 S. 2 PAO; § 5 Abs. 1 S. 2 BOStB a.F.). Allerdings dürfen und müssen sie den Sachverhalt in einer dem Mandanten günstigen Weise darstellen[74] und sind bis zur bewussten Verbreitung von Unwahrheiten in der Einschätzung der Sach- und Interessengerechtigkeit ihres Handelns weitgehend frei[75]. Das Verbot zu lügen gilt dabei auch in den Berufsträger selbst betreffenden Verfahren – etwa in einem Schadensersatzprozess oder einem solchen vor dem

72 Vgl. Kuhls/*Raab* StBerG § 57 Rn. 340 ff.

73 Vgl. *Koslowski* StBerG § 57 Rn. 76; Mittelsteiner/Gilgan/Späth/*Späth* Berufsordnung der Steuerberater, 2002, § 5 BOStB Rn. 6.

74 Dies geht hinunter bis zu Unteraspekten wie der Streitwertfestsetzung durch das Gericht (vgl. OLG Düsseldorf Beschl. v. 10.5.2011 – 2 W 15/11, NJW 2011, 2979 (2981) – Du sollst nicht lügen II).

75 BeckStB-HdB 2019/2020/*Koslowski* Kap. X Rn. 219; vgl. auch Mittelsteiner/Gilgan/Späth/*Späth* Berufsordnung der Steuerberater, 2002, § 5 BOStB Rn. 5.

Berufsgericht –, allerdings greift dann hier zu seinen Gunsten der Grundsatz ein, sich nicht selbst belasten zu müssen[76].

In der Theorie sind die „halbe Wahrheit" und die eigentlich verbotene „Lüge durch Unterlassen" nicht zu fassen. Dem Prozessrecht sind sie in der Form der **Darlegungs- und Beweislast** (vgl. § 138 ZPO) bzw. dem Recht des Angeklagten zu schweigen vertraut: So darf etwa der Berufsträger die dem Mandanten ungünstigen Tatsachen weglassen, er darf sie jedoch auf Vorbringen der Gegenseite nicht wahrheitswidrig bestreiten. Alles, was ein Anwalt sagt, muss wahr sein. Aber nicht alles, was wahr ist, muss der Anwalt auch sagen[77]. Implizites Lügen, etwa das Verschweigen eines bereits erstrittenen Titels in derselben Sache[78], ist ebenfalls berufsrechtswidrig. Ob das **Verbot der Lüge** zudem im (Steuer-)Strafprozess gilt, wird in der Wissenschaft kontrovers diskutiert[79], zuletzt im Zusammenhang mit dem Verbot der Rügeverkümmerung[80]. Sofern er sich nicht selber strafbar macht (Strafvereitelung, Begünstigung, Betrug), muss das Mandanteninteresse der Organstellung des Berufsträgers vorgehen, so dass dann die Lüge erlaubt sein kann[81]. 35

Nicht vom Wahrheitsgebot sind Rechtsansichten umfasst[82]; für technische und Naturgesetze wird – für Patentanwälte relevant – dasselbe gelten. Anwalt und Steuerberater dürfen sowohl Auffassungen **entgegen ihrer eigenen wissenschaftlichen Überzeugung** vertreten als auch im Sinne des Mandanten subsumieren. Nicht die zutreffenden Umstände des Abschlusses eines Kaufvertrags dürfen also wider besseres Wissen bestritten werden, wohl aber dessen rechtliche Einordnung. 36

2. Verbot grundloser Herabsetzung und Nötigung

Huff Der beleidigende Rechtsanwalt, NJW-Spezial, 2015, 574 f.; *Praml* Beleidigungsdelikte bei anwaltlicher Interessenvertretung, NJW 1976, 1967 ff.

Aus der Stellung des Anwalts und des Steuerberaters als Interessenvertreter folgt eine grundsätzliche Freiheit bei der Wahl der Mittel[83], die Interessen ihrer Mandanten zu vertreten. Als **Vertreter einer rhetorischen Zunft** sind insbesondere dem Anwalt Ironie und Sarkasmus als Mittel der Interessenwahrnehmung nicht versagt. Auch politische Argumentationen und solche ad personam[84] sind erlaubt; die **Äußerungs-** 37

---

76 Mittelsteiner/Gilgan/Späth/*Späth* Berufsordnung der Steuerberater, 2002, § 5 BOStB Rn. 8.

77 Strafverteidiger-HdB/*Dahs* Rn. 59.

78 AnwGH Hamm Urt. v. 14.8.2015 – 2 AGH 20/14, AnwBl. 2015, 973.

79 S. einerseits *Kleine-Cosack* BRAO § 43a Rn. 101 ff., und andererseits Weyland/*Träger* BRAO § 43a Rn. 38, jeweils m.w.N.

80 BGH (Großer Senat) Beschl. v. 23.4.2007 – GSSt 1/06, NJW 2007, 2419 (2421 ff.); zusammenfassend *Singer* AnwBl. 2009, 393 (394 f.); *Ignor* NJW 2011, 1537 (1541).

81 A.A. aber zuletzt z.B. OLG Nürnberg Beschl. v. 12.3.2012 – 1 St OLG Ss 274/11, NJW 2012, 1895 (1896).

82 EGH Hamburg Urt. v. 27.12.1985 – I EVY 5/84, NJW 1986, 2125 (2125).

83 Nicht grundlos, wohl nicht einmal eine Herabsetzung, ist das Übersenden eines Päckchens Traubenzucker an einen Prozessbeteiligten, der das Verfahren nur sehr schleppend betreibt (vgl. BVerfG Beschl. v. 15.3.1989 - 1 BvR 522/87, NJW 1989, 3148 – Dextroenergen; zur Wirkung von Dextroenergen ESFA, EFSA Journal 2012, S. 2694 ff., zu deren Kommunikation EuGH Urt. v. 8.6.2017 – C-296/16 P, LMuR 2017, 122); zum gewerblichen Schutz BPatG MittdtschPatAnw. 2017, S. 129 ff. – Allerdings kann das Übergeben von Süßigkeiten an andere Verfahrensbeteiligte oder den Gegner den Anwalt dem Verdacht fehlender Parteilichkeit zugunsten seines Mandanten aussetzen (vgl. LG Koblenz Beschl. v. 19.12.2012 – 2090 Js 29.752/10 – 12 KLs, NJW 2013, 801 – Schokoladennikolaus; vgl. auch LG Flensburg Beschl. v. 20.1.2021 – V KLs 2/19, BeckRS 2021, 602).

84 BVerfG Beschl. v. 15.4.2008 – 1 BvR 1793/07, NJW 2008, 2424 (2425); BGH Urt. v. 16.11.2004 – VI ZR 298/03, NJW 2005, 279 (280 f.); AnwG Hamburg Beschl. v. 17.7.2008 – I AnwG 8/08, NJW-RR 2009,

freiheit der Berufsträger ist neben Art. 12 GG nach überwiegender Meinung zudem nach Art. 5 Abs. 1 S. 1 GG geschützt[85]. Auf europäischer Ebene genießen Prozessvertreter sogar Indemnität hinsichtlich ihrer prozessualen Äußerungen (Art. 52 Abs. 1 EuGH-VfO).

38 Eine (berufsrechtswidrige) „herabsetzende Äußerung" liegt bei einer (strafrechtlichen) **Beleidigung** oder **Verleumdung** vor[86]; insgesamt sollten die Berufsträger hier freilich nicht zu dünnhäutig sein[87]. Aus dem Tatbestandsmerkmal „keinen Anlaß gegeben" folgt allerdings entsprechend § 193 StGB, dass eine provozierte Beleidigung nicht tatbestandsmäßig ist. Daraus folgt, dass Beleidigungen nicht berufsrechtswidrig sind, wenn sie der Wahrnehmung berechtigter Interessen dienen und zu denen Anlass gegeben wurde[88]. Allerdings bietet der normale Rechts- und Verfahrensgang hierfür meist keinen Anlass. So sind pauschale Beschimpfungen zur Begründung eines Kostenfestsetzungsbeschlusses berufsrechtswidrig[89]. Auch die Beleidigung Dritter gegenüber dem Mandanten dient nicht der Interessenwahrung und ist schon deshalb nicht privilegiert[90]. Unzulässig ist ferner die **Schmähkritik gegenüber Kollegen** – etwa durch die in einem Schriftsatz aufgestellte Aussage, der gegnerische Rechtsanwalt begehe „gewerblichen Prozessbetrug" und sei ein „Meisterbetrüger", wobei hier zudem eine unlautere Herabsetzung eines Mitbewerbers i.S.d. § 4 Nr. 1 UWG vorliegen kann[91]. Das Sachlichkeitsgebot ist jedoch nicht bereits dann verletzt, wenn Äußerungen eines Berufsträgers lediglich als stilwidrig und ungehörig, als Verstoß gegen die guten Sitten und das Taktgefühl oder als dem Ansehen des jeweiligen Berufsstands abträglich angesehen werden[92]. So soll etwa die Bezeichnung des früheren Rechtsanwalts der Mandanten durch einen Steuerberater als „realitätsferner Rechtsverdreher" noch nicht als unsachlich anzusehen sein[93].

---

846 (848); AnwG Köln Beschl. v. 10.11.2014 – 10 EV 116/14, BRAK-Mitt. 2015, 96 (96): „wahrscheinlich dümmste Behörde"; strenger noch AnwG Köln Urt. v. 15.10.2008 – 10 EV 55/08, BRAK-Mitt. 2009, 87 (87 f.); vgl. dazu auch den 38. und letzten „Kunstgriff" in *Schopenhauers* Eristischer Dialektik (oder: Die Kunst, Recht zu behalten), 1830.

85 BGH Urt. v. 16.11.2004 – VI ZR 298/03, NJW 2005, 279 (282 f.); zur äußerungsrechtlichen Grenze der Holocaust-Leugnung auch für Anwälte BGH Urt. v. 10.4.2002 – 5 StR 485/01, NJW 2002, 2115 ff. – Zur vergleichbaren Wertung nach Art. 10 EMRK EGMR Urt. v. 8.10.2019 – 24845/13 und 49103/15, Tzn. 66 ff. – L.P. und Carvalho v. Portugal; EGMR Urt. v. 28.10.2003 – 39657/98, NJW 2004, 3317, 3318 (Tzn. 38 f.).

86 BGH Urt. v. 27.3.2009 – 2 StR 302/08, NJW 2009, 2690 (2692 f.); AnwGH Bremen Urt. v. 17.9.2009 – 1 AGH 3/2009, BRAK-Mitt. 2009, 286 (289); AnwG Koblenz Beschl. v. 15.12.2014 – 1 AG 4/13, BRAK-Mitt. 2015, 189; AG Laufen, bei: BVerfG Beschl. v. 26.3.1987 – 2 BvR 589/79 u.a., BVerfGE 74, 358 (361) (Zeigen eines „Vogels"); s.a. BVerfG Beschl. v. 17.9.2012 – 1 BvR 2979/10, NJW 2012, 3712 (3713 f.) („rechtsradikal"); enger hingegen Mittelsteiner/Gilgan/Späth/*Späth*, Berufsordnung der Steuerberater, 2002, § 5 BOStB Rn. 8, der auch bei – etwa wegen fehlenden Verschuldens – nicht strafbaren Beleidigungen eine Berufsrechtswidrigkeit annehmen will.

87 Vgl. LAG Stuttgart Beschl. v. 24.5.2007 – 9 Ta 2/07, NZA-RR 2008, 93 (Ls. 4), mit Bezug auf den *Thoma'schen* Ausspruch: „ein guter Jurist und auch sonst von mäßigem Verstand".

88 BVerfG Beschl. v. 15.4.2008 – 1 BvR 1793/07, NJW 2008, 2424 (2426); LG Hamburg Urt. v. 30.7.2004 – 324 O 819/03, MMR 2005, 128 – Flunkerfürst; AG Marburg Urt. v. 24.4.2003 – 5/3 Js 4259/02-57, NJW 2004, 1541 (1542).

89 EGMR Entsch. v. 21.3.2002 – Nr. 43718/98, NJW 2003, 877 (877 f.).

90 BGH Urt. v. 27.3.2009 – 2 StR 302/08, NJW 2009, 2690 (2692 f.); *Ruhmannseder* NJW 2009, 2647 (2648 f.).

91 OLG Frankfurt a.M. Urt. v. 27.3.2014 – 6 U 75/12, AnwBl. 2014, 1056; vgl. auch BGH Beschl. v. 1.12.2014 – AnwZ (Brfg) 29/14, BRAK-Mitt. 2015, 91 (92), zur Berufsrechtswidrigkeit einer Bezeichnung des Gegenanwalts als „Betrüger" und der Drohung mit einer entsprechenden Strafanzeige.

92 AnwG Köln Beschl. v. 10.11.2014 – 10 EV 116/14, BRAK-Mitt. 2015, 96 f.

93 *Koslowski* StBerG § 57 Rn. 76.

Nicht erlaubt, weil den Rahmen der allgemeinen Gesetze überschreitend, ist die **Nötigung durch den Berufsträger** bei der Interessenvertretung[94]. Die Einschaltung eines Anwalts legitimiert etwa als solche nicht den Eingriff in Rechtspositionen des Gegners. Die Drohung mit rechtlichen Schritten ist aber der Interessenvertretung durch den Anwalt oder Steuerberater immanent und deshalb im Rahmen des Sachlichkeitsgebots erlaubt[95]. 39

II. Umgehungsverbot für Anwälte

W. Hartung Das anwaltliche Umgehungsverbot, AnwBl. 2007, 64 ff.; *M. Kilian* Vergleich unter Umgehung des Gegenanwalts, MDR 2004, 118 f.; *Thümmel* Die Umgehung des Gegenanwalts und die Vertretung in eigener Sache, NJW 2011, 1850 ff.

Dem Anwalt ist es versagt, ohne Einwilligung des Rechtsbeistands der Gegenseite mit dieser unmittelbar Verbindung aufzunehmen oder zu verhandeln (§ 12 BORA, Ziff. 5.5 CCBE-Berufsregeln; § 17 BOPA), wohingegen dem Berufsrecht der Steuerberater ein entsprechendes Verbot gänzlich unbekannt ist. Auf den ersten Blick scheint es sich bei dem Verbot der Umgehung des gegnerischen Anwalts um eine Regelung zu handeln, die dessen Schutz dient, nicht von der Gegenseite ausgebootet zu werden. Tatsächlich besteht sie aber zugunsten von dessen Mandanten, der **nicht vom Anwalt der Gegenseite angegangen und überrumpelt** werden soll[96]. Sie ist damit Ausfluss des Rechts, sich eines rechtlichen Beistands zu bedienen, und dient damit einem öffentlichen Interesse[97] (vgl. die entsprechende verwaltungsverfahrensrechtliche Norm des §/Art. 14 Abs. 3 S. 3 VwVfG). 40

Das Umgehungsverbot gilt ferner und selbst dann, wenn ein Gespräch zu einem anderen Thema erst später auf die Rechtssache kommt[98], der gegnerische Anwalt telekommunikativ vorübergehend nicht erreichbar ist[99] oder gar der gegnerische Mandant es ist, der auf den Anwalt zugeht[100]. Selbst Rechts- oder Vertragsverstöße des gegnerischen Anwalts berechtigen als solche nicht zur Umgehung[101]; oft wird vielmehr dann § 25 BORA bzw. § 16 Abs. 2 BOPA (→ Rn. 56 f.) greifen, wonach ein Kollege direkt und vertraulich auf einen solchen hinzuweisen ist. Teilweise wird die Geltung des § 12 BORA bzw. des § 17 BOPA auch auf zweitberufliches Handeln eines Anwalts angewendet[102], was vom Schutzzweck her nachvollziehbar, systematisch aber zweifelhaft ist, weil sich die Satzungsgewalt für die Berufsordnung nicht ohne weiteres auf Zweitberufe erstreckt. Eine **Umgehung des Umgehungsverbots**, etwa durch die Verwendung eines privaten, jedenfalls nicht-anwaltlichen Briefkopfs, lässt den Berufsrechtsverstoß freilich nicht entfallen[103]. 41

---

94 Vgl. EGMR Entsch. v. 8.1.2007 – 18397/03, NJW 2008, 2322 (2323 f.) – Bemerkenswert ist der Befund, dass Anwälte allgemein nicht zu Gewalt neigen (OLG München Beschl. v. 25.9.1995 – 16 WF 819/95AG, FamRZ 1996, S. 730).

95 *Donath/Mehle* NJW 2009, 2363 (2509 f.).

96 BVerfG Beschl. v. 25.11.2008 – 1 BvR 848/07, BVerfGE 122, 190 (206 f.).

97 BVerfG Beschl. v. 12.7.2001 – 1 BvR 2272/00, NJW 2001, 3325 (3326); AnwG Karlsruhe Beschl. v. 6.5.2004 – AG 1/2004 – I 1/2004, BRAK-Mitt. 2004, 181 (182).

98 AnwG Karlsruhe Beschl. v. 6.5.2004 – AG 1/2004 – I 1/2004, BRAK-Mitt. 2004, 181 (182).

99 AnwG Hamburg Beschl. v. 29.3.2016 – III AnwG 10/15, NJW-Spezial 2016, 639.

100 Vgl. BGH Urt. v. 17.10.2003 – V ZR 429/02, NJW 2003, 3692 f.; AnwGH Dresden Urt. v. 27.2.2015 – AGH 19/13 (I), BRAK-Mitt. 2015, 185 (187).

101 AnwG Karlsruhe Beschl. v. 6.5.2004 – AG 1/2004 – I 1/2004, BRAK-Mitt. 2004, 181 (182).

102 BGH Urt. v. 6.7.2015 – AnwZ (Brfg) 24/14, DStR 2015, 2407 (2407 f.) (zum Handeln eines Anwalts als Insolvenzverwalter).

103 AnwG Köln Beschl. v. 16.8.2019 – 3 AnwG 15/19 R, NJW-RR 2019, 1341.

42 Nicht berufsrechtlich, sondern persönlichkeitsrechtlich begründet ist ein Umgehungsverbot, wenn der **gegnerische Mandant sich eine unmittelbare Kontaktaufnahme verbittet**. Allerdings wird von der Rechtsprechung der Persönlichkeitsrechtsschutz hinter die Ermöglichung der einvernehmlichen Streitbeilegung zurückgestellt, so dass etwa jedenfalls eine erst- und einmalige unmittelbare Kontaktaufnahme gestattet ist[104].

43 **Praxishinweis:**

Das Umgehungsverbot ist ferner einschlägig, wenn mittels E-Mail (auch) der Gegner angesprochen wird, insbesondere, wenn er **auf CC: gesetzt** wird. Zulässig ist ein solcher E-Mailverkehr, wenn er vom gegnerischen Anwalt eröffnet wurde und dieser die Antwort ebenfalls erhält. Der Grenzfall dürfte bei einer (unaufgeforderten) E-Mail an den Gegner liegen, in welcher der gegnerische Anwalt lediglich auf CC: gesetzt ist[105].

44 Eine ausdrückliche **Ausnahme** vom Umgehungsverbot gilt **bei Gefahr im Verzug** (§ 12 Abs. 2 S. 1 BORA; § 17 Abs. 1 S. 1 BOPA); gefährdet müssen Interessen des eigenen Mandanten sein[106]. Eine richterrechtliche Ausnahme vom Umgehungsverbot gilt im Rahmen einer mündlichen Verhandlung, insbesondere bei Vergleichsverhandlungen[107]. Eine Ausnahme vom Umgehungsverbot gilt ferner, wenn der Anwalt sich selbst vertritt, also selbst Partei ist[108]; der Anwalt darf hier nicht schlechter gestellt werden als in dem Fall, in dem er sich einen Anwalt nimmt. Schließlich wird eine Ausnahme auch bei fehlendem Schutzbedürfnis des gegnerischen Mandanten anzunehmen sein, etwa bei dessen Rechts- und Geschäftserfahrung oder in einfach gelagerten Fällen[109].

45 Ein **Rechtsgeschäft**, das unter Umgehung des gegnerischen Anwalts zustandekam, ist allerdings **wirksam**[110], die Umgehung ist weder wettbewerbswidrig[111], noch besteht ein (allgemeiner) Unterlassungsanspruch gegen den umgehenden Anwalt[112].

46 Keine Frage des § 12 BORA und § 17 BOPA ist das Binnenverhältnis von mehreren **parallel mandatierten Anwälten**. So muss der Prozessanwalt nicht am Verkehrsanwalt vorbei mit dem Mandanten Kontakt aufnehmen, wenn er Fragen hat[113]; im Gegensatz zur Umgehung des gegnerischen Anwalts darf er das aber.

III. Versäumnisurteil ohne Vorankündigung

G.W. Hartung Das anwaltliche Verbot des Versäumnisurteils, 1991; *Taupitz* Das Versäumnisurteil zwischen anwaltlicher Kollegialität und Mandantenrecht, in: FS Pawlowski, 1997, S. 443 ff.

104 OLG Celle Urt. v. 28.5.2015 – 13 U 104/14, ZUM-RD 2015, 587 (588 f.) – Bettina Wulff.

105 Vgl. – jeweils aber nicht speziell zum E-Mailverkehr – AnwG Hamm, BRAK-Mitt. 2001, 195 (195) (kein Verstoß gegen § 12 BORA); zweifelnd AnwG Karlsruhe Beschl. v. 6.5.2004 – AG 1/2004 – I 1/2004, BRAK-Mitt. 2004, 181 (183).

106 *Kleine-Cosack* BORA § 12 Rn. 11.

107 BVerfG Beschl. v. 25.11.2008 – 1 BvR 848/07, BVerfGE 122, 190 (208 f.).

108 *W. Hartung* AnwBl. 2007, 64 (65 f.); anders *Steike* NJW 2007, 1411 ff., nach dem ein Anwalt, der sich selbst vertritt, darauf verzichten muss, „als Partei" mit der anderen Seite direkt in Kontakt zu treten; ähnlich *Thümmel* NJW 2011, 1850 ff.

109 Vgl. BVerfG Beschl. v. 25.11.2008 – 1 BvR 848/07, BVerfGE 122, 190 (209).

110 BGH Urt. v. 17.10.2003 – V ZR 429/02, NJW 2003, 3692 (3692 f.).

111 OLG Nürnberg Urt. v. 27.7.2004 – 3 U 2102/04, AnwBl. 2004, 656.

112 BGH Urt. v. 8.2.2011 – VI ZR 311/09, NJW 2011, 1005 (1006 f.).

113 BGH Urt. v. 20.7.2006 – IX ZR 47/04, NJW 2006, 3496 (3497).

Früher war es dem Rechtsanwalt zudem berufsrechtlich untersagt, ohne Vorankündigung ein Versäumnisurteil (§§ 330 ff. ZPO) gegen den nicht erscheinenden Anwaltskollegen zu beantragen (§ 13 BORA a.F.). Diese Vorschrift war **verfassungswidrig**[114], weil sie den Anwalt verpflichtete, statt den Interessen des eigenen Mandanten die des Gegners und dessen Anwalts zu wahren[115]. **47**

Wenn ein Anwalt **unverschuldet nicht zum Termin erscheint**, hat das Gericht ohnehin von Amts wegen zu vertagen (§ 337 S. 1 a.E. ZPO). In aller Regel wird es sich telefonisch beim nicht erschienenen Anwalt über den Grund des Ausbleibens erkundigen. **48**

IV. Anzeige des Vertreterwechsels und Verbot unlauterer Verdrängung eines Kollegen

Wenn ein Mandant einen anderen oder einen weiteren Anwalt beauftragt, hat dieser sicherzustellen, dass der bisherige Anwalt hierüber unterrichtet ist (§ 15 BORA, Ziff. 5.6 CCBE-Berufsregeln; § 18 BOPA). Für Patentanwälte ist zudem die **Übergabe der Akte von Anwalt zu Anwalt** geregelt (§ 18 Abs. 2 u. 3 BOPA). Die Vorschriften zum Vertreterwechsel dienen dem Schutz des Mandanten, aber auch dem der Rechtspflege, weil sie widersprüchliche Verfahrenshandlungen von zwei Rechtsvertretern verhindert. Konsequenterweise gelten diese Regeln nicht für Beratungsmandate (§ 15 Abs. 3 BORA; § 18 Abs. 1 S. 3 BOPA). **49**

Dem Berufsrecht der Steuerberater ist eine Pflicht zur Unterrichtung eines bisherigen Steuerberaters des Mandanten unbekannt. Allerdings statuiert § 19 BOStB hinsichtlich der Übernahme eines Mandats insofern eine etwas anders gelagerte Verpflichtung, indem es dem Steuerberater untersagt ist, einen **Kollegen unlauter aus einem Mandat zu verdrängen**. Unlauter soll nach der nicht abschließenden Aufzählung des § 19 BOStB („insbesondere") eine Abwerbung von Mandanten unter Verwendung rechtswidrig beschaffter Adressdaten, ein Zusammenwirken mit einem Mitarbeiter eines anderen Steuerberaters, der während seines Beschäftigungsverhältnisses Mandanten seines Arbeitgebers abwirbt, das Angebot, zu einer unangemessen niedrigen Vergütung tätig zu werden, und die Herabsetzung oder Verunglimpfung eines anderen Steuerberaters oder dessen Dienstleistungen sein[116]. **50**

V. Abschrift des Anwalts zur Weiterleitung an die gegnerische Partei

Feindura Anwälte, denkt an die Umwelt – spart Euch die Abschrift, BerlAnwBl. 2014, 83 f.; *Maskow* Alte Zöpfe abschneiden, BerlAnwBl. 2003, 546 f.

---

114 BVerfG Urt. v. 14.12.1999 – 1 BvR 1327/98, NJW 2000, 347 (348 f.); vgl. schon BVerfG Beschl. v. 2.11.1992 – 1 BvR 911/90, NJW 1993, 121 (122); im Ergebnis ebenso RG Urt. v. 3.11.1908 – III 44/08, RGZ 70, 25 (25 f.) – Bezeichnenderweise wurde diese Norm formal aber erst durch Satzungsbeschluss v. 24./25.6.2010 zum 1.3.2011 aufgehoben (BRAK-Mitt. 2010, 253).

115 Aus ähnlichen Gründen muss weder auf eine eigene Bestellung noch auf die Geltendmachung von Gebühren (bei Rücknahme der Klage) verzichtet werden, wenn die Gegenseite zunächst nur zur Fristwahrung Berufung einlegt und gebeten hat, dass noch kein Anwalt beauftragt wird (vgl. BGH Beschl. v. 17.12.2002 – X ZB 9/02, NJW 2003, 756 f.).

116 S. hierzu auch *Koslowski* StBerG § 57 Rn. 85.

51 Die Übung im Bereich der Anwaltschaft, dem gegnerischen Anwalt zur Weiterleitung an dessen Mandanten (einfache) Abschriften mitzuschicken[117], stammt noch **aus der Zeit, als es keine Kopierer gab**[118]. Denn damals war es für den schreibenden Anwalt ein leichtes, mittels Durchschlags Abschriften herzustellen[119]. Dieser Brauch hat sich bis heute gehalten. Ob ein Verstoß hiergegen nach deutschem Recht als Berufsrechtsverstoß zu qualifizieren ist, kann bezweifelt werden; beim Europäischen Gerichtshof ist das Erstellen von Abschriften dagegen allerdings nach wie vor verbindlich (Art. 73 Abs. 2 EuGH-VfO). Jedenfalls aber ist das Nicht-Mitsenden von Kopien geeignet, das Klima zwischen Anwälten zu stören, solange der elektronische Aktenverkehr zwischen Berufsträgern nicht der Normalfall geworden ist.

VI. Vereinfachte Zustellung

52 Anwalt und Steuerberater haben ordnungsgemäße Zustellungen entgegenzunehmen und das Empfangsbekenntnis mit dem Datum versehen unverzüglich zu erteilen (§ 14 S. 1 BORA; § 13 Abs. 3 BOPA; § 23 Abs. 1 BOStB). Eine Verweigerung, an vereinfachten amtlichen Zustellungen (§ 5 Abs. 4 VwZG) mitzuwirken, ist dabei grundsätzlich als berufspflichtwidrig anzusehen[120]. Zuletzt hat die Rechtsprechung die **„Zustellung von Anwalt zu Anwalt"** allerdings an dem Grundsatz der Bindung des Anwalts an die Interessen des Mandanten gemessen. Weil diese – anwaltsrechtssystematisch durchaus folgerichtig – der Kollegialität vorginge, durfte (oder gar: musste) die Entgegennahme von Zustellungen gemäß § 195 Abs. 2 ZPO verweigert werden, wenn so den Mandanteninteressen genügt werde[121]. Da diese reine Lehre allerdings der Rechtspflege insgesamt wenig nutzte, hat der Gesetzgeber den anwaltlichen Satzungsgebern die Möglichkeit eingeräumt, eine berufsrechtliche Pflicht zur Mitwirkung an der vereinfachten Zustellung einzuführen (§ 59a Abs. 2 Nr. 8 BRAO; § 52a Abs. 2 Nr. 7 PAO), was für die Rechtsanwälte in § 14 S. 2 BORA umgesetzt ist[122]; die Kammerversammlung der Patentanwaltskammer hat indes noch keinen Gebrauch von dieser neuen Rechtsgrundlage gemacht.

53 Die Zustellung von Schriftsätzen „von Anwalt zu Anwalt" ist mittels **Empfangsbekenntnisses** (§ 195 Abs. 2 ZPO) möglich. Das Empfangsbekenntnis kann nach § 195 Abs. 2 S. 2, § 174 Abs. 4 S. 2 ZPO per Post, als Fax oder qualifiziert signiert und per beA zudem elektronisch zurückgeschickt werden.

54 Bei schriftlichen Empfangsbekenntnissen ist es bislang üblich, den entsprechenden Vordruck im Voraus ausreichend zu frankieren. Diese berufsrechtliche Verkehrsanschauung, nach der der ursprüngliche Absender die **Portokosten** trägt, hat auch nach der Einführung der Fax- und elektronischen Form[123] Bestand, da die Postgebühren ein Vielfaches der anderen Kommunikationskosten betragen.

---

117 Prozessrechtlich ist nur die „für die Zustellung erforderliche Zahl von Abschriften", bei anwaltlicher Vertretung also regelmäßig lediglich eine, vorgeschrieben (§ 133 Abs. 1 ZPO).

118 *Römermann/Hartung*, AnwBerufsR, 2002, § 32 Rn. 16; *Maskow* BerlAnwBl. 2003, 546 (546 f.) („alte Zöpfe"); anschaulich zu den Zuständen um 1900 *Ostler*, Die deutschen Rechtsanwälte 1871–1971, 1. Aufl. 1971, S. 97.

119 Eine Idee von den Kopiertechniken vor Erfindung des Kopierers gab § 38 Abs. 2 HGB i.d.F. d. Art. 56 Nr. 1 d. G. v. 14.12.1976 (BGBl. I 3341), aufgeh. d. G v. 19.12.1985 (BGBl. I 2355), sowie auch schon die früheren Fassungen dieser Norm.

120 LG Düsseldorf Urt. v. 8.2.2008 – 45 StL 4/07, DStRE 2008, 1367 (Ls.); *Koslowski* StBerG § 57 Rn. 77.

121 BGH Urt. v. 26.10.2015 – AnwSt (R) 4/15, NJW 2015, 3672, 3672 f.

122 Zu Rechtsfragen der Übergangszeit *Rüppell/Fuchs* AnwBl. 2016, 893 (894 ff.).

123 Art. 1 ZustRG (BGBl. 2001 I 1206 (1207)).

Ein unfrankierter Empfangsbekenntnisvordruck widerspricht den Grundsätzen der ordnungsgemäßen Zustellung. Das **Nichtzurücksenden** muss der Rechtsanwalt nach § 14 S. 2 BORA jedoch **anzeigen**, so dass in jedem Fall mit der Gegenseite kommuniziert werden muss und die Portofolgen für den betroffenen Rechtsanwalt vergleichbar bleiben. 55

VII. Hinweis auf Berufsrechtsverstoß und Pflicht zum Versuch gütlicher Einigung

Die Kollegialität unter den Berufsträgern verpflichtet weder, einen anderen Berufsträger auf dessen Berufsrechtsverstoß hinzuweisen, noch diesen zu übergehen. Wenn aber unter Kollegen auf einen Berufsrechtsverstoß hingewiesen wird, hat dies unter Anwälten in Anlehnung an Matth. 18,15 nach § 25 BORA bzw. § 16 Abs. 2 BOPA vertraulich zu geschehen; **Vertraulichkeit** bedeutet, dass weder der gegnerische Mandant noch die Kammer oder Gerichte eingeschaltet werden. Auch die den Anwälten obliegende Pflicht zur Vertraulichkeit steht allerdings unter dem Vorbehalt, dass nicht die eigenen Interessen oder die des eigenen Mandanten ein anderes Vorgehen erforderlich machen. Insbesondere die eigenen wettbewerblichen Interessen des Anwalts sind ein solcher Umstand, so dass Abmahnungen nach UWG (→ Kap. 9 Rn. 51 ff.) „von Anwalt zu Anwalt" regelmäßig weder berufsrechtswidrig noch wettbewerbswidrig sind. 56

Dem Berufsrecht der Steuerberater ist hingegen eine Verpflichtung zur vertraulichen Behandlung von Berufsrechtsverstößen fremd. Vielmehr verlangt § 7 Abs. 3 BOStB, ebenso wie § 16 Abs. 3 u. 4 BOPA für Patentanwälte, lediglich, dass bei Streitigkeiten unter Steuerberatern eine **gütliche Einigung zu versuchen** ist. 57

VIII. Kollegialität in der Öffentlichkeit

Soweit es dem Interesse des Mandanten dient, darf ein Berufsträger – insbesondere ein gegnerischer Anwalt – nicht auf kollegiale Rücksicht in der Öffentlichkeit rechnen. Eine Grenze bildet hier lediglich das **Recht der Ehre und das Persönlichkeitsrecht**, die bei wahrheitsgemäßer Darstellung[124] und Wahrung des Tons kaum überschritten wird. Zudem muss der Berufsträger als Vertreter einer rhetorischen Zunft einstecken können; jedenfalls kann er sich durch eigene Äußerungen wehren. 58

Über die Tätigkeit eines Anwalts im Gerichtssaal (vgl. schon § 169 GVG), in Schriftsätzen[125] darf, wie auch in der Öffentlichkeit allgemein, deshalb ohne weiteres berichtet werden[126]. Ähnlich liegen die Gewichte bei der „Einbindung" anderer Berufsträger in die eigene Außendarstellung. Hier dürfen alle **gerichtsöffentlichen Tatsachen** (weiter-)veröffentlicht werden. So können die **Namen gegnerischer Anwälte**, im Rahmen des Äußerungsrechts selbst die der gegnerischen Mandanten, zu Werbezwecken genannt werden[127]. Besteht – bei entsprechender Schöpfungshöhe – ausnahmsweise ein **Urheberrecht an Schriftsätzen**, steht dies einer Veröffentlichung gegnerischer Äußerungen etwa nach dem Zitierrecht gem. § 51 Nr. 2 UrhG 59

124 KG Beschl. v. 20.2.2009 – 9 W 39/09, MMR 2009, 478 (478 f.) (Bericht über eine Gerichtsverhandlung).
125 BVerfG Beschl. v. 18.2.2010 – 1 BvR 2477/08, NJW 2010, 1587 (1588 ff.).
126 KG Beschl. v. 20.2.2009 – 9 W 39/09, ZUM-RD 2009, 533 (534).
127 BVerfG Beschl. v. 12.12.2007 – 1 BvR 1625/06, NJW 2008, 838 (839); → Kap. 13 Rn. 48.

nicht entgegen[128]. Auch ist die Persönlichkeitssphäre des gegnerischen Anwalts bei einer Veröffentlichung von Urteilen im Dienste des eigenen Mandanten nicht verletzt[129].

60 Allgemeine Äußerungen von Rechtsanwälten und Steuerberatern, die Kollegen betreffen, stehen unter dem Schutz der **Meinungsäußerungsfreiheit** (Art. 5 Abs. 1 S. 1 GG). Zwar kann diese durch allgemeine Gesetze (Art. 5 Abs. 2 GG) eingeschränkt werden, was jedoch im Lichte der Meinungsfreiheit selbst zu bewerten ist[130]. So sind kritische Beiträge, die der Meinungsbildung in der Öffentlichkeit dienen, etwa in einer (lokal-)politischen Frage oder zu einem aufsehenerregenden Gerichtsverfahren, im Zweifel berufsrechtlich nicht verboten[131]. Die Grenze ist allerdings dann überschritten, wenn Kollegen unsachlich oder leichtfertig angegriffen werden[132] – erst recht natürlich, wenn eine Äußerung ein strafbares Beleidigungsdelikt i.S.d. §§ 185 ff. StGB darstellt.

61 Die kollegiale Rücksichtnahme ist – als Rechtssatz – allerdings nicht sehr viel strenger als die allgemeinen **wettbewerbsrechtlichen Schranken**.

D. Umgang mit Behörden

62 Behörden und ihre Mitarbeiter sind wegen der Staatsferne des Anwalts- und Steuerberaterberufs nicht Kollegen. Ihnen gegenüber haben sich die Berufsträger gleichwohl **sachlich** (→ Rn. 33) zu verhalten; für die Patentanwälte ist dies ausdrücklich in der Überschrift zu § 13 BOPA („Berufspflichten gegenüber [...] Behörden") angeordnet. Was hier wegen der besonderen Nähe und dem Erfordernis einer funktionierenden Zusammenarbeit mit den Patent- und Markenämtern ausdrücklich angeordnet ist, kann für Steuerberater mit Blick auf die Finanzverwaltung nicht anders sein. Und für Rechtsanwälte kann man sich ebenfalls keinen Grund vorstellen, warum sie die Verwaltung und Amtswalter unsachlich behandeln dürfen sollten. Wie bei der Kollegialität unter Berufsträgern aber hat stets das **Mandanteninteresse Vorrang**.

E. Achtung des Gerichts

Krämer Das Sachlichkeitsgebot für Rechtsanwälte, in: FS K. Redeker, 1993, S. 589 ff.; *Schmitt-Leonardy* Justizkritik durch Anwälte: Zwischen Meinungsfreiheit und Pönalisierung, AnwBl. 2016, 528 ff.

---

128 Zu Abwägungstopoi LG Berlin Urt. v. 17.9.2009 – 27 O 530/09, ZUM-RD 2010, 471 (473).

129 BGH Urt. v. 26.11.2019 – VI ZR 12/19, K&R 2020, 203 (206 f.); OLG Hamm Urt. v. 11.12.2007 – 4 U 132/07, K&R 2008, 186 (186 ff.); anders aber mit Bezug auf den Gegner selbst (vgl. OLG Hamburg Beschl. v. 9.7.2007 – 7 W 56/07, ZUM 2008, 66; vgl. OLG Schleswig Urt. v. 31.1.2008 – 5 U 96/07, SchlHA 2008, 202 (203 f.); *Flechsig* AfP 2008, 284 ff.), hier gelten für den Anwalt dieselben persönlichkeitsschutz-, wettbewerbs- und datenschutzrechtlichen Maßstäbe wie für den eigenen Mandanten (→ Kap. 6 Rn. 50 ff.). Zu Lehr- und journalistischen Zwecken können anwaltliche Schriftsätze im Rahmen der allgemeinen Schranken des Urheberrechts (insb. §§ 50–52a UrhG) genutzt werden (vgl. KG Beschl. v. 31.10.2008 – 9 W 152/06, ZUM-RD 2009, 244 (245); OLG Köln, Urt. v. 13.12.2018 – 15 U 42/18, ZUM-RD 2019, 540 ff.).

130 Sog. Wechselwirkungslehre (vgl. BVerfG Urt. v. 15.1.1958 – 1 BvR 400/51, BVerfGE 7, 198 (208 f.) – Lüth); zur fehlenden Eignung der Kollegialität als Grundrechtsschranke v. Mangoldt/Klein/Starck/*Starck/Paulus* GG Art. 5 Rn. 287.

131 Vgl. Landesberufsgericht für Architekten Münster Beschl. v. 4.11.2009 – 6s E 861/07.S, DÖV 2010, 279 (Ls.) (für Architekten).

132 *Koslowski* StBerG § 57 Rn. 84.

Noch stärker als gegenüber der Verwaltung stehen insbesondere Anwälte als **Organ der Rechtspflege**, aber auch der Steuerberater in einem speziellen Verhältnis zum Gericht. Zwar ist die Vertretung der Interessen des Mandanten die erste Berufspflicht. Doch bestehen einige spezifische Pflichten der Berufsträger insbesondere gegenüber dem Gericht, die nicht um ihrer selbst willen existieren, sondern den geordneten Gang der Rechtspflege und etwa die Bedeutung des Gerichtszeremoniells[133] zu berücksichtigen haben. 63

I. Akteneinsicht durch Anwalt oder Steuerberater

Donath/Mehle Akteneinsichtsrecht und Unterrichtung des Mandanten durch den Verteidiger, NJW 2009, 1399 ff.; *Lohmeyer* Das Recht des Steuerberaters auf Akteneinsicht, StB 1975, 187 ff.; *Pawlita* Die Wahrnehmung des Akteneinsichtsrechts im gerichtlichen und behördlichen Verfahren durch Überlassung der Akten in die Rechtsanwaltskanzlei, AnwBl. 1986, 1 ff.

Aus der Organstellung des Anwalts und des Steuerberaters können sich **Beschränkungen des Informationsflusses zum Mandanten** ergeben. Denn durch die privilegierte Stellung als Organ der Rechtspflege[134] haben diese als Strafverteidiger (§ 147 StPO; beim Steuerberater § 392 AO) wie auch in anderen Verfahren (vgl. § 299 ZPO; § 100 VwGO; § 78 FGO; §/Art. 29 VwVfG[135]) Zugang zu amtlichen Akten. 64

Behördliche und gerichtliche Akten dürfen nur an Mitarbeiter und (Sozietäts-)Kollegen weitergegeben werden, niemals aber an den Mandanten selbst (§ 19 Abs. 1 BORA; § 13 Abs. 1 BOPA; § 23 Abs. 2 u. 3 BOStB). Stets muss der Berufsträger die gesetzlichen oder gerichtlichen Anordnungen bezüglich der **Beschränkung des Akteneinsichtsrechts seines Mandanten** beachten (§ 19 Abs. 2 BORA; § 13 Abs. 2 BOPA; § 23 Abs. 4 BOStB; ggf. auch § 353d StGB)[136]. Dem Mandanten darf – sofern nicht untersagt – Einsicht in die Akte nur unter Aufsicht des Anwalts oder Steuerberaters gewährt werden[137]. Das Anfertigen von Kopien ist erlaubt, soweit nur der Schutz (der **Integrität**) **der Akte**, nicht auch ein Schutz des Inhalts der Akte, z.B. für den Zeugenschutz, bezweckt ist. Für Zwecke jenseits des konkreten Mandats dürfen personenbezogene Informationen aus Akten nicht verwendet werden[138]. 65

II. Robe

Beulke Kleider machen Strafverteidiger!?, in: FS Hamm, 2008, S. 21 ff.; *Dahns* Anwaltliche Roben, Krawatten und weiße Hemden, NJW-Spezial 2017, 574; *Kleine-Cosack* Umkämpfte Anwaltstracht, DRiZ 2016, 182 ff.; *Knemeyer* Roben und Talare, in: FS Salch, 2015, S. 83, 89–91; *v. Münch* Kleidung und Recht, 2005, S. 36 f.; *Pielke* Die Robenpflicht der Rechtsanwälte,

---

133 *Hartmann*, Staatszeremoniell, 4. Aufl. 2007, S. 150–157.

134 Ausnahmen können gelten, wenn der Anwalt sich selbst vertritt (Hartung/Scharmer/*Scharmer* BORA § 19 Rn. 27; LG Hamburg Beschl. v. 11.8.1993 – 603 Qs 548/93, NJW 1993, 3152).

135 In der AO fehlt hingegen eine entsprechende Regelung zum Akteneinsichtsrecht. Allerdings ergibt sich aus § 91 AO ein Anspruch auf ermessensfehlerfreie Entscheidung über die Gewährung von Akteneinsicht im Einzelfall durch die Finanzverwaltung, welche nur dann zu versagen ist, wenn kein berechtigtes Interesse besteht und oder anderweitige Gründe für eine Auskunftsverweigerung vorliegen (vgl. hierzu auch BMF, BStBl. I 2009, S. 2; Kuhls/*Wacker* StBerG § 33 Rn. 63).

136 Vgl. BVerfG Beschl. v. 21.3.2002 – 1 BvR 2119/01, NJW 2002, 2307 (2308); zum Verhältnis zwischen gerichtlichen Auflagen und anwaltlicher Meinungsäußerung EGMR, Urt. v. 15.12.2011 – 28198/09, BeckRS 2011, 142886.

137 Vgl. Kuhls/*Wacker* StBerG § 33 Rn. 72 ff; strenger *Dahs* Strafverteidiger-HdB Rn. 282; *Donath/Mehle* NJW 2009, 1399 (1399).

138 OLG Braunschweig Urt. v. 3.6.2008 – 2 U 82/07, NJW 2008, 3294 (3295 ff.).

NJW 2007, 3251 f.; *Riemer* Die Robe, des Richters liebstes Ding, DRiZ 1995, 481 f.; *Schily* Roben machen keine Anwälte, BerlAnwBl. 1969, 32 f.; *Schmidt-Räntsch* Robenpflicht in der mündlichen Verhandlung, in: FS Hirsch, 2008, S. 518 ff.; *Weihrauch* Die Kleidung des Strafverteidigers, in: FS Egon Müller, 2008, S. 753 ff.

66 Die Achtung des Gerichts, vielleicht auch die gegenüber dem Recht[139], gebietet es für den Anwalt, dort wo es üblich ist, als **„Berufstracht"** eine Robe[140] zu tragen (§ 20 BORA; § 13 Abs. 4 BOPA), wohingegen den Steuerberatern eine Berufstracht zu allen Zeiten fremd war. Üblich ist das Tragen einer Robe durch den Anwalt jedenfalls vor den höheren ordentlichen Gerichten; vor den Amtsgerichten verliert sich diese Pflicht mehr und mehr[141].

67 Die Robe ist bei Rechtsanwälten schwarz[142], bei Patentanwälten schwarz mit stahlblauem Besatz. Unter der Robe soll ein **Hemd** oder eine **Bluse** getragen werden, die aber, anders als früher, nicht mehr weiß sein müssen, sondern heute dann dezent gemustert oder farbig sein können[143]. Eine (rechtliche) Pflicht zum Tragen von **Krawatten** oder Fliegen besteht nicht[144]. Ein **Kopftuch** zur Robe ist nicht verboten[145].

68 Die Vorgaben für die Uniformität der Robe lassen dem Anwalt einen wenngleich bescheidenen Spielraum: Natürlich kann die Länge und Größe der Robe der Statur angepasst werden; eine lächerlich kurze oder lange Robe entspräche nicht der Organstellung. Gleichwohl dies in den früher teilweise bis herunter zum Schnittmuster ausgearbeiteten amtlichen Vorgaben nicht berücksichtigt worden war, konnten schon damals (männliche) Schnitte an den weiblichen Körper angepasst werden (schmalere Schultern, andere Abnäher). Die durch die Robenpflicht bezweckte **Einheitlichkeit des Äußeren** erfordert nicht einen einheitlichen Schnitt, sondern einen einheitlichen Sitz, der deshalb auch auf andere physiognomische Spezifika (Bierbauch, amputierten Arm usw.) nicht nur Rücksicht nehmen darf, sondern sogar muss.

69 Jegliche **Werbung auf der Robe** widerspricht dem Zweck, die Anwälte als Organe der Rechtspflege den Richtern und Staatsanwälten gleichzustellen und sie aus dem Kreis der übrigen Teilnehmer an der Verhandlung herauszuheben[146]. Sofern also § 20 BORA bzw. § 13 Abs. 4 BOPA zum Tragen einer Robe verpflichtet, wird dieser Pflicht nur durch das Tragen einer Robe genüge getan, die keine Werbeaufdrücke enthält.

---

139 Vgl. hierzu *Kähler* in v. Lewinski, Resilienz des Rechts, 2016, S. 57, 75.

140 Schon die Rechtsbeistände im Alten Rom trugen „togati" (*Bernecker* in Bernecker, Die Juristischen Berufe in Vergangenheit und Gegenwart 1948, S. 101, 119 f.). – Spätmittelalterlich wurde die Robe „Schaube" genannt (*Wesel*, Risiko Rechtsanwalt, 2001, S. 231 ff.). – Zur Herstellung der Robe *Große* BerlAnwBl. 2004, 457 f.

141 Vgl. zuletzt OLG München Entsch. v. 26.11.2015, FD-ZVR 2015, 374089; anders noch LG Augsburg Urt. v. 30.6.2015 - 31 O 4554/14, Ls. 1.

142 Nur die Roben der Rechtsanwälte beim BGH sind rot (vgl. *Gross* in FG 50 Jahre BGH, 2000, S. 147 ff.).

143 Vgl. OLG München Beschl. v. 14.7.2006 – 2 Ws 679/06, NJW 2006, 3079 (3080).

144 Im Ergebnis LG Mannheim Beschl. v. 27.1.2009 – 4 Qss 52/08, NJW 2009, 1094 ff.; *Kleine-Cosack* BORA § 20 Rn. 8; anders früher die „Allgemeine Verfügung über die Amtstracht der Berliner Rechtspflegeorgane" v. 3.2.2004 (BerlAnwBl. 2004, 706 (707)), bestätigt durch VG Berlin Urt. v. 19.7.2006 – 12 A 399/04, NJW 2007, 793 (793 f.); so wohl auch OLG München Beschl. v. 14.7.2006 – 2 Ws 679/06, NJW 2006, 3079 (3080); allgemein dazu *Yersin* BerlAnwBl. 2004, 113 f.

145 DER SPIEGEL 38/2013, S. 49 f.; vgl. BVerfG Beschl. v. 14.1.2020 – 2 BvR 1333/17, NJW 2020, 1049 (Kopftuch einer Referendarin; dazu *v. Schwanenflug/Langer* RuP 2020, 149 ff.); vgl. BVerfG Beschl. v. 27.6.2006 – 2 BvR 677/05, NJW 2007, 56 (57) (Kopftuch einer Zuschauerin); strenger aber LG Dortmund Beschl. v. 7.11.2006 – 14 (VIII) Gen.Str. K., NJW 2007, 3013 (3014) (Kopftuch einer Schöffin; dazu *Bader* NJW 2007, 2964 ff.); zur Beschränkung von Kopftüchern zur (Richter- bzw. Staatsanwaltschafts-)Robe BVerfG Beschl. v. 14.1.2020 – 2 BvR 1333/17, NJW 2020, 1049.

146 BGH Urt. v. 7.11.2016 – AnwZ (Brfg) 47/15, NJW 2017, 407 (408 ff.) u. BVerfG Beschl. v. 31.7.2017 – 1 BvR 54/17, AnwBl. 2017, 1000 ff.

Nicht per se unzulässig ist hingegen das Tragen von Roben mit Werbeaufdrücken in anderen Kontexten – etwa auf Fotos auf der Kanzleiwebsite. Insoweit sind allerdings die allgemeinen werberechtlichen Grenzen zu beachten. Diese dürften jedenfalls Werbeaufdrucken entgegenstehen, welche das Konzept der Robe lächerlich machen und dadurch wiederum die Eignung der Robe als Kleidungsstück, das zur besonderen Atmosphäre von Gerichtsverhandlungen beiträgt, generell beeinträchtigen.

Die Kleidervorschriften vor Gericht beruhten lange auf bloßer Gewohnheit, die mit **70** der Zeit zu Gewohnheitsrecht wurde[147]; heute genießt die Anwaltsrobe – wenngleich kaum praktisch – sogar strafrechtlichen Schutz vor missbräuchlicher Verwendung (§ 132a Abs. 1 Nr. 4 StGB)[148]. Dogmatisch muss man zwischen der **berufsrechtlichen Pflicht** und **gerichtsverfassungsrechtlicher Vorgabe** unterscheiden[149]. Die berufsrechtlichen Anforderungen sind in § 20 BORA und § 13 Abs. 3 BOPA niedergelegt, die als Bundesrecht jedoch nicht abschließend sind („... soweit es üblich ist.") und so Raum für Landesrecht, etwa in Ausführungsgesetzen zum GVG, lassen[150]. Zusätzlich können noch weitergehende gerichtsverfassungsrechtliche und sitzungspolizeiliche Anforderungen bestehen, die sich aber auf das zur Aufrechterhaltung der Funktionsfähigkeit der Rechtspflege erforderliche Maß beschränken müssen[151]. Hierbei ist das **Übermaßverbot** zu beachten[152], nach dem – auch im Hinblick auf die Interessen der Partei an einem rechtlichen Beistand – eine Zurückweisung des Anwalts in der mündlichen Verhandlung (§ 176 GVG) nicht möglich ist[153]; geboten ist eine gerichtliche Rüge, denkbar ist zudem eine Vertagung oder vielleicht auch eine Meldung an die zuständige Anwaltskammer.

Unabhängig von der Verpflichtung des Gerichts, bei der Ausübung der Sitzungspoli- **71** zei das Übermaßverbot zu achten, ist zu bedenken, dass ein Verstoß des Anwalts gegen die Robenpflicht und andere Kleidungsvorschriften die **Interessen des Mandanten**, nämlich an einer Vertretung und Verteidigung, beeinträchtigen kann. Der Kampf um die sitzungspolizeilichen Rechte und Freiheiten des Prozessvertreters darf nicht auf dem Rücken des Mandanten ausgetragen werden.

III. Urteilsschelte

Habscheid Urteilskritik durch am Verfahren „beteiligte" Rechtsanwälte, Professoren und Richter, NJW 1999, 2230 ff.

147 BVerfG Beschl. v. 18.2.1970 – 1 BvR 226/69, NJW 1970, 851 (851 f.); OLG München Beschl. v. 14.7.2006 – 2 Ws 679/06, NJW 2006, 3079 (3079). – Bemerkenswerterweise war allerdings in Süddeutschland noch bis nach der Reichsgründung nicht die Robe, sondern der Frack die Amtstracht des Anwalts (*Weißler*, Geschichte der Rechtsanwaltschaft, 1905, S. 24 f.).

148 Schönke/Schröder/*Sternberg-Lieben* StGB § 132a Rn. 12; a.A. *Bottke*, Strafbarer Ernst, 2004, S. 58; vgl. OLG Jena Urt. v. 15.12.1997 – 1 Ss 206/96, AnwBl. 1998, 535.

149 OLG München Beschl. v. 14.7.2006 – 2 Ws 679/06 u.a., NJW 2006, 3079 (3079).

150 OVG Berlin BerlAnwBl. 2007, 313; *Kleine-Cosack* DRiZ 2016, 182 (182 f.); anders *Pielke* NJW 2007, 3251 (3251 f.) – In Berlin ist aber nun die gerichtsverfassungsrechtliche Pflicht, Robe zu tragen, abgeschafft (Allgemeine Verfügung über die Amtstracht der Berliner Rechtspflegeorgane v. 25.2.2009 – Just I A 2).

151 Kritisch zur Normsetzungsbefugnis der Justizbehörden KG Beschl. v. 2.1.1970 – 2 Ws 61/69, NJW 1970, 482 (483) („nicht verständlich").

152 *Beulke* in FS Hamm, 2008, S. 21 (37 ff.).

153 Anders noch im „Braunschweiger Robenstreit" (vgl. OLG Braunschweig Beschl. v. 27.4.1995 – 1 W 12/95, NJW 1995, 2113 ff.).

72 Nachträgliche Urteilsschelte wird vereinzelt[154] für berufsrechtswidrig gehalten. Diese Ansicht ist aber angesichts der Meinungsäußerungsfreiheit[155] (Art. 5 Abs. 1 S. 1 GG) und der Interessenwahrungspflicht der Berufsträger nicht haltbar, solange die Grenzen der allgemeinen Gesetze (insb. Verleumdung und Beleidigung) nicht überschritten werden. Wenn ein Anwalt oder Steuerberater mit Urteils- oder Richterschelte den **Interessen seines Mandanten** zu dienen glaubt oder eine Niederlage nicht verwinden kann, so darf er auch gegen gerichtliche Entscheidungen anschreiben (lassen), in Zeitschriften, der Tagespresse und im Internet (Blogs). Sein fachliches Ansehen wird er damit nicht mehren. Der Wahrheitsfindung im konkreten Verfahren und dem Erkenntnisgewinn allgemein schadet er nicht.

IV. Richterdatenbanken

Hoch Big Data und Predictive Analytics im Gerichtsprozess, MMR 2020, 295 ff.

73 Berufsträger dürfen nicht nur die Ergebnisse der Rechtsprechung beobachten, sondern auch die beteiligten Personen. Die Einschätzung von Mitgliedern der Gerichte ist Mittel der Interessenwahrung. Hierfür kann man sich grundsätzlich der Hilfe von Dienstleistern und Datenverarbeitungssystemen (**Judge Analytics**) bedienen; das Berufsrecht steht dem nicht entgegen. Soweit dies zu einer „Personalisierung der Justiz" führen und damit einen Belang der Rechtspflege beeinträchtigen kann, wäre es Aufgabe des Gesetzgebers, Regelungen für diese Dienstleister zu treffen.

F. Verhalten in der Öffentlichkeit

I. Außerberufliches Verhalten

74 Anwälte sind über die berufsrechtlichen Generalklauseln des § 43 BRAO und § 39 PAO verpflichtet, sich der **Achtung und des Vertrauens in die Anwaltschaft** würdig zu erweisen, was nach § 57 Abs. 2 StBerG in gleicher Weise auch für den Steuerberater gilt. Der tatsächliche Gehalt dieser Normen ist vor dem Hintergrund der allgemeinen Handlungsfreiheit (Art. 2 Abs. 1 GG) gering und beschränkt sich auf gemeinwohlschädliche Fälle des Handelns von Berufsträgern. Bedeutung hat diese Rechtfigur allerdings im Hinblick auf die berufsrechtliche Sanktionierbarkeit außerberuflichen Handelns eines Anwalts oder Steuerberaters (→ Kap. 9 Rn. 82)[156].

II. Publizistisches und wissenschaftliches Auftreten

Neureither Litigation-PR mit allen Mitteln? Fachbeiträge als „externe Schriftsätze", AnwBl. 2010, 313 f.; *Redeker* Von der Unsitte des Schreibens in eigener Sache, NJW 1983, 1034 ff.; *Wohlrabe* (Hrsg.) Litigation-PR: Wie Krisenkommunikation im Gerichtssaal der Öffentlichkeit funktioniert, 2020; *Zillman/Roth* Strategic Legal Writing, 2008.

---

154 *Redeker* NJW 1983, 1034 (1034).

155 Dazu *Mishra*, Zulässigkeit und Grenzen der Urteilsschelte, 1997, insb. S. 98 ff., aber ohne Berücksichtigung der besonderen Rolle des Anwalts.

156 Ausführlich zum erlaubten bzw. nicht erlaubten außerberuflichen Verhalten des Steuerberaters *Koslowski* StBerG § 57 Rn. 80 ff.; vgl. hierzu auch Kuhls/*Raab* StBerG § 57 Rn. 364 ff.

Ebenso wie Urteilsschelte sind **literarische Äußerungen in eigener Sache** zulässig[157], sowohl vor[158], während als auch nach Abschluss des Verfahrens (zur Urteilsschelte → Rn. 72). Zwar ist es dabei guter Stil, seine Beteiligung an und manchmal sogar die Stellung in einem Verfahren offenzulegen[159], eine Rechtspflicht ist es nicht[160]. 75

---

157 Vgl. OLG Naumburg Urt. v. 22.1.2009 – 1 U 82/08, NJW 2009, 1679 (1679 f.); zum Sonderfall des Mitschreibens an einem Gesetz *v. Lewinski* AnwBl. 2011, 665 (666 ff.).

158 Zum Vergraben „argumentativer Munitionskisten" *v. Lewinski* AnwBl. 2011, 665 (667); zum vergleichbaren Vorgehen auf Richterseite *Rieble* in F.A.Z. v. 27.5.2015, S. N4.

159 Dazu *Voßkuhle* JuS 2004, 1 (5); allgemein *Sendler* in FS Gesellschaft für Rechtspolitik, 1984, S. 413 (414 ff., 421 ff.), speziell zu Rechtsanwälten a.a.O., S. 416 Fn. 7; *Redeker* NJW 1983, 1034 f.; *Thieme* NJW 1983, 2015; *Ulmer* NJW 1983, 2923 f.; *Heinze* BB 1984, 502 ff.; *Kühnert* DRiZ 1984, 205.

160 Vgl. *Neureither* AnwBl. 2010, 313 (314).

Kapitel 8: Vergütung

Albrecht/Hoffmann Die Vergütung des Patentanwalts, 4. Aufl. 2020; *Bischof* (Hrsg.) RVG – Probleme und Chancen (Festschrift Madert), 2006; *Goez* Einführung zur StBVV und zum RVG, in: Deutsches Steuerberaterinstitut, Steuerberatervergütungsverordnung, 9. Aufl. 2016, S. 17–54; *Undritz* Anwaltsgebühren, 1994.

1 Für die Vergütung von Berufsträgern gibt es mehrere Bezeichnungen. Allgemein spricht man von „Honorar“. Das RVG und die StBVV als einschlägige Regelungen verwenden in ihrem Namen die „Vergütung“, deren wesentlichster Unterfall (vgl. § 1 Abs. 1 S. 1 RVG; § 1 Abs. 1 StBVV) die „Gebühr“ ist. An der sich im Laufe der Zeit verändernden **Terminologie** kann man die sich wandelnde Bedeutung der geldlichen Gegenleistung für Berufsträger ablesen[1]: Während das Wort „Honorar“ sich von „honorarium“ (Ehrengeld) ableitet und zusammen mit dem Wort „Mandat“ von dem lateinischen „mandatum“ (unentgeltlicher Vertrag) auf ein bald antikes Verständnis hinweist[2], macht die „Gebühr“ die überkommene Nähe insbesondere des Anwaltsberufs zur Rechtspflege deutlich. Zeitgemäß ist es wohl, von „Vergütung“ zu sprechen, was freilich in den Gesetzestexten bisher nicht durchgehend seinen Niederschlag gefunden hat.

2 Geregelt ist die **Vergütung der Rechtsanwälte im RVG**, die der **Steuerberater in der StBVV** auf Basis des § 64 Abs. 1 StBerG; für **Patentanwälte** gibt es **keine solche Vergütungs(ver)ordnung**[3]. Wie für letztere besteht aber auch für Rechtsanwälte und Steuerberater neben der Abrechnung nach Maßgabe des Vergütungsrechts die Möglichkeit der vertraglichen Vergütungsvereinbarung. Schon seit langer Zeit herrschen in der Praxis vor allem der wirtschaftsberatenden Anwälte Vergütungsvereinbarungen vor, die nach der Änderung des § 34 RVG Mitte 2006 für alle anderen Rechtsanwälte bei Beratung und Begutachtung die Regel sind. Bei Steuerberatern ist die Bedeutung der gesetzlichen Vergütung im Vergleich dazu noch relativ groß.

A. Vereinbarte Vergütung

Hinne/Klees/Müllerschön/Winkler Vereinbarungen mit Mandanten, 4. Aufl. 2019, S. 19–148; *M. Kilian* Deregulierung des anwaltlichen Vergütungsrechts im Bereich Beratung und Begutachtung, BB 2006, 1509 ff.; *Madert/Schons* Die Vergütungsvereinbarung des Rechtsanwalts, 3. Aufl. 2006; *v. Seltmann* Die anwaltliche Vergütungsvereinbarung, 2006.

3 Honorarvereinbarungen (→ Kap. 3 Rn. 22 ff.) sind **grundsätzlich zulässig** (§ 4 RVG; vgl. § 4 Abs. 1 S. 1 StBVV), und werden teilweise von Mandanten auch gewünscht („Alternative Fee Arrangements“). Anwälte dürfen für gerichtliche Tätigkeit keine niedrigere Vergütung als die gesetzliche nach RVG vereinbaren, wie sich aus § 4 Abs. 1 S. 1 RVG ergibt[4]; hier gilt für Erfolgshonorare nach § 4a Abs. 1 S. 1 Nr. 2 RVG eine Ausnahme. Für Steuerberater gilt ein Verbot der Gebührenunterschreitung zwar

---

1 Eine ähnliche Entwicklung kann man beispielsweise bei der Gebührenordnung für Architekten (GOA) zur Honorarordnung für Architekten und Ingenieure (HOAI) erkennen.

2 Vgl. Dig. 50, 13, 1, 5, dort aber nur mit Bezug auf Zivilrechtslehrer („civilis professoribus“) (*Karl*, Recht der juristischen Berufe, 1972, S. 17).

3 Der Entwurf einer „Gebührenordnung für Patentanwälte (PAGebO)“ v. 1968 hatte keinen Rechtsnormcharakter erlangt (*Albrecht/Hoffmann* Vergütung PatA Rn. 84 et pass.).

4 BeckOK RVG *v. Seltmann* 52. Ed. 2021 § 4 Rn. 1.

nicht ausdrücklich, etwa aus einem Umkehrschluss aus § 4 Abs. 1 StBVV, aber eine solche unterliegt berufsrechtlichen Schranken (vgl. § 4 Abs. 3 u. 4 StBVV). Für alle Berufsträger sind stets die allgemeinen Schranken für die Vergütung (→ Rn. 45 ff.) zu beachten.

I. Zeit- und Pauschalvergütungen

Heussen Anwalt und Mandant, 1999, S. 69–73; *Hommerich/M. Kilian* Stundensätze der deutschen Anwaltschaft, NJW 2009, 1569 ff.; *M. Kilian* Zeithonorare – Vergütung à la Marquis de Sade?, AnwBl. 2004, 688 ff.; *Krämer/Kohn-Lehnhof* Pricing für Anwälte, AnwBl. 1997, 306 ff.

Nicht nur in großen Wirtschaftssachen ist es **üblich**, dass Berufsträger und Mandant Vergütungsvereinbarungen treffen. 4

Die am weitesten verbreitete Form[5] der vereinbarten Vergütung ist das **Stundenhonorar**. Dabei wird meist in Viertel-[6] oder **Zehntelstunden** abgerechnet, das Steuerberaterrecht geht von **Halbstundensätzen** aus (§ 13 S. 2 StBVV). Es kommen aber auch **Tagessätze** vor. Möglich sind ferner feste **monatliche** oder gar **jährliche Vergütungen**[7]. Die Tätigkeit muss ggf. detailliert nachgewiesen werden[8]. 5

Bei **minutenweise abgerechneten Anwaltshotlines** darf die gesetzliche Vergütung unterschritten werden, weil der Telefonvertrag eine zulässige Zeitvergütung darstellt[9]; auf Gebührenüberschreitungen, insbesondere in Bezug auf die Erstberatungsgebühr, muss der Berufsträger hinweisen[10]. 6

Möglich sind Vereinbarungen über **Pauschalvergütungen** (Festhonorare) für ein bestimmtes Mandat, über einen vom wirklichen Wert abweichenden Gegenstandswert oder mehrfache Gebührensätze. Denkbar ist zudem eine erhöhte Kilometerpauschale (Nr. 7003 VV RVG)[11] oder eine Sekretariatspauschale pro Zeiteinheit[12]. Erlaubt ist sogar die Versteigerung von anwaltlichen Dienstleistungen[13]. Steuerberater müssen in diesem Zusammenhang das Verbot der Gebührenunterschreitung beachten. 7

Praxishinweis: 8

Ein „Deutscher Vergütungsrat" möchte für Unternehmensmandanten einen **„Honorarcodex"** etablieren, der Grundsätze der Vergütungsstruktur festschreibt; als freiwilliges Zertifizierungsprogramm hat dies keine unmittelbare rechtliche Wirkung, kann aber womöglich in der Zukunft als Indikator für eine (Branchen-)Üblichkeit herangezogen werden.

---

5 S. die Auflistung von Arten von Vergütungsvereinbarungen bei *Winkler* in FS Madert, 2006, S. 239 ff.

6 OLG Schleswig Urt. v. 19.2.2009 – 11 U 151/07, AnwBl. 2009, 554 (555 f.).

7 Früher wurde ein (jährliches) Festhonorar „Wartgeld" genannt (*Baumann*, Advokaten und Prokuratoren, 2006, S. 19).

8 Eindrücklich OLG Frankfurt a.M. Urt. v. 12.1.2011 – 4 U 3/08, AnwBl. 2011, 300 ff.

9 BGH Urt. v. 9.6.2005 – I ZR 135/02, NJW-RR 2006, 215 (216).

10 BGH Urt. v. 30.9.2004 – I ZR 261/02, AnwBl. 2005, 359 (360 f.); BGH Urt. v. 26.9.2002 – I ZR 44/00, NJW 2003, 819 (821).

11 *Kilian*, Rechtliche Grundlagen der anwaltlichen Tätigkeit, 2005, Kap. 7 Rn. 17.

12 BGH Urt. v. 13.2.2020 – IX ZR 140/19, NJW 2020, 1811 (Ls. 3), dort aber auch zu Grenzen.

13 BVerfG Beschl. v. 19.2.2008 – 1 BvR 1886/06, WRP 2008, 492 (493 ff.). – Im Hinblick auf das Wettbewerbs- und Markenrecht ist allerdings die Bezeichnung als „eBay-Anwalt" o.ä. nicht gestattet (LG Hamburg Urt. v. 17.6.2008 – 312 O 937/07, MMR 2009, 143 (Ls.)).

II. Erfolgsabhängige Vergütung

M. Kilian Der Erfolg und die Vergütung des Rechtsanwalts, 2003.

9 Als Erfolgshonorare beschreibt man Vergütungen, die von einem Erfolg des Anwalts oder Steuerberaters abhängen. Zu denken ist etwa an die Abhängigkeit der Vergütung vom Ausgang eines Verfahrens („echtes Erfolgshonorar", **„No Win, No Fee"**) oder ein erfolgsabhängiges Zusatzhonorar („palmarium" [lat. für Siegeslohn, Meisterstück], **„No Win, Less Fee"**).

10 Erfolgshonorare[14] waren in Deutschland **lange Zeit generell verboten**. Begründet wurde dies mit der Sicherung der unabhängigen Stellung des Berufsträgers als Organ der (Steuer-)Rechtspflege.

1. Erfolgshonorar

M. Kilian Das Gesetz zur Neuregelung des Verbots der Vereinbarung von Erfolgshonoraren, NJW 2008, 1905 ff.; *H.-J. Mayer* Das Erfolgshonorar – de lege lata und de lege ferenda, AnwBl. 2007, 561 ff.; *Schepke* Das Erfolgshonorar des Rechtsanwalts, 1998, S. 102–188; *Teubel/Schons* Erfolgshonorar für Anwälte, 2008; *Vogeler* Das anwaltliche Erfolgshonorar, JA 2011, 321 ff.

11 Der Grundsatz des Verbots erfolgsabhängiger Vergütung erfährt allerdings **Ausnahmen**:

12 Das Vergütungsrecht kennt, wenngleich an versteckter Stelle, schon seit längerem erfolgsabhängige Gebühren[15]. So ist die **Einigungsgebühr** (Ziff. 1000 VV RVG; → Rn. 36) an einen Erfolg, nämlich die (außergerichtliche) Einigung gekoppelt[16]. Zudem stellt die **Kostenerstattung des Gegners in Prozesskostenhilfesachen** nach §§ 123, 126 ZPO eine Erfolgskomponente dar[17].

13 2006 hat das BVerfG entschieden, dass das ausnahmslose Verbot für Rechtsanwälte, Erfolgshonorare zu vereinbaren, verfassungswidrig ist[18]. Daraufhin hat der Gesetzgeber **Ausnahmen von dem Verbot** normiert und Erfolgshonorarvereinbarungen für Anwälte und Steuerberater für die Fälle erlaubt, in denen der Mandant ansonsten aufgrund seiner besonderen wirtschaftlichen Umstände von der Rechtsverfolgung abgehalten würde. Im Zuge der BRAO- und RDG-Reform 2021 hat das Verbot dann weitere Lockerungen erfahren. Die besonderen Umstände des Mandanten müssen fortan nicht mehr wirtschaftlicher Natur sein. Rechtsanwälte dürfen zudem stets Erfolgshonorarvereinbarungen treffen, wenn sich der Auftrag auf Geldforderungen bis höchstens 2 000 € bezieht oder es sich um eine Inkassodienstleistung handelt, die außergerichtlich oder in einem der in § 79 Abs. 2 S. 2 Nr. 2 ZPO genannten Verfahren erbracht wird (§ 49b Abs. 2 S. 1 BRAO i.V.m. § 4a RVG).

---

14 Differenzierend *Henssler* NJW 2005, 1537 (1539 f.); kritisch *Kilian* ZRP 2003, 90 (90 ff.).

15 *Mayer* AnwBl. 2007, 561 (561 f.); *Mayer* AnwBl. 2007, 787 ff.; vgl. auch § 52 Abs. 2 der Standesrichtlinien, dazu Lingenberg/Hummel/Zuck/Eich/*Hummel,* Kommentar zu den Grundsätzen des anwaltlichen Standesrechts, 2. Aufl. 1988, § 52 Rn. 16, 23.

16 Allerdings ist die Vereinbarung einer „Vergleichsgebühr" für den Fall einer erfolgreichen Vertragsverhandlung u.U. ein unerlaubtes Erfolgshonorar (BGH Urt. v. 23.4.2009 – IX ZR 167/07, NJW 2009, 3297 (3298)).

17 BVerfG Beschl. v. 12.12.2006 – 1 BvR 2576/04, NJW 2007, 979 (982) – Erfolgshonorar; *Büttner* in FS Busse, 2005, S. 33 (44). – Zu menschenrechtlichen Grenzen der – in Deutschland bislang kaum relevanten – Erstattungsfähigkeit eines Erfolgshonorars durch den unterlegenen Gegner EMRK Urt. v. 18.1.2011 – 39401/04, NJOZ 2012, 335 (339 ff.) – Naomi Campbell.

18 BVerfG Beschl. v. 12.12.2006 – 1 BvR 2576/04, NJW 2007, 979 ff. – Erfolgshonorar.

Hintergrund dieser **weiteren Lockerung** ist die Annahme des Gesetzgebers, dass Rechtsuchende bei Forderungen dieser Größenordnung typischerweise gehemmt sind, rechtliche Hilfe in Anspruch zu nehmen. Zudem zielt die Regelung auf einen kohärenten Gleichlauf mit den Möglichkeiten der Vereinbarung von Erfolgshonoraren durch registrierte Inkassodienstleister nach § 10 Abs. 1 S. 1 Nr. 1 RDG ab[19].

Anknüpfen darf die Erfolgsabhängigkeit des Honorars **nur an einen Erfolg des Mandanten**. Das Honorieren eines „Erfolgs" etwa für die Justizkasse, z.B. durch ein frühes Geständnis im Strafverfahren und die dadurch mögliche Verkürzung des Prozesses, würde das Selbstbelastungsverbot und das Gebot des fairen Verfahrens konterkarieren. Ferner kann die gleichzeitige Maklertätigkeit eines Rechtsanwalts für einen Mandanten unter das Verbot des Erfolgshonorars fallen[20]. Patentanwälte dürfen zur Sicherung ihrer Unabhängigkeit nicht an der **Verwertung von Gewerblichen Schutzrechten** beteiligt sein (§ 1 Abs. 2 S. 3 BOPA) und sich als Vergütung auch keine solchen Rechte einräumen lassen (§ 13 Abs. 3 BOPA). 14

2. Quota litis

Vereinbarungen über den Streitanteil – einen Anteil des Berufsträgers am erstrittenen Betrag – sind nach § 49 Abs. 2 S. 1 BRAO, § 43b Abs. 1 S. 1 PAO und § 9a Abs. 1 StBerG weiterhin **grundsätzlich verboten**, wenn nicht die Ausnahmen des § 4a RVG, § 43b Abs. 2 PAO oder § 9a StBerG eingreifen (→ Rn. 13). Bei der Beurteilung der Zulässigkeit gelten für Streitanteilsvereinbarungen indes keine strengeren Maßstäbe als mit Blick auf andere Formen von Erfolgshonorarvereinbarungen. 15

3. Prozessfinanzierung

Homberg Erfolgshonorierte Prozessfinanzierung, 2006, S. 143–162; *M. Kilian* Das Verbot der Finanzierung fremder Rechtsverfolgungskosten, NJW 2010, 1845 ff.; *Kochheim* Die gewerbliche Prozessfinanzierung, 2003, S. 214–248; *Rochon* Die erfolgshonorierte Prozessfinanzierung und ihre Auswirkungen für den Rechtsanwalt, 2003, S. 158–175.

Bei der Prozessfinanzierung trägt ein Dritter (Prozessfinanzierer) das Risiko des Verfahrensausgangs. Darin liegt kein Verstoß gegen § 49b Abs. 2 BRAO, § 43b Abs. 1 PAO und § 9a Abs. 1 StBerG, solange **nicht der Berufsträger** selbst auch **den Prozess finanziert** und so an Risiko und Chance beteiligt ist. Der Berufsträger darf sich allerdings zudem nicht in die Nähe oder gar in eine Geschäftsbeziehung zum Prozessfinanzierer begeben[21], die seine Unabhängigkeit und damit seine Parteilichkeit zugunsten des Mandanten gefährdet. Seit der RDG- und BRAO-Reform 2021 ist es Rechtsanwälten erlaubt, Prozessfinanzierungsvereinbarungen mit Mandanten zu treffen, sofern ein Erfolgshonorar vereinbart wird, das gem. § 4a Abs. 1 S. 1 Nr. 2 RVG zulässig ist (→ Rn. 13). 16

---

19 BT-Drs. 19/27673, 34.

20 Vgl. OLG Brandenburg Urt. v. 18.10.2007 – 5 U 198/06, BRAK-Mitt. 2007, 272 (273); umfassend *Fischer* NJW 2016, 3220 (3222 f.).

21 OLG München Urt. v. 10.5.2012 – 23 U 4635/11, NJW 2012, 2207 (2207 ff.); allgemein zu rechtlichen Konstruktionen, die als Umgehung gewertet werden können, *Homberg*, Erfolgshonorierte Prozessfinanzierung, 2006, S. 149 ff.

4. Rechtsfolge

17 Eine unzulässige Erfolgshonorarabrede ist gleichwohl wirksam. Tritt der Erfolg nicht ein, schuldet der Mandant also nur das für diesen Fall vereinbarte Honorar (oder bei einer rein erfolgsabhängigen Vergütung kein Honorar); tritt der Erfolg ein, ist der Vergütungsanspruch des Rechtsanwalts jedoch auf die Höhe der gesetzlichen Vergütung gedeckelt. Dogmatisch lässt sich dies dadurch erklären, dass die § 4b RVG und § 9a Abs. 5 StBerG als spezielle Rechtsfolgenanordnungen dem § 134 BGB vorgehen[22].

III. Form für Vergütungsvereinbarungen

Römermann Vereinbarung einer höheren Vergütung nach § 4 RVG, MDR 2004, 421 ff.

18 Die Vereinbarung über die Vergütung bedarf der **Textform** (§ 3a Abs. 1 S. 1 RVG; § 4 Abs. 1 S. 1 StBVV; → Kap. 3 Rn. 23). Dies gilt allerdings nicht für die Beratungs-, Begutachtungs- und Mediationsmandate des Rechtsanwalts i.S.d. § 34 RVG (§ 3a Abs. 1 S. 4 RVG) und für vereinbare Tätigkeiten i.S.v. § 57 Abs. 3 Nrn. 3 u. 4 StBerG wie Beratung und Vermögensverwaltung[23].

19 Wird die in § 3a Abs. 1 RVG u. § 4 Abs. 1 S. 1 StBerG (für Vergütungsabreden allgemein) oder nach § 4a Abs. 2 u. 3 RVG, § 43b Abs. 3 u. 4 PAO und § 9a Abs. 5 StBerG (für Erfolgshonorare) vorgeschriebene **qualifizierte Schriftform**[24] nicht eingehalten, kann der Vergütungsanspruch gerichtlich nicht durchgesetzt werden. Die nicht formgerechte Vereinbarung eines Honorars ist nicht nichtig, sondern reduziert die Vergütung auf die gesetzliche Höhe (§ 4b RVG; § 43b Abs. 5 PAO; § 9a Abs. 5 S. 1 StBerG, vgl. § 4 Abs. 1 S. 1 StBVV)[25].

20 Der darüberhinausgehende Betrag war für Rechtsanwälte nach früherer Rechtslage eine sogenannte „Naturalobligation"[26]. Heute besteht dagegen nicht nur kein Anspruch mehr auf ein nicht formgerecht vereinbartes (Mehr-)Honorar, weshalb es, wie der Verweis in § 4b S. 2 RVG auf die **§§ 812 ff. BGB** zeigt, vom Mandanten auch **zurückgefordert** werden kann[27]. Bei Steuerberatern hingegen ist die Rückforderung eines (zu viel) gezahlten Honorars wegen eines Formmangels nach wie vor ausgeschlossen, wie § 4 Abs. 1 S. 4 StBVV ausdrücklich klarstellt. Voraussetzung ist, dass der Mandant freiwillig und ohne Vorbehalt geleistet hat und sich im Klaren war, dass die gezahlte Vergütung die nach den gesetzlichen Gebührenvorschriften geschuldete übersteigt.[28]

21 Jedenfalls aber ist das Einfordern eines nicht in der Form nach § 3a Abs. 1 RVG oder § 4 Abs. 1 S. 1 StBVV vereinbarten Honorars **keine strafbare Gebührenüber-**

---

22 BGH Urt. v. 5.6.2014 – IX ZR 137/12, NJW 2014, 2653 (2654 ff.) (unter Aufgabe der vorherigen Rechtsprechung).

23 *Goez* in Deutsches Steuerberaterinstitut, Steuerberatervergütungsverordnung, 9. Aufl. 2016, S. 37.

24 Dazu BGH Urt. v. 8.6.2004 – IX ZR 119/03, NJW 2004, 2818 (2819); *Heinze* NJW 2004, 3670 (3670 f.).

25 Nunmehr BGH Urt. v. 5.6.2014 – IX ZR 137/12, NJW 2014, 2653 (2654 ff.).

26 Vgl. zur damaligen Rechtslage *Hansens* BRAGO § 3 Rn. 7; vgl. MüKoBGB/*Kramer* Einl. vor § 241 Rn. 49; dazu *Kilian* NJW 2008, 1905 (1906) – Die Dogmatik der Naturalobligationen war und ist allerdings nicht einheitlich.

27 *Römermann/Günther* NJW 2016, 1001 (1002 f.); zu Grenzen der Rückforderbarkeit nach § 242 BGB BGH Urt. v. 22.10.2015 – IX ZR 100/13, DStR 2016, 1437 (1437 f.).

28 *Goez*, Steuerberatervergütungsverordnung, 10. Aufl. 2020, S. 49.

hebung nach § 352 StGB[29]. Im Falle der Vereinbarung eines Erfolgshonorars kann allerdings eine Strafbarkeit wegen Betruges durch Unterlassen nach §§ 263, 13 Abs. 1 StGB in Betracht kommen, sofern der Berufsträger seiner Verpflichtung zur Belehrung über die gesetzliche Gebühr aus § 4a Abs. 3 Nr. 2 RVG bzw. § 4 Abs. 1 S. 2 StBVV nicht nachgekommen war[30].

B. Vergütung nach RVG und StBVV

Büttner Freie Advokatur und staatliche Preisregulierung, in: FS Busse, 2005, S. 33 ff.; *Enders* RVG für Anfänger, 19. Aufl. 2019; *Feiter*, Die neue Steuerberatervergütungsverordnung, 2013; *Mayer* Die Anwaltsvergütung nach dem Kostenrechtsänderungsgesetz 2021, NJW 2021, 345 ff.

Das gesetzliche Vergütungsrecht nach RVG und StBVV gilt grundsätzlich für alle rechtsanwaltlichen bzw. steuerberaterlichen Tätigkeiten (§ 1 Abs. 1 RVG; §§ 1 f. StBVV) und enthält Taxen nach § 612 Abs. 2 Var. 1 BGB. Vertragliche Abreden (→ Rn. 3 ff.) gehen aber gemäß § 4 RVG und entsprechend § 4 Abs. 1 S. 1 StBVV den gesetzlichen Gebührentatbeständen vor. Seit Mitte 2006 hat § 34 RVG die Vergütung für Beratung und Begutachtung des Rechtsanwalts weitgehend freigegeben, enthält also diesbezüglich **keine Taxen** mehr. Die **„Üblichkeit“** nach § 612 Abs. 2 Var. 2 BGB kann heute nur noch nach den sonstigen Umständen bestimmt werden[31]. Sie können für qualifizierte Beratungen bei bis zu 300 € pro Stunde liegen[32] (→ Rn. 30). **22**

I. Prinzipien des RVG und der StBVV

Breyer Kostenorientierte Steuerung des Zivilprozesses, 2006.

Die gesetzliche Regelung der Vergütung verfolgt einen dreifachen Zweck. Vor allem die für Rechtsanwälte ist zum einen Voraussetzung für das deutsche Prozesskostensystem, in dem die **vor Gericht unterlegene Partei die Anwaltskosten der anderen Partei** trägt (§§ 91 ff. ZPO). Zum anderen will sie die Kosten für **Rechts- und Steuerberatung kalkulierbar** machen. Drittens soll sie – im Sinne einer Quersubventionierung – **Rechtsbesorgung und Steuerberatung auch bei niedrigen Werten** ermöglichen. **23**

Dies versuchen RVG und StBVV durch das **Einmalprinzip**, das **Pauschprinzip** und die **Wertabhängigkeit der Gebühren** zu erreichen. Gebühren werden also nur einmal (ggf. pro Verfahrensabschnitt) erhoben, sie gelten die gesamte Tätigkeit des Berufsträgers ab und bemessen sich nach dem (Gegenstands-)Wert. – Gerade der letztgenannte Aspekt stößt auf Kritik, weil das gesetzliche Vergütungsrecht bei einer einfachen Streitsache um hohe Summen zu verhältnismäßig hohen Honoraren **24**

---

29 OLG Braunschweig Urt. v. 28.6.2004 – 1 Ss (S) 1/04 (17), NJW 2004, 2606 (2606 f.); vgl. auch BayObLG Urt. v. 11.5.1989 – RReg. 5 St 5/89, NJW 1989, 2901 (2902).

30 So ausdrücklich für Rechtsanwälte BGH AnwBl. 2015, S. 1060; *Römermann/von der Meden* AnwBl. 2015, 1000 ff.

31 *Dombek/K.-M. Schmidt* in Dombek/Kroiß, Gesellschaftsrecht II, 2007, Teil 5 § 3 Rn. 6; *M. Kilian* MDR 2008, 780 (782 ff.); zur übergangsweisen Geltung der vormaligen Taxen als übliche Vergütung nach § 612 Abs. 2 BGB *Hinne/Klees/Müllerschön/Winkler*, Vereinbarungen mit Mandanten, 4. Aufl. 2019, § 1 Rn. 196.

32 Vgl. OLG Hamm Urt. v. 7.7.2015 – 28 U 189/13, NJOZ 2016, 134 (139).

führt[33], während es bei schwierigen Kleinstmandaten die Kosten nicht annähernd deckt. Zudem sind die Regelungen des RVG und der StBVV so kompliziert, dass die eigentlich bezweckte Transparenz nicht erreicht wird.

II. Bestimmung der Vergütung nach RVG und StBVV

Otto Die angemessene Rahmengebühr nach dem RVG, NJW 2006, 1472 ff.

25 RVG und StBVV kennen **Festgebühren und Rahmengebühren** (Betragsrahmen und Satzrahmen). Die Gebühren können als bestimmter Euro-Betrag oder als Gebührensatz („Gebühr") festgelegt sein. In vielen Fällen muss der Berufsträger innerhalb einer Rahmengebühr (§ 14 RVG; § 11 StBVV) die Gebührenhöhe nach den Umständen des Einzelfalls bestimmen, vor allem nach der Bedeutung der Angelegenheit für den Mandanten, dem Umfang und der Schwierigkeit des Falles und auch den finanziellen Verhältnissen des Mandanten.

26 Was eine **„volle Gebühr"** bzw. „1,0 Gebühren" als **Ausgangspunkt für die Berechnung** der Vergütung ist, bestimmt sich nach § 13 RVG und der Anlage 1 hierzu (Vergütungsverzeichnis, VV RVG) bzw. § 10 StBVV und den Tabellen A bis E. Die geringste volle Gebühr beträgt 39 € für Rechtsanwälte bzw. 29 € für Steuerberater, die geringste (Teil-)Gebühr für Rechtsanwälte beträgt 15 € (§ 13 Abs. 2 RVG).

27 **Ausgangspunkt** für die Berechnung der Gebühr ist der **(Gegenstands-)Wert**[34] (§ 10 Abs. 1 S. 2 StBVV), der dem Streitwert im gerichtlichen Verfahren entspricht (§ 2 Abs. 1 RVG; § 23 RVG; GKG, § 3 ZPO; vgl. auch § 45 StBVV). Ist ein Gegenstandswert nicht festzustellen, ist er nach billigem Ermessen zu bestimmen. Dieser darf bei Rechtsanwälten nicht über 500 000 € liegen; der Regelstreitwert beträgt für sie 5 000 € (§ 23 Abs. 3 S. 2 RVG). Die gerichtliche Feststellung des Gegenstandswerts kann vom Rechtsanwalt aus eigenem Recht beantragt werden (§ 32 Abs. 2 RVG).

III. Einzelne Gebührentatbestände

28 Gemäß RVG bestimmen sich die Gebühren nach § 2 Abs. 2 i.V.m. dem **VV RVG**, gemäß StBVV nach **§§ 10 ff. StBVV** und den Tabellen A bis E. Von allgemeiner Bedeutung sind die folgenden Gebührentatbestände:

1. Beratungsgebühr

Engels Die Grenze zwischen anwaltlicher Beratung und Geschäftsbesorgung, AnwBl. 2008, 361 f.; *M. Kilian* Deregulierung des anwaltlichen Vergütungsrechts im Bereich Beratung und Begutachtung, BB 2006, 1509 ff.; *Römermann* Vereinbarung einer höheren Vergütung nach § 4 RVG, MDR 2004, 421 f.

29 Während für Steuerberater der deutlich engere § 21 StBVV gilt, ist für Rechtsanwälte seit Mitte 2006 die **Vergütung für „Rat" und „Auskunft"** nach § 34 RVG freigegeben und der Aushandlung der Parteien überlassen. Für Rechtsanwälte enthält das

33 Extrembeispiele sind der einfache Widerspruch gegen einen irrtümlich über einen dreistelligen Millionenbetrag (FinA St. Augustin) oder gar Milliardenbetrag (FinA München) ausgestellten Steuerbescheid. Die Fälle sind – soweit ersichtlich – in der Fachliteratur nicht nachgewiesen.

34 *Kallenbach* AnwBl. 2012, 246.

Gesetz nur noch für die Prüfung der Erfolgsaussicht von Rechtsmitteln explizite Gebührensätze (Nrn. 2100 ff. VV RVG; vgl. für Steuerberater § 21 Abs. 2 StBVV).

Wird zwischen einem Rechtsanwalt und einem Mandanten **keine Gebührenvereinbarung** getroffen, richtet sich die Vergütung gem. § 34 Abs. 1 S. 2 RVG nach den Vorschriften des Bürgerlichen Rechts. Nach § 675 Abs. 1 BGB i.V.m. § 612 Abs. 2 bzw. § 632 Abs. 2 BGB ist eine **„übliche Vergütung"** geschuldet. Relevant für die Bestimmung der Üblichkeit sind neben der Ortsüblichkeit auch die Besonderheiten des Mandats und der Parteien[35]. Wenn die Üblichkeit lediglich in einem Rahmen besteht oder nicht festgestellt werden kann, gelten §§ 315, 316 BGB[36]. 30

Ist der **Mandant Verbraucher** und ist keine Vergütung vereinbart, beträgt die Vergütung höchstens 250 € (§ 34 Abs. 1 S. 3 Hs. 3 RVG). Für **Erstberatungen** – einer „pauschalen überschlägigen Einstiegsberatung"[37] – von Verbrauchern durch Rechtsanwälte gilt die Kappungsgrenze des § 34 Abs. 1 S. 3 Hs. 3 RVG in Höhe von 190 €[38]; diese Grenze gilt allerdings nur, sofern keine Honorarabrede getroffen ist, wie sich aus der systematischen Stellung des 3. Halbsatzes ergibt[39]. Steuerberater dürfen allgemein bei einer Erstberatung von Verbrauchern von Steuerberatern höchstens 190 € (§ 21 Abs. 1 S. 2 StBVV) verlangen. 31

Die Vergütung für Beratung ist im Zweifel **auf die in der Folge anfallenden Gebühren anzurechnen** (§ 34 Abs. 2 RVG; § 21 Abs. 1 S. 3 StBVV). 32

2. Einfache Schreiben und Anträge

Für einfache Schreiben kann der Rechtsanwalt 0,3 Gebühren verlangen (Nr. 2302 VV RVG), der Steuerberater für einzelne Anträge und vergleichbare Tätigkeiten 2/10 bis 10/10 Gebühren. Wird der Berufsträger in der Folge noch weiter mandatiert, ist die Gebühr **teilweise auf das Folgehonorar anzurechnen** (Teil 3 Vorb. 3 Abs. 4 VV RVG; § 23 S. 2 StBVV). 33

3. Gutachten

Für Gutachten kann der Rechtsanwalt eine **Vergütung in angemessener Höhe** nach § 34 Abs. 1 RVG vereinbaren, für den Steuerberater gilt ein Honorar von 10/10 bis 30/10 Gebühren. Lediglich für die **Beurteilung der Erfolgsaussichten einer Berufung oder Revision** (Nr. 2103 VV RVG) ist für Rechtsanwälte ein betragsmäßig bestimmter Vergütungsrahmen von 40 € bis 400 € vorgegeben. 34

Auch für Gutachten gilt § 34 Abs. 1 RVG, so dass bei fehlender Gebührenvereinbarung eine **übliche Vergütung** – von einem Verbraucher jedoch höchstens 250 € – geschuldet wird. 35

---

35 BeckOK RVG/*v. Seltmann* § 34 Rn. 11.

36 *Hinne/Klees/Müllerschön/Winkler*, Vereinbarungen mit Mandanten, 4. Aufl. 2019, § 1 Rn. 196 ff.

37 BGH Beschl. v. 3.5.2007 – I ZR 137/05, BRAK-Mitt. 2008, 38 (38).

38 HK-RVG/*Teubel/Winkler* RVG § 34 Rn. 107.

39 *Henssler* NJW 2005, 1537 (1537); so wohl auch BeckOK RVG/*v. Seltmann* RVG § 34 Rn. 3; ähnlich HK-RVG/*Teubel/Winkler* RVG § 34 Rn. 112, u. Gerold/Schmidt/*Mayer* RVG § 34 Rn. 51; für eine Ausweitung der Kappungsgrenze auf Erstberatungen von Verbrauchern insg. Bischof/Jungbauer/Bräuer/Hellstab/Klipstein/Klüsener/Kerber/*Bischof* RVG § 34 Rn. 6 ff., 51, u. in AnwK RVG/*Onderka/Thiel* RVG § 34 Rn. 120 ff.

4. Vergleich

Schneider Die Einigungsgebühr nach dem RVG, MDR 2004, 423 ff.; *Schneider,* Einigungsgebühr auch bei Beratung?, NJW-Spezial 2016, 283 f.

36 Fehlende Vergleichsbereitschaft bei Prozessvertretern führt oft zu einem sinnlosen Betreiben des Verfahrens. Um dem entgegenzuwirken, erhalten Rechtsanwalt und Steuerberater (§ 45 StBVV) für einen außergerichtlichen Vergleich eine **Einigungsgebühr** in Höhe von 1,5 Gebühren (Nr. 1000 VV RVG), für einen gerichtlichen Vergleich jedoch nur 1,0 Gebühren (Nr. 1003 VV RVG). Strukturell handelt es sich hierbei um eine erlaubte Erfolgsgebühr.

5. Vertretung im Verfahren

Onderka Die Terminsgebühr nach dem RVG – Aufwandsvergütung oder Anwesenheitsentschädigung?, in: FS Madert, 2006, S. 177 ff.

37 Abhängig von der Verfahrensart bestimmen sich die Gebühren nach den Teilen 3 bis 6 VV RVG, die durch die §§ 37–41 RVG ergänzt werden; diese rechtsanwaltsrechtlichen Regelungen gelten für Steuerberater entsprechend (§ 45 StBVV). In bürgerlichen und öffentlichrechtlichen Rechtstreitigkeiten kennt das RVG **Termins- und Verfahrensgebühren**. In Strafverfahren bestimmt sich die Vergütung nach **Grund-, Termins- und Verfahrensgebühr** (Nrn. 4100 ff. VV RVG).

6. Außergerichtliche Vertretung

Römermann Vereinbarung einer höheren Vergütung nach § 4 RVG, MDR 2004, 421 f.

38 Für die (reine) Rechtsberatung macht das RVG für Rechtsanwälte nur noch punktuelle Vorgaben. Seit der Änderung des § 34 RVG Mitte 2006 gibt es **keine Taxen** i.S.d. § 612 Abs. 2 Var. 1 BGB mehr. Es gilt also grundsätzlich die **Vereinbarung zwischen Rechtsanwalt und Mandant** (→ Kap. 3 Rn. 22 ff.). Ist eine solche Abrede nicht getroffen worden, schuldet der Mandant die **übliche Vergütung** (§ 612 Abs. 2 Var. 2 BGB), als Verbraucher nach § 34 Abs. 1 S. 3 Hs. 1 RVG höchstens 250 €. Nach § 34 Abs. 1 S. 3 Hs. 3 RVG kann für eine sogenannte „Erstberatung" ohne Honorarabrede nur eine Vergütung von maximal 190 € verlangt werden. Wenn die übliche Vergütung lediglich in einem Rahmen besteht oder nicht festgestellt werden kann, gelten §§ 315, 316 BGB[40].

7. Steuererklärungen und Hilfeleistung in Steuersachen

39 Für **Steuererklärungen** gelten die ausdifferenzierten Regelungen des § 24 StBVV, für Hilfeleistungen bei der **Erfüllung steuerlicher Buchführungs- und Aufzeichnungspflichten** die §§ 32–39 StBVV. Diese Vorgaben gelten auch für steuerberatende Rechtsanwälte (§ 35 RVG)[41].

---

40 *Hinne/Klees/Müllerschön/Winkler*, Vereinbarungen mit Mandanten, 4. Aufl. 2019, § 1 Rn. 196 ff.
41 OLG Nürnberg Urt. v. 21.10.2014 – 3 U 954/14, DStR 2015, 783 (784).

8. Hebegebühr für Fremdgelder

Zenker Hebegebühr, Anderkontokosten und Zinsabschlag, NJW 2003, 3459 ff.

Für die **Entgegennahme von Zahlungen** und die **Verwaltung von Fremdgeldern** 40
kann ein Rechtsanwalt eine sogenannte Hebegebühr verlangen (Nr. 1009 VV RVG). Sie bestimmt sich nach den an den Mandanten ausgezahlten Beträgen. Nach Nr. 1009 Abs. 2 S. 2 VV RVG kann der Rechtsanwalt die Hebegebühr gleich einbehalten; insoweit wird das Aufrechnungsverbot des § 4 Abs. 3 BORA modifiziert.

IV. Auslagen

Sterzinger Umsatzsteuer auf Auslagen des Rechtsanwalts?, NJW 2008, 1254 ff.

Neben der Vergütung kann ein Berufsträger Erstattung der Auslagen verlangen. Die 41
allgemeinen Bürokosten sind allerdings bereits durch das Honorar abgegolten, einschließlich der bei Steuerberatern oft erheblichen DATEV-Kosten.

Besonders vorgesehen ist der Ersatz der **Post- und Telekommunikationskosten**, 42
die meist auf 20% der Gebühren, höchstens jedoch auf 20 € pauschaliert werden (Nr. 7002 VV RVG; § 16 S. 2 StBVV). Daneben kann eine Dokumentenpauschale für Abschriften und Ablichtungen – heute also meist Fotokopien, aber auch Digitalisate (elektronische Kopien, Scans)[42] – verlangt werden (Nr. 7000 VV RVG, § 7 Abs. 2 S. 1 RVG; § 17 StBVV), wobei zur Kostenreduktion Verkleinerungen geboten sein können[43]. Bei Faxkopien, bei denen (Material-)Kosten nur beim Empfänger entstehen, besteht nur für Steuerberater Auslagenerstattungsanspruch (§ 17 Abs. 1 S. 2 StBVV), nicht jedoch für Rechtsanwälte[44].

Auch die angemessenen **Reisekosten** können dem Mandanten in Rechnung gestellt 43
werden (Nrn. 7003–7006 VV RVG; § 18 StBVV). Weiter kann der Berufsträger ein Tagegeld fordern (Nr. 7005 VV RVG; § 18 Abs. 3 StBVV).

C. Besondere Vergütungssätze aus sozialen Gründen

Chang Wirtschaftliche Ethik des Rechtsanwalts, 2003, S. 1–118; *Schneider* Die Gebühren in der Beratungshilfe nach dem RVG, MDR 2004, 494 ff.; *Thoenneßen* Die Vergütung des Pflichtverteidigers, 2012.

Aus der früher „Armenrecht“[45] genannten Hilfe des Staates für mittellose Menschen 44
haben sich die Prozesskostenhilfe (PKH, §§ 114, 121 ZPO), die Beratung nach dem **Beratungshilfe**gesetz (BerHG) und die **Erfinderberatungsstellen** entwickelt. Auch die **Pflichtverteidigung** ist in diesem Zusammenhang zu nennen. Es gelten jeweils **ermäßigte Vergütungssätze**, die in §§ 44–59 RVG geregelt sind; in besonders gelagerten Fällen kann zudem ein Steuerberater mit Blick auf die Angemessenheit (§ 64 Abs. 1 S. 3 StBerG) eine Vergütung absenken. Ein neuer Weg wird mit der **(beschränkten) Freigabe des Erfolgshonorars** beschritten (→ Rn. 13). Der Staat wälzt so seine sozialstaatliche Daseinsvorsorgepflicht auf die Anwalts- und Steuer-

42 OLG Bamberg Beschl. v. 26.6.2006 – 1 Ws 261/06, NJW 2006, 3504 (3504 f.).
43 OLG Celle Beschl. v. 28.11.2011 – 1 Ws 415/11 u.a., NJW 2012, 1671.
44 Anders *Schneider* NJW 2007, 325 (332), mit Verweis auf eine vermeintlich gleichlautende Vorschrift in Nr. 700 Nr. 1 lit. a der Anlage zu § 9 GVKostG.
45 Dazu umfassend *Kawamura*, Die Geschichte der Beratungshilfe in Deutschland, 2014.

beraterschaft ab (Sonderopfer[46]). Obwohl gesetzlich nicht gestattet (vgl. §§ 48–49a BRAO, § 16a BORA; § 43 Abs. 2 PAO; § 65a StBerG; → Kap. 3 Rn. 37 f.), lehnen viele Anwälte und Steuerberater solche Mandate, die oft nicht einmal die Bürokosten decken, ohne tatsächlich vorliegenden Grund ab, etwa mit vorgeschobener Arbeitsüberlastung.

D. Grenzen der Vergütung

Hellwig Höchst- und Mindestgebühren für Anwälte im Fokus des EuGH, AnwBl. 2011, 476 ff.

45 Honorarvereinbarungen unterliegen grundsätzlich der **Vertragsfreiheit der Parteien**. Diese ist jedoch durch den teilweisen Ausschluss von Erfolgskomponenten, das Verbot der Gebührenunterschreitung für Prozessmandate sowie den Angemessenheitsvorbehalt nach § 4 Abs. 2 S. 3 RVG und § 4 Abs. 2 StBVV eingeschränkt. Relevant für Berufsträger sind die Verbote des Geldwäschegesetzes (GwG).

I. Vermittlungsvergütung

Grunewald Entgeltliche Mandatsvermittlung und Beteiligung Dritter am Erfolg anwaltlicher Leistung, in: FS Hartung, 2008, S. 9 ff.

46 Für das Makeln von Mandaten darf **keine Vermittlungsvergütung** verlangt werden, ebenso dürfen Berufsträger keine Vermittlungsprovisionen zahlen (§ 49b Abs. 3 S. 1 BRAO; § 43a Abs. 1 S. 1 PAO; § 9 StBerG). Umgehungskonstellationen werden von der Rechtsprechung kritisch gesehen[47]. Sie darf auch nicht in Form von „Pachtzinsen" für eine Kanzlei gefordert und gezahlt werden[48].

47 Nicht erfasst von diesem Verbot wird die **Gebührenteilung**, wenn ein Anwalt für einen anderen tätig wird (§ 49b Abs. 3 S. 2 BRAO; § 43a Abs. 1 S. 2 PAO); gemeinschaftlich tätige Steuerberater erhalten allerdings jeweils die volle Vergütung (§ 5 StBVV). Ferner werden wirtschaftliche Ausgleichsmechanismen in Kooperationen als zulässig angesehen[49] (vgl. § 2 S. 2 BOPA). Ausgenommen sind außerdem Anwaltsuchdienste, Suchplattformen für Terminsvertreter[50] und Hotlines, da diese Tätigkeiten keine Verbindung zu konkreten Mandaten haben. Vertragsanwälte haben zwar eine vertragliche Bindung zu etwa einer Rechtsschutzversicherung und einem Automobilverein; soweit aber nicht mandats- oder mandantenbezogen abgerechnet wird, stellen sich unmittelbar keine vergütungsrechtlichen Fragen.

II. Höhe der Vergütung

Gaier Die Angemessenheit der anwaltlichen Vergütung als Grundrechtsproblem, AnwBl. 2010, 73 ff.; *M. Kilian* Die richterliche Kontrolle der Angemessenheit von Vereinbarungen über die Vergütung von Rechtsanwälten, BB 2009, 2098 ff.

---

46 BVerfG Urt. v. 30.3.2004 – 2 BvR 1520/01 u.a., NJW 2004, 1305 (1313) – Geldwäsche; dagegen *Hartung/Römermann* ZRP 2003, 149 ff.; vgl. auch BVerfG Beschl. v. 23.8.2005 – 1 BvR 46/05, AnwBl. 2005, 651 (652).

47 BGH Urt. v. 20.6.2016 – AnwZ (Brfg) 26/14, NJW 2016, 3105 (3106) (Verauslagung von Autoreparaturkosten).

48 *Prütting* AnwBl. 1994, 315 (320).

49 *Grunewald* in FS Hartung, 2008, S. 9 (12); *Kleine-Cosack* BRAO § 49b Rn. 89.

50 OLG Karlsruhe Urt. v. 5.4.2013 – 4 U 18/13, NJW 2013, 1614 – Advo-Assist.

Eine unangemessen hohe, gar sittenwidrige Vergütung kann bei der Anwendung der gesetzlichen Gebührentatbestände, bei der einseitigen Festlegung durch den Berufsträger und auch bei einer vertraglichen Abrede vorkommen. 48

1. Unangemessen hohe Vergütung

Vertragliche Vergütungsvereinbarungen können vielerlei Gestalt haben. Insbesondere die (weitgehende) Freigabe der Vergütung für die außergerichtliche Tätigkeit des Anwalts macht es schwerer als früher, eine Obergrenze für vereinbarte Vergütungen zu bestimmen. Einen Anhaltspunkt für die absolute Höhe der Vergütung gibt die **Deckelung** des Wertes einer Sache bei 30 Mio. €[51] nach § 22 Abs. 2 S. 1 RVG und der sich daraus errechnenden maximalen (einfachen) Gebühr von 100 889 €. Sind in derselben Angelegenheit mehrere Personen wegen verschiedener Gegenstände Auftraggeber, beträgt der Wert gem. § 22 Abs. 2 S. 2 RVG für jede Person höchstens 30 Mio. € und insgesamt nicht mehr als 100 Mio. €. Für Steuerberater besteht eine solche Deckelung freilich nicht. 49

Soweit insbesondere das RVG für die Vergütung keine Vorgaben macht, speziell in den Fällen des § 34 RVG, kommt es hinsichtlich der **Billigkeit einer Vergütung** auf einen Vergleich mit sonstigen Regelungen und Üblichkeiten an; für Patentanwälte spielt immer noch der niemals rechtsverbindlich gewordene Entwurf einer „Gebührenordnung für Patentanwälte (PatGebO)" v. 1968 eine Rolle[52], daneben zunehmend die Vergütung der Rechtsanwälte[53]. Regionale Unterschiede sind hier ebenso zu berücksichtigen wie Umstände in der Person des Berufsträgers wie in der des Mandanten. Faustregelhaft kann man etwa für Stundensätze sagen, dass unter 100 € die Kosten eines Berufsträgers kaum je gedeckt sind, so dass Stundensätze von 200 € allgemein der Billigkeit entsprechen[54]; für Steuerberater ist ein Rahmen für Zeitgebühren von 30 bis 70 € für die angefangene halbe Stunde festgelegt (§ 13 S. 2 StBVV). Erfahrenere und spezialisierte Anwälte und Steuerberater können billigerweise bis zu 500 € pro Stunde verlangen. Noch höhere Vergütungen müssen durch die Umstände des Mandats (etwa das Haftungsrisiko) oder die Fähigkeiten des Berufsträgers gerechtfertigt sein. Je freier der Mandant bei der Aushandlung des Mandats war, desto eher wird man von einer Angemessenheit auch einer sehr hohen Vergütung ausgehen können. Insbesondere bei der Beratung von Unternehmen und Kaufleuten wird selten eine Unangemessenheit vorliegen. 50

Eine unbillige vereinbarte Vergütung kann das **Gericht** – bei Anwälten nach Anhörung der Rechtsanwaltskammer (§ 3a Abs. 2 S. 2 RVG) – **herabsetzen** (§ 3a Abs. 2 S. 1 RVG; § 4 Abs. 2 StBVV). 51

---

51 Diese Deckelung verstößt nicht gegen die Grundrechte des Rechtsanwalts, etwa die Berufsfreiheit aus Art. 12 Abs. 1 GG (BVerfG Beschl. v. 13.2.2007 – 1 BvR 910/05 u.a., NJW 2007, 2098 (2098 ff.); kritisch zu dieser Entscheidung *Zuck* JZ 2008, 287 (294 f.), auch zur Art ihres Zustandekommens und ihrer Begründung).

52 *Albrecht/Hoffmann* Vergütung PatA Rn. 30, zur Berechnung eines Teuerungszuschlags Rn. 104–111.

53 Kritisch *Hoffmann/Albrecht* MittdtschPatAnw 2015, 548 ff.

54 Ausführliche Analyse empirischer Studien für Rechts- und Patentanwälte bei *Albrecht/Hoffmann* Vergütung PatA Rn. 117 ff.

2. Sittenwidrige Vergütungsabrede

Goez Können Steuerberater Täter einer Gebührenüberhöhung iSv § 352 StGB sein?, wistra 2009, 223 ff.; *Lutje* Judex non calculat – Das Fünffache der gesetzlichen Gebühren als verbindliche Honorargrenze für Strafverteidigungen?, NJW 2005, 2490 ff.

52 Soweit gesetzliche Gebührentatbestände existieren, gilt die Faustregel, dass beim Vereinbaren des Achtfachen der gesetzlichen Gebühren die Grenze zur Sittenwidrigkeit liegt[55]. Als sittenwidrig sind Honorare angesehen worden, die die gesetzlichen Gebühren um das Siebzehnfache[56] oder gar Vierundzwanzigfache[57] überstiegen. Das Fünf- oder Sechsfache der gesetzlichen Gebühren kann eine Vermutung für die Unangemessenheit i.S.d. § 4 Abs. 3 RVG und § 4 Abs. 2 StBVV begründen[58], das Dreieinhalbfache ist regelmäßig zulässig[59], gegenüber Verbrauchern womöglich mittlerweile nur noch das Dreifache[60]. Letztlich entscheiden stets die **Umstände des Einzelfalls**[61], insbesondere auch das Verhältnis von Streitwert und Multiplikator. Den Berufsträger trifft insoweit nicht nur (prozessual) die Beweislast, sondern er muss schon (vertraglich) dem Mandanten in der Rechnung seinen (erhöhten) Aufwand detailliert darlegen[62].

53 Bei Zeithonoraren kann auch die **Berechnungsmethode** eine Sittenwidrigkeit begründen. So kann etwa eine der Art der Bearbeitung nicht entsprechende Taktung dem Gebot von Treu und Glauben widersprechen, wenn sie einen zu großen Kumulationseffekt bedeutet, d.h. dass viele kurze Tätigkeiten zu einer großen abrechenbaren Zeitmenge führen[63]. Rechtlich unproblematisch sind dagegen hohe gesetzliche Gebühren, etwa bei hohem Streitwert und geringem Arbeitsaufwand, da dies gesetzlich bereits so vorgeschrieben ist[64] (→ Rn. 28 ff.).

54 Keinesfalls führt die **Bedürftigkeit des Mandanten** per se zur Sittenwidrigkeit einer Honorarabrede[65]. Wie die Freigabe der Rechtsanwaltshonorare nach unten (→ Rn. 58 ff.) und die teilweise Zulassung des Erfolgshonorars (→ Rn. 13) zeigen, soll der Berufsträger gerade durch Honorarvereinbarungen auf die finanzielle Situation des Mandanten eingehen können. Entscheidend für das Vorliegen von Wucher ist das Ausnutzen einer Schwächeposition des Mandanten[66].

55 Eine nicht nur unbillige[67], sondern wucherische oder sonst wie sittenwidrige Honorarabrede ist nichtig (→ Kap. 3 Rn. 51 ff.); geschuldet wird dann **nur die gesetzliche Vergütung**. Dies ist die Gebühr nach RVG bzw. StBVV, wenn eine solche nicht

---

55 Vgl. BGH Beschl. v. 24.7.2003 – IX ZR 131/00, AnwBl. 2003, 721.
56 BGH Beschl. v. 24.7.2003 – IX ZR 131/00, NJW 2003, 3486.
57 OLG Celle Beschl. v. 26.11.2004 – 3 U 250/04, NJW 2005, 2160 (2160).
58 BGH Urt. v. 4.2.2010 – IX ZR 18/09, NJW 2010, 1364 (1367); BGH Urt. v. 27.1.2005 – IX ZR 273/02, NJW 2005, 2142 (2143); OLG Düsseldorf Beschl. v. 8.1.2019 – I-24 U 84/18, NJW 2019, 1956 ff.; AG München Urt. v. 10.12.2009 – 222 C 23309/08, BeckRS 2010, 14523; kritisch *Lutje* NJW 2005, 2490 (2490 ff.); ausdrücklich differenzierend aber BVerfG Beschl. v. 15.6.2009 – 1 BvR 1342/07, BRAK-Mitt. 2009, 172 (173 ff.).
59 Vgl. BGH Urt. v. 4.7.2002 – IX ZR 153/01, NJW 2002, 2774 (2775); OLG Köln Urt. v. 30.9.1997 – 17 U 31-97, NJW 1998, 1960 (1962).
60 BGH Urt. v. 13.2.2020 – IX ZR 140/19, NJW 2020, 1811 (Ls. 1).
61 BVerfG Beschl. v. 15.6.2009 – 1 BvR 1342/07, BRAK-Mitt. 2009, 172 (175).
62 BGH Urt. v. 4.2.2010 – IX ZR 18/09, NJW 2010, 1364 (1370 f.) – Eckart Hild.
63 BGH, Urt. v. 13.2.2020 – IX ZR 140/19, NJW 2020, 1811 (Ls. 2) (15-Minuten-Taktung); OLG Düsseldorf Urt. v. 29.6.2006 – 24 U 196/04, NJW-RR 2007, 129 (131).
64 OLG München Urt. v. 30.11.2016 – 15 U 1298/16, AnwBl. 2017, 209.
65 So auch schon BGH Urt. v. 6.9.2006 – 5 StR 64/06, NJW 2006, 3219 (3222).
66 BGH Urt. v. 10.11.2016 – IX ZR 119/14, BB 2016, 3009 (Ls.).
67 Zum Verhältnis von § 3a RVG und § 138 BGB vgl. *Kilian/Koch*, AnwBerufsR, 2. Aufl. 2018, B. Rn. 668.

existiert, die übliche Vergütung, ansonsten eine angemessene Vergütung. Wird vorsätzlich dennoch eine höhere Vergütung verlangt, liegt allerdings keine strafbare Gebührenüberhebung nach § 352 StGB vor, weil keine „Gebühr *erhoben* wird“, wenn sie nicht auf einem gesetzlichen Gebührentatbestand beruht[68]. Deshalb kann eine sittenwidrige Vergütungsabrede keine Gebührenüberhebung begründen, wohl aber einen Berufsrechtsverstoß nach § 43 BRAO[69] bzw. nach § 57 StBerG.

3. Unbillige einseitige Festsetzung

Ist gesetzlich keine Gebühr vorgeschrieben und keine Vergütung vereinbart, ist das **56** Entgelt des Berufsträgers von diesem nach §§ 315, 316 BGB festzusetzen. Auch das gesetzliche Vergütungsrecht sieht, etwa bei Rahmengebühren (§ 14 Abs. 1 RVG; § 11 StBVV), eine **einseitige Festsetzung durch den Berufsträger** vor.

Bei gerichtlichen Streitigkeiten über gesetzliche Gebühren eines Rechtsanwalts **57** muss ein **Kammergutachten** eingeholt werden (§ 14 Abs. 2 RVG), bei Verfahren über die Höhe der üblichen Vergütung nach § 612 Abs. 2 Var. 2 BGB kann dies geschehen[70].

III. Gebührenunterschreitung

Bälz/Moelle/Zeidler Rechtsberatung pro bono publico in Deutschland – eine Bestandsaufnahme, NJW 2008, 3383 ff.; *Blim* Guter Rat kostet nix – How low can you go?, BerlAnwBl. 2008, 479; *Dux* Die pro bono-Tätigkeit des Anwalts und der Zugang zum Recht, 2010; *dies.* Die pro bono-Tätigkeit in Deutschland, AnwBl. 2011, 90 ff.

Gebührenunterschreitungen verstoßen gegen das Berufsrecht (§ 49b Abs. 1 BRAO **58** i.V.m. § 4 Abs. 1 S. 2, Abs. 2 S. 3 RVG; § 64 Abs. 1 StBerG), denn aus dessen Perspektive können Vergütungen auch **„unangemessen“ niedrig** sein[71]. Dies kann zudem wettbewerbsrechtlich relevant werden, wenn sie zu Wettbewerbs- (Dumping) und Werbezwecken verwendet werden.

Gesetzliche Mindestgebühren widersprechen allerdings nicht der (europarechtlichen) **59** Dienstleistungsfreiheit (Art. 56 AEUV), wenn dies bei einer Abwägung mit der Funktionsfähigkeit der (Steuer-)Rechtspflege und dem Verbraucherschutz gerechtfertigt ist[72]. Gleichwohl ist der deutsche Gesetzgeber nicht verpflichtet, Mindestgebühren vorzuschreiben. So hatte er Mitte 2006 durch § 34 Abs. 1 S. 1 RVG Mindestgebühren für Rechtsanwälte für die außergerichtliche Beratung, Begutachtung und Mediation abgeschafft[73], 2021 auch für Beratungshilfemandate sowie außergerichtliches (§ 4 Abs. 1 S. 3 RVG) und sogar u.U. auch gerichtliches (§ 4 Abs. 2 RVG) Inkasso. Danach kann es in diesem Bereich keine „unangemessen niedrige“ Gebühr und damit auch

---

68 BGH Urt. v. 6.9.2006 – 5 StR 64/06, NJW 2006, 3219 (3220); a.A. Erstaufl. 2006, S. 103.

69 Ablehnend *Schulz* BRAK-Mitt. 2010, 112 (113 f.).

70 *Kilian/Koch*, AnwBerufsR, 2. Aufl. 2018, C. Rn. 45.

71 Vgl. OLG Hamm Urt. v. 3.8.2004 – 4 U 94/04, AnwBl. 2004, 653 (653 f.); LG Bremen Urt. v. 1.7.2004 – 12 O 292/04, AnwBl. 2004, 655.

72 EuGH Urt. v. 5.12.2006 – C-94/04 u. C-202/04, NJW 2007, 281 (285) (Tz. 64) – Cipolla/Portolese. – Europarechtlich sind auch Höchstgebühren in den einzelnen Mitgliedsstaaten möglich (EuGH Urt. v. 29.3.2011 – C-565/08, NJW 2011, 1575 (1576 f.)).

73 Durch die Änderung des § 34 Abs. 1 S. 1 RVG hat § 49b Abs. 1 S. 2 BRAO, der den Verzicht auf die Vergütung an enge Voraussetzungen knüpft und ihn allenfalls im Nachhinein gestattet, einen sehr viel kleineren Anwendungsbereich als früher.

keine Gebührenunterschreitung mehr geben[74]. So ist das Spenden von **kostenlosem Rechtsrat** („pro bono") bei teleologischer Reduktion des § 49b Abs. 1 BRAO[75] und in Anlehnung an § 4 Abs. 1 S. 3 RVG inzwischen erlaubt. Die Gerichte lassen zudem eine (nachträgliche) Rückvergütung zu[76]. Seit 2016 können Steuerberater ebenfalls von den gesetzlichen Gebühren nach unten abweichen (§ 4 Abs. 3 StBVV). Eine kaum je praktische Untergrenze ist das Verbot unlauteren Wettbewerbs[77].

60 Die Unangemessenheit niedriger Gebühren ist allgemein **nur noch im gerichtlichen Verfahren** relevant.

61 Eine wohl auch praktisch relevante Konstellation ist die der sogenannten **„Abmahnanwälte"**, wie sie insbesondere im Bereich des Wettbewerbs- und Urheberrechts anzutreffen sind. Hier wird eine Vielzahl von gleichförmigen Verfahren geführt, bei denen sich aber im Obsiegensfall oft die (Verfahrens- und Anwalts-)Kosten bei der Gegenseite nicht realisieren lassen. Es liegt kaufmännisch nahe, dass der Anwalt dieses Realisierungsrisiko trägt, da er wegen der Gleichförmigkeit der Verfahren Skaleneffekte realisieren kann. Vergütungsrechtlich freilich ist dies ein vorgängiger (Eventual-)Verzicht auf die Vergütung im gerichtlichen Verfahren (vgl. § 4 RVG).

62 **Praxishinweis:**

Mit dem **Gesetz zur Stärkung des fairen Wettbewerbs**[78] hat das UWG einige Anpassungen erfahren, die sich mittelbar auch auf die Tätigkeit der an Abmahnsachen beteiligten Rechtsanwälte auswirken. So wurden insbesondere die Anforderungen an das für UWG-Abmahnungen erforderliche Konkurrenzverhältnis erhöht[79] und die Kategorie der „missbräuchlichen Abmahnungen", für die schon nach alter Rechtslage keine Schadensersatzansprüche (also insb. die für Abmahnung angefallenen Rechtsanwaltskosten) geltend gemacht werden konnten, sind nun in § 8c UWG geregelt und durch Regelbeispiele weiter konkretisiert. Zudem kann gem. § 13 Abs. 4 UWG n.F. der Abmahnende nun keinen Aufwendungsersatz für angefallene Rechtsanwaltskosten verlangen, bei Abmahnungen wegen Verstößen gegen Informations- oder Kennzeichnungspflichten im elektronischen Rechtsverkehr oder in Telemedien sowie bei Verstößen gegen datenschutzrechtliche Vorschriften durch Unternehmen, die in der Regel weniger als 250 Mitarbeiter beschäftigen.

IV. Geldwäsche

Barton Verteidigerhonorar und Geldwäsche, JuS 2004, 1033 ff.

63 Wer sich einen aus einer in § 261 Abs. 1 S. 2 StGB genannten Katalogstraftat stammenden Gegenstand verschafft, macht sich strafbar (→ Kap. 9 Rn. 106). „Gegenstand" ist zudem Buchgeld; Tathandlung kann also auch die **Entgegennahme einer Banküberweisung** sein. Wenngleich die Geldwäsche ein Verschaffungs- und kein

74 BGH Beschl. v. 3.5.2007 – I ZR 137/05, AnwBl. 2007, 870 (871); OLG Stuttgart Urt. v. 28.12.2006 – 2 U 134/06, NJW 2007, 924.

75 BGH Urt. v. 3.7.2017 – AnwZ (Brfg) 42/16, NJW 2017, 2554; umfassend *Dux*, pro bono-Tätigkeit, 2010.

76 BGH Urt. v. 13.11.2014 – IX ZR 267/13, NZM 2015, 453 (454).

77 *Albrecht/Hoffmann* Vergütung PatA Rn. 171.

78 G. v. 26.11.2020 (BGBl. I 2568).

79 Standen Ansprüche auf Beseitigung und Unterlassung nach alter Rechtslage noch jedem Mitbewerber zu, gilt dies gem. § 8 Abs. 3 Nr. 1 UWG n.F. nunmehr nur für Mitbewerber, die Waren oder Dienstleistungen in nicht unerheblichem Maße und nicht nur gelegentlich vertreiben oder nachfragen.

Vereinbarungsdelikt ist, so ist doch eine Vergütungsabrede über einen bemakelten Gegenstand nach § 134 BGB nichtig.

E. Vorschuss

Der Berufsträger hat – entgegen der grundsätzlichen Vorleistungspflicht im Dienstvertragsrecht[80] – **Anspruch auf einen angemessenen Vorschuss** (§ 9 RVG; § 14 Abs. 1 S. 1 PAO; § 8 StBVV). Dies ist ein Ausgleich dafür, dass die Vergütung (erst) nach Beendigung des Mandats fällig ist (§ 8 Abs. 1 RVG; § 7 StBVV; → Kap. 3 Rn. 72 ff.). 64

Der Vorschuss kann **zu jedem Zeitpunkt des Mandats gefordert** werden. Die anwaltliche und steuerberaterliche Tätigkeit darf aber – im Sinne eines Zurückbehaltungsrechts nach § 320 BGB – nicht zur Unzeit eingestellt werden. 65

F. Rechnung. Gebührenfestsetzung

Hansens Die Vergütungsfestsetzung nach § 11 RVG, ZAP (2004), Fach 24, 831 ff., 847 ff.; *Hinne/Klees/Müllerschön/Winkler* Vereinbarungen mit Mandanten, 4. Aufl. 2019, S. 197–210.

Die Vergütung kann nur unter den **Formvoraussetzungen** des § 10 Abs. 1 u. 2 RVG bzw. § 9 Abs. 1 u. 2 StBVV geltend gemacht werden, wonach detailliert Rechnung zu legen ist[81]. Je weiter die Vergütung über den Sätzen des RVG, der StBVV oder dem Üblichen liegt, desto genauer muss die erbrachte Leistung nachgewiesen sein[82]. Bei der Rechnungsstellung sind die Anforderungen des § 14 Abs. 4 UStG (laufende Rechnungsnummer, Steuernummer usw.) zu beachten[83]. Elektronische Rechnungen sind seit Mitte 2011 ohne qualifizierte elektronische Signatur möglich (§ 14 Abs. 3 UStG), müssen aber gleichwohl unterzeichnet sein (§ 10 Abs. 1 S. 1 RVG; § 9 Abs. 1 S. 1 StBVV). 66

Da die **Festsetzung der Gebühr im Gerichtsverfahren** den Berufsträger selbst betrifft und nicht nur den Mandanten, kann auch jener die Gebühr vom Gericht festsetzen lassen (§ 11 RVG, ggf. i.V.m. § 45 StBVV). 67

Erfüllungsort für die Vergütung ist regelmäßig nicht der Kanzleisitz, sondern im Zweifel nach § 29 ZPO i.V.m. § 269 Abs. 1 S. 1 BGB der (Wohn-)Sitz des Mandanten[84]. Im Anwendungsbereich der EuGVVO ist Erfüllungsort derjenige der vertragstypischen Leistung[85] und damit der Sitz der Kanzlei[86]. 68

Bei einer **Insolvenz des Mandanten** wird das Honorar wie alle anderen Forderungen behandelt. Lediglich bei einer Notgeschäftsführung unmittelbar nach Eröffnung des Insolvenzverfahrens hat der Berufsträger einen Anspruch gegen die Masse. 69

---

80 *Würdinger/Pechartschek* JA 2007, 401 (401).

81 Vgl. die Übersicht bei *Römermann* ANWALT 1/2004, 18 (19).

82 BGH Urt. v. 4.2.2010 – IX ZR 18/09, NJW 2010, 1364 (1370 f.) – Eckart Hild: „stichwortartig in einer auch im Nachhinein verständlichen Weise".

83 Dazu *Sterzinger* NJW 2009, 1127 f.; speziell zur laufenden Rechnungsnummer *Otto* BerlAnwBl. 2004, 11 (11–13).

84 BGH Beschl. v. 11.11.2003 – X ARZ 91/03, NJW 2004, 54 (54–56); *Würdinger/Pechartschek* JA 2007, 401 (405).

85 BGH Urt. v. 2.3.2006 – IX ZR 15/05, NJW 2006, 1806 ff.; *Wipping*, Der europäische Gerichtsstand des Erfüllungsortes – Art. 5 Nr. 1 EuGVVO, 2008, S. 155 ff.; vgl. zur Bedeutung eines Internetauftritts für den Gerichtsstand OLG Karlsruhe Urt. v. 24.8.2007 – 14 U 72/06, NJW 2008, 85 (86).

86 *Würdinger/Pechartschek* JA 2007, 401 (405).

G. Abtretung. Inkasso

Ciper Zum (Un-)Sinn anwaltlicher Verrechnungsstellen, BerlAnwBl. 2009, 429 ff.; *Conrad* Erfolgshonorare – Zulässigkeit von Vereinbarungen für rechtsanwaltliche Prozesskostenfinanzierung und Inkassozession, MDR 2006, 848 ff.; *Ueberfeldt* Neue Möglichkeiten des Forderungsmanagements für Steuerberater, DStR 2008, 121 ff.

70 Die Abtretung von Forderungen des Berufsträgers gegen den Mandanten ist mit der Bekanntgabe der entsprechenden Daten an den Zessionar verbunden (vgl. § 402 BGB) und deshalb grundsätzlich ein **Verstoß gegen die Schweigepflicht** (→ Kap. 6 Rn. 27 ff.).

71 Ausnahmsweise darf eine Forderung nach § 49b Abs. 4 S. 1 BRAO **von Rechtsanwalt zu Rechtsanwalt**, nach § 43a Abs. 2 S. 1 PAO **von einem Patentanwalt an Anwälte** und nach § 64 Abs. 2 StBerG **vom Steuerberater an andere Berufsträger** abgetreten werden[87]. Nicht abgetreten werden aber darf die Befugnis, die Höhe etwa einer Rahmengebühr erst noch zu bestimmen[88]. An Dritte, die nicht Berufsträger sind, darf abgetreten werden, wenn die Forderung rechtskräftig festgestellt ist oder der Mandant eingewilligt hat. Eine solche Einwilligung muss schriftlich (§ 49 Abs. 4 S. 2 BRAO; § 43a Abs. 2 S. 2 PAO; § 64 Abs. 2 S. 2 StBerG) und informiert, d.h. nach entsprechender Aufklärung (§ 49b Abs. 4 S. 3 BRAO; § 43a Abs. 2 S. 3 PAO; § 64 Abs. 2 S. 3 StBerG), erfolgen[89]. Damit ist analog zu privatärztlichen Verrechnungsstellen (vgl. § 203 Abs. 1 Nr. 7 StGB) die Abtretung an eine **anwaltliche oder steuerberaterliche Verrechnungsstelle** ebenso möglich wie das Versteigern von (gebündelten) Anwaltsforderungen etwa aus Abmahnungen[90].

72 Die rechtlichen Vorgaben für die Abtretung beschränken die (vollstreckungsrechtliche) **Pfändung einer Forderung durch Gläubiger des Berufsträgers** allerdings nicht[91].

---

87 BGH Urt. v. 1.3.2007 – IX ZR 189/05, NJW 2007, 1196 (1197 f.); *Paulus* NJW 2004, 21 (22); a.A. LG München I Urt. v. 9.12.2003 – 13 S 9710/03, NJW 2004, 451 (453); vgl. für den Fall, dass kein Geheimnisbruch vorliegt, BGH Urt. v. 11.11.2004 – IX ZR 240/03, NJW 2005, 507 (507 f.).

88 BGH Urt. v. 4.12.2008 – IX ZR 219/07, NJW-RR 2009, 490 (491).

89 Vgl. den Vorlagebeschluss an den EuGH durch den BGH Beschl. v. 16.2.2012 – III ZR 200/11, ZD 2012, 229 ff., wonach eine Abtretung unter Bruch von strafbewehrten Geheimnissen (hier: Telekommunikationsgeheimnis) auch erlaubt sein soll, wenn der Zessionar von Weisungen des Zedenten abhängig ist.

90 Weyland/*Brüggemann* BRAO § 49b Rn. 30 f.

91 BFH Beschl. v. 1.2.2005 – VII B 198/04, NJW 2005, 1308 (1308 f.); → Kap. 6 Rn. 30.

Kapitel 9: Haftung nach Zivil-, Wettbewerbs-, Berufs- und Strafrecht

v. Lewinski Rechtswidrigkeit, Anwaltstätigkeit und die Einheit der Rechtsordnung, wistra 2020, 481 ff.; *Sommerschuh* Berufshaftung und Berufsaufsicht: Wirtschaftsprüfer, Rechtsanwälte und Notare im Vergleich, 2003.

Pflichtverletzungen und Rechtsverstöße von Anwälten und Steuerberatern können **Folgen auf verschiedenen rechtlichen Ebenen** haben. Verletzungen von Mandatspflichten – Haupt- wie Nebenpflichten – können zu Schadensersatzansprüchen des Mandanten führen. Liegt gleichzeitig oder selbständig ein Berufsrechtsverstoß vor, drohen ein Eingreifen der Kammern als Aufsichtsbehörden sowie wettbewerbsrechtliche Unterlassungsansprüche anderer Berufsträger oder auch der Kammer[1]. Schwere Berufsrechtsverstöße können zu einem Verfahren vor den Berufsgerichten führen. Schwerste Verstöße sind Straftaten und werden von der Staatsanwaltschaft verfolgt. 1

Die Haftung in den unterschiedlichen Bereichen ist zwar grundsätzlich **voneinander unabhängig**. Sie ist freilich gleichwohl untereinander verbunden, insbesondere über den teilweise identischen Haftungsgrund[2], aber auch indirekt, etwa darüber, dass die volle, unbegrenzte und persönliche Haftung des Berufsträgers bis zur Insolvenz und damit zum Vermögensverfall führen kann, der dann wiederum Grund für die Rücknahme der Zulassung ist. – Der Berufsträger, jedenfalls im gesetzlichen Normalfall, haftet letztlich mit seiner beruflichen Existenz. 2

A. Zivilrechtliche Haftung

Boergen Die vertragliche Haftung des Rechtsanwalts, 1968; *Borgmann/Jungk/Schwaiger* Anwaltshaftung, 6. Aufl. 2020; *Fahrendorf/Mennemeyer* Die Haftung des Rechtsanwalts, 9. Aufl. 2017; *Gehrlein* Anwalts- und Steuerberaterhaftung, 5. Aufl. 2019; *ders.* Grundstrukturen der Berufshaftung der Rechtsberater im Lichte der höchstrichterlichen Rechtsprechung, VersR 2016, 353 ff.; *Henssler* Haftungsrisiken anwaltlicher Tätigkeit, JZ 1994, 178 ff.; *Heuel*, Haftung für Steuerberatung, 2006; *v. der Horst* Grundlagen und Umfang der Haftung des Steuerberaters und Möglichkeiten der Haftungsbeschränkung, DStR 1995, 2027 ff.; *Schlecht* Die zivilrechtliche Haftung des Strafverteidigers, 2006; *Vollkommer/Greger/Heinemann* Anwaltshaftungsrecht, 5. Aufl. 2021; *Zugehör* Schwerpunkte der zivilrechtlichen Haftung aus Steuerberatung, DStR 2001, 1613 ff., 1663 ff., DStR 2007, 673 ff., 723 ff.

Von der römischrechtlichen Einordnung der Anwaltstätigkeit als Ehrendienst (vgl. „honorarium"), die mit Haftungsprivilegien verbunden war, ist die bürgerliche Gesellschaft abgerückt[3]. Seit dem 19. Jahrhundert[4] wird der Mandatsvertrag regelmäßig als ein gewöhnlicher Vertrag angesehen. Damit und nach § 276 Abs. 1 BGB haften **Anwalt und Steuerberater grundsätzlich für jedes Verschulden**. Es gibt im deutschen Recht keine „Immunity of the Bar" wie früher in England[5] und auch kein 3

1 Ausführlich zu Konkurrenzproblemen *Kilian/Koch*, AnwBerufsR, 2. Aufl. 2018, C. Rn. 134 ff.
2 *v. Lewinski* wistra 2020, 481 (481 f.).
3 *Wesel*, Risiko Rechtsanwalt, 2001, S. 100 („vom Aristokraten zum Advokaten").
4 Vgl. RG Urt. v. 9.10.1883 – III 122/83, RGZ 10, 136 (139).
5 *Wesel*, Risiko Rechtsanwalt, 2001, S. 43.

„Anwalts- oder Steuerberaterprivileg“ analog zum Richterspruchprivileg nach § 839 Abs. 2 BGB.

I. Haftung

Hörmann Die zivilrechtliche Haftungssituation des Rechtsanwalts, 1999; *Steinacker* Aspekte der Haftung des Patentanwalts für Fehler bei der Beratung in Patentsachen, GRUR 2001, 1011 ff.

4 Nach der Schuldrechtsmodernisierung ist § 280 BGB einheitlicher Haftungsgrund, sowohl für die **Hauptpflichten** (§ 241 Abs. 1 BGB) wie auch für die leistungs- und nichtleistungsbezogenen **Nebenpflichten** (§ 241 Abs. 2 BGB)[6]. Zusätzlich wird die Haftung bei Verletzung der Ablehnungspflicht nach § 44 BRAO, § 40 PAO bzw. § 63 StBerG als Sonderfall der **Culpa in contrahendo** (§ 280 Abs. 1, § 241 Abs. 1, § 311 Abs. 2 BGB) auf die Vertragsanbahnungsphase vorverlagert[7].

5 Auch eine **deliktische Haftung** der Berufsträger ist denkbar (etwa bei Veruntreuungen oder für Schockschäden durch Falschberatung), hat jedoch in der Praxis keine wesentliche Bedeutung. In Ausnahmefällen, etwa im Zusammenhang mit einem Prozessbetrug, kann sogar eine deliktische Haftung zugunsten des Gegners in Betracht kommen[8]. Ein unmittelbarer Eingriff in den eingerichteten und ausgeübten Gewerbebetrieb als Schutzgut des § 823 Abs. 1 BGB wird bei einer fehlerhaften Beratung oder Hilfeleistung in Steuersachen regelmäßig nicht vorliegen[9].

6 Entsprechend den allgemeinen Voraussetzungen des § 280 BGB besteht ein **Schadensersatzanspruch** des Mandanten bei einem durch eine schuldhafte (→ Rn. 20 ff.) Pflichtverletzung (→ Rn. 7 ff.) verursachten (→ Rn. 10 ff.) Schaden (→ Rn. 25).

1. Pflichtverletzung

Friedmann Anwaltspflichten und Präjudizien, 2003.

7 Für eine Pflichtverletzung kommen **alle vertraglichen Leistungs- und Nebenpflichten** des Berufsträgers in Betracht. Dies sind jedenfalls die mandantenbezogenen Pflichten (→ Kap. 7 Rn. 4 ff.), die Pflichten gegenüber Kollegen (→ Kap. 7 Rn. 31 ff.), der Verwaltung (→ Kap. 7 Rn. 62) und Gerichten (→ Kap. 7 Rn. 63 ff.) dagegen nur insoweit, als sie auch den Schutz des eigenen Mandanten bezwecken.

a) Strenger Sorgfältigkeitsmaßstab

8 Nach den allgemeinen Maßstäben haben Berufsträger die „erforderliche Sorgfalt eines besonnenen und gewissenhaften Angehörigen ihres Berufskreises[10]“ bzw.

6 *Vollkommer/Greger/Heinemann*, AnwaltshaftungsR, 5. Aufl. 2021, § 1 Rn. 1.
7 Kuhls/*Goez* StBerG § 63 Rn. 13 f; Weyland/*Nöker* BRAO § 44 Rn. 11.
8 AG Schwandorf Urt. v. 21.7.2011 – 1 C 376/11, BRAK-Mitt. 2012, S. 26 (Ls.).
9 Gräfe/Lenzen/Schmeer/*Gräfe*, Steuerberaterhaftung, 6. Aufl. 2017, Rn. 482 f.
10 *Späth*, Die zivilrechtliche Haftung des Steuerberaters, 4. Aufl. 1994, Rn. 338.

„ordentlichen Rechtsanwalts“[11] anzuwenden. Wegen des Grundsatzes des unbeschränkten Mandats gehen die **Pflichten des Berufsträgers zugunsten des Mandanten außerordentlich weit**. Dies führt im Ergebnis zu einer kombinierten „Beratungs-, Belehrungs-, Warn-, Aufklärungs-, Informations-, Hinweis-, Erörterungs-, Prüfungs-, Kontroll-, Schutz-, Sicherungs-, Verhütungs-, Betreuungs- und Interessenwahrungspflicht“[12]. Die Klage über die Strenge des Sorgfalts- und Haftungsmaßstabs reicht (insbesondere in der Rechtsanwaltschaft) bis in die 1920er Jahre zurück[13].

b) Keine Modifikation des Sorgfaltsmaßstabs

Honisch Anwaltswerbung – Anwaltshaftung, 2012; *Jungk* Gesteigerte Haftung des Fachanwalts, AnwBl. 2007, 227 f.

Der allgemeine Sorgfaltsmaßstab wird in der Theorie durch die Umstände des Mandats konkretisiert[14]. In der Rechtsprechung ist allerdings eine **Differenzierung der Haftung** z.B. nach dem Umfang des Mandats, der Spezialisierung des Berufsträgers oder nach der Höhe der vereinbarten Vergütung wenig verbreitet[15]. Haftungsverschärfend können etwa das Führen einer einschlägigen Fachanwalts- und Fachberaterbezeichnung und Doppelqualifikationen (StB/WP) sowie Werbeaussagen (§ 434 Abs. 1 S. 3 BGB)[16] sein[17]. Haftungsmilderungen können sich aus dem konkreten Mandat ergeben, z.B. wenn der Mandant selbst juristisch erfahren ist, sofortiges Handeln erforderlich war oder der Mandant nur eine Vorabprüfung gewünscht hat[18]. Ein geringerer Sorgfaltsmaßstab hinsichtlich rechtlicher Aspekte kann sich auch daraus ergeben, dass keine einseitige Parteivertretung oder Rechtsberatung im Vordergrund steht, sondern etwa nur eine kommunikative Begleitung der Mandanten[19]. 9

2. Kausalität

Fischer Der Einwand des Mitverschuldens in der Anwaltshaftung, in: FS Ganter, 2010, S. 471 ff.; *Jungk* Zurechnungsfragen beim Verschulden auf mehreren Seiten, AnwBl. 2011, 580 ff.

Liegt eine **Pflichtverletzung nicht nur beim Berufsträger** vor (→ Rn. 11), ist zu unterscheiden, ob es sich (kumulativ oder alternativ) um Fehler im eigenen Büro (→ Rn. 12 f.), eines anderen Berufsträgers (→ Rn. 14), des Mandanten (→ Rn. 15 f.) oder der Verwaltung (→ Rn. 17) bzw. des Gerichts (→ Rn. 18 f.) handelt. 10

---

11 BGH Beschl. v. 2.12.1987 – IV a ZB 17/87, NJW-RR 1988, 508 (508); BGH Urt. v. 22.11.1984 – VII ZR 160/84, NJW 1985, 1710 (1711); BGH Beschl. v. 17.2.1982 – IVa ZB 19/81, VersR 1982, 495 (495); ausführlich *Vollkommer/Greger/Heinemann*, AnwaltshaftungsR, 5. Aufl. 2021, § 17 Rn. 10–29.

12 *Vollkommer/Greger/Heinemann*, AnwaltshaftungsR, 5. Aufl. 2021, § 9 Rn. 4.

13 *Kilian*, Management von Haftungsrisiken in Anwaltskanzleien, 2014, S. 22 m.w.N.

14 *Vollkommer/Greger/Heinemann*, AnwaltshaftungsR, 5. Aufl. 2021, § 9 Rn. 1–10, insb. Rn. 8, weiter § 12 Rn. 1–4.

15 Kritisch *Walter*, Spezialisierung und Sorgfaltsmaßstab im Arzt- und Anwaltshaftungsrecht, 2004, S. 218–245.

16 Umfassend *Honisch*, Anwaltswerbung – Anwaltshaftung, 2012, S. 169 f.

17 Vgl. *Vollkommer/Greger/Heinemann*, AnwaltshaftungsR, 5. Aufl. 2021, § 17 Rn. 14 f.; *Friedmann*, Anwaltspflichten und Präjudizien, 2003, S. 124–160.

18 Vgl. *Friedmann*, Anwaltspflichten und Präjudizien, 2003, S. 112–119, 158–160.

19 AG Lübeck Urt. v. 29.9.2006 – 24 C 1853/06, NJW 2007, 3789 (3790).

a) Eigener Fehler des Berufsträgers

Soffner Die Haftung des Rechtsanwalts für Rechtsfehler, 2011.

11 Fehler des Anwalts oder Steuerberaters führen nur dann zu einer zivilrechtlichen Haftung, wenn sie für einen Schaden des Mandanten ursächlich gewesen sind. Bei (Falsch-)Beratungen gilt der Grundsatz des beratungsgemäßen Verhaltens, welcher sich nach **objektiven Kriterien** bestimmt[20] und im Zweifel vom Mandanten nach den allgemeinen Regeln des § 287 ZPO zu beweisen ist[21].

b) Fehler in der eigenen beruflichen Niederlassung

Beck Wiedereinsetzung in den vorigen Stand bei Fristversäumnis durch Kanzleipersonal, JURA 2018, 860 ff.; *Förster* Anwaltsverschulden, Büroversehen und Wiedereinsetzung, NJW 1980, 432 f.

12 Fehler im eigenen Büro und **Versäumnisse seiner Erfüllungsgehilfen** werden dem Berufsträger nach den allgemeinen Maßstäben des § 278 BGB **zugerechnet**. Wie das Vertragsverhältnis zwischen dem Gehilfen und dem Berufsträger ausgestaltet ist (Anstellungsverhältnis, Freier Mitarbeiter) und welche Stellung der Gehilfe innerhalb des Büros hat (Bürovorsteher, Rechtsanwalts- oder Steuerfachangestellte, Auszubildende etc.), spielt keine Rolle[22].

13 Lediglich im Rahmen der (prozessrechtlichen) **Wiedereinsetzung in den vorigen Stand** (§§ 233 ff. ZPO; § 44 StPO; § 60 VwGO; §/Art. 32 VwVfG; § 123 PatG; § 67 SGG; § 110 AO; § 56 FGO; § 93 Abs. 2 BVerfGG) kann sich das Verschulden von Erfüllungsgehilfen entlastend für den Berufsträger auswirken. Solange den Berufsträger nämlich kein Organisationsverschulden (→ Kap. 10 Rn. 27 ff.) trifft, kann er Wiedereinsetzung in den vorigen Stand beantragen. In der Praxis werden Fehler, insbesondere Fristversäumnisse, oft auf die Büroangestellten abgewälzt.

c) Fehler mehrerer Berufsträger

Bräuer Haftung bei mehreren Kanzleien im Mandat: Angriff und Abwehr, AnwBl. 2015, 174 ff.

14 Sind mehrere Anwälte oder Steuerberater in derselben Sache tätig, haften sie dem Mandanten grundsätzlich als **Gesamtschuldner**[23]. Sie haben die Pflicht, sich auch gegenseitig zu überwachen. Dies gilt nur dann nicht, wenn und soweit die Berufsträger getrennte Teilaspekte des Mandats zu bearbeiten haben („begrenzte Mandate"; → Kap. 4 Rn. 16), etwa beim Tätigwerden ausländischer Kollegen[24].

d) Fehler des Mandanten

Mennemeyer Mitverschulden, in: Fahrendorf/ders., Die Haftung des Rechtsanwalts, 9. Aufl. 2017, Rn. 1023–1076.

---

20 BGH Urt. v. 5.2.2009 – IX ZR 6/06, NJW 2009, 1591 (1591 f.).

21 BGH Urt. v. 11.5.1995 – IX ZR 140/94, NJW 1995, 2108 (2109); BGH Urt. v. 18.5.2006 – IX ZR 53/05, NJW-RR 2006, 1645 (1646).

22 Gräfe/Lenzen/Schmeer/*Gräfe,* Steuerberaterhaftung, 6. Aufl. 22017, Rn. 823.

23 BGH Urt. v. 7.4.2005 – IX ZR 132/01, MDR 2005, 1139 (1140); *Zugehör* DStR 2007, 673 (677).

24 LG München I Urt. v. 14.7.2011 – 7 O 9779/10, MittdtschPatAnw 2011, 432; LG Leipzig MittdtschPatAnw 2007, 84 ff.; dazu *Hoffmann* MittdtschPatAnw 2007, 63 ff.

Im Innenverhältnis zwischen Mandant und Berufsträger sind Fehler des Mandanten **Obliegenheitsverletzungen** (Verschulden gegen sich selbst), welche zur Anrechnung eines Mitverschuldens nach § 254 Abs. 1 BGB führen können[25], so etwa, wenn der Sachverhalt (für den Berufsträger unerkennbar) unvollständig mitgeteilt wird und der Berufsträger deswegen den Fall unzutreffend würdigt (→ Kap. 7 Rn. 7 f.). Fehler in der rechtlichen Würdigung, beim Aufzeigen des sichersten und günstigsten Weges und bei der Belehrung, also der eigentlichen rechtlichen Tätigkeit, gehen grundsätzlich zulasten des Berufsträgers, selbst wenn der Mandant selber rechtskundig ist[26]. 15

Bei der Haftung des Berufsträgers gegenüber Dritten (→ Kap. 3 Rn. 48) sind bei Pflichtverletzungen des Mandanten der Berufsträger und der Mandant im Außenverhältnis als **Gesamtschuldner** anzusehen, mit der Folge, dass im Innenverhältnis nach § 426 Abs. 1 BGB eine Quotelung entsprechend den Mitverschuldensanteilen zu erfolgen hat. 16

e) Fehler der Verwaltung

Fehler der Verwaltung führen **nicht unmittelbar zu einer Haftung des Berufsträgers**, weil hiergegen stets gerichtlicher Rechtsschutz (Art. 19 Abs. 4 S. 1 GG) und meist auch ein verwaltungsverfahrensrechtlicher Rechtsbehelf (Widerspruch, Einspruch) möglich ist. 17

f) Fehler des Gerichts

Heinemann Die Haftung des Rechtsanwalts bei Zusammentreffen von Anwaltsfehlern und Fehlentscheidungen des Gerichts, in: FG Vollkommer, 2006, S. 427 ff.; *Knöfel* Anwaltshaftung und Verfassungsrecht, AnwBl. 2004, 76 ff.; *Medicus* Das Bundesverfassungsgericht und die Anwaltshaftung, AnwBl. 2004, 257 ff.; *Therstappen* Haftung des Anwalts für Fehler des Gerichts, AnwBl. 2015, 520 ff.; *Wacker* Beraterhaftung trotz Behördenverschuldens, DStR 2021, 749 ff.; *Zugehör* Anwaltsverschulden, Gerichtsfehler und Anwaltshaftung, NJW 2003, 3225 ff.

Ein gerichtliches Fehlurteil führt regelmäßig nicht dazu, dass die Kausalität einer Pflichtverletzung des Anwalts oder Steuerberaters für einen Schaden entfällt[27]. Wie weit aber das Richterspruchprivileg nach § 839 Abs. 2 BGB zu einer **„Haftungsverschiebung"** zulasten des Berufsträgers führen darf, ist umstritten[28]. Dass Anwalt und Steuerberater von der Rechtsprechung alleine auf dem Schaden sitzengelassen werden, ist nur vor dem Hintergrund erklärlich, dass hinter ihnen stets eine Haftpflichtversicherung steht. Weil jedoch für Berufshaftpflichtversicherungen – anders als bei der Kfz-Haftpflichtversicherung (§ 5 Abs. 2 PflVG) – kein Kontrahierungszwang seitens der Versicherer besteht, kann diese Rechtsprechungstendenz den 18

25 *Gehrlein*, Anwalts- und Steuerberaterhaftung, 5. Aufl. 2019, S. 146; allgemein hierzu Palandt/*Grüneberg* BGB § 254 Rn. 8.

26 BGH Urt. v. 24.5.2005 – IX ZR 276/03, NJW-RR 2005, 1435 ff.; *Würdinger/Pechartschek* JA 2007, 401 (405). – Allerdings darf sich der Mandant grundsätzlich auf den Rechtsrat des Anwalts verlassen, was insb. bei der Frage (grober) Fahrlässigkeit eine Rolle spielen kann (vgl. BGH Urt. v. 6.2.2014 – IX ZR 245/12, DStR 2014, 1022). – Zur Konstellation der bestellten bzw. „bewussten Falschberatung" *v. Lewinski* wistra 2020, 481 (483 f.).

27 BGH Urt. v. 18.12.2008 – IX ZR 179/07, NJW 2009, 987 (988 f.).

28 BVerfG Beschl. v. 22.4.2009 – 1 BvR 386/09, NJW 2009, 2945 (2946); BVerfG Beschl. v. 12.8.2002 – 1 BvR 399/02, NJW 2002, 2937 (2938); dazu *Medicus* AnwBl. 2004, 257 (258 ff.); *Knöfel* AnwBl. 2004, 76 (79–82); s. auch BGH Urt. v. 15.11.2007 – IX ZR 44/04, AnwBl. 2008, 204 (205 f.).

Berufsträger in seiner Berufsfreiheit verletzen, weil er wegen § 51 BRAO, § 45 Abs. 1 S. 1 PAO und § 67 StBerG haftpflichtversichert sein muss, möglicherweise aber nach größeren oder gehäuften Haftpflichtfällen keine Versicherung mehr findet. Besser wäre es deshalb, diese Fälle nach den Grundsätzen über die „gestörte Gesamtschuld" oder in Analogie zu § 839a BGB zu lösen. Ausnahmsweise können allerdings Fehler des Gerichts dann zu einem Wegfall der Haftung des Berufsträgers führen, wenn durch den gerichtlichen Fehler der innere Zusammenhang des Schadens mit der Pflichtverletzung des Berufsträgers bei wertender Betrachtung gänzlich aufgehoben wird[29].

19 Eine subsidiäre **Haftung des Staates für Fehler von Anwalt und Steuerberater** gibt es nur in Ausnahmefällen, z.B. bei offensichtlichem Versagen der Pflichtverteidigung, das nicht durch die Gerichte ausgeglichen wird[30].

3. Verschulden

Scheffler Anwaltspflichten – Anwaltsverschulden, NJW 1961, 577 ff.; *Walter* Spezialisierung und Sorgfaltsmaßstab im Arzt- und Anwaltshaftungsrecht, 2004.

20 Als Verschuldensform[31] kommt fast ausschließlich die **Fahrlässigkeit** in Betracht; vorsätzliche Verstöße sind sehr selten. Die Verschuldensmaßstäbe wie schon die Sorgfaltspflichten[32] (→ Rn. 7 ff.) sind ausgesprochen streng.

a) Faktische Gefährdungshaftung

21 Häufig schließen die Gerichte ohne weiteres von der Pflichtverletzung auf das Verschulden[33], so dass für Anwälte und Steuerberater in weiten Bereichen die **Haftung „bis an die Grenze der Gefährdungshaftung"**[34] ausgeweitet ist. Diese Tendenz wird noch dadurch verstärkt, dass der Pflichtenkreis des Anwalts, insbesondere die Anforderungen an seine Rechts- und Gesetzeskenntnis (→ Kap. 7 Rn. 7 f.), extrem weit gezogen ist, was in ähnlicher Weise für den Steuerberater gilt. Letztlich geht jeder Rechtsirrtum zu ihren Lasten[35]. Der Maßstab für die Haftung (insbesondere für die anzuwendende Sorgfalt) ist jedenfalls beim Rechtsanwalt der eines „juristischen

---

29 *Gehrlein*, Anwalts- und Steuerberaterhaftung, 5. Aufl. 2019, S. 103 f.

30 EGMR Urt. v. 10.10.2002 – 38830/97, NJW 2003, 1229 (1230 f.) – Czekalla./. Portugal.

31 Ein vom zivilrechtlichen zu unterscheidendes strengeres „prozessrechtliches" Verschulden, das mit Verweis auf §§ 85 Abs. 2, 233 ZPO behauptet worden ist (*Borgmann/Haug*, Anwaltshaftung, 2. Aufl. 1986, S. 152–153, 345–347; inzwischen ausdrücklich aufgegeben in *Borgmann/Jungk/Schwaiger*, Anwaltshaftung, 6. Aufl. 2020, Kap. V Rn. 41; vgl. auch OLG München Urt. v. 20.2.1984 – 28 U 4712/83, MDR 1984, 763), gibt es – jedenfalls nach der ZPO-Reform von 1977 (BGBl. I 3281) – nicht (BGH Urt. v. 19.11.1998 – IX ZR 152-98, NJW 1999, 724 (724); *Würdinger/Pechartschek* JA 2007, 401 (404)).

32 *Vollkommer/Greger/Heinemann*, AnwaltshaftungsR, 5. Aufl. 2021, § 17 Rn. 2 ff., 10 ff.; *Henssler* JZ 1994, 178 (182).

33 Vgl. z.B. BGH Urt. v. 20.1.2005 – IX ZR 416/00, DStRE 2005, 548 (549); *Zugehör* DStR 2007, 673 (679).

34 *Kleine-Cosack* BRAO § 52 Rn. 1; vgl. zu einer (verschuldensunabhängigen) „Berufshaftung" *Hirte*, Berufshaftung, 1996, und den (wieder zurückgezogenen) Vorschlag der Europäischen Kommission zur Haftung bei Dienstleistungen (Dok. KOM (90), 482 endg. – SYN 308, ABl. EG Nr. C 12 v. 18.1.1991, S. 8 ff.).

35 VerfGH Berlin Beschl. v. 24.1.2003 – VerfGH 8/02, NZA 2003, 509 (510) – Tarifvertragliche Ausschlussfristen; zum Verbotsirrtum des Mandanten aufgrund anwaltlichen Rats *Bergmann* in FS Tolksdorf, 2014, S. 11 ff.

Supermanns“[36]. Im Schrifttum wird zur Reduzierung der Haftung eine analoge Anwendung des § 839a BGB vorgeschlagen[37], was aber – soweit ersichtlich – noch keinen Niederschlag in der Rechtsprechung gefunden hat.

b) Entschuldigte Fehler

Nilgens Was der Anwalt von Gesetz und Rechtsprechung wissen muß, JurPC 1993, 2276 ff.; *Roßkothen* Juristische Online-Datenbanken – auf dem Weg zur Nutzungspflicht, AnwBl. 2012, 503 ff.

Die **Verkennung der Rechtslage** kann entschuldigt sein, wenn Anwalt oder Steuerberater entsprechenden rechtlichen Würdigungen in mehreren Kommentaren[38] gefolgt sind oder eine (Verfahrens-)Fehlentscheidung des Gerichts – etwa eine ein Fristversäumnis verursachende, unrichtige Rechtsbehelfsbelehrung[39] – vorliegt[40], mit der vernünftigerweise nicht hätte gerechnet werden können. Auf eine (mögliche) **Europarechtswidrigkeit** muss der Anwalt oder Steuerberater erst eingehen, wenn ein oberstes Bundesgericht entsprechende Bedenken geäußert hat[41], was aber bei teilweise weitgehender Europäisierung einiger Rechtsbereiche nicht allgemein gelten kann. Generell entfällt die Haftung eines Anwalts oder Steuerberaters – anders als bei einem Notar – aber nicht bereits dann, wenn ein Kollegialgericht das Handeln des Berufsträgers als objektiv rechtmäßig gebilligt hat[42]. 22

Die **Unkenntnis von Urteilen** usw. wird als nicht verschuldet angesehen, wenn und soweit diese nicht in den amtlichen Sammlungen oder in einer der allgemeinen (NJW, MDR, für Steuerberater z.B. die DStR[43]) oder jeweils speziellen[44] Fachzeitschriften veröffentlicht sind[45] bzw. auf sie auch nicht in der aktuellen Ausgabe der jeweiligen Kommentare verwiesen wird. 23

Bei **aktuellen Entscheidungen** kommt es für die Frage des Verschuldens auf die Veröffentlichungsart, die Auffindbarkeit und die Zugriffsmöglichkeiten an[46]. Allgemein wird dem Berufsträger eine Karenzzeit von zwei bis vier Wochen für die Kenntnisnahme veröffentlichter Entscheidungen gegeben[47], bei drohendem Fristablauf muss er sich aber über aktuelle Entscheidungen im Internet oder aus Datenbanken unterrichten[48]. Ferner wird gefordert, dass Anwalt und Steuerberater Weiterentwick- 24

36 So der Begriff bei *Rinsche*, Haftung, 1984, Rn. I 26; zur Rezeption des Begriffs vgl. die Nachw. bei Fahrendorf/Mennemeyer/*Fahrendorf* RA Haftung-HdB Rn. 440 Fn. 50.

37 *Alof*, Die Haftungsrisiken für den Rechtsanwalt im Rahmen von Vergleichsverhandlungen und -abschlüssen, 2008, S. 76 ff.

38 BFH Urt. v. 14.3.1996 – IV R 44/95, NJW 1996, 2183 (2184).

39 *Zugehör* DStR 2007, 673 (679).

40 BVerfG Beschl. v. 12.8.2002 – 1 BvR 399/02, NJW 2002, 2937 ff.; *Zugehör* NJW 2003, 3225–3232.

41 BGH Urt. v. 23.9.2010 – IX ZR 26/09, NJOZ 2011, 328 (330 f.).

42 BGH Urt. v. 27.3.2003 – IX ZR 399/99, NJW 2003, 2022 (2024); *Zugehör* DStR 2007, 673 (679).

43 BGH Urt. v. 25.9.2014 – IX ZR 199/13, NJW 2015, 770 (771).

44 Z.B. BGH Beschl. v. 20.12.1978 – IV ZB 115/78, NJW 1979, 877 (FamRZ für Familienrecht).

45 BGH Urt. v. 23.9.2010 – IX ZR 26/09, BRAK-Mitt. 2010, 255 (256); RG Urt. v. 4.2.1910 – 151/09 III, JW 1910, 294 (298) (zur amtlichen Sammlung); vgl. BGH Urt. v. 21.9.2000 – IX ZR 127/99, NJW 2001, 675 (678) (zu AgrarR); BGH Urt. v. 15.7.2004 – IX ZR 47/00, AnwBl. 2004, 660 (660 f.) (zur Tagespresse); vgl. BGH Urt. v. 8.10.1992 – IX ZR 98/91, NJW-RR 1993, 243 (245) (zu WM, WRP und NJW-RR).

46 *Friedmann*, Anwaltspflichten und Präjudizien, 2003, S. 83–90.

47 BGH Beschl. v. 20.12.1978 – IV ZB 115/78, NJW 1979, 877; OLG Düsseldorf, VersR 1980, 359; etwas großzügiger KG Beschl. v. 13.4.2006 – 1 W 108/06, NJW 2006, 1983 (1984) (sechs Wochen Monate), u. Erstaufl. 2006, S. 84; vgl. für Steuerberater BeckStB-HdB 2019/2020/*Koslowski* Kap. U Rn. 20: „gewisse“ Karenzzeit.

48 *Lange* DB 2003, 869 (870 f.) (für Steuerberater).

lungen in der Rechtsprechung zu beachten hätten[49], was etwa dann zu bejahen ist, wenn ein Vorlagebeschluss an das BVerfG ergangen ist[50]. Zunehmend wird eine allgemeine **Pflicht zur Online-Recherche** angenommen[51]. Eine allgemeine Pflicht zum Nachverfolgen aller bei einschlägigen (Bundes- und Verfassungs-)Gerichten anhängigen Verfahren kann allerdings nicht verlangt werden[52].

4. Schaden

Jungk Der Schadensbegriff in der Anwaltshaftung, AnwBl. 2005, 785 ff.

25 Für die Schadensberechnung gelten die **allgemeinen zivilrechtlichen Maßstäbe**. Kein Schaden ist der Verlust eines Anspruchs, der als Titel nicht hätte durchgesetzt werden können[53]. Umstritten ist die Ersatzfähigkeit für eine strafrechtliche Verurteilung[54]. Schmerzensgeldansprüche sind nicht ausgeschlossen, kommen aber bei vermögens- und verwaltungsrechtlichen Streitigkeiten nicht in Betracht; ein entsprechender immaterieller Schaden – z.B. Depression nach verlorenem Prozess – ist regelmäßig nicht vom Schutzzweck des Mandats umfasst[55]. Der Schaden kann sich um einen Vorteil eines Dritten vermindern, wenn dieser ebenfalls Mandatspartei war oder jedenfalls das Mandatsverhältnis auch zu seinen Gunsten bestand.

II. Haftungserweiterung

Deckenbrock Die Anwaltssozietät – eine GbR wie jede andere?, AnwBl. 2012, 723 ff.; *Goez* Die „Schein-Sozietät" bei den Angehörigen der steuerberatenden Berufe; NWB 2006, 2045 ff.; *W. Hartung* Das Ende eines sorglosen Umgangs mit der Haftung in der Anwaltssozietät?, AnwBl. 2007, 849 ff.; *Lux* Rechtsscheinhaftung des Scheinsozius auch für nicht anwaltstypische Tätigkeiten, NJW 2008, 2309 ff.

26 Grundsätzlich haften zu einer Sozietät verbundene Berufsträger (Partner) **gesamtschuldnerisch und unbegrenzt**[56]. Dies gilt für die vertragliche, berufshaftungsrechtliche[57] und deliktische Haftung[58]. Die Haftung erstreckt sich nicht nur auf alle Gesellschafter einer Sozietät einschließlich der erst nach dem Haftungsfall eintretenden[59]. Auch Scheinsozien – Anwälte oder Steuerberater also, die nach außen wie ein Gesellschafter auftreten, obwohl sie tatsächlich nur den Status eines angestellten Berufsträgers, eines Freien Mitarbeiters oder eines Bürogenossen haben

---

49 OLG Hamburg Urt. v. 4.7.2007 – 8 U 114/06, DStRE 2007, 1593 (1595); zu Grenzen der Vorausahnbarkeit LG Frankenthal Urt. v. 26.7.2021 – 4 O 47/21 (zu Notaren).

50 OLG Naumburg Urt. v. 3.3.2016 – 4 U 36/15, DStR 2016, 1773 (1774); vgl. hierzu auch OLG Köln Urt. v. 12.7.2007 – 8 U 6/07, DStRE 2007, 1588 (1591); BeckStB-HdB 2019/2020/*Koslowski* Kap. U Rn. 20.

51 Allgemein zur Pflicht zur Nutzung von Onlinedatenbanken Fahrendorf/Mennemeyer/*Fahrendorf* RA Haftung-HdB Rn. 550; *Schabl* NJW 2007, 3025 (3027 ff.); vorsichtig ablehnend *Roßkothen* AnwBl. 2012, 503 ff.

52 Speziell zu Steuerberatern BGH Urt. v. 25.9.2014 – IX ZR 199/13, NJW 2015, 770; KG Urt. v. 8.9.2006 – 4 U 119/05, DB 2006, 2343 (2345).

53 BGH Urt. v. 18.3.2004 – IX ZR 255/00, NJW 2004, 1521 (1522).

54 *Schlecht*, Die strafrechtliche Haftung des Strafverteidigers, 2006, S. 171 ff.

55 BGH Urt. v. 9.7.2009 – IX ZR 88/08, NJW 2009, 3025 (3026 ff.).

56 Dies gilt seit BGH Urt. v. 7.4.2003 – II ZR 56/02, NJW 2003, 1803 (1804), auch für neu eintretende Sozien bezüglich der „Altverbindlichkeiten".

57 Offengelassen noch bei BGH Urt. v. 7.4.2003 – II ZR 56/02, BGHZ 154, 370 (377).

58 BGH Urt. v. 3.5.2007 – IX ZR 218/05, NJW 2007, 2490 (2491 f.).

59 BGH Urt. v. 19.11.2009 – IX ZR 12/09, NJW 2010, 1360 (1361 f.); LG Hamburg Urt. v. 11.5.2004 – 321 O 433/03, NJW 2004, 3492 (3494).

(→ Kap. Rn. 35 ff.) – werden haftungsrechtlich zur Sozietät gezählt[60], allerdings sollen sie nach der Rechtsprechung nur insoweit haften, als die Haftung auf einer berufsspezifischen Handlung beruht[61].

III. Begrenzung und Beschränkung der Haftung

v. Borstel § 67a StBerG – Chancen und Risiken bei der Vereinbarung von Haftungsbegrenzungen, Stbg 1996, 273 ff.; *Goez* Neue Möglichkeiten der Haftungsbegrenzung für Steuerberater, INF 1994, 623 ff.; *Gounalakis* Haftung des Steuerberaters – Gefahrenanalyse und Risikobegrenzung, NJW 1998, 3593 ff.; *Grams* Möglichkeiten der Haftungsbeschränkung für Rechtsanwälte, AnwBl. 2001, 235 ff., 292 ff.; *Kilian* Management von Haftungsrisiken, 2014; *Waschk* Wirksame Haftungsbegrenzung in Steuerberatungsverträgen, DStR 2006, 817 ff.; *Zimmermann* Haftungsbeschränkung statt Versicherung – Zur Reichweite von § 51 a BRAO, NJW 2005, 177 ff.

Hinsichtlich der Haftung sind Berufsträger nicht allein auf ihre **Schutzpatrone** ange- 27
wiesen – die Rechtsanwälte auf den *Hl. Ivo*[62], die Steuerberater auf den *Hl. Mamas* und die Patentanwälte vielleicht auf den *Hl. Albertus Magnus* als den Schutzheiligen der Naturwissenschaftler. Denn als (begrenzten) Ausgleich[63] für die weitreichende Haftung ermöglicht das Berufsrecht die Begrenzung der Haftungssumme (§ 52 Abs. 1 BRAO; § 45b Abs. 1 PAO; § 67a Abs. 1 StBerG) und die Beschränkung der Haftung auf die handelnden Berufsträger (§ 52 Abs. 2 BRAO; § 45b Abs. 2 S. 2 PAO; § 67a Abs. 2 StBerG). Zudem kann durch Gestaltung der Berufsausübungsgemeinschaft (als Partnerschaft- oder Kapitalgesellschaft) bzw. die Gestaltung des Mandats die Haftung begrenzt werden.

Für **außermandatliche Haftung** gelten nicht § 52 BRAO, § 45b PAO oder § 67a 28
StBerG, sondern es sind die (weniger strengen) allgemeinen Regeln für Haftungsbeschränkungen, insbesondere nach AGB-Recht, anwendbar.

1. Haftungsbeschränkung durch Individualabrede

Blattner Risikomanagement durch Haftungsvereinbarungen im Anwaltsvertrag, AnwBl. 2013, 300 ff.; *Zugehör* Einzelvertragliche Haftungsbeschränkung gem. § 51a Abs. 1 Nr. 1 BRAO, ZAP (2005), Fach 23, 651 ff.

Die Haftungssumme kann durch **schriftliche Individualvereinbarung** (§ 52 Abs. 1 29
Nr. 1 BRAO; § 45b Abs. 1 Nr. 1 PAO; § 67a Abs. 1 S. 1 Nr. 1 StBerG) **auf die Mindesthaftpflichtversicherungssumme** (250 000 € für einzelne Berufsträger [§ 51 Abs. 4 S. 1 BRAO; § 45 Abs. 4 S. 1 PAO; § 67 Abs. 1 StBerG i.V.m. § 52 Abs. 1 DVStB] bzw. zwischen 500 000 € und 2,5 Mio. € für Anwaltsgesellschaften [§ 59o BRAO; § 52n PAO] und zwischen 500 000 € und 1 Mio. € für Steuerberatungsgesellschaften [§ 55f StBerG]) beschränkt werden. Die Anforderungen an eine solche „Individualver-

---

60 BGH Urt. v. 3.5.2007 – IX ZR 218/05, NJW 2007, 2490 (2492); *Blaurock* in FS A. Krämer, 2009, S. 177 ff.; Kuhls/*Raab* StBerG § 56 Rn. 45.

61 BGH Urt. v. 16.4.2008 – VIII ZR 230/07, NJW 2008, 2330; kritisch dazu *Lux* NJW 2008, 2309 ff. – Nach OLG Düsseldorf Beschl. v. 28.4.2014 – I-24 U 87/13, AnwBl. 2015, 181, kommt eine Haftung eines ausgeschiedenen Scheinsozius allerdings dann nicht in Betracht, wenn er zwar weiterhin auf dem Briefkopf der Kanzlei genannt ist, aber sein Ausscheiden dort kenntlich gemacht wurde.

62 *Streck* NJW 2011, 1570 (1580 f.); *Streck/Rieck*, St. Ivo (1247–1303), 2007; *Beaumont* AnwBl. 1985, 223 f.

63 Weitergehend bezeichnet *Hirte* (Berufshaftung, 1996, S. 314, 352) die Haftungsprivilegierungen der Freien Berufe als „verdeckte Mittelstandsförderung“.

einbarung" sind streng (→ Kap. 3 Rn. 27), vor allem strenger als im kaufmännischen Verkehr[64].

2. Formularmäßige Haftungsbeschränkung

Stobbe Die Beschränkung der Anwaltshaftung nach § 51 Abs. 1 Nr. 2 BRAO und die EG-Verbraucherschutzrichtlinie, AnwBl. 1997, 16 ff.

30 Eine Haftungsbeschränkung ist durch vorformulierte Erklärung (**AGB**) möglich, jedoch erst für Beträge über 1 Mio. € und auch nur für Fälle einfacher Fahrlässigkeit (§ 52 Abs. 1 Nr. 2 BRAO; § 45b Abs. 1 Nr. 2 PAO; § 67a Abs. 1 S. 1 Nr. 2 StBerG). Zudem besteht in diesem Fall eine **Versicherungspflicht bis zu diesem Haftungsbetrag**.

31 Weil § 52 Abs. 1 Nr. 2 BRAO, § 45b Abs. 1 Nr. 2 PAO und § 67a Abs. 1 S. 1 Nr. 2 StBerG speziell zu § 309 Nr. 7 lit. b und § 307 BGB sind, kann, anders als im sonstigen Wirtschaftsverkehr, die Haftung selbst für die **fahrlässige Verletzung von Hauptleistungspflichten** (→ Kap. 4) durch AGB ausgeschlossen werden[65]. Weil aber die Anforderungen an das Vorliegen privilegierender einfacher Fahrlässigkeit im Haftungsrecht der Anwälte und Steuerberater sehr hoch sind und die Gerichte zusätzlich strenge Anforderungen an formularmäßige Haftungsausschlüsse stellen, handelt es sich hier eher um eine dogmatische Feinheit als um eine praktisch bedeutsame Ausnahme.

3. Haftungskonzentration

Busse Die personelle Haftungsbegrenzung in der Steuerberater-Sozietät gemäß § 67a Abs. 2 StBerG, DStR 1995, 738 ff.; *Jäger* Die Haftung von Partnern einer Partnerschaftsgesellschaft für berufliche Fehler, 2017; *Jungk* Die Haftung des Rechtsanwalts in der Partnerschaftsgesellschaft, AnwBl. 2005, 283 f.

32 Die Haftung von in Sozietäten praktizierenden Anwälten und Steuerberatern ist nicht nur der Höhe nach begrenzbar, sondern kann auch **auf den oder die Handelnden verengt** werden (§ 52 Abs. 2 S. 2 BRAO; § 45 b Abs. 2 S. 2 PAO; § 67a Abs. 2 StBerG). Voraussetzung für eine solche Haftungskonzentration ist die namentliche Bezeichnung der handelnden Rechtsanwälte bzw. Steuerberater (§ 52 Abs. 2 S. 2 BRAO; § 45b Abs. 2 S. 2 PAO; § 67a Abs. 2 S. 1 a.E. StBerG). Die Begrenzung ist in AGB möglich (§ 52 Abs. 2 S. 2 BRAO; § 45b Abs. 2 S. 2 PAO; § 67a Abs. 2 S. 1 StBerG), jedoch muss der Mandant sie separat schriftlich bestätigen (§ 52 Abs. 2 S. 3 BRAO; § 45b Abs. 2 S. 3 PAO; § 67a Abs. 2 S. 2 StBerG).

33 Für **Partnerschaftsgesellschaften**, nicht jedoch für die als GbR organisierte Sozietät[66], ist nach § 8 Abs. 2 PartGG die Haftungskonzentration sogar die gesetzliche Regel. Ein vergleichbares Ergebnis kann man auch durch das Vereinbaren eines Einzelmandats erreichen[67].

64 Vgl. *Kleine-Cosack* BRAO § 52 Rn. 3 ff.
65 Borgmann/Jungk/Schwaiger/*Weinbeer* Anwaltshaftung Kap. VIII Rn. 57.
66 In diese Richtung aber BGH Urt. v. 7.4.2003 – II ZR 56/02, NJW 2003, 1803 (1805); dagegen *Lux* NJW 2003, 2806 (2806 ff.).
67 Vgl. BGH Urt. v. 8.7.1999 – IX ZR 338-97, NJW 1999, 3040 (3041).

4. Gesellschaftsrechtliche Haftungsbegrenzung

Oppermann Grenzen der Haftung in der Anwalts-GmbH und der Partnerschaft, AnwBl. 1995, 453 ff.; *Prohaska* Die Handelndenhaftung in der Anwalts-GmbH, MDR 1997, 701 ff.; *Schulkamp* Die Haftungsverfassung von deutschen Anwaltssozietäten und US-amerikanischen Law Firms, 1998; *Turpeinen* Anwaltsgesellschaften mit beschränkter Haftung in den USA und in Deutschland, 2012; *Weinbeer* Die Haftungsverfassung bei Zusammenschlüssen von Rechtsanwälten, 2013; *Würfele* Haftungs- und Haftungsbeschränkungsprobleme bei der gemeinschaftlichen Berufsausübung von Rechtsanwälten, 1999.

Die Haftung der Gesellschafter einer Anwalts- oder Steuerberatungs-GmbH 34 (→ Kap. 11 Rn. 20 ff.) und entsprechender ausländischer Gesellschaftsformen (→ Kap. 11 Rn. 26 f.) ist durch die **Natur der Kapitalgesellschaft** beschränkt. Seit 2013 kann auch die auf die Berufsausübung zurückgehende Haftung bei der Partnerschaftsgesellschaft beschränkt werden (sog. „Partnerschaftsgesellschaft mit beschränkter Berufshaftung", PartG mbB; ausdr. § 45a PAO; → Kap. 11 Rn. 16 f.). Dagegen ist die Haftung der GbR als Rechtsträgerin gesellschaftsrechtlich nicht beschränkbar, die Gründung einer GbRmbH ist nicht möglich[68].

Bei einem „Corporate Veil" besteht lediglich ausnahmsweise die Möglichkeit der 35 **Durchgriffshaftung**, etwa bei der Inanspruchnahme besonderen Vertrauens über das Maß einer normalen Mandatsbeziehung hinaus oder bei einem besonderen wirtschaftlichen Interesse[69]. Auch die im internationalen Rechtsverkehr verbreitete (Third Party) Legal Opinion begründet eine unmittelbare persönliche Haftung des Berufsträgers[70].

5. Haftungsbegrenzung durch Mandatsbegrenzung

Zugehör Das beschränkte Mandat des Rechtsanwalts und steuerlichen Beraters, in: FS Ganter, 2010, S. 573 ff.

Bei der Beratung können der Anwalt und der Steuerberater eine Haftung dadurch 36 vermeiden, dass sie bestimmte Fragen ausdrücklich ausklammern. Berufsträger können ihre Haftung vor allem durch die Definition ihrer vertraglichen (Hauptleistungs-)Pflichten (Ausschluss bestimmter Rechtsfragen oder Rechtsgebiete, Dienststatt Werkvertrag) und damit des Mandats eingrenzen. Wegen des **Grundsatzes des umfassenden Mandats** (→ Kap. 4 Rn. 3) liegt die Darlegungs- und Beweislast hierfür beim Berufsträger.

Praxishinweis: 37

Ist keine Mandatsbegrenzung vereinbart worden, kann der Berufsträger ein (Beratungs-)Mandat faktisch einseitig begrenzen. Hierin kann zwar eine **teilweise Nichterfüllung seines Auftrags** gesehen werden, doch ist dies für den Anwalt bzw. Steuerberater u.U. günstiger, weil weniger risikoreich, als eine Haftung wegen Schlechterfüllung. Es kommt – wie stets – auf die Umstände des Einzelfalls an.

68 BGH Urt. v. 27.9.1999 – II ZR 371-98, NJW 1999, 3483 (3485); BGH Urt. v. 25.6.1992 – I ZR 120/90, NJW 1992, 3037 (3038 f.).

69 OLG Nürnberg Beschl. v. 21.1.2008 – 6 U 2208/07, NJW-RR 2009, 140 (140); *Römermann/Hartung*, AnwBerufsR, 3. Aufl. 2018, § 36 Rn. 22.

70 Dazu *Giesen/Mader* RIW 2012, 21 (22 f.); *Schneider* ZHR 163 (1999), 246 ff.; *Jander/du Mesnil* RIW 1976, 332 ff.

38 **Praxishinweis:**

Häufig sinnvoll ist namentlich in der häufig mit Dauermandaten befassten Steuerberatung auch die **Aufteilung von Dauermandaten in Teilmandate**[71], was die Verjährung dann sukzessive eintreten lässt.

39 **Praxishinweis:**

Stets ist bei der Rechtsberatung die **Wahl der Sprache** (Konditional, Konjunktiv) von großer Bedeutung.

6. Arbeitsrechtliche Haftungsbegrenzung für Syndici

40 Syndici haften als angestellte Berufsträger nur nach den insoweit milderen Maßstäben des Arbeitsrechts („innerbetrieblicher Schadensausgleich", früher „gefahrengeneigte Arbeit")[72]. Diese Privilegierung erscheint im Hinblick auf die **fachliche Weisungsfreiheit von Syndici** rechtspolitisch nicht zwingend, ist vom Gesetzgeber aber ausdrücklich so gewollt[73]. Demnach besteht grundsätzlich keine Haftung für leicht fahrlässige Pflichtverletzungen, eine zwischen Arbeitgeber und Arbeitnehmer geteilte Haftung bei mittlerer Fahrlässigkeit und eine vollumfängliche Haftung des Syndikus kommt nur bei grober Fahrlässigkeit oder Vorsatz in Betracht[74]. Denkbar ist freilich, bei der Bestimmung des Verschuldensgrades einen gegenüber durchschnittlichen Arbeitnehmern in gleicher Position strengeren Maßstab anzulegen.

IV. Verjährung

Meixner/Schröder Zum Verjährungsbeginn in der Beraterhaftung, DStR 2021, 375 f.; *Scheuch* Rechtskenntnis als Voraussetzung des Verjährungsbeginns bei der Beraterhaftung, DStR 2021, 820 ff.; *Zugehör* Grundsätze des neuen Verjährungsrechts für die Haftung der Rechtsanwälte, Steuerberater und Wirtschaftsprüfer, ZAP (2007), Fach 23, 739 ff.

41 Die Haftungsansprüche gegen einen Anwalt oder Steuerberater aus dem Mandatsvertrag unterliegen der **normalen Verjährung** (§ 195 BGB: drei Jahre)[75]. Wiederholungen desselben Fehlers, etwa bei periodischen Beratungsmandaten, berühren die Verjährung nicht[76].

42 Die früher von der Rechtsprechung vertretene, dogmatisch aber ausgesprochen zweifelhafte sogenannte **„Sekundärverjährung"** für den Fall, dass der Mandant nicht auf den Ablauf der „Primärverjährung" hingewiesen wurde, **gibt es nicht mehr**[77].

---

71 *Bräuer* AnwBl. 2007, 450 (451 f.).
72 Kritisch *Wolf* BRAK-Mitt. 2016, 9 (14 f.).
73 BT-Drs. 18/6915, 23.
74 *Schuster* AnwBl. 2016, 121 (123).
75 Kuhls/*Wacker* StBerG § 33 Rn. 17.
76 Differenzierend BGH Urt. v. 15.11.2012 – IX ZR 184/09, NJW-RR 2013, 113 (113 ff.).
77 § 51b BRAO ist durch Art. 4 des G. v. 9.12.2004 (BGBl. I 3214) aufgehoben worden (dazu *Borgmann* NJW 2005, 22 (30); zu Fällen aus der Übergangszeit BGH Urt. v. 13.11.2008 – IX ZR 69/07, NJW 2009, 1350 (1350); *Mansel/Budzikiewicz* NJW 2005, 321 (326 f.)).

Die Verjährungsfrist kann **vertraglich** regelmäßig **nicht verkürzt** werden, weil dem Mandanten Zeit bleiben muss, Ansprüche aus einem Mandatsverhältnis, in dem er dem Berufsträger fachlich unterlegen ist, durchzusetzen[78]. 43

V. Versicherungspflicht

Brieske Die Berufshaftpflichtversicherung, AnwBl. 1995, 225 ff.; *van Bühren* Die Berufshaftpflichtversicherung der Rechtsanwälte, 2004; *Fiala/Keppel/Körner/Keppel* Deckungslücken in der Vermögensschadenhaftpflichtversicherung des Rechtsanwalts, Steuerberaters und Wirtschaftsprüfers, 2010; *Gräfe/Brügge* Vermögensschaden-Haftpflichtversicherung, 2. Aufl. 2012; *Kilian* Neuordnung der Berufshaftpflichtversicherung, AnwBl. 2021, 228 f.; *Stobbe* Mandant und Haftpflichtversicherer – ein schwieriges Verhältnis, AnwBl. 2007, 853 f.

Seit 1895 gibt es in Deutschland Haftpflichtversicherungen für Rechtsanwälte[79]. 44
Aber erst seit 1994 besteht mit § 51 BRAO für Rechtsanwälte eine **gesetzliche Pflicht**, eine solche Versicherung (Pflichtversicherung nach § 113 Abs. 1 VVG) abzuschließen, für Steuerberater hingegen bereits seit Inkrafttreten des StBerG im Jahre 1961 (§ 29 StBerG a.F.)[80]. Zu versichern ist nach § 51 Abs. 1 S. 1 BRAO, § 45 Abs. 1 S. 1 PAO und § 67 Abs. 1 StBerG die „Berufstätigkeit". Dies ist weiter als „anwaltliche Tätigkeit"[81]; bei Steuerberatern werden die sich aus der Berufstätigkeit insgesamt ergebenden Haftungsgefahren (§ 51 Abs. 1 DVStB) erfasst[82]. **Mindestsummen** sind 250 000 € für Berufsträger (§ 51 Abs. 4 S. 1 BRAO; § 45 Abs. 4 S. 1 PAO; § 52 DVStB) sowie zwischen 500 000 € und 2,5 Mio. € (je nach Gesellschaftsform und Anzahl der Gesellschafter) für Anwaltsgesellschaften (§ 59o BRAO; § 52n PAO). Für Steuerberatergesellschaften beträgt die Mindestsumme zwischen 500 000 € und 1 Mio. € (§ 55f StBerG). Besonderheiten gelten für Syndici, die nicht verpflichtet sind, eine Berufshaftpflichtversicherung abzuschließen (→ Kap. 4 Rn. 41).

Die Urkunde über die Zulassung wird erst nach **Nachweis einer Versicherung** (vorläufige Deckungszusage § 49 VVG, Bescheinigung, § 113 Abs. 2 VVG) ausgehändigt (§ 12 Abs. 2 Nr. 2 BRAO; § 18 Abs. 2 PAO; §§ 40 Abs. 3 Nr. 3, 41 Abs. 1 StBerG). Bei Erlöschen des Versicherungsschutzes hat der Versicherer (§ 51 Abs. 6 BRAO, § 45 Abs. 6 PAO bzw. § 53 Abs. 2 DVStB jeweils i.V.m. Versicherungsvertrag) die jeweilige Kammer zu benachrichtigen. Diese reagieren in aller Regel ausgesprochen schnell. Wer in einem solchen Fall nicht innerhalb weniger Tage einen Versicherungsschutz nachweisen kann, dessen Zulassung wird nach § 14 Abs. 2 Nr. 10 BRAO, § 21 Abs. 1 Nr. 10 PAO bzw. § 46 Abs. 2 Nr. 3 StBerG widerrufen[83] (→ Kap. 15 Rn. 41 ff.). Ist allerdings die Versicherungssumme bzw. die Jahreshöchstleistung des Versicherers nach § 51 Abs. 4 S. 2 BRAO, § 45 Abs. 4 S. 2 PAO bzw. § 52 Abs. 3 DVStB durch Vorschäden erreicht, kann der Anwalt bzw. Steuerberater insoweit bis zum Ende des jeweiligen Jahres ohne effektiven Haftpflichtversicherungsschutz praktizieren. 45

Nach Ziff. 28 AHB 2008 (Allgemeine Versicherungsbedingungen für die Haftpflichtversicherung) ist ein **möglicher Haftpflichtfall der Versicherung unverzüglich** 46

78 BGH Urt. v. 16.1.1986 – VII ZR 61/85, BGHZ 97, 21 (24–27) (zu § 68 StBerG); *Grunewald* AnwBl. 2002, 258 (260).

79 *Kilian* AnwBl. 2014, 991 ff.

80 Kuhls/*Goez* StBerG § 67 Rn. 1.

81 Vgl. § 45 BRAO und dessen frühere (bis 2016) amtliche Überschrift; im Ergebnis wie hier Fahrendorf/Mennemeyer/*Mennemeyer/Hugemann* RA Haftung-HdB Rn. 2568.

82 *Koslowski* StBerG § 67 Rn. 8.

83 AnwGH Stuttgart Beschl. v. 6.10.2008 – AGH 35/2007, BRAK-Mitt. 2009, 85 f. (Ls.).

anzuzeigen[84]. Ein Verstoß gegen diese Obliegenheit gefährdet den Versicherungsschutz (Ziff. 26 AHB 2008).

47 Da nach § 2 Abs. 1 DL-InfoV Angaben über die Berufshaftpflichtversicherung zu machen sind (→ Kap. 3 Rn. 12), stehen einem **Auskunftsanspruch eines (geschädigten) Mandanten gegen die Kammer** nach § 51 Abs. 6 S. 2 BRAO, § 45 Abs. 6 S. 2 PAO bzw. § 67 Abs. 4 StBerG keine überwiegenden schutzwürdigen Interessen des Berufsträgers entgegen[85].

VI. Durchsetzung

48 Haftungsansprüche können vom Mandanten im Wege der **zivilrechtlichen Klage** durchgesetzt werden.

49 Möglich ist auch ein **Vermittlungsverfahren** nach § 73 Abs. 2 Nr. 3 BRAO, § 69 Abs. 2 Nr. 3 PAO und § 76 Abs. 2 Nr. 3 StBerG, bei Rechtsanwälten zusätzlich zudem ein Schlichtungsverfahren vor der **Schlichtungsstelle der Rechtsanwaltschaft** (§ 191f BRAO; → Kap. 14 Rn. 75). Auf letztgenannte Streitbeilegungsmöglichkeit hat der Rechtsanwalt nach Entstehen einer Streitigkeit gemäß § 37 VSBG hinzuweisen.

50 Bei der Rechtsvertretung ist insbesondere für den Anwalt der **Vergleich haftungsmäßig günstig**, weil dadurch viele haftungsbegründende Umstände „konsumiert" werden.

B. Wettbewerbsrechtliche Haftung

Pietzcker Standesaufsicht durch Wettbewerbsklagen?, NJW 1982, 1840 ff.; *Wüstenberg* Anwaltliche Grundpflichten und ihr Bezug zum Wettbewerbsrecht, WRP 2003, 956 ff.

51 Neben ihrem Berufsrecht unterliegen Berufsträger, wie alle anderen Unternehmer, dem Wettbewerbsrecht (UWG). Wie weit die **Normen des Berufsrechts auch wettbewerbsbezogen** sind, ist nach den allgemeinen Kriterien zu bestimmen[86].

52 Klagebefugt nach Wettbewerbsrecht sind zunächst die **Wettbewerber** (§ 8 Abs. 3 Nr. 1 UWG), also andere Anwälte und Steuerberater. Ortsfern ansässige Berufsträger können nur dann einen Anspruch geltend machen, wenn ein Wettbewerbsverhältnis besteht, was vor Ort über Spezialisierungs- und Fachgebietsgrenzen regelmäßig der Fall ist[87] und insbesondere bei spezialisierten Berufsträgern durchaus im ganzen Bundesgebiet der Fall sein kann[88]. Die Aufhebung der Lokalisation für Anwälte bedeutet für diese auch, dass räumliche Distanz immer weniger gegen das Bestehen eines Wettbewerbsverhältnisses spricht[89]. Ferner können die **Anwaltsvereine**[90] und die **Anwalts- bzw. Steuerberaterkammern** nach § 8 Abs. 3 Nr. 2 UWG und

84 *Karaçam* AnwBl. 2017, 86 f.

85 BGH Urt. v. 22.10.2012 – AnwZ (Brfg) 60/11, NJW 2013, 234 (235 f.); enger früher nur für Konstellationen wie die Unauffindbarkeit (vgl. BT-Drs. 16/5863, 38, 99) oder die Insolvenz des Anwalts (VG Hamburg Beschl. v. 10.9.2010 – 15 K 1352/10, DStR 2011, 383 (383 f.)).

86 BGH Urt. v. 11.5.2000 – I ZR 28/98, NJW 2000, 3351 – Abgasemission; *Kleine-Cosack* Einl. Rn. 125 f., vor § 1 BORA Rn. 10.

87 OLG Stuttgart Urt. v. 18.3.2014 – 12 U 193/13, GRUR-RR 2014, 454 (455) – Prof. vs. Prof.

88 OLG Frankfurt a.M. Urt. v. 9.5.2003 – 24 U 15/03, GRUR-RR 2003, 248.

89 Vgl. LG Berlin Urt. v. 12.12.2006 – 15 O 587/06, BRAK-Mitt. 2007, 184 (Ls.).

90 OLG Hamm Urt. v. 11.2.2003 – 4 U 148/02, AnwBl. 2003, 364 (364); *Wolf*, Anwaltliche Werbung, 2011, S. 207 f.

zudem nach § 3 Abs. 1 Nr. 2 UKlaG[91] den wettbewerbsrechtlichen Weg beschreiten (→ Rn. 65).

Nach § 8 Abs. 1 UWG besteht zugunsten der Wettbewerber, also der anderen Anwälte und Steuerberater, ein **Unterlassungsanspruch** und nach § 9 S. 1 UWG ein **Schadensersatzanspruch**. Den Anwalts- und Steuerberaterkammern als Verbänden nach § 8 Abs. 3 Nr. 2 UWG steht neben dem Unterlassungsanspruch auch ein **Gewinnabschöpfungsanspruch** nach § 10 UWG zu. In jedem Fall sind die Verfahrenskosten der Gegenseite, die der Verletzer zu zahlen hat, eine spürbare Sanktion. 53

Auch bei einer weiteren Liberalisierung des Werberechts der rechtsberatenden Berufe – denkbarerweise durch Streichung der §§ 6–10 BORA, des § 8 BOPA und des § 8 BOStB – sollten die § 43b BRAO, § 39b PAO und § 57a StBerG bestehen bleiben, so dass die Kammern weiterhin zusätzlich **aufsichtsrechtlich gegen Werbeverstöße** vorgehen können und nicht vollkommen auf das Wettbewerbsrecht verwiesen sind[92]. 54

C. Berufsrechtliche Sanktionen

Dahns Folgen berufsrechtlicher Verstöße, NJW-Spezial 2015, 766; *Kleine-Cosack* Sanktionen und Rechtsschutz bei anwaltlichen Berufspflichtverletzungen, ZAP (2000), Fach 23, 507 ff.; *Prütting* Die rechtlichen Grundlagen anwaltlicher Berufspflichten und das System der Reaktion bei anwaltlichem Fehlverhalten, AnwBl. 1999, 361, 364–368; *Römermann* Richtiges Verhalten bei einem möglichen Berufsrechtsverstoß, MDR 2003, 12 ff.; *Saerbeck* Anwaltliches Fehlverhalten – Muss das Sanktionensystem neu geordnet werden, in: FS Stüer, 2013, S. 645 ff.; *Stephan* Berufsaufsicht und Berufsgerichtsbarkeit, in: Kluth, Handbuch des Kammerrechts, 3. Aufl. 2020, S. 319 ff.; *Streck/Mack* Sanktionen und Verfahrenswege des Berufsrechts für Steuerberater, Stbg 1990, 49 ff.; *Teichmann/Bürglen* Ein Gebiss für den zahnlosen Tiger, AnwBl. 2010, 735 ff.

Im Zuge der **Verrecht(staat)lichung der Beziehung der Kammern zu den Berufsträgern** wird heute die Mehrzahl der berufsrechtlichen Sanktionen von den Berufsgerichten ausgesprochen. Die Kammern sind darauf beschränkt, leichtere Verstöße zu ahnden. Bei schwererem Fehlverhalten können sie ein diesbezügliches berufsgerichtliches Verfahren lediglich anstoßen. Teilweise werden die Befugnisse der Kammern als eher präventiv, die der Gerichte als repressiv eingeordnet[93], was aber nicht die rechtlich-dogmatische Trennlinie beschreibt. 55

Im berufsrechtlichen Kontext genügt **Fahrlässigkeit**, damit auch Büroversehen[94]. Für alle Sanktionen gilt der Grundsatz „nulla poena sine lege" (Art. 103 Abs. 2 GG)[95]. Das Doppelbestrafungsverbot (Art. 103 Abs. 3 GG; „ne bis in idem") gilt im Nebeneinander von Berufsrecht und Strafrecht dagegen nicht[96]. Einfachgesetzlich ist durch § 115b S. 1 BRAO aber vorgeschrieben, dass eine bereits verhängte Strafe (oder Ordnungsmaßnahme) bei der Verhängung einer anwaltsgerichtlichen Maßnahme wegen desselben Verhaltens als Verhältnismäßigkeitsaspekt zu berücksichtigen ist. 56

91 Vgl. OLG Frankfurt a.M. Urt. v. 28.5.2015 – 6 U 51/14, WRP 2015, 1246 (1247).
92 Hartung/Scharmer/*v. Lewinski* BORA vor § 6 Rn. 22, 54.
93 Z.B. *Saerbeck* in FS Stüer, 2013, S. 645 (659).
94 BGH Urt. v. 26.10.2015 – AnwZ (Brfg) 25/15, NJW-RR 2016, 124 (124 f.).
95 Vgl. *Kingreen/Poscher*, StaatsR II, 36. Aufl. 2020, Rn. 1251.
96 AnwGH Hamm Urt. v. 14.8.2015 – 2 AGH 20/14, AnwBl. 2015, 973.

I. Kammern

Busse Mandatsverletzungen durch den Steuerberater aus berufsrechtlicher Sicht, DStR 2010, 2652 ff.; *Meng* Die Berufsaufsicht der Steuerberaterkammer – Verfahren und Maßnahmen, StB 1982, 269 ff.; *Teichmann/Bürglen* Ein Gebiss für den zahnlosen Tiger, AnwBl. 2010, 735 ff.

57 Trotz ihrer recht bescheidenen rechtlichen Mittel begreifen sich die Kammern traditionell als „Erzieher der Anwälte“[97] und der Steuerberater. Ihr beschränktes Sanktionenarsenal nach der BRAO, der PAO und dem StBerG erweitert sich durch ihre Möglichkeiten im Zulassungs- und Wettbewerbsrecht. Stets aber bedarf es für sanktionierende Eingriffe einer **gesetzlichen Ermächtigungsgrundlage**, so dass etwa eine anprangernde Veröffentlichung eines Berufsrechtsverstoßes unter Namensnennung[98] nicht in Betracht kommt.

1. Sanktionen

58 Bei **berufsrechtlichen Verfehlungen** kann die Kammer den Berufsträger[99] belehren oder eine Rüge aussprechen. Sie kann – wenn auch nicht als Sanktion, so doch als Folge eines Berufsrechtsverstoßes – die Zulassung aufheben, ein Verfahren vor dem jeweiligen Berufsgericht initiieren und zusätzlich bzw. alternativ nach den Regeln des Wettbewerbsrechts vor den Zivilgerichten gegen einen Berufsrechtsverstoß vorgehen.

a) Belehrung

59 Eine Belehrung (vgl. § 73 Abs. 2 Nr. 1 BRAO; § 69 Abs. 2 Nr. 1 PAO; § 76 Abs. 2 Nr. 1 StBerG) kann präventiv oder im Nachhinein ausgesprochen werden. Ihr muss ein tatsächlicher Berufsrechtsverstoß zugrundeliegen[100]. Sie ist **informatorisches Verwaltungshandeln**, enthält kein Unwerturteil und auch keine Warnung. Sie ist mangels Regelung grundsätzlich **kein Verwaltungsakt**[101]. Wenn sie allerdings in die (äußere) Gestalt eines Verwaltungsaktes gekleidet wird, also z.B. als „Bescheid“ bezeichnet und mit einer Rechtsmittelbelehrung versehen ist, ist sie schon deswegen als Verwaltungsakt zu behandeln.

60 Nicht in BRAO, PAO und StBerG geregelt, wohl überwiegend aber von der Rechtsprechung als eigenständige Figur anerkannt[102] ist die **„missbilligende Belehrung“**, deren dogmatische Einordnung und damit auch Rechtsschutzform nach wie vor nicht endgültig geklärt ist[103]. Wenn man in der Missbilligung eine belastende Feststellung hinsichtlich des Verhaltens des Berufsträgers sieht oder mit dieser sogar ein

97 Zit. nach *Ostler*, Die deutschen Rechtsanwälte 1871–1971, 1. Aufl. 1971, S. 333.

98 So aber nach § 60 Abs. 3 nrwHeilBerG OVG Münster, Rheinisches Ärzteblatt 9/2014, 55 (76).

99 Gegen Berufsausübungsgemeinschaften (Sozietäten usw.) können keine berufsrechtlichen Maßnahmen ergriffen werden (Henssler/Streck/*Deckenbrock* SozietätsR-HdB Kap. M Rn. 20).

100 AnwGH Celle Urt. v. 19.9.2011 – AGH 15/11 (17), AnwBl. 2011, 959 (959 f.).

101 AnwGH Hamm Urt. v. 6.9.2013 – 2 AGH 3/13, NJW-Spezial 2013, 639; AnwGH Celle Beschl. v. 27.10.2003 – AGH 4/03, NJW 2004, 1536 (1536); *Koslowski* StBerG § 76 Rn. 16.

102 St. Rspr., z.B. BGH Beschl. v. 16.4.2007 – AnwZ (B) 40/06, NJW 2007, 3499 (3499); s. aber OVG Münster Urt. v. 25.6.1991 – 5 A 502/91, NJW 1992, 1580 (1581 f.) (zum Ärzterecht).

103 BGH Urt. v. 23.4.2012 – AnwZ (Brfg) 35/11, NJW 2012, 3039 (3040); vgl. *Teichmann/Bürglen* AnwBl. 2010, 735 (736 f.).

Handlungsverbot verbunden ist, ist sie als Verwaltungsakt einzuordnen[104]. Jedenfalls der Hinweis auf die Sanktionsmöglichkeit des angesprochenen Berufsrechtsverstoßes wird zu einer Einordnung als feststellender Verwaltungsakt führen.

b) Rüge

Dittmar Zur Mißbilligungsbefugnis der Rechtsanwaltskammer nach der BRAO, AnwBl. 1980, 174 ff.; *Meng* Rügerecht des Kammervorstands, DStR 1993, 1043 f.; *Peus* Rügebescheide der Rechtsanwaltskammern, AnwBl. 2005, 524 ff.

Die Rüge nach § 74 BRAO, § 70 PAO und § 81 StBerG ist die **Missbilligung eines bestimmten schuldhaften Verhaltens** eines Berufsträgers. Sie ist keine materielle Sanktion und deshalb auch nicht der Rechtskraft fähig. Sie schließt ein berufsgerichtliches Verfahren in der Folge nicht aus (kein „ne bis in idem“). 61

c) Antrag auf berufsgerichtliches Verfahren

Der **Vorstand der jeweiligen Kammer** kann einen Antrag auf berufsgerichtliches Verfahren (§§ 122, 121 BRAO; §§ 107, 106 PAO; §§ 115, 114 StBerG; → Rn. 76 ff.) stellen. 62

d) Widerruf der Zulassung

Dahns Zulassungswiderruf wegen Vermögensverfalls, NJW-Spezial 2017, 190 f.

Weiter muss die Zulassung in den Fällen der §§ 14 Abs. 2, 59h Abs. 3 u. 4 BRAO, der §§ 21, 52h Abs. 3 u. 4 PAO und der §§ 46 Abs. 2, 55 Abs. 3 StBerG widerrufen werden (→ Kap. 15 Rn. 41 ff.). Beim Anwalt ist zudem fakultativ ein Widerruf in den Fällen des § 14 Abs. 3 BRAO bzw. des § 21 Abs. 3 PAO vorgesehen. Für eine **sofortige Vollziehung** des Widerrufs müssen besondere Gründe vorliegen. Der Sofortvollzug als „sofort spürbare Sanktion“ ist keine hinreichende Begründung, weil das Widerrufsverfahren keinen Strafzweck verfolgt[105]. 63

e) Bußgeld

Berufsrechtsverstöße sind **allgemein nicht bußgeldbewehrt**[106]. Eine Ausnahme sind Verstöße gegen die dienstleistungsrechtlichen Informationspflichten (§ 6 DL-InfoV) und geldwäscherechtliche Pflichten (§ 56 GwG), für deren Ahndung die Kammer zuständig ist (§ 73b BRAO; § 69a PAO; § 76 Abs. 8 StBerG). 64

---

104 AnwGH Hamm Urt. v. 29.5.2015 – 1 AGH 15/15, BRAK-Mitt. 2015, 264; Kuhls/*Raab* StBerG § 76 Rn. 48.

105 BVerfG Beschl. v. 24.10.2003 – 1 BvR 1594/03, AnwBl. 2004, 55 (56 f.) – Apotheker. – (Die Entscheidung stellt mehr auf Art. 12 GG als auf die Natur des Verwaltungsverfahrens ab.).

106 Rechtspolitisch *Teichmann/Bürglen* AnwBl. 2010, 735 (742).

f) Unterlassungsverfügung

Grunewald Die Berufsgerichtsbarkeit der Freien Berufe, NJW 2002, 1369 ff.; *Martini* Das Wettbewerbsrecht als Ressource der Berufsaufsicht, 2014.

65 Die Kammern haben **keine verwaltungsrechtliche Möglichkeit zum Erlass von Unterlassungsverfügungen**[107], die dann mit den Mitteln des Verwaltungszwangs durchgesetzt werden könnten. Sie können jedoch als „Verband zur Förderung gewerblicher Interessen" nach § 8 Abs. 3 Nr. 2 UWG und § 3 Abs. 1 Nr. 2 UKlaG (→ Rn. 51 ff.) gegen ihre Berufsträger vorgehen[108]. Kritik[109] an dieser Möglichkeit entzündet sich hauptsächlich daran, dass verfahrensrechtliche Sicherungen, die für das hoheitliche Handeln der Kammern eigentlich vorgesehen sind, ins Leere laufen. Allerdings dürfen die Kammern das privatrechtliche Instrumentarium des Wettbewerbsrechts erst nach einer an die Grundrechte, insbesondere an Art. 12 Abs. 1 GG, gebundenen Abwägung nutzen[110] (Zweistufenlehre).

2. Verfahren

66 Das Verfahren vor der **Rechtsanwalts- und der Patentanwaltskammer** bestimmt sich nach den **Regeln des VwVfG** (§ 32 BRAO bzw. § 30 PAO i.V.m. §/Art. 2 Abs. 3 Nr. 1 a.E. VwVfG). Das Verfahren vor der **Steuerberaterkammer** richtet sich gemäß § 164a Abs. 1 StBerG **nach der AO**.

3. Rechtsschutz

Höfling Rechtsschutz vor der Berufs- und Standesgerichtsbarkeit, in: Stober, Rechtsschutz im Wirtschaftsverwaltungs- und Umweltrecht, 1993, S. 309 ff.

67 Die Aufsichtsmittel der Kammern weisen einige Besonderheiten auf, die sich auch auf den Rechtsschutz auswirken. Jedenfalls aber ist gegenüber Aufsichtsmitteln der Kammern als Akte öffentlicher Gewalt der **Rechtsweg eröffnet** (Art. 19 Abs. 4 GG)[111].

a) Belehrung

68 Gegen eine Belehrung im Sinne einer bloßen Mitteilung der Rechtsauffassung der Kammer ist ein Rechtsbehelf nicht vorgesehen[112]. Allerdings gibt es hier **offene Abgrenzungsfragen**, z.B. bei „missbilligenden" und „beanstandenden Belehrun-

---

107 BGH Beschl. v. 25.11.2002 – AnwZ (B) 8/02, NJW 2003, 504 (504).

108 BVerfG Beschl. v. 26.10.2004 – 1 BvR 981/00, NJW 2004, 3765 (3766); BGH Urt. v. 6.4.2006 – I ZR 272/03, GRUR 2006, 598; BGH Urt. v. 26.9.2002 – I ZR 44/00, NJW 2003, 819 (819) – Anwalts-Hotline; OLG Nürnburg Urt. v. 10.6.2003 – 3 U 588/03, NJW 2003, 2245 (2245) – Pro-Videntia AG; BGH Urt. v. 25.10.2001 – I ZR 29/99, NJW 2002, 2039 (2040) m.w.N., zurückgehend auf BGH Urt. v. 26.5.1972 – I ZR 8/71, GRUR 1972, 607 (607).

109 Aus der früheren Diskussion *Grunewald* NJW 2002, 1369 (1371 f.); *Wüstenberg* WRP 2003, 956 (957); *Jänich* in Gloy/Loschelder/Erdmann, UWG-HdB, 4. Aufl. 2010, § 67 Rn. 16.

110 BGH Urt. v. 6.4.2006 – I ZR 272/03, NJW 2006, 2481 ff.

111 So schon BVerfG Beschl. v. 10.11.1964 – 2 BvL 14/61, BVerfGE 18, 203 (212 ff.).

112 BGH Beschl. v. 6.3.2006 – AnwZ (B) 38/05, NJW 2006, 2926 (2926 f.); Kuhls/*Raab* , 4. Aufl. 2020, § 76 StBerG Rn. 55 f.

gen“[113]. Wenn deren Befolgung zu einem zukünftigen erheblichen Nachteil führen würde, ist gleichwohl Rechtsschutz geboten. Unproblematisch ist Rechtsschutz im Wege der Anfechtungsklage nach VwGO bzw. FGO zu erlangen, wenn die Belehrung als Verwaltungsakt (→ Rn. 59) einzuordnen ist[114].

b) Rüge

Peus Rügebescheide als Kollegialhandeln, BRAK-Mitt. 2007, 194 ff.

Gegen die Rüge ist Rechtsschutz in Gestalt des Einspruchs (§ 74 Abs. 5 BRAO; § 70 Abs. 5 PAO; § 81 Abs. 5 StBerG) gegeben. Das Verfahren hat die **Funktion des verwaltungsverfahrensrechtlichen Widerspruchsverfahrens.** **69**

Gerichtlicher Rechtsschutz wird nach § 74a BRAO, § 70a PAO bzw. § 82 StBerG gewährt. Der gerichtliche Rechtsweg endet für den Bereich der Anwaltschaft beim Anwaltsgericht (§ 74a Abs. 3 S. 4 BRAO). Die berufsgerichtliche Entscheidung über Rügebescheide der Patentanwaltskammer und der Steuerberaterkammern obliegt nach § 70a PAO bzw. § 82 Abs. 1 StBerG den Landgerichten (Kammer für Patentanwaltssachen bzw. der für Steuerberater- und Steuerbevollmächtigtensachen). **70**

c) Antrag auf berufsgerichtliches Verfahren

Gegen den Antrag der jeweiligen Berufskammer auf ein berufsgerichtliches Verfahren findet aus der Natur der Sache **kein selbständiges Rechtsschutzverfahren** statt. **71**

d) Widerruf der Zulassung

Das Verwaltungsverfahren beim Widerruf der Zulassung und das gerichtliche Verfahren bestimmen sich nach den **allgemeinen Vorschriften** (zu Einzelheiten → Kap. 15 Rn. 50 ff.). **72**

e) Untersagungsverfügung

Gegen eine hoheitliche Untersagungsverfügung, die von der BRAO, der PAO und dem StBerG nicht vorgesehen und daher **von vornherein rechtswidrig** ist[115], wäre für den Rechtsanwalt gerichtlicher Rechtsschutz nach der allgemeinen Zuständigkeitsvorschrift des § 112a BRAO, für den Patentanwalt und Steuerberater mangels spezieller Regelung nach § 40 VwGO[116] gegeben. **73**

Dem wettbewerbsrechtlichen Unterlassungsverlangen korrespondiert kein selbständiges Rechtsschutzverfahren. Vielmehr ist hier die Kammer zur Durchsetzung ihres **74**

---

113 Weyland/*Weyland* BRAO § 73 Rn. 35, § 74 BRAO Rn. 5 ff.; vgl. BVerfG Beschl. v. 8.11.1978 – 1 BvR 589/72, BVerfGE 50, 16 (31).

114 *Meng* StB 1982, 269 (275); *Streck/Mack* Stbg 1990, 49 (50).

115 Weyland/*Weyland* BRAO § 73 Rn. 32.

116 Vgl. den ausführlichen Überblick über die in Betracht kommenden Rechtswegzuständigkeiten bei Kuhls/*Raab* StBerG § 76 Rn. 54 ff.

wettbewerbsrechtlichen Anspruchs selbst auf die Hilfe der **(Zivil-)Gerichte** angewiesen.

4. Schlichtungsstelle der Rechtsanwaltschaft

75 Nach § 191f BRAO ist im Bereich der Rechtsanwaltschaft eine „Schlichtungsstelle der Rechtsanwaltschaft“ bei der Bundesrechtsanwaltskammer eingerichtet (→ Kap. Rn. 59 ff.). Sie kann allerdings nur in vermögensrechtlichen Streitigkeiten zwischen Anwalt und Mandant – vor allem bei Konflikten über Gebühren und Schadensersatz – angerufen werden (§ 3 der Satzung nach § 191g BRAO) und bei Verbraucherstreitigkeiten (§ 191f Abs. 4 BRAO); **für Berufsrechtsverstöße** als solche ist sie **nicht zuständig**.

II. Berufsgerichte

Elbs/Klemke Leitfaden zum anwaltsgerichtlichen Verfahren, AnwBl. 2005, 56 ff.; *Grunewald/Piepenstock* Anwaltliche Berufspflichten – Verstöße gegen § 43 BRAO und anwaltsgerichtliche Maßnahmen, MDR 2000, 869 ff.; *M. Kilian* Die Anwaltsgerichtsbarkeit: eine Standortbestimmung – historisch und vergleichend, AnwBl. 2015, 278 ff.; *Kopp* Die Anwaltsgerichtsbarkeit – Geschichte, Rechtsnatur und Verfahren, BRAK-Mitt. 1998, 56 ff.; *Meng* Die Berufsgerichtsbarkeit der Steuerberater, StB 1986, 289 ff.; *Morisse* Welch Fortschritt: Von der Ehrengerichtsbarkeit zur Anwaltsgerichtsbarkeit, AnwBl. 2011, 890 ff.

76 Die Berufsgerichte (→ Kap. 14 Rn. 55 ff.) haben stärkere Sanktionsmöglichkeiten als die jeweiligen Kammern, können allerdings **nicht aus eigener Initiative tätig** werden.

1. Sanktionen

77 Berufsgerichte können bei einer Pflichtverletzung i.S.d. § 113 BRAO, § 95 PAO bzw. § 89 StBerG eine Warnung, einen Verweis, eine Geldbuße bis 25 000 € (für Steuerberater bis 50 000 €), ein zeitlich beschränktes Vertretungs- bzw. Berufsverbot und den Ausschluss aus der Anwaltschaft bzw. dem Steuerberaterberuf aussprechen (§ 114 Abs. 1 Nrn. 1–5 BRAO; § 96 PAO; § 90 Abs. 1 Nrn. 1–5 StBerG).

78 Bisher ist die Rechtsprechung davon ausgegangen, dass auch bei einer Mehrzahl von Berufsrechtsverstößen nur *eine* (vgl. § 113 Abs. 1 BRAO, § 95 Abs. 1 PAO u. § 89 Abs. 1 StBerG) Sanktion verhängt werden kann (**Grundsatz der einheitlichen Pflichtverletzung**)[117].

117 Vgl. BGH Urt. v. 25.9.1961 – AnwSt (R) 4/61, BGHSt 16, 237 (240); *Koslowski* StBerG § 89 Rn. 9 f.; dagegen nun AnwGH Hamburg Urt. v. 16.2.2009 – I EVY 6/08, BRAK-Mitt. 2009, 129 (131 f.), u. AnwG Frankfurt a.M. Urt. v. 17.3.2010 – IV AG 01/09 – 4 EV 335/08, BRAK-Mitt. 2010, 223 (224); kritisch auch *Eylmann* AnwBl. 1999, 338 (338 f.); ausführlich *Steffen*, Der Grundsatz der einheitlichen Pflichtverletzung im anwaltsgerichtlichen Verfahren unter besonderer Berücksichtigung des Grundsatzes der Einheit des Dienstvergehens im Disziplinarrecht, 2009.

a) Warnung

Die Warnung wird ausgesprochen bei **erstmaligen geringfügigen Verfehlungen** und **geringem Verschulden**[118], insbesondere wenn ein Berufsrechtsverstoß ohne Folge für den Mandanten geblieben ist, so z.B. bei Verstößen gegen das Werberecht[119] (→ Kap. 13). Die Warnung hat keine weiteren Folgen als ihren Ausspruch, allerdings wird sie in der Mitgliederakte des Berufsträgers für fünf Jahre dokumentiert (vgl. § 205a Abs. 1 S. 4 Nr. 1 BRAO; § 144a Abs. 1 S. 4 Nr. 1 PAO; § 152 Abs. 1 S. 1 StBerG). 79

b) Verweis

Ein Verweis als die nächstschwerere Sanktion führt dazu, dass der Berufsträger für die Dauer von fünf Jahren **von Ehrenämtern der Selbstverwaltung der Anwälte und Steuerberater** (Vorstand einer Kammer, Mitglied der Satzungsversammlung oder eines Berufsgerichts) **ausgeschlossen** ist[120] (§ 66 Nr. 3 BRAO; § 60 Nr. 3 PAO; für Steuerberater kann sich das aus der jeweiligen Kammersatzung ergeben[121]). 80

c) Geldbuße

Für schwerere Verfehlungen gegen wichtige Berufspflichten kann – **auch neben dem Verweis** – auf Geldbuße erkannt werden. 81

Eine solche schwerere Verfehlung ist bei wiederholter **Nichtbeantwortung von Anfragen** von Mandanten, Kollegen oder der Kammer[122], Bummelei (auch ohne messbaren Schaden)[123], der Nichtrücksendung von Empfangsbekenntnissen[124] und **beruflichen Beleidigungen** angenommen worden[125]. Eine **massenhafte ungerechtfertigte Abmahnung** durch einen Rechtsanwalt (für einen Mandanten) ist als solche kein Berufsrechtsverstoß, wohl aber die Beihilfe zu einer damit gegebenenfalls verbundenen Nötigung. **Außerberufliche Straftaten** können einen Berufsrechtspflichtverstoß darstellen, wenn die Tat geeignet ist, bei Rechtssuchenden Zweifel an der Achtungs- und Vertrauenswürdigkeit des Berufsträgers – gerade im Hinblick auf dessen anwaltliche bzw. steuerberaterliche Tätigkeit – zu wecken (vgl. § 113 Abs. 2 BRAO, § 95 Abs. 2 PAO u. § 89 Abs. 2 StBerG). So sind etwa Körperverletzungen[126] und Unfallflucht[127] berufsrechtlich geahndet worden. Zudem sind berufsnahe außerberufliche Verstöße wie eine Urkundenfälschung mit Geldbuße geahndet worden[128]. 82

118 *Koslowski* StBerG § 90 Rn. 7; Kuhls/*Güntge* StBerG § 90 Rn. 19.
119 BGH Urt. v. 8.11.1971 – AnwSt (R) 5/71, EGE XII, 65 (65) – Sozialistisches Anwaltskollektiv.
120 Vgl. Kuhls/*Güntge* StBerG § 90 Rn. 27.
121 *Koslowski* StBerG § 77 Rn. 8.
122 BGH Urt. v. 23.2.1987 – AnwSt (R) 22/86, BRAK-Mitt. 1987, 159; s. auch BGH Urt. v. 26.9.2005 – AnwSt (R) 9/04, BGHSt 50, 230 ff.
123 AnwGH Saarbrücken Urt. v. 31.3.2003 – AGH 3/03, NJW 2003, 1537 (1538).
124 EGH Berlin Urt. v. 05.08.1992 – I EGH 12/90m BRAK-Mitt. 1992, 225.
125 AnwG Köln Urt. v. 15.10.2008 – 10 EV 55/08, BRAK-Mitt. 2009, 87 (88).
126 EG Kassel Urt. a. m. V. v. 15.5.1975, EGE XIII, 208 (208).
127 AnwG Köln Urt. v. 20.3.2017 – 1 AnwG 40/16, DStRE 2018, 55.
128 AnwG Köln Urt. v. 12.12.2017 – 2 AnwG 49/17, BeckRS 2018, 1857.

83 Bei der Bemessung der Höhe der Geldbuße (maximal 25 000 € für den Anwalt; maximal 50 000 € für den Steuerberater) ist auf die **wirtschaftlichen Verhältnisse des Berufsträgers** Rücksicht zu nehmen[129].

d) Vertretungs- und Berufsverbot

Gribbohm Die ehrengerichtlichen Berufs- und Vertretungsverbote in der Rechtsprechung des Senats für Anwaltssachen des Bundesgerichtshofes, in: FS Pfeiffer, 1988, S. 911, 920–924.

84 Als Sanktion bei **vorsätzlichen schweren oder wiederholten Verfehlungen** kennt das Berufsrecht der Rechtsanwälte das Vertretungsverbot (§ 114 Abs. 1 Nr. 4, § 114a BRAO). Das Berufsrecht der Patentanwälte enthält dagegen kein zeitlich und/oder gegenständlich begrenztes Vertretungs- oder Berufsverbot (vgl. § 96 Abs. 1 PAO). Bei Steuerberatern ist ein Berufsverbot zeitlich auf höchstens fünf Jahre zu befristen (§ 90 Abs. 1 Nr. 4 StBerG), eine Beschränkung auf bestimmte Fach- oder Aufgabenbereiche ist nicht vorgesehen.

85 Beispielsfälle sind die (versuchte) Strafvereitelung[130] oder die Anstiftung zur Falschaussage[131]. Das Vertretungsverbot für Rechtsanwälte ist **zeitlich und fachlich begrenzt**. In zeitlicher Hinsicht ist ein Vertretungsverbot nach § 114 Abs. 1 Nr. 4 BRAO auf höchstens fünf Jahre zu befristen. Bei der Entscheidung über die Rechtsgebiete, auf die sich ein Vertretungsverbot erstrecken soll, hat das Gericht ein bedeutendes Ermessen[132]. Stets ist dabei der Stellenwert der Berufsfreiheit (Art. 12 GG) zu bedenken.

e) Ausschließung aus der Anwaltschaft bzw. dem Steuerberaterberuf

Görl Berufsverbot nach der BRAO und dem StGB, BRAK-Mitt. 1987, 54 ff.; *Gribbohm* Die ehrengerichtlichen Berufs- und Vertretungsverbote in der Rechtsprechung des Senats für Anwaltssachen des Bundesgerichtshofes, in: FS Pfeiffer, 1988, S. 911, 916–920.

86 Möglicher Grund für eine Ausschließung aus der Anwaltschaft bzw. dem Steuerberaterberuf (§ 114 Abs. 1 Nr. 5 BRAO; § 96 Abs. 1 Nr. 4 PAO; § 90 Abs. 1 Nr. 5 StBerG) sind **erhebliche schuldhafte Pflichtverletzungen**, aufgrund derer der Berufsträger **für den Beruf schlechthin nicht mehr tragbar** erscheint[133]. Dies gilt insbesondere bei vorsätzlichen vermögensbezogenen Straftaten im Beruf wie der Untreue (§ 266 StGB) gegenüber dem eigenen Mandanten[134] und der unterlassenen Weiterleitung von Mandantengeldern[135] sowie Betrug[136] und Aussagedelikte[137]. Regelmäßig werden vorsätzliche Verstöße gegen Vertretungsverbote zur Ausschließung

129 *Meng* StB 1986, 289 (301).
130 AnwG München Urt. v. 23.3.1995 – 1 AG 45/94, BRAK-Mitt. 1995, 171 (171 f.).
131 BGH Urt. v. 29.1.1996 – AnwSt (R) 11/95, NJW 1996, 1836.
132 Vgl. *Gribbohm* in FS Pfeiffer, 1988, S. 911 (922 f.) m.w.N.; Bsp.e auch bei *Görl* BRAK-Mitt. 1987, 54 (55 f.).
133 OLG Karlsruhe Urt. v. 31.7.1980 – StO 1/80, StB 1982, 198 (198 f.); Kuhls/*Güntge* StBerG § 90 Rn. 41; *Meng* StB 1986, 289 (301).
134 BGH Urt. v. 30.6.1986 – AnwSt (R) 6/86, BRAK-Mitt. 1986, 232; AnwGH Hamm Urt. v. 1.3.2019 – 2 AGH 15/18, NJW-Spezial 2019, 511; zum Umfang der Vermögensbetreuungspflicht eines Hausanwalts BGH Beschl. v. 5.3.2013 – 3 StR 438/12, NJW 2013, 1615 (1616).
135 AnwGH Celle Urt. v. 21.1.2008 – AGH 1/07, BRAK-Mitt. 2008, 172 (174).
136 BGH Urt. v. 20.3.1972 – AnwSt (R) 9/96, EGE XII, 68 (71).
137 BGH Urt. v. 5.10.1964 – AnwSt (R) 8/64, BGHSt 20, 73 (73).

führen[138]. Auch krankhafter Querulantenwahn hat schon zum Ausschluss aus der Rechtsanwaltschaft geführt[139]. Der Ausschluss führt zum Erlöschen der Zulassung nach § 13 BRAO u. § 20 PAO bzw. der Bestellung nach § 45 Abs. 1 Nr. 3 StBerG (→ Kap. 15 Rn. 39).

Die Ausschließung ist wie das Vertretungsverbot im Lichte des Art. 12 GG zu handhaben; ein **lebenslanger Ausschluss ist nicht verfassungsgemäß**[140]; insoweit besteht nach acht Jahren (§ 7 Nr. 3 BRAO; § 14 Nr. 3 PAO; § 48 Abs. 1 Nr. 2 StBerG) ein Anspruch auf erneute Zulassung. Die Rechtslage ist im Ergebnis mit der vor Erlass der RAO 1878 vergleichbar, als es mit der „Suspension" in manchen deutschen Ländern ein zeitlich beschränktes Berufsverbot für Rechtsanwälte gab[141]. **87**

2. Verfahren

Elbs/Klemke Leitfaden zum anwaltsgerichtlichen Verfahren, AnwBl. 2005, 56 ff.; *Redeker* Die Ehrengerichte als besondere Verwaltungsgerichte, AnwBl. 1992, 505 ff.; *Rick* Gerichtsgebühren für berufsgerichtliche Verfahren, AnwBl. 2007, 213 f.

Verfahrensrechtlich enthalten die §§ 116–161a BRAO, die §§ 98–143 PAO und die §§ 105–152 StBerG spezielle Regeln, subsidiär sind die StPO und das GVG anwendbar (so ausdrücklich § 153 StBerG)[142]. Grundsätzlich wird das berufsgerichtliche Verfahren **durch die Staatsanwaltschaft eingeleitet** (§ 121 BRAO; § 114 StBerG), es kann aber auch nach vorgehendem Rügeverfahren und auf Antrag der jeweiligen Kammer (→ Rn. 62) sowie auf Antrag des Berufsträgers selbst (§ 123 BRAO; § 106 PAO; § 116 StBerG) initiiert werden. **88**

In Abweichung von § 169 Abs. 1 GVG waren Hauptverhandlungen in berufsgerichtlichen Verfahren bis 2021 nicht öffentlich (vgl. § 135 Abs. 1 S. 1 BRAO a.F.; § 120 Abs. 1 S. 1 PAO a.F.; § 122 Abs. 1 S. 1 StBerG a.F.). Im Rahmen der BRAO-Reform 2021 hat der Gesetzgeber diese Sonderregelungen aufgehoben, da keine besonderen Gründe mehr ersichtlich seien, die Ausnahmen für die Verhandlungen vor den Berufsgerichten gegenüber sonstigen Gerichtsverfahren rechtfertigen könnten.[143] Seitdem unterliegen auch Hauptverhandlungen in berufsgerichtlichen Verfahren dem **Grundsatz der Öffentlichkeit.** **89**

a) Ordentliches Verfahren

Das berufsgerichtliche Verfahren **lehnt sich an den Strafprozess an**. Das Gericht kann nur auf Freispruch, Verurteilung oder Einstellung des Verfahrens entscheiden (§ 139 Abs. 2 BRAO; § 123 Abs. 2 PAO; § 125 Abs. 2 StBerG); eine Feststellungsentscheidung ist nicht vorgesehen[144]. **90**

---

138 AnwGH München Urt. v. 3.2.2015 – BayAGH II-2-12/14, NJOZ 2016, 1107 (1108 f.).

139 BGH Urt. v. 29.9.1986 mitgeteilt bei *Gribbohm* in FS Pfeiffer, 1988, S. 911 (916 f.).

140 BVerfG Beschl. v. 4.4.1984 – 1 BvR 1287/83, BVerfGE 66, 337 (358); BVerfG Beschl. v. 26.2.1986 – 1 BvL 12/85, BVerfGE 72, 51 (64).

141 Dazu *Olischläger* AnwBl. 1973, 321 ff.

142 Vgl. die Aufstellungen bei Henssler/Prütting/*Dittmann* BRAO § 116 Rn. 2–33a; Weyland/*Reeisen* BRAO § 116 Rn. 8–39; *Kleine-Cosack* BRAO § 116 Rn. 2–4; *Koslowski* StBerG § 153 Rn. 2–3.

143 BT-Drs. 19/27670, 134.

144 BGH Beschl. v. 16.4.2007 – AnwZ (B) 40/06, AnwBl. 2007, 866 (866).

91 Das berufsgerichtliche Verfahren **tritt hinter das ordentliche Strafverfahren** zurück (§ 118 Abs. 1 S. 1 BRAO; § 102 Abs. 1 PAO; § 109 Abs. 1 S. 1 StBerG). Nach § 115 Abs. 2 BRAO, § 97 Abs. 2 PAO und § 93 Abs. 2 StBerG ist die berufsrechtliche Verjährung für die Dauer eines Strafverfahrens in derselben Sache gehemmt.

92 Unterliegt ein Berufsträger auch noch anderen Berufsordnungen, etwa als Anwalt denen eines Steuerberaters oder Wirtschaftsprüfers (sog. „Doppelbänder"), ist vorrangig im anwaltsgerichtlichen Verfahren zu entscheiden (§ 118a BRAO; s.a. § 102a Abs. 5 PAO). Etwas anders formuliert diesen Vorrang § 110 Abs. 1 StBerG, wonach im berufsgerichtlichen Verfahren nach dem StBerG „nur dann entschieden wird, wenn die Pflichtverletzung überwiegend mit der Ausübung des Berufs als Steuerberater oder Steuerbevollmächtigter in Zusammenhang steht". Gleichwohl ergibt sich trotz dieser unterschiedlichen Fassungen aus einer Zusammenschau beider Vorschriften, dass **im Zweifel dem anwaltsgerichtlichen Verfahren** der **Vorrang** vor dem berufsgerichtlichen Verfahren nach dem StBerG zukommt[145]. Bei diesen Vorschriften handelt es sich nicht um Vorschriften des ne bis in idem, sondern um bloße Verfahrensnormen[146].

93 Bis 2006 waren die berufsgerichtlichen Verfahren gebührenfrei. Nach § 195 S. 1 BRAO, § 146 S. 1 PAO und § 146 S. 1 StBerG sind nun für das berufsgerichtliche Verfahren (§§ 116 ff. BRAO; §§ 98 ff. PAO; §§ 105 ff. StBerG), beim Rechtsschutz gegen eine Rüge (→ Rn. 61) und bei der Festsetzung von Zwangsgeldern wegen Verletzung der Auskunftspflicht gegenüber der Kammer (→ Kap. 14 Rn. 42) **Gebühren** zu erheben.

b) Vorläufige Maßnahmen

94 Als vorläufige Maßnahme kann gegen einen Anwalt oder Steuerberater, wenn im berufsgerichtlichen Verfahren ein **Vertretungs- oder Berufsverbot** (→ Rn. 84 f.) droht, nach §§ 150 Abs. 1, 161a BRAO, § 132 PAO und § 134 Abs. 1 StBerG ein entsprechendes vorläufiges Verbot ausgesprochen werden. Art. 6 Abs. 1 EMRK erfordert aber auch bei Eilmaßnahmen die Gelegenheit zur (mündlichen) Stellungnahme[147].

3. Rechtsschutz

95 Gegen die **Entscheidung des Anwaltsgerichts** ist gemäß § 143 BRAO die Berufung zum Anwaltsgerichtshof statthaft. Die Berufungsentscheidung des Anwaltsgerichtshofs kann unter den Voraussetzungen des § 143 BRAO im Wege der Revision an den Senat für Anwaltssachen beim BGH (§ 106 Abs. 1 BRAO) zulässig sein, wobei allerdings – wie in Revisionsverfahren generell üblich – nur eine Überprüfung in rechtlicher Hinsicht erfolgt. Beschlüsse im anwaltsgerichtlichen Verfahren können nach § 142 BRAO mit der Beschwerde angefochten werden, für welche ausschließlich der Anwaltsgerichtshof zuständig ist.

96 Gegen **Entscheidungen des Landgerichts in Patentanwaltssachen** sind Beschwerde (§ 124 PAO), Berufung (§ 125 PAO) und Revision (§ 127 PAO) statthaft.

---

145 *Koslowski* StBerG § 110 StBerG Rn. 3.
146 Vgl. BGH Urt. v. 12.10.2004 – WpSt (R) 1/04, NJW 2005, 1057 (1057) (zu § 83a Abs. 3 WPO).
147 EGMR Urt. v. 5.4.2016 – 33060/10, ZAP 2016, S. 569 – Blum ./. Österreich.

Gegen **Urteile der Kammer für Steuerberater- und Steuerbevollmächtigtensachen beim Landgericht** ist nach § 127 StBerG die Berufung zum Senat für Steuerberater- und Steuerbevollmächtigtensachen beim Oberlandesgericht statthaft. Dessen Urteil kann gemäß § 129 StBerG wiederum allein in rechtlicher Hinsicht mit der Revision zum Senat für Steuerberater- und Steuerbevollmächtigtensachen beim BGH (§ 97 Abs. 1 StBerG) angegriffen werden. Gegen Beschlüsse im berufsgerichtlichen Verfahren nach dem StBerG ist nach § 126 StBerG die Beschwerde zum Senat für Steuerberater- und Steuerbevollmächtigtensachen beim Oberlandesgericht eröffnet. 97

4. Begnadigung

Daneben kommt jedenfalls dem Grunde nach auch eine Begnadigung des verurteilten Berufsträgers in Betracht. Diese obliegt regelmäßig den **Ministerpräsidenten der Länder** oder – bei entsprechender Delegation – den Fachministern; soweit erstinstanzlich ein Gericht des Bundes entschieden hat, ist sie hingegen nach Art. 60 Abs. 2 GG Sache des **Bundespräsidenten** („für den Bund"). Letzteres kann im Bereich der Anwaltsgerichtsbarkeit nur für Verfahren in Pflichtverletzungen von Anwälten beim Bundesgerichtshof der Fall sein, da insoweit nach § 163 S. 5 BRAO der BGH an die Stelle des Anwaltsgerichts tritt[148]. Für Gnadenentscheidungen in Verfahren nach PAO und StBerG (vgl. etwa § 48 Abs. 1 Nr. 2 Var. 1 StBerG) sind ebenfalls die Ministerpräsidenten der Länder oder die Justiz- bzw. Finanzminister als Fachminister zuständig[149]. 98

III. Allgemeine Gerichte

Frye Die Ausschließung des Verteidigers, wistra 2005, 86 ff.

Mit den besonderen Pflichten dem Gericht gegenüber (→ Kap. 7 Rn. 63 ff.) korrespondiert das Privileg des Anwalts und des Steuerberaters, als Prozessbevollmächtigter und Verteidiger den **Ordnungsmitteln nach §§ 177–178 GVG nicht unterworfen** zu sein[150]. In Ausnahmefällen, insbesondere zur Wahrung der Funktionsfähigkeit der Rechtspflege, können bestimmte äußere Grenzen aus der Stellung als Organ der (Steuer-)Rechtspflege folgen[151]. 99

Die Vorschriften über die **Ausschließung des Verteidigers** in §§ 138a ff. StPO betreffen nicht dessen Verhalten als Anwalt gegenüber dem Gericht[152], sondern strafrechtlich relevante Handlungen[153], die aber in Form der Strafvereitelung usw. (vgl. § 138 Abs. 1 Nr. 3 StGB) durchaus berufsbezogen sein können. 100

148 Vgl. BK-GG/*Reimer* GG Art. 60 Rn. 72 sowie Art. 1 Nr. 5 der Anordnung des Bundespräsidenten über die Ausübung der Gnadenbefugnisse des Bundes v. 5.10.1965 (BGBl. I 1573).

149 Zu der Rechtslage bei Steuerberatern Kuhls/*Willerscheid* StBerG § 48 Rn. 8.

150 BGH Urt. v. 27.9.1976 – RiZ (R) 3/75, NJW 1977, 437.

151 EGMR Urt. v. 15.12.2005 – 73797/01, NJW 2006, 2901 (2905 f.), hier aber im Hinblick auf die Meinungsäußerungsfreiheit des Rechtsanwalts; zur angelsächsischen Figur des „Scandalising the Court" *Mishra*, Zulässigkeit und Grenzen der Urteilsschelte, 1997, S. 167 ff.

152 In diese Richtung aber BGH Beschl. v. 2.3.1961 – 3 StR 49/60, BGHSt 15, 326 (329 ff.) – Kaul; so wie hier mit Blick auf die Berufsfreiheit des Anwalts und das Vertrauensverhältnis mit dem Mandanten BVerfG Beschl. v. 28.6.1967 – 2 BvR 143/61, BVerfGE 22, 114 (122 f.) – Kaul.

153 *Frye* wistra 2005, 86 (87 f.); *Böhm* NJW 2006, 2371 (2371 f.).

101 Die – umstrittene – Frage, ob es **„rechtsmissbräuchliche Verfahrensrügen"** gibt[154], ist ebenfalls keine unmittelbar berufsrechtliche Frage des Prozessbevollmächtigten oder Verteidigers, sondern betrifft prozessual die Zulässigkeit von Anträgen und Rechtsmitteln.

D. Strafrecht

Dörn Der Steuerberater an der Grenze zum Steuerstraf- und Steuerordnungswidrigkeitenverfahren, DStR 1993, 374 ff.; *Krekeler* Strafrechtliche Risiken des anwaltlichen Berufs, in: FS Streck, 2011, S. 717 ff.; *Wessing* Strafbarkeitsgefährdungen für Berater, NJW 2003, 2265 ff.; *Winkler* Die Strafbarkeit des Strafverteidigers jenseits der Strafvereitelung, 2005.

102 Neben zivil-, wettbewerbs- und berufsrechtlichen Verstößen kann der Berufsträger im Rahmen seiner Berufsausübung auch Straftaten begehen. Ihre Sanktionierung bestimmt sich nach allgemeinem Strafrecht.

I. Straftatbestände

Beulke/Ruhmannseder Die Strafbarkeit des Verteidigers, 2. Aufl. 2009, S. 3–301.

103 Das StGB enthält einige **Sonderdelikte für Anwälte und Steuerberater**. Die Berufsträger können aber auch sonstige Straftatbestände verwirklichen, die zum Schutze des Mandanten bzw. der Rechtspflege bestehen. Gelegentlich machen sie sich zudem zusammen mit dem Mandanten strafbar.

1. Straftaten gegen Mandant und Rechtspflege

Erb Parteiverrat, 2005; *Kretschmer* Der strafrechtliche Parteiverrat (§ 356 StGB), 2005; *Schramm* Das Verbot der Vertretung widerstreitender Interessen, 2004, S. 27–76; *Schulz* Die Strafbarkeit des Scheidungsanwalts nach § 356 StGB, AnwBl. 2009, 743 ff.; *Tsagkaraki* Geldwäscherei durch Strafverteidiger, 2012.

104 Als Sonderdelikte von Berufsträgern kommen die **Gebührenüberhebung** (§ 352 StGB)[155] und der **Parteiverrat**[156] (§ 356 StGB) in Frage, wobei allerdings für den Steuerberater umstritten ist, ob dieser als „sonstiger Rechtsbeistand" i.S.d. § 352 Abs. 1 StGB tauglicher Täter einer Gebührenüberhebung sein kann[157]. Von den allgemeinen Tatbeständen ist insbesondere an **Untreue**[158], **Strafvereitelung**, **Steuerhinterziehung** (§ 370 AO[159]) und **Insolvenzstraftaten** (§§ 283 ff. StGB) zu denken; in der Auseinandersetzung mit Gegner und Gericht kann es vor allem beim Anwalt

154 BGH Urt. v. 11.8.2006 – 3 StR 284/05, NJW 2006, 3579 (3580) – Revolutionäre Zellen.

155 Vgl. BGH Urt. v. 6.9.2006 – 5 StR 64/06, NJW 2006, 3219 ff.

156 Kritisch zu dem Straftatbestand *Schlosser* NJW 2002, 1376 (1381).

157 Zu Recht bejahend *Fischer* StGB § 352 Rn. 3.

158 Auch die Verrechnung von empfangenen Fremdgeldern mit Honorarforderungen kann eine Untreue darstellen (vgl. BGH Urt. v. 6.9.2006 – 5 StR 64/06, NJW 2006, 3219 (3222)).

159 Beim Steuerberater ist diesbezüglich zu bedenken, dass dieser im Regelfall im Besteuerungsverfahren – namentlich bei der Abgabe von Steuererklärungen – nicht nach außen gegenüber den Steuerbehörden handelt, weshalb bei unrichtigen Angaben des Mandanten und entsprechender Kenntnis des Steuerberaters allenfalls eine Strafbarkeit wegen Beihilfe zu Steuerhinterziehung nach § 370 Abs. 1 AO, § 27 Abs. 1 StGB in Betracht kommen kann (vgl. *Dörn* DStR 1993, 374 (377 f.)).

auch zu **Falscher Verdächtigung** (§ 164 StGB) und strafbaren **Beleidigungen**[160] kommen. Im Verkehr mit den Gerichten kommt § 353d StGB (**Verbotene Mitteilungen über Gerichtsverhandlungen**[161]) in Frage[162].

Die Ausnahmen für Anwälte und Steuerberater bei den Anzeigepflichten nach § 11 Abs. 4 GwG (→ Kap. 6 Rn. 22) berühren ihre Strafbarkeit nach § 261 StGB (**Geldwäsche**) im Grundsatz nicht[163]. Jedoch muss § 261 StGB verfassungskonform dahingehend eingeschränkt werden, dass nur die positive Kenntnis von der Herkunft des Geldes aus einer entsprechenden Vortat für den Berufsträger schädlich ist[164]. Eine Ermittlungspflicht trifft den Anwalt oder Steuerberater jedenfalls bei angemessenem Honorar und üblicher Zahlungsweise nicht[165]. **105**

2. Straftaten mit dem Mandanten

Glaser Geldwäsche (§ 261 StGB) durch Rechtsanwälte und Steuerberater bei der Honorarannahme, 2009; *Reichardt* Die Strafbarkeit des Rechtsanwalts im Rahmen von privaten Insolvenzverfahren, 2006.

Häufig werden Anwälte und Steuerberater durch bewusst falschen Vortrag zu Teilnehmern oder sogar Mittätern an einem **Prozessbetrug** (§ 263 StGB)[166], einer **Insolvenzverschleppung** (§ 84 GmbHG; § 401 AktG; §§ 130b, 177a HGB)[167] oder einer **Steuerstraftat** (s. dann die steuerrechtliche Haftungsvorschrift des § 71 AO). Eine Tathandlung kann ferner das Erteilen eines unrichtigen Rechtsrats als **(psychische) Beihilfe**[168] sein. Obstruktives Verhalten bei Durchsuchungen bei Mandanten ist auch schon als (versuchte) **Strafvereitelung** (§ 258 StGB) bewertet worden[169]. Unberechtigte Mahnungen oder Abmahnungen können eine **Nötigung** (§ 240 StGB) darstellen[170]. Eine Strafbarkeit wegen Geldwäsche (§ 261 Abs. 2 StGB) durch den Berufsträger setzt allerdings voraus, dass dieser von der Herkunft des Geldes sichere Kenntnis hat[171]. **106**

II. Strafrechtliches Berufsverbot

Görl Berufsverbot nach der BRAO und dem StGB, BRAK-Mitt. 1987, 54 ff.

---

160 Vgl. BGH Urt. v. 27.3.2009 – 2 StR 302/08, NJW 2009, 2690 (2692): kein „beleidigungsfreier Raum"; zu den Grenzen der Auseinandersetzung → Kap. 7 Rn. 37 ff.

161 Zur Verfassungsmäßigkeit BVerfG Beschl. v. 27.6.2014 – 2 BvR 429/12, NJW 2014, 2777 (2777 ff.).

162 Auch im Rahmen einer Strafverteidigung (vgl. SZ v. 27.10.2020, S. 5).

163 BVerfG Urt. v. 30.3.2004 – 2 BvR 1520/01 u. 2 BvR 1521/01, NJW 2004, 1305 (1307); *Brüssow/Petri* AnwBl. 2004, 114 (114) („zwei unterschiedliche Paar Schuhe").

164 BVerfG Beschl. v. 14.1.2005 – 2 BvR 1975/03, NJW 2005, 1707 (1708); BVerfG Urt. v. 30.3.2004 – 2 BvR 1520/01 u. 2 BvR 1521/01, NJW 2004, 1305 (1310–1313); *v. Galen* NJW 2004, 3304 (3305 ff.).

165 LG Berlin Beschl. v. 24.7.2003 – 502 Qs 49, 50/03, NJW 2003, 2694 (2695).

166 Zöller/*Greger* ZPO § 138 Rn. 2–7; Schönke/Schröder/*Perron* StGB § 263 Rn. 69–76.

167 *Reichardt*, Die Strafbarkeit des Rechtsanwalts im Rahmen von privaten Insolvenzverfahren, 2006; *Schmitt*, Beraterhaftung für Insolvenzverschleppungsschäden, 2017.

168 *Wessing* NJW 2003, 2265 (2269).

169 Vgl. SZ v. 29.2.2020, S. 26.

170 BGH Beschl. v. 5.9.2013 – 1 StR 162/13, NJW 2014, 401 (403 ff.).

171 BVerfG Beschl. v. 28.7.2015 – 2 BvR 2558/14 u.a., NJW 2015, 2949 (2952 f.); BVerfG Urt. v. 30.3.2004 – 2 BvR 1520/01 u. 2 BvR 15217/01, NJW 2004, 1305 (1310 f.); für eine Erstreckung dieser Privilegierung auf auch beratende Anwälte *Glaser*, Geldwäsche (§ 261 StGB) durch Rechtsanwälte und Steuerberater bei der Honorarannahme, 2009. S. 103 ff.

107 Als **Nebenfolge einer Verurteilung** kann nach § 70 StGB, bei dringenden Gründen gemäß § 132a StPO auch schon vorher[172], ein Berufsverbot verhängt werden. Es ist das strafrechtliche Pendant zur Ausschließung aus dem jeweiligen Beruf nach § 114 Abs. 1 Nr. 5 BRAO, § 96 Abs. 1 Nr. 4 PAO bzw. § 90 Abs. 1 Nr. 5 StBerG (→ Rn. 86 f.) und führt wie diese zum Erlöschen der Zulassung bzw. Bestellung (vgl. § 13 BRAO; § 20 PAO; § 45 Abs. 1 Nr. 3 StBerG). Hier wie da darf eine Maßnahme mit Blick auf die Berufsfreiheit nach Art. 12 GG zeitlich nicht unbegrenzt wirken. Im Gegensatz zu § 114 Abs. 1 Nr. 5 BRAO, § 96 Abs. 1 Nr. 4 PAO und § 90 Abs. 1 Nr. 5 StBerG mit einer Höchstfrist von acht Jahren (→ Rn. 87) beträgt sie nach § 70 Abs. 1 S. 1 StGB nur fünf Jahre.

172 Dazu BGH Beschl. v. 2.8.1978 – StB 171/78, BGHSt 28, 84 (85 f.).

Kapitel 10: Berufliche Niederlassung und Organisationspflichten

1 Die berufliche Niederlassung – bei Rechtsanwälten als „Kanzlei“[1], bei Steuerberatern überwiegend als „Praxis“ bezeichnet (vgl. § 34 StBerG) – ist die **organisatorische Gesamtheit, in der ein Berufsträger seinen Beruf ausübt**. Sie ist rechtlich von der „Sozietät“ als dem Zusammenschluss zu gemeinsamer Berufsausübung zu unterscheiden (→ Kap. 11), gleichwohl dies im allgemeinen Sprachgebrauch meist nicht geschieht.

2 Die berufliche Niederlassung muss gewissen organisatorischen Anforderungen genügen. Diese Pflichten stellen eine Obliegenheit dar, also eine Pflicht des Berufsträgers gegen sich selbst. Sie sind, außer über die **Verpflichtung zur gewissenhaften Berufsausübung** nach § 43 S. 1 BRAO, § 39 S. 1 PAO und § 57 Abs. 1 StBerG, nicht direkt sanktioniert. Hier wirkt sich die **Freiberuflichkeit** des Anwalts und des Steuerberaters aus, der in der Art und Weise seiner Berufsausübung gerade nicht reglementiert, also „frei“ ist.

A. Berufliche Niederlassung

Pestke Die Kanzlei des Syndikus in den Räumen seines Arbeitgebers – ein Ding der Unmöglichkeit, in: FS Korth, 2016, S. 83 ff.

3 Jeder Anwalt hat eine **rechtlich selbständige Kanzlei** einzurichten (§ 27 Abs. 1 BRAO; § 26 PAO); sie ist der Sitz des Anwalts. In ähnlicher Weise hat jeder Steuerberater nach § 34 Abs. 1 StBerG eine berufliche Niederlassung zu begründen und zu unterhalten, die das Gesetz als „Praxis“ (früher: „Beratungsstelle“) bezeichnet[2]. Diese Verpflichtung zur Begründung einer beruflichen Niederlassung gilt nach § 59m Abs. 1 BRAO auch für Rechtsanwaltsgesellschaften, nach § 52l Abs. 1 PAO für Patentanwaltsgesellschaften und über die Verweisung des § 52 StBerG für Steuerberatungsgesellschaften. Für Syndikusanwälte wird der Arbeitsplatz beim (nicht-anwaltlichen) Arbeitgeber als Kanzlei fingiert (§ 46c Abs. 4 BRAO; § 41d Abs. 4 PAO), ohne dass insoweit spezielle Anforderungen bestünden.

I. Räumlichkeiten

4 Die berufliche Niederlassung muss **räumlich**[3] **verortet** sein und eine ständige Einrichtung darstellen[4]. Eine rein virtuelle Kanzlei[5] – wiewohl technisch realisierbar – ist rechtlich nicht möglich[6].

---

1 Zur Begriffsgeschichte *Vismann*, Akten, 2000, S. 34 ff. – In seiner ursprünglichen Wortbedeutung kommt der Begriff von den Schranken (lat.: cancelli), mit denen der Bereich der Schreiber abgegrenzt war.

2 Vgl. Kuhls/*Wacker* StBerG § 34 Rn. 2.

3 Baurechtlich kommen nach § 13 BauNVO für die Nutzung als Kanzleisitz in Gebieten nach §§ 2 bis 4 BauNVO Räume, in Gebieten nach §§ 4a bis 9 BauNVO auch eigene Gebäude in Frage.

4 Vgl. Kuhls/*Wacker* StBerG § 34 Rn. 3.

5 *Kimbro*, Virtual Law Practice, 2010; zur datenschutzkonformen Umsetzung *Schmidt/Roschek* NJW 2021, 367 ff.

6 Offener wohl *Römermann* in FS Hartung, 2008, S. 169 (171): Kanzlei als bloßes „Kommunikationszentrum“.

5 Die **Wahrung der Verschwiegenheit** (→ Kap. 6) ist auch bei der Einrichtung der Räume der beruflichen Niederlassung zu berücksichtigen. Besondere bauliche Anforderungen bestehen allerdings nicht. Es genügen eine optische Abschirmung nach außen und ein normaler Schallschutz. Die Vorgaben entsprechen etwa den apothekenrechtlichen zur Offizin (§ 4 Abs. 2a S. 3 ApoBetrO)[7]. Es kommt insoweit auf die Umstände des Einzelfalles und dabei vor allem auf die Nachbarschaft an. Ein vollverglaster Kanzlei- oder Praxisraum, etwa in einem Supermarkt o.ä., würde den berufsrechtlichen Vorgaben nicht entsprechen[8]. Auch bei einer Kanzlei in Räumlichkeiten des Mandanten, etwa bei Internal Investigations, muss diese abgeschlossen sein[9]. Übt der Berufsträger in denselben Räumen einen Zweitberuf aus, sind die Auswirkungen auf die Wahrung der Verschwiegenheit zu berücksichtigen.

6 Die räumlichen Vorkehrungen müssen nicht so weit gehen, es einem Mandanten zu ermöglichen, unbemerkt in die Kanzleiräume zu gelangen. Zwar unterfällt auch die Tatsache, dass jemand einen Anwalt oder Steuerberater aufsucht, grundsätzlich der jeweiligen berufsrechtlichen Verschwiegenheitspflicht. Bis zur Türe des Büros ist jedoch die Geheimhaltung allein Sache des Mandanten. So ist ein **Wartezimmer** grundsätzlich für Berufsträger sozialadäquat, selbst wenn Mandanten sich dort zwangsläufig sehen können. Wenn ein Mandant eine wirklich „unbemerkte" Zusammenkunft wünscht, ist ein Treffen an einem dafür geeigneten Ort zu verabreden.

7 **Praxishinweis:**

Wenn am Empfang eines Büros Anrufe angenommen werden, ist darauf zu achten, dass zufällig anwesende Personen, etwa andere Mandanten, keine Informationen aufschnappen können. Hier kommen eine **Einweisung und Belehrung des Personals** in Frage, mit gedämpfter Stimme zu sprechen und etwa schwierige Namen nicht selbst zu buchstabieren, sondern sich buchstabieren zu lassen.

II. Ausstattung

8 Die berufliche Niederlassung von Anwälten ist nach § 5 BORA bzw. § 7 BOPA „sachlich, personell und organisatorisch" so auszustatten, dass der Anwaltsberuf effektiv ausgeübt werden kann (**Kanzleipflicht**). Für Steuerberater werden ebenfalls weder durch das StBerG noch durch die BOStB Anforderungen an die Ausstattung der nach § 34 Abs. 1 StBerG einzurichtenden Praxis statuiert, allerdings wird auch insoweit von § 4 Abs. 1 BOStB zumindest allgemein gefordert, dass die sachlichen und personellen Vorkehrungen getroffen werden, um Aufträge abwickeln zu können[10]. Spezifische Vorgaben für **Personal** und sonstige **Arbeitsmittel** werden allerdings nicht gemacht. Das Gesetzblatt müssen nur Notare beziehen (§ 32 BNotO). Lediglich das Einrichten von **Anderkonten** ist Anwälten und Steuerberatern durch § 4 Abs. 1 BORA, § 6 Abs. 4 BOPA bzw. § 8 Abs. 2 BOStB vorgeschrieben, kann aber beim bevorstehenden Eingang von Fremdgeld noch (unverzüglich) nachgeholt werden[11].

---

7 Dazu *v. Lewinski* MedR 2006, 95 (96 Fn. 14).
8 OLG Düsseldorf Urt. v. 17.7.2007 – 20 U 54/07, AnwBl. 2007, 794.
9 LG Stuttgart Beschl. v. 26.3.2018 – 6 Qs 1/18, NJW-Spezial 2018, 410.
10 *Koslowski* StBerG § 57 Rn. 44.
11 Vgl. *K.J. Hartung* in FS Hartung, 2008, S. 41 (45 ff.); eingehend *Johnigk* BRAK-Mitt. 2012, 104 ff.

Soweit Computer verwendet werden, ist – unabhängig von der Betroffenheit personenbezogener Daten – die **Datensicherheit** zu gewährleisten (Art. 32 DSGVO)[12]. Eine Datenschutz-Folgenabschätzung (Art. 35 DSGVO) ist bei Berufsträgern regelmäßig nicht erforderlich (vgl. ErwGr. 91 S. 1 DSGVO). 9

Oft ist es wirtschaftlich sinnvoll, dass sich mehrere Berufsträger die Anschaffung und Unterhaltung der Kanzleiausstattung in Form einer **Bürogemeinschaft** (→ Kap. 11 Rn. 31 ff.) teilen. Bei der Einrichtung der Kanzlei eines Syndikus in den **Räumen seines Arbeitgebers** müssen, weil dieser nicht Berufsträger (und damit auch nicht Berufsgeheimnisträger) ist, mit besonderer Sorgfalt organisatorische Vorkehrungen zur Wahrung der Verschwiegenheitspflicht des Berufsträgers getroffen werden[13]. Das Nutzen der Kanzleiausstattung für einen Zweitberuf ist für Einzelanwälte regelmäßig unproblematisch[14]. 10

III. Erreichbarkeit und Anschluss an elektronischen Rechtsverkehr

Kopp Anbringung eines Kanzleischildes als Voraussetzung für die Errichtung einer Kanzlei, BRAK-Mitt. 2005, 178; *Günther* Haftungsfallen rund ums beA, NJW 2020, 1785 ff.; *Müller* Neue Rechtsbegriffe im Zustellungsrecht – Sichere Übermittlungswege und das elektronische Empfangsbekenntnis, NJW 2017, 2713; *Pfrogner/Vielmeier* Wie lange muss ein angestellter Anwalt das beA nach Ausscheiden im Interesse seiner früheren Kanzlei betreuen?, NZA 2020, 903 ff.; *Siegmund* Das beA von A bis Z, NJW 2017, 3134 ff.

Der Berufsträger muss über die berufliche Niederlassung erreichbar sein[15] (ausdrücklich § 10 Abs. 2 BOStB; überdies arg. ex § 44 BRAO bzw. § 40 PAO). Da dies mittels herkömmlicher **Briefkästen** und „mit Hilfe moderner Kommunikationsmittel" (Anrufbeantworter, Anrufweiterleitung) möglich ist[16], existiert keine allgemeine Pflicht zur Kanzlei- und Praxispräsenz[17]. Im Gegenzug besteht dann freilich die Pflicht, ein **Telefon** – oder ein anderes Fernkommunikationsmittel[18] – vorzuhalten. Dagegen ist der Berufsträger nicht verpflichtet, in der beruflichen Niederlassung den Empfang von Telefaxen oder E-Mails zu ermöglichen oder ein DE-Mail-Konto vorzuhalten. Dies ergibt sich für den Rechtsanwalt im Gegenschluss aus der Einführung des „besonderen elektronischen Anwaltspostfachs" (→ Rn. 12 ff.). Ist aber ein E-Mail-Verkehr eröffnet – etwa durch eine entsprechende Angabe auf dem Briefkopf oder einem Internetauftritt –, muss nicht nur der Posteingang[19], sondern auch ein zugehöriger Spamfilter auf Eingang kontrolliert werden[20]. 11

In telekommunikativer Hinsicht ist ein Internetanschluss inzwischen teilweise Voraussetzung für die Berufsausübung, etwa hinsichtlich des Mahnantrags in elektroni- 12

12 *Kraska* NJW-aktuell 22/2013, 14.

13 Umfassend *Pestke* in FS Korth, 2016, S. 83 (98 ff.).

14 AnwGH München Urt. v. 24.10.2016 – BayAGH III – 4-1/16, NJW-Spezial 2017, 30 f.

15 AnwGH Dresden Beschl. v. 4.11.2004 – AGH 18/03 (II), BRAK-Mitt. 2005, 31 (33); VGH München Beschl. v. 28.12.1992 – 23 B 92/1549, NJW 1993, 1731 (1732).

16 BGH Beschl. v. 17.3.2003 – AnwZ (B) 3/02, NJW 2003, 1527 (1528).

17 Eine Entfernung von 280 km zwischen Wohnsitz und Kanzleisitz ist bei entsprechenden organisatorischen Vorkehrungen zulässig (BGH NJW 2003, 1527 (1528)). Selbst ein Anwalt, der im Zweitberuf Pilot ist, wird mithilfe moderner Telekommunikationsmittel eine Erreichbarkeit herstellen können. Ausnahmen wird man wohl nur noch für Polarforscher u.ä. annehmen können (Dombek/Ottersbach/Schulze zur Wiesche/*v. Lewinski* Anwaltssozietät § 4 Rn. 22).

18 Vgl. AnwG München Urt. v. 24.7.2007 – 2 AnwG 46/05, NJW 2008, 600.

19 Zur Frequenz der Kontrolle eingehender Kommunikation OLG Jena Beschl. v. 19.2.2016 – 1 W 591/15, AnwBl. 2016, S. 438 (stündlich).

20 LG Bonn Urt. v. 10.1.2014 – 15 O 189/13, MMR 2014, 709 (710).

scher Form (§ 690 Abs. 3 S. 2 ZPO)[21], und wird es nach der Einführung des „elektronischen Rechtsverkehrs“[22] mit den Gerichten umfänglich werden (**besonderes elektronisches Anwaltspostfach, beA**[23], § 31a BRAO; elektronische Zustellung, § 174 Abs. 3 u. 4 ZPO; elektronische Schriftsatzpflicht, § 130d ZPO; elektronisches Schutzschriftenregister, § 49c BRAO); in § 31a Abs. 6 BRAO ist eine Nutzungspflicht inzwischen ausdrücklich angeordnet. Ähnliches gilt für Steuerberater im Hinblick auf die zwingend vorgeschriebene elektronische Einreichung von Steuererklärungen (§ 150 Abs. 6 u. 7 AO) und Umsatzsteuervoranmeldungen (§ 18 Abs. 3 UStG). Mit der BRAO-Reform 2021 ist der Gesetzgeber einem vielfachen Wunsch aus der Praxis nachgekommen und hat es mit § 31b BRAO nun auch Rechtsanwaltsgesellschaften ermöglicht, ein beA einzurichten[24].

13 Seit dem Herbst 2018 sind Rechtsanwälte zur **passiven Nutzung des beA verpflichtet**. Eine jedenfalls passive Nutzungspflicht verletzt die Berufsträger nicht in ihrer Berufsfreiheit und damit ihrer Freiberuflichkeit[25]. Führt ein Rechtsanwalt die für die Empfangsbereitschaft erforderliche Erstregistrierung nicht durch, stellt dies einen Berufsrechtsverstoß dar[26].

14 Ab dem 1.1.2022 ist die Nutzung des beA auch zur Übermittlung von Dokumenten an Gerichte obligatorisch. Zwar wird es immer wieder auch technische Störungen geben, gerade gegenüber dem ebenfalls anfälligen Telefax dürfte das beA aber durchaus eine Alternative für die Versendung fristwahrender Schriftsätze und Erklärungen sein. Ob ein Rechtsanwalt **verpflichtet** ist, **das beA aktiv zu nutzen**, wenn die Übermittlung per Fax scheitert, ist umstritten[27]. Ein Patentanwalt, der kurz vor Ablauf einer Frist feststellt, dass die Telefax-Übermittlung scheitert, ist jedenfalls nicht verpflichtet, nach einem Rechtsanwalt zu suchen, der für ihn den Versand des Schriftsatzes über das beA vornimmt[28].

15 Da das Werberecht für Anwälte und Steuerberater liberalisiert ist (→ Kap. 13 Rn. 1), wird man heute auch eine „negative Werbefreiheit“ annehmen können. Berufsträger sind nicht verpflichtet, auf sich aufmerksam zu machen. Die Pflicht, ein **Kanzleischild** anzubringen, besteht daher, entgegen der (wohl immer noch herrschenden) Ansicht von (Rechtsanwalts-)Kammern und Gerichten[29], heute aufgrund dieser „negativen Werbefreiheit“[30] nicht mehr[31]. Eine Ausnahme kann es lediglich in Gegenden geben, in denen nur wenige allgemein erreichbare Berufsträger niedergelassen sind.

---

21 Vgl. *Jungk* AnwBl. 2008, 788 (788).

22 *Brosch/Sandkühler* NJW 2015, 2760 ff. – Die ursprünglich zum 1.1.2016 geplante Einführung war von der BRAK wegen der Kombination von rechtlichen und technischen Schwierigkeiten verschoben worden.

23 Dazu NJW-aktuell 26/2013, 12; *Kilian/Rimkus* BRAK-Mitt. 2015, 216 ff.

24 *Römermann* AnwBl. Online 2020, 588 (591 f.).

25 BVerfG Beschl. v. 20.12.2017 – 1 BvR 2233/17, NJW 2018, 288.

26 AnwG Nürnberg Urt. v. 6.3.2020 – I-13/19 5 EV 42/19, MMR 2020, 565 ff.

27 *Günther* NJW 2020, 1785 ff.

28 BGH Beschl. v. 28.4.2020 – X ZR 60/19, NJW 2020, 2194 (2196).

29 So BGH Beschl. v. 6.7.2009 – AnwZ (B) 26/09, NJW-RR 2009, 1577; BGH Beschl. v. 2.12.2004 – AnwZ (B) 72/02, BRAK-Mitt. 2005, 84 (85); AnwG Karlsruhe Beschl. v. 18.7.2008 – AG 1/08, NJW-RR 2009, 204 (204); AnwG München Urt. v. 24.7.2007 – 2 AnwG 46/05, NJW 2008, 600; AnwG Karlsruhe Beschl. v. 25.4.2008 – 2 AnwG 50/07, BRAK-Mitt. 2008, 225 (Ls.); *Kopp* BRAK-Mitt. 2005, 178; *Peitscher*, Anwaltsrecht, 3. Aufl. 2021, Rn. 317; differenzierend *Kilian/Koch* AnwBerufsR, 2. Aufl. 2018, B Rn. 238 ff.

30 Hartung/Scharmer/*v. Lewinski* BORA § 6 Rn. 75.

31 AnwGH Dresden Beschl. v. 4.11.2004 – AGH 18/03 (II), BRAK-Mitt. 2005, 31 (33); AnwG Hamm Beschl. v. 5.10.1999 – AR 4/97, AnwBl. 2000, 316; AnwG München Urt. v. 24.7.2007 – 2 AnwG 46/05, NJW 2008, 600; vgl. BVerfG Beschl. v. 12.2.1986 – 1 BvR 1770/83, NJW 1986, 1801 (1801 f.); zur umgekehr-

(Auswärtige) Sprechtage sind zwar Anwälten nun nach der Aufhebung der § 28 BRAO und § 25 PAO ohne weiteres erlaubt, allerdings in keiner Weise verpflichtend; das Recht der Steuerberater ist hier ausweislich von § 34 Abs. 2 StBerG und § 11 BOStB zurückhaltender. 16

IV. Vertretung im Verhinderungsfall

Toussaint Fristversäumnis wegen Erkrankung des Rechtsanwalts, NJW 2014, 200 ff.

Für den Fall einer unvorhergesehenen Verhinderung des Berufsträgers[32] – und umso mehr bei einer vorhersehbaren[33] – muss eine Vertretung sichergestellt sein, so dass fristgerecht Anträge gestellt und Aufträge erledigt werden[34]. Ist ein Rechtsanwalt oder ein Patentanwalt länger als zwei Wochen über seine Kanzlei nicht zu erreichen, muss er einen Vertreter bestellen (§ 53 Abs. 1 Nr. 2 BRAO, § 46 Abs. 1 Nr. 2 PAO); für den Steuerberater gilt eine entsprechende Pflicht zur **Vertreterbestellung** nach § 69 StBerG erst bei einer Abwesenheit von mindestens einem Monat. Auf einen **krankheitsbedingten Ausfall** muss sich ein Berufsträger aber nur dann durch organisatorische Maßnahmen vorbereiten, wenn der Ausfall vorhersehbar ist, anderenfalls begründet die unterbliebene Bestellung eines Vertreters dann kein Verschulden, wenn diese dem Berufsträger nicht möglich oder nicht zumutbar war[35]. 17

Sind Berufsträger, etwa **in einer Sozietät, gemeinsam mandatiert**, sind Vorkehrungen für eine Vertretung entbehrlich, soweit noch ein weiterer Berufsträger mit derselben Vertretungsbefugnis vorhanden ist. Besitzt hingegen ein Anwalt – was heute kaum noch relevant ist (→ Kap. 15 Rn. 28 ff.) – eine spezielle Zulassung oder ist er der einzige Anwalt in einer multidisziplinären Sozietät, muss er aber eine entsprechend postulationsfähige Vertretung stellen[36]. 18

Gegebenenfalls müssen **Mitarbeiter** einen Antrag nach § 53 Abs. 5 BRAO, § 46 Abs. 5 PAO bzw. § 69 Abs. 3 StBerG stellen, wenn nicht ein **allgemeiner Vertreter** nach § 53 Abs. 2 S. 2 BRAO, § 46 Abs. 2 S. 1 PAO bzw. § 69 Abs. 1 S. 1 StBerG bestellt ist. Wenn er entsprechende organisatorische Vorkehrungen versäumt, sind dem erkrankten oder sonst verhinderten Berufsträger sehr weitgehende Anstrengungen zuzumuten, um Fristen zu wahren[37]. So muss der Berufsträger bei Fahrverbot seine Mobilität ggf. durch die Einstellung eines **Chauffeurs** sicherstellen[38]. 19

V. Zweigstellen, weitere Beratungsstellen und Zweigniederlassungen

Dahns Die Zweigstelle, NJW-Spezial 2012, 382 f.; *Deckenbrock* Kanzlei und Zweigstelle, NJW 2010, 3750 ff.; *Prütting* Der Kampf um die Zweigstelle – oder: Was ist eine Kanzlei?, AnwBl. 2011, 46 f.; *Römermann* Wegfall des Zweigstellenverbots; Was nun?, AnwBl. 2007, 609 ff.

---

ten Konstellation (Kanzleischild eines Nicht-(Mehr-)Anwalts) BGH Beschl. v. 21.7.2008 – AnwZ (B) 12/08, NJW 2008, 3569 (3569 f.).

32 BGH Beschl. v. 17.3.2005 – IX ZB 74/04, BRAK-Mitt. 2005, 181 (Ls.).

33 BGH Beschl. v. 10.5.2006 – XII ZB 145/05, NJW 2006, 2412.

34 Kuhls/*Raab* StBerG § 57 Rn. 166.

35 BGH Beschl. v. 7.8.2013 – XI ZB 533/10, NJW 2013, 3183 (3184); BGH Beschl. v. 26.9.2013 – V ZB 94/13, NJW 2014, 228; eingehend zu den Pflichten des Rechtsanwalts im Krankheitsfall *Toussaint* NJW 2014, 200 ff.

36 OLG Dresden Urt. v. 1.9.2005 – 13 U 764/05, NJW 2006, 1359 (1360).

37 Vgl. BGH Urt. v. 3.11.2005 – I ZR 53/05, NJW 2006, 448 (449).

38 AG Lüdinghausen Urt. v. 31.10.2005 – 10 OWi 400 Js 144/05 – 190/05, NJW 2006, 856.

20 Ein Anwalt darf Zweigstellen bzw. ein Steuerberater darf weitere Beratungsstellen errichten, Berufsausübungsgesellschaften dürfen Zweigniederlassungen (vgl. ausdr. § 11 Abs. 1 S. 2 BOStB) begründen. Anwälte dürfen zudem (**ohne Genehmigung**) auswärtige Sprechzeiten anbieten, also eine Zweigstelle ohne Kanzleibetrieb unterhalten.

21 Für **Zweigstellen und weitere Beratungsstellen** bestehen sachliche, personelle und organisatorische Mindestanforderungen[39]. Insbesondere muss sie für die Berufsausübung geeignet sein: Ein Gespräch muss in **Vertraulichkeit** möglich sein, zudem müssen **Schriftsätze zugestellt** werden können. Die Errichtung einer Zweigstelle ist der jeweils zuständigen Kammer anzuzeigen (§ 27 Abs. 2 BRAO, § 26 Abs. 2 PAO; vgl. ferner § 46 Nr. 1 lit. f DVStB). Anders als bei Anwälten muss die weitere Beratungsstelle eines Steuerberaters gemäß § 34 Abs. 2 S. 2 StBerG **von einem anderen Steuerberater oder Steuerbevollmächtigen geleitet** werden. Allerdings kann dabei unter den Voraussetzungen des § 34 Abs. 2 S. 4, 6 StBerG i.V.m. § 11 Abs. 3 u. 4 BOStB – etwa bei persönlicher Anwesenheit des Praxisinhabers sowohl in seiner beruflichen Niederlassung als auch in der weiteren Beratungsstelle – für eine weitere Beratungsstelle eine Ausnahmegenehmigung durch die zuständige Steuerberaterkammer erteilt werden. Auf dem **Briefbogen** und dem Internetauftritt einer Zweigstelle bzw. weiteren Beratungsstelle muss stets zudem der Hauptsitz des Berufsträgers genannt werden[40]. Die genaue Bezeichnung als (anwaltliche) „Zweigstelle" oder (steuerberaterliche) „weitere Beratungsstelle" ist werbe- und berufsrechtlich nicht erforderlich[41].

22 Keinen Regelungen mehr unterliegen die **„auswärtigen Sprechtage"**, an denen ein Berufsträger vorübergehend an einem anderen Ort als dem seiner Kanzlei erreichbar ist. Gleiches gilt für **bloße Repräsentanzen**. Solche Sprechtage dürfen jedoch nicht in einem dauerhaft unterhaltenen Büro angeboten werden, weil es sich dann um eine Zweigstelle bzw. Niederlassung handeln würde, die den genannten Anforderungen genügen müssten[42].

VI. Sternsozietät

Henssler Das Verbot der Sternsozietät gemäß § 31 Berufsordnung der Rechtsanwälte – eine reformbedürftige Norm, ZIP 1998, 2121 ff.

23 Eine solche **Zweigstelle** kann auch als weitere selbständige Kanzlei oder in einer Berufsausübungsgemeinschaft begründet werden (vgl. § 27 Abs. 2 BRAO; § 26 Abs. 2 PAO). Und Anwälte und Steuerberater[43] dürfen gleichzeitig Mitglied mehrerer Berufsausübungsgemeinschaften sein[44]. Beide Konstellationen nennt man **Sterns-**

---

39 Ein entsprechender Beschluss zur Änderung des § 5 BORA v. 15.6.2009 war mit Bescheid des BMJ v. 30.8.2009 aufgehoben worden (vgl. BRAK-Mitt. 2009, S. 280 f.), der wiederum vom BGH (Urt. v. 13.9.2010 – AnwZ (P) 1/09, NJW 2010, 3787 (3788 f.)) aufgehoben wurde. – Liberaler *Römermann* in FS Hartung, 2008, S. 169 (176 ff.); noch weitergehend *Dahns* NJW 2007, 1553 (1556).

40 Zur Rechtslage für Rechtsanwälte *Lemke* BRAK-Mitt. 2008, 146 (147 f.); a.A. OLG Jena Urt. v. 30.3.2011 – 2 U 569/10, BRAK-Mitt. 2011, 156 (158 f.).

41 BeckStB-HdB 2019/2020/*Koslowski* Kap. X Rn. 329.

42 LG Frankfurt a.M. Urt. v. 8.8.2003 – 5/35 StL 2/03, DStRE 2004, 484 (484 f.); *Koslowski* StBerG § 34 Rn. 3.

43 *Koslowski* StBerG § 56 Rn. 18.

44 Früher wurde „eine Sozietät" (§ 59a Abs. 1 S. 1 BRAO a.F.) als Zahlwort und nicht als unbestimmter Artikel verstanden (dazu Erstaufl. 2006, S. 129).

zietät[45], die freilich keine besondere Form der Sozietät ist, sondern die Mehrheit von Kanzleien (im Sinne beruflicher Niederlassungen) eines Berufsträgers bezeichnet.

VII. Verkauf der beruflichen Niederlassung

Henssler/Kilian Erwerb von Anwaltssozietäten – Das Prinzip des „sanften Übergangs", MDR 2001, 1274 ff.

Eine berufliche Niederlassung kann, wie ein kaufmännischer Gewerbebetrieb, als **24** Sachgesamtheit einschließlich ihres immateriellen Wertes veräußert werden[46]. Anders als im kaufmännischen Bereich verbietet es die **Verschwiegenheitspflicht** dem Berufsträger aber grundsätzlich, den Mandantenstamm und die Akten auf einen Nachfolger zu übertragen, obwohl dieser gleichfalls Anwalt oder Steuerberater ist. In der von den Gerichten gebilligten Praxis behilft sich der Verkäufer damit, den Erwerber für eine gewisse Zeit als (Außen-)Sozius aufzunehmen (**„sanfter Übergang"**[47]) und dann aus der (Schein-)Sozietät auszuscheiden, oder die Mandatsakten in den Kanzleiräumen separiert zu belassen (**„Zwei-Schränke-Lösung"**) (→ Kap. 6 Rn. 59).

VIII. Abwicklung einer beruflichen Niederlassung

Dahns Die Aufgaben des Kanzleiabwicklers, NJW-Spezial 2013, 190 f.; *Joachim* Die Abwicklung einer Rechtsanwaltskanzlei, insbesondere im Erbfall, ZEV 2014, 236 ff.; *Lambertz* Der Kanzleiabwickler, 2004; *Leverenz/Simonsen* Kanzleiabwicklung, BRAK-Mitt. 1995, 224 ff.; *Nolzen* Die Abwicklung einer Rechtsanwaltskanzlei, 2008; *Schwärzer* Anwaltsgesellschaft und Abwicklung, BRAK-Mitt. 2009, 259 ff.

Endet die Berufstätigkeit eines Berufsträgers (Tod bzw. Erlöschen, Widerruf oder **25** Rücknahme der Zulassung), „verwaist" die berufliche Niederlassung. Es muss ein Abwickler (§ 55 BRAO; § 48 PAO; § 70 StBerG; § 9 PartGG; vgl. § 56 BNotO, „Notariatsverwalter"[48]) bestellt werden[49]. Die Abwicklung dient der **ordnungsgemäßen Weiterführung, Beendigung oder Überführung der bestehenden Mandate** und Aufträge. Auf sie sind die Vorschriften über die Vertretung (§ 53 BRAO; § 46 PAO; § 69 StBerG) weitgehend entsprechend anzuwenden. Das bedeutet, dass der Abwickler im Interesse, auf Rechnung und auf Kosten des ehemaligen Berufsträgers tätig wird. Auch Zustellungen müssen an den Abwickler erfolgen[50].

IX. Anmeldungen

Sterzinger Erstkontakt mit dem Finanzamt, NJW 2009, 1727 ff., 1860 f.

Als Angehöriger eines Freien Berufs bedarf ein Berufsträger **keines Gewerbe-** **26** **scheins** oder einer anderen Erlaubnis neben der Zulassung (→ Kap. 15 Rn. 3 ff.).

45 Zu dem dahinterstehenden Bild *Römermann* AnwBl. 2007, 823 (823).

46 BGH Urt. v. 20.1.1965 – VIII ZR 53/63, BGHZ 43, 46 (47–50); zur steuerlichen Berücksichtigung der Vergänglichkeit von veräußerten Vertrauensbeziehungen schon RFH Urt. v. 28.7.1938 – IV 5/38, RFHE 44, 286 (287).

47 BGH Urt. v. 13.6.2001 – VIII ZR 176/00, MDR 2001, 1139 (1139 f.); *Henssler/M. Kilian* MDR 2001, 1274 (1274 ff.); dazu auch *Huffer* NJW 2002, 1382 ff.

48 Vgl. auch die Überschrift des 6. Abschnitts der BNotO (vor § 47): „Notariatsverweser".

49 Zur Auswahl *Haselbach/Tauchert* BRAK-Mitt. 2008, 156 ff.

50 BayObLG Beschl. v. 16.6.2004 – 2Z BR 253/03, NJW 2004, 3722 (3722).

Wird er allerdings als Selbständiger tätig, muss er seine Kanzlei bzw. Praxis – gleiches gilt für Berufsausübungsgemeinschaften – als Unternehmen **beim Finanzamt anzeigen** (§ 138 Abs. 1 S. 3, Abs. 3 AO). Rechtsanwalts- und Steuerberatungsgesellschaften unterliegen den allgemeinen **gesellschaftsrechtlichen Registerpflichten**. Auch gegenüber den Kammern bestehen Anzeigepflichten (ausdrücklich § 56 Abs. 3 BRAO, § 24 BORA; § 49 Abs. 3 PAO, § 15 BOPA; § 22 BOStB).

B. Organisationspflichten

Borgmann Büroorganisation und Berufshaftpflicht, AnwBl. 1986, 123 ff.; *Gottschalk/Klugmann* Compliance in der Anwaltskanzlei: Aktuelle Aspekte, AnwBl. 2009, 129 ff.

27 Der Berufsträger hat seinen Beruf gewissenhaft auszuüben (§ 43 S. 1 BRAO; § 39 S. 1 PAO; § 57 Abs. 1 StBerG; → Kap. 7 Rn. 3). Eine entsprechende Organisation seines Arbeitsumfelds (§ 5 BORA; § 7 Abs. 2 BOPA; § 10 BOStB) ist das institutionelle Gegenstück zu seinen Pflichten den Mandanten gegenüber. Gleichwohl handelt es sich dabei nur um eine **objektivrechtliche Berufspflicht** und eine **Obliegenheit des Berufsträgers**, nicht auch um eine Pflicht dem Mandanten gegenüber. Ihre Verletzung ist deshalb zivilrechtlich nicht einklagbar.

I. Eigenorganisation

Jungk Risiken und Nebenwirkungen der „All-in-one-Kanzlei“, AnwBl. 2011, 951 f.; *Zastrow* Mandatsbearbeitung in angemessener Zeit, BRAK-Mitt. 2017, 214 ff.

28 Die eigene Tätigkeit des Berufsträgers ist nicht reglementiert. So dürfen etwa Fristen bis zur sprichwörtlich letzten Minute ausgereizt werden[51]. Die **Büroorganisation** kann herkömmlich papiergebunden sein oder elektronisch[52]. Der Berufsträger muss dem Mandanten gegenüber dafür einstehen, dass Fristen gewahrt und fristgebundene Anfragen und Korrespondenz bearbeitet werden[53] (→ Kap. 7 Rn. 20 ff.). Es ist nicht ein **Fristenkalender** vorgeschrieben[54], sondern nur die Einhaltung der Fristen. Das Berufsrecht schreibt allerdings in objektivrechtlicher Hinsicht die Bearbeitung innerhalb einer angemessenen Frist (§ 11 Abs. 1 S. 1 Var. 1 BORA; § 10 Nr. 2 BOPA; implizit jedenfalls § 13 Abs. 1 S. 1 BOStB) vor.

II. Delegierung von Aufgaben an Mitarbeiter

29 Soweit sich der Berufsträger der Dienste nicht-anwaltlicher bzw. nicht-steuerberatender Personen (Büropersonal, angestellte Juristen, Referendare, Patentanwaltskandidaten, studentische Hilfskräfte) bedient, muss er sie entsprechend **anleiten** und **überwachen**. Angestellte Berufsträger dagegen müssen berufsrechtlicherseits nicht beaufsichtigt werden[55], wiewohl dies haftungsrechtlich geboten sein kann (→ Rn. 30). Entscheidend ist die Zulassung (→ Kap. 15 Rn. 3 ff.), nicht ein klingender Job Title (z.B. „Junior Lawyer“ für Referendare, „Transaction Lawyer“ für

---

51 BGH Beschl. v. 2.8.2006 – XII ZB 84/06, NJW-RR 2006, 1648 (1649).
52 Vgl. BGH Beschl. v. 9.7.2014 – XII ZB 709/13, RDV 2014, 328 (Ls.).
53 Zur regelmäßigen und zeitnahen Durchsicht (elektronischer) Post *Wolters* VersR 2007, 738 (745).
54 So wohl aber z.B. *Peitscher*, Anwaltsrecht, 3. Aufl. 2021, Rn. 904, was aber die Kategorien von Rechtspflicht und Obliegenheit vermischt.
55 Vgl. BGH Beschl. v. 16.5.2011 – AnwZ (Brfg) 7/10, AnwBl. 2011, 778.

Wirtschaftsjuristen, „Legal Technicians" für Legal Tech-Experten oder „Support Lawyer")[56].

Nach § 278 BGB steht der Berufsträger nach den allgemeinen Vorschriften für das Verschulden seiner Erfüllungsgehilfen[57] ein, auch für die Fehler angestellter Berufsträger. Nur bei – praktisch eher selten – rein deliktischen Handlungen von Mitarbeitern können organisatorische Vorkehrungen zur Anleitung und Überwachung der Verrichtungsgehilfen (z.B. **Geschäftsverteilungspläne** für angestellte Berufsträger, **Organisationsanweisungen** für andere Angestellte) haftungsausschließend sein (§ 831 BGB). Größere Bedeutung haben solche Organisationsanweisungen bei der Frage der Wiedereinsetzung in den vorigen Stand (§§ 233 ff. ZPO; § 44 StPO; § 60 VwGO; §/Art. 32 VwVfG; § 123 PatG; § 67 SGG; § 56 FGO; § 93 Abs. 2 BVerfGG). Hier kann eine Anweisung, dass die Angestellten (auch) die Handlungen des Berufsträgers kontrollieren sollen, sogar einen entsprechenden Fehler des Anwalts oder Steuerberaters unerheblich sein lassen[58]. 30

Keine Mitarbeiter sind externe Personen, wie etwa die Mitarbeiter eines Kopiergeschäfts. Sie müssen nicht überwacht werden, dürfen aber wegen der **Verschwiegenheitspflicht** regelmäßig nicht in die Mandatsarbeit eingebunden sein (zum Outsourcing → Rn. 55 ff.). 31

1. Büroarbeit

Büroarbeiten dürfen an Nicht-Anwälte und Nicht-Steuerberater delegiert werden, insbesondere also an Schreibkräfte. Dies umfasst vor allem die **Fristenkontrolle**[59] und das **Überprüfen von Adressen- und Faxnummern**. Die einzelnen Tätigkeiten und vor allem die anzuwendende Sorgfalt müssen detailliert festgelegt sein; aus Gründen der Darlegbarkeit empfiehlt es sich, dies schriftlich zu tun, etwa in einem Sekretariatshandbuch[60]. Es ist eine Organisationsobliegenheit des Berufsträgers, die Verantwortlichkeit für die einzelnen Bürotätigkeiten eindeutig zuzuweisen[61]. Auch muss er die Tätigkeit seiner Bürokräfte durch geeignete Maßnahmen (**Stichproben**) **überwachen**. 32

Zuverlässigen Mitarbeitern darf der Berufsträger grundsätzlich vertrauen. Eine solche (erprobte) Zuverlässigkeit liegt bei **Auszubildenden** naturgemäß noch nicht vor[62], bei **Referendaren und Patentanwaltskandidaten** – abhängig vor allem vom Ausbildungsstand – aber schon[63]. 33

56 Im U.S.-Bundesstaat Washington gibt es den „Limited License Legal Technicians" (LLLT), eine Art selbständigen ReNo.

57 § 278 BGB gilt aber in der ZPO entsprechend (BAG Urt. v. 9.1.1990 – 3 AZR 528/89, NJW 1990, 2707 (2707)); → Kap. 9 Rn. 12 f.

58 BGH Beschl. v. 15.2.2006 – XII ZB 215/05, NJW 2006, 1205 (1206).

59 BGH Beschl. v. 12.2.1965 – IV ZR 231/63, NJW 1965, 1021 (1021 f.).

60 Vgl. BGH Beschl. v. 14.5.2008 – XII ZB 34/07, NJW 2008, 2508 (2509).

61 BGH Beschl. v. 6.2.2006 – II ZB 1/05, NJW 2006, 1520 (1521) (zur Fristenkontrolle).

62 BGH Beschl. v. 11.9.2007 – XII ZB 109/04, NJW 2007, 3497 (3498 f.).

63 Vgl. BGH Beschl. v. 6.2.2006 – II ZB 1/05, NJW 2006, 1520 (1521); BGH Beschl. v. 20.12.2005 – VI ZB 13/05, NJW 2006, 1070 (1070 f.).

2. Rechtliche bzw. steuerliche Zuarbeit

34 Da Anwalt und Steuerberater einen Freien Beruf ausüben, darf das **persönliche Element ihrer Tätigkeit nicht gänzlich zurücktreten**. Nach § 664 BGB – auf den § 675 Abs. 1 BGB zwar gerade nicht verweist, der aber wegen der Vertrauensbeziehung zwischen Mandant und Berufsträger gleichwohl anwendbar ist[64] – darf der Berufsträger sich zwar Hilfskräfte bedienen, die (verantwortliche) Bearbeitung des Mandats jedoch nicht aus den Händen geben.

35 **Schriftsätze nichtanwaltlicher und nichtsteuerberaterlicher Mitarbeiter** dürfen grundsätzlich nicht ungeprüft abgeschickt werden[65]. Selbst auf die juristischen Vorarbeiten eines solchen Mitarbeiters (z.B. Bürovorstehers), selbst wenn dieser langjährige Erfahrung hat, darf sich ein Berufsträger nicht uneingeschränkt verlassen[66]. **Schriftsätze mit Blankounterschrift** sind nur bei genau vorgegebenem Inhalt ohne Verstoß gegen eine Organisationsobliegenheit möglich[67].

III. Unterstützung durch Computer und Büroautomaten

Galetzka/Garling/Partheymüller Legal Tech – „smart law" oder Teufelszeug?, MMR 2021, 20 ff.; *Remmertz* (Hrsg.) Legal Tech-Strategien für Rechtsanwälte, 2020.

36 Hinsichtlich des Einsatzes von Computern und Büroautomaten gilt dasselbe wie für menschliche Mitarbeiter. Bei der **Fristenkontrolle** darf man sich zwar auf den Computer verlassen[68], muss ihn aber ähnlich wie eine Bürokraft auf seine Zuverlässigkeit prüfen und durch geeignete Maßnahmen überwachen[69]. Mit dem Einsatz **erprobter und eingeführter Programme** wird den Anforderungen an die Organisation Genüge getan[70]; das bekannteste Beispiel hierfür ist die **DATEV**. Für das beA hat die Rechtsprechung differenzierte Sorgfalts- und Überwachungspflichten entwickelt[71].

37 Die soeben skizzierten Grundsätze gelten auch für den Einsatz von Expertensystemen, **Legal Tech**-Software und sogenannter „Künstlicher Intelligenz"[72]. Berufsträger dürfen sich durch Technik unterstützen lassen, die Kontrolle über Funktion und Ergebnisse muss jedoch immer beim Menschen liegen. So kann ein Anwalt sich nicht seiner Kontrollpflichten entledigen mit der Behauptung, sein Geschäftsmodell basiere auf dem Einsatz von Legal Tech zur Bearbeitung von Massenverfahren, weshalb eine eigenständige Überprüfung einzelner Fristen durch den Anwalt aus betriebswirtschaftlichen Gründen nicht möglich sei[73] oder Interesskollisionen nicht zu vermeiden wären[74]. Andererseits wird der Einsatz von Legal Tech in gewissem Maße unverzichtbar werden (oder ist es schon), um die Konkurrenzfähigkeit zu wahren. Ein Berufsträger, der gänzlich auf den Einsatz elektronischer Datenbanken verzichtet,

64 RG Urt. v. 2.3.1912 – I 147/11, RGZ 78, 310 (313); BGH Urt. v. 14.11.1951 – II ZR 55/51, NJW 1952, 257 (Ls.); methodisch anders *Vollkommer/Greger/Heinemann*, AnwaltshaftungsR, 5. Aufl. 2021, § 18 Rn. 2.
65 OVG Greifswald Beschl. v. 9.10.2002 – 2 L 255/02, NJW 2003, 602 (603).
66 OLG Rostock Beschl. v. 8.6.2006 – 11 UF 73/06, NJW 2007, 91 (92).
67 BGH Beschl. v. 23.6.2005 – V ZB 45/04, NJW 2005, 2709 (2709 f.).
68 A.A. LSG Halle Beschl. v. 2.6.2005 – L 1 RA 370/04, DÖV 2006, 439.
69 OVG Saarlouis Beschl. v. 20.5.2014 – 1 A 458/13, NJW 2014, 2602 (2602 f.) (elektronischer Fristenkalender).
70 BGH Beschl. v. 24.6.2004 – VII ZB 35/03, NJW 2004, 2830 (2831) – RA-Micro.
71 Vgl. einstweilen nur BGH Beschl. v. 11.5.2021 – VIII ZB 9/20, BeckRS 2021, 15401.
72 Kaulartz/Braegelmann/*Fries*, Rechtshandbuch Artificial Intelligence und Machine Learning, 2020, Kap. 15.1 Rn. 25.
73 BGH Beschl. v. 23.6.2020 – VI ZB 63/19, NJW 2020, 2641.
74 *v. Lewinski* BRAK-Mitt. 2020, 68 (69 ff.).

erscheint schon heute kaum vorstellbar. Der Einsatz von Legal Tech kann zudem auch gesetzlich verpflichtend sein, wie etwa für Rechtsanwälte die Nutzung des beA.

IV. Verschwiegenheit

Pfordte/Gotzens Die Schweigepflicht von Mitarbeitern einer Anwaltskanzlei im Lichte der neuen Berufsordnung, BRAK-Mitt. 1997, 82 (84 f.).

Mitarbeiter des Berufsträgers sind durch Erklärung in Textform **zur Verschwiegenheit zu verpflichten** (§ 2 Abs. 4 BORA; § 4 Abs. 4 BOPA; § 62 StBerG, § 5 Abs. 3 BOStB; s.a. § 43a Abs. 2 S. 4 BRAO), obwohl sie dieser Pflicht nach § 203 Abs. 3 S. 2 StGB ohnehin von Gesetzes wegen unterliegen. Eine **Belehrung** ist aber auch inhaltlich sinnvoll, insbesondere im Zusammenhang mit Verhaltensplänen für Durchsuchungen[75]. 38

Die Verschwiegenheit ist durch **organisatorische Maßnahmen** zu unterstützen, insbesondere gegen die Kenntnisnahme durch Dritte. Hierbei ist an so unterschiedliche Maßnahmen wie die Trennung der eigenen Buchhaltung von den Mandatsakten[76] (im Hinblick auf Betriebsprüfungen) zu denken, ebenso wie an die Sicherung der EDV vor Schad- und Spionagesoftware. 39

Unabhängig von der Frage der Anwendbarkeit des Datenschutzrechts auf anwaltliche und steuerberatende Tätigkeit (→ Kap. 6 Rn. 50 ff.) und auch über dessen (auf personenbezogene Daten beschränkten) Anwendungsbereich hinaus wird man bei **Datenpannen** und Datenlecks jedenfalls entsprechend Art. 33 f. DSGVO eine Pflicht annehmen müssen, die Betroffenen und gegebenenfalls die Aufsichtsbehörde, also die zuständige Kammer, zu benachrichtigen (→ Kap. 7 Rn. 14). 40

V. Organisationsstruktur

Größere Berufsausübungsgesellschaften kommen meist ohne die Übertragung bestimmter Funktionen auf **interne Gremien** (Komitees, Panels, Boards, Beauftragte) nicht aus. Aber selbst in kleineren Berufsausübungsgemeinschaften kann eine Arbeitsteilung sinnvoll sein und ist teilweise sogar rechtlich geboten. Auch wenn das Berufsrecht traditionell und konzeptionell vom einzelnen Berufsträger her denkt, werden doch zunehmend sog. „Entity-Based Regulations" diskutiert, etwa „Proactive Management-Based Regulation (PMBR)" als Vorgaben für die Kanzleiorganisation. 41

1. Leitung durch Berufsangehörige

Die Leitung einer Berufsausübungsgesellschaft darf nur **in der Hand von Berufsträgern** liegen (§ 59j Abs. 1 BRAO; § 52j Abs. 1 PAO; § 55b Abs. 1 StBerG). 42

Die entsprechenden Regelungen hatten eine sehr **auf die jeweilige Berufsgruppe beschränkten Fokus**, als in einer Rechtsanwaltsgesellschaft Rechtsanwälte die Mehrheit gegenüber anderen sozietätsfähigen Berufen haben mussten (§ 59e 43

75 *Eidam* ANWALT 7/2003, 8 (8 f.).
76 Vgl. aus steuerrechtlicher Sicht RFH Urt. v. 5.6.1935 – VI A 925/34, RStBl. 1935, 937.

Abs. 2 S. 1 BRAO a.F.); entsprechendes galt für Patentanwaltsgesellschaften (§ 52e Abs. 2 S. 1 PAO a.F.); bei Steuerberatungsgesellschaften sollte es auf die gesellschaftsrechtliche Gestaltung ankommen[77]. Diese vom Gesetz gewollte Dominanz der jeweiligen Berufsgruppe in der Berufsausübungsgesellschaft nach „ihrem" Recht ist allerdings passé. Das BVerfG hat die Mehrheitserfordernisse für Rechts- und Patentanwälte untereinander (§ 59e Abs. 2 S. 1 BRAO a.F. u. § 52e Abs. 2 S. 1 PAO a.F.) gekippt[78], der EuGH hat die ausnahmslose Monopolisierung der Führung von Steuerberatungsgesellschaften bei deutschen Berufsträgern gegenüber steuerberatenden Berufen aus dem EU-Ausland beendet[79]. Im Rahmen der BRAO-Reform 2021 hat der Gesetzgeber dann die notwendigen Konsequenzen gezogen und die Mehrheitserfordernisse einzelner Berufsgruppen auch aus dem Wortlaut des Gesetzes gestrichen.

2. Organisatorische Sicherungssysteme

44 Hinsichtlich der Gewährleistung mancher Berufspflichten sind organisatorische Maßnahmen vorgeschrieben. Hierin manifestiert sich die Entwicklung weg vom Leitbild des freiberuflichen Individuums hin zu einem stärker organisationsrechtlichen Berufsbild, dass der tatsächlichen und wachsenden Bedeutung der Berufsausübungsgesellschaften durchaus entspricht. Allerdings gibt es für Anwälte und Steuerberater noch **keine Pflicht zu umfassenden internen Qualitätssicherungssystemen**, wie sie aber etwa für die Wirtschaftsprüfer besteht (§ 55d WPO).

a) Vorkehrungen zur Erkennung von Interessenkonflikten

45 In großen und internationalen Law Firms schafft die schiere Größe und die Zahl der Mandanten ein erhebliches Potential an Interessenkonflikten, denen durch ein ausgefeiltes System (**Conflict Checks**, Habilitätsprüfungen, Chinese Walls[80]) begegnet wird[81]. Zu denken ist auch an gesellschaftsrechtliche Abreden und Schulungen[82]. Ausdrückliche berufsrechtliche Vorgaben hierzu gibt es allerdings nicht. Auf Nachfrage eines Mandanten muss über die ergriffenen Maßnahmen zur Vermeidung von Interessenkonflikten informiert werden (§ 3 Abs. 1 Nr. 2 a.E. DL-InfoV).

b) Geldwäsche- und kapitalmarktrechtliche Vorgaben

Burmester/Uwer Verschaffung anwaltlicher Sorgfaltspflichten bei Geldwäscheprävention, AnwBl. 2012, 395 ff.; *Donath/Mehle* Anwaltliche Pflichten nach dem Geldwäschebekämpfungsergänzungsgesetz, NJW 2009, 650 f.; *Lorenz* Insider-Compliance für Rechtsanwälte, NJW 2009, 1254 f.

46 Aus dem GwG folgen organisatorische Anforderungen an die Berufsausübungsgemeinschaft, etwa die Bestellung eines „Geldwäschebeauftragten"[83] (§ 7 Abs. 3

---

77 Kuhls/*Willenscheid* StBerG § 50 Rn. 2 ff.

78 BVerfG Beschl. v. 14.1.2014 – 1 BvR 2998/11, 1 BvR 236/12, NJW 2014, 613 (615 ff.).

79 EuGH Urt. v. 17.12.2015 – C-342/14, NJW 2016, 857 (859 f.) – X-Steuerberatungsgesellschaft.

80 Dazu *Renz/Appel* AnwBl. 2004, 576 f.

81 Zur EDV-gestützten Kollisionsprüfung *Veth* ANWALT 10/2003, 10 f.

82 BGH Beschl. v. 16.5.2013 – II ZB 7/11, NJW 2013, 2674 (2682).

83 Ein Geldwäschebeauftragter muss allerdings erst bei einer Berufsausübungsgemeinschaft von mehr als 30 Berufsträgern bestellt werden (Anordnung der BRAK nach § 7 Abs. 3 GwG v. 5.6.2012, bekanntgem.

GwG), ein **organisatorisches Sicherungssystem** (§ 6 GwG) und eine im Sinne des GwG „zuverlässige“ Buchhaltung[84].

Nach § 15b WpHG müssen sogenannte **Insiderverzeichnisse** geführt werden, etwa wenn Mandanten bei Börsengängen begleitet werden. 47

3. Datenschutzorganisation, insb. Betrieblicher Datenschutzbeauftragter

Fuhlrott/Remy „Neuer“ Datenschutz in Kanzleien – Anwälte als Arbeitgeber, Datenverarbeitende und Werbende, NZA 2018, 609 ff.; *Kazemi* Der Datenschutzbeauftragte in der Rechtsanwaltskanzlei, NJW 2018, 443 ff.; *Rüpke* Ein Beauftragter für den Datenschutz in der Anwaltskanzlei?, AnwBl. 2004, 552 ff.; *Schmidt* Datenschutz-Organisation und -Dokumentation in der Anwaltskanzlei, NJW 2018, 1448 ff.

Wegen der besonderen Vertrauensbeziehung zwischen Berufsträger und Mandant galt und gilt das **Datenschutzrecht innerhalb der Mandatsbeziehung nicht ohne spezifische Modifikationen** (→ Kap. 6 Rn. 50 ff.). Das seit 2018 umfassend europäisierte Datenschutzrecht gilt nun aber grundsätzlich auch für Berufsträger[85] (→ Kap. 6 Rn. 50 ff.). Durch § 29 Abs. 3 S. 1 BDSG hat der deutsche Gesetzgeber von seinen Konkretisierungs- und Ausgestaltungbefugnissen nach Art. 90 DSGVO Gebrauch gemacht und das Mandantenverhältnis vor datenschutzaufsichtlichen Untersuchungseingriffen abgeschirmt. 48

Das europäisierte Datenschutzrecht fordert von Berufsträgern, dass die Kanzlei den Anforderungen des Datenschutzrechts entspricht. Dies schließt die organisatorische Abbildung der datenschutzrechtlichen **Rechenschaftspflichtigkeit** (Art. 5 Abs. 2 DSGVO), **Verarbeitungsverzeichnisse** (Art. 30 DSGVO) und gegebenenfalls **Datenschutz-Folgenabschätzungen** (Art. 35 DSGVO) ein. Ferner sind die erforderlichen **technisch-organisatorischen Maßnahmen** zu treffen (Art. 32–34 DSGVO). 49

Auch muss, wenn mindestens 20 Mitarbeiter ganz oder teilweise „ständig“ mit (elektronischer) Personendatenverarbeitung befasst sind, insoweit ein **betrieblicher Datenschutzbeauftragter** bestellt werden[86] (Art. 36–38 DSGVO, § 38 BDSG). Im Rahmen des erlaubten Outsourcings (→ Rn. 55 ff.) kommt auch die Bestellung eines externen Datenschutzbeauftragten in Betracht[87], bei Berufsausübungsgemeinschaften ohne Angestellte ist sie sogar unumgänglich, weil Mitglieder der Geschäftsführung und leitende Angestellte nicht zugleich betrieblicher Datenschutzbeauftragter sein dürfen[88]. 50

Für die nicht-mandatsbezogene Tätigkeit, insbesondere die **Personalverwaltung** und das **Marketing**, hat die Pflicht zur Bestellung eines betrieblichen Beauftragten für den Datenschutz allerdings auch schon bislang gegolten. 51

---

in BRAK-Mitt. 2012, S. 170 f.; gleichlautend für Steuerberater die BStBK in DStR 2012, 772); für Patentanwälte gibt es – soweit ersichtlich – eine solche Ausnahmeregel nicht.

84 *Burmeister/Uwer* AnwBl. 2004, 199 (203 f.).

85 *König*, Datenschutzkontrolle, 2015, S. 136 ff.

86 Bei dieser Zählung werden Sozien nicht mitgezählt (dies verkennt *Kazemi* NJW 2018, 443 (444)); halbe Stellen zählen nach der h.M. voll (*Gola/Heckmann* BDSG § 38 Rn. 19).

87 Vgl. *Sassenberg/Schulz* AnwBl. 2007, 769 (770 f.); anders zur früheren Rechtslage Drittaufl. 2012, S. 171 f.

88 *Fuhlrott/Remy* NZA 2018, 609 (611).

4. Betriebsrat

52 Obwohl so gut wie nicht verbreitet[89], kann in Kanzleien, Praxen und Berufsausübungsgemeinschaften **mit mindestens fünf Arbeitnehmern** i.S.d. § 1 Abs. 1 S. 1 BetrVG ein Betriebsrat gebildet werden.

5. Diversität

53 Über die allgemeinen arbeits- und **antidiskriminierungsrechtlichen Anforderungen** an die Gleichbehandlung bei der Einstellung und beim beruflichen Aufstieg gibt es für Kanzleien keine Vorgaben hinsichtlich der **Diversität** der Partner, der Berufsträger und der Beschäftigten überhaupt.

54 **Praxishinweis:**

Wenn eine Kanzlei sich identitätspolitisch **zu bestimmten Quoten** selbstverpflichtet oder sich externen Vorgaben unterwirft, dann ist dies selbstverständlich möglich. Wenn Mandanten dies zur Vorgabe für die Erteilung von Mandaten oder zu einem Bestandteil der Honorarabrede machen, dann ist dies Ausfluss deren Privatautonomie, ebenso die Entscheidung einer Kanzlei, hierauf einzugehen.

VI. Einschaltung Dritter. Outsourcing

Backu Datenschutz-Grundverordnung und Neuregelung zum Outsourcing durch Berufsgeheimnisträger – Konsequenzen aus Sicht des Steuerberaters, DStR 2018, 2699 ff.; *Dommer* Akten aus dem Rechenzentrum, AnwBl. 2014, 636 f.; *Franck* Sozialadäquates IT-Outsourcing in der Rechtsanwaltskanzlei, DuD 2015, 253 ff.; *Grupp* Outsourcing und anwaltliches Berufsgeheimnis: Ein Ende in Sicht?, PinG 2017, 55 ff.; *Härting* Sicher outsourcen – wie § 43e BRAO funktioniert, NJW 2019, 1423 ff.; *Jahn/Palm* Outsourcing in der Kanzlei: Verletzung von Privatgeheimnissen?, AnwBl. 2011, 613 ff.; *M. Hartung/Weberstaedt* Legal Outsourcing, RDG und Berufsrecht, NJW 2016, 2209 ff.

55 Der Begriff des Outsourcings, also das Auslagern von (Hilfs-)Tätigkeiten, wurde lange Zeit mit der Anwaltschaft kaum in Verbindung gebracht. Jedoch ist es seit jeher üblich, z.B. für die **Recherche** und für **Gutachten** externe Mitarbeit zu nutzen. Auch die **IT** und teilweise das **Dokumentenmanagement** wird von Dritten besorgt[90]. In der Steuerberatung ist seit langem DATEV als Hilfsmittel für die elektronische Datenverarbeitung in der **Buchführung** bekannt[91] , Patentanwälte nutzen ebenfalls seit jeher **Datenbankanbieter**[92]. Neben dem Non-Legal-Outsourcing werden zunehmend bestimmte juristische und steuerberaterliche Dienstleistungen, etwa im Zusammenhang mit aufwendigen **Due Diligences** oder der **Fristen- und Zahlungsüberwachung**, auf Dienstleister verlagert (Legal Process Outsourcing, LPO), von Deutschland aus bislang aber nur vereinzelt ins Ausland (Offshoring).

56 In allen Fällen muss, wenn mandantenbezogene Tätigkeiten auf Dritte übertragen werden, die **Berufsverschwiegenheit** (§ 43a Abs. 2 BRAO; § 39a Abs. 2 PAO; § 57

---

89 Ein früher Fall ist allerdings aus dem Jahr 1972 berichtet (*Pöllath/Saenger*, 200 Jahre Wirtschaftsanwälte in Deutschland, 2009, S. 154).

90 *Jandt/Nebel* NJW 2013, 1570 ff.

91 *Koslowski* StBerG § 33 Rn. 9.

92 Vgl. BVerfG Beschl. v. 29.10.1997 – 1 BvR 780-87, BVerfGE 97, 12 ff. – Masterpat.

Abs. 1 StBerG) gewährleistet sein[93]. Dort ist nun explizit vorgeschrieben, dass Anwälte die von ihnen beschäftigten Personen (S. 4) und sonstige Personen, die im Rahmen einer berufsvorbereitenden Tätigkeit oder einer sonstigen Hilfstätigkeit an ihrer beruflichen Tätigkeit mitwirken, in Textform zur Verschwiegenheit verpflichten müssen. Zudem muss der Anwalt diese Personen über die Verschwiegenheitspflicht und etwaige strafrechtliche Folgen bei einer Verletzung belehren sowie auf die tatsächliche Einhaltung der Verschwiegenheitspflicht hinwirken.

Mit § 43e BRAO, § 39c PAO und § 62a StBerG wurden explizite **Grundlagen für den Einsatz externer Dienstleister** (z.B. IT-Dienstleister) durch Anwälte und Steuerberater geschaffen. Dadurch wurden bestehende Rechtsunsicherheiten hinsichtlich der Zulässigkeit des Outsourcings beseitigt[94]. Die Normen enthalten nun detaillierte Vorgaben zur Ausgestaltung der Verträge zwischen Berufsträgern und externen Dienstleistern. Dient die Inanspruchnahme eines externen Dienstleisters unmittelbar einem einzelnen Mandat, dürfen dem Dienstleister Mandatsgeheimnisse nur mit Einwilligung des Mandanten zugänglich gemacht werden (§ 43e Abs. 5 BRAO; § 39c Abs. 5 PAO; § 62a Abs. 5 StBerG). 57

Flankierend stellt § 203 Abs. 3 StGB klar, dass das Zugänglichmachen von Informationen an Mitarbeiter und Dienstleister **kein strafbares Offenbaren** darstellt. Strafbar ist es nun indes gem. § 203 Abs. 4 Nr. 1 StGB, wenn der Anwalt oder Steuerberater nicht dafür Sorge trägt, dass die Mitarbeiter bzw. Dienstleister vertraglich zur Verschwiegenheit verpflichtet werden. 58

Im Interesse des Mandanten bzw. mit dessen Zustimmung ist die Unterbeauftragung weiterer Berufsträger, die nicht mit dem mandatierten Anwalt oder Steuerberater zu „gemeinsamer Berufsausübung" verbunden sind, möglich. Dies ist beispielsweise der Fall bei **Korrespondenzanwälten** und bei **Terminsvertretern** (§ 52 BRAO i.d.F. bis 2008)[95], die jedoch regelmäßig dann eine eigene Mandatsbeziehung zum Mandanten haben werden. 59

Die Einschaltung nicht-anwaltlicher oder nicht-steuerberatender **Spezialisten**, **Freier Mitarbeiter** und **studentischer Hilfskräfte** zur Mandatsbearbeitung ist üblicherweise konkludent gestattet[96]. Solche externen Zuarbeiter sind, auch wenn und weil sie nicht organisatorisch in die Kanzlei bzw. Praxis eingegliedert sind, Berufshelfer i.S.d. § 53a StPO und haben ein Aussage- und Zeugnisverweigerungsrecht. Über die Entbindung des mitwirkenden Dritten entscheidet der Berufsträger (§ 53a Abs. 2 StPO). 60

Bei **unselbständigen Dienstleistungen** (technisches Outsourcing) wird die Verschwiegenheit gewahrt[97], wenn der Outsourcingnehmer eine bloße weisungsabhängige Gehilfenstellung hat[98] und vom Berufsträger ausdrücklich zur Verschwiegenheit verpflichtet wurde (so ausdrücklich § 2 Abs. 5 BORA). Dies kann bei spezialisierten Dienstleistern eher der Fall sein als bei Datenverarbeitung „in the cloud"[99]. Jedenfalls ist das Outsourcing an Dienstleister nach § 203 Abs. 3 StGB, § 43e BRAO, § 39c 61

93 Die damaligen § 43a Abs. 2 BRAO und § 39a Abs. 2 PAO wurden durch das Berufsgeheimnisgesetz (BGBl. I 2017, 3618) mit Wirkung zum 9.11.2017 um die Sätze 4–8 ergänzt.

94 *Härting* NJW 2019, 1423 ff.

95 Zu den damit zusammenhängenden Fragen der Gebührenteilung *Kleine-Cosack* BRAO § 49b Rn. 88 f. – Abhängig davon, ob eine teilbare Leistung vorliegt, haften die Anwälte als Gesamtschuldner (§ 431 BGB) oder getrennt (§ 425 Abs. 2 BGB).

96 *Szalai/Kopf* ZD 2012, 462 (468).

97 Kritisch auch *Franck* DuD 2015, 253 ff.

98 Vgl. allgemein *Lensdorf/Mayer-Wegelin/Mantz* CR 2009, 6 ff.

99 Kritisch auch *Grupp* PinG 2017, 55 (59).

PAO und § 62a StBerG unter weiteren technisch-organisatorischen Bedingungen erlaubt.

62 Während früher umstritten war, ob und in welchem Umfang die Tätigkeit von (allen) Berufsträgern überhaupt dem Datenschutzrecht unterfällt, ist dies nun durch die DSGVO in einem positiven Sinne entschieden (→ Kap. 6 Rn. 50 ff.). Deshalb sind bei einem Outsourcing, das – wie meist – auch die **Verarbeitung von personenbezogenen Daten beinhaltet**, die entsprechenden Vorgaben des Datenschutzrechts einzuhalten, die sich insbesondere in Art. 28 f. DSGVO finden.

C. Fortbildung

Butenschön Fortbildungsverpflichtung – wo liegt das Problem?, Stbg 2006, 145; *Grürmann/Wanagas* Die gesetzliche Pflicht zur Fortbildung für Steuerberater und die Fortbildungsempfehlungen der Bundessteuerberaterkammer, DStR 2010, 1400 ff.; *Kellner* Die Fortbildungspflicht der Rechtsanwälte und Fachanwälte, NJW 2002, 1372 ff.; *Mann* Anwaltliche Fortbildung und Berufsfreiheit, AnwBl. 2016, 284 ff.; *Mann* Qualitätssicherungs- und Fortbildungspflicht bei Steuerberatern – systematisierende Überlegungen, Beihefter zu DStR 12–13/2016, 36 ff.; *Möller* Die Fortbildungspflicht des (Fach-)Anwalts, NJW 2014, 2758 ff.; *Ring* Gesetzliche Qualitätssicherungssysteme der rechts- und wirtschaftsberatenden Freien Berufe (mit Ausnahme der Steuerberater), Beihefter zu DStR 12–13/2016, 41 ff.; *Saenger* Der (fort-)gebildete Anwalt, BRAK-Mitt. 2007, 249 ff.; *Stobbe* Nun sag, wie hast du's mit der Fortbildung, AnwBl. 2008, 654 ff.

I. Allgemeine Fortbildungspflicht

Dahns/Eichele Die allgemeine Fortbildungspflicht deutscher und europäischer Rechtsanwälte unter Berücksichtigung des Rechts anderer freier Berufe, BRAK-Mitt. 2002, 259 ff.; *Prütting* Das Drama um die anwaltliche Fortbildung – ein Kompromissvorschlag, AnwBl. 2018, 540 f.

63 Berufsträger müssen sich fortbilden[100] (§ 43a Abs. 6 BRAO; § 39a Abs. 6 PAO; § 57 Abs. 2a StBerG, § 4 Abs. 3 BOStB). Ihrer Freiberuflichkeit entsprechend sind sie **frei, wann, wo und wie** sie dies tun[101]. Die Mandatsbearbeitung als solche ist begrifflich keine Fortbildung[102], auch wenn sie oft Anlass für die Einarbeitung in neue Rechtsfragen ist („Learning by Earning"). Ferner ist eine Supervision der eigenen Arbeitsweise[103] nicht Fortbildung, wenn und weil sie nicht (auch) der Verbesserung der fachlichen Fähigkeiten des Berufsträgers dient.

64 Für Anwälte war im Rahmen der kleinen BRAO-Novelle 2017 zunächst eine Ermächtigung vorgesehen, in den anwaltlichen Berufsordnungen die Fortbildungspflichten zu **präzisieren** (§ 59b Abs. 2 Nr. 1 lit. h BRAO-E 2016; § 52b Abs. 2 Nr. 1 lit. h PAO-E 2016), was freilich letztlich nicht Gesetz geworden ist. – Die Bundessteuerberaterkammer hat zur **Konkretisierung** von Umfang und Ausgestaltung der Fortbildungspflicht **Empfehlungen** nach § 86 Abs. 2 Nr. 7 StBerG erlassen, die aber als solche nicht verbindlich sind[104]; eine explizitere Pflicht wird berufspolitisch diskutiert.

---

100 Kuhls/*Raab* StBerG § 57 Rn. 375 ff. Fortbildung wird jenseits der unmittelbaren berufsrechtlichen Verpflichtungen als wesenseigene Verpflichtung des jeweiligen Berufs (BVerwG Urt. v. 24.9.1981 – 5 C 53/79, BVerwGE 64, 115 (122)) bzw. als Folge der Freiberuflichkeit (*Prütting* AnwBl. 1994, 315 (318)) angesehen.

101 *Koslowski* StBerG § 57 Rn. 88; Kuhls/*Raab* StBerG § 57 Rn. 379.

102 AnwGH Frankfurt a.M. Urt. v. 10.12.2012 – 1 AGH 1/12, NJW-Spezial 2013, 127.

103 Hierzu *Krabbe/Fritz* NJW 2016, 694 ff.

104 Kuhls/*Raab* StBerG § 57 Rn. 379.

II. Fachanwalts- und Fachberaterfortbildung

Dahns Fortbildungsmöglichkeiten für Fachanwälte, NJW-Spezial 2016, 510 f.; *v. Lewinski* Law Clinics in der Fachanwaltsausbildung – Knappen als Königsmacher? GJLE/ZPR [German Journal of Legal Education/Zeitschrift für praktische Rechtswissenschaft] 3 (2016), 53 ff.

Für Fachanwälte und Fachberater sind Art und Umfang der Fortbildung seit jeher **65**
vorgeschrieben[105]; sie schulden statt eines – kaum nachzuprüfenden – Fortbildungserfolgs nachzuweisende Fortbildungstätigkeit[106]. Fachanwälte müssen sich nach § 15 FAO mindestens fünfzehn Stunden und Fachberater nach § 9 FBO mindestens zehn Stunden jährlich „fortbilden", z.B. durch eine **wissenschaftliche Publikation**[107] oder die **Teilnahme an Fortbildungsveranstaltungen**[108], sei es als Dozent oder als Hörer. Bis zu fünf Zeitstunden der geforderten Fortbildung können dabei nach der seit 2015 geltenden Regelung des § 15 Abs. 4 FAO im Wege des **Selbststudiums** durchgeführt werden, sofern eine Lernerfolgskontrolle erfolgt.

III. Berufsrechtskenntnisse

M. Kilian Berufsrechtskenntnisse als Berufszugangsvoraussetzung, ZRP 2015, 206 ff.; *v. Lewinski* Digitale Teilnahme an Lehrveranstaltungen zum anwaltlichen Berufsrecht, BRAK-Mitt. 2021, 223 ff.

Bereits im Vorfeld der BRAO-Novelle von 2017 war für Rechtsanwälte der Nachweis **66**
der **Teilnahme an einer Berufsrechtslehrveranstaltung** im Umfang von 10 Stunden diskutiert worden (§ 43e BRAO-E 2016); die Regelung fand dann jedoch keine Mehrheit im Parlament. Im Zuge der BRAO-Reform 2021 hat die Regelung als nun § 43f BRAO dann doch noch ihren Weg ins Gesetz gefunden. Der Freiberuflichkeit entsprechend ist eine bestimmte Form der „Lehrveranstaltung" nicht vorgeschrieben, wenn jedenfalls durch deren Format sichergestellt wird, dass eine Teilnahme sich über 10 Stunden erstreckt hat. Damit können bei richtiger Ausgestaltung auch Online-Kurse ohne Präsenztermine taugliche Lehrveranstaltungen darstellen[109]. Gem. § 59b Abs. 2 Nr. 1 lit. h BRAO können die Anforderungen durch die Berufsordnung präzisiert werden.– Für Patentanwälte sind Kenntnisse im Berufsrecht nicht ausdrücklich gefordert (§ 7 Abs. 3 S. 2 Hs. 2 PAO). – Dagegen ist nach § 38 Abs. 3 Nr. 8 StBerG das Berufsrecht **Prüfungsfach in der Steuerberaterprüfung**.

IV. Sanktionen

Da nur Fachanwälte und Fachberater (vgl. ausdrücklich § 9 S. 3 FBO) ihre Fortbil- **67**
dung den Kammern gegenüber nachweisen müssen, bleibt für alle anderen Berufs-

---

105 Dem „einfachen" Anwalt kann dagegen nicht einmal der Pflichtbezug einer bestimmten Zeitschrift vorgeschrieben werden (vgl. BVerwG Urt. v. 24.9.1981 – 5 C 53/79, NJW 1982, 1298 (1298 f.)).

106 *Dahlmanns*, Die Einführung neuer Fachanwaltsbezeichnungen, 2007, S. 42; *Kilian* DStR 2017, 219 ff.

107 Ob bloße Urteilsanmerkungen o.ä. der „Wissenschaftlichkeit" einer Publikation nach § 15 FAO genügen, ist umstritten (dafür AnwGH Schleswig Beschl. v. 14.12.2005 – 2 AGH 9/05, NJW 2006, 1218 (1219 f.); dagegen Weyland/*Vossebürger*, 10. Aufl. 2020, § 15 FAO Rn. 3a).

108 Online-Seminare seien keine geeigneten Fortbildungsveranstaltungen, weil dort keine Kommunikation zwischen den Teilnehmern stattfände (AnwGH Schleswig Beschl. v. 17.3.2005 – 1 AGH 1/05, NJW-RR 2005, 1295 (1296)). Dies ist angesichts des Digitalisierungsschubs durch die Corona-Krise und die mittlerweile allgemeine Vertrautheit mit Videotelefonie und -konferenzen heute nicht mehr haltbar.

109 *v. Lewinski* BRAK-Mitt. 2021, 223 ff.

träger ein **Verstoß gegen die Fortbildungspflicht sanktionslos**[110]. Mangels verbindlicher Festlegung ist die Einhaltung der Fortbildungspflicht für Steuerberater im Wege der Berufsaufsicht ebenfalls nicht justitiabel[111]. Theoretisch freilich können gravierende Verstöße über die berufsrechtliche Generalklausel geahndet werden[112].

110 *Offermann-Burckart* NJW 2017, 1654 ff.; *Kellner* NJW 2002,1372 (1376) („sanktionlose[...] lex imperfecta"); vgl. BVerfG Beschl. v. 12.9.2001 – 1 BvR 2265/00, NJW 2001, 3324 (3325).

111 Kuhls/*Raab* StBerG § 57 Rn. 393.

112 Fälle hierzu sind – soweit ersichtlich – nicht bekannt.

Kapitel 11: Gesellschaftsrecht

Deckenbrock Die berufliche Zusammenarbeit von Rechtsanwälten, in: Jahrbuch Junger Zivilrechtswissenschaftler 2015, 2016, S. 119 ff.; *Dombek/Ottersbach/Schulze zur Wiesche* (Hrsg.) Die Sozietät, 2012; *Henssler/Streck* (Hrsg.) Handbuch Sozietätsrecht, 2. Aufl. 2011; *Kerstges* Brexit, Auslandsgesellschaften und die BRAO-Reform, AnwBl. Online 2021, 116 ff.; *Kleine-Cosack* Liberalisierung des Gesellschaftsrechts der Freiberufler, DB 2007, 1851 ff.; *Michalski* Die freiberufliche Zusammenarbeit im Spannungsfeld von Standes- und Berufsrecht, AnwBl. 1989, 65 ff.

Die Regelungen des Berufsrechts beziehen sich auf den einzelnen Berufsträger. 1
Doch es gibt seit jeher – zuerst wohl in der **ersten Hälfte des 19. Jahrhunderts** in Hamburg – Zusammenschlüsse zur gemeinsamen Berufsausübung, die als „Sozietät“ bezeichnet werden. Auch Patentanwaltskanzleien, die damals freilich noch nicht so hießen, gibt es seit Mitte des 19. Jahrhunderts[1].

Der **Begriff der „Sozietät“** wird im allgemeinen Sprachgebrauch für jede Form von 2
Zusammenschlüssen von Berufsträgern benutzt[2]. Synonym wird von einer „Kanzlei“ oder einer „Praxis“ (→ Kap. 10 Rn. 1) gesprochen. Im juristischen Sinne versteht man unter „Sozietät“ eine Berufsausübungsgesellschaft[3], die gemeinsam nach außen auftritt und Aufträge und Honorare gemeinsam annimmt[4]. Im herkömmlichen gesetzlichen Sprachgebrauch sind nur die GbR und die Partnerschaftsgesellschaft eine „Sozietät“, nicht aber die Kapitalgesellschaft; umgangssprachlich wird dieser Unterschied nicht gemacht[5]. Moderner und eindeutiger ist der Begriff der „Berufsausübungsgesellschaft“. In einem weiteren Sinne spricht man von „Berufsausübungsgemeinschaften“[6], wenn man die Gesamtheit der Zusammenarbeitsformen von Berufsträgern meint, die sich von der Freien Mitarbeit und der Bürogemeinschaft bis hin zu anwaltlichen Kapitalgesellschaften erstrecken.

Zum Anwaltlichen Gesellschaftsrecht fanden sich in BRAO und PAO kaum spezifi- 3
sche Regelungen. Insbesondere hinsichtlich der Zulassungsmöglichkeit für Gesellschaften bestand ein **Flickenteppich** aus vereinzelten Regelungen und Erweiterungen durch die Rechtsprechung; ausländische Berufsausübungsgesellschaften waren gar nicht geregelt. Lange Zeit konnte ein Freier Beruf nicht im Rahmen einer Kapitalgesellschaft ausgeübt werden. Seit den Neunziger Jahren ist diese Ansicht jedoch überholt[7]. Der Gesetzgeber hat dies für Berufsträger **schrittweise gesetzlich anerkannt**. Im Bereich der interprofessionellen Zusammenarbeit wurden zudem mehrere Regelungen vom BVerfG gekippt (→ Rn. 8). Seit längerem bestand weitgehende Einigkeit über die Reformbedürftigkeit des anwaltlichen Gesellschaftsrechts[8]. Die **BRAO-Reform von 2021** hat insoweit Abhilfe geschaffen[9]. Diese betrifft zwar nicht ausschließlich, aber zu einem großen Teil das Anwaltliche Gesellschaftsrecht.

---

1 *Bayer*, Patentanwalt, 2002, S. 5.

2 Zu den Wandlungen des Begriffs Henssler/Streck/*Deckenbrock* SozietätsR-HdB Kap. M Rn. 2 ff.

3 *Römermann/Hartung*, AnwBerufsR, 3. Aufl. 2018, § 25 Rn. 6.

4 Vgl. auch die Legaldefinition in § 39 Abs. 2 DDR-RAG (DDR-GBl. 199 I 1504).

5 Vgl. *Römermann/Hartung*, AnwBerufsR, 3. Aufl. 2018, § 25 Rn. 3 m.w.N.; vgl. auch z.B. AnwGH Celle Beschl. v. 7.7.2004 – AGH 3/04, NJW 2004, 3270 (3272); zur Begriffsgeschichte Henssler/Streck/*Deckenbrock* SozietätsR-HdB Kap. M Rn. 4 ff.

6 Henssler/Streck/*Deckenbrock* SozietätsR-HdB Kap. M Rn. 7, 182.

7 Grundlegend BayObLG Beschl. v. 24.11.1994 – 3 ZBR 115/94, NJW 1995, 199 (200).

8 S. nur *Deckenbrock* AnwBl. 2017, 118 (119 ff.).

9 Weitgehend entsprechend die Regelungen denjenigen des DAV-Diskussionsvorschlags zur Reform des anwaltlichen Gesellschaftsrechts, den *Martin Henssler* 2018 vorgelegt hat (AnwBl. 2018, 564 ff.).

A. Berufsausübungsgesellschaft

Kääb/Oberlander Kooperationsformen bei Rechtsanwälten, BRAK-Mitt. 2005, 55 ff.

4 Für Berufsausübungsgesellschaften gilt der Grundsatz der aktiven Mitarbeit (→ Rn. 5) und das Fremdbesitzverbot (→ Rn. 6 ff.). Sie können und müssen (mit Ausnahme der Personengesellschaften) zugelassen (bzw. bei Steuerberatungsgesellschaften: anerkannt) werden (→ Rn. 9). Damit sind die **Vorgaben für Anwälte und Steuerberater angeglichen**.

I. Grundsatz der aktiven Mitarbeit

5 Eine Pflicht zur aktiven freiberuflichen Mitarbeit der Gesellschafter ist – etwa in Analogie zu § 1 Abs. 1 S. 1 PartGG – **kaum kontrollierbar**. Dennoch hat der Gesetzgeber auch im Rahmen der BRAO-Reform 2021 ausdrücklich am Gebot der aktiven Mitarbeit festgehalten, jedoch explizit eingeräumt, dass weder ein bestimmter Umfang noch eine bestimmte Qualität der Mitarbeit vorausgesetzt wird[10].

II. Fremdbesitzverbot

Henssler Die Kapitalbeteiligung an Anwaltsgesellschaften, BRAK-Mitt. 2007, 186 ff., 238 ff.; *Singer* Die Zukunft des Fremdbesitzverbots für Anwaltssozietäten, AnwBl. 2010, 79 ff.; *Wende* Das Fremdbesitzverbot in den freien Berufen, 2012.

6 Große Veränderungen für das herkömmliche Berufsbild bedeutet es, wenn **Nicht-Berufsträger wirtschaftliche Kontrolle über Sozietäten** erlangen. Diese Entwicklung, nach der eine Dienstleistung von Berufsträgern zum Gegenstand von Kapitalanlagen oder zu einem Annex sonstiger Dienstleistungen herabgedrückt würde, wird in Großbritannien unter dem Stichwort „Tesco Law“ (nach der bekannten dortigen Supermarktkette) und in den USA als „Law Store“ diskutiert[11], der technische Begriff ist „Alternative Business Structures“ (ABS).

7 Für Berufsausübungsgesellschaften gilt in Deutschland ein **grundsätzliches Fremdbesitzverbot**[12]. Die Unabhängigkeit und Verschwiegenheit sowie das berufsrechtliche Verbot der Vertretung widerstreitender Interessen soll nicht dadurch aufgeweicht werden, dass nicht dem Berufsrecht unterliegende Gesellschafter auf die Berufsausübungsgesellschaft Einfluss nehmen können. Auch soll verhindert werden, dass durch gesellschaftsrechtliche Konstruktionen die Vorgaben des Rechtsdienstleistungsrechts umgangen werden.

8 Allerdings kennt das Fremdbesitzverbot seit jeher **Ausnahmen**. So ist wegen der Gleichartigkeit der Berufsrechte traditionell das Zusammengehen von Rechtsanwälten, Patentanwälten, Steuerberatern, Wirtschaftsprüfern usw. (sozietätsfähigen Berufen) erlaubt. 2016 hat das BVerfG entschieden, dass die diesbezügliche Regelung des § 59a Abs. 1 S. 1 BRAO a.F. verfassungswidrig ist, soweit es Rechtsanwälten untersagt ist, sich mit Ärzten und Apothekern zusammenschließen[13]. Schon zwei Jahre zuvor waren die Regelungen der §§ 59e Abs. 2 S. 1, 59f Abs. 1 BRAO a.F.

---

10 BT-Drs. 19/27670, 139.

11 Vgl. *Knorpp*, Der rechtskonforme Auftritt von Rechtsanwälten im Internet, 2005, S. 272 Fn. 722.

12 Der europarechtliche Rahmen wird durch Art. 11 Nr. 5 Rechtsanwaltsniederlassungsrichtlinie 98/5/EG bestimmt.

13 BVerfG Beschl. v. 12.1.2016 – 1 BvL 6/13, NJW 2016, 700 ff.

vom BVerfG gekippt worden[14]. Diese schrieb eine Mehrheitsbeteiligung und eine Mehrheitsgeschäftsführung für Rechtsanwälte in interprofessionellen GmbHs vor. Da die PAO und das StBerG für Patentanwälte und Steuerberater ebenfalls diese Mehrheitserfordernisse statuierten, wäre ein interprofessioneller Zusammenschluss zwischen Angehörigen dieser Berufe in Form einer GmbH de facto unmöglich gewesen. Angesichts dieses unbefriedigenden und inkonsistenten Zustandes hat sich der Gesetzgeber 2021 für eine weitgehende Liberalisierung der interprofessionellen Zusammenarbeit entschieden. Gem. § 59c Abs. 1 Nr. 4 BRAO, § 52c Abs. 1 Nr. 4 PAO, § 50 Abs. 1 Nr. 3 StBerG dürfen sich Anwälte und Steuerberater nun mit allen Angehörigen Freier Berufe im Sinne des § 1 Abs. 2 PartGG zusammenschließen. Auf spezifische Mehrheitserfordernisse für einzelne Berufe hat der Gesetzgeber dieses Mal verzichtet, was in der Literatur ausdrücklich begrüßt wurde[15].

III. Zulassungspflicht

Nach alter Rechtslage waren nur Anwalts-GmbHs und Anwalts-AGs zulassungspflichtig und zulassungsfähig. Gem. § 59f Abs. 1 BRAO bzw. § 52f Abs. 1 PAO bedürfen grundsätzlich alle Berufsausübungsgesellschaften einer **Zulassung**. Ausnahmen gelten für Personengesellschaften, die zwar keiner Zulassung bedürfen, eine solche nun aber freiwillig beantragen können. Bei Steuerberatungsgesellschaften spricht das Gesetz nicht von Zulassung, sondern von **Anerkennung** (§ 53 Abs. 1 StBerG), woraus sich inhaltlich freilich keine Unterschiede ergeben. 9

IV. Einzelne Gesellschaftsformen

Hoffmann Die anwaltliche Kapitalgesellschaft, 2003; *Römermann* Reformbedarf bei anwaltlichen Gesellschaftsformen, AnwBl. 2009, 681 ff.; *Unkelbach-Tomczak* Rechtsformwahl für Anwaltskanzleien aus berufsrechtlicher Sicht, AnwBl. 2009, 426 f.

Als Berufsausübungsgesellschaften für Freiberufler kommen **grundsätzlich alle Gesellschaftsformen** in Frage. Allerdings sind spezielle Vorgaben des jeweiligen Berufsrechts zu beachten. 10

1. Sozietät (Gesellschaft bürgerlichen Rechts)

Kämmerer Interprofessionelle Zusammenarbeit und europarechtliche Kohärenz, Beihefter zu DStR 13/2015, 33 ff.; *Peres/Senft* Sozietätsrecht, 5. Aufl. 2015; *Römermann* Weite Öffnung für interprofessionelle Sozietäten von Rechtsanwälten, NJW 2016, 682 ff.; *K. Schmidt* Die Sozietät als Sonderform der BGB-Gesellschaft, NJW 2005, 2801 ff.

Herkömmlich und bis heute am weitesten verbreitet ist die Zusammenarbeit von Berufsträgern in Form der Gesellschaft bürgerlichen Rechts (GbR). Wie auch sonst im Wirtschaftsleben sind die Erscheinungsformen dank ihrer **Flexibilität** ausgesprochen vielfältig. Die Zusammenarbeit von zwei Berufsträgern fällt ebenso darunter wie ein Teil der Law Firms genannten internationalen Großsozietäten. Für die Anwaltssozietät gelten die §§ 705 ff. BGB über die Gesellschaft bürgerlichen Rechts, die **durch berufsrechtliche Regelungen ergänzt** werden. So sind als GbR organisier- 11

14 BVerfG Beschl. v. 14.1.2014 – 1 BvR 2998/11 u.a., NJW 2014, 613 ff.
15 *Henssler* AnwBl. Online 2021, 69 (71).

te Berufsausübungsgesellschaften von Rechtanwälten seit der BRAO-Reform 2021 als solche rechtsdienstleistungsbefugt (§ 59k BRAO) und postulationsfähig (§ 59l BRAO), ebenso die von Patentanwälten (vgl. § 52k PAO).

12 So dürfen **nur Angehörige Freier Berufe im Sinne des § 1 Abs. 2 PartGG Gesellschafter einer Sozietät** sein (dazu soeben → Rn. 6)[16]. Grundsätzlich darf bei Berufsausübungsgesellschaften von Angehörigen unterschiedlicher Berufe kein Sozius eine Tätigkeit wahrnehmen, die auch nur einem mit ihm zu gemeinsamer Berufsausübung verbundenen Partner untersagt ist[17].

13 Im Jahr 2021 trat das **Gesetz zur Modernisierung des Personengesellschaftsrechts (MoPeG)** in Kraft. Kernanliegen der damit verbundenen Gesetzesänderungen war die Reform der BGB-Gesellschaft. Das ursprüngliche gesetzliche Leitbild der GbR als eine zur Durchführung einer begrenzten Anzahl von Einzelgeschäften gegründete, nicht rechtsfähige Vereinigung entsprach seit langem nicht mehr der Realität. Durch die mit der Modernisierung verbundenen Umgestaltungen der §§ 705 ff. sollen die gesetzlichen Regelungen nun an die tatsächlichen Bedürfnisse der Praxis angepasst werden[18].

14 Schon nach dem Abschied des Bundesgerichtshofs von der „Doppelverpflichtungslehre“[19] wurden die Vorschriften über die Handelsgesellschaften weitgehend analog auf die GbR angewendet. Seit Inkrafttreten des MoPeG finden sich nun eigene Regelungen für die GbR im BGB, die freilich mit denen des HGB für die oHG weitgehend identisch sind. Das bedeutet unter anderem, dass neu in eine Sozietät **eintretende Partner auch für Altschulden haften** (§ 721a BGB). Gleiches gilt für **Scheinsozietäten**, nicht aber beim erstmaligen Zusammenschluss von Berufsträgern[20].

15 Seit der Reform des Personengesellschaftsrechts 2021 besteht für BGB-Gesellschaften gem. § 707 BGB die **Möglichkeit der Eintragung in das Gesellschaftsregister**. Dieses Register wurde eigens zu diesem Zweck eingeführt und ist an das Handelsregister angelehnt[21]. Die Eintragung ist freiwillig, kann jedoch nicht zurückgezogen werden.

2. Partnerschaftsgesellschaft

Fischer Die Partnerschaftsgesellschaft mit beschränkter Berufshaftung, 2015; *Glindemann* Personengesellschaften zur Ausübung freier Berufe, 2019; *Kienzler* Die Partnerschaftsgesellschaft mit beschränkter Berufshaftung (PartG mbB) als gesetzgeberische Zwischenstation der Liberalisierung des Gesellschaftsrechts Freier Berufe, 2015; *Meyer* Die Partnerschaftsgesellschaft mit beschränkter Berufshaftung gemäß § 8 Abs. 4 PartGG, 2016; *Römermann* Die PartG mbB –

16 Eine Erweiterung der Sozietätsfähigkeit auf alle Berufe, die ein Anwalt als zulässigen Zweitberuf ergreifen darf, war schon im Rahmen des Gesetzgebungsverfahrens zum RDG diskutiert (§ 59a Abs. 4 BRAO-E RDG-RegE, BT-Drs. 16/3655, 15), aber nicht Gesetz geworden (zur Kritik vgl. *Henssler* AnwBl. 2007, 553 (558 ff.); umfassend *Pelzer*, Die Sozietät im Sinne der BRAO unter besonderer Berücksichtigung der Beteiligung von Berufsfremden, 2008). Für eine unverhältnismäßige und deshalb verfassungswidrige Einschränkung in Bezug auf die Zusammenarbeit von Anwälten und Mediatoren halten dies *Hartung/Wendenburg* NJW 2009, 1551 (1553).

17 BGH Urt. v. 22.2.2001 – IX ZR 357/99, NJW 2001, 1569 (1570). – Ob allerdings die (sozienbezogene) Berufspflichtverletzung der anderen Berufsangehörigen eine Verletzung des § 43 BRAO des Rechtsanwalts bedeutet, scheint sehr weitgehend (so aber *Bultmann* AnwBl. 2003, 607 (610)).

18 BT-Drs. 19/27635, 1.

19 BGH Urt. v. 29.1.2001 – II ZR 331/00, NJW 2001, 1056 (1057 f.).

20 BGH Urt. v. 22.1.2004 – IX ZR 65/01, NJW 2004, 836 (837 f.).

21 BT-Drs. 19/27635, 2.

eine neue attraktive Rechtsform für Freiberufler, NJW 2013, 2305 ff.; *Schumacher* Die Partnerschaftsgesellschaft mit beschränkter Berufshaftung für Rechtsanwälte, 2015.

Die Partnerschaftsgesellschaft ist die **freiberufliche Schwester der Offenen Handelsgesellschaft** (oHG). Ihre gesellschaftsrechtlichen Voraussetzungen sind im PartGG geregelt. Der Partnerschaftsgesellschaftsvertrag ist schriftlich und mit gewissem Mindestinhalt abzuschließen (§ 3 PartGG). Auf die Anmeldung (§ 4 PartGG) und Eintragung (§§ 5, 7 PartGG) im **Partnerschaftsregister** finden die Vorschriften des HGB über das Handelsregister Anwendung. Der Name der Partnerschaft muss einen **auf die Gesellschaftsform hindeutenden Zusatz** („und Partner", „Partnerschaft", nicht aber „Partners"[22]) enthalten, § 2 Abs. 1 PartGG. Die Nennung des Namens mindestens eines Partners sowie die Nennung der Berufsbezeichnungen aller in der Partnerschaft vertretenen Berufe ist seit 2021 nicht mehr erforderlich. Die Partnerschaftsgesellschaft ist – neben ihren Gesellschaftern – als solche **vertretungsberechtigt** und **postulationsfähig** (§ 7 Abs. 4 PartGG, § 59k f. BRAO). 16

Bedeutsam ist die nach § 8 Abs. 2 PartGG in Abweichung zum Recht der oHG eingeräumte gesetzliche **Haftungskonzentration auf die handelnden Berufsträger** (→ Kap. 9 Rn. 32 f.) und die nunmehr nach § 8 Abs. 4 PartGG mögliche „Partnerschaftsgesellschaft mit beschränkter Berufshaftung" (PartG mbB), bei welcher die **Haftung für Schäden wegen fehlerhafter Berufsausübung auf das Gesellschaftsvermögen beschränkt** werden kann, sofern eine entsprechende Berufshaftpflichtversicherung unterhalten wird[23]. 17

3. Offene Handelsgesellschaft und Kommanditgesellschaft

Die handelsrechtlichen Personengesellschaftsformen der oHG und der KG standen Anwälten bis zur BRAO-Reform 2021 nicht zur Verfügung. Der Grund dafür lag nicht in spezifisch berufsrechtlichen Beschränkungen, sondern in den Vorschriften der § 105 und § 161 HGB, die für diese Gesellschaften den **Betrieb eines Handelsgewerbes** voraussetzen, was bei der Ausübung anwaltlicher Tätigkeit gerade nicht der Fall ist. Dank den nun in den § 59b Abs. 2 Nr. 1 BRAO, § 52b Abs. 2 Nr. 1 PAO enthaltenen **Spezialregelungen** können sich auch Anwälte fortan dieser Gesellschaftsformen bedienen; für Steuerberater galt dies zuvor schon gem. § 49 Abs. 1 StBerG. Die berufsrechtlichen Regelungen werden flankiert durch den im Zuge des MoPeG eingeführten § 107 HGB. 18

Praxishinweis: 19

Für Anwälte dürfte der Zugang zu den Rechtsformen der Handelsgesellschaften vor allem mit Blick auf die nun ebenfalls zulässige Errichtung mehrstöckiger Anwaltsgesellschaften und das damit **nun erlaubte Konstrukt der GmbH & Co. KG** interessant sein (→ Rn. 22).

4. Rechtsanwalts-, Patentanwalts- und Steuerberatungsgesellschaft als GmbH

Girotto Die Rechtsanwaltsgesellschaft mit beschränkter Haftung, 2002; *Johnigk* Die Rechtsanwalts-GmbH, ZAP (1998), Fach 23, 375 ff.; *Offermann-Burckart* Anwaltliches Gesellschafts-

22 BGH Beschl. v. 13.4.2021 – II ZB 13/20, NZG 2021, 796 ff.
23 Vgl. *Römermann* AnwBl. 2012, 288 ff.; ausführlich zur PartG mbB *Lieder/Hoffmann* NJW 2015, 897 ff.; umfassend *Frehse*, Innen- und Außenhaftung der PartG mbB und ihrer Partner, 2019.

recht – die Basics der Anwalts-GmbH, AnwBl. 2015, 18 ff.; *Römermann* Die Anwalts-Unternehmergesellschaft (haftungsbeschränkt), AnwBl. 2009, 131 f.; *Stehle* Die „Freiberufler-GmbH“ – ihre Vor- und Nachteile, DStR 1983, 100 ff.; *Sommer* Die Patentanwalts-GmbH, MittdtschPat-Anw 1998, 41 ff.

20 Berufsträger können ihren Beruf auch im Rahmen einer GmbH ausüben. Früher bezeichnete das Gesetz Anwalts- bzw. Steuerberater-GmbHs ausdrücklich als „Rechtsanwaltsgesellschaft“ (§ 59k BRAO a.F.), „Patentanwaltsgesellschaft“ (§ 52c PAO a.F.) oder „Steuerberatungsgesellschaft“ (§ 53 StBerG a.F.). Mit der BRAO-Reform 2021 sind diese Begriffe aus dem Gesetz verschwunden. Eine Steuerberatungsgesellschaft wird anerkannt (§ 53 StBerG), Rechtsanwalts- und Patentanwaltsgesellschaften werden als solche zugelassen (→ Rn. 9) und sind dann selbst rechtsdienstleistungsbefugt und **postulationsfähig** (§§ 59k f. BRAO; § 52k PAO). Der besondere Vorteil der GmbH ist die **Beschränkung der Haftung auf die Gesellschaft** (→ Kap. 9 Rn. 34 f.).

21 Auch die **Ein-Mann-GmbH** ist nunmehr ausdrücklich gem. § 59b Abs. 1 S. 2 BRAO **möglich**[24]. – Ebenso wird eine Rechtsanwaltsgesellschaft usw. auch als **Unternehmensgesellschaft (haftungsbegrenzt)** (sog. „Mini-GmbH“) nach § 5a GmbHG gegründet werden können, also mit einem Stammkapital von nur einem Euro.

22 Während Steuerberatergesellschaften sich schon länger in Form einer **GmbH & Co. KG** organisieren konnten[25], stand diese Rechtsform Anwälten bis vor kurzem nicht zur Verfügung[26]. Mit der BRAO-Reform 2021 hat sich das geändert. Die § 59i Abs. 1 BRAO, § 52i PAO erlauben mehrstöckige Gesellschaften nun ausdrücklich. Weil Anwälten seit der BRAO-Reform auch die Rechtsform der KG offensteht (→ Rn. 18), können diese sich nun also auch der Rechtsform der GmbH & Co. KG bedienen. Diese ist vor allem haftungsrechtlich attraktiv, da die GmbH als einziger Komplementär der KG fungieren kann, was eine persönliche Haftung natürlicher Personen weitgehend ausschließt.

5. Rechtsanwalts-, Patentanwalts- und Steuerberatungsgesellschaft als AG

Henssler Freie Fahrt für die Anwalts-AG, AnwBl. 2005, 374 ff.; *Kempter/Kopp* Die Rechtsanwalts-Aktiengesellschaft – Vertretungsbefugnis kraft Verfassungsrechts?, NJW 2004, 3605 ff.; *Passarge* Die Aktiengesellschaft als neue Rechtsform für anwaltliche Zusammenschlüsse, 2003; *Wagner* Europäische Gesellschaftsformen, AnwBl. 2009, 409 ff.

23 Die Aktiengesellschaft ist seit Jahrzehnten eine **gesetzlich vorgesehene** Form der Steuerberatungsgesellschaft (vgl. § 49 Abs. 1 StBerG a.F., nun § 49 Abs. 2 Nr. 1 StBerG). Rechts- und Patentanwalts-AGs waren bereits in der **Rechtsprechung** und sind seit der **BRAO-Reform 2021** auch gesetzlich anerkannt. Letzteres ergibt sich daraus, dass die § 59b Abs. 2 Nr. 1 BRAO-, § 52b Abs. 2 Nr. 1 PAO ausdrücklich alle Gesellschaftsformen des deutschen Rechts für zulässig erklären. Zudem nehmen § 59i Abs. 2 BRAO, § 52i Abs. 2 PAO und § 55a Abs. 2 StBerG ausdrücklich auf Aktiengesellschaften Bezug. Zulässig ist nicht nur die klassische AG, sondern auch die KGaA (§§ 278 ff. AktG).

---

24 *Offermann-Burckart* AnwBl. 2015, 18 (20).

25 *Koslowski* StBerG § 49 Rn. 8 a.E.

26 BVerfG Beschl. v. 6.12.2011 – 1 BvR 2280/11, BRAK-Mitt. 2012, 77 (78 f.); ablehnend auch BGH Urt. v. 18.7.2011 – AnwZ (Brfg) 18/10, NJW 2011, 3036 ff.; AnwGH München Urt. v. 15.11.2010 – BayAGH I – 1/10, NJW-RR 2011, 562 (563 ff.); s. *Karl* NJW 2010, 967 ff.; *Römermann* AnwBl. 2011, 97 ff.

Gem. § 59b Abs. 2 Nr. 2 BRAO, § 52b Abs. 2 Nr. 2 PAO und § 49 Abs. 2 Nr. 2 StBerG dürfen sich deutsche Anwälte und Steuerberater auch der Rechtsform der **Europäischen Gesellschaft** (Societas Europaea, SE) bedienen. Sollte die derzeit in Planung befindliche Europäische Einpersonengesellschaft (Societas Unius Personae, SUP) umgesetzt werden, dürften diese in entsprechender Anwendung der BRAO- und PAO-Normen ebenfalls zulässig sein. 24

Wegen der ausdrücklichen Regelungen in § 59i Abs. 2 u. 3 BRAO § 52i Abs. 2 u. 3 PAO sowie § 55a Abs. 2 StBerG können Aktien einer Aktiengesellschaft von Berufsträgern **nicht an der Börse gehandelt werden.** 25

6. Ausländische Gesellschaftsformen

Henssler Die grenzüberschreitende Tätigkeit von Rechtsanwaltsgesellschaften in der Rechtsform der Kapitalgesellschaft innerhalb der EU, NJW 2009, 950 ff.; *Kerstges* Brexit, Auslandsgesellschaften und die BRAO-Reform, AnwBl. Online 2021, 116 ff.; *Kilian* Die Rechtsdienstleistungsbefugnis ausländischer Anwaltsgesellschaften, BB 2021, 323 ff.; *Knöfel* Zulassung einer „Anwalts-Ltd." als Rechtsanwaltsgesellschaft, AnwBl. 2007, 742 f.; *Turpeinen* Anwaltsgesellschaften mit beschränkter Haftung in den USA und in Deutschland, 2012.

Nachdem die **Niederlassungsfreiheit von Gesellschaften innerhalb der Europäischen Union und dem Europäischen Wirtschaftsraum**[27] praktisch keinen Beschränkungen mehr unterliegt[28], können sich Berufsträger in Deutschland zudem ausländischer Gesellschaftsformen bedienen, z.B. der französischen Société d'Exercice Liberal (SEL) oder österreichischen Rechtsformen wie der Offenen Gesellschaft (OG). § 59b Abs. 2 Nr. 3 BRAO und § 52b Abs. 2 Nr. 3 PAO stellen dies nunmehr explizit klar. – Mit dem Austritt des Vereinigten Königreichs aus der EU (**Brexit**) werden die als Berufsausübungsgesellschaft beliebte englische Limited Liability Partnership (LLP)[29] und auch die englische Limited (Ltd.) nicht in allen Fällen weitergeführt werden können. Dahinter steht jedoch kein berufsrechtliches, sondern ein allgemein internationalgesellschaftsrechtliches Problem. Gegenüber dem Vereinigten Königreich als nun Drittstaat findet (wieder) die sog. Sitztheorie Anwendung (→ Kap. 16 Rn. 53). Das heißt, das Recht, dem eine Gesellschaft unterliegt, richtet sich nicht nach dem Gründungsort, sondern nach dem Ort des tatsächlichen Geschäftsmittelpunktes. Dementsprechend ist es nicht mehr möglich, eine LLP oder Ltd. im Vereinigten Königreich zu gründen und diese als solche mit einem Geschäftsmittelpunkt in Deutschland fortzuführen.[30] 26

Abgesehen von den internationalgesellschaftsrechtlichen Hürden können **Gesellschaften aus außereuropäischen Ländern** ebenfalls zur Berufsausübung genutzt werden. § 207a BRAO gibt nunmehr eine explizite gesetzliche Grundlage für die Tätigkeit im Ausland ansässiger Berufsausübungsgesellschaften über eine Zweigniederlassung in Deutschland. Ausländische Berufsausübungsgesellschaften sind bei einer Tätigkeit im Inland über die Verweisungsnorm des § 207a Abs. 2 BRAO 27

27 Zu u.s.-amerikanischen Gesellschaftsformen Fahrendorf/Mennemeyer/*Mennemeyer* RA Haftung-HdB Rn. 181.

28 EuGH Urt. v. 9.3.1999 – C-212-97, NJW 1999, 2027 ff. – Centros; EuGH Urt. v. 5.11.2002 – C-208/00, NJW 2002, 3614 ff. – Überseering; EuGH Urt. v. 30.9.2003 – C-167/01, NJW 2003, 3331 ff. – Inspire Art; BGH Urt. v. 14.3.2005 – II ZR 5/03, NJW 2005, 1648 (1649).

29 Zu Auswirkungen auf Berufsausübungsgesellschaften *Hellwig* AnwBl. Online 2018, 9 (11 ff.); speziell zu dieser Gesellschaftsform *Bank*, Britische Limited Liability Partnership, 2006, und *Henssler/Mansel* NJW 2007, 1393 ff.

30 Ausführlich dazu *Kerstges* AnwBl. Online 2021, 116.

weitgehend an das deutsche Berufsrecht gebunden. Im jeweiligen Heimatrecht der Gesellschaft und im Völkerrecht besteht dann gem. § 207a Abs. 3 BRAO eine umfassende Rechtsdienstleistungsbefugnis. Die Rechtsdienstleistungsbefugnis im deutschen Recht sowie die Postulationsfähigkeit gesteht das Gesetz den ausländischen Berufsausübungsgesellschaften gem. § 207a Abs. 4 BRAO nur insoweit zu, als sie durch Gesellschafter und Vertreter handelt, in deren Person die für die Erbringung von Rechtsdienstleistungen gesetzlich vorgeschriebenen Voraussetzungen im Einzelfall vorliegen. Gesellschaften, die ihren Sitz, also den Mittelpunkt ihrer tatsächlichen Geschäftsführung, außerhalb der EU und des EWR haben, sind gem. Art. 19 Abs. 3 GG nicht grundrechtsfähig und daher nicht befugt, Verfassungsbeschwerde zu erheben[31].

7. Anwaltsfirmen. Steuerberatungsunternehmen

Bauer/Diller Die Rolle des Senior Partners in einer großen Anwaltskanzlei, in: FS Bechtold, 2006, S. 21 ff.; *Heussen* Anwalt und Mandant, 1999, S. 119–123; *ders.* Anwaltsunternehmen führen, 2. Aufl. 2011; *Knöfel* Grundfragen der internationalen Berufsausübung von Rechtsanwälten, 2005, S. 547–571.

28 Eine Form der gemeinschaftlichen Berufsausübung, die vom gesetzlichen Berufsrecht nicht reflektiert wird, ist die überörtliche[32] und internationale[33] Berufsausübungsgemeinschaft (**Law Firm, Accounting Firm**). Sie stellen beide gesellschaftsrechtlich keinen eigenständigen Typ dar, sondern bedienen sich der allgemeinen Gesellschaftsformen. Internationale Anwaltsholdings sind oft als Verein nach schweizerischem Recht organisiert.

Beispiel:
Law Firms haben in Deutschland historisch[34] ihren Ausgangspunkt in dem durch den sogenannten „Moerser Beschluss“ der Rechtsanwaltskammer Düsseldorf[35] gebilligten Zusammenschluss zu einer der ersten deutschen überörtlichen Sozietäten (*Pünder, Volhard, Weber & Axster*). In der Folge und vom europäischen Recht und der Liberalisierung des Berufsrechts durch die Gerichte (→ Kap. 1 Rn. 18 ff.) ausdrücklich befördert kam es zu grenzüberschreitenden Zusammenschlüssen, insbesondere mit angelsächsischen Rechtsanwaltsfirmen. – Vergleichbare Beratungseinheiten gibt es bei Patentanwälten nicht. – Bei den Steuerberatern ist der internationale Markt durch große ausländische Beratungsunternehmen geprägt.

29 Neue komplexe Organisationsformen sind als Sternsozietät (→ Kap. 10 Rn. 23) möglich. Denn nun können personenidentische oder jedenfalls teilidentische Berufsausübungsgesellschaften gebildet werden, die sogar **konzernartige Züge** aufweisen[36]. Das **Gebot der aktiven Mitarbeit** (→ Rn. 5) steht echten Holdingstrukturen allerdings entgegen.

---

31 BVerfG Beschl. v. 27.6.2018 – 2 BvR 1289/17, NZWiSt 2018, 372 (374).

32 BGH Beschl. v. 18.9.1989 – AnwZ (B) 30/89, BGHZ 108, 290 (294).

33 Zu den Managementstrukturen und der Gewinnverteilung *Römermann/Hartung*, AnwBerufsR, 3. Aufl. 2018, § 25 Rn. 23 ff., 55 ff.

34 Es hatte allerdings auch schon in der Weimarer Zeit Überlegungen für ein „Anwaltshaus“ gegeben (vgl. *Katinszky* AnwBl. 1932, 54 ff.), die aber nicht realisiert worden waren (*Ostler*, Die deutschen Rechtsanwälte 1871–1971, 1971, S. 212).

35 RAK Düsseldorf AnwBl. 1989, 390; bestätigt durch BGH Beschl. v. 18.9.1989 – AnwZ (B) 30/89, AnwBl. 1989, 563 (564).

36 *Henssler/Kilian* in FS Hartung, 2008, S. 65 (67).

B. Sonstige Zusammenarbeit

Auch **jenseits der Berufsausübungsgesellschaft** gibt es Möglichkeiten der beruflichen Zusammenarbeit, sowohl mit anderen Berufsträgern als auch mit Angehörigen sonstiger Berufe. 30

I. Bürogemeinschaft

Deckenbrock Sozietät oder Bürogemeinschaft – berufsrechtlich gebotene Gleichbehandlung, NJW 2008, 3529 ff.; *Grams* Die Bürogemeinschaft, BRAK-Mitt. 2002, 119 f.; *W. Hartung/Scharmer* Die Bürogemeinschaft für Rechtsanwälte, 2010; *Streck* Sozietät oder Bürogemeinschaft? Entscheidungshilfen für den (Jung)-Anwalt, MDR 1997, 897 ff.

Eine neben der Sozietät ebenfalls „klassische“ Form der Zusammenarbeit von Berufsträgern, wenngleich weniger sichtbar, ist die Bürogemeinschaft. Sie ist nicht Berufsausübungsgesellschaft, sondern **Berufsbetriebsgemeinschaft**. Die Bürogemeinschaft ist typischerweise eine Gesellschaft bürgerlichen Rechts, anders als die Sozietät aber nicht auf die gemeinsame Bearbeitung von Mandaten gerichtet, sondern auf die Zusammenarbeit bei Organisation und Beschaffung. Man spricht deshalb von einer Organisations- oder Innengesellschaft. 31

Seit der BRAO-Reform 2021 ist die anwaltliche und steuerberaterliche Bürogemeinschaft explizit im Gesetz genannt (vgl. § 59q BRAO, § 52q PAO, § 55h StBerG) und legaldefiniert als Verbindung zu einer Gesellschaft, die der **gemeinschaftlichen Organisation der Berufstätigkeit** der Gesellschafter unter **gemeinschaftlicher Nutzung von Betriebsmitteln** dient, jedoch nicht selbst als Vertragspartner von anwaltlichen bzw. steuerberatenden Mandatsverträgen auftreten soll[37]. 32

Anders als bei Berufsausübungsgesellschaften (→ Rn. 6 ff.) ist der Kreis der Personen, mit denen Anwälte und Steuerberater eine Bürogemeinschaft gründen dürfen, **nicht auf Angehörige bestimmter Berufsgruppen beschränk**t. Allerdings normieren die § 59q Abs. 2 BRAO, § 52q Abs. 2 PAO, § 55h Abs. 2 StBerG den Vorbehalt, dass die Verbindung nicht mit dem Beruf des Anwalts bzw. Steuerberaters unvereinbar sein oder die anwaltliche bzw. steuerberaterliche Unabhängigkeit beeinträchtigen darf. 33

Da die Berufsträger im Rahmen einer Bürogemeinschaft nicht gemeinschaftlich aus dem Mandatsvertrag verpflichtet sind, unterliegen sie deshalb untereinander der Verschwiegenheitspflicht. Auch deshalb sind die in der Bürogemeinschaft tätigen Berufsträger gem. § 59q Abs. 3 BRAO, § 52p Abs. 3 PAO, § 55h Abs. 3 StBerG verpflichtet, angemessene organisatorische, personelle und technische Maßnahmen zu treffen, die die Einhaltung ihrer Berufspflichten gewährleisten. Problematisch sind die Vorschriften des (in einer früheren Fassung für verfassungswidrig erklärten[38]) § 3 Abs. 2 BORA und des § 5 Abs. 6, Abs. 2 BOPA, die die **Vertretung widerstreitender Interessen durch Bürogemeinschaften** verbietet. Denn dem kann organisatorisch nur durch gegenseitige Mitteilung der Mandate und damit nur unter **Verletzung der Verschwiegenheitspflicht** genügt werden[39]. Auch im Hinblick auf Verhältnismäßig- 34

---

37 Eine Definition der Bürogemeinschaft war früher in § 39 Abs. 2 DDR-RAG enthalten gewesen (vgl. dazu auch Henssler/Prütting/*Henssler* BRAO § 59a Rn. 122).

38 BVerfG Beschl. v. 3.7.2003 – 1 BvR 238/01, NJW 2003, 2520 (2521).

39 *Deckenbrock* NJW 2008, 3529 (3532 f.) – Es ist deshalb vorgeschlagen worden, aus § 30 BORA die Pflicht herauszulesen, gesellschafts- und arbeitsrechtliche Verträge mit Schutzwirkung für den Mandanten abzuschließen (in Henssler/Prütting/*Henssler* BRAO § 59a Rn. 129 f.).

keitsgesichtspunkte erscheint pauschale Anwendung des Verbots der Vertretung widerstreitender Interessen auf Bürogemeinschaften bedenklich[40].

II. Schein- und Außensozietät

Dahns Die Außendarstellung der Sozietät, BerlAnwBl. 2007, 57 (62–65); *Grams* Die Scheinsozietät, BRAK-Mitt. 2002, 119; *Offermann-Burckart* Die Scheinsozietät – das (un)bekannte Wesen, AnwBl. 2010, 743 ff.; *Roth* Rechtsfragen der Scheinsozietät, in: FS K. Schmidt, 2009, S. 1375 ff.; *Schäfer* Scheinsozietät und Scheinsozius, DStR 2003, 1078 ff.

35 Eine sogenannte „Scheinsozietät"[41] entsteht dadurch, dass Berufsträger gemeinsam nach außen auftreten und ihre getrennte Berufsausübung nicht kenntlich machen[42]. Dies geschieht **oft unbeabsichtigt**. Teilweise wird die Scheinsozietät sogar bewusst als **Form einer Innengesellschaft** (Bürogemeinschaft; → Rn. 31 ff.) gewählt, wenn der Gewinn aus dem gemeinsamen Außenauftritt die Risiken einer gemeinschaftlichen Haftung überwiegt. Auch mehrere Berufsausübungsgemeinschaften können sich zu einer (meist überörtlichen) Scheinsozietät zusammenschließen[43]. Man spricht in diesen Fällen von einer Außensozietät. Schein- und Außensozien werden haftungsrechtlich nach **Rechtsscheinsgesichtspunkten** als Sozietät behandelt (→ Kap. 9 Rn. 26).

36 Entscheidend für das Vorliegen einer Scheinsozietät ist die **Verkehrsanschauung**, ob eine gemeinsame Berufsausübung vorliegt[44]. Dieser Schein bleibt bei der Verwendung juristischer Fachtermini, die von Laien nicht verstanden werden (z.B. „Kanzleigemeinschaft"[45]), bestehen oder beim Führen einer einheitlichen Kurzbezeichnung[46]. Ein „Counsel" oder „Of Counsel" wird nicht als Gesellschafter angesehen, auch die Bezeichnung als „Partner" o.ä. bedeutet v.a. in geschäftserfahrenen Verkehrskreisen nicht zwingend eine Gesellschafterstellung, sondern wird eher als Ausweis einer gewissen Seniorität verstanden. Der bloße Hinweis auf fehlende Kontoführungsbefugnis zerstört dagegen noch nicht den Schein. Regelmäßig erforderlich sind eine typographische Trennung zwischen Sozien und Angestellten auf dem Briefbogen sowie ein erläuternder Klammerzusatz.

37 Lange Zeit war die Schein- und Außensozietät als Berufsausübungsform **mehr geduldet als anerkannt**. Inzwischen hat die Rechtsprechung aber **positive Voraussetzungen** formuliert, nach denen eine Außensozietät berufsrechtlich möglich ist. Es kommt darauf an, dass der hinter einer Außensozietät stehende Zusammenschluss dem Rechtsuchenden vergleichbare Vorteile (arbeitsteilige Spezialisierung, gegenseitige Vertretung, gemeinsame Haftung) bietet wie eine „echte" Sozietät.[47]

---

40 BeckOK BORA/*Römermann/Praß* BORA § 3 Rn. 12.
41 Teilweise auch „unechte Sozietät" genannt (vgl. *Boele*, Rechtsanwaltssozietäten, 1992, S. 13).
42 OLG Frankfurt a.M. Urt. v. 16.3.2000 – 16 U 69/99, NJW-RR 2001, 1004 (1005).
43 Zu berufs- und gesellschaftsrechtlichen Voraussetzungen BGH Urt. v. 12.7.2012 – AnwZ (Brfg) 37/11, NJW 2012, 3102 (3103 f.).
44 *Deckenbrock* NJW 2008, 3529 (3553).
45 OLG Köln Urt. v. 17.12.2002 – 22 U 168/02, NJW-RR 2004, 279 (280).
46 BGH Urt. v. 6.11.2013 – I ZR 147/12, NJW-RR 2014, 611 (612).
47 BGH Urt. v. 12.7.2012 – AnwZ (Brfg) 37/11, NJW 2012, 3102 (3105).

III. Kooperation

W. Hartung Sozietät oder Kooperation?, AnwBl. 1995, 333 ff.; *Keller* Alternative business structures bieten keine Alternative, BRAK-Mitt. 2012, 17 ff.; *Pelzer* Die Sozietät im Sinne der BRAO unter besonderer Berücksichtigung der Beteiligung von Berufsfremden, 2008; *Ruff* Die anwaltliche Kooperation auf nationaler Ebene, 2011.

Die verstetigte Zusammenarbeit, die nicht auf die gemeinschaftliche Mandatsbearbeitung oder Organisation eines Büros gerichtet ist, wird „Kooperation" (vgl. § 8 S. 1 BORA a.F.) bzw. „andere berufliche Zusammenarbeit" (vgl. § 8 S. 2 BORA) genannt[48]. Die Kooperation ist gegenüber dem Mandanten (bloße) **Innengesellschaft**; sie kann nicht als solche mandatiert werden, sondern nur alle Kooperationspartner nebeneinander. 38

In der Praxis herrschen zwei Formen vor: Zum einen die Zusammenarbeit von Berufsträgern bzw. Berufsausübungsgemeinschaften untereinander. Sie werden oft als „Allianzen" oder international als „Best Friends" bezeichnet und dienen meist der **gemeinsamen Mandatsakquise** oder der **internen Mandatsvermittlung**. Auch die früher sehr verbreitete **Kooperation mit Korrespondenzanwälten** zählt hierzu. Zum andern können Berufsträger eine „Kooperation" bzw. „andere berufliche Zusammenarbeit" **mit nicht-sozietätsfähigen Berufen** eingehen, z.B. mit Rechtslehrern (vgl. § 8 S. 2 BORA). 39

Die Zusammenarbeit mit nicht-sozietätsfähigen Personen kann **jede gesellschaftsrechtliche Form** haben[49]; in der Praxis herrscht die GbR vor. Sie kann einen (Firmen-)Namen[50] und eine Kurzbezeichnung (§ 9 BORA) tragen, und sie darf beworben werden (vgl. § 8 S. 2 BORA). Möglich sind **Shop in Shop**-Modelle, bei denen die (selbständige) berufliche Niederlassung im räumlichen Zusammenhang mit den nicht-sozietätsfähigen Personen steht[51]. Oder es kann eine solche Kooperation dann **einer Berufsausübungsgemeinschaft angenähert** sein; allerdings ergeben sich Grenzen aus dem wettbewerbsrechtlichen Irreführungsverbot und seit 2011 auch aus dem Berufsrecht[52] (§ 8 S. 2 a.E. BORA). Zudem ist es verboten, über solche Kooperationen nicht-sozietätsfähige Personen am wirtschaftlichen Erfolg der Tätigkeit als Rechtsanwalt, Patentanwalt oder Steuerberater teilhaben zu lassen (§ 27 S. 1 BORA). Infolge der BRAO-Reform 2021 dürften diese Beschränkungen jedoch an Bedeutung verloren haben, da nun alle Freien Berufe sozietätsfähig sind (→ Rn. 8). 40

IV. Franchising

Heintze Rechtsanwalts-Franchising, 2003; *ders.* Franchising im Rechtsanwaltsmarkt, NJW 2003, 2888 ff.; *Kopp* Anwaltsfranchising – Berufsausübungsform zwischen Sozietät und Kooperation, BRAK-Mitt. 2004, 154 ff.; *Martinek* McLaw's – Franchising in der Anwaltschaft, AnwBl. 2001, 3 f.; *Siegmund* Franchising für Rechtsanwälte, NJW 2004, 1635 ff.

---

48 Henssler/Streck/*Deckenbrock* SozietätsR-HdB Kap. M Rn. 19.

49 Auf europäischer Ebene kann eine Kooperation auch die Form einer Europäischen Wirtschaftlichen Interessenvereinigung (EWIV) haben (vgl. § 8 S. 2 BORA a.F.).

50 Missverständlich, weil nur vom Anwaltlichen Berufsrecht her gedacht, *Hornung*, Rechtliche Rahmenbedingungen für die Tätigkeit freier Mediatoren, 2006, S. 354.

51 *Otting*, Rechtsdienstleistungen, 2008, Rn. 512 (zu Architekturbüros).

52 So schon AnwGH Celle Beschl. v. 27.4.2006 – AGH 18/05, AnwBl. 2007, 791 (792) (Verbot der Scheinsozietät mit nicht sozietätsfähigem Berufsträger); anders zu § 8 S. 1 BORA a.F. noch die Erstaufl. 2006, S. 158.

41 Mit Franchising-Modellen – im Anwaltsbereich zuweilen als „McLaw“[53] bezeichnet – wird versucht, Skaleneffekte und **Rationalisierungspotential** auch für kleinere Marktteilnehmer zu verwirklichen und ihnen die Möglichkeit zur **Markenbildung** zu geben[54]. Die **grundsätzliche Zulässigkeit** solcher Systeme wird nicht mehr bestritten[55]. Manche verschwiegenheits- und namensrechtliche Einzelfrage harrt aber noch einer Klärung.

V. Genossenschaft

Feuchtwanger Freie Berufe, 1922, S. 352–360.

42 Abgesehen von der DATEV ist weder die Genossenschaft nach GenG noch die Societas Cooperativa Europaea (SCE)[56] eine gebräuchliche Organisationsform für Berufsträger. Dabei sind zur **Förderung der Geschäftsinteressen** der Genossen „mittels gemeinschaftlichen Geschäftsbetriebs“ (§ 1 Abs. 1 GenG) Dienstleistungsgenossenschaften als Dachverband einer Gruppe von Berufsträgern durchaus möglich[57].

C. Wechsel der Berufsausübungsgemeinschaft

Heukamp Vertraglicher Konkurrenzschutz zwischen Rechtsanwälten, 2011; *Pieronczyk* Auflösung und Ausscheiden einzelner Gesellschafter bei Rechtsanwaltssozietäten, 2020, S. 93 ff.; *Römermann* Auflösung und Abspaltung bei Anwaltssozietäten, NJW 2007, 2209 ff.; *Weipert* Gesellschaftsrechtliche Aspekte des Sozietätswechsels, AnwBl. 2005, 93 ff.

43 Der Wechsel von Gesellschaftern (Partnern) zu einer anderen Berufsausübungsgemeinschaft ist – anders als früher – **heutzutage durchaus üblich**[58]. Auch die Zugehörigkeit zu mehr als einer Berufsausübungsgemeinschaft ist nach der Zulassung von Sternsozietäten (→ Kap. 10 Rn. 23) nun möglich.

I. Austritt

Hülsmann Anwaltssozietät – Rechtsprechungsreport zu Austrittsfolgen, NZG 2001, 625 ff.; *Westermann* Rechtsfolgen des Ausscheidens aus einer Freiberufler-Sozietät, AnwBl. 2007, 103 ff.

44 Das Ausscheiden aus einer Berufsausübungsgesellschaft bestimmt sich zunächst nach den allgemeinen gesellschaftsrechtlichen Kriterien. Wegen der für Freiberufler unerlässlichen vertrauensvollen Zusammenarbeit kann ungeschrieben ein **ordentliches Kündigungs- bzw. Ausschließungsrecht** anstelle der Auflösung oder des Ausschlusses (§ 727 BGB) bestehen[59]. Ein **Kündigungsrecht des einzelnen Gesell-**

---

53 Begriff von *Martinek* AnwBl. 2001, 3 (3).

54 *Heintze*, Rechtsanwalts-Franchising, 2003; *Heintze* NJW 2003, 2888 ff.

55 Für eine Zulässigkeit AnwGH Hamburg Beschl. v. 17.12.2003 – II ZU 5/03, NJW 2004, 371 (372 f.) – Legitas. Bedenken hinsichtlich Irreführung *Siegmund* NJW 2004, 1635 (1637 f.), und *Kopp* BRAK-Mitt. 2004, 154 (155 f.).

56 Geschaffen wurde diese Rechtsform der Europäischen Genossenschaft durch die VO 1435/2003/EG.

57 Vgl. Hartung/Scharmer/*v. Wedel* BRAO vor § 59c Rn. 72; *Heintze*, Rechtsanwalts-Franchising, 2003, S. 117.

58 Zum Wechsel des anwaltlichen Arbeitnehmers → Kap. 12 Rn. 26 ff.

59 BGH Urt. v. 8.3.2004 – II ZR 165/02, ZIP 2004, 903 (905 f.).

schafters usw. ergibt sich zumal vor dem Hintergrund der Berufsfreiheit der beteiligten Berufsträger, die das Ausscheiden aus der Berufsausübungsgesellschaft miteinschließt[60]. Der Austritt ist grundsätzlich jederzeit möglich, kann aber für bestimmte Zeiträume ausgeschlossen oder auf bestimmte Stichtage begrenzt werden (vgl. § 725 Abs. 1 BGB, § 132 Abs. 1 HGB). Auch Kündigungsfristen sind möglich[61]. Die Kündigung aus wichtigem Grund (§ 725 Abs. 2 BGB) kann gem. § 725 Abs. 6 BGB nicht abbedungen werden.

Dem austretenden Gesellschafter steht grundsätzlich ein **Abfindungsanspruch** zu. 45
Dieser bemisst sich nach dem Wert des Gesellschaftsanteils an der Berufsausübungsgesellschaft, ist aber mit Blick auf „mitgenommene" Mandanten nach unten und hinsichtlich gegebenenfalls vereinbarter Wettbewerbsbeschränkungen nach oben anzupassen[62].

II. Haftung

Die **(nachwirkende) Haftung** des ausscheidenden Gesellschafters bestimmt sich 46
gem. § 728b BGB bzw. § 137 HGB[63]. Um nicht auch weiter aus **Rechtsschein**gründen zu haften, muss das Ausscheiden bekanntgemacht werden. Hierbei bestehen Mitwirkungs- und Duldungspflichten der Berufsausübungsgesellschaft (§ 32 Abs. 1 S. 4 u. 5 BORA). Wann das Ausscheiden und die neue Adresse der neuen beruflichen Niederlassung nach außen getragen werden dürfen, ist umstritten[64].

III. Werbung und Wettbewerbsbeschränkungen

Becker Zulässigkeit und Wirksamkeit von Konkurrenzklauseln zwischen Rechtsanwälten, 1990; *Heukamp* Vertraglicher Konkurrenzschutz zwischen Rechtsanwälten, 2011; *Kleine-Cosack* Berufsfreiheit beim Kanzleiwechsel, AnwBl. 2005, 95 ff.; *Storf* Nachvertragliche Wettbewerbsverbote bei den freien Berufen, 2007.

Nach § 32 Abs. 1 u. 2 BORA, § 21 Abs. 3 BOPA und § 26 Abs. 1 BOStB können 47
sich die sich trennenden Gesellschafter über die zukünftige Zuständigkeit für die vormals gemeinsamen Mandanten einigen[65]. Wegen der grundsätzlich bestehenden Werbefreiheit kann der ausscheidende Berufsträger, soweit keine Treuepflicht oder Wettbewerbsabrede entgegensteht, auch **Mandanten seiner ehemaligen Berufsausübungsgesellschaft abwerben**[66]. Durch seine Verschwiegenheitspflicht ist er daran nicht gehindert, wenn er die Kenntnisse hinsichtlich eines Mandats befugt erlangt hat. Interne **Adresslisten und andere Sozietätsgeheimnisse** dürfen aber aus wettbewerbsrechtlichen Gründen oder aufgrund (nachwirkender) gesellschaftsrechtlicher Bindungen nicht mitgenommen und verwertet werden[67].

60 BGH Urt. v. 18.9.2006 – II ZR 137/04, NJW 2007, 295 (296).
61 S. aber BGH Urt. v. 18.9.2006 – II ZR 137/04, NJW 2007, 295 f. (zu einem Ausschluss der Kündigung für 30 Jahre).
62 Vgl. BGH Urt. v. 8.5.2000 – II ZR 308/98, NJW 2000, 2584 (2585); ausführlich *Römermann* NJW 2007, 2209 (2213 f.).
63 *Kopp* BRAK-Mitt. 2004, 154 (155).
64 Vgl. ArbG Schwerin Urt. v. 16.5.2001 – 6 Ca 3731/00, AnwBl. 2002, 56 (57); *Kleine-Cosack* AnwBl. 2005, 95 (96 f.).
65 Ausführlich *Römermann* NJW 2007, 2209 (2211 f.).
66 *Kleine-Cosack* AnwBl. 2005, 95 (96 f.).
67 *Kleine-Cosack* AnwBl. 2005, 95 (97).

48 Der Sozietäts- oder Gesellschaftsvertrag kann ein **nachvertragliches Wettbewerbsverbot** enthalten. Ein solches darf jedoch zwei Jahre nicht überschreiten, soll es nicht gegen § 138 BGB verstoßen[68]. Auch hinsichtlich der räumlichen[69] und sachlichen Bestimmtheit sowie einer angemessenen[70] **Karenzentschädigung** wird man sich an den Wertungen des § 90a HGB orientieren können[71]. Allerdings ist zu berücksichtigen, dass diese Entschädigung für leitende Angestellte und Organwalter niedriger sein kann[72].

IV. Neueintritt und Interessenkollision

Dahns § 3 BORA und die Sozietätswechsler, NJW-Spezial 2012, 574 f.; *M. Kilian* Interessenkonflikte beim Sozietätswechsel: Verbot der Vertretung widerstreitender Interessen contra Berufsfreiheit, BB 2003, 2189 ff.

49 Der Wechsel eines Gesellschafters zu einer anderen Berufsausübungsgemeinschaft kann bei dieser zu Interessenkonflikten führen. Die **formale Sichtweise** des § 3 Abs. 2 BORA a.F., der an die bloße Zugehörigkeit zu der einen und der anderen Berufsausübungsgemeinschaft anknüpfte, trug Art. 12 GG nicht hinreichend Rechnung und war deshalb **verfassungswidrig**[73].

50 Nach den heute geltenden § 3 Abs. 3 BORA und § 5 Abs. 3 BOPA „infiziert" der eintretende Sozius die neue Berufsausübungsgemeinschaft (nur) mit den **Mandaten, mit denen er bisher persönlich befasst** gewesen war[74]; das Steuerberaterrecht ist hinsichtlich des Interessenkonflikts zurückhaltender (→ Kap. 5 Rn. 45 ff.) und verzichtet auf eine ausdrückliche Regelung. Nach dem Wortlaut des § 3 Abs. 3 i.V.m. § 3 Abs. 2 S. 2 BORA bzw. § 5 Abs. 3 i.V.m. § 5 Abs. 2 S. 2 BOPA besteht für die aufnehmende Berufsausübungsgemeinschaft dann nur die Möglichkeit, unter den dort beschriebenen Voraussetzungen die **Einwilligung der betroffenen Mandanten**[75], also auch der Altmandanten, einzuholen. Lässt man über den Wortlaut des § 3 Abs. 2 S. 2 BORA bzw. des § 5 Abs. 2 S. 2 BOPA hinaus andere Möglichkeiten zu, einen Interessenkonflikt zu vermeiden (→ Kap. 5 Rn. 27 f.), etwa **informationelle Abschottungen** (Chinese Walls), kann so die „Infektion" ausgeschlossen werden. Teilweise wird ein Verstoß gegen das Verbot der Interessenkollision auch nur dann angenommen, wenn der wechselnde Anwalt die Kollision kannte oder hätte kennen müssen[76].

51 Ansonsten bleibt der aufnehmenden Berufsausübungsgemeinschaft nur das **Niederlegen aller betroffenen Mandate**. Für Steuerberater mag ähnliches gelten, wenn

---

68 BGH Urt. v. 29.9.2003 – II ZR 59/02, NJW 2004, 66 (66 f.); BGH Urt. v. 16.10.1989 – II ZR 2/89, BB 1990, 11 m.w.N. – Die Verwirklichung eines entsprechenden Schutzes ist mangels einer speziellen gesetzlichen Regelung für Sozien Aufgabe der (zivilrechtlichen) Generalklauseln und des Richters (BVerfG Beschl. v. 7.2.1990 – 1 BvR 26/84, BVerfGE 81, 242 (255 f.) – Handelsvertreter).

69 Dazu *Morawietz* NJOZ 2008, 3813 (3815 ff.) m.w.N. aus der Rspr.

70 Zur Bedeutung des Goodwills für die Bemessung der Entschädigung OLG Celle Urt. v. 16.5.2007 – 9 U 46/07, BRAK-Mitt. 2007, 180 (181).

71 Die Rechtsprechung erwähnt den § 90a HGB in den Entscheidungen nicht, wendet aber gleichwohl dessen Maßstäbe an (vgl. BGH Urt. v. 8.5.2000 – II ZR 308/98, NJW 2000, 2584 (2584 f.); BGH Urt. v. 29.9.2003 – II ZR 59/02, NJW 2004, 66 (66 f.)).

72 Vgl. BGH Urt. v. 26.3.1984 – II ZR 229/83, BGHZ 91, 1 (3 ff.).

73 BVerfG Beschl. v. 3.7.2003 – 1 BvR 238/01, BVerfGE 108, 150 (158 ff.) – Sozietätswechsler.

74 Zur vergleichbaren Situation beim Wechsel angestellter Anwälte → Kap. 12 Rn. 26 ff.

75 Zur Diskussion, ob nur der Altmandant einwilligen muss, *Saenger/Riße* MDR 2006, 1385 (1387 f.).

76 LG Karlsruhe Urt. v. 6.10.2016 – 10 O 219/16, AnwBl. 2017, 91.

der Wechsel zu Zweifeln an der beruflichen Unabhängigkeit (§ 57 Abs. 1 Var. 1 StBerG) Anlass gibt.

D. Fusion von Berufsausübungsgesellschaften

52 Beim Zusammenschluss von Berufsausübungsgemeinschaften von Rechtsanwälten gilt § 3 Abs. 2 BORA, nicht § 3 Abs. 3 BORA[77], bei Patentanwälten § 5 Abs. 2 BOPA, nicht § 5 Abs. 3 BOPA; nach einem „Merger" gelten die **beiden Berufsausübungsgemeinschaften als eine**, nicht lediglich als Gesamtmenge der Berufsträger. Für Steuerberater gilt, dass durch einen Zusammenschluss die Unabhängigkeit bei der Hilfeleistung in Steuersachen nicht beeinträchtigt werden darf (vgl. § 6 Abs. 2 BOStB); eine spezifische Regelung jedoch fehlt insoweit im Steuerberaterrecht (→ Kap. 5 Rn. 52).

E. Auflösung und Abwicklung von Berufsausübungsgesellschaften

Dahns Das Ende einer beruflichen Zusammenarbeit, NJW-Spezial 2016, 254 f.; *Pieronczyk* Auflösung und Ausscheiden einzelner Gesellschafter bei Rechtsanwaltssozietäten, 2020, S. 76 ff.; *Schwärzer* Anwaltsgesellschaften und Abwicklung, BRAK-Mitt. 2009, 259 ff.

53 Berufsausübungsgesellschaften können auf zweierlei Weise aufgelöst werden: entweder durch die gesellschaftsrechtliche **Liquidierung** oder durch das **Ändern des Gesellschaftszwecks** in einen nicht-anwaltlichen bzw. nicht-steuerberaterlichen. Jeweils müssen aber die Mandate – wie bei der Abwicklung einer einzelnen beruflichen Niederlassung (→ Kap. 10 Rn. 25) – geordnet beendet werden, so dass auch hier regelmäßig ein Abwickler bestellt werden muss.

77 *Saenger/Riße* MDR 2006, 1385 (1386).

Kapitel 12: Arbeitsrecht

Beck Der Anstellungsvertrag des Rechtsanwalts mit der Anwaltskanzlei, AnwBl. 2015, 215 ff.; *Bohle* Verträge mit juristischen Mitarbeitern, 2. Aufl. 2002; *Eich* Leadership für Rechtsanwälte, 2021; *Stehmann* Beschäftigungsverhältnisse unter Rechtsanwälten, 1989; *v. Steinau-Steinrück* Kanzlei und angestellter Anwalt – wie viel Arbeitsrecht gilt?, AnwBl. 2008, 90 ff.; *Wettlaufer* Angestellter oder freier Mitarbeiter?, AnwBl. 1989, 194 ff.

1 Formen der Zusammenarbeit gibt es nicht nur auf gesellschaftsrechtlicher Ebene, sondern auch auf der des Arbeits- und sonstigen Dienstvertragsrechts. Dass Anwälte und Steuerberater einem **Freien Beruf** angehören, schließt nicht aus, dass sie ihn in einem Mitarbeiter- oder Angestelltenverhältnis ausüben[1] (§ 46 Abs. 1 BRAO; § 41a PAO; § 58 Abs. 1 S. 1 StBerG). Die BORA sprach in § 3 Abs. 2[2] insoweit von einer „gemeinschaftlichen Berufsausübung in anderer Weise" als in Sozietät.

A. Angestellte Berufsträger

Compensis Die Fürsorgepflichtverletzung im Anwaltsarbeitsverhältnis, BB 1996, 321 ff.; *Fuhrmann*, Rechtsstellung des angestellten Rechtsanwalts, 1989; *Knöfel* Der Berufsstatus angestellter Rechtsanwälte, Beilage zu NJW 5/2006, 20 ff.; *Lingemann/Winkel* Der Anstellungsvertrag des Rechtsanwalts, NJW 2009, 343 f., 483 f., 817 f., 966 f., 1574 f., 2185 ff.; *Löw* Rechte und Pflichten des angestellten Rechtsanwalts, MDR 2006, 913 ff.

2 Anstellungsverhältnisse können bei Berufsträgern **von Teilzeitbeschäftigungen bis zur Quasi-Partnerstellung**[3] reichen. Auch Volljuristen ohne eine Anwaltszulassung können von einem Anwalt angestellt werden. Vergleichbares gilt für Patentassessoren und angehende Steuerberater noch ohne abgelegte Steuerberaterprüfung.

3 Für angestellte Berufsträger gelten die **allgemeinen arbeitsrechtlichen Vorschriften** einschließlich des Beschäftigtendatenschutzes (§ 26 BDSG), darüber hinaus **besondere Vorschriften des Berufsrechts** (§ 26 BORA; § 22 BOPA), die die Vergütung, Fortbildungsmöglichkeiten, Haftungsrisiken und die beschränkte Möglichkeit von Wettbewerbsabreden regeln. Verstöße können nach den allgemeinen zivilrechtlichen Kriterien zur Nichtigkeit nach § 138 BGB[4] führen, was aber bei Arbeitsverhältnissen oft in einem dann (faktischen) Arbeitsverhältnis aufgefangen wird. Dagegen sind die beschäftigungsrechtlichen Vorschriften des Berufsrechts kein Verbotsgesetz i.S.d. § 134 BGB[5].

---

1 So noch *Biermann* AnwBl. 1929, 337 f., im Anschluss an Anwaltsverein Hamm (a.a.O., S. 338); dazu *Lion-Levy* AnwBl. 1930, 67–69; vgl. auch schon *Feuchtwanger*, Freie Berufe, 1922, S. 342 f.

2 Die Vorschrift ist inzwischen als verfassungswidrig aufgehoben worden (BVerfG Beschl. v. 3.7.2003 – 1 BvR 238/01, NJW 2003, 2520 (2521)), allerdings nicht wegen dieser Definition.

3 Die Bezeichnung einer solchen Stellung variiert. In Sozietäten mit angelsächsischem Hintergrund ist die Bezeichnung „Local Partner" oder „Non-Equity Partner" verbreitet; vorgeschlagen wurde auch die Benennung als „fixierter Sozius" (*Stehmann*, Beschäftigungsverhältnisse unter Rechtsanwälten, 1989, S. 202).

4 *Steinkraus*, Anwaltliche Berufsordnung und Zivilrecht, 2004, S. 184–187.

5 So zum Anwaltlichen Berufsrecht *Kleine-Cosack* BORA § 26 Rn. 3, § 59b BRAO Rn. 24; *Steinkraus*, Anwaltliche Berufsordnung und Zivilrecht, 2004, S. 97–128; *Hümmerich* AnwBl. 2005, 77 (78); vgl. aber BGH Urt. v. 22.1.1986 – VIII ZR 10/85, NJW 1986, 2360 (2361); Palandt/*Ellenberger* BGB § 134 Rn. 2.

I. Direktionsrecht des Arbeitgebers

Es besteht eine Spannung zwischen der weisungsabhängigen Stellung eines Angestellten und dem **Ideal des Berufsträgers als freiberuflich und unabhängig** (→ Kap. 2 Rn. 3 ff. u. Rn. 9 ff.). Doch sind angestellte Berufsträger im Gesetz (§ 46 Abs. 1 BRAO, § 26 BORA; § 41a PAO, § 22 BOPA; § 58 Abs. 1 S. 1 StBerG, § 18 BOStB) und zuvor schon lange in der Praxis anerkannt[6]. 4

Es ist eine Besonderheit des Arbeitsverhältnisses eines Berufsträgers, dass der Arbeitgeber dem angestellten Berufsträger, der „unabhängig" i.S.d. Berufsrechts bleibt, **keine inhaltlichen Weisungen bei der Mandatsarbeit** geben darf. Zwar haftet der Arbeitgeber letztlich für Fehler seines Angestellten, doch beschränkt sich sein Direktionsrecht auf das Ob eines Mandats, umfasst also nicht das Wie[7]. Ist der Arbeitgeber inhaltlich mit der Art und Weise oder den Ergebnissen des angestellten Berufsträgers nicht einverstanden, kann er ihm lediglich eine andere Tätigkeit zuweisen oder ihm – bei Vorliegen der sonstigen Voraussetzungen – kündigen. Ein angestellter Berufsträger ist u.U. dem Mandanten stärker verpflichtet als seinem Arbeitgeber[8]. 5

Auch sonst muss das Direktionsrecht nach billigem Ermessen (§ 315 BGB) ausgeübt werden[9]. Z.B. kann das **Verbot von Mandantenkontakten unbillig** sein. 6

II. Arbeitszeit

Knöfel Überstundenausgleich für angestellte Rechtsanwälte, AnwBl. 2012, 153 f.

Die Bestimmungen des Arbeitszeitrechts gelten nach § 18 Abs. 1 Nr. 1 ArbZG, § 5 Abs. 3 BetrVG nicht für **leitende Angestellte**. Angestellte Berufsträger wird man in Abhängigkeit von ihrem Tätigkeitsfeld und ihrer Selbständigkeit unter diese Normen subsumieren können[10]. In der Praxis jedenfalls spielt das ArbZG keine Rolle[11], bei entsprechendem (Grund-)Gehalt müssen **Überstunden** nicht ausgeglichen werden[12]. 7

III. Haftung

Angestellte Berufsträger haften dem Mandanten gegenüber **nicht aus Vertrag**, weil sie nicht Partei des Mandatsvertrags sind. Auch eine **deliktische Haftung** – etwa wegen Untreue oder Unterschlagung – wird regelmäßig nicht gegeben sein; eine Sachwalterhaftung scheidet nach der Rechtsprechung ebenfalls weitgehend aus[13]; 8

---

6 *Schautes*, Anwaltliche Unabhängigkeit, 2005, S. 256 ff.; vgl. auch BGH Beschl. v. 10.11.1975 – AnwZ (B) 9/75, BGHZ 65, 238 (241); *Stehmann*, Beschäftigungsverhältnisse unter Rechtsanwälten, 1989, S. 58–75.

7 Enger *Peitscher*, Anwaltsrecht, 3. Aufl. 2021, Rn. 411.

8 Vgl. AnwG Köln Beschl. v. 20.5.2009 – 10 EV 330/07, AnwBl. 2009, 792 (793 f.).

9 ArbG Düsseldorf bei *Hümmerich* AnwBl. 2005, 77 (79).

10 Differenzierend und auf die tatsächliche Tätigkeit abstellend BAG Beschl. v. 29.6.2011 – 7 ABR 5/10, AnwBl. 2012, 461 (462); vgl. BAG Beschl. v. 28.1.1975 – 1 ABR 52/73, BAGE 27, 13 (20 f.) (zu angestelltem Wirtschaftsprüfer); LAG Berlin Urt. v. 25.1.1988 – 9 Sa 108/87, WM 1988, 1519 (1522) (zu Syndikus mit Prokura).

11 *Römermann/Hartung*, AnwBerufsR, 3. Aufl. 2018, § 22 Rn. 11.

12 BAG Urt. v. 17.8.2011 – 5 AZR 406/10, AnwBl. 2011, 953 (954 f.); differenzierend *Beck* AnwBl. 2015, 215 (216 f.).

13 *Vollkommer/Greger/Heinemann*, AnwaltshaftungsR, 5. Aufl. 2021, § 5 Rn. 36 f.

nur ausnahmsweise, etwa wegen einer **Legal Opinion**[14], kommt eine unmittelbare Haftung (auch) des angestellten Berufsträgers in Betracht, wenn insoweit ein selbständiger rechtlicher Haftungsgrund vorliegt. Im Innenverhältnis zwischen Arbeitgeber und angestelltem Berufsträger kann Regress genommen werden[15], wobei die allgemeinen arbeitsrechtlichen Regeln („innerbetrieblicher Schadensausgleich", früher „gefahrengeneigte Arbeit") zu beachten sind.

9 Nicht selten besteht eine **Rechtsscheinshaftung**, wenn ein angestellter Berufsträger nach außen – z.B. durch Aufnahme auf den Briefkopf[16] oder durch die Gestaltung des Kanzleischilds oder auch der Büroräume[17] – als Partner erscheint (**Scheinsozius**, → Kap. 9 Rn. 26).

10 Die von einem angestellten Berufsträger betreuten Mandate sind praktisch über die Haftung und damit auch die **Berufshaftpflichtversicherung** der Arbeitgeber (Partner oder Berufsausübungsgesellschaft) abgedeckt. Dennoch benötigen angestellte Anwälte wegen § 51 Abs. 1 S. 1 BRAO und § 45 Abs. 1 S. 1 PAO eine eigene Versicherung, die dann Einzelmandate, Pflichtverteidigungen und Mandate in Nebentätigkeit abdeckt; angestellte Steuerberater sind von der Berufshaftpflichtversicherungspflicht befreit (vgl. § 67 Abs. 1 StBerG)[18].

IV. Briefkopf

11 Ein angestellter Berufsträger, der auf dem Briefkopf erscheint, kann von dort nur einvernehmlich oder **nach einer Änderungskündigung entfernt** werden[19].

V. Fortbildung

12 Nach § 26 Abs. 1 S. 2 lit. c BORA und § 22 Abs. 1 S. 2 lit. c BOPA muss dem angestellten Anwalt **Gelegenheit zur Fortbildung** gewährt werden; für Steuerberater ergibt sich dies als individualarbeitsrechtliches Korrelat zu der Fortbildungspflicht nach § 57 Abs. 2a StBerG. Ein Anspruch auf **finanzielle Beteiligung des Arbeitgebers** besteht allerdings nicht.

VI. Entgelt

Henssler Die Vergütung angestellter Junganwälte – „Kinderarbeit im Haifischbecken?", MDR 2002, 315 ff.; *Sagel* Die Beschäftigung des Rechtsanwalts zu angemessenen Bedingungen, 2007; *dies.* Wie angestellte Junganwälte angemessen vergüten, AnwBl. 2008, 126 ff.; *Seul* Advokatur und Ausbeutung – Die Missachtung des § 26 BerufsO in der etablierten Anwaltschaft, NJW 2002, 197 f.

---

14 *Maier-Reimer* NJW 2014, 2613 (2615 f.).

15 Ein Schadensersatzanspruch gegen einen angestellten Anwalt kann auch bei einer isolierten Schädigung des Arbeitgebers, etwa durch einen berufsrechtswidrigen Honorarverzicht (vgl. OLG Düsseldorf Beschl. v. 13.3.2007 – 24 U 161/06, BRAK-Mitt. 2007, 282 (282 f.)), entstehen.

16 Zu den berufsrechtlichen Folgen BGH Urt. v. 23.9.1992 – I ZR 150/90, NJW 1993, 196 (198 f.); zu den wettbewerbsrechtlichen Folgen OLG Hamm Beschl. v. 13.7.1991 – 4 U 97/91, DStR 1991, 1544.

17 OLG Köln Urt. v. 17.12.2002 – 22 U 168/02, NJW-RR 2004, 279 (280).

18 *Koslowski* StBerG § 67 Rn. 7 m.w.N.

19 LAG Düsseldorf Urt. v. 8.10.2003 – 12 (9) Sa 1034/03, AnwBl. 2004, 187 (187 f.).

Nach § 26 Abs. 1 S. 2 lit. a BORA und § 26 Abs. 1 S. 2 lit. a BOPA muss angestellten Berufsträgern ein **angemessenes Entgelt** gewährt werden; für angestellte Assessoren gilt diese Norm entsprechend[20]. Dies stellt eine berufsrechtliche Ergänzung und Spezifizierung des allgemeinen Mindestlohns (§ 1 MiLoG) dar. Als allgemeine Faustregel für Lohnwucher gilt, dass dieser nicht mehr als ein Drittel unter dem (örtlich) üblichen Entgelt liegen darf, was auch für Berufsträger gilt[21]. 13

In den Neunziger Jahren waren etwa 3 000 DM pro Monat für einen Berufsanfänger als angemessen angesehen worden[22], heute nimmt man hierfür 2 500 € an[23], 1 000 € sind jedenfalls zu wenig[24], schon weil der gesetzliche Mindestlohn (bei einer Wochenarbeitszeit von 40 Stunden) bald 1 700 € und mehr beträgt. Berufsrechtlich ist hinsichtlich der **Angemessenheit** zu bedenken, dass ein geringqualifizierter Rechtsanwalt allgemein nicht weniger verdienen sollte als Rechtsanwalts(fach)angestellte[25]. 14

Das Arbeitsentgelt kann, wie § 27 S. 2 BORA zeigt, durchaus erfolgsabhängig sein[26]. Übernimmt der Arbeitgeber die **Berufshaftpflichtversicherung** für angestellte Anwälte (§ 51 BRAO; § 45 PAO) oder Kammerbeiträge des angestellten Berufsträgers, ist dies auch in dessen Interesse und damit lohnsteuerrechtlich Arbeitslohn[27]. Entsprechendes gilt für **Mitgliedsbeiträge zu Vereinen und Verbänden**[28]. Der BFH hat diese Grundlinie bestätigt, allerdings klargestellt, dass jedenfalls mit Blick auf die Berufshaftpflichtversicherung zu differenzieren ist. Im Interesse des angestellten Berufsträgers liegt nämlich lediglich der Mindestversicherungsschutz. Da er zivilrechtlich nicht nach außen haftet, profitiert er selbst von einem darüber hinausgehenden Versicherungsschutz der Berufsausübungsgesellschaft nicht. Die darauf anfallenden Prämien sind demnach auch nicht als Arbeitslohn zu qualifizieren[29]. 15

Verstöße gegen die berufsrechtlichen Entgeltvorgaben haben allerdings erst dann eine arbeitsrechtliche Folge, wenn es sich nach § 138 BGB um **Lohnwucher** handelt oder der **Mindestlohn unterschritten** wird; bei Mindestlohnunterschreitungen besteht zudem die Gefahr der (Mit-)Haftung des Mandanten (§ 13 MiLoG i.V.m. § 14 AEntG)[30]. Ansonsten kommen nur berufsrechtliche Sanktionen gegen den Arbeitgeber in Betracht. 16

20 OLG Hamm Beschl. v. 27.3.2003 – 4 Ws 94/03, BRAK-Mitt. 2003, 244 (Ls.).

21 BAG Urt. v. 17.12.2014 – 5 AZR 663/13, BRAK-Mitt. 2015, 190 (192).

22 ArbG Bad Hersfeld Urt. v. 4.11.1998 – 2 Ca 255/98, BRAK-Mitt. 2000, 147 (150); LAG Frankfurt a.M. Urt. v. 28.10.1999 – 5 Sa 169/99, BRAK-Mitt. 2000, 151 (151).

23 Vgl. AnwGH Hamm Beschl. v. 2.11.2007 – 2 ZU 7/07, NJW 2008, 668 (670) m.w.N.; *Peitscher*, Anwaltsrecht, 3. Aufl. 2021, Rn. 415.

24 BGH Beschl. v. 30.11.2009 – AnwZ (B) 11/08, AnwBl. 2010, 439 (440).

25 BGH Beschl. v. 30.11.2009 – AnwZ (B) 11/08, AnwBl. 2010, 439 (441).

26 Zur Anwendbarkeit dieser Norm auch auf Freie Mitarbeiter BGH Beschl. v. 1.8.2007 – III ZR 56/07, NJW 2007, 2856 (2856 ff.); zur Rechtswidrigkeit des § 27 BORA mangels Ermächtigungsgrundlage vgl. Henssler/Prütting/*Hartung* BORA § 27 Rn. 7.

27 BFH Urt. v. 26.7.2007 – VI R 64/06, NJW 2007, 3088; *Sterzinger* NJW 2010, 3078 ff.

28 Differenzierend BFH Urt. v. 12.2.2009 – VI R 32/08, NJW 2009, 1631 (1631 f.).

29 BFH Urt. v. 1.10.2020 – VI R 11/18, DStR 2021, 334.

30 Umstritten ist freilich, ob die Haftung nach § 14 AEntG nur einen Generalunternehmer trifft oder jeden Werkunternehmer und Dienstleister (Überblick bei *Bayreuther* NZA 2015, 961 ff.).

VII. Berufliche Niederlassung

17 Angestellte Berufsträger können ihren **Kanzleisitz in den Räumen des Arbeitgebers** nehmen. Dessen Ausstattung ist dann zugleich ihre Kanzleiausstattung[31].

18 Die Einrichtung der beruflichen Niederlassung beim Arbeitgeber begründet **keinen besonderen Gerichtsstand des Berufsträgers**. Für § 20 ZPO fehlt es, wenn der Berufsträger abendlich heimkehrt[32], an der längeren Dauer, für § 21 ZPO an der selbständig geführten Niederlassung.

VIII. Nebentätigkeit

19 Ein angestellter Berufsträger darf in entsprechender Anwendung der §§ 60, 61 HGB **ohne Zustimmung des Arbeitgebers keine eigenen Mandanten** betreuen oder für andere Arbeitgeber arbeiten[33], auch nicht außerhalb der Arbeitszeit[34].

20 Erklärt der Arbeitgeber sein Einverständnis mit einer weiteren Tätigkeit, kann der Berufsträger diese in seiner beruflichen Niederlassung, die sich regelmäßig in den Räumen des Arbeitgebers befindet, ausüben. Es ist zudem möglich, eine Zweigstelle an einem anderen Ort (etwa der eigenen Wohnung) als separate **„eigene Kanzlei"** zu errichten[35] oder mit anderen Berufsträgern eine Berufsausübungsgemeinschaft (Sternsozietät) einzugehen. Aus Sicht des Arbeitgebers gilt es dabei freilich zu bedenken, dass die Ausübung anwaltlicher Nebentätigkeiten durch Angestellte stets das Risiko neuer Interessenkollisionen mit sich bringt, die sich wegen § 3 Abs. 2 BORA und § 5 Abs. 2 BOPA auf die gesamte Berufsausübungsgemeinschaft auswirken können.

IX. Beendigung des Arbeitsverhältnisses

Beck Der Anstellungsvertrag des Rechtsanwalts mit der Anwaltskanzlei, AnwBl. 2015, 215 ff.; *Becker* Zulässigkeit und Wirksamkeit von Konkurrenzklauseln zwischen Rechtsanwälten, 1990; *Hümmerich* Beendigung von Arbeitsverhältnissen angestellter Anwälte, AnwBl. 2005, 77 ff.

21 Stärker als in vielen anderen Rechtsverhältnissen wirkt das Arbeitsverhältnis von Berufsträgern über seine Beendigung hinaus. Insbesondere besteht die **Verschwiegenheitspflicht** fort (§ 2 Abs. 2 BORA; § 4 Abs. 2 BOPA; § 5 Abs. 5 BOStB).

1. Frustrierte Aufwendungen

22 Hat der Arbeitgeber in Erwartung einer weiteren Zugehörigkeit des angestellten Berufsträgers zur Berufsausübungsgemeinschaft eine Aus- oder Weiterbildung finanziert, kann er beim vom angestellten Berufsträger veranlassten Ausscheiden (insb.

31 Vgl. Weyland/*Weyland* BRAO § 27 Rn. 23.
32 Baumbach/Lauterbach/Hartmann/Anders/Gehle/*Bünnigmann* ZPO § 20 Rn. 3.
33 BAG Urt. v. 26.9.2007 – 1 0AZR 511/06, NJW 2008, 392 (393).
34 OLG Düsseldorf AnwBl. 1987, 146 (146); *Michalski/Römermann* ZIP 1994, 433 (435).
35 Vorsichtig *Dahns* in Offermann-Burckart, AnwaltsR, 2010, § 1 Rn. 50.

Kündigung) die **Erstattung der Ausbildungskosten** verlangen[36]. Es gilt dasselbe wie für Aufwendungen im Hinblick auf eine spätere Sozienstellung[37].

2. Werbung und Wettbewerbsbeschränkung

Becker Zulässigkeit und Wirksamkeit von Konkurrenzklauseln zwischen Rechtsanwälten, 1990; *Heukamp* Vertraglicher Konkurrenzschutz zwischen Rechtsanwälten, 2011; *Knöfel* Angestellte Rechtsanwälte als Handlungsgehilfen, AnwBl. 2008, 241 ff.; *Winterstein* Nachvertragliches Wettbewerbsverbot und Karenzentschädigung, NJW 1989, 1463 ff.

Wettbewerbsverbote für die Zeit nach Beendigung eines Arbeitsverhältnisses bedürfen der Schriftform und der Zusage einer **Karenzentschädigung** (vgl. § 74 HGB)[38]. Möglich ist jedoch auch die Verabredung einer Mandantenüber- bzw. -mitnahme, was dann regelmäßig finanziell auszugleichen ist[39]. **23**

Redlich, d.h. im Rahmen seiner beruflichen Tätigkeit erlangte **Unternehmensgeheimnisse** des früheren Arbeitgebers dürfen nach § 3 Abs. 1 Nr. 2 lit. b GeschGehG vom vormals angestellten Arbeitnehmer genutzt, nach § 4 Abs. 2 Nr. 3 GeschGehG regelmäßig aber nicht weiterverbreitet werden[40]. Im Rahmen der vormaligen Tätigkeit erlangte Geheimnisse von Mandanten dürfen wegen der nachwirkenden Interessenwahrungspflicht (→ Kap. 3 Rn. 75 ff.) dagegen oft nicht genutzt und unter keinen Umständen weitergegeben werden. **24**

Angestellte Anwälte haben, anders als ausscheidende Sozien und andere Gesellschafter, nach dem Ende der Zusammenarbeit **keinen Anspruch auf das Anbringen eines Hinweises auf ihre neue Kanzlei** nach § 32 BORA, es sei denn, sie wären Scheinsozien gewesen (§ 32 Abs. 3 BORA). **25**

3. Wechsel zu einer anderen Berufsausübungsgemeinschaft

Dahns § 3 BORA und die Sozietätswechsler, NJW-Spezial 2012, 574 f.

Soweit ein angestellter Anwalt, der von seinem Arbeitgeber zu einem anderen wechselt, mit einem Mandat nicht befasst war, begründet er für die aufnehmende Berufsausübungsgemeinschaft bzw. den neuen Arbeitgeber keinen **Interessenkonflikt** (§ 3 Abs. 3 i.V.m. § 3 Abs. 1 BORA; § 5 Abs. 3 i.V.m. § 3 Abs. 1 BOPA)[41]. Ein wechselnder Steuerberater muss, da die Regeln des Steuerberaterrechts den Interessenkonflikt weniger dezidiert regeln, (lediglich) seine Unabhängigkeit wahren (§ 57 Abs. 1 Var. 1 **26**

36 *Beck* AnwBl. 2015, 215 (215 f.).

37 Dazu BGH Urt. v. 10.10.2003 – II ZR 250/01, AnwBl. 2004, 184 (184 f.); *Beckmann* AnwBl. 2004, 185 (185 f.).

38 Die entsprechende Anwendung der Regeln des HGB ergibt sich aus dem durch den Richter über die zivilrechtlichen Generalklauseln (insb. § 138 Abs. 1 u. § 242 BGB) zu verwirklichenden Schutzauftrag der Verfassung (BVerfG Beschl. v. 7.2.1990 – 1 BvR 26/84, BVerfGE 81, 242 (255 f.) – Handelsvertreter).

39 *Beck* AnwBl. 2015, 215 (218 f.).

40 Auch gegen eine Nutzung *Winterstein* NJW 1989, 1463 (1463), mit Bezug auf BAG Urt. v. 16.3.1982 – 3 AZR 83/79, NJW 1983, 134 (135).

41 A.A. BGH Beschl. v. 6.11.2000 – AnwZ (B) 3/00, NJW 2001, 1572 (1573); a.A. auch *Hartung* NJW 2006, 2221 (2726), allerdings ausdrücklich gegen den Wortlaut des § 3 Abs. 2 S. 2 BORA; a.A. auch die (nachträgliche, vgl. *Maier-Reimer* NJW 2006, 3601 (3604)) „Begründung“, BRAK-Mitt. 2006, 212 (215), die auf den „typischen Argwohn“ des Altmandanten, nicht aber auf den Interessenkonflikt als solchen abstellt.

StBerG), was hinsichtlich der persönlichen und organisatorischen Reaktionsmöglichkeiten größeren Spielraum lässt.

27 Da ansonsten ein Wechsel zu einem anderen Arbeitgeber deutlich erschwert wäre[42], folgt aus der grundrechtlichen Berufsfreiheit des Berufsträgers, dass eine Erstreckung der Interessenkollision auf den neuen Arbeitgeber nur vorliegt, wenn der wechselnde **Berufsträger mit einem Mandat tatsächlich befasst** war[43]. Allerdings reicht hierfür bei Anwälten eine auch nur geringfügige und untergeordnete Tätigkeit oder Kenntnis[44] aus. Eine Interessenkollision scheidet aber in jedem Fall dann aus, wenn ein neu in eine Berufsausübungsgemeinschaft eintretender Berufsträger alleine ein Mandat übernimmt und auf der Gegenseite ein Berufsträger tätig ist, der vor dem Eintritt des neuen Anwalts aus dieser Berufsausübungsgemeinschaft ausgeschieden ist, da es insoweit bereits an einer Verbindung dieser beiden Anwälte zu einer gemeinsamen Berufsausübung mangelt[45].

28 Der wechselnde Anwalt selbst freilich darf aufgrund der Sozietätserstreckung des § 3 Abs. 2 S. 1 BORA bzw. § 5 Abs. 2 S. 1 BOPA, die an die Tätigkeit in der bisherigen Berufsausübungsgemeinschaft anknüpft, auch bei seinem neuen Arbeitgeber **nicht gegen Mandanten seines alten Arbeitgebers tätig** werden[46], selbst wenn er mit diesen Mandaten selbst nicht befasst war.

29 Wenn jedoch eine **eigene (Vor-)Befassung** vorliegt, darf der wechselnde Anwalt nicht nur nicht selbst gegen seinen Altmandanten tätig sein (§ 3 Abs. 3 i.V.m. § 3 Abs. 1 BORA; § 5 Abs. 3 i.V.m. § 5 Abs. 1 BOPA), sondern er „infiziert" auch die neue Berufsausübungsgemeinschaft. Seine neuen Kollegen können lediglich für sich entweder die Einwilligung der betroffenen Mandanten, also auch des Altmandanten[47], nach § 3 Abs. 3 i.V.m. § 3 Abs. 2 S. 2 BORA einholen. Oder, wenn man über den Wortlaut des § 3 Abs. 2 BORA und § 5 Abs. 2 BOPA hinaus sonstige Maßnahmen, etwa Abschottungen, zum Schutze vor Interessenkollisionen für möglich hält[48] (→ Kap. 5 Rn. 27 f.), sind etwa „Chinese Walls" gegenüber dem Kanzleiwechsler zu errichten. Andernfalls muss das bisherige Mandat vom neuen Arbeitgeber niedergelegt werden.

B. Syndici

30 Die arbeitsrechtlichen Rahmenbedingungen für Syndici entsprechen weitgehend denen für Berufsträger, die bei anderen Berufsträgern angestellt sind (→ Rn. 2 ff.). Bei Syndikusanwälten muss insbesondere die anwaltliche Unabhängigkeit dadurch gewährleistet sein, dass diese **frei von fachlichen Weisungen** agieren können, die eine eigenständige Analyse der Rechtslage und eine einzelfallorientierte Rechtsberatung ausschließen würden (§ 46 Abs. 4 BRAO; § 41a Abs. 4 PAO). Der Arbeitgeber darf also nicht etwa das Ergebnis einer Risikoanalyse, mit der er den Syndikus beauftragt, vorschreiben[49]; ähnliches gilt für Syndikus-Steuerberater gem. § 58 S. 2 Nr. 5a StBerG. Hinsichtlich der Haftung ist zu beachten, dass der Syndi-

42 BVerfG Beschl. v. 3.7.2003 – 1 BvR 238/01, NJW 2003, 2520 (2521) – Kanzleiwechsler.
43 Zur vergleichbaren Situation beim Wechsel von Sozien (Gesellschaftern) → Kap. 11 Rn. 49 ff.
44 Auf die Kenntnis stellt auch LG Karlsruhe Urt. v. 6.10.2016 – 10 O 219/16, AnwBl. 2017, 91, ab.
45 AnwGH München Beschl. v. 24.3.2012 – BayAGH II 16/11, AnwBl. 2012, 655 (657 f.).
46 *Maier-Reimer* NJW 2006, 3601 (3604).
47 Zur Diskussion, ob nur der Altmandant einwilligen muss, *Saenger/Riße* MDR 2006, 1385 (1387 f.).
48 In diese Richtung etwa *Kleine-Cosack* AnwBl. 2006, 13 (18).
49 *Henssler*/Prütting/Diller/Schuster BRAO § 46c Anhang Rn. 4.

kus sich von bei anderen Berufsträgern angestellten Berufsträgern dahingehend unterscheidet, dass sein Arbeitgeber zugleich sein einziger Mandant ist. Der Gesetzgeber hat sich deshalb dazu entschieden, Syndikusanwälte nicht der Berufshaftpflichtversicherungspflicht zu unterwerfen (§ 46c Abs. 3 BRAO; § 41d Abs. 3 PAO; → Kap. 4 Rn. 41). Zudem richtet sich die Haftung gegenüber dem Arbeitgeber, der zugleich Mandant ist, nach den arbeitsrechtrechtlichen Regelungen. Der Syndikus profitiert insoweit also von den Haftungsprivilegierungen für Arbeitnehmer, und die Vorschriften zur Haftungsbegrenzung der § 52 BRAO, § 45b PAO finden keine Anwendung.

C. Freie Mitarbeiter. Of Counsels

Berghahn Der Rechtsanwalt als freier Mitarbeiter, 1988; *Henssler* Ist der freie Mitarbeiter abgeschafft? Was nun?, AnwBl. 2000, 213 ff.; *Kilian* Freie Mitarbeiter – Die berufliche Situation von freien Mitarbeitern in Anwaltskanzleien, BRAK-Mitt. 2015, 64 ff.; *Lingemann/Winkel* Der Rechtsanwalt als freier Mitarbeiter, NJW 2010, 38 f., 208 f.; *Prange* Das aus für den Freien (Kanzlei-)Mitarbeiter?, MittdtschPatAnw. 1999, 459 ff.

Die Freie Mitarbeit war früher nur eine sehr verbreitete Form insbesondere des 31
Berufseinstiegs. Heute wird diese Form auch für den **Berufsausstieg** genutzt (oft „Of Counsel"[50] genannt), sei es für ausscheidende Sozien oder für nicht-anwaltliche Praktiker, etwa aus dem Öffentlichen Dienst oder aus der Hochschule. Ferner finden als Leiharbeitnehmer vermittelte sogenannte „Projektanwälte" (**Freelancer**) zunehmend Verbreitung.

Freie Mitarbeiter unterliegen **keinem Direktionsrecht** des Auftraggebers und sind 32
an **bestimmte Arbeitszeiten und -orte nicht gebunden**. Bei Beratern wie einem Of Counsel hängt dies von der jeweiligen Vereinbarung ab. Projektanwälte dagegen sind für die Dauer ihres Leiharbeitsverhältnisses in den Betriebsablauf eingeordnet.

Vor allem die wirtschaftlich schwache Situation junger Berufsträger lud zum Miss- 33
brauch der Freien Mitarbeiterschaft ein[51]. Dabei bestimmen § 26 BORA und § 22 BOPA, die für angestellte Anwälte und Freie Mitarbeiter gleichermaßen gelten, dass auch Freie Mitarbeiter nur zu „angemessenen Bedingungen" beschäftigt werden dürfen. Von besonderer Bedeutung ist die Verpflichtung, dass **Wettbewerbsabreden eine angemessene Entschädigung** vorsehen müssen. Freie Mitarbeiter müssen eine eigene berufliche Niederlassung einrichten, was aber durchaus im Büro des (Haupt-)Auftraggebers geschehen kann. Nach Ziff. 27 AHB 2008 kann der **Versicherungsschutz** des Auftraggebers auf den Freien Mitarbeiter erstreckt werden.

Ob eine Freie Mitarbeit vorliegt, wird von den Arbeits- und Sozialgerichten nach 34
objektiven Kriterien[52] und nicht etwa nach dem erklärten Willen der Parteien, wie sie möglicherweise in der Benennung des Vertrags zum Ausdruck kommt, entschieden[53]. Nicht zuletzt wegen der **hohen sozialversicherungsrechtlichen Anforde-**

50 Vgl. die Definition der Formal Opinion Nr. 220 der American Bar Association.

51 *Römermann/Hartung*, AnwBerufsR, 3. Aufl. 2018, § 22 Rn. 3 f.; *Stehmann*, Anstellungsverhältnisse unter Rechtsanwälten, 1989, S. 139.

52 LAG Nürnberg Beschl. v. 14.4.2021 – 4 Ta 148/20, BeckRS 2021, 13575.

53 BAG Beschl. v. 16.7.1997 – 5 AZB 29/96, ZIP 1997, 1714 (1715) – Eismann; LAG Köln Beschl. v. 6.5.2005 – 4 Ta 40/04, BRAK-Mitt. 2005, 288; *Henssler* AnwBl. 2000, 213 (214); vgl. LAG Hamm Urt. v. 20.7.1989 – 16 Sa 33/89, MDR 1990, 186.

rungen an eine Freie Mitarbeit wird häufig tatsächlich ein Arbeitsverhältnis vorliegen[54].

D. Mitarbeiter ohne Berufszulassung. Büropersonal

Huppertz/Cohausz Das Patentsekretariat, 6. Aufl. 2019, insb. S. 3–68; *Jansen* Brauchen wir noch Bürovorsteher?, AnwBl. 1988, 469 ff.; *Winter* Juristische Beratung und Tätigkeitsverhältnisse anwaltlicher Mitarbeiter und nicht-anwaltlicher juristischer Mitarbeiter zwischen Zivilrecht und anwaltlichem Berufsrecht, Diss. jur. Augsburg 2010; *Wortmann/Seifert/Wurth* PAFA 4.0: Chancen im Wandel – Zur Zukunft der Patentanwaltsfachangestellten, MittdtschPatAnw 2017, 451.

35 Mitarbeiter ohne Berufsqualifikation als Berufsträger sind zunächst die Rechtsanwalts-, Notar- bzw. Patentanwalts- und Steuer(fach)angestellten – früher als „Steuerfachgehilfin" oder „Rechtsanwalts- und Notarsgehilfin" bezeichnet und deshalb heute umgangssprachlich noch als **„Reno"** abgekürzt. Sie können sich zu Rechts-[55] und Steuerfachwirten[56] fortqualifizieren; einen „Patentfachwirt" gibt es (noch) nicht.

36 Bezogen auf die Funktion kann noch der **Bürovorsteher** genannt werden, den es heute freilich immer weniger gibt. In einem internationaleren Kontext kennt man **„Paralegals"** oder „Project Lawyers", Mitarbeiter ohne die Berufsqualifikation eines Berufsträgers. Teilweise unterstützen auch (Wirtschafts- und Voll-)Juristen ohne eigene Zulassung die Berufsträger.

37 Für Angestellte, die nicht Berufsträger sind, gelten zusätzlich § 26 Abs. 2 BORA und § 22 Abs. 2 BOPA, wonach sie nicht zu „unangemessenen Bedingungen" beschäftigt werden dürfen. In welchem Verhältnis dabei der Bedarf des Arbeitgebers nach Arbeitskraft und die Position auf dem Arbeitsmarkt des Mitarbeiters stehen, ist noch unklar[57], nach Einführung des **gesetzlichen Mindestlohns** auf der Entgeltseite freilich rechtspolitisch nicht mehr relevant.

E. Ausbildung

38 Die praktische Ausbildung in den Berufen der Rechtsdienstleistung und der Steuerberatung obliegt den **Berufsträgern in ihrer Gesamtheit**.

I. Auszubildende

Kraegeloh Ausbildung von Fachangestellten, NJW 1995, 1408 f.; *M. v. Lewinski* Recht der beruflichen Bildung, 1982; *Willerscheid* Der Steuerberater als Ausbildender – Rechte und Pflichten von A–Z, DStR 2018, 1635 ff.

---

54 Zu den damit verbundenen strafrechtlichen Gefahren (§ 266a StGB) für den auftraggebenden Anwalt *Spatscheck/Talaska* AnwBl. 2010, 203 ff.

55 Verordnung über die Prüfung zum anerkannten Abschluss Geprüfter Rechtsfachwirt/Geprüfte Rechtsfachwirtin (RechtsfachwPrV) vom 23.1.8.2001 (BGBl. I 2250), zul. geänd. durch Art. 19 Abs. 5 v. 9.12.2019 (BGBl. I S. 2153).

56 Die Ausbildung bestimmt sich mangels einer bundeseinheitlichen Regelung gem. § 54 BBiG nach Landesrecht.

57 Vgl. dazu LAG Berlin Urt. v. 7.11.2014 – 6 Sa 1148/14, BRAK-Mitt. 2015, 98; sozialpolitisch kontrovers diskutiert worden war die Entsch. des ArbG Cottbus, Urt. v. 9.4.2014 – 13 Ca 10477/13, BeckRS 2014, 70396.

Die Ausbildung von (Fach-)Angestellten ist eine **freiwillige Aufgabe der Berufsträger**. Wird eine solche Aufgabe übernommen, muss die Ausbildung sachgerecht und zielgerichtet sein (§ 28 BORA; § 23 Abs. 2 BOPA; § 20 BOStB). Diese Normen haben – trotz der Aufsicht durch die Kammern (§ 76 Abs. 1, § 71 Abs. 4 BBiG) – nur Appellfunktion[58]. 39

II. Berufsnachwuchs

1. Referendare

Vehslage Terminsvertretung für Rechtsanwälte durch Referendare, ZAP (1999), Fach 23, 415 ff.

Die Pflicht zur Mitwirkung an der Ausbildung des juristischen Nachwuchses obliegt nicht nur der Kammer als der Gesamtheit der Anwälte eines Bezirks (vgl. § 73 Abs. 2 Nr. 9 BRAO; → Kap. 14 Rn. 24 f.), sondern – wenn auch nur als **Sollenspflicht** – jedem einzelnen Rechtsanwalt (§ 59 Abs. 1 S. 1 BRAO). 40

Spezifisch rechtsanwaltlicher Ausbildungsinhalt für Referendare ist zunächst die **praktische Anwaltstätigkeit**. Sie wird in § 59 Abs. 1 S. 2 BRAO abstrakt umschrieben und richtet sich in der Praxis nach den jeweiligen Arbeitsschwerpunkten des Ausbilders. § 59 Abs. 1 S. 3 BRAO („gerichtliche und außergerichtliche Anwaltstätigkeit, der Umgang mit Mandanten") lässt aber erkennen, dass eine fachlich möglichst breite Ausbildung gewünscht ist. Neben der rechtlichen und forensischen Ausbildung soll dem Referendar auch das rechtsanwaltliche Berufsrecht beigebracht werden, und er soll Einblick in die Organisation einer Kanzlei (→ Kap. 10 Rn. 27 ff.) gewinnen. Selbst wenn dies gesetzlich nicht ausdrücklich angeordnet ist, muss dem Referendar nach Abschluss seiner Anwaltsstation ein Zeugnis ausgestellt werden[59]. 41

Referendare sind keine Arbeitnehmer, sondern stehen in einem **öffentlichrechtlichen Ausbildungsverhältnis**. Sie haben gegen den ausbildenden Rechtsanwalt keinen Entgeltanspruch. Wenn ein Referendar dennoch für seine Tätigkeit ein Entgelt erhält, wird es oberhalb der Grenzen des § 65 Abs. 2 BBesG auf seine Bezüge angerechnet[60]. 42

2. Patentanwaltskandidaten

Etwas strikter sind die Ausbildungspflichten der Patentanwälte (§ 52 PAO; § 23 Abs. 1 BOPA; § 13 PatAnwAPrV[61]). Die Notwendigkeit der stärker verpflichtenden Regelung ist dem gegenüber den anderen Berufsgruppen deutlich kleineren Kreis möglicher Ausbilder geschuldet, die zudem noch über eine bestimmte Berufserfahrung verfügen müssen (§ 12 Abs. 1 PatAnwAPrV), der **längeren Patentanwaltssta-** 43

58 Henssler/Prütting/*W. Hartung* BORA § 28 Rn. 2.

59 AnwG Köln Beschl. v. 12.10.2011 – 10 EV 160/10, BRAK-Mitt. 2012, 128; Henssler/Prütting/*Hartung* BRAO § 59 Rn. 10. – Soweit das Zeugnis das Ausbildungszeugnis ist, muss es nicht (und darf es nicht) den arbeitsrechtlichen Grundsätzen der „wohlwollenden Gestaltung" entsprechen, sondern muss die negativen (Ausbildungs-)Leistungen auch als solche benennen (VGH Kassel Beschl. v. 26.10.2007 – 8 TP 1731/07, NJW 2008, 1608 (1608 f.)).

60 Zur getrennten Anrechnung von Bezügen aus mehreren Nebentätigkeiten VG Leipzig Urt. v. 9.5.2019 – 3 K 1408/17, BeckRS 2019, 18099.

61 Verordnung über die Ausbildung und Prüfung der Patentanwälte v. 22.9.2017 (BGBl. I 3437), zul. geänd. durch Art. 28 G v. 7.7.2021 (BGBl. I S. 2363). – Die PatAnwAPrV hat die Patentanwaltsausbildungs- und -prüfungsverordnung (PatAnwAPO) v. 1967 abgelöst. – Hierzu *Fitzner/Klante* MittdtschPatAnw 2019, 3 ff.

tion (26–36 Monate, s. § 7 Abs. 1 Nr. 1 PatAnwAPrV) und den **ausführlichen Beurteilungspflichten** (§ 10 PatAnwAPrV). Der Ausbildungsinhalt ist ebenfalls vergleichsweise konkret vorgegeben (§ 18 PatAnwAPrV; → Kap. 15 Rn. 5).

3. Steuerberateranwärter

44 Ähnlich wieder wie bei den Rechtsanwälten sollen die Steuerberater (§ 20 S. 1 BOStB) und können die Steuerberaterkammern (§ 76 Abs. 6 StBerG) an der **Ausbildung des steuerberaterlichen Nachwuchses** mitwirken.

Kapitel 13: Eigendarstellung, Werbung

Becker-Eberhard Anwaltswerbung: Was bleibt von §§ 43b BRAO, 6 ff. BORA?, AnwBl. 2017, 148 ff.; *Dahns* Die Außendarstellung der Sozietät, BerlAnwBl. 2007, 57 (57–62); *Hagemeister* Rechtsanwaltskanzleien und PR, 2007; *Halfmann* Handbuch Marketing für Juristen, 2. Aufl. 2019; *Klaus* Berufs- und lauterkeitsrechtliche Grenzen der Anwaltswerbung, 2019; *Kleine-Cosack* Das Werberecht der rechts- und steuerberatenden Berufe, 2. Aufl. 2004; *Ring* Anwaltliches Werberecht, 2. Aufl. 2018.

Berufsträgern ist Werbung erlaubt[1]. Dies war nicht immer so. Bis 1987 war ihnen, 1 wie auch den anderen Freien Berufen, Werbung sogar im Grundsatz verboten[2]. Angestoßen durch Entscheidungen des Europäischen Gerichtshofs für Menschenrechte zur Arztwerbung[3] und des Bundesverfassungsgerichts zu den Standesrichtlinien[4] und zur Apothekerwerbung[5] ist das Werberecht der Berufsträger inzwischen **grundrechtsfreundlich auszulegen**[6], vor allem im Hinblick auf Art. 12 GG[7], und damit weitgehend liberalisiert. Das **Unionsrecht**, vor allem in Gestalt von Art. 24 der Dienstleistungsrichtlinie 2006/123/EG, sichert dies zusätzlich ab[8]. Absolute Werbeverbote für reglementierte Berufe (→ Kap. 2 Rn. 28 f.) sind demnach jedenfalls verboten[9].

Werbung (→ Rn. 33 ff.), ob nun im Sinne **klassischer Reklame oder von indirekter** 2 **Öffentlichkeitsarbeit**, ist freilich nur ein Fall der Außendarstellung, wenn auch der in der Vergangenheit umstrittenste. Daneben liegt die leise Klaviatur der feinen Selbstpräsentation, die ihre Krönung in der Nennung des Anwalts mit Name und Anschrift in der Amtlichen Entscheidungssammlung des Bundesverfassungsgerichts findet[10].

A. Eigendarstellung des Berufsträgers

Zu den herkömmlichen und **klassischen Mitteln der Außendarstellung** von Berufs- 3 trägern gehören Titel und herausgestellte Qualifikationen.

I. Titel und Grade

Grunewald/Henssler Werbung von Rechtsanwälten mit von „Privaten" erworbenen Titeln, NJW 2003, 1099 f.; *Horn* Neue Möglichkeiten der Werbung mit anwaltlichen Titeln, ZAP (2006), Fach

1 BVerfG Beschl. v. 14.7.1987 – 1 BvR 362/79, BVerfGE 76, 196 (207 ff.); BGH Urt. v. 15.3.2001 – I ZR 337/98, NJW 2001, 2886 (2887) – Anwaltsrundschreiben; BGH Urt. v. 1.3.2001 – I ZR 300/98, NJW 2001, 2087 (2088) – Anwaltswerbung II; Köhler/Bornkamm/Feddersen/*Köhler* UWG § 3a Rn. 1.155.

2 Zusammenfassend *Breuer*, Anwaltliches Werberecht, 1994.

3 EGMR Urt. v. 25.3.1985 – 10/1983/66/101, NJW 1985, 2885 (2887).

4 BVerfG Beschl. v. 14.7.1987 – 1 BvR 537/81 u.a., NJW 1988, 191 ff. und 194 ff.; → Kap. 1 Rn. 18 f.

5 BVerfG Beschl. v. 22.5.1996 – 1 BvR 744/88 u.a., NJW 1996, 3067 (3067 ff.).

6 BVerfG Beschl. v. 28.2.2003 – 1 BvR 189/03, NJW 2003, 1307; BVerfG Beschl. v. 12.9.2001 – 1 BvR 2265/00, NJW 2001, 3324 (3325).

7 Werbebeschränkungen können sogar gegen die Menschenrechte verstoßen, wobei allerdings die besondere Stellung der Rechtsanwälte als Organ der Rechtspflege als zusätzliche Beschränkungsmöglichkeit zu berücksichtigen ist (EGMR Urt. v. 17.10.2002 – 379928/97, NJW 2003, 497 (498) – Stambuck).

8 Dazu EuGH Urt. v. 5.4.2011 – C-119/09, AnwBl. 2011, 492 (492).

9 Im Hinblick auf im Fernabsatz erbrachte grenzüberschreitende Dienstleistungen von Angehörigen reglementierter Berufe sind absolute Werbeverbote bereits nach Art. 8 E-Commerce-RL 2000/31/EG unzulässig (vgl. dazu EuGH Urt. v. 4.5.2017 – C-339/15, GRUR 2017, 627 (628)).

10 Vgl. *Haas-Traeger* in FS Nagelmann, 1984, S. 261 (268 f.).

23, 711 ff.; *Remmertz* Die Bezeichnung für Syndikusanwälte nach altem und neuem Recht, BRAK-Mitt. 2016, 46 ff.; *Zimmerling* Akademische Grade & Titel, 2. Aufl. 1995.

4 Nach § 12 Abs. 4 BRAO darf der Anwalt – und nach § 132a Abs. 1 Nr. 2 StGB niemand außer ihm – die **Bezeichnung „Rechtsanwalt"**[11] **bzw. „Patentanwalt"**[12] führen[13]; für Syndikusanwälte ist ein entsprechender Zusatz vorgegeben (§ 46a Abs. 4 Nr. 3 BRAO; § 41b Abs. 4 Nr. 3 PAO)[14]. Für **Steuerberater** gibt es sogar die (ausdrückliche) **Pflicht zur Führung der Berufsbezeichnung** (§ 43 Abs. 1 S. 3 StBerG), die für Anwälte nicht besteht[15]. Ein Rechtsanwalt, der keine Zulassung als Patentanwalt nach § 13 PAO hat, darf sich auch nicht als solcher bezeichnen[16].

5 Unter die Titel, die der Berufsträger bei seiner Außendarstellung nutzen darf, fallen zunächst alle **akademischen Grade**, die rechtmäßigerweise im Inland geführt werden dürfen, z.B. Dr., Prof., PD/Priv.-Doz., Dipl.-Kfm., Dipl.-Ing. und auch Bachelor- und Master-Grade, ebenso Diplomjurist (Dipl.-Jur. Univ.) und Assessor. Ebenfalls schon lange gebräuchlich ist der Hinweis auf einen Lehrauftrag an einer Hochschule („Lehrbeauftragter").[17] Ausländische akademische Titel dürfen in Deutschland nach entsprechender Anerkennung[18] und dann in der Regel (nur) mit einer Herkunftsbezeichnung verwendet werden[19]. Nichtjuristische akademische Titel müssen als solche kenntlich gemacht werden, um eine Irreführung zu verhindern, wenn eine solche nicht aus der Natur der Sache ausgeschlossen ist (z.B. bei einem Dr. phil.)[20].

6 Anwälte dürfen zudem **nicht-akademische Titel**, die ihnen verliehen worden sind (z.B. Justizrat[21], (Ehren-)Senator[22] oder Ehrenbürger einer Hochschule, Konsul eines ausländischen Staates), bei ihrer Tätigkeit führen, Steuerberater nicht bzw. nicht im unmittelbaren Zusammenhang mit der Bezeichnung als Steuerberater[23].

7 Nicht verboten ist das Führen von **Bezeichnungen, die Private z.B. in Lehrgängen verliehen** haben, wenn diese sprachlich hinreichend Abstand zu den Fachanwalts-

---

11 Dagegen kann die Bezeichnung als „sogenannte Rechtsanwälte" eine Beleidigung darstellen (VGH Mannheim AnwBl. 1979, 227 (227)), während bei „Winkeladvokaten" differenziert worden ist (BVerfG Beschl. v. 2.7.2013 – 1 BvR 1751/12, NJW 2013, 3021 f.).

12 Keine werberechtliche Irreführung soll es sein, dass sich ein Rechtsanwalt als „European Patent Attorney" bezeichnet (LG Düsseldorf Urt. v. 13.6.2007 – 12 O 634/05, MittdtschPatAnw 2007, 476 (477)).

13 Vgl. OLG Düsseldorf Urt. v. 28.10.2014 – I-20 U 168/13, 20 U 168/13, BRAK-Mitt. 2015, 104 (105) – Kundenanwalt.

14 Zu Abgrenzungsfragen insb. zwischen Syndici alten Rechts- und Syndikusrechtsanwälten nach neuem Recht *Remmertz* BRAK-Mitt. 2016, 46 ff.

15 OLG Dresden Beschl. v. 21.8.2003 – StO 1/03, NJW 2003, 3359 – Bezeichnung als Steuerberater.

16 BGH Beschl. v. 25.4.2019 – AnwZ (Brfg) 57/18, NJW-Spezial 2019, 478.

17 Näher dazu Hartung/Scharmer/*v. Lewinski* BORA § 6 Rn. 65.

18 Die Voraussetzung für die Anerkennung ausländischer akademischer Grade bestimmt sich nach Landesrecht (vgl. dazu umfassend *Zimmerling*, Akademische Grade & Titel, 2. Aufl. 1995, Rn. 178–238).

19 OLG Stuttgart Urt. v. 18.3.2014 – 12 U 193/13, BRAK-Mitt. 2015, 50 f. – Gutmann, sowie KG Urt. v. 22.2.2012 – 5 U 51/11, BRAK-Mitt. 2012, 90 f., das aber im konkreten Fall eine Werbe- und Wettbewerbswidrigkeit verneint hatte.

20 Liberaler Weyland/*Träger* BRAO § 43b Rn. 29a, u. Henssler/Prütting/*Prütting* BRAO § 43b Rn. 99.

21 Der Titel eines „Justizrats" wird an Rechtsanwälte heute nur noch in Rheinland-Pfalz und im Saarland verliehen, zudem an badische Amtsnotare. Der Titel des Justizrats basiert auf als Landesrecht fortgeltendem Reichsrecht (§ 1 Abs. 1 lit. d 3. VO v. 18.10.1938, RGBl. I 1455; vorher schon der Titel „Rechtsrat": VO v. 30.1.1934, RGBl. I 73; dazu *Laitenberger/Bickenbach/Bassier*, Deutsche Orden und Ehrenzeichen, 6. Aufl. 2005, Einl. Rn. 24; zur Geschichte des Justizratstitels *Ostler*, Die deutschen Rechtsanwälte 1871–1971, 1. Aufl. 1971, S. 195 f.).

22 Anders aufgrund des § 43 Abs. 2 u. 3 StBerG für Steuerberater OLG Celle Urt. v. 3.12.2009 – StO 4/09, DStRE 2011, 1234.

23 BFH Beschl. v. 10.2.2016 – VII B 185/14, DStR 2016, 934 (934 f.).

und Fachberaterbezeichnungen (→ Rn. 15 ff.) usw. halten und ggf. auf die Tatsache hinweisen, dass der Prüfer nicht unabhängig vom Veranstalter war[24].

II. Fachliche Qualifikationen

Kleine-Cosack Zusammenbruch der Stufenleiter, AnwBl. 2005, 275 ff.

Der Berufsträger darf nicht nur seine akademischen Qualifikationen herausstellen, 8 sondern auch seine spezifisch fachlichen. Grundsätzlich steht es jedem Berufsträger frei, den Markt über seine Qualifikationen zu unterrichten. Maßgeblich ist seine eigene, allerdings **sachlich begründete Einschätzung**.

Für Rechtsanwälte stellte § 7 BORA a.F. bis 2006 eine „**Qualifikationsleiter**" von 9 Interessen- über Tätigkeitsschwerpunkte hin zu den Fachanwaltsbezeichnungen auf. Sie wurde mit Inkrafttreten des neuen § 7 BORA obsolet und durch die geltende Unterscheidung zwischen Teilbereichen (§ 7 Abs. 1 S. 1 BORA), qualifizierenden Zusätzen (§ 7 Abs. 1 S. 2 BORA) und den Fachanwaltsbezeichnungen (FAO) abgelöst. Eine ähnliche Stufung gilt für Patentanwälte hinsichtlich Tätigkeitsschwerpunkten (§ 8 Abs. 2 Var. 1 BOPA), besonderen Erfahrungen (§ 8 Abs. 2 Var. 2 BOPA) und in einem förmlichen Verfahren erworbenen Qualifikationen (§ 8 Abs. 2 Var. 3 BOPA), wobei es Fachpatentanwaltsbezeichnungen nicht gibt. Für Steuerberater gibt es keine werberechtliche „Qualifikationsleiter" (vgl. § 9 Abs. 3 BOStB), sondern (nur) die eine zusätzliche Stufe der Fachberater.

Stets ist von Berufsträgern bei der Werbung das **allgemeine Werberecht** zu beach- 10 ten (ausdrücklich § 8 Abs. 3 lit. b BOPA; § 9 Abs. 1 a.E. BOStB); speziell muss als Ausprägung des wettbewerbsrechtlichen Irreführungsverbots eine Verwechslung mit den Fachanwaltsbezeichnungen und Fachberaterbezeichnungen (§ 9 Abs. 3 BOStB) ausgeschlossen sein.

1. Tätigkeitsbereiche

Patentanwälte dürfen ausdrücklich nach § 8 Abs. 2 Var. 1 BOPA **Tätigkeitsschwer- 11 punkte** angeben. Anderen Berufsträgern ist dies im Rahmen des wettbewerbsrechtlichen Irreführungsverbots ebenfalls erlaubt.

2. Qualifikationsbezeichnung

Axmann/Deister „Spezialist für Alles" – Grenzen der werblichen Selbsteinschätzung von Anwälten, NJW 2009, 3352 ff.; *Dahns* Die Bezeichnung als Spezialist, NJW-Spezial 2015, 126; *Engelmann/Suppé* Anwendungsprobleme des § 7 BORA n. F., BerlAnwBl. 2006, 257 ff.; *Faßbender* Von Fachanwälten und selbsternannten „Spezialisten", NJW 2006, 1463 ff.; *Kleine-Cosack* Zusammenbruch der Stufenleiter, AnwBl. 2005, 275 ff.; *Offermann-Burckart* Zu den Risiken und Nebenwirkungen des neuen § 7 BORA, BRAK-Mitt. 2006, 154 ff.; *dies.*, Fachanwaltschaften und sonstige Spezialisierungshinweise, in: dies., Anwaltsrecht in der Praxis, 2010, § 9 Rn. 150 ff.; *Remmertz* Zulässigkeit der Selbsteinschätzung als „Spezialist" nach neuem Berufsrecht, NJW 2008, 266 ff.

24 *Grunewald/Henssler* NJW 2003, 1099 (1099 f.); strenger BGH Urt. v. 9.6.2011 – I ZR 113/10, BRAK-Mitt. 2012, 39 (40), der – obiter dicens – die Unabhängigkeit der zertifikatsvergebenden Stelle fordert.

12 Ein Rechtsanwalt darf **„Teilgebiete“** nach § 7 Abs. 1 S. 1 BORA benennen, wenn er entsprechende Kenntnisse nachweisen kann. **Qualifizierende Zusätze**, die zugleich eine bestimmte fachliche Güte und praktische Erfahrung implizieren, bedürfen nach § 7 Abs. 1 S. 2 BORA entsprechender besonderer Kenntnisse und praktischer Erfahrung. Inhaltlich dasselbe darf nach § 8 Abs. 2 Var. 2 BOPA ein Patentanwalt, wenn er „besondere Erfahrungen im beruflichen Umfeld“ besitzt. Ähnlich wie Anwälte darf ein Steuerberater über seine frühere und aktuelle Tätigkeit unterrichten (§ 9 Abs. 4 BOStB).

13 Verbreitet sind insbesondere bei Rechtsanwälten Bezeichnungen wie **„Spezialist“** oder **„Experte“**[25]. Sie werden als eine noch über dem Fachanwalt stehende Qualifikationsstufe angesehen[26]; ähnliches muss bei Steuerberatern hinsichtlich der Fachberaterbezeichnung gelten. Die Anforderungen an den qualifizierenden Zusatz (§ 7 Abs. 1 S. 2 BORA) eines „Spezialisten“ oder „Experten“ sind umstritten[27]. Die h.M. fordert, dass ein „Spezialist“[28], ein „Experte“[29] und ein „Prädikatsanwalt“[30] noch eingehendere Kenntnis als ein Fachanwalt oder Fachberater haben müsse; die Rechtsprechung schien lange Zeit diese (Selbst-)Bezeichnungen mit der des Fachanwalts oder Fachberaters gleichzusetzen[31], inzwischen hat sie sich der h.Lit. angeschlossen[32]. Jedenfalls eine formale Erleichterung für „Spezialisten“ usw. gegenüber Fachanwälten und Fachberatern ist es aber, dass keine bestimmte Zahl von Fällen oder Lehrgangsstunden nachgewiesen werden muss;[33] ferner muss sich die praktische Erfahrung nicht in der Rechtsanwalts- oder Steuerberatertätigkeit ergeben haben, sondern kann auch aus einem anderen Beruf stammen[34].

3. Bezeichnung als Mediator

Horn Anwaltliche Werbung mit Mediator und Mediation, 2006; *ders.* Anwaltliche Werbung mit dem Titel „Mediator“, NJW 2007, 1413 ff.

---

25 Grundlegend BVerfG Beschl. v. 28.7.2004 – 1 BvR 159/04, NJW 2004, 2656 (2658).

26 OLG Nürnberg Urt. v. 20.3.2007 – 3 U 2675/06, NJW 2007, 1984 (1985 f.); OLG Karlsruhe Urt. v. 13.5.2009 – 6 U 49/08, NJW 2009, 3663 (3664 f.); LG Dortmund Urt. v. 29.9.2005 – 18 O 96/05, NJW-RR 2006, 345 (346); a.A. KG, Urt. v. 27.1.2012 – 5 U 191/10; OLG Stuttgart Urt. v. 24.1.2008 – 2 U 91/07, NJW 2008, 1326 (1327).

27 Nachw. bei Hartung/Scharmer/*v. Lewinski* BORA § 7 Rn. 63.

28 OLG Nürnberg Urt. v. 20.3.2007 – 3 U 2675/06, NJW 2007, 1984 (1985 f.); LG Dortmund Urt. v. 29.9.2005 – 18 O 96/05, NJW-RR 2006, 345 (346); LG Offenburg Urt. v. 16.5.2007 – 5 O 120/06 KfH, BRAK-Mitt. 2007, 182 (183 f.); OLG Karlsruhe Urt. v. 13.5.2009 – 6 U 49/08, NJW 2009, 3663 (3664) – Spezialist für Zahnarztrecht; *Remmertz* NJW 2008, 266 (268 f.); offengelassen von OLG Stuttgart Urt. v. 24.1.2008 – 2 U 91/07, NJW 2008, 1326 (1328); a.A. *Kleine-Cosack* BRAO vor § 43b Rn. 4; *Kleine-Cosack* AnwBl. 2015, 358 (361). – Der EGMR hat jedenfalls in den Gerichtsentscheidungen keine Verletzung von Art. 10 Abs. 1 EMRK erkannt (EGMR Entsch. v. 23.10.2007 – 2357/05, BRAK-Mitt. 2008, 166 (168 f.)).

29 LG Berlin Urt. v. 25.11.2010 – 52 O 142/10, BeckRS 2011, 06241; zur Gleichsetzung von „Spezialist“ und „Experte“ OLG Karlsruhe Urt. v. 13.5.2009 – 6 U 49/08, NJW 2009, 3663 (3664) – Spezialist für Zahnarztrecht.

30 OLG Nürnberg Urt. v. 13.7.2009 – 3 U 525/09, BRAK-Mitt. 2009, 245 (Ls.).

31 BGH Urt. v. 24.7.2014 – I ZR 53/13, NJW 2015, 704 (707); kritisch *Dahns* NJW-Spezial 2015, 126; a.A. AnwGH Hamm Urt. v. 7.3.2014 – 2 AGH 20/12, BRAK-Mitt. 2014, 318, der verlangt, dass ein Spezialist über herausragende Kenntnisse verfügen müsse, die ein Fachanwalt nicht bieten kann.

32 BGH Urt. v. 5.12.2016 – AnwZ (Brfg) 31/14, NJW 2017, 669 (670).

33 Für die Einführung eines solchen Erfordernisses de lege ferenda *Saenger/Scheuch* BRAK-Mitt. 2016, 157 (insb. 164 f.).

34 *Zastrow* BRAK-Mitt. 2009, 55 (60).

Die Bezeichnung „Mediator“ ist rechtlich nicht geschützt, allerdings werden **durch das MediationsG bestimmte Mindestanforderungen** an diesen Beruf formuliert. Für den Anwalt, der als Mediator tätig sein will, gilt nach § 7a BORA bzw. § 9 BOPA, dass er die Anforderungen aus § 5 S. 1 MediationsG erfüllen muss, für Steuerberater ergibt sich dies aus § 5 MediationsG i.V.m. dem wettbewerbsrechtlichen Irreführungsverbot. Für die Bezeichnung als Zertifizierter Mediator ergeben sich die Voraussetzungen aus der „Verordnung über die Aus- und Fortbildung von zertifizierten Mediatoren (Zertifizierte-Mediatoren-Ausbildungsverordnung“, ZMediatAusbV)[35]. Jedenfalls reichen die rechtswissenschaftlichen Studienanforderungen nach § 5a Abs. 3 S. 1 DRiG für die anwaltliche Selbstbezeichnung als Mediator nicht mehr aus[36], denn nach § 7a BORA, § 9 BOPA und § 5 Abs. 1 MediationsG muss ein Mediator auch praktische Erfahrung vorweisen können. 14

4. Fachanwalts- und Fachberaterbezeichnung

Dahlmanns Die Einführung neuer Fachanwaltsbezeichnungen – eine verfassungsrechtliche Verpflichtung?, 2007; *Kleine-Cosack* Aktuelle Probleme der Fachanwaltsverleihung, AnwBl. 2005, 593 ff.; *Stobbe* Geburtsfehler der Fachanwaltschaften, AnwBl. 2007, 187 ff.

Fachanwalts- und Fachberaterbezeichnungen sind an den **Nachweis besonderer theoretischer und praktischer Kenntnisse** geknüpft (§ 4 u. 5 FAO; § 2 u. 4 FBO; → Kap. 10 Rn. 65; zum Verleihungsverfahren → Kap. 15 Rn. 56 f.). 15

Fachanwaltsbezeichnungen[37] können für die Gebiete Steuerrecht, Verwaltungsrecht, Strafrecht, Arbeitsrecht, Sozialrecht, Familienrecht, Insolvenzrecht, Versicherungsrecht, Medizinrecht, Miet- und Wohnungseigentumsrecht, Verkehrsrecht, Bau- und Architektenrecht, Erbrecht, Transport- und Speditionsrecht, Gewerblicher Rechtsschutz, Handels- und Gesellschaftsrecht, Urheber- und Medienrecht, Informationstechnologierecht, Bank- und Kapitalmarktrecht, Agrarrecht, für internationales Wirtschaftsrecht, für Vergaberecht, für Migrationsrecht und für Sportrecht (vgl. §§ 8–14q FAO) verliehen werden. Für die **(Steuer-)Fachberaterbezeichnung** gibt es das internationale Steuerrecht und die Zölle und Verbrauchsteuern (§ 1 FBO). 16

Rechtsanwälte dürfen inzwischen **bis zu drei Fachanwaltsbezeichnungen** führen[38] (§ 43c Abs. 1 S. 3 BRAO); die überschießende Beschränkung beschränkt ihrerseits die Berufsausübungsfreiheit[39]. Nicht-existierende Fachanwaltstitel begründen eine wettbewerbsrechtliche Irreführung[40]. Das gilt auch dann, wenn die gewählte Bezeichnung inhaltlich eigentlich zutreffend ist. So ist unzulässig, sich als „Fachanwalt im Marken-, Wettbewerbs- und Urheberrecht“ statt als Fachanwalt für Gewerblichen Rechtsschutz zu bezeichnen[41]. 17

35 VO v. 21.8.2016 (BGBl. I S. 1994), zul. geänd. durch Art. 1 VO v. 30.7.2020 (BGBl. I 1869).

36 So noch zur früheren Rechtslage die Erstaufl. 2006, S. 176.

37 Vgl. die zeitliche Übersicht bei *Dahlmanns*, Die Einführung neuer Fachanwaltsbezeichnungen, 2007, S. 45; für eine Aufgabe der Beschränkung auf bestimmte Fachanwaltsbezeichnungen *Scharmer* BRAK-Mitt. 2004, 54 (54 ff.).

38 Das Hinweisen auf das Erfüllen der fachlichen und formalen Anforderungen für eine weitere Fachanwaltsbezeichnung wird von der Rechtsprechung abgelehnt (vgl. OLG Naumburg Urt. v. 26.2.2007 – 10 U 79/06, NJW 2007, 1537 (1538 f.)).

39 BVerfG Beschl. v. 21.6.2006 – 2 BvL 2/99, BVerfGE 116, 181 (192) – Facharztbezeichnung; *Manssen*, Staatsrecht II, 17. Aufl. 2020, Rn. 634.

40 LG Frankfurt a.M. Urt. v. 8.3.2012 – 2-03 O 437/11, NJW-RR 2012, 1395 (1395).

41 AnwG Köln Beschl. v. 8.1.2018 – 4 AnwG 40/17 R, NJW-Spezial 2018, 287; s.a. OLG Hamm Urt. v. 8.5.1990 – 4 U 227/89, NJW 1990, 2392 ff. zum „Fachanwalt für Europarecht“.

5. Bezeichnung als Notar

Schuster Das Werberecht des Notars im Verhältnis zum Werberecht der freien Berufe, 2007.

18 Die Bezeichnung als Notar ist einem **Anwaltsnotar** bei der Außendarstellung seiner Anwaltskanzlei oder in einer Berufsausübungsgemeinschaft auch außerhalb seines Amtsbezirks gestattet[42]. Er darf sich allerdings aus notarrechtlichen Gründen nicht als „Notariat" bezeichnen, weil dies eine Institutionalisierung und ein Zurücktreten des persönlichen Elements impliziert[43].

III. Zweitberuf sowie andere Tätig- und Fertigkeiten

19 Auf zulässigerweise **ausgeübte Zweitberufe** darf ebenso hingewiesen werden wie auf **frühere Tätigkeiten** sowie die dort eingenommene **hierarchische Stellung** (z.B. Leiter der Rechtsabteilung, Chefsyndikus, Wissenschaftlicher Leiter, Lehrstuhlinhaber). Ferner können frühere **öffentliche oder politische Ämter** genannt werden[44].

20 Auch **vor- oder außerberufliche Aktivitäten** dürfen mitgeteilt werden, etwa eine Sportlerkarriere[45], Filmpreise sowie **Mitgliedschaften** in anwaltlichen, steuerberaterlichen oder anderen Gremien[46]. Problematisch kann allerdings sein, wenn eine Vereinigung nur existiert, um ihren Mitgliedern eine klangvolle Mitgliedschaft zu ermöglichen[47].

21 Auf **Fremdsprachenkenntnisse** kann unmittelbar hingewiesen werden, nicht nur über den Umweg eines im Ausland erworbenen akademischen Grades (z.B. LL.M.). Allerdings muss die Sprache auf einem Niveau beherrscht werden, das für Rechtsdienstleistungen und Steuerberatungen sinnvoll ist, wenn die Angabe nicht irreführend sein soll[48].

B. Außendarstellung der beruflichen Niederlassung und Berufsausübungsgemeinschaft

Hoeflmayr Kanzleimarketing, 4. Aufl. 2012, S. 63 ff.; *St. Hartung* Die Kanzlei als erfolgreiche Marke, 2015.

22 Nicht nur der Berufsträger als Person, sondern auch sein „Unternehmen", also die berufliche Niederlassung oder Berufsausübungsgemeinschaft, wollen in vorteilhaftes Licht gerückt werden[49]. Bevor man sich als Berufsträger einen guten Namen macht, kann man sich schon einen **guten Namen** geben[50].

---

42 Vgl. BVerfG Beschl. v. 8.3.2005 – 1 BvR 2561/03, DVBl. 2005, 842 (843).

43 BGH Beschl. v. 20.11.2006 – NotZ 30/06, NJW-RR 2007, 408.

44 BGH Beschl. v. 10.5.1971 – AnwZ (B) 20/70, BGHZ 56, 142 (143–146) – Staatssekretär; AnwGH Schleswig Beschl. v. 21.6.2001 – 2 AGH 3/01, NordÖR 2002, 126 f. – Staatssekretär; OLG Karlsruhe Beschl. v. 24.10.1991 – 4 U 68/91, GRUR 1992, 180 f. – Regierungspräsident; AnwG Hamm Beschl. v. 25.5.1999 – AR 10/98, BRAK-Mitt. 1999, 275 – Stadtdirektor.

45 BVerfG Beschl. v. 4.8.2003 – 1 BvR 2108/02, NJW 2003, 2816 (2817 f.).

46 *Creutz*, Anwaltswerbung, 1998, S. 28; ablehnend RAK Hamm, Kammerreport 3/1997, S. 9, 10.

47 OLG Nürnberg Urt. v. 13.7.2009 – 3 U 525/09, BRAK-Mitt. 2009, 245 (Ls.) – Prädikatsanwälte.

48 *Zastrow* BRAK-Mitt. 2009, 55 (61).

49 *Kilian/Koch*, AnwBerufsR, 2. Aufl. 2018, B. Rn. 290, sprechen von „Kanzleiidentität" bzw. „Kanzleioptik".

50 Manchmal hängt es auch von Zufälligkeiten bzw. dem Kontext ab, welche Außenwirkung ein Name hat. So waren etwa die Verteidiger (RA *Heer*, RA *Stahl*, RAin *Sturm*) in dem Verfahren um die Morde des rechtsextremen „Nationalsozialistischen Untergrundes" (NSU) vor dem OLG München 2013–2018 offensichtlich auch wegen ihrer ansonsten anwaltlich unverfänglichen Nachnamen mandatiert worden.

I. Name der beruflichen Niederlassung und Berufsausübungsgemeinschaft

Römermann Phantasiebezeichnung für eine Rechtsanwaltskanzlei, MDR 2003, 899 f.

Der Berufsträger tritt unter seinem Namen auf, mehrere in einer Berufsausübungsgemeinschaft zusammengefasste können **unter ihrer aller Namen auftreten** (vgl. § 8 BORA; ex cont. § 20 Abs. 1 BOPA u. § 9 Abs. 5 BOStB). Von dieser Grundregel gibt es freilich zahlreiche Abweichungsmöglichkeiten: 23

So können dem Namen der beruflichen Niederlassung auch vorhandene **akademische Grade** beigefügt werden, natürlich zudem Bezeichnungen wie „Rechtsanwalt“, „Patentanwalt“ und „Steuerberater“ sowie „Kanzlei“ und „Praxis“. Wenn eine Mehrzahl der Berufsträger befugt ist, eine **Fachanwalts- oder Fachberaterbezeichnung** zu führen, ist ein entsprechender Zusatz in der gemeinsamen Bezeichnung möglich[51]. Ferner ist die **Fortführung von Namen** ausgeschiedener und verstorbener Sozietätsmitglieder berufsrechtlich erlaubt, allerdings können sich Beschränkungen aus deren Namens- (§ 12 BGB) und Persönlichkeitsrecht ergeben. Entsprechendes gilt mit Blick auf akademische Grade ausgeschiedener Sozien; scheidet der promovierte Namensgeber aus der Kanzlei aus, dürfen die verbleibenden Gesellschafter den bisherigen Kanzleinamen fortführen, auch wenn keiner von ihnen promoviert ist[52]. 24

Die „Firma“ von Berufsträgern kann zudem aus einer **Kurzbezeichnung** bestehen (§ 9 BORA; § 21 Abs. 1 BOPA; § 9 Abs. 5 BOStB). Dies kann eine (reine) Sachbezeichnung wie „Kanzlei für Datenschutz“, „Zentrum für Erfinderberatung“[53] und „Biersteuerpraxis“ sein; Phantasiebezeichnungen sind erlaubt[54]. Aus Irreführungsgründen darf bei der Verwendung von Gattungsbegriffen kein (unzutreffender) Alleinstellungsanspruch entstehen[55], ebenso nicht aus Ortsnamen[56], was allgemein von den angesprochenen Verkehrskreisen auch nicht so verstanden wird. Erlaubt ist zudem die Benennung einer Rechtsanwaltskanzlei als „Steuerbüro“, allerdings ist hierzu erforderlich, dass der Rechtsanwalt dort tatsächlich zu einem wesentlichen Teil seiner Berufstätigkeit Hilfeleistungen in Steuersachen erbringt[57]. Denkbar sind ferner (reine) Kurzbezeichnungen („CMS“[58], „KPMG“[59]). 25

Schließlich sind alle Mischformen und Kombinationen zwischen Langnamen und Kurzbezeichnung erlaubt (**gemischte Kurzbezeichnung**). 26

---

51 BGH Urt. v. 29.3.2007 – I ZR 152/04, NJW 2007, 2334 (2335).

52 BGH Beschl. v. 8.5.2018 – II ZB 7/17, NJW-RR 2018, 998.

53 Vgl. BVerfG Beschl. v. 9.2.2005 – 1 BvR 2751/04, NVwZ 2005, 683 – Zentrum für Kleintiermedizin. – Kritisch ist dagegen unter Irreführungsgesichtspunkten „Zentrale“ (Hartung/Scharmer/*v. Lewinski* BORA § 6 Rn. 175).

54 So schon vor § 9 BORA n.F. schon BGH Urt. v. 11.3.2004 – I ZR 62/01, NJW 2004, 1651 (1652) – artax; anders noch OLG Nürnberg Urt. v. 10.6.2003 – 3 U 588/03, NJW 2003, 2245 (2246) – Pro-Videntia AG.

55 Vgl. hierfür insb. die Rechtsprechung zu Internet-Domains, z.B. BGH Beschl. v. 25.11.2002 – AnwZ (B) 41/02, NJW 2003, 662 (663) – presserecht.de; BGH Beschl. v. 25.11.2002 – AnwZ (B) 8/02, NJW 2003, 504 (504 f.) – rechtsanwaelte-notar.de; OLG Hamm Urt. v. 19.6.2008 – 4 U 63/08, MMR 2009, 50 (50 f.); *Saenger/Riße* MDR 2005, 1381 (1382 ff.); anders noch OLG München Urt. v. 18.4.2002 – 29 U 1573/02, NJW 2002, 2113 – rechtsanwaelte-dachau.de.

56 OLG Celle Urt. v. 17.11.2011 – 13 U 168/11, BRAK-Mitt. 2012, 138 (138) – Kanzlei-Niedersachsen.

57 BGH Urt. v. 18.10.2012 – I ZR 137/11, AnwBl. 2013, 291 (292), wo aber darauf abgestellt wird, dass ein „überwiegender Teil“ der Tätigkeit steuerbezogen ist.

58 BGH Beschl. v. 17.12.2001 – AnwZ (B) 12/01, NJW 2002, 608 (609).

59 BGH Urt. v. 23.10.2003 – I ZR 64/01, NJW 2004, 1099 (1100 f.); anders noch LG Leipzig Urt. v. 31.1.2001 – 06 HK O 6826/00, NJW 2001, 1732 (1732 f.).

27 Eine Kurzbezeichnung muss von allen Beteiligten der beruflichen Zusammenarbeit **einheitlich geführt** werden (§ 9 BORA; § 21 Abs. 1 BOPA; § 9 Abs. 5 BOStB), wobei diese Norm nur die dem jeweiligen Berufsrecht unterworfenen Berufsträger binden kann, nicht auch etwa sonstige Kooperationspartner. Unter einer Kurzbezeichnung vermutet der Verkehr eine Berufsausübungsgemeinschaft; eine bloße Bürogemeinschaft oder Kooperation muss dies entsprechend klarstellen[60].

II. Rechtsformzusatz

28 Dem allgemeinen Gesellschaftsrecht folgend müssen bestimmte **Gesellschaftsformen bestimmte Rechtsformzusätze** tragen[61]. Früher war die Bezeichnung „und Partner" in der Kurzbezeichnung von (GbR-)Sozietäten allgemein üblich; heute ist sie der Partnerschaftsgesellschaft vorbehalten[62]. Die Praxis weicht häufig für als BGB-Gesellschaften organisierte Sozietäten auf den Zusatz „und Kollegen" aus[63]. Der Firmenzusatz „partners" (in englischer Sprache also) ist hingegen Berufsausübungsgesellschaften, die nicht in Form einer Partnerschaftsgesellschaft organisiert sind, erlaubt[64]. Auch die Bezeichnung „und Associates" ist möglich, wenn dabei nicht irreführenderweise der Eindruck erweckt wird, es handele sich um eine international operierende[65] Berufsausübungsgemeinschaft. Erst recht **irreführend** ist es freilich, wenn die berufliche Niederlassung eines Berufsträgers, in welcher lediglich ein weiterer angestellter Anwalt tätig ist, unter dem Namen des Inhabers und dem Zusatz „& Associates" (im Plural) firmiert[66]. Irreführend hinsichtlich der Gesellschaftsform kann eine Internet-Domain mit der Endung „.ag" (für Antigua und Barbados) sein[67], wenn es sich nicht um eine Berufsausübungsgesellschaft in Form einer AG handelt.

III. Briefbogen

Heussen Anwalt und Mandant, 1999, 95 f.; *Schick* Zulässige und unzulässige Briefbogengestaltung, BerlAnwBl. 2011, 219 f.; *v. Wilmsdorff* Schreib mal wieder, NJW-CoR 2000, 283 ff.; *Zastrow* Der anwaltliche Briefbogen, BRAK-Mitt. 2009, 55 ff.

29 Die handels- und gesellschaftsrechtlichen **Pflichtangaben auf Geschäftsbriefen** (etwa §§ 37a, 125a HGB) finden auf Berufsträger als Freiberufler keine Anwendung[68], es sei denn, sie praktizierten in einer Partnerschaftsgesellschaft (§ 7 Abs. 5 PartGG), einer GmbH (§ 35a GmbHG) oder in einer AG (§ 80 AktG). Stets gelten jedoch die berufsrechtlichen Vorschriften über die **Angaben auf Briefbögen** nach § 10 BORA, § 20 BOPA und § 9 Abs. 6 BOStB. Sie dienen in erster Linie der Trans-

60 BGH Urt. v. 6.11.2013 – I ZR 147/12, BRAK-Mitt. 2014, 156 (157).

61 Überblick bei Hartung/Scharmer/*v. Lewinski* BORA § 9 Rn. 18–22.

62 AGH Nordrhein-Westfalen Urt. v. 2.12.2011 – 2 AGH 9-12/11, BRAK-Mitt. 2012, 182 (183): Altgesellschaften dürfen den Partnerzusatz mit Hinweis auf ihre Rechtsform (z.B. „GbR") fortführen (§ 11 Abs. 1 S. 3 PartGG), das englische „partners" steht dagegen für alle Gesellschaftsformen offen (BGH Beschl. v. 13.4.2021 – II ZB 13/20, NZG 2021, 796).

63 Erforderlich ist bei der Verwendung des Zusatzes „und Kollegen" allerdings, dass mindestens zwei Rechtsanwälte mehr als die in der Bezeichnung der Sozietät namentlich genannten Rechtsanwälte in der Sozietät tätig sind; vgl. LG Bielefeld Urt. v. 10.8.2012 – 15 O 109/12, BRAK-Mitt. 2012, 284 (285).

64 BGH Beschl. v. 13.4.2021 – II ZB 13/20, NJW 2021, 1952 f.

65 BGH Beschl. v. 18.4.2005 – AnwZ (B) 35/04, NJW 2005, 1770 (1770 f.); AnwGH Hamm Beschl. v. 5.12.2003 – 2 ZU 15/03, NJW 2004, 1537 (1538).

66 OLG Karlsruhe Urt. v. 28.3.2012 – 6 W 133/10, BRAK-Mitt. 2012, 180 (181).

67 OLG Hamburg Urt. v. 16.6.2004 – 5 U 162/03, K&R 2004, 492 (493 ff.).

68 *Hoeren/Pfaff* MMR 2007, 207 (207).

parenz, da zumindest die als BGB-Gesellschaft organisierten Sozietäten bislang in keinem Handels- oder Partnerschaftsregister eingetragen waren. Seit Inkrafttreten des MoPeG können sich BGB-Gesellschaften jedoch in das Gesellschaftsregister eintragen (→ Kap. 11 Rn. 15). Zudem besteht für anwaltliche Berufsausübungsgesellschaften, die als Personengesellschaften organisiert sind, seit der BRAO-Reform 2021 gem. § 59f Abs. 1 BRAO bzw. § 52f Abs. 1 PAO die Möglichkeit der Zulassung bei der Rechtsanwaltskammer, was gem. § 31 Abs. 4 BRAO zur Eintragung der Gesellschaft in das Verzeichnis der Rechtsanwaltskammer führt. § 10 BORA und § 9 Abs. 6 BOStB gelten, anders als bei Patentanwälten (§ 20 Abs. 3 BOPA), wegen des ausdrücklichen Bezugs auf „Briefbögen" bzw. „Geschäftspapier" nicht (auch) für E-Mails und andere elektronische Kommunikationsformen.

Neben der **„Firma"** (Name oder Kurzbezeichnung, Rechtsform) sind auf dem Brief- **30**
bogen die **Namen aller Gesellschafter** (§ 10 Abs. 2 S. 1 BORA; § 20 Abs. 1 S. 1 BOPA; § 9 Abs. 6 S. 1 BOStB) aufzuführen. Werden in der Kurzbezeichnung einer rechtsanwaltlichen Berufsausübungsgemeinschaft Personen genannt (mit Namen oder Abkürzung) oder angedeutet („... & Kollegen"), muss nach § 10 Abs. 2 S. 3 BORA eine entsprechende Anzahl auf dem Briefkopf auch mit vollem Namen genannt werden[69]. Bei Berufsträgern, die gestorben sind, die Sozietät verlassen haben oder deren Zulassung, etwa wegen eines Regierungsamtes[70], ruht (→ Kap. 15 Rn. 19), muss dies vermerkt sein, wenn ihr Name nicht vom Briefbogen genommen wird (§ 9 Abs. 6 S. 3 BOStB). Bei überregionalen Sozietäten sind zudem die **Anschriften der jeweiligen Büros** mitzuteilen (§ 10 Abs. 1 S. 2 BORA; § 20 Abs. 2 BOPA; § 9 Abs. 7 BOStB).

Bei großen Anwaltssozietäten[71] und Steuerberatungsgesellschaften stößt das Erfor- **31**
dernis, alle Partner aufzuführen, an darstellerische Grenzen. Die **Nennung aller Gesellschafter auf dem Briefpapier** kann jedoch nicht durch eine im Internet einsehbare Liste o.ä. ersetzt werden[72].

IV. Internetauftritt

Haug Informationspflichten bei Social Media-Präsenzen von Rechtsanwälten, NJW 2015, 661 ff.; *Leeb* Digitalisierung, Legal Technologie und Innovation, 2019, 75 ff.

Soweit ein Berufsträger einen Internetauftritt unterhält, hat er die in § 5 Abs. 1 TMG **32**
genannten Informationen **leicht erkennbar, unmittelbar erreichbar und ständig verfügbar** zu halten. Anzugeben ist dabei insbesondere auch die zuständige Kammer, die Berufsbezeichnung „Rechtsanwalt", „Patentanwalt" bzw. „Steuerberater" mit dem Zulassungsstaat und die für den Berufsträger geltenden berufsrechtlichen Normen mit entsprechenden Fundstellen (§ 5 Abs. 1 Nr. 5 TMG) sowie die Umsatzsteueridentifikationsnummer nach § 27a Abs. 1 UStG (§ 5 Abs. 1 Nr. 6 TMG). Diese Anforderungen sind ebenfalls bei Auftritten in Sozialen Netzwerken zu beachten sein, wobei allerdings dort ein Link zu dem auf der eigenen Homepage des Berufs-

---

69 BVerfG Beschl. v. 24.3.2009 – 1 BvR 144/09, NJW 2009, 2587 (2587 f.); BGH Beschl. v. 13.8.2007 – AnwZ (B) 51/06, NJW 2007, 3349 (3349 f.).

70 *Feuerich* MDR 1993, 1141 (1144 f.).

71 Dazu *Knöfel*, Grundfragen der internationalen Berufsausübung von Rechtsanwälten, 2005, S. 572 ff.

72 BVerfG Beschl. v. 13.6.2002 – 1 BvR 736/02, NJW 2002, 2163 f.; BGH Beschl. v. 19.11.2001 – AnwZ (B) 75/00, NJW 2002, 1419 ff.; AnwGH Hamm Beschl. v. 3.11.2000 – 2 ZU 21/00, NJW 2001, 2555 f.; *Hartung* MDR 2001, 900; a.A. AnwGH Hamburg Beschl. v. 19.4.2001 – II ZU 9/00, NJW 2001, 2553 (2553–2555).

trägers befindlichen Impressum genügen kann, sofern dieser Link den Voraussetzungen der leichten Erkennbarkeit i.S.d. § 5 Abs. 1 TMG genügt[73]. Vergleichbares gilt bei Einträgen in Internet-Verzeichnissen, soweit der Berufsträger diese selbst anlegt und kontrolliert[74].

C. Werbung und Öffentlichkeitsarbeit

Becker-Eberhard Anwaltswerbung: Was bleibt von §§ 43b BRAO, 6 ff. BORA?, AnwBl. 2017, 148 ff.; *Bomba* Die Werberegeln für Europäische Patentvertreter, GRUR Int 2006, 663 ff.; *Dahns/Krauter* Anwaltliche Werbung im Internet, BRAK-Mitt. 2004, 2 ff.; *Döbbelt* Werbebeschränkungen im anwaltlichen Berufsrecht, 2008; *Härting/Steinbrecher* Kanzlei-Websites – Spiel ohne Grenzen?, AnwBl. 2005, 10 ff.; *Köhler* in: ders./Bornkamm/Feddersen, Wettbewerbsrecht, 38. Aufl. 2020, § 3a UWG, Rn. 1.113–1.178; *Ringer* Anwaltswerbung in Deutschland und England, 2016; *Römermann* Das UWG – besser als das anwaltliche Werberecht, AnwBl. 2007, 744 ff.; *Wolf* Anwaltliche Werbung, 2011; *dies.* Anwaltliches Werberecht, NJ 2013, 10 ff.

33 Werbung des Berufsträgers ist nach dem Wortlaut der Norm(en) (§ 43b BRAO, vgl. § 6 Abs. 1 BORA; § 39b PAO, § 8 BOPA; § 57a StBerG, § 9 Abs. 1 BOStB) scheinbar nur unter besonderen Voraussetzungen erlaubt. Wegen der **weitgehenden Liberalisierung des Werberechts der Freien Berufe** gibt es aber praktisch kein spezifisches, d.h. eigenen Regeln folgendes Werberecht mehr[75]. Im Ergebnis gelten für Berufsträger heute lediglich die Grenzen der Gemeinwohlschädlichkeit[76] und damit die des allgemeinen Wettbewerbsrechts[77], insbesondere das Verbot aggressiver (§ 4a Abs. 1 UWG) oder irreführender (§ 5 Abs. 1 UWG) Werbung. Nur das Verbot der Einzelfallwerbung (→ Rn. 49 ff.) bildet noch eine echte berufsrechtliche Besonderheit. Auch die Möglichkeit der Kammer als Aufsichtsbehörde, wettbewerbsrechtlich gegen berufsrechtswidrige Werbung vorzugehen (→ Kap. 9 Rn. 65), unterscheidet die Rechtslage von Berufsträgern gegenüber der von gewerblichen Unternehmern.

34 Allerdings sind offensive Werbemethoden eines Berufsträgers eher unlauter, weil im Vergleich zu gewerblichen Produkten für seine Dienstleistung allgemein immer noch sehr zurückhaltend geworben wird. Insoweit kommt dem Berufsrecht **mittelbar wettbewerbsrelevante Bedeutung** zu[78].

I. Form und Mittel der Werbung

Hommerich/Kilian Welche Werbemittel nutzen Anwälte?, AnwBl. 2010, 355 f.

35 Werbung von Berufsträgern ist **auf keine besondere Form** beschränkt. Erlaubt sind alle Werbemedien, z.B. Zeitungsanzeigen, Plakatwerbung, Schaufenster, Rundfunk-

---

73 LG Stuttgart Urt. v. 27.6.2014 – 11 O 51/14, MMR 2014, 674 (676); umfassend *Haug* NJW 2015, 661 (664 f.).

74 LG Stuttgart Urt. v. 24.4.2014 – 11 O 72/14, AnwBl. Online 2014, 217 (220 f.); a.A. *Härting/Thiess* AnwBl. 2014, 611 (612).

75 *Becker-Eberhard* in FS Fezer, 2016, S. 329 ff.; pointiert *Kleine-Cosack* NJW 2010, 1921 ff.; *Kleine-Cosack* AnwBl. 358 (363).

76 Hartung/Scharmer/*v. Lewinski* BORA § 6 Rn. 41 ff.

77 So schon *Prütting* AnwBl. 1994, 315 (320); *Kilian/Koch*, AnwBerufsR, 2. Aufl. 2018, Kap. B Rn. 325.

78 Vgl. *Steinkraus*, Anwaltliche Berufsordnung und Zivilrecht, 2004, S. 214–264; anders OLG Frankfurt a.M. Urt. v. 14.10.2004 – 6 U 198/03, NJW 2005, 1283 (1284).

und Fernsehwerbung[79] und Leuchtreklame[80], selbst ein Impressum kann Werbeträger sein[81]. Selbst die früher als unzulässig erachtete Werbung durch einen Karnevalswagen[82] würde heute nicht mehr rechtlich beanstandet werden. Unzulässig ist allerdings die Werbung auf einer Robe – etwa durch Aufbringung von Namen und Internetadresse des Anwalts –, denn diese dient gerade der Einheitlichkeit des Äußeren der Anwälte und soll deren Stellung als Organ der Rechtspflege (vgl. § 1 BRAO; § 1 PAO) verdeutlichen, weshalb sie von Werbung grundsätzlich frei zu bleiben hat[83]. Zudem ist der Mandant keine erlaubte Werbefläche[84], wenn und weil dies die Abhängigkeit des Mandanten ausnutzt.

Auch die **Öffentlichkeitsarbeit**, die ein bestimmtes allgemeines Bild in der öffentlichen Wahrnehmung entstehen lassen will, ist Werbung im berufsrechtlichen Sinne[85]. In diesem Rahmen erlaubt sind **Mandantenseminare** (einschließlich Verköstigung)[86], das **Sponsoring** und die karitative Rechtsbesorgung und Steuerberatung **pro bono** (dazu → Kap. 8 Rn. 59). **36**

Nachdem früher sogar die farbliche Gestaltung von Briefbögen[87] Gegenstand der berufsrechtlichen Diskussion war, spricht heute nichts gegen die Verwendung von **Logos**. Graphische Zeichen sind unproblematisch, ebenso Familienwappen[88]. Unbeanstandet geblieben sind auch Früchte („Avocado"). Rechtliche Grenze ist vor allem die Irreführung. So sind Logos mit einer Ähnlichkeit zu Landeswappen, wie sie von Notaren geführt werden, nicht erlaubt. Große Ähnlichkeit mit Logos anderer Berufsträger kann einen Verstoß gegen das Wettbewerbs- und Markenrecht bedeuten. Als unsachlich wurde in der Vergangenheit die Verwendung eines aggressiven Stieres als Logo gewertet[89]. Während ein Paragraphenzeichen als Logo für einen Rechtsanwalt nicht irreführend sein kann[90], ist bei anderen Logos (Äskulapstab, vielleicht auch bei einer Waage oder der Justitia) ggf. ein klarstellender Hinweis erforderlich, um eine Irreführung auszuschließen. **37**

---

79 BVerfG Beschl. v. 22.5.1996 – 1 BvR 744/88 u.a., NJW 1996, 3067 (3067 ff.); als unsachlich war allerdings die Untermalung einer Radiowerbung mit Unfallgeräuschen gewertet worden (OLG München Urt. v. 23.4.1998 – 29 W 1015-98, NJW 1999, 1409 (1410); zu Recht differenzierend allerdings *W. Hartung* in FS Heussen, 2009, S. 7 (13 f.)).

80 Vgl. aber EGH Stuttgart Beschl. v. 27.2.1981 – EGH 12/80 (III), BRAK-Mitt. 1982, 46 m. Anm. *Waldmann*; früher war sogar die übermäßige Beleuchtung des (vorgeschriebenen) Kanzleischilds verboten (OLG Düsseldorf Urt. v. 2.7.1987 – 2 U 71/87, NJW-RR 1988, 101; *Ring*, Anwaltliche Werbung von A–Z, 3. Aufl. 1998, S. 53).

81 OLG Bremen Beschl. v. 15.3.2013 – 2 U 5/13, MMR 2013, 656.

82 Vgl. BVerfG Beschl. v. 22.5.1996 – 1 BvR 744/88 u.a., NJW 1996, 3067 (3070); zur Werbung auf Straßenbahnwagen BVerfG Beschl. v. 26.10.2004 – 1 BvR 981/00, NJW 2004, 3765 (3767 f.).

83 BGH Urt. v. 7.11.2016 – AnwZ (Brfg) 47/15, NJW 2017, 407 (408), u. BVerfG Beschl. v. 31.7.2017 – 1 BvR 54/17, AnwBl. 2017, 1000 ff.

84 Vgl. NOZ [Neue Osnabrücker Zeitung] v. 5.12.2018, S. 17, wo ein Mandant im Gerichtssaal einen Aktendeckel seines Anwalts mit einer Stellenanzeige hochhielt.

85 Hartung/Scharmer/*v. Lewinski* BORA § 6 Rn. 19 mit Nachw. zur a.A. in Rn. 16.

86 BGH Urt. v. 1.3.2001 – I ZR 300/98, MDR 2001, 898; für eine Differenzierung nach Zielgruppen Henssler/Prütting/*Prütting* BRAO § 43b Rn. 70a; a.A. noch BGH Urt. v. 4.7.1991 – I ZR 2/90, NJW 1991, 2641, für ein zünftiges Essen, was aber freilich nicht der entscheidende Aspekt des Falles war.

87 Vgl. noch Henssler/Prütting/*Prütting* BRAO § 43b Rn. 53 f. („zurückhaltende Farben").

88 *Ring*, Anwaltliche Werbung von A–Z, 3. Aufl. 1998, S. 92; vgl. *v. Wilmsdorff* NJW-CoR 2000, 283 (284); a.A. LG Nürnberg-Fürth BRAK-Mitt. 1985, 59 (60) (zu Initialen).

89 OLG Düsseldorf Urt. v. 28.10.1999 – 2 U 21/99, BRAK-Mitt. 2000, 46 (47).

90 Anders aber etwa für einen Steuerberater (OVG Lüneburg Urt. v. 8.12.2005 – 8 LB 50/03, NJW 2006, 3799 (3802 f.)).

38 Auch **Werbung im Internet**[91] ist Berufsträgern heute unbestrittenermaßen erlaubt. Bei der Gestaltung besteht weiter Spielraum. Hintergrundmusik und grafische Aufmachung sind erlaubt, ebenso Filmsequenzen[92]. Ein Blog dagegen ist problematisch, weil es der nicht erlaubten Drittwerbung (durch die dort Schreibenden für den Berufsträger) dienen kann (§ 6 Abs. 3 BORA; § 8 Abs. 4 BOPA; § 9 Abs. 1 S. 2 BOStB; → Rn. 53 ff.); ein unmoderiertes Gästebuch kann zudem nach den allgemeinen Regelungen zu einer Störerhaftung führen[93]. „Adword"-Werbung in Suchmaschinen ist für Berufsträger im Rahmen des Irreführungsverbots möglich[94].

II. Inhalt der Werbung

39 Inhaltlich ist bei Werbung von Berufsträgern **alles erlaubt**, es sei denn, es würde gegen allgemeine Grundsätze des Wettbewerbsrechts (→ Rn. 46 ff.), insbesondere das Irreführungsverbot (→ Rn. 42 ff.), verstoßen. Die in § 43b BRAO und § 6 Abs. 1 BORA sowie § 39b PAO und § 8 Abs. 1 BOPA noch genannten Erfordernisse der Sachlichkeit und der Berufsbezogenheit (→ Rn. 40 f.) haben heute keine Bedeutung mehr.

1. Sachlichkeit und Berufsbezogenheit

Hülsewig Der so genannte Sachlichkeitsgrundsatz im Lauterkeitsrecht, 2006; *Huff* Die unsachliche Werbung von Rechtanwälten – eine Bestandsaufnahme, BRAK-Mitt. 2015, 158 ff.

40 Das **berufswerberechtliche Sachlichkeitsgebot**[95] ist im Lichte der Liberalisierung des Werberechts ausgesprochen eng auszulegen und deckt sich weitestgehend mit den Anforderungen des allgemeinen Wettbewerbsrechts[96]. In der Rechtsprechung wird teilweise gefordert, dass sich die Werbung des Berufsträgers nicht in „bloßen Wertungen und Selbstanpreisungen" erschöpfen darf[97]. Tatsächlich aber verbietet das werberechtliche Sachlichkeitsgebot nur reine Werturteile[98]. Deshalb ist insbesondere **Sprachwitz** innerhalb der allgemeinen berufsrechtlichen und wettbewerbsrechtlichen Grenzen ohne weiteres erlaubt. So ist die Formulierung „So kommen Sie zu Ihrem Recht" im Zusammenhang mit einer Anfahrtsskizze unproblematisch[99], ebenso wie die Slogans „All you need is l@w"[100] und „Ihre Rechtsfragen sind unsere

---

91 Allgemein hierzu *Steinbeck* NJW 2003, 1481 (1482 ff.).

92 *Knorpp*, Der rechtskonforme Auftritt von Rechtsanwälten im Internet, 2005, S. 60 ff.

93 OLG Nürnberg Urt. v. 23.3.1999 – 3 U 3977-98, CR 2000, 243 (244); *Steinbeck* NJW 2003, 1481 (1485); *Dahns/Krauter* BRAK-Mitt. 2004, 2 (2 f.); a.A. *Römermann* MDR 1999, 771.

94 LG München I Urt. v. 26.10.2006 – 7 O 16794/06, MMR 2007, 125 (128).

95 Diese werberechtliche Sachlichkeit ist nicht zu verwechseln mit der berufsrechtlichen Sachlichkeit bei der anwaltlichen Tätigkeit (Hartung/Scharmer/*v. Lewinski* BORA vor § 6, Rn. 23 f.; dazu → Kap. 7 Rn. 33 ff.).

96 Zu einzelnen Differenzierungen, v.a. im Lauterkeitsmaßstab, Hartung/Scharmer/*v. Lewinski* BORA § 6 Rn. 30 ff.

97 Vgl. BVerfG Beschl. v. 17.4.2000 – 1 BvR 721/99, NJW 2000, 3195 (3196); OLG Hamburg Urt. v. 26.2.2004 – 3 U 82/02, MMR 2004, 759 (760); weitere Nachw. bei *Creutz*, Anwaltswerbung, 1998, S. 4.

98 Hartung/Scharmer/*v. Lewinski* BORA § 6 Rn. 35.

99 BVerfG Beschl. v. 12.9.2001 – 1 BvR 2265/00, NJW 2001, 3324 (3325).

100 AnwGH Hamburg Urt. v. 21.1.2002 – II EVY 3/00, NJW 2002, 3184 (3185 f.).

Aufgabe"[101], zulässig ist ferner „optimale Interessenwahrnehmung"[102] bzw. „optimale Interessenvertretung"[103]. Als unzulässig sind früher „Wenn der Steuerfahnder 3 × klingelt"[104] und „Alles, was Recht ist"[105] angesehen worden. Zu Zeiten der Berliner Mauer war in West-Berlin auch „Sozialistisches Anwaltskollektiv" verboten[106]. Nicht von vornherein unsachlich ist selbst Schockwerbung, soweit nicht durch die Darstellung ein etwa vorhandener Informationswert in den Hintergrund gerückt oder gar gänzlich aufgehoben wird[107]. Unzulässig ist indes eine bloß plakativ reklamehafte und allein auf **Effekthascherei** ausgerichtete Werbung, die keinerlei Zusammenhang mehr mit der Leistung des Berufsträgers aufweist, so etwa der Versand von Pin-Up-Kalendern durch einen Berufsträger mit dem Aufdruck seiner Kanzleiadresse und Homepage[108]. Verboten (und meist zugleich auch ein Wettbewerbsverstoß) ist die **Herabwürdigung von Kollegen**[109].

Berufsbezug („Zusammenhang mit der beruflichen Tätigkeit") i.S.d. § 43b BRAO, **41** § 39b PAO und § 57a StBerG wird **weit verstanden**, so dass dieses Erfordernis ebenfalls keine eigenständige Bedeutung mehr hat[110]. Die Werbung muss für die Entscheidung des (potentiellen) Mandanten lediglich in irgendeiner Weise erheblich sein. Damit ist auch **indirekte Werbung** (Imagewerbung[111], Sponsoring[112]) erlaubt. So dürfen Berufsträger Mandantenseminare veranstalten[113]. Bei solchen Veranstaltungen darf – was früher umstritten war – zudem ein Imbiss gereicht werden[114]. Zulässig ist dem Grunde nach ferner die **Verteilung von Gutscheinen** für eine kostenlose Beratung, soweit ein Bezug zwischen äußerer Gestaltung und Inhalt des Gutscheins besteht und die Beratungsleistung entsprechend der Zahl der ausgereichten Gutscheine erfahrungsgemäß auch erbracht werden kann[115]. Die indirekte Werbewirkung von Stellenanzeigen ist berufsrechtlich irrelevant[116]. Und schon immer waren **wissenschaftliche Veröffentlichungen** ein zulässiges Mittel, auf seine fachlichen Fähigkeiten aufmerksam zu machen[117].

---

101 BVerfG Beschl. v. 1.12.1999 – 1 BvR 1630/98, MDR 2000, 358; anders noch OLG Köln Urt. v. 29.7.1998 – 6 U 66-98, NJW 1999, 63 (63 f.).

102 BVerfG Beschl. v. 28.2.2003 – 1 BvR 189/03, NJW 2003, 1307.

103 BGH Urt. v. 27.1.2005 – I ZR 202/02, NJW 2005, 1644 (1644 f.); vgl. OLG Hamburg Urt. v. 3.7.2002 – 5 U 135/01, NJW 2002, 3183 (3184).

104 OLG Oldenburg Urt. v. 5.4.2001 – 1 U 125/00, NJW 2001, 2026 (2027).

105 OLG Stuttgart Urt. v. 27.10.2000 – 2 U 67/00, NJW-RR 2002, 1067 (1068).

106 BGH Urt. v. 8.11.1971 – AnwSt (R) 5/71, NJW 1972, 297 (297 f.); zum „Sozialistischen Anwaltskollektiv" *Brunn/Kirn*, Rechtsanwälte – Linksanwälte, 2004, S. 86, und *Dirks* in FS 125 Jahre Rechtsanwaltskammer Berlin, 2006, S. 293 (337 f.).

107 BGH Urt. v. 27.10.2014 – AnwZ (Brfg) 67/13, NJW 2015, 72 (73) m. Anm. *Hartung*.

108 AnwG Köln Beschl. v. 10.11.2014 – 10 EV 490/14, BRAK-Mitt. 2015, 102 (103); dazu auch LG Köln Urt. v. 23.3.2017 – 24 S 22/16, r+s 2017, 306 (307).

109 BGH Urt. v. 31.3.2016 – I ZR 160/14, GRUR 2016, 710 (714 ff.).

110 *Döbbelt*, Werbebeschränkungen im anwaltlichen Berufsrecht, 2008, S. 128; Hartung/Scharmer/*v. Lewinski* BORA § 6 Rn. 36.

111 BGH Urt. v. 5.12.2002 – I ZR 115/00, NJW 2003, 1814 (1814 f.).

112 BVerfG Beschl. v. 17.4.2000 – 1 BvR 721/99, NJW 2000, 3195 (3196).

113 BGH Urt. v. 25.2.2003 – StbSt (R) 2/02, NJW 2003, 1540 (1540 f.) (zu § 57 Abs. 2 S. 1 StBerG).

114 BGH Urt. v. 1.3.2001 – I ZR 300/98, MDR 2001, 898; anders aber die fuldische Advokatenordnung v. 1775, die Anwälten das Zechen mit den Landleuten verbot.

115 AnwGH Hamm Urt. v. 9.5.2014 – 1 AGH 3/14, BRAK-Mitt. 2014, 207 (210 f.).

116 BGH Urt. v. 5.12.2002 – I ZR 115/00, BB 2003, 1086 (1087), m. Anm. *W. Hartung*; vgl. *Kleine-Cosack*, WerbeR, 2. Aufl. 2004, Rn. 884–891.

117 Zu den (weiten) Grenzen *Sendler* in FS Gesellschaft für Rechtspolitik, 1984, S. 413 (416 Fn. 7 a.E.).

2. Verbot der Irreführung

42 Werbung ist irreführend, wenn sie von der Zielgruppe falsch verstanden wird. Dies ist insbesondere dann der Fall, wenn man einen **falschen Eindruck hinsichtlich seiner fachlichen Qualifikationen** erweckt. Die Irreführung kann zudem darin liegen, dass man seine Fähigkeiten im Vergleich zu anderen Anwälten bzw. dem Rechtsdienstleistungs- oder Steuerberatungsmarkt falsch darstellt. Hierzu werden insbesondere die Fälle gerechnet, in denen eine **nicht bestehende Allein- oder Spitzenstellung behauptet** wird[118]. Internet-Adressen, die Ortsbegriffe enthalten (etwa www.rechtsanwalt-passau.de), sind jedoch für sich genommen unproblematisch, da der Rechtsverkehr insoweit mit den Gepflogenheiten des Internets vertraut ist, dass Irreführung über die Alleinstellung nicht zu besorgen ist[119]. Irreführend kann es aber sein, wenn eine nicht vorhandene Internationalität – etwa durch das Verwenden englischer Bezeichnungen (z.B. „Associates") – oder überregionale Präsenz – z.B. durch „Schein-Zweigstellen"[120] oder durch eine Werbung mit Städtenamen, ohne dass in diesen Städten wenigstens eine Zweigstelle besteht[121] – suggeriert wird. Ferner kann auch die Verwendung der Bezeichnung „Sozietät" für einen Zusammenschluss von Berufsträgern irreführend sein, soweit dieser den potentiellen Mandanten nicht vergleichbare Vorteile (arbeitsteilige Spezialisierung, gegenseitige Vertretung, gemeinsame Haftung) bietet wie eine „echte" Sozietät[122].

43 Irreführend ist Werbung ferner dann, wenn sie bei dem Beworbenen fälschlicherweise den **Eindruck** erweckt, bei ihm **bestünde Beratungsbedarf**[123]. Diese wettbewerbsrechtliche Fallgruppe hat hinsichtlich ihrer Schutzrichtung Überschneidungen mit dem berufsrechtlichen Verbot der Einzelfallwerbung (→ Rn. 49).

44 Durchaus umstritten, nach richtiger Ansicht aber nicht irreführend, obwohl im eigentlichen Sinne falsch, sind Aussagen von Rechtsanwälten wie **„Zugelassen bei allen Amts- und Landgerichten"**[124] bzw. „Zugelassen beim OLG"[125], denn sie erwecken beim nichtjuristischen Publikum lediglich den zutreffenden Eindruck, dass der Rechtsanwalt bei allen genannten Gerichten auftreten darf[126]. Ähnliches gilt für die Bezeichnung einer Rechtsanwaltsgesellschaft als „Rechtsanwalts-GmbH"[127]. Andersherum soll aber die zutreffende Aussage, die Qualifikation für eine **vierte**

---

118 Vgl. OLG Stuttgart Urt. v. 16.3.2006 – 2 U 147/05, NJW 2006, 2273 ff. – Bodenseekanzlei; OLG Koblenz Urt. v. 3.12.2014 – 9 U 354/12, BRAK-Mitt. 2015, 47: „größte deutsche Fachkanzlei".

119 Näher dazu Hartung/Scharmer/*v. Lewinski* BORA § 6 Rn. 83.

120 Vgl. LG Düsseldorf Urt. v. 4.12.2008 – 37 O 119/08, BeckRS 2009, 09106 (zu Partnervermittlungsinstituten).

121 LG Hamburg Urt. v. 7.8.2014 – 327 O 118/14, BRAK-Mitt. 2014, 320.

122 BGH Urt. v. 12.7.2012 – AnwZ (Brfg) 37/11, BRAK-Mitt. 2012, 232 (238).

123 OLG Saarbrücken Urt. v. 7.8.2007 – 4 U 106/07 – 37, 4 U 106/07, BRAK-Mitt. 2007, 278 (281).

124 OLG Düsseldorf Urt. v. 16.4.2002 – 20 U 59/02, NJW 2003, 595 (595 f.); für eine Berufsrechtswidrigkeit AnwG Tübingen Beschl. v. 19.12.2008 – A 3/008, A 3/08, BRAK-Mitt. 2009, 189 (Ls.); für eine Wettbewerbswidrigkeit OLG Bremen Beschl. v. 15.3.2013 – 2 U 5/13, MMR 2013, 656.

125 OLG Saarbrücken Beschl. v. 30.11.2007 – 1 W 193/07, BRAK-Mitt. 2008, 39 (40); zweifelnd *Dahns* NJW 2007, 1553 (1555); a.A. AnwGH Hamm Urt. v. 19.6.2020 – 1 AGH 36/19, NJOZ 2020, 1437; OLG Köln Urt. v. 22.6.2012 – I-6 U 4/12, 6 U 4/12, BRAK-Mitt. 2012, 239 (240).

126 So auch LG Aschaffenburg Urt. v. 30.10.2008 – 1 HK O 159/08, 1 HKO 159/08, BRAK-Mitt. 2009, 37 (39); ähnlich auch BGH Urt. v. 20.2.2013 – I ZR 146/12, NJW 2013, 2671 (2671 f.), wonach der Hinweis auf eine frühere OLG-Zulassung (derzeit) nicht irreführend sei; a.A. OLG Bremen Beschl. v. 20.2.2013 – 2 U 5/13, NJW-RR 2013, 1054.

127 OLG Rostock Beschl. v. 12.12.2006 – 2 U 31/06, BRAK-Mitt. 2007, 134 (135 f.).

Fachanwaltsbezeichnung läge vor, diese könne nur wegen § 43c Abs. 1 S. 3 BRAO nicht geführt werden, irreführend und wettbewerbswidrig sein[128].

Jedenfalls wenn sie über das vorgeschriebene Maß hinausgeht, ist der **Hinweis auf eigene Fortbildungen** nicht irreführend, obwohl dies an sich eine wettbewerbswidrige Werbung mit einer Selbstverständlichkeit ist. 45

3. Sonstige werberechtliche Grenzen

Grundsätzlich ist **vergleichende Werbung** erlaubt, so dass ein Berufsträger auch einen Bezug zur Arbeit und Leistung von Kollegen herstellen darf. Soweit ein solcher Bezug nicht (auch) Mandanteninteressen dient, ist aber werbe- und wettbewerbsrechtlich die Pflicht zu kollegialem Verhalten (→ Kap. 7 Rn. 31 ff.) zu berücksichtigen. Doch ist diese bei der Veröffentlichung der Namen gegnerischer Anwälte oder Mandanten nicht verletzt[129]. Bei einer Veröffentlichung gegnerischer Schriftsätze kann bei entsprechender Schöpfungshöhe ausnahmsweise ein Urheberrecht zu beachten sein, das jedoch einer Nutzung etwa nach § 51 Nr. 3 UrhG nicht entgegensteht. Das Persönlichkeitsrecht des gegnerischen Anwalts ist bei einer Veröffentlichung von Urteilen nie verletzt[130], jedenfalls solange es zu keiner anprangernden Verkürzung kommt[131]. 46

Werbung darf nicht die Tätigkeit anderer Berufsträger oder Teile der Anwalt- oder Steuerberaterschaft herabsetzen[132]. **Übermäßiges Anlocken**[133] ist wettbewerbswidrig, ebenso, wenn die potentielle Mandantschaft in „Angst und Schrecken" versetzt wird, etwa durch das **Vorspiegeln besonderer Dringlichkeit**[134]. Verboten ist ferner die Werbung mit einer die gesetzlichen Gebühren **unzulässigerweise unterschreitenden Vergütung**[135]. 47

Zulässig ist **Preiswerbung**; umstritten, freilich immer weniger relevant ist die Zulässigkeit einer Werbung mit unangemessen niedrigen Gebühren (→ Kap. 8 Rn. 58 ff.)[136]. Erlaubt ist die **Werbung mit einer Liste gegnerischer Mandate**[137] oder auch dem Namen des gegnerischen Mandanten in der Bezeichnung des eigenen Internetauftritts[138]; nach Befreiung von der Verschwiegenheitspflicht[139] kann zudem mit **Mandatsreferenzen**[140] oder gar einer Referenzliste geworben werden. Nach der heutigen Fassung des § 6 Abs. 2 BORA ist dem Rechtsanwalt eine Werbung mit **Erfolgs- und Umsatzzahlen** nur noch dann untersagt, „wenn diese 48

128 OLG Naumburg Urt. v. 26.2.2007 – 10 U 79/06, NJW 2007, 1537 (1538 f.) – Hier zeigen sich sehr deutlich die Grenzen der Fachanwaltsbezeichnung, wenn dieses Qualifikationsmerkmal nur zu halten ist, wenn Zutreffendes als irreführend gilt.

129 BVerfG Beschl. v. 12.12.2007 – 1 BvR 1625/06, NJW 2008, 838 (839).

130 BGH Urt. v. 26.11.2019 – VI ZR 12/19, NJW 2020, 770; allgemein *Schladebach* NJW 2021, 1911 ff.

131 Vgl. LG Hamburg Urt. v. 31.7.2009 – 325 O 85/09, MMR 2010, 60 (Ls.).

132 OLG Jena Urt. v. 20.4.2005 – 2 U 948/04, NJW 2005, 2089 (2090); OLG Frankfurt a.M. Urt. v. 14.10.2004 – 6 U 198/03, NJW 2005, 1283 (1283 f.).

133 OLG Celle Urt. v. 31.1.2002 – 13 U 132/01, NJW 2002, 1210 (1210 f.).

134 OLG Hamburg Urt. v. 2.6.2005 – 5 U 126/04, NJW 2005, 2783 (2785).

135 BGH Beschl. v. 9.6.2008 – AnwSt (R) 5/05, NJW 2009, 534 (534 f.).

136 Vgl. OLG Hamm Urt. v. 3.8.2004 – 4 U 94/04, AnwBl. 2004, 653 (653 f.); LG Bremen Urt. v. 1.7.2004 – 12 O 292/04, AnwBl. 2004, 655; → Kap. 8 Rn. 58 ff.

137 BVerfG Beschl. v. 12.12.2007 – 1 BvR 1625/06, NJW 2008, 838 (839 f.).

138 OLG Frankfurt a.M. Urt. v. 24.9.2015 – 6 U 181/14, AnwBl. 2016, 689 (689 f.).

139 Zu Einzelheiten *Hagemann* AnwBl. 2007, 748 (748 ff.); zum Verhältnis der Verschwiegenheitspflicht zur anwaltlichen Selbstdarstellung auch *Quaas* BRAK-Mitt. 2013, 258 ff.

140 Kritisch dazu *Streck* NJW 2001, 3605 f.

irreführend ist“, womit ein Gleichlauf zwischen anwaltlichem Werberecht und allgemeinem Wettbewerbsrecht hergestellt wird[141], wie es auch für Patentanwälte und Steuerberater gilt. Die Angabe von Erfolgszahlen wird allerdings weiterhin regelmäßig als unzulässig anzusehen sein, da hierdurch zu Unrecht suggeriert wird, dass der Anwalt deshalb künftig nur selten ein Verfahren verlieren werde[142]. Die Werbung mit Umsatzzahlen ist hingegen grundsätzlich werberechtlich zulässig, insbesondere ist die Werbung mit wahrheitsgemäßen Umsatzzahlen nicht geeignet, das Vertrauen des Mandanten in eine nicht an kommerziellen Interessen ausgerichtete Sachbehandlung zu erschüttern und insofern nicht irreführend[143].

III. Verbot der Einzelfallwerbung

Dahns Ende des Verbots der Einzelfallwerbung?, NJW-Spezial 2018, 574; *W. Hartung* Werbung um einen Auftrag im Einzelfall – Ein weiterhin ungelöstes Problem?, AnwBl. 2003, 485 ff.; *Kleine-Cosack* Mandatswerbung mit offenem Visier oder mit Tarnkappe, AnwBl. 2004, 153–158; *König* Zur anwaltlichen Einzelwerbung, MittdtschPatAnw 1998, 428 ff.; *ders.* Anwaltliche Einzelfallwerbung – und kein Ende, MittdtschPatAnw 1999, 18 ff.

49 Werbung mit dem Ziel, ein konkretes Mandat (Direktmandat) zu erlangen, ist verboten. Hierdurch soll die **Überrumpelung von Opfern** (Verkehrsunfall, Naturkatastrophe) verhindert werden. Als abschreckendes Beispiel wird immer wieder auf das Verhalten amerikanischer Rechtsanwälte nach dem Chemieunglück in Bhopal von 1984 verwiesen. Es wird allerdings im Schrifttum vertreten, § 43b BRAO und dann auch § 39b PAO und § 57a StBerG dahingehend einzuschränken, dass **nur gemeinwohlschädliche Einzelfallwerbung** verboten sei[144]. Dem hat sich auch der BGH mittlerweile angeschlossen und klargestellt, dass das Ansprechen einzelner Mandanten in Kenntnis von deren Beratungsbedarf für sich genommen nicht berufsrechtswidrig ist; vielmehr komme es darauf an, ob die Kontaktaufnahme in ihrer konkreten Form unter Berücksichtigung der Gesamtumstände des Einzelfalls geeignet ist, die Entscheidungsfreiheit des Mandanten durch Belästigung, Nötigung oder Überrumpelung zu beeinträchtigen[145]. Es erscheint daher zweifelhaft, ob dem Verbot der Einzelfallwerbung überhaupt noch über die allgemeinen lauterkeitsrechtlichen Grenzen hinausgehende Vorgaben zu entnehmen sind[146].

50 Einzelfallwerbung liegt vor, wenn bei einem **konkreten Mandanten um ein konkretes Mandat** geworben wird[147]. Das bedeutet, dass einerseits bei konkreten Mandanten allgemein um Mandate geworben werden darf und andererseits in der Allgemeinheit um konkrete Mandate.

---

141 Hartung/Scharmer/*v. Lewinski* BORA § 6 Rn. 196.

142 LG Kiel Urt. v. 31.5.2006 – 14 O 25/06, NJW 2006, 2496 (2498).

143 Hartung/Scharmer/*v. Lewinski* BORA § 6 Rn. 200.

144 Vgl. *Kleine-Cosack* BRAO § 43b Rn. 12; so auch BGH Urt. v. 13.11.2013 – I ZR 15/12, NJW 2014, 554 (556) – Kommanditistenbrief, wo mit Blick auf Art. 24 Abs. 1 Dienstleistungsrichtlinie 2006/123/EG zumindest eine restriktive Auslegung gefordert wird.

145 BGH Urt. v. 2.7.2018 – AnwZ (Brfg) 24/17, NJW-RR 2018, 1086 ff.

146 *Dahns* NJW-Spezial 2018, 574.

147 Noch enger OLG Naumburg Urt. v. 10.7.2007 – 1 U 14/07, AnwBl. 2007, 869, nach dem es auf ein Missverhältnis zwischen der Dringlichkeit des Beratungsbedarfs und der Intensität der Werbung ankommt.

Allgemeine Rundschreiben[148] und **Direktwerbung** sind berufsrechtlich erlaubt; datenschutz- und belästigungsrechtliche Grenzen müssen natürlich eingehalten bleiben. Eine nach § 43b BRAO, § 39b PAO und § 57a StBerG verbotene Einzelfallwerbung liegt jedenfalls dann nicht vor, wenn Betroffenen erst aufgrund der Informationen in einem Werbeanschreiben eines Anwalts der konkrete Handlungs- und Beratungsbedarf bewusst wird[149]. **Informationsveranstaltungen zu einem auf eine bestimmte Gruppe speziell zugeschnittenen Thema** sind aber gleichwohl schon als Einzelfallwerbung angesehen worden[150]. Keine Einzelfallwerbung sind Internetauftritte, denn sie wenden sich nicht an einen konkreten Mandanten, gleichwohl sie sich auf einen konkreten Sachverhalt beziehen[151]. 51

Ebenfalls keine „Einzelfallwerbung" sind die sogenannten **Beauty Contests**, Präsentationen auf Aufforderung eines (potentiellen) Mandanten. Dabei geht es zwar oft um die Mandatierung im Einzelfall. Jedoch ist ein werberechtlicher Schutz hier auch nicht vonnöten, weil sie vom prospektiven Mandant selbst initiiert ist und deshalb nicht gegen den Schutzzweck der § 43b BRAO, § 39b PAO und § 57a StBerG verstößt, aufdringliche und überrumpelnde Werbung zu verhindern[152]. Ebenfalls nicht gegen den Schutzzweck der Norm verstoßen sogenannte **Road Shows**, eigeninitiative Präsentationen, wenn der Angesprochene entsprechend geschäftsgewandt ist, wovon bei größeren Unternehmen auszugehen ist; ansonsten kommt es auf den Einzelfall an. 52

IV. Verbot der Werbung durch Dritte

Henssler Zur Drittwerbung zugunsten von Freiberuflern, ZIP 1996, 485 ff.

Dritte dürfen vom Berufsträger nicht dafür eingesetzt werden, Werbung für ihn zu treiben, die ihm selbst verboten wäre (§ 6 Abs. 3 BORA; § 8 Abs. 4 BOPA; § 9 Abs. 1 S. 2 BOStB). Dies dient dem **Schutz vor Umgehung des Verbots durch Nicht-Berufsträger**, die durch Berufsrecht nicht gebunden werden können[153]. Flankierend sind dem Berufsträger Gegenleistungen an Mandatsvermittler in jeder Form verboten (vgl. § 49b Abs. 3 S. 1 BRAO; § 43a Abs. 1 S. 1 PAO; § 9 StBerG). Selbst Geschenke und „Prämien" an Mandanten, die neue Mandanten geworben haben, sind nicht erlaubt[154]. 53

Visitenkarten, **Broschüren** und sogenannte **„Stapelvollmachten"** dürfen dagegen von Dritten ausgelegt werden. Allerdings darf dabei kein (faktischer) Druck, etwa durch die Stellung als Behörde oder Arbeitgeber, auf die angesprochenen Verkehrskreise ausgeübt werden. Zudem ist die vertragliche Verpflichtung zwischen zwei Parteien, einen bestimmten Anwalt zu mandatieren, wegen Verstoßes gegen § 3 Abs. 3 BRAO bzw. § 3 Abs. 4 PAO regelmäßig nichtig[155]. Unzulässig ist es etwa 54

148 BGH Urt. v. 15.3.2001 – I ZR 337/98, NJW 2001, 2886 (2886 f.); anders aber OLG Naumburg Urt. v. 13.8.2002 – 1 U 42/02, BRAK-Mitt. 2003, 197 (198 f.); vgl. *Pepels/Steckler*, Anwaltsmarketing, 2003, S. 221–260; zu Art. 10 EMRK öVerfGH Urt. v. 20.6.2001 – V 30-31/01-7, NJW-RR 2002, 565 f.

149 LG Bremen Urt. v. 12.9.2013 – 9 O 868/13, AnwBl. 2013, 936 (937).

150 OLG Naumburg Urt. v. 13.8.2002 – 1 U 42/02, BRAK-Mitt. 2003, 197 (197–199).

151 OLG Hamburg Urt. v. 26.2.2004 – 3 U 82/02, NJW 2004, 1668 (1669 f.); vgl. OLG Braunschweig Urt. v. 12.9.2002 – 2 U 24/02, CR 2003, 611 (612).

152 Vgl. *Peitscher*, Anwaltsrecht, 3. Aufl. 2021, Rn. 498.

153 Hartung/Scharmer/*v. Lewinski* BORA § 6 Rn. 210.

154 OLG Jena DStRE 2003, 700 (zu Steuerberater); vgl. BGH Urt. v. 19.6.1980 – III ZR 91/79, NJW 1980, 2407; *Grunewald* in FS Hartung, 2008, S. 9 (13).

155 A.A. OVG Koblenz Urt. v. 5.12.1995 – 6 A 10638/95, ZIP 1996, 520 (521) (zu § 57a StBG).

auch, wenn ein Dritter Geschädigte zur Anforderung kostenloser und unverbindlicher anwaltlicher Informationen auffordert, ohne dass eine bestehende enge Zusammenarbeit zwischen diesem und einem bestimmten Anwalt offengelegt wird[156].

55 Das Erstellen und Veröffentlichen von Ranglisten (**Rankings**)[157] durch Dritte, insbesondere Verlage, ist zulässig, wenn die Bewertungskriterien offengelegt sind, redaktionelle Recherche stattfindet und Inserate auf die Bewertung keine Auswirkung haben[158]. Hier wird allgemein keine Absicht, den Wettbewerb bestimmter Anwälte zu fördern, unterstellt; vielmehr handelt der Verlag in (zulässiger) eigener verlegerischer Wettbewerbsabsicht[159].

56 Berufsrechtlich entscheidend ist stets, ob der Berufsträger die Handlung des Dritten fördert oder duldet. Allgemeines Optimieren der Außendarstellung (in Parallele etwa zur **Suchmaschinenoptimierung, SEO**) wird erlaubt sein, das Hinwirken auf eine gute Platzierung in einem bestimmten Ranking ist dagegen problematisch.

57 Jedenfalls kann dem Dritten eine Werbung für einen Berufsträger, z.B. durch Medienberichte, nach Wettbewerbsrecht nur untersagt werden, wenn sie auch zu **Wettbewerbszwecken** erfolgt[160].

---

156 BGH Urt. v. 16.5.2012 – I ZR 74/11, BRAK-Mitt. 2012, 281 (282 f.).

157 Hierzu in methodischer Hinsicht *Gendlin*, Kanzlei-Rankings, 2015.

158 BGH Urt. v. 30.4.1997 – I ZR 154/95, ZIP 1997, 1672 (1674) – FOCUS; BVerfG Beschl. v. 7.11.2002 – 1 BvR 580/02, NJW 2003, 277 ff. – JUVE-Handbuch; nachfolgend OLG München Urt. v. 27.3.2003 – 29 U 4292/00, NJW 2003, 1534 (1535).

159 BGH Urt. v. 9.2.2006 – I ZR 124/03, NJW 2006, 2764 ff. – JUVE-Handbuch.

160 BGH Urt. v. 22.5.1986 – I ZR 72/84, GRUR 1986, 898 (899) – Frank der Tat.

Kapitel 14: Organisation des Berufsstandes, Kammern

Finzel Anwaltliche Berufsorganisationen, 2. Aufl. 2011; *W. Hartung* Anwaltliche Selbstverwaltung im Wandel, AnwBl. 2000, 9 ff.; *Jansen* Funktionswandel der Rechtsanwaltskammern – vom schlichtstaatlichen Zwangsverband zu modernstaatlichen Dienstleistungsträgern, Diss. jur. HU Berlin 2011; *Kleine-Cosack* Kammer und Verein – Eine unheilige deutsche Allianz, in: FS Busse, 2005, S. 215 ff.

Die Rechts- und Steuerberater sind, wenngleich Freier Beruf, vielfältig organisiert. In den Kammern besteht eine **Pflichtmitgliedschaft**. Bei der berufspolitischen Vertretung treten neben sie **freiwillige Zusammenschlüsse**. 1

Die (funktionale oder nichtterritoriale[1]) **Selbstverwaltung**[2] wird über die Kammern und über die Satzungsversammlung ausgeübt, die Aufsicht über die Berufsträger liegt bei den berufsständischen und bei den Berufsgerichten. Die in Deutschland auch in anderen Bereichen verbreitete Selbstverwaltung hat den Vorteil großer fachlicher Nähe und unmittelbarerer demokratischer Legitimation, vergrößert aber immer auch die Gefahr klientelbezogenen Handelns[3]. 2

A. Berufsständische Kammern

Griga Verfassungsrechtliche Grundlagen der selbstverwalteten Anwaltschaft, 2014; *Kleine-Cosack* Berufsständische Autonomie und Grundgesetz, 1986; *Kluth* in: J. Wolff/Bachof/Stober, Verwaltungsrecht, Bd. II, 7. Aufl. 2010, § 99 Rn. 103 ff.; *ders.* (Hrsg.) Handbuch des Kammerrechts, 3. Aufl. 2020; *Lenk* Die Ausnahme standesrechtlicher Werbeverbote aus dem EG-Kartellrecht, 2006; *Scheidtmann* Wirtschafts- und berufsständische Kammern im europäischen Gemeinschaftsrecht, 2007; *Tettinger* Kammerrecht, 1997; *Vallone* Auswirkungen des Kartellverbots auf das Standes- und Berufsrecht der verkammerten Freien Berufe, 2006; *Waldhorst* Die Kammern zwischen Kartell- und Verwaltungsorganisationsrecht, 2005.

Berufsständische Kammern im heutigen Sinne gibt es in Gestalt der Rechtsanwaltskammern **seit 1879**[4], 1933 wurde die Patentanwaltskammer gegründet, Steuerberaterkammern gibt es seit 1961. Sie sind Körperschaften des öffentlichen Rechts und dienen der Selbstverwaltung der Berufsträger. 3

Solche Kammern **verstoßen nicht gegen europäisches Recht**[5]. Soweit die Kammern Aufgaben nach dem Berufsrecht oder anderen Gesetzen wahrnehmen, sind sie kartellrechtlich keine „Unternehmensvereinigungen" i.S.d. Art. 101 AEUV. 4

I. Organisation der Kammern

Wegen der unterschiedlichen Größe der Berufsgruppen **variieren die Kammerorganisationen** von Rechtsanwälten, Patentanwälten und Steuerberatern. 5

---

1 Zu diesem Begriff *Eberhard*, Nichtterritoriale Selbstverwaltung, 2014.
2 Hierzu *Kluth*, Funktionale Selbstverwaltung, 1997, zu den Rechtsanwaltskammern speziell S. 91 ff.
3 Allgemein dazu *Schuppert*, Verwaltungswissenschaften, 2000, S. 573 f. m.w.N.
4 *Baatz* BRAK-Mitt. 2008, 190 ff.
5 EuGH, Urt. v. 22.9.1983 – 271/82, EuGHE I 1983, 2729, 2744 (Tz. 18) – Auer.

1. Kammern der Rechtsanwaltschaft

6 Es gibt in Deutschland **27 regionale Rechtsanwaltskammern**, eine **Rechtsanwaltskammer beim Bundesgerichtshof** und die **Bundesrechtsanwaltskammer** (BRAK). Daneben besteht die Satzungsversammlung (§§ 191a–191e BRAO; → Rn. 53 f.). Die regionalen Rechtsanwaltskammern sind alle ähnlich strukturiert; eine gewisse Sonderrolle spielt die Rechtsanwaltskammer beim Bundesgerichtshof[6].

a) Regionale Rechtsanwaltskammern. Rechtsanwaltskammer beim BGH

Ströbel Die Organisation der Rechtsanwaltskammern – sind die gesetzlichen Grundlagen noch zeitgemäß?, in: FS Mailänder, 2006, S. 619 ff.

7 Die Rechtsanwälte eines OLG-Bezirks[7] bilden eine Rechtsanwaltskammer (§ 60 Abs. 2 BRAO); daneben bilden die Rechtsanwälte beim Bundesgerichtshof eine zusätzliche und eigenständige Kammer. Die Kammer ist also eine **Personalkörperschaft**. Deshalb spricht das Gesetz, wenn es die Kammer als Behörde meint, auch immer vom „Vorstand der Rechtsanwaltskammer" (vgl. § 73 Abs. 1 S. 2 BRAO). Die Rechtsanwaltskammern sind alle nach dem gleichen Muster aufgebaut:

8 Die **Kammerversammlung** ist das oberste Organ der Rechtsanwaltskammer. Sie muss auf Verlangen von einem Zehntel der Mitglieder einberufen werden.

9 Jede Anwaltskammer hat einen **Vorstand** (§ 63 Abs. 1 BRAO). Er muss mindestens sieben Mitglieder haben, in der Praxis sind es oft über dreißig. Das Vorstandsamt ist Ehrenamt. Wählbar in den Vorstand ist jeder Anwalt, der mindestens fünf Jahre ununterbrochen zugelassen war; eine Inkompatibilität mit anderen rechtsanwaltlichen Ehrenämtern[8] gibt es nicht. Gewählt wird der Vorstand von der Kammerversammlung; Briefwahl ist inzwischen der Regelfall (§ 64 Abs. 1 S. 1 BRAO)[9], elektronische Wahl ist möglich (§ 64 Abs. 1 S. 3 BRAO).

10 Aus der Mitte des Vorstands wird ein **Präsidium** (§§ 78 ff. BRAO) gewählt. Es hat mindestens vier Mitglieder (Präsident, Vizepräsident[10], Schriftführer und Schatzmeister). Der Präsident vertritt die Kammer gerichtlich und außergerichtlich (§ 80 Abs. 1 BRAO); er ist, wiewohl ein Rechtsanwalt, „Behördenchef".

11 Für die täglichen Geschäfte spielt die (Haupt-)**Geschäftsführung** eine bedeutende Rolle, ist aber in der BRAO nicht bzw. nur sehr mittelbar (vgl. § 94 Abs. 3 S. 2 BRAO) erwähnt. Der Hauptgeschäftsführer ist deshalb kein gesetzliches Organ der Kammer, sondern nur rechtsgeschäftlicher Vertreter[11].

---

6 Zu dieser die Beiträge in *Verein der beim Bundesgerichtshof zugelassenen Rechtsanwälte* (Hrsg.), Fortitudo Temperantia – Die Rechtsanwälte am Reichsgericht und beim Bundesgerichtshof (FG 50 Jahre Bundesgerichtshof), 2000, S. 43–157.

7 Von der Möglichkeit des § 61 BRAO ist bislang noch kein Gebrauch gemacht worden (Weyland/*Weyland* BRAO § 61 Rn. 2). Aufgrund der Vorgängervorschrift in § 41a RAO war die RAK Potsdam im (damals noch größeren) Bezirk des Kammergerichts errichtet worden. Zu den Umständen *Vehrenberg*, Geschichte der deutschen Rechtsanwaltsordnung vom 1. Juli 1878, Diss. jur. Freiburg 1935, S. 38, und *Kutzner/Bedenk* in FS 125 Jahre Rechtsanwaltskammer Berlin, 2006, S. 47 (105, 113 ff.).

8 Vgl. zur Inkompatibilität von Ämtern in Kammer und Versorgungseinrichtung nach Maßgabe des Landesrechts VerfGH Berlin Urt. v. 4.3.2009 – VerfGH 96/07, NVwZ-RR 2009, 585 ff.

9 Kritik an der früheren Rechtslage (bis 2017) von verfassungsrechtlicher Warte bei *Griga*, Verfassungsrechtliche Grundlagen der selbstverwalteten Anwaltschaft, 2014, S. 272 ff.

10 Über den Wortlaut des § 78 Abs. 2 Nr. 2 BRAO hinaus werden in der Praxis mehrere Vizepräsidenten gewählt (vgl. § 129 Abs. 2 Nr. 2, Abs. 4 BRAO).

11 Hierzu *Ströbel* in FS Mailänder, 2006, S. 619 (628 f.), auch mit rechtspolitischen Überlegungen.

b) Bundesrechtsanwaltskammer

Hummel Zur Geschichte der Bundesrechtsanwaltskammer, in: 25 Jahre Bundesrechtsanwaltskammer, 1984, S. 1 ff.; *Tettinger* Zum Tätigkeitsfeld der Bundesrechtsanwaltskammer, 1985.

Als **Dachorganisation** der regionalen Rechtsanwaltskammern[12] fungiert die Bundesrechtsanwaltskammer (BRAK). Seit 2000 ist ihr Sitz Berlin. Die Bundesrechtsanwaltskammer besteht aus einem Präsidium (§ 180 BRAO) und der Hauptversammlung (§ 187 BRAO). **12**

Mitglieder der Bundesrechtsanwaltskammer sind nach § 175 Abs. 1 BRAO die Rechtsanwaltskammern (**Verbandskörperschaft**). Mit der BRAO-Reform 2021 hat sich das Stimmgewicht bei der Hauptversammlung verändert. Hatte zuvor jede Rechtsanwaltskammer eine Stimme, hängt die Anzahl der Stimmen nun von den Mitgliederzahlen ab (vgl. § 190 BRAO); Berufsausübungsgesellschaften zählen dabei nicht mit. **13**

2. Patentanwaltskammer

van Raden Die Rechtsstellung der Patentanwaltskammern, MittdtschPatAnw 2001, S. 526 ff.

Die Patentanwälte haben wegen der geringen Größe ihres Berufsstands keine regionalen Kammern, sondern für das gesamte Bundesgebiet gibt es **nur die Patentanwaltskammer** (PAK; § 53 PAG). Ihre Organe sind der Vorstand und die Kammerversammlung (§ 55 PAG), die hinsichtlich Zusammensetzung und Wahlverfahren denen der Rechtsanwaltskammern weitestgehend entsprechen. **14**

3. Kammern der Steuerberater

Die Steuerberater haben wie die Rechtsanwälte ein **zweistufiges Kammersystem** mit regionalen Kammern in den (ehemaligen) Oberfinanzbezirken (§ 73 StBerG) und der Bundessteuerberaterkammer (§ 85 StBerG). **15**

a) Regionale Steuerberaterkammern

Im Gegensatz zu den Kammern der Anwälte gibt es keine zahlenmäßigen Vorgaben für den **Kammervorstand**, dafür bestehen ausdrückliche Vorschriften zur **Bildung von Abteilungen** innerhalb des Vorstands (§ 77a StBerG) und von **Arbeitsgemeinschaften zwischen den Kammern** (§ 84 StBerG). **16**

b) Bundessteuerberaterkammer

Die Bundessteuerberaterkammer (BStBK) **entspricht** in Zuschnitt und Verhältnis zu den regionalen Steuerberaterkammern **der Bundesrechtsanwaltskammer**. **17**

---

12 Der BGH (Beschl. v. 7.11.1960 – AnwZ (P) 1/60, BGHZ 33, 381 (385)) sieht die BRAK als „Dachorganisation der Rechtsanwälte“ an.

II. Aufgaben der Kammern

Ehlers/Lechleitner Die Aufgaben der Rechtsanwaltskammern, 2006.

18 Die Kammern erfüllen **Selbstverwaltungsaufgaben** (insb. § 73 Abs. 2 BRAO; § 69 Abs. 1 PAO; § 76 Abs. 2 StBerG) und als Teil der **mittelbaren Staatsverwaltung** auch übertragene Aufgaben (→ Rn. 37 ff.). Innerhalb der Generalklauseln der § 73 Abs. 1 S. 3 BRAO, § 69 Abs. 1 S. 3 PAO und § 76 Abs. 1 Var. 1 StBerG („Belange der Kammer zu wahren und fördern") kann sie zusätzlich freiwillige Aufgaben („insbesondere") übernehmen.

19 Außerhalb ihres – durchaus **weitgesteckten – Aufgabenkreises** darf die Kammer nicht tätig werden. Den Kammermitgliedern steht insoweit ein Unterlassungsanspruch gegen die Kammer zu[13]. Gegen eine unwirtschaftliche oder verschwenderische **Haushaltsführung** der Kammer ist allerdings nur in evidenten Fällen aufsichtlicher und gerichtlicher Rechtsschutz gegeben[14].

20 In der Art und Weise der Aufgabenerfüllung sind die Kammern frei, so dass auch eine unternehmerische und marktförmige Erbringung[15] sowie die Mitgliedschaft der Kammer in Vereinigungen und Verbänden[16] in Betracht kommt. So bedienen sich die Kammern teilweise privatrechtlicher Gesellschaftsformen, um ihre Aufgaben – insbesondere im Aus- und Fortbildungsbereich, denkbarerweise aber auch in anderen Zuständigkeiten wie dem der Fürsorge – zu erfüllen. Dies ist grundsätzlich erlaubt; wie aber allgemein bei der öffentlichen Hand darf allerdings der Erwerbs- und Gewinnerzielungszweck die Erfüllung der eigentlichen **öffentlichen Aufgabe der Kammern** nicht verdrängen. Bei der Beteiligung von Privaten an Gesellschaften ist darauf zu achten, dass die Erfüllung des öffentlichen (Kammer-)Zwecks gesellschaftsrechtlich (Satzung, Stimmrechtsverhältnisse, Geschäftsführung usw.) gesichert ist (§/Art. 65 Abs. 1 Nr. 3 LHO)[17].

1. Erlass von Satzungen

21 Der Erlass der **Berufssatzung** bei Patentanwälten (§ 82 Abs. 2 Nr. 1 PAO) ist Aufgabe der Kammerversammlung. Für Rechtsanwälte und Steuerberater ist diese Befugnis als Reaktion auf die vom Bundesverfassungsgericht konstatierte fehlende demokratische Legitimation der BORA (→ Kap. 1 Rn. 18) auf Satzungs- bzw. Mitgliederversammlungen verlagert worden (§ 191a Abs. 2 BRAO; § 86a StBerG; (→ Rn. 53 f.8).

2. Aufsicht über die Berufsträger

Eickhoff Berufsaufsicht der freien Berufe in geteilter Verantwortung von Kammern und Staat, 2007; *Volino* Steuerung und Kontrolle der Kammerwirtschaft, 2013.

---

13 Kluth/*Schöbener* KammerR-HdB § 14 Rn. 21, 97 ff.; *Möllering* in FS Stober, 2008, S. 391 (393 f.); *Ehlers/Lechleitner*, Die Aufgaben der Rechtsanwaltskammern, 2006, S. 52 ff.; *Kloepfer*, Fortbildungskompetenz, 2006, S. 77 f.; vgl. BVerwG Urt. v. 17.12.1981 – 5 C 56/79, BVerwGE 64, 298 (301).

14 Vgl. VG Lüneburg Beschl. v. 7.7.2010 – 3 B 41/10, NVwZ-RR 2010, 764 (764) („Verhältnismäßigkeitskontrolle").

15 Umfassend *Hövelbernd*, Kammern als Wettbewerber, 2008; *Volino*, Steuerung und Kontrolle der Kammerwirtschaft, 2013.

16 BGH Beschl. v. 18.12.1995 – PatAnwZ 3/95, MittdtschPatAnw 1996, 177 (178 f.).

17 *Strack* in FS Gesellschaft für Rechtspolitik, 1984, S. 433 (441 ff.) (zu Apothekerkammern).

Die Kammern üben als **gesetzliche Aufgabe die Berufsaufsicht** über die Berufsträger als ihre Mitglieder aus (§ 73 Abs. 2 Nr. 4 BRAO; § 69 Abs. 2 Nr. 4 PAO; § 76 Abs. 2 Nr. 4 StBerG; → Kap. 15 Rn. 70 ff.). Sie können sich bei der Aufsicht auch Berufsträgern, die nicht Mitglied des Kammervorstands sind, bedienen (vgl. § 76 Abs. 1 S. 2 BRAO; § 71 Abs. 1 S. 2 PAO; § 83 Abs. 1 S. 2 StBerG), durchaus dann aus anderen Kammerbezirken[18]. Dies ist etwa in manchen Kammern im Bereich der Datenschutzaufsicht der Fall (dazu → Kap. 6 Rn. 35). 22

3. Zulassung

Für die **Zulassung der in ihnen organisierten Berufsträger** sind die Kammern (schon seit längerem auch originär) zuständig. Daneben obliegt ihnen die **Verleihung von Fachanwaltsbezeichnungen** bzw. Fachberaterbezeichnungen (§ 43c BRAO; vgl. § 11 FBO; → Kap. 13 Rn. 15 ff.). Die eigentliche Prüfung eines Antragstellers ist Ausschüssen übertragen (§§ 17 ff. FAO; §§ 11 ff. FBO). 23

4. Aus- und Fortbildung

Ewer Mitwirken heißt nicht bezahlen..., AnwBl. 2005, 488; *Huff* Die Finanzierung der Aus- und Fortbildung der Anwaltschaft durch die Anwaltskammern, NJW 2005, 1692 f.; *Kloepfer* Fortbildungskompetenz der Rechtsanwaltskammern, 2006; *ders./Quast* Fortbildung durch Rechtsanwaltskammern, BRAK-Mitt. 2007, 2 ff.

Für die **Fortbildung ihrer Mitglieder** sind die Kammern ebenso zuständig wie für die **Aus- und Weiterbildung** der einschlägigen Fachangestellten und Fachwirte (§ 71 Abs. 4 BBiG; speziell § 76 Abs. 2 Nr. 8 StBerG). Die Anwaltskammern müssen ferner an der Ausbildung und Prüfung von Studenten und Referendaren bzw. angehenden Patentanwälten mitwirken; für die Steuerberaterkammern ist dies eine freiwillige Aufgabe (§ 73 Abs. 6 StBerG). Zu einer finanziellen Beteiligung an dieser Ausbildung des eigenen Nachwuchses ist (subsidiär) nur die Patentanwaltskammer verpflichtet; die Kammern der Rechtsanwälte und Steuerberater sind hierzu nicht verpflichtet[19], daran aber auch nicht gehindert[20]. 24

Als fakultative Aufgabe können die Kammern die Fortbildung der Berufsträger organisieren, mit ihren Mitteln, ggf. über zusätzliche Umlagen, finanzieren[21] sowie sich an **Schulungsinstitutionen** beteiligen[22]. Allerdings dürfen sie durch das Fortbildungssystem die Regeln des europäischen Wettbewerbsrechts (Art. 101 AEUV) nicht verletzen[23]. 25

5. Außergerichtliche Vermittlung bei Streitigkeiten

Hastenrath Möglichkeit zur Etablierung eines Schlichtungsverfahrens durch die Rechtsanwaltskammern bei Streitigkeiten zwischen Rechtsanwalt und Mandant, 2008; *Steinke* Das Vermittlungsverfahren des Kammervorstands, NJW 2011, 3335 ff.

---

18 Weyland/*Weyland* BRAO § 76 Rn. 5a.
19 Henssler/Prütting/*W. Hartung* BRAO § 73 Rn. 38.
20 BGH Beschl. v. 18.4.2005 – AnwZ (B) 27/04, NJW 2005, 1710 (1711).
21 BGH Beschl. v. 18.4.2005 – AnwZ (B) 27/04, NJW 2005, 1710 (1710 f.); *Huff* NJW 2005, 1692 (1693).
22 Henssler/Prütting/*W. Hartung* BRAO § 73 Rn. 14.
23 EuGH Urt. v. 28.2.2013 – C-1/12, DÖV 2013, 393.

26 Die Kammern haben ferner die Aufgabe, bei Streitigkeiten zwischen ihren Mitgliedern (§ 73 Abs. 2 Nr. 2 BRAO; § 32 Abs. 1 S. 2 Nr. 6 EuRAG; § 69 Abs. 2 Nr. 2 PAO; § 18 Abs. 1 S. 2 Nrn. 3 u. 4 EuPAG; § 76 Abs. 2 Nr. 2 StBerG) sowie zwischen diesen und Mandanten zu vermitteln (§ 73 Abs. 2 Nr. 3, Abs. 5 BRAO; § 69 Abs. 2 Nr. 3, Abs. 5 PAO; § 76 Abs. 2 Nr. 3 StBerG). Bei Rechtsanwälten kann statt eines **Vermittlungsverfahrens** oder nach einem solchen bei einem Konflikt zwischen Anwalt und Mandant auch ein Schlichtungsverfahren vor der Schlichtungsstelle der Rechtsanwaltschaft (§ 191f BRAO; → Rn. 59 ff.) eingeleitet werden. Natürlich steht – für und gegen den Berufsträger als „Organ der Rechtspflege" – stets zudem der Rechtsweg offen.

27 Für den – praktisch nicht seltenen – Fall, dass zwischen Rechtsanwalt und Mandant Differenzen über die Bemessung von Rahmengebühren (→ Kap. 8 Rn. 25) herrschen, darf die Rechtsanwaltskammer allerdings nicht als Streitschlichter auftreten, um ihre Unabhängigkeit als **Gebührengutachter** nach § 14 Abs. 2 RVG zu erhalten[24], die der Patentanwalts- und der Steuerberaterkammer so nicht zukommt.

6. Interessen- und Standesvertretung

28 Die „Belange der Kammer zu fördern" (§ 73 Abs. 1 S. 3 BRAO; § 69 Abs. 1 S. 3 PAO; § 76 Abs. 1 S. 1 StBerG) schließt **Öffentlichkeitsarbeit**[25] und **berufspolitische Vertretung der Mitglieder** ein. Nicht mehr umfasst die Vertretung durch die Kammer (auch) die „Interessen der Rechtspflege" insgesamt, wie dies noch § 50 RAO v. 1878 vorgesehen hatte. Wie alle anderen öffentlichrechtlichen Zwangskörperschaften müssen sich die berufsständischen Kammern dabei **allgemeinpolitischer Äußerungen** enthalten[26]. Als Pflichtkörperschaft muss die Kammer bei ihren Äußerungen grundsätzlich Zurückhaltung üben; Stellungnahmen müssen zudem die vorgesehenen Verfahren durchlaufen, also ggf. die Zustimmung der Kammerversammlung gefunden haben[27].

29 Die Beschränkung auf die Interessenvertretung der Mitglieder in ihrer Gesamtheit ist zudem relevant, wenn die Kammer als **Verband zur Förderung wirtschaftlicher Interessen** nach § 8 Abs. 3 Nr. 2 UWG oder § 3 Abs. 1 Nr. 2 UKlaG tätig wird. Ihre **Klagebefugnis** (→ Kap. 9 Rn. 65) ist nicht nur nach § 8 Abs. 4 UWG und § 2 UKlaG begrenzt, sondern zusätzlich auch durch § 73 Abs. 1 S. 3 BRAO, § 69 Abs. 2 Nr. 3 PAO und § 76 Abs. 2 Nr. 3 StBerG.

7. Auskunft an Rechtsuchende

Huff Der Auskunftsanspruch des Mandanten nach § 51 Abs. 6 BRAO – Gibt es ihn wirklich nur in den Fällen des § 115 VVG, BRAK-Mitt. 2011, 56 ff.

30 Die Anwaltskammern führen nach § 31 BRAO bzw. § 29 PAO **Anwaltsverzeichnisse** in elektronischer Form; die Steuerberaterkammern bieten eine ähnliche Leistung auf freiwilliger Basis an. Die Verzeichnisse enthalten Name, Anschrift(en) der beruflichen Niederlassung(en), Fachanwaltsbezeichnungen sowie Berufs- und Vertretungsverbote (vgl. § 31 Abs. 3 BRAO; § 29 Abs. 3 PAO). Verzeichnisse dienen der Information

---

24 Weyland/*Weyland* BRAO § 73 Rn. 40e.
25 AnwGH Frankfurt a.M. Beschl. v. 5.11.2007 – 2 AGH 18/06, BRAK-Mitt. 2008, 29 (30 f.).
26 Vgl. etwa VGH Kassel Urt. v. 5.2.2009 – 8 A 1559/07, DVBl. 2009, 529 (529 ff.).
27 BVerwG Urt. v. 23.6.2010 – 8 C 20/09, GewArch. 2010, 400 (403) – Limburger Erklärung (zu IHK.en).

von Behörden und jedermann; es ist auch die Datenbasis für das Europäische Rechtsanwaltsverzeichnis (§ 31b BRAO). Die Verzeichnisse sind allgemein zugängliche Quellen.

Weitere Daten des Berufsträgers, etwa aus dessen Mitgliederakte (früher: **Personalakte)** (vgl. § 58 BRAO; § 51 PAO; vgl. § 108 S. 1 StBerG), darf die Kammer nur mit Einwilligung oder aufgrund eines gesetzlichen Erlaubnistatbestands übermitteln. Ein solcher Fall ist gegeben, wenn jemand, insbesondere ein geschädigter Mandant, Auskunft über den Berufshaftpflichtversicherungsschutz nach § 51 BRAO begehrt (§ 51 Abs. 6 S. 2 BRAO; § 45 Abs. 6 S. 2 PAO; § 67 Abs. 4 StBerG)[28]. 31

8. Gesamtaufgaben der Bundesrechtsanwaltskammer und Bundessteuerberaterkammer

Die Bundesrechtsanwaltskammer und die Bundessteuerberaterkammer sind zuständig für **Angelegenheiten der Gesamtheit der jeweiligen Kammern**; bei der einstufigen Kammerorganisation der Patentanwälte entfällt diese Funktion. Die zentralen Kompetenznormen sind § 177 BRAO und § 86 StBerG, die aber – anders als die Vorschrift für die regionalen Rechtsanwaltskammern (§ 73 Abs. 1 S. 3 BRAO) – keine ausdrückliche Generalklausel enthalten. Der Umfang zusätzlicher Aufgaben der Bundesrechtsanwaltskammer und der Bundessteuerberaterkammer ist deshalb stärker umstritten und jedenfalls begrenzter als jener der regionalen Kammern[29]. 32

Jedenfalls sollen sie die Meinung der jeweiligen Kammern feststellen (§ 177 Abs. 2 Nr. 1 BRAO; § 86 Abs. 2 Nr. 1 StBerG), haben also die Funktion eines **Meinungsforums**. Die dort gefundenen Standpunkte sollen dann nach außen, namentlich gegenüber Behörden und Gerichten, aber auch gegenüber Regierung, Gesetzgeber und der Öffentlichkeit vertreten und geltend gemacht werden (§ 177 Abs. 2 Nrn. 3 u. 4 BRAO; § 86 Abs. 2 Nrn. 4 u. 5 StBerG); für die Patentanwaltskammer ergibt sich dies aus der Generalklausel des § 69 Abs. 1 S. 3 PAO. 33

Weiter sollen die Kammern die berufliche **Fortbildung der Berufsträger fördern** (§ 177 Abs. 2 Nr. 6 BRAO; § 86 Abs. 2 Nr. 7 StBerG). Beim Einsatz ihrer Mittel ist die Kammer frei. So kann sie etwa ein Fortbildungszertifikat einführen. Tätig werden muss sie auf diesem Gebiet jedoch nur, wenn z.B. Angebote für die Fortbildung ihrer Berufsträger fehlen. 34

Die Bundesrechtsanwaltskammer gibt als **amtliches Veröffentlichungsblatt** die „BRAK-Mitteilungen" heraus, die auch als ein Publikationsorgan der Rechtsanwaltschaft fungieren[30], die Patentanwaltskammer die „Mitteilungen der deutschen Patentanwälte". 35

Nach Maßgabe einer Verordnung nach § 31 Abs. 6 BRAO führt die Bundesrechtsanwaltskammer ein (elektronisches) **Gesamtverzeichnis der Rechtsanwälte**. Ferner hat sie seit 2013 die elektronische Kommunikation der Rechtsanwälte mit Gerichten, Behörden und Dritten zu unterstützen (§ 177 Abs. 2 Nr. 7 BRAO), soll also den Umstieg zum elektronischen Gerichtsverkehr begleiten. Sie ist auch für das Bereitstellen der **besonderen elektronischen Anwaltspostfächer** (beA; § 31a BRAO) zu- 36

---

28 Zu den Substantiierungspflichten bei der Antragstellung VG Stuttgart Urt. v. 17.6.2008 – 6 K 399/08, BRAK-Mitt. 2008, 236 (239 f.); zum Umfang AnwGH Stuttgart Urt. v. 20.10.2011 – AGH 10/2011 (II)-SG 1, DStR 2012, 149 (150).

29 S. für die BRAK die Nachw. bei Henssler/Prütting/*W. Hartung* BRAO § 177 Rn. 7.

30 Kritisch hierzu *Ehlers/Lechleitner*, Die Aufgaben der Rechtsanwaltskammern, 2006, S. 112 ff.

ständig[31] und hat deren Kennung in das Gesamtverzeichnis einzutragen (§ 31 Abs. 4 BRAO).

9. Weitere Aufgaben

Unseld Die Rechtsstellung kommunaler und funktionaler Selbstverwaltungskörperschaften bei ihrer Inanspruchnahme für staatliche Aufgaben – dargestellt am Beispiel der Gemeinden und der Rechtsanwaltskammern, 2008.

37 Daneben weist das Berufsrecht den Kammern an vielen weiteren Stellen Aufgaben zu[32], z.B. **Verstöße gegen § 6 DL-InfoV zu ahnden** (§ 73b BRAO; § 69a PAO; § 76 Abs. 8 StBerG), den Rechtsanwaltskammern die **Mitglieder der Berufsgerichte vorzuschlagen** (§ 73 Abs. 2 Nr. 5, § 94 Abs. 2 S. 2, § 103 Abs. 2 S. 1 BRAO), ggf. **Fürsorge- und Unterstützungseinrichtungen** zu betreiben (§ 89 Abs. 2 Nr. 3 BRAO; § 82 Abs. 2 Nr. 5 PAO; § 76 Abs. 2 Nr. 6 StBerG → Rn. 62 f.) und den Steuerberaterkammern vor dem **Erlass eines abgabenrechtlichen Haftungsbescheids Stellung zu nehmen** (§ 191 Abs. 2 AO). Ferner können durch weitere Vorschriften den Kammern weitere Aufgaben zugewiesen werden (z.B. § 51 Nrn. 3, 4 u. 7 GwG für die **Geldwäsche**).

38 Nach § 73a BRAO u. § 76 Abs. 7 StBerG kann für die Rechtsanwalts- und Steuerberaterkammern das Landesrecht bestimmen, dass sie als **Einheitliche Stelle**[33] i.S.d. §§/Art. 71a ff. VwVfG fungieren. Da es sich dabei um eine (übertragene) staatliche und nicht um eine Selbstverwaltungsaufgabe handelt, kann das Landesgesetz insoweit auch eine staatliche Fachaufsicht anordnen[34]. Der Staat muss aber im Gegenzug für eine Finanzierung dieser übertragenen Aufgaben sorgen, entweder durch entsprechende Abgabenbestimmungen (insb. Gebühren) oder durch Finanzzuweisungen[35].

39 Ferner ist die Kammer als Behörde anderen Behörden zur **Amtshilfe** verpflichtet[36], zur informationellen Amtshilfe in Bezug auf ihre Mitglieder jedoch nur gegenüber den Finanzbehörden (vgl. § 105 AO)[37].

III. Pflichten der Berufsträger gegenüber der Kammer

Bauersfeld Die Verbandslast, 2010; *Rieger* Kammerfinanzierung, in: Kluth, Handbuch des Kammerrechts, 3. Aufl. 2020, § 13; *Johnigk* Rechtliche Anforderungen an das Auskunftsverlangen nach § 56 Abs. 1 BRAO, BRAK-Mitt. 2008, 101 ff.

---

31 Die technische, administrative, rechtliche und kommunikative Umsetzung der Einführung des beA ist allerdings nicht ohne Wendungen, Sicherheitslücken und Pannen gewesen (vgl. etwa *Weigel* c't 16/2016, 146 ff.; F.A.Z. v. 28.12.2017, S. 15).

32 Vgl. Henssler/Prütting/*W. Hartung* BRAO § 73 Rn. 6.

33 Die zugrundeliegende europäische Dienstleistungsrichtlinie 2006/123/EG spricht insoweit von „Einheitlicher Ansprechstelle", im Schrifttum ist auch vom „Einheitlichen Ansprechpartner" die Rede.

34 *Schmitz/Prell* NVwZ 2009, 1 (10).

35 *Unseld*, Die Rechtsstellung kommunaler und funktionaler Selbstverwaltungskörperschaften bei ihrer Inanspruchnahme für staatliche Aufgaben – dargestellt am Beispiel der Gemeinden und der Rechtsanwaltskammern, 2008, S. 134–158.

36 Sachs/*Erbguth/Schubert* Art. 35 GG Rn. 6.

37 BFH Urt. v. 19.12.2006 – VII R 46/05, NJW 2007, 1305 ff.

Die Mitgliedschaft in den berufsständischen Kammern ist zwingend (**Pflichtmitgliedschaft**, „Kammerzwang“[38]). Auf die tatsächliche Berufsausübung kommt es – insbesondere für sogenannte „Titularanwälte“ – nicht an[39]. 40

Die Mitgliedschaft bedeutet zunächst eine **Beitragspflicht**[40]. Sie ergibt sich aus der Rechtsnatur der Kammer als (mitgliedschaftliche) Körperschaft des Öffentlichen Rechts. Die Mitgliedsbeiträge sind im Gesetz nur für Steuerberater ausdrücklich geregelt (§ 79 StBerG), für die anderen Berufe allerdings in § 83 Abs. 2 und § 84 BRAO bzw. § 82 Abs. 2 Nr. 4 PAO jedenfalls erwähnt und damit vorausgesetzt[41]. Abgabenrechtlich werden sie als Beitrag[42] oder auch als sonstige Abgabe in Form der „Verbandsabgabe“ qualifiziert[43]. Als Beitrag ist sie das Äquivalent für das (bloße) Leistungsangebot der Kammer, als sonstige Abgabe die finanzielle Folge der Pflichtmitgliedschaft. 41

Der Kammer gegenüber muss der Berufsträger kooperativ sein. Er ist ihrem Vorstand zur **Auskunft**[44], **Vorlage der Handakte** und zum **persönlichen Erscheinen** verpflichtet (§ 56 Abs. 1 S. 1 BRAO; § 49 Abs. 1 S. 1 PAO; § 80 Abs. 1 S. 1 StBerG). Diese Pflicht entfällt nur, wenn der Berufsträger dadurch die Verschwiegenheitspflicht gegenüber Mandanten verletzen oder sich selbst belasten würde (§ 56 Abs. 1 S. 2 BRAO; § 49 Abs. 1 S. 2 PAO; § 80 Abs. 1 S. 2 StBerG). Über Tatsachen, die ein Tätigkeitsverbot oder die Aufhebung der Zulassung begründen würden, müssen Anwälte die Kammer von sich aus informieren (§ 56 Abs. 3 BRAO; § 59 Abs. 3 PAO), Syndikusanwälte haben überhaupt alle **Änderungen ihres Anstellungsverhältnisses zu melden** (§ 46b Abs. 4 BRAO; § 41c Abs. 4 PAO). 42

Die Pflichten des Anwalts nach § 56 BRAO, § 49 PAO und § 80 StBerG kann die Kammer mittels **Zwangsgelds** (§ 57 BRAO; § 50 PAO; § 80a StBerG) durchsetzen[45]. Für die Einziehung „rückständiger Beiträge“ gilt § 84 BRAO; § 77 PAO bzw. für Steuerberater das **Landesverwaltungsvollstreckungsrecht**[46]. 43

IV. Verwaltungsverfahren

Deckenbrock Ungelöste Fragen in verwaltungsrechtlichen Anwaltssachen, AnwBl. 2015, 365 ff.; *Ewer* Die „gläserne Selbstverwaltung“ der Anwaltschaft, AnwBl. 2017, 273 ff.; *Johnigk/Kirchberg* Die Neuregelung der verwaltungsrechtlichen Anwaltssachen, BRAK-Mitt. 2009, 214 ff.; *Quaas/Dahns* BRAO-Reform, die nächste – Modernisierung von Verfahren im anwaltlichen Berufsrecht, NJW 2009, 2705 ff.

Das Verwaltungsverfahren der Kammern der Anwälte bestimmt sich nach dem **VwVfG** (§ 32 BRAO; § 30 PAO; § 2 Abs. 3 Nr. 1 VwVfG), das der Steuerberaterkammern nach **AO** (§ 164a StBerG). In Bezug auf Berufsträger ist dies immer mit der 44

38 Allgemein hierzu *Schöbener* VerwArch. 2000, 374 ff.

39 Anders aufgrund des dortigen Kammerrechts für rheinland-pfälzische Psychotherapeuten (OVG Koblenz, Urt. v. 9.12.2008 – 6 A 10726/08 [juris]).

40 Zum Gestaltungsspielraum der Kammern Kluth/*Rieger* KammerR-HdB § 13 Rn. 75. – Der Kammerbeitrag liegt – soweit ersichtlich – zwischen 150 € und bis zu 400 €.

41 Kritisch *Kluth*, Funktionale Selbstverwaltung, 1997, S. 96; das Errichtungsgesetz (hier die BRAO) als ausreichend erachtend Gröpl/*Gröpl* BHO § 107 Rn. 15.

42 *Henneke*, Öffentliches Finanzwesen. Finanzverfassung, 2. Aufl. 2000, Rn. 418.

43 Gröpl/*Gröpl* BHO § 107 Rn. 7; BeckOK GG/*Kube* Art. 105 Rn. 22; Isensee/Kirchhof/*Kirchhof* StaatsR-HdB Bd. 5 § 119 Rn. 113 ff.

44 Dazu AnwGH Berlin Beschl. v. 10.2.2009 – II AGH 3/07, BRAK-Mitt. 2009, S. 81 (Ls.).

45 *Peus* BRAK-Mitt. 2012, 56 ff.

46 *Koslowski* StBerG § 79 Rn. 18–20.

Verarbeitung personenbezogener Daten verbunden, was einer gesetzlicher Erlaubnis bedarf (etwa § 11 Abs. 1 StBerG), die sich aber auch aus den allgemeinen Vorschriften ergibt (Art. 6 Abs. 1 lit. e DSGVO).

45 Allgemein gilt das **Opportunitätsprinzip**, die Kammer hat ein **Entschließungsermessen.** Über Anträge ist von den Anwaltskammern regelmäßig innerhalb von drei Monaten zu entscheiden (§ 32 Abs. 2 S. 1 BORA; § 30 Abs. 2 S. 1 PAO); die Genehmigungsfiktion des §/Art. 42a Abs. 1 VwVfG tritt ausweislich des ausdrücklichen Nichtverweises in § 32 Abs. 2 S. 1 Hs. 2 BRAO u. § 30 Abs. 2 S. 1 Hs. 2 PAO allerdings nicht ein[47].

46 Nach § 58 BRAO; § 51 PAO; § 74a StBerG besteht für einen Berufsträger ausdrücklich ein **Einsichtsrecht in seine Mitgliederakte**, zu der immer auch die Unterlagen über die aufsichtsrechtlichen Verfahren gehören[48].

V. Rechtsschutz gegen die Kammer

Johnigk/Kirchberg Die Neuregelung der verwaltungsrechtlichen Anwaltssachen, BRAK-Mitt. 2009, 214 ff.; *Neuenfeld* Das Verfahren der Anwaltsgerichtshöfe nach der Verwaltungsgerichtsordnung, AnwBl. 2009, 749 ff.; *Schöbener* Rechtsschutz, in: Kluth, Handbuch des Kammerrechts, 3. Aufl. 2020, § 14.

47 Der Rechtsschutz gegen Handlungen der Kammer ist **Verwaltungsrechtsschutz.** Er richtet sich für die Anwälte nach der **VwGO**[49] und die Steuerberater nach der **FGO** (vgl. § 164a Abs. 2 StBerG). Zuständig ist für Klagen gegen die Rechtsanwaltskammer der Anwaltsgerichtshof (§ 112a BRAO), gegen die Patentanwaltskammer das Oberlandesgericht (§ 94a PAO) und gegen die Steuerberaterkammer nach den allgemeinen Vorschriften der FGO das Finanzgericht. Für den Rechtsschutz gegen die Kammer von Dritten, die nicht jeweils Berufsträger sind, sind die (allgemeinen) Verwaltungsgerichte anzurufen[50]. Für Amtshaftungsansprüche ist nach Art. 34 S. 3 GG die ordentliche Gerichtsbarkeit zuständig[51]. Streitigkeiten zwischen Kammerorganen sind Interorganstreit[52] und unterfallen gem. § 40 Abs. 1 S. 1 VwGO der Verwaltungsgerichtsbarkeit.

48 Ein **Vorverfahren** (§ 68 VwGO) gegen Entscheidungen regionaler Rechtsanwaltskammern findet nach Maßgabe des Landesrechts bzw. nach § 347 Abs. 1 S. 1 Nr. 3, § 348 Nr. 4 AO statt. Als Selbstverwaltungskörperschaft sind sie selbst Widerspruchsbehörde (§ 73 Abs. 1 S. 1 Nr. 3 VwGO; vgl. § 367 Abs. 1 S. 1 StBerG).

49 Gegen die BORA und FAO, die BOPA sowie BOStB und FBO als **Satzungen** ist unmittelbar kein Rechtsmittel gegeben. Jedoch kann eine Bestimmung der Berufssatzung bei eigener Betroffenheit im berufsgerichtlichen Verfahren – bei Vorliegen der sonstigen Voraussetzungen – mittelbar zur Überprüfung gestellt werden. Änderungen der Satzungen können von der Staatsaufsicht innerhalb von drei Monaten aufgehoben werden (§ 191e BRAO; § 82a PAO; § 86 Abs. 2 S. 2 StBerG)[53]. Weil die Satzungen aufsichtlich überprüft werden (s.u. B; für die BOPA gilt § 82a i.V.m. § 82

47 *Kirchberg* BRAK-Mitt. 2012, 2 (3).
48 EGH Hamm Beschl. v. 20.9.1971 – 1 ZU 10/71, AnwBl. 1973, 53 (54).
49 *Quaas* in FS Stüer, 2013, S. 661 (661 ff.).
50 AnwGH Stuttgart Beschl. v. 8.1.2008 – AGH 34/07, NJW 2008, 1967 (1967 f.).
51 Vgl. LG Köln Urt. v. 9.8.2011 – 5 O 69/11, NJW 2011, 3380 (3381).
52 *Hoppe* NJW 1980, 1017 (1018).
53 Vgl. BGH Urt. v. 13.9.2010 – AnwZ (P) 1/09, BRAK-Mitt. 2010, 267 ff. – Zu den Ungereimtheiten zwischen den Fristen nach § 191d Abs. 5 und § 191e BRAO *Kleine-Cosack* NJW 1997, 1257 (1257 f.).

Abs. 2 Nr. 1 PAO[54]), sind sie keine „Beschlüsse einer Unternehmensvereinigung" i.S.v. Art. 101 AEUV[55].

VI. Aufsicht über die Kammern

Heusch Staatliche Aufsicht, in: Kluth, Handbuch des Kammerrechts, 3. Aufl. 2020, S. 559 ff.

Die Berufskammern unterliegen einer Rechtsaufsicht (**„Staatsaufsicht"**, § 62 Abs. 2 S. 2, § 176 Abs. 2 BRAO; § 57 PAO; § 88 Abs. 1 u. 2 StBerG). Eine Fachaufsicht findet nicht statt (§ 62 Abs. 2, § 176 Abs. 2 S. 2 BRAO; § 57 S. 2 PAO; § 88 Abs. 3 StBerG). Über die Zweckmäßigkeit der Kammergeschäftsführung entscheiden periodisch die Kammermitglieder bei den Vorstandswahlen. **50**

Zudem unterstehen die Bundeskammern grundsätzlich der **Finanzkontrolle** durch den Bundesrechnungshof (§ 105 BHO; ausdrücklich § 87a Abs. 4 StBerG), was aber jedenfalls bei der Bundesrechtsanwaltskammer aufgrund Altrechts (widerruflich) nicht geschieht[56]; stattdessen wird die Haushaltsführung von Wirtschaftsprüfern geprüft und lediglich deren Bericht dem Bundesrechnungshof geschickt. **51**

Die berufsständischen Kammern auf Bundesebene (einschließlich der Rechtsanwaltskammer beim BGH[57]) sind insolvenzverfahrensfähig nach InsO, was aber ohne Änderung der BRAO, der PAO bzw. des StBerG (und etwa auch des GwG, vgl. § 51 Nrn. 3, 4 u. 7 GwG) nicht zu ihrer Auflösung führen kann[58]. Gleichermaßen können die regionalen Rechtsanwaltskammern grundsätzlich Subjekt eines Insolvenzverfahrens sein (§ 12 Abs. 1 Nr. 2 InsO[59]); sie unterlägen dann zusätzlich zur allgemeinen „Staatsaufsicht" der des Insolvenzgerichts[60]. Allerdings ist landesgesetzlich die **Insolvenzfähigkeit** – soweit ersichtlich – über die regionalen Kammern durchgehend ausgeschlossen[61]. **52**

B. Satzungsversammlung bei der Bundesrechtsanwaltskammer und der Bundessteuerberaterkammer

Dahns, Stellung und Aufgaben der Satzungsversammlung, NJW-Spezial 2019, 382 f.; *Funk* Die Satzungsversammlung bei der Bundesrechtsanwaltskammer im System der anwaltlichen Selbstverwaltung, 2006; *Römermann* Der unverkündete § 7 BORA n.F., AnwBl. 2005, 636 ff.; *Wirtz* Die Regelungskompetenz der Satzungsversammlung, 2004.

---

54 Weyland/*Reinhard* PAO § 82a Rn. 1, 4.

55 Weyland/*Nöker* BRAO § 191e Rn. 1; vgl. EuGH Urt. v. 19.2.2002 – C-309/99, NJW 2002, 877 (879) Tz. 68 – Wouters; vgl. zu den mit Art. 101 AEUV (früher Art. 81 EGV) begründeten Zweifeln an der Rechtmäßigkeit von BRAO und BORA *Eichele/Happe* NJW 2003, 1214 ff., und *Eichele*, Auswirkungen des Europarechts, insbesondere des Wettbewerbs- und Kartellrechts, auf das deutsche Anwaltsrecht, 2005, S. 158 ff.; kritisch *Kilian* AnwBl. 2007, 645 (646 ff.); vgl. EuGH Urt. v. 5.12.2006 – C-94/04 u.a., NJW 2007, 281, 284 (Tzn. 48 ff.) – Cipolla/Portolese; Macrino u.a./Meloni.

56 Friauf/Höfling/*v. Lewinski* GG Art. 114 Rn. 120.

57 *Rieger*, Kammern in der Insolvenz, 2010, S. 233.

58 *v. Lewinski*, Öffentlichrechtliche Insolvenz und Staatsbankrott, 2011, S. 179, 203.

59 BVerwG Urt. v. 10.12.1981 – 3 C 2/81, BB 1982, 372 (372) (Ls. 1); VG Düsseldorf Urt. v. 15.9.1978 – 1 K 2910/77, BB 1979, 216 (216 f.).

60 Zu dieser Konstellation allgemein *Rieger*, Kammern in der Insolvenz, 2010, S. 272 ff.

61 Z.B. § 1 des Berliner Gesetzes über die Insolvenzunfähigkeit juristischer Personen des öffentlichen Rechts v. 27.3.1990 (GVBl. S. 682); *v. Lewinski*, Öffentlichrechtliche Insolvenz und Staatsbankrott, 2011, S. 179 Fn. 436 m.w.N.

53 Anders als bei Patentanwälten (→ Rn. 21) werden bei den Rechtsanwälten und Steuerberatern berufsrechtliche Satzungen (BORA, FAO; BOStB, FBO) nicht durch ein Kammerorgan, sondern durch die bei der Bundesrechtsanwaltskammer bzw. Bundessteuerberaterkammer eingerichtete Satzungsversammlung beschlossen, die jeweils **nur (verwaltungsmäßig)** ***bei*** **der Bundeskammer angesiedelt** sind[62]; sie unterliegt keiner direkten (Staats-)Aufsicht, allerdings bedürfen die Satzungen der Prüfung durch die Aufsichtsbehörde (§ 191e BRAO; § 86 Abs. 3 S. 2 StBerG).

54 Die Satzungsversammlung besteht aus („geborenen") **Mitgliedern** (Präsidenten der Kammern) und den („gekorenen") Mitgliedern (je eines pro 2000 Rechtsanwälte, § 191b Abs. 1 BRAO; eines pro 1 500 Steuerberater).

C. Berufsgerichte

Holly Geschichte der Ehrengerichtsbarkeit der deutschen Rechtsanwälte, 1989, S. 221–280; *Kopp* Die Anwaltsgerichtsbarkeit – Geschichte, Rechtsnatur und Verfahren, BRAK-Mitt. 1998, 56 ff.; *Quaas* Der Anwaltssenat des BGH als Oberverwaltungsgericht (OVG) in verwaltungsrechtlichen Anwaltssachen, in: FS Stüer, 2013, S. 661 ff.; *Taschke* Die anwaltliche Tätigkeit – frei von staatlicher Kontrolle?, in: FS Dolf Weber, 2016, S. 571 ff.

55 Berufsgerichte, die über Berufsrechtsverstöße der Berufsträger entscheiden, wurden **früher Ehrengerichte** genannt. Die Rechtsanwälte besitzen eine eigene Berufsgerichtsbarkeit, während für Patentanwälte und Steuerberater die Berufsgerichtsbarkeit bei den ordentlichen Gerichten liegt. Eine einheitliche Berufsgerichtsbarkeit (im Rahmen der Verwaltungsgerichtsbarkeit) war rechtpolitisch diskutiert worden[63].

56 § 123 DRiG spricht von „Berufsgerichten für Rechtsanwälte". Die **anwaltliche Berufsgerichtsbarkeit** besteht aus **drei Instanzen**: Anwaltsgerichte (AnwG), Anwaltsgerichtshöfe (AnwGH) und den Senat für Anwaltssachen beim Bundesgerichtshof. Anwaltsgerichte sind nur mit Anwälten als Richtern besetzt (§ 94 Abs. 1 S. 1 BRAO), die Anwaltsgerichtshöfe und der Anwaltssenat beim Bundesgerichtshof mit Berufsrichtern und Rechtsanwälten (§§ 101–104, §§ 106 Abs. 2–107 BRAO). Diese Beteiligung von Rechtsanwälten an der Rechtsprechung ist verfassungsgemäß[64]. Die Anwaltsgerichte und Anwaltsgerichtshöfe sind staatliche Gerichte für besondere Aufgabengebiete i.S.d. Art. 101 Abs. 2 GG; auf Ebene der Bundesgerichte ist ein eigenständiges Anwaltsgericht wegen der abschließenden Aufzählung in Art. 95 f. GG aber ausgeschlossen[65].

57 Für die **Patentanwälte** sind **bei den zuständigen Land- und Oberlandesgerichten Kammern** (§ 85 PAO) und **Senate** (§ 86 PAO) für Patentanwaltssachen eingerichtet.

58 Für **Steuerberater** bestehen entsprechend **Kammern bei den Landgerichten** (§ 95 StBerG) und **Senate bei den Oberlandesgerichten** (§ 96 StBerG).

62 *Römermann/Hartung*, AnwBerufsR, 3. Aufl. 2018, § 48 Rn. 1.

63 Zum berufspolitischen und europarechtlichen Diskussionsstand *Kilian* NJW 2016, 137 ff.

64 BVerfG Beschl. v. 11.6.1969 – 2 BvR 518/66, BVerfGE 26, 186 (195); BVerfG Beschl. v. 30.5.1978 – 2 BvR 685/77, BVerfGE 48, 300 (315–326).

65 BVerfG Beschl. v. 11.6.1969 – 2 BvR 518/66, BVerfGE 26, 186 (192).

D. Schlichtungsstelle der Rechtsanwaltschaft

Dahns Schlichtungsverfahren in der anwaltlichen Selbstverwaltung, NJW-Spezial, 2012, S. 446; *Knöpnadel* Die Schlichtungsstelle der Rechtsanwaltschaft, Segen oder Fluch?, AnwBl. 2010, S. 130 ff.; *Schlichtungsstelle der Rechtsanwaltschaft*, www.s-d-r.org.

Nach § 191f BRAO besteht bei der Bundesrechtsanwaltskammer, allerdings als **unabhängige Stelle**, eine „Schlichtungsstelle der Rechtsanwaltschaft". Sie ergänzt hinsichtlich der Streitschlichtung die von den Rechtsanwaltskammern angebotene Vermittlung (§ 73 Abs. 2 S. 1 Nr. 3 BRAO; → Rn. 26 f. u. Kap. 9 Rn. 75). Einzelheiten sind in der „Satzung der Schlichtungsstelle" nach § 191g BRAO geregelt[66]. 59

Die Mitglieder werden vom **Präsidenten der Bundesrechtsanwaltskammer** bestellt; zuvor muss der **Beirat** nach § 191f Abs. 3 BRAO gehört worden sein. Die **Hauptversammlung der Bundesrechtsanwaltskammer** bestimmt weitere Einzelheiten der Schlichtungsstelle durch Satzung (§ 191f Abs. 5 BRAO). 60

Im Schlichtungsgremium darf es **keine Mehrheit der Anwälte** geben (§ 191f Abs. 2 BRAO). Dies dient der Vermeidung struktureller Parteilichkeit. Ein Einzelschlichter darf deshalb nicht Anwalt oder Mitarbeiter einer Kammer oder eines privaten anwaltlichen Vereins sein oder innerhalb der letzten drei Jahre gewesen sein; in einem Schlichtungsgremium dürfen allerdings bis zur Hälfte der Mitglieder Rechtsanwälte oder im beschriebenen Sinne rechtsanwaltsnah sein. 61

E. Versorgungswerke. Fürsorgeeinrichtungen

Doetsch/Jung/Lenz AnwaltsVorsorge, 2004; *Kilger* Der heutige Stand der Rechtsanwaltsversorgung, AnwBl. 1990, 285 ff.; *ders.* Die Geschichte der Rechtsanwaltsversorgungswerke, AnwBl. 1998, 424 ff., 560 ff.; *ders.* Freie Advokatur: Versorgungswerke für Rechtsanwälte, AnwBl. 2011, 901 ff.; *Lessel* Die berufsständische Versorgung der klassischen verkammerten Freien Berufe und das Problem der Kindererziehungszeiten, 2009; *Schröder* 125 Jahre Hülfskasse Deutscher Rechtsanwälte, BRAK-Mitt. 2010, 55 f.; *Ylinen* Der Einfluss europäischen Rechts auf die berufsständischen Versorgungswerke in der Bundesrepublik Deutschland, 2013.

Berufsträger können für ihre Altersversorgung anstatt in die allgemeine Rentenversicherung in ein **berufsständisches Versorgungswerk** einzahlen (vgl. § 6 Abs. 1 S. 1 Nr. 1 SGB VI)[67]. Besondere Abgrenzungsfragen ergeben sich bei Syndikusanwälten (s. § 46 Abs. 3 BRAO; § 41a Abs. 3 PAO;→ Kap. 4 Rn. 32 ff.) und bei im Zweitberuf sozialversicherungspflichtigen Berufsträgern. Die nähere Ausgestaltung ist Gegenstand des Landesrechts[68]. 62

Mit der Errichtung von Versorgungswerken in nun allen Bundesländern ist das Bedürfnis nach anderen Hilfseinrichtungen gesunken. Aber nach wie vor können die Kammern durch ihre Kammerversammlung **Fürsorge- und Unterstützungseinrichtungen** betreiben (§ 89 Abs. 2 Nr. 3 BRAO; § 82 Abs. 2 Nr. 5 PAO); bei den Steuerberatern ist dies eine Pflichtaufgabe (§ 76 Abs. 2 Nr. 6 StBerG)[69]. Ein Beispiel ist die „Hülfskasse Deutscher Rechtsanwälte", ein privatrechtlicher Verein mit Sitz in Ham- 63

---

66 Satzung der Schlichtungsstelle der Rechtsanwaltschaft v. 9.10.2009 (BRAK-Mitt. 2009, S. 277 f.), i.d.F. 10.5.2019 (BRAK-Mitt. 2019, S. 302 ff.).

67 Zu den Grenzen *Esser* AnwBl. 2007, 17 (19 ff.).

68 Z.B. Versorgungswerk der Rechtsanwaltskammer Berlin (Gesetz über die Rechtsanwaltsversorgung in Berlin (RAVG) v. 8.2.1998, GVBl. S. 9); ausdrücklich zur Landesgesetzgebungskompetenz OVG Bautzen Urt. v. 25.5.2010 – 4 B 289/09, DÖV 2010, 784 (Ls. 1).

69 *Koslowski* StBerG § 76 Rn. 30.

burg, der von einigen Rechtsanwaltskammern und von Spenden getragen wird[70]. Verbreitet wird als Unterstützung bzw. Fürsorge noch **Sterbegeld** gezahlt, denkbar wären zudem (berufsspezifische) **Erholungseinrichtungen**.

F. Vereine und andere Vereinigungen

Rabe 140 Jahre Deutscher Anwaltverein, AnwBl. 2011, 593 ff.; *Schaich* Zur Entwicklung des Deutschen Anwaltvereins, in: Deutscher Anwaltverein, Die Geschichte des Deutschen Anwaltvereins und seiner Landesverbände, 1997, S. 11 ff.

64 Neben den Pflichtkörperschaften gibt es eine Anzahl von privatrechtlichen, freiwilligen Zusammenschlüssen. Berufsgruppenübergreifende Zusammenschlüsse bestehen nur im Sinne von **Fachgesellschaften** für einzelne Teilbereiche, sieht man vom Bundesverband der Freien Berufe (BFB) ab, der aber nicht auf die Rechts- und Steuerberater beschränkt ist. Zudem bestehen auf internationaler Ebene **Berufsorganisationen**.

I. Rechtsanwälte

CCBE (Hrsg.) The history of the CCBE/L'histoire du CCBE, 2005; *Gryse* Die Geschichte der CCBE, AnwBl. 1988, 631; *Hellwig* Zur Geschichte der CCBE, in: FS Busse, 2005, S. 1071 ff.; *Thys* Was ist die CCBE?, AnwBl. 1988, 631 f.

65 Der bekannteste allgemeine Zusammenschluss von Rechtsanwälten ist der **Deutsche Anwaltverein**[71] (DAV). Er bildet das Dach für über 240 örtliche Anwaltsvereine. Daneben existiert als Vereinigung der Syndici der **Bundesverband der Unternehmensjuristen** (BUJ).

66 Der **Rat der Europäischen Anwaltschaften (CCBE)**[72] ist ein Zusammenschluss europäischer Rechtsanwaltschaften. Er begreift sich als die Standesvertretung auf europäischer Ebene und ist als Nichtregierungsorganisation (NGO) anerkannt[73]. Der CCBE hat „Berufsregeln der Rechtsanwälte in der Europäischen Union" (CCBE-Berufsregeln) beschlossen, die nach dem inzwischen aufgehobenen § 29 BORA bei grenzüberschreitender Tätigkeit deutscher Anwälte in der EU und dem EWiR galten, allerdings nur soweit kein deutsches Gesetzesrecht entgegensteht.

67 Auf internationaler Ebene ist besonders die **International Bar Association** (IBA) zu nennen.

II. Patentanwälte

Bayer Der Patentanwalt – Stellung und Funktion im Rechtssystem, 2002, S. 110–119.

68 Die Patentanwälte haben regionale Patentanwaltsvereine, auf Bundesebene gibt es den **Bundesverband Deutscher Patentanwälte** (BDPA).

---

70 *Schröder* BRAK-Mitt. 2010, 55 f.

71 „Anwaltverein" schreibt sich ohne „s", was kontrovers diskutiert werden kann (vgl. *Beck* AnwBl. 2003, 708; *Köppen* AnwBl. 2004, 173; *Hernsdorf* AnwBl. 2004, 173).

72 Ursprünglich „Conseil Consultative des Barreaux Européens" bzw. „The Consultative Committee of Bars and National Associations of the six States of the EEC", nach wie vor abgekürzt „CCBE".

73 *CCBE*, The history of the CCBE, 2005, S. 9 f.

Für Patentanwälte besteht auf europäischer Ebene das Institut der beim Europäischen Patentamt zugelassenen Vertreter (**European Patent Institute**, epi). Es ist eine internationale Organisation öffentlichen Rechts, entspricht also nach deutschem Verständnis einer Kammer. In der epi besteht eine Zwangsmitgliedschaft für die beim Patentamt zugelassenen Vertreter, die einem eigenen Berufsrecht unterliegen. **69**

International ist etwa die **Fédération des Conseils en Propriété Industrielle** (FICPI) v. 1906 zu nennen. **70**

III. Steuerberater

Bei den Steuerberatern ist der **Deutsche Steuerberaterverband** (DStV) das Äquivalent zum Anwaltverein. Bei den Steuerberatern spielt die **genossenschaftlich organisierte DATEV** als EDV-Dienstleister eine besondere Rolle, die es in dieser Weise bei den Anwälten nicht gibt. **71**

Auf internationaler Ebene sind die **International Fiscal Association** (IFA) und – mit europäischem Fokus – die **European Tax Adviser Federation** (ETAF) zu nennen. **72**

Kapitel 15: Zulassung, Aufsicht

Ahrens Reform des Rechtsberatungsgesetzes – Warum brauchen wir Rechtsanwälte?, JZ 2004, 855 ff.; *Albrecht* Rechtsberatung und Verfassungsrecht, 2011.

1 Rechtsberatung und -vertretung sowie Hilfeleistung in Steuersachen sind reglementierte Tätigkeiten, die außer von Berufsträgern nur **aufgrund besonderer gesetzlicher Gestattung** oder einer Erlaubnis ausgeübt werden dürfen (→ Kap. 17). Dies dient der Qualitätssicherung, der Funktionsfähigkeit der Rechtspflege und dem Schutz der Rechtsuchenden, nicht jedoch dem Schutz vor Konkurrenz auf dem Rechtsdienstleistungs- und Steuerberatermarkt.

A. Zulassung von Berufsträgern

Gesthuysen Befähigung für den Beruf des Patentanwalts und Zulassung zur Patentanwaltschaft, MittdtschPatAnw 1987, 166 ff.

2 Auch wenn die Beratung und Vertretung in Rechtsangelegenheiten, anders als bei der Steuerberatung (§ 3, § 3a StBerG), inzwischen im Grundsatz allgemein erlaubnisfrei ist (vgl. § 3 RDG), unterliegt die Tätigkeit auch von Anwälten einer **berufsaufsichtsrechtlichen Eröffnungskontrolle**. Rechtsanwalt, Patentanwalt und Steuerberater wird man nur und erst durch eine Zulassung.

I. Zulassungsvoraussetzungen

3 Voraussetzung für die Zulassung ist eine jeweils eigentümliche **Mischung aus akademisch-fachlicher und praktischer Ausbildung**.

4 **Rechtsanwälte** müssen ein rechtswissenschaftliches Studium und das Referendariat absolviert haben[1]. Bemerkenswerterweise muss man, um Rechtsanwalt werden zu können, die „Befähigung zum Richteramt“[2] (§ 4 Nr. 1 BRAO) besitzen, auch wenn die Verlängerung der Rechtsanwaltsstation im Referendariat seit der Juristenausbildungsreform 2003 stärker als früher auf den Rechtsanwaltsberuf hinführt. Einen Anwärterdienst wie beispielsweise in Österreich gibt es seit dem Inkrafttreten der BRAO 1959 nicht mehr. Seit 2021 müssen neuzuzulassende Rechtsanwälte Berufsrechtskenntnisse nachweisen (§ 43f BRAO; → Kap. 10 Rn. 66 f.).

5 Anders als Rechtsanwälte müssen **Patentanwälte** ein technisches oder naturwissenschaftliches Studium an einer wissenschaftlichen Hochschule[3] absolviert haben und in diesem Bereich ein Jahr tätig gewesen sein (§ 6 PAO). Mit dem Rechtsreferendariat vergleichbar ist die 34-monatige Vorbereitungszeit bei einem Patentanwalt oder -assessor sowie Stagen beim DPMA sowie dem Bundespatentgericht (§ 7 PAO). Der angehende Patentanwalt muss Kenntnisse im „allgemeinen Recht“ (§ 7

1 Kaum praktisch ist der Weg zur „Befähigung zum Richteramt“ über das Innehaben eines juristischen Lehrstuhls (§ 7 DRiG).

2 Eine u.s.-amerikanische Zulassung ist, auch bei Zulassung zur Rechtsdienstleistung in Großbritannien, kein Ersatz für das (Zweite) Staatsexamen (BGH Beschl. v. 19.9.2003 – AnwZ (B) 74/02, NJW 2003, 3706 (3706–3708); dazu *Linde* BerlAnwBl. 2003, 601).

3 Zu den Anforderungen des § 6 Abs. 1 PAO an die Wissenschaftlichkeit der Hochschule BGH Urt. v. 29.11.2013 – PatAnwZ 1/12, MittdtschPatAnw 2014, 194–197.

Abs. 3, § 9 PAO) nachweisen (§ 8 PAO). – Einzelheiten regelt die Patentanwaltsausbildungs- und -prüfungsverordnung (PatAnwAPrV; → Kap. 12 Rn. 43).

Für **Steuerberater** genügt im Gegensatz zu den Anwälten ein Fachhochschulstudi- 6
um (vgl. § 36 Abs. 1 Nr. 1 StBerG); allerdings werden sie im Unterschied zu den Rechtsanwälten erst nach einer zusätzlichen Prüfung zum Beruf des Steuerberaters zugelassen (§§ 35–38 StBerG). Nach § 57 Abs. 3 Nr. 4 StBerG können auch beamtete Hochschullehrer den Freien Beruf des Steuerberaters ausüben[4]. Steuerberater müssen nach §§ 43 Abs. 1, 57 Abs. 3 StBerG stets die Bezeichnung „Steuerberater" führen; Ausnahmen gelten, soweit sie bei Doppelzulassung nur als Anwalt tätig sind[5].

Neben natürlichen Personen (und anders als noch nicht anerkannte elektroni- 7
sche Personen, → Kap. 17 Rn. 68) können auch **Berufsausübungsgesellschaften** als Rechtsanwalts- bzw. Patentanwaltsgesellschaft zugelassen werden, wenn ihr Unternehmensgegenstand Rechtsbesorgung bzw. Steuerberatung ist. Anwaltliche Personengesellschaften können sogar ohne Zulassung anwaltlich tätig sein (vgl. § 59f Abs. 1 S. 2 BRAO; § 52f Abs. 1 S. 2 PAO). Bei Steuerberatungsgesellschaften spricht das Gesetz nicht von Zulassung, sondern von Anerkennung, vgl. § 53 StBerG; inhaltlich hier jedoch das gleiche.

Das **frühere zweiteilige Zulassungsverfahren** – Zulassung zur Rechtsanwaltschaft 8
und Zulassung bei einem Gericht – ist 2007 aufgehoben worden (→ Rn. 28).

1. Zulassung als Berufsträger

Auf die Zulassung zum jeweiligen Beruf besteht bei Vorliegen der jeweiligen Vor- 9
aussetzungen ein **Anspruch**. Die „Freiheit der Advokatur" umfasst also auch den Zugang zu derselben[6]. Er darf nur aus den abschließend im Gesetz (insb. § 7, § 59f BRAO; § 14, § 52f PAO; § 40 Abs. 2, § 53 StBerG) aufgezählten Gründen verwehrt werden. Eine Versagung wegen schlechter Examensergebnisse oder eine Kontingentierung nach Bedarf[7] kommen nicht in Frage.

a) Rechtstreue

Jessnitzer Anwaltszulassung und Bundeszentralregister, AnwBl. 1985, 17 f.

Die Zulassung ist bei erwiesen rechtsfeindlicher Einstellung zu versagen. Kaum 10
praktisch relevant sind die Fälle der **Grundrechtsverwirkung** (§ 7 Nr. 1 BRAO; § 14 Nr. 1 PAO) oder der **strafbaren Bekämpfung der freiheitlichen demokratischen Grundordnung** (§ 7 Nr. 6 BRAO; § 14 Nr. 6 PAO), häufiger schon der **Verlust der Fähigkeit zur Bekleidung eines öffentlichen Amts** nach § 45 StGB (§ 7 Nr. 2 BRAO; § 14 Nr. 2 PAO; § 40 Abs. 2 Nr. 2 StBerG) oder der **Ausschluss aus der Anwaltschaft** (§ 7 Nr. 3 BRAO; § 14 Nr. 3 PAO) bzw. die Entlassung oder Entfernung aus der Rechtspflege (§ 7 Nr. 4 BRAO[8]; § 14 Nr. 7 PAO).

---

4 Vgl. BGH Beschl. v. 29.9.2003 – AnwZ (B) 71/02, BRAK-Mitt. 2004, 35.

5 OLG Dresden Beschl. v. 21.8.2003 – StO 1/03, AnwBl. 2004, 58 (58 f.).

6 *Krach* ZRP 2007, 170 (170).

7 *Kleine-Cosack* BRAO § 7 Rn. 1; zur Einführung einer Zulassungsbeschränkung in der NS-Zeit *Douma* KJ 2016, 240 ff.

8 Gegen § 7 Nr. 4 BRAO werden verfassungsrechtliche Bedenken vorgebracht, weil er, ebenso wie der deswegen für verfassungswidrig erklärte § 7 Nr. 3 BRAO a.F. (BVerfG Beschl. v. 4.4.1984 – 1 BvR 1287/83,

b) Gesundheit

11 Ebenfalls kann die Zulassung aus persönlichen Gründen wie **körperlicher Unfähigkeit** (§ 7 Nr. 7 BRAO; § 14 Nr. 7 PAO; § 40 Abs. 2 Nr. 3 StBerG) verweigert werden, etwa bei Alkoholsucht oder wegen einer anderen Krankheit. Kriterium ist die Fähigkeit zur effektiven Interessenwahrnehmung. So können geistige Abwesenheiten, Taub- oder Stummheit sowie Bettlägerigkeit ein Grund für die Versagung einer Zulassung sein, nach der Kammerpraxis steht Blindheit einer Zulassung nicht entgegen. Stottern ist unproblematisch, solange verbale Artikulationsmöglichkeit besteht[9].

c) Finanzielle Situation

Bartosch-Koch Versagung, Rücknahme und Widerruf der Zulassung zur Rechtsanwaltschaft wegen Vermögensverfalls, 2007; *Römermann* Anwaltszulassung trotz Vermögensverfall, AnwBl. 2005, 178 ff.; *Schmittmann* Vermögensverfall und Widerruf der Bestellung bei freien kammergebundenen rechts- und steuerberatenden Berufen, NJW 2002, 182 ff.

12 Im Rahmen des Zulassungsverfahrens ist Vermögensverfall grundsätzlich ein Versagungsgrund (§ 7 Nr. 9, § 59d Nr. 2 BRAO; § 14 Nr. 9, § 52d Nr. 2 PAO; § 49 Abs. 2 Nr. 1 StBerG). Bei **Insolvenz** spricht eine Vermutung gegen den Bewerber[10]. Anders als beim Widerruf (→ Rn. 41 ff.) wird die Nichtgefährdung von Mandanten im Einzelfall nicht berücksichtigt.

d) Vereinbarkeit mit Zweitberuf

Frellesen Kriterien der Unvereinbarkeit von Anwaltsberuf und Zweitberuf, in: FS Hirsch, 2008, S. 471 ff.; *Ganter* Der Anwalt und sein Zweitberuf – Anwalt als Zweitberuf, in: FS Geiß, 2000, S. 257 ff.; *Reineke* Lust oder Leid – Der Zweitberuf des Rechtsanwalts, NJW 2008, 2881 ff.

13 In der Praxis scheitert eine Zulassung am häufigsten daran, dass der Bewerber eine mit der Unabhängigkeit eines Berufsträgers unvereinbare Tätigkeit ausübt. Die „Inkompatibilität“ kann sich aus der **Art der Tätigkeit oder aus ihrem Umfang** ergeben.

aa) Zweitberuf

v. Eichhorn Verfassungsmäßigkeit des Verbots der gewerblichen Tätigkeit gemäß § 57 Abs. 4 Nr. 1 StBerG, DStR 2014, 164 ff.; *Fischer* Der makelnde Rechtsanwalt, NJW 2016, 3220 ff.; *Rapsch* Nebentätigkeitsverbot für Rechtsanwälte contra legem, ZRP 1985, 272 ff.; *Ueberfeldt* Das Verbot der gewerblichen Tätigkeit für Steuerberater und seine Ausnahmen, DStR 2014, 1191 ff.; *Willerscheid* Unvereinbarkeit einer Maklertätigkeit im Ausland mit der Tätigkeit als Rechtsanwalt in Deutschland, DStR 2021, 566 ff.

14 So gibt es eine Reihe **unvereinbarer Tätigkeiten** für Berufsträger (§ 7 Nr. 8 BRAO; § 14 Nr. 8 PAO; § 40 Abs. 3 Nr. 2 StBerG).

BVerfGE 66, 337 (358); BVerfG Beschl. v. 26.2.1986 – 1 BvL 12/85, BVerfGE 72, 51 (64)), ein lebenslanges und deshalb unverhältnismäßiges Berufsverbot postuliere (Weyland/*Vossebürger* BRAO § 7 Rn. 29 f.; *Peitscher*, Anwaltsrecht, 3. Aufl. 2021, Rn. 105).

9 Vgl. F.A.Z. v. 23.6.2014, S. 30 (zu einem Steuerberater).

10 AnwGH Frankfurt a.M. Beschl. v. 3.11.2003 – 2 AGH 14/03, BRAK-Mitt. 2004, 131 (Ls.).

Bei **Anwälten** sieht das Gesetz eine Gefahr der Interessenkollision z.B. bei einer parallelen Tätigkeit als Immobilien-[11] oder Versicherungsvertreter[12], als Mitarbeiter einer Rechtsschutzversicherung[13] sowie als angestellter Personal-[14] oder Vermögensberater[15]. Ein wichtiges Kriterium ist die Bedeutung der Akquisetätigkeit im Zweitberuf, die besonders leicht mit der anwaltlichen Unabhängigkeit kollidiert[16], ein weiteres die mögliche kaufmännische Verwertbarkeit von Informationen aus dem Mandatsverhältnis[17], die mit der parteilichen Interessenvertretung und auch mit der Verschwiegenheit in Widerstreit geraten könnte. Darauf, ob der Anwalt in seiner abhängigen Stellung eine „gehobene Position" bekleidet, kommt es dagegen nicht mehr an[18]. Möglich sind zudem anwaltsferne Zweitberufe wie Taxiunternehmer[19] oder Arzt[20]. Lange nicht geklärt war die Vereinbarkeit mit dem Beruf eines Prozessfinanzierers[21], doch seit der BRAO-Reform 2021 ist es Rechtsanwälten gem. § 49b Abs. 2 S. 2 BRAO nun in gewissem Umfang sogar gestattet, selbst Prozesse ihrer Mandanten zu finanzieren. 15

Bei **Steuerberatern** bestehen noch engere Voraussetzungen. Hier zählt § 57 Abs. 3 StBerG vereinbare (Zweit-)Berufe auf, die gewerbliche und angestellte Tätigkeit ist regelmäßig, die Tätigkeit in der Finanzverwaltung ist stets ein Zulassungshindernis (§ 57 Abs. 4 StBerG). 16

Regelmäßig vereinbar, weil im Gesetz (§ 46 BRAO; § 41a PAO; §§ 58 f. StBerG) ausdrücklich geregelt, ist die **Tätigkeit als Syndikus** (→ Kap. 4 Rn. 32 ff.), der seit 2016 als anwaltlicher bzw. steuerberaterlicher Zweitberuf gilt. 17

Für die konkrete Vereinbarkeit mit einem (erlaubten) Zweitberuf kommt es vor allem darauf an, ob eine sogenannte **„unwiderrufliche Nebentätigkeitsgenehmigung"** des Arbeitgebers vorliegt. Insbesondere muss der Anwalt die (Zweit-)Arbeitsstelle für anwaltliche Termine verlassen können[22]. Auch muss genug Zeit für den Beruf bleiben[23]. Eine Tätigkeit als Berufsträger wird aber allgemein neben einem Acht-Stunden-Tag für möglich gehalten[24]. 18

---

11 AnwGH Berlin Beschl. v. 6.4.2009 – IAGH 6/08, NJW-RR 2009, 1581 (1582); nach AnwGH Berlin Urt. v. 5.5.2015 – I AGH 16/14, BRAK-Mitt. 2015, 200, auch dann, wenn der Anwalt die Tätigkeit als Immobilienmakler nicht selbständig ausübt, sondern als Geschäftsführer einer Immobiliengesellschaft angestellt ist. Statthaft soll die Geschäftsführung einer Immobilienverwaltungsgesellschaft sein (AnwGH München Urt. v. 24.10.2016 – BayAGH III – 4 – 1/16, BRAK-Mitt. 2017, 30 (32).

12 BGH Beschl. v. 13.10.2003 – AnwZ (B) 79/02, NJW 2004, 212 (212 f.); BGH Beschl. v. 18.10.1999 – AnwZ (B) 97/98, NJW-RR 2000, 437 (437 f.); Weyland/*Vossebürger* BRAO § 7 Rn. 118; etwas anderes gilt aber für den Versicherungsberater (s. BT-Drs. 16/3655, 41). – Jedenfalls sind auch die Tätigkeit von Versicherungsvertreter und Versicherungsberater miteinander nicht kompatibel (§ 34d Abs. 3 GewO).

13 BGH Beschl. v. 15.5.2006 – AnwZ (B) 53/05, NJW 2006, 3717 (3718).

14 BGH Beschl. v. 28.10.2011 – AnwZ (Brfg) 30/11, BRAK-Mitt. 2012, 125 ff.; AnwGH Hamm Beschl. v. 8.9.2006 – 1 ZU 15/06, BRAK-Mitt. 2007, 33 (Ls.).

15 BGH Beschl. v. 15.5.2006 – AnwZ (B) 41/05, NJW 2006, 2488 ff.

16 Vgl. BGH Beschl. v. 26.11.2007 – AnwZ (B) 111/06, DB 2008, 699 (699 f.).

17 BGH Beschl. v. 15.5.2006 – AnwZ (B) 41/05, NJW 2006, 2488 (2490).

18 BVerfG Beschl. v. 4.11.1992 – 1 BvR 79/85 u.a., BVerfGE 87, 287 (316 ff.) – Zweitberuf.

19 BGH Beschl. v. 24.3.1993 – AnwZ (B) 44/92, BRAK-Mitt. 1993, 171.

20 BGH Beschl. v. 17.3.2003 – AnwZ (B) 3/02, NJW 2003, 1527.

21 Dazu *Kochmann*, Die gewerbliche Prozessfinanzierung, 2003, S. 231 ff.

22 BGH Beschl. v. 9.11.2009 – AnwZ (B) 83/08, NJW 2010, 1381 (1382 f.).

23 AnwGH Hamm Beschl. v. 21.1.2011 – 1 AGH 72/10, BRAK-Mitt. 2011, 148 (150); AnwGH München Beschl. v. 30.6.2003 – BayAGH I 7/02, BRAK-Mitt. 2004, 38 (39 f.).

24 BGH Beschl. v. 9.11.2009 – AnwZ (B) 83/08, BRAK-Mitt. 2010, 29 (30).

bb) Öffentlicher Dienst

Dahns Die Anwaltschaft und der öffentliche Dienst, NJW-Spezial 2012, 318 f.; *Braun* Anwaltszulassung und Beamtenstatus, VBlBW 2009, 126 ff.; *M. Hartung* Rechtsanwälte als Hochschuldozenten – das muss nicht schlecht sein, AnwBl. 2012, 169 ff.; *Feuerich* Rechtsanwälte im öffentlichen Dienst, MDR 1993, 1141 ff.

19 Bildeten früher – für Steuerberater noch heute – unvereinbare Zweitberufe den Grund für das Gros der Versagungen, ist es für Anwälte heute die Tätigkeit im Öffentlichen Dienst[25]. Bei einer bloß vorübergehenden Tätigkeit im Öffentlichen Dienst besteht die Möglichkeit, die Zulassung lediglich ruhen zu lassen gem. §§ 47 Abs. 1 S. 1 BRAO bzw. § 42 Abs. 1 S. 1 PAO. Das **Ausüben hoheitlicher Gewalt**[26], die sich insbesondere in dem Erlass von Verwaltungsakten dokumentiert, steht einer Zulassung entgegen[27] (§ 7 Nrn. 8 u. 10 BRAO; § 14 Nrn. 8 u. 10 PAO; § 40 Abs. 3 Nr. 2 i.V.m. § 57 Abs. 4 StBerG). Beamte können nicht zugleich Anwalt sein[28] (§ 7 Nr. 10 BRAO; § 14 Nr. 10 PAO; vgl. aber auch § 99 Abs. 2 S. 2 Nrn. 2 u. 4 BBG 2009, früher § 65 Abs. 2 S. 2 Nrn. 2 u. 4 BBG[29]). Für Angestellte und insbesondere **Geschäftsführer in der mittelbaren Staatsverwaltung** (Kammern, Innungen usw.) kommt es auf den Einzelfall an[30]; die Geschäftsführung einer Rechtsanwaltskammer ist von der Rechtsprechung – allerdings zu Unrecht – als anwaltliche Tätigkeit eingeordnet worden[31].

20 Besonders für den **Hochschulbereich** ist diese Frage sehr umstritten gewesen[32]. Während beamtete Professoren aufgrund der ausdrücklichen Regelung des § 57 Abs. 3 Nr. 4 StBerG Steuerberater sein können, haben Professoren und Fachhochschulprofessoren einschließlich der nur auf Zeit ernannten Juniorprofessoren[33] (→ Kap. 17 Rn. 44 ff.) als Beamte wegen § 7 Nr. 10 BRAO u. § 14 Nr. 10 PAO keinen Zugang zum Anwaltsberuf[34] bzw. können erst nach ihrer Emeritierung Anwalt werden[35]. Angestellte Assistenten und sonstige Lehrkräfte können zur Anwaltschaft zugelassen werden[36], beamtete Assistenten dagegen nicht[37]. Eine vorübergehend

---

25 Zu (nachwirkenden) beamtenrechtlichen Beschränkungen einer Anwaltstätigkeit BVerwG Urt. v. 4.5.2017 – 2 C 45/16, NVwZ 2017, 1208.

26 BGH Beschl. v. 26.5.2003 – Anw/ (B) 50/02, BRAK-Mitt. 2004, 38 – Geschäftsstellenleiter einer Berufskammer.

27 AnwGH Hamm Beschl. v. 13.2.2009 – 1 AGH 104/08, BRAK-Mitt. 2009, 188 (188).

28 BGH Beschl. v. 10.10.2011 – AnwZ (B) 10/10, BRAK-Mitt. 2012, 31 (Ls.).

29 Vgl. VG München Urt. v. 18.1.2005 – M 5 K 03.4175, ZBR 2006, 272 (273 f.); Gesamtkommentar Öffentliches Dienstrecht/*Geis* BBG § 65 Rn. 46.

30 Zuletzt BGH Beschl. v. 10.10.2011 – AnwZ (B) 49/10, BRAK-Mitt. 2012, 30 (Ls.) (IHK-Geschäftsführer); BGH Beschl. v. 25.2.2008 – AnwZ (B) 23/07, NJW-RR 2008, 1504 (1504 et pass.).

31 BGH Beschl. v. 14.7.1986 – NotZ 3/86, NJW 1986, 3210 (3210).

32 AnwGH Koblenz Beschl. v. 6.9.2007 – 1 AGH 15/06, BRAK-Mitt. 2008, 31 (32 f.); vgl. *Zimmerling/Brehm* RiA 2001, 82 (89).

33 BVerfG Beschl. v. 30.6.2009 – 1 BvR 893/09, NJW 2009, 3710 (3711).

34 EGMR Entsch. v. 22.5.2006 – 6213/03, NJW 2007, 3049 (3050 f.); BVerfG Beschl. v. 14.9.1984 – 1 BvR 1155/84, JZ 1984, 1042; BGH Beschl. v. 6.7.2009 – AnwZ (B) 52/08, NJW-RR 2009, 1576 (1576 f.); BGH Beschl. v. 18.10.1999 – AnwZ(B) 99/98, NJW-RR 2000, 438 (438); BGH Beschl. v. 15.1.1973 – AnwZ (B) 12/72, NJW 1973, 657 (658).

35 BGH Beschl. v. 15.1.1973 – AnwZ (B) 12/72, NJW 1973, 657 (659); ausführlich *Ring*, Anwaltliche Werbung von A–Z, 3. Aufl. 1998, S. 149 f.; abwägend Weyland/*Reinhard* PAO § 14 Rn. 9.

36 BGH Beschl. v. 16.2.1998 – AnwZB, NJW-RR 1998, 1216; BVerfG Beschl. v. 2.12.1994 – 1 BvR 1643/92, NJW 1995, 951 (952); BGH Beschl. v. 27.2.1978 – AnwZ (B) 26/77, NJW 1978, 1004 (1005); *Hartung* AnwBl. 2012, 169 (170 f.).

37 BGH Beschl. v. 26.1.1998 – AnwZ, NJW-RR 1998, 1440 (1440 f.); dazu *Ahrens* DVBl. 2014, 1096 (1097 f.).

unterbrochene Tätigkeit im Öffentlichen Dienst (Beurlaubung) führt nicht zu der Möglichkeit einer „Anwaltszulassung auf Zeit“[38].

Ob für die Vereinbarkeit von **Kirchendienst** und Anwaltszulassung dieselben Maß- 21
stäben wie für den (staatlichen) Öffentlichen Dienst gelten, ist fraglich: Einerseits vertragen sich einseitig-kirchenamtliche Befugnisse nicht mit der unabhängigen anwaltlichen Interessenvertretung, andererseits gehören Kirche und Staat unterschiedlichen Sphären an. Das BVerfG hat mit Blick darauf entschieden, die Stellung als Kirchenbeamter könne im Einzelfall zwar der Zulassung als Rechtsanwalt entgegenstehen, rechtfertige für sich genommen aber nicht per se den Widerruf einer bereits erteilten Zulassung nach § 14 Abs. 2 Nr. 5 BRAO[39]. Begründet hat das BVerfG dies damit, dass die Ernennung zum Kirchenbeamten auf Lebenszeit nicht die Unabhängigkeit des Rechtsanwalts vom Staat berühre. Deshalb verstoße eine dahingehende Auslegung des § 14 Abs. 2 Nr. 5 BRAO, dass bei einem auf Lebenszeit ernannten Kirchenbeamten die Zulassung zur Rechtsanwaltschaft zwingend zu widerrufen sei, gegen Art. 12 Abs. 1 GG. Gleichwohl kann unter Betrachtung der Gesamtumstände des Einzelfalls ein Versagungs- (§ 7 Nr. 8 BRAO) bzw. Widerrufsgrund (§ 14 Abs. 2 Nr. 8 BRAO) vorliegen. Das Mönchsein steht einer Anwaltszulassung jedenfalls nicht entgegen[40].

Der für Lebenszeitbeamte und vergleichbare Hoheitsträger postulierte Grundsatz der 22
Inkompatibilität mit dem Anwaltsberuf ist für eine **nur vorübergehende Tätigkeit im Öffentlichen Dienst** nach Maßgabe des § 47 BRAO und § 42 PAO modifiziert. Eine Zulassung kann bestehen bleiben und ruht lediglich (§ 47 Abs. 1 S. 1 BRAO; § 42 Abs. 1 S. 1 PAO). Aufgrund der jeweils einschlägigen Vorschriften i.V.m. § 47 Abs. 2 BRAO bzw. § 42 Abs. 2 PAO ruht ebenfalls die Zulassung eines **Bundespräsidenten** oder eines **Regierungsmitglieds** in Bund oder Land[41]. Für **Bundesverfassungsrichter** gilt in Bezug auf eine rechtsanwaltliche Zulassung § 104 Abs. 1 BVerfGG, für Richter am Internationalen Gerichtshof Art. 17 des IGH-Statuts. **Bundestagsabgeordnete**, die zugleich Anwalt sind (vgl. § 44a Abs. 1 S. 2 AbgG), dürfen zwar für oder gegen die Bundesrepublik Deutschland auftreten (vgl. § 2 Abs. 1 u. 2 der Anlage 1 zur GOBT), müssen dies jedoch dem Bundestagspräsidenten anzeigen.

e) Würdigkeit

Feuerich Der „unwürdige“ Anwaltsbewerber, AnwBl. 1989, 133 ff.; *Vogel* Versagung, Rücknahme und Widerruf der Anwaltszulassung wegen Unwürdigkeit der Person, 1995.

Die Zulassung kann zudem aufgrund der **berufsrechtlichen Generalklausel** (§ 7 23
Nr. 5 BRAO; § 14 Nr. 5 PAO; etwas schwächer § 40 Abs. 2 Nr. 4 StBerG) wegen Unwürdigkeit versagt werden. Maßstab für die Unwürdigkeit ist die Funktionsfähigkeit der (Steuer-)Rechtspflege und der Schutz der Rechtsuchenden. Dies wurde früher sehr weit verstanden, so dass auch die sexuelle Orientierung[42] oder die politische

38 Vgl. BGH Beschl. v. 30.10.2006 – AnwZ (B) 21/06, BRAK-Mitt. 2007, 27 (Ls.). – Anders aber können zugelassene Rechtsanwälte, die lediglich vorübergehend in den Öffentlichen Dienst treten, ihre Zulassung ruhen lassen (§ 47 BRAO, dazu → Kap. 15 Rn. 19).

39 BVerfG Beschl. v. 15.3.2007 – 1 BvR 1887/06, NJW 2007, 2317 ff.

40 Vgl. EuGH Urt. v. 7.5.2019 – C-431/17, EuZW 2019, 565.

41 *Feuerich* MDR 1993, 1141 (1143 ff.); allgemein, aber ohne Berücksichtigung der Stellung eines Regierungsmitglieds als Anwalt, *Krienke*, Interessenkonflikte der Regierungsmitglieder des Bundes und der Länder, 2003.

42 Anders noch der unter Geltung des § 175 StGB a.F. (vgl. DER SPIEGEL 30/1974, S. 38).

Einstellung[43] eine Rolle spielen konnten. Entscheidend ist aber die Nähe des Verstoßes zu beruflichen Pflichten und dessen Schwere, so etwa bei Beleidigungen gegenüber Ausbildern im Referendariat[44]. Berücksichtigt wird nur vorsätzliches Handeln[45].

24 Nicht entlastend wirken persönliche Umstände, da es im Rahmen des § 7 BRAO und § 14 PAO ausschließlich um den objektiven Schutz der Rechtspflege geht. Auf ein besonderes Verschulden des Antragstellers kommt es deshalb ebenfalls nicht an, auch nicht auf die Schwere einer Verfehlung in der Vergangenheit; § 7 Nr. 5 BRAO, § 14 Nr. 5 PAO und § 40 Abs. 2 Nr. 4 StBerG haben **kein punitives Element**. Die Prognose eines zukünftigen Wohlverhaltens, abgeleitet durchaus etwa aus der Vergangenheit, kann die Zulassung selbst nach einem Verbrechen wieder möglich machen[46]; wiederholte Straftaten, selbst in der ferneren Vergangenheit, sprechen für eine Unwürdigkeit[47].

aa) Berufsnahe Verstöße

25 Eine Unwürdigkeit liegt in aller Regel bei V**erstößen gegen rechtspflege- und steuerberatungsnahe Rechtsgüter** vor. Dies sind in jedem Fall die Delikte, die nur von Berufsträgern begangen werden können, wie Parteiverrat[48] (§ 356 StGB) und Gebührenüberhebung (§ 352 StGB). Aber auch eine Rechtsbeugung als Richter (§ 339 StGB), eine Falschaussage (§§ 153 ff. StGB), eine Unterschlagung (§ 246 StGB), ein Prozessbetrug (§ 263 StGB) oder eine Urkundenfälschung (§§ 267 ff. StGB) führen zur Unwürdigkeit. Beispiele für Versagungsgründe nach § 7 Nr. 5 BRAO und § 14 Nr. 5 PAO außerhalb des StGB sind falsche Angaben gegenüber Behörden (auch im Zulassungsverfahren[49]), das unberechtigte Führen eines Doktorgrades[50] oder der Bezeichnung „Rechtsanwalt“[51] (vgl. § 132a Abs. 1 Nr. 2 StGB).

26 Bei der Beurteilung der „Unwürdigkeit“[52] können alle Kriterien, die in den anderen Ziffern des § 7 BRAO bzw. des § 14 PAO angesprochen sind, ebenfalls berücksichtigt werden; sie sind insoweit keine abschließenden Spezialvorschriften. So können z.B. die Umstände eines **Vermögensverfalls** (schuldhafte Verzögerungen von Rückzahlungen) über § 7 Nr. 9 BRAO bzw. § 14 Nr. 9 PAO hinaus auch bei Nr. 5 Eingang finden.

bb) Sonstige schwere Verstöße

27 Bei Verstößen gegen Rechtsgüter, die keine direkte Beziehung zur (Steuer-)Rechtspflege und zum jeweiligen Beruf haben, kommt es auf die Schwere an. **Verstöße**

43 BVerfG Beschl. v. 8.3.1983 – 1 BvR 1078/80, BVerfGE 63, 266 (286–295).

44 Vgl. BGH Urt. v. 5.12.2016 – AnwZ (Brfg) 31/14, BRAK-Mitt. 2017, 45 (47); dazu dann aber BVerfG Beschl. v. 22.10.2017 – 1 BVR 1822/16, NJW 2017, 3704.

45 Weiter AnwGH Berlin Beschl. v. 14.1.2010 –I AGH 6/09, BRAK-Mitt. 2010, 78 (79) (auch „sonstiges vorwerfbares Verhalten und private Verfehlungen“).

46 BGH Beschl. v. 30.11.1987 – AnwZ /B) 38/87, NJW 1988, 1793 (1793) – Horst Mahler.

47 AnwGH Hamm Urt. v. 7.10.2016 – 1 AGH 23/16, NJOZ 2017, 1019 (zu § 206 Abs. 1 S. 1 BRAO).

48 BGH Beschl. v. 28.10.2011 – AnwZ (Brfg) 30/11, BRAK-Mitt. 2012, 125 (Ls.).

49 Vgl. BGH Beschl. v. 7.1.2010 – AnwZ (B) 79/09, BRAK-Mitt. 2010, 78 (80).

50 BGH Beschl. v. 14.2.1966 – AnwZ (B) 15/65, EGE IX, 16 (18).

51 EGH München Beschl. v. 11.11.1986 – BayEGH I – 7/86, BRAK-Mitt. 1987, 91; AnwGH Stuttgart Beschl. v. 25.5.2004 – AGH 37/2002 (I), BRAK-Mitt. 2004, 277 (Ls.).

52 Kritisch hierzu *Kleine-Cosack* NJW 2004, 2473 (2474–2478).

gegen die Menschlichkeit und Rechtstaatlichkeit sind Indikatoren für eine Unwürdigkeit. Zudem können bewusste Falschangaben im Zulassungsverfahren eine Unwürdigkeit begründen (ausdrücklich § 40 Abs. 3 Nr. 1 StBerG), ebenso (die Verurteilungen wegen) Volksverhetzung[53]. Keine Unwürdigkeit wird durch Straßenverkehrsdelikte[54] begründet. Bei Körperverletzungen kommt es auf die Umstände an.

f) Keine (gesonderte) Zulassung bei bestimmten Institutionen

Pieroth/Trenkel Die Gesetzgebungsgeschichte von Singular- und Simultanzulassung seit 1878, AnwBl. 1998, 240 ff.

28 Seit der BRAO-Novelle von 2007 gibt es auch für Rechtsanwälte **keine Zulassung bei Gericht mehr**. Die sogenannte „Lokalisation“ oder „Lokalisierung“, also die (zulassungsrechtliche) Bindung des Rechtsanwalts an ein Gericht, hatte durch die (prozessrechtliche) Erweiterung der Postulationsfähigkeit (§ 78 Abs. 1 S. 1 u. 2 ZPO) immer mehr an Bedeutung verloren und war zuletzt dann nur noch eine Förmlichkeit.

aa) Zulassung beim Bundesgerichtshof

Büttner Der BGH-Anwalt zwischen Schein und Sein, in: FS A. Krämer, 2009, S. 123 ff.; *Krämer* Die Rechtsanwaltschaft beim BGH, 2004; *Nassall* Die Rechtsanwaltschaft beim BGH aus rechtshistorischer Sicht, JZ 2009, 1086 ff.; *Nirk* Weiterhin Singularzulassung beim BGH, NJW 2007, 3184 ff.; *Schimansky* Die Zulassung als Rechtsanwalt beim Bundesgerichtshof, in: FG 50 Jahre BGH, S. 127 ff.; *Stürner* Die Anwaltschaften bei den Obersten Gerichtshöfen in Europa und ihre Zukunft, in: FS Heymanns-Verlag, 2015, S. 137 ff.

29 Nur beim Bundesgerichtshof gibt es – nach wie vor **rechtspolitisch umstritten**[55] – noch eine Zulassung beim Gericht (§§ 164 ff. BRAO). Sie ist nach § 78 Abs. 1 S. 3 ZPO Voraussetzung für die Postulationsfähigkeit nach dieser Prozessordnung. Ein Anspruch auf Zulassung besteht nicht[56].

bb) Zulassung bei nichtstaatlichen Gerichten und Schiedsgerichten

Deumeland Staatsunabhängigkeit des Rechtsanwalts nach kanonischem Recht, VR 2000, 305; *Hasenstab* Regulierung anwaltlicher Parteivertreter in internationalen Schiedsverfahren, 2015; *Weber* Anwaltliche Vertretung in Kirchensachen nach kirchlichem und staatlichem Recht, in: FS K. Redeker, 1993, S. 621 ff.

30 Außerhalb der staatlichen Gerichtsbarkeit kann etwa bei **kirchlichen Gerichten** auch die Religionszugehörigkeit[57], bei **Parteigerichten** die Parteizugehörigkeit[58] und

---

53 VG Minden Entsch. v. 22.2.2016 – 4 K 1153/15 – II (konkret allerdings zur Zulassung zum Vorbereitungsdienst).

54 *Kleine-Cosack* BRAO § 7 Rn. 18.

55 Aber auch zuletzt wieder bestätigt von BVerfG Beschl. v. 27.2.2008 – 1 BvR 1295/07, NJW 2008, 1293 (1293 ff.); vgl. BVerfG Beschl. v. 13.6.2017 – 1 BvR 1370/16, NJW 2017, 2670 ff. – Römermann.

56 Vgl. BGH Beschl. v. 5.12.2006 – AnwZ 2/06, NJW 2007, 1136 (1136).

57 *Römermann/Hartung*, AnwBerufsR, 3. Aufl. 2018, § 12 Rn. 10; für die evangelische Kirche *Schliemann* NJW 2005, 392 (395); ausführlich *Weber* in FS K. Redeker, 1993, S. 621 (623 f. zur römisch-katholischen Kirche), (629 f. zu evangelischen Kirchen).

58 *Römermann/Hartung*, AnwBerufsR, 3. Aufl. 2018, § 12 Rn. 11. – Relevant geworden ist dies etwa im Jahre 2009 im Parteiordnungsverfahren gegen den hessischen SPD-Politiker *Walter*, der sich dort von dem aus der Partei ausgetretenen Anwalt *Metzger* vertreten ließ (F.A.Z. v. 8.7.2009, S. 4).

bei **Schiedsgerichten** die jeweilige Schiedsordnung[59] ein Kriterium für die Zulassung sein.

cc) Zulassung auf europäischer und internationaler Ebene

König Richter, Rechtsanwälte und die europäische Patentgerichtsbarkeit, MittdtschPatAnw 2001, 340 ff.

31 Die Rechts- und Steuerrechtspflege ist (noch) nicht in dem Maße europäisiert und internationalisiert, dass es eine **unionsweite oder gar universell anerkannte Zulassung** zu den rechts- und steuerberatenden Berufen gäbe.

32 Vor den europäischen Gerichten ist jeder Rechtsanwalt mit **mitgliedsstaatlicher Zulassung** postulationsfähig. Eine besondere Zulassung beim Gerichtshof der Europäischen Union (Art. 19 EUV) gibt es nicht[60]; soweit ein Rechtsanwalt vor einem mitgliedsstaatlichen Gericht auftreten darf, ist er auch auf europäischer Ebene postulationsfähig (Art. 19 Abs. 4 EuGH-Satzung; Art. 34 Abs. 4 EMGR-VerfO).

33 Originär europarechtliche Zulassungen gibt es nur für Patentanwälte, namentlich die als **„Europäischer Patentvertreter“** (Art. 134 EPÜ), die sich dann in ein Verzeichnis beim Einheitspatentgericht eintragen lassen können (Art. 48 Abs. 3 EPGÜ). In die Liste der zugelassenen Vertreter beim Europäischen Harmonisierungsamt kann sich jeder deutsche Patentanwalt eintragen lassen (Art. 93 Gemeinschaftsmarken-VO (EG) 207/2009).

34 Dagegen wird die Befugnis zur Hilfeleistung in Steuersachen noch als national zu regelnde Angelegenheit betrachtet. Auch schon mangels einer europäischen Finanzverwaltung und Steuergerichtsbarkeit stellen sich Fragen der **supra- und internationalen Zulassung für Steuerberater** einstweilen nicht.

g) Zulassung als Syndikusanwalt

Hyla, Die Befreiung von Syndikusrechtsanwälten von der gesetzlichen Rentenversicherungspflicht, 2020; *Offermann-Burckart* Das Gesetz zur Neuordnung des Rechts der Syndikusanwälte, NJW 2016, 113 ff.; *Wolf* Sozialrechtliche, arbeitsrechtliche und berufsrechtliche Implikationen für den Syndikusrechtsanwalt, BRAK-Mitt. 2016, 9 ff.

35 Seit 2016 ist für Syndikusrechtsanwälte (§ 46a BRAO) und Syndikuspatentanwälte (§ 41b PAO) eine eigenständige Zulassung vorgesehen. Neben den allgemeinen Voraussetzungen muss ein **anwaltliches und „fachlich unabhängiges“ Anstellungsverhältnis** vorliegen (§ 46a Abs. 1 Nr. 3 i.V.m. § 46 Abs. 2–4 BRAO; § 41b Abs. 1 Nr. 3 i.V.m. § 41a Abs. 2–4 PAO). Eine Berufshaftpflichtversicherung ist nicht erforderlich (§ 46a Abs. 4 Nr. 1 BRAO; § 41b Abs. 4 Nr. 1 PAO; → Kap. 4 Rn. 32 ff.). Syndikusanwälte sind auf die anwaltliche Vertretung ihres Arbeitsgebers beschränkt (§ 46 Abs. 5 S. 1 BRAO; § 41a Abs. 5 S. 1 PAO). Die Tätigkeit der Syndikus-Steuerberater ist indes nur in § 58 S. 2 Nr. 5a StBerG erwähnt; ausdrückliche Regelungen bezüglich deren Zulassung gibt es nicht.

36 Über den **Antrag** zur Zulassung als Syndikusanwalt entscheidet die örtlich zuständige Kammer unter **Anhörung des Trägers der Rentenversicherung** (vgl. § 46a

59 Beispiele bei *Hasenstab*, Regulierung anwaltlicher Parteivertreter in internationalen Schiedsverfahren, 2015, S. 153 ff.

60 *Borchardt*, Rechtl. Grundlagen EU, 7. Aufl. 2020, Rn. 773.

Abs. 2 S. 1 BRAO; § 41b Abs. 2 S. 1 PAO). Im Hinblick auf Syndikus-Steuerberater ist das zwar nicht explizit gesetzlich normiert, wird in der Praxis aber ebenso gehandhabt.

Auch im Hinblick auf ein **Anstellungsverhältnis im Öffentlichen Dienst** kommt 37 eine Zulassung als Syndikusanwalt grundsätzlich in Betracht. Die Zulassungsversagungsgründe der § 7 Nr. 8 BRAO, § 14 Nr. 8 PAO finden zwar auch auf Syndici Anwendung, sind insoweit aber zurückhaltender auszulegen[61]. Das wird insbesondere damit begründet, dass im Fall eines im Öffentlichen Dienst tätigen Syndikus bei den Rechtsuchenden nicht die Vorstellung entstehen könne, dieser könne wegen seiner „Staatsnähe" mehr für seine Mandanten bewirken als andere Anwälte[62]. Entscheidend ist regelmäßig, ob der Syndikus unter Berücksichtigung der konkreten Ausgestaltung des Anstellungsverhältnisses im Einzelfall mit der Wahrnehmung hoheitlicher Aufgaben betraut ist. Auch eine Zulassung als Syndikus-Steuerberater kommt theoretisch mit Blick auf Anstellungsverhältnisse im Öffentlichen Dienst in Betracht, wenngleich diese Konstellation in der Praxis eher selten sein dürfte.

2. Erlöschen und Aufhebung der Zulassung

Die Zulassung besteht **auf unbegrenzte Zeit**. Sie kann aber von Gesetzes wegen 38 erlöschen oder, gemäß der allgemeinen verwaltungsrechtlichen Terminologie, durch Behördenentscheidung **zurückgenommen und widerrufen** werden. Noch nicht gerichtlich entschieden ist, ob § 14 BRAO, § 21 PAO und § 46 StBerG hinsichtlich der Jahresfrist (§/Art. 48 Abs. 4 u. §/Art. 49 Abs. 3 S. 2 VwVfG) eine abschließende Regelung enthält, eine Zulassung also auch nach mehr als einem Jahr nach Kenntnis der Kammer aufgehoben werden kann[63].

a) Erlöschen der Zulassung

Ohne dass ein aufhebender Verwaltungsakt erforderlich wäre, **erlischt die Zulassung durch Urteil** (§ 13 BRAO; § 20 PAO; § 45 Abs. 1 Nr. 2 StBerG). Gleiches gilt 39 bei **Auflösung einer Rechtsanwalts-, Patentanwalts- oder Steuerberatungsgesellschaft** oder bei deren Umwandlung (§ 59h Abs. 1 BRAO; § 52h Abs. 1 PAO; § 55 Abs. 1 Nr. 1 StBerG)[64].

b) Rücknahme einer zu Unrecht erteilten Zulassung

Eine zu Unrecht erteilte Zulassung ist mit Wirkung für die Zukunft zurückzunehmen 40 (§§ 14 Abs. 1 S. 1, 59h Abs. 2 BRAO; §§ 14 Abs. 1 S. 1, 52f Abs. 2 PAO; §§ 46 Abs. 1, 55 Abs. 1 StBerG), wenn nicht **nachträglich die Versagungsgründe entfallen** sind (§ 14 Abs. 1 S. 2 BRAO; § 21 Abs. 1 S. 2 PAO; § 55 Abs. 2 StBerG).

---

61 BGH Urt. v. 15.10.2018 – AnwZ (Brfg) 20/18, NJW 2018, 3701 ff.

62 BGH Urt. v. 6.5.2019 – AnwZ (Brfg) 31/17, NJW-RR 2019, 879 ff.

63 Hierfür *Johnigk/Kirchberg* BRAK-Mitt. 2009, 214 (216 f.); unentschieden *Quaas/Dahns* NJW 2009, 2705 (2706).

64 Nach einer Umwandlung kann jedoch die personenbezogene Zulassung erneut beantragt werden (BGH Beschl. v. 10.1.2005 – AnwZ (B) 27 u.a., NJW 2005, 1568 (1569)).

c) Widerruf einer ursprünglich rechtmäßigen Zulassung

Kleine-Cosack Verschärfte Voraussetzungen beim Widerruf freiberuflicher Zulassungen, NJW 2004, 2473 (2474–2478); *ders.* Abschied vom freiberuflichen Anwaltsideal, AnwBl. 2005, 442 ff.

41 Eine Zulassung muss widerrufen werden, wenn nachträglich einer der in § 14 Abs. 2 BRAO, § 21 Abs. 2 PAO und § 46 Abs. 2 StBerG genannten Umstände eingetreten ist. Sie entsprechen in etwa den Versagungsgründen (→ Rn. 9 ff.). Zudem bestehen **fakultative Widerrufsgründe**[65].

42 Das **Alter eines Berufsträgers** wird bei der Entziehung der Zulassung nicht berücksichtigt, auch wenn sie wegen des fortgeschrittenen Alters wie ein Berufsverbot für den Rest des Lebens wirken kann[66].

aa) Keine Unwürdigkeit

43 Bei den Widerrufsgründen gibt es keine Entsprechung zur Versagungsmöglichkeit nach § 7 Nr. 5 BRAO und § 14 Abs. 1 Nr. 5 PAO wegen **Unwürdigkeit** (→ Rn. 23 ff.).

bb) Vermögensverfall

Bartosch-Koch Versagung, Rücknahme und Widerruf der Zulassung zur Rechtsanwaltschaft wegen Vermögensverfalls, 2007; *Ehlers* Vermeidung des Widerrufs der Zulassung als kammergebundener Freiberufler wegen Vermögensverfalls, NJW 2008, 1480 ff.; *Klose* Der Widerruf der Anwaltszulassung in der Insolvenz des Rechtsanwalts, BRAK-Mitt. 2010, 6 ff.; *Lenger* Der Widerruf der Anwaltszulassung nach § 14 Abs. 2 Ziff. 7 BRAO – Eine Neubewertung durch das ESUG!?, 2019.

44 Bei Vermögensverfall des Berufsträgers muss – anders als bei der Frage nach der Zulassung, bei der das Gesetz nach § 7 Nr. 9 BRAO, § 14 Nr. 9 und § 40 Abs. 2 Nr. 1 StBerG für die Versagung eine abstrakte Gefährdung ausreichen lässt (→ Rn. 12) – für den Widerruf einer bestehenden Zulassung eine **konkrete Gefährdung** vorliegen (§ 14 Abs. 2 Nr. 7, § 59h Abs. 3 Nr. 2 BRAO; § 21 Abs. 2 Nr. 7, § 52h Abs. 3 Nr. 2 PAO; § 46 Abs. 2 Nr. 4, § 55 Abs. 3 Nr. 2 StBerG: „es sei denn, daß dadurch Interessen der Rechtsuchenden/Auftraggeber nicht gefährdet sind")[67]. So können die gewissenhafte Wahrnehmung insolvenzrechtlicher Pflichten und die (Neu-)Ordnung der Vermögensverhältnisse durch einen Insolvenzplan[68] das Absehen von einem Widerruf rechtfertigen[69]. Nicht ausreichend ist die Einrichtung eines Anderkontos zur Verwahrung von Fremdgeldern, um diese vor einem Zugriff der Gläubiger zu schützen, da hierdurch die Gefahr nicht ausgeschlossen wird, dass der in Vermögensverfall geratene Berufsträger die Gelder für eigene Zwecke verwendet[70]. Ob eine

---

65 *Peitscher*, Anwaltsrecht, 3. Aufl. 2021, Rn. 147 f.

66 Vgl. VGH Mannheim Beschl. v. 19.4.2006 – 9 S 2317/05, NVwZ 2006, 1202 (1203) (Apotheker); VGH Mannheim Beschl. v. 28.7.2003 – 9 S 1138/03, NJW 2003, 3647 (3649) (Arzt).

67 BGH Beschl. v. 7.3.2005 – AnwZ (B) 7/04, NJW 2005, 1944 (1944 f.); Übersicht über die Handhabung in unterschiedlichen Kammerbezirken bei *Harlfinger*, Der Freiberufler in der Insolvenz, 2005, S. 68 ff.; kritisch zu dem Regelungsansatz insgesamt *Lenger*, Der Widerruf der Anwaltszulassung nach § 14 Abs. 2 Ziff. 7 BRAO – Eine Neubewertung durch das ESUG!?, 2019.

68 *Schmittmann* NJW 2002, 182 (184 f.); dafür auch *Harlfinger*, Der Freiberufler in der Insolvenz, 2005, S. 74 ff.

69 BGH Beschl. v. 18.10.2004 – AnwZ (B) 43/03, NJW 2005, 511 (511 f.).

70 BGH Beschl. v. 9.2.2015 – AnwZ (Brfg) 46/14, BRAK-Mitt. 2015, 200.

Tätigkeit des insolventen Berufsträgers unter der Aufsicht anderer Berufsträger[71] eine Möglichkeit ist, den Widerruf zu vermeiden, muss wegen der „Freiheit der Advokatur", dem eine Berufsausübung unter Aufsicht widerspricht (→ Kap. 2 Rn. 3 ff.), verneint werden[72]. Möglich kann aber die Berufsausübung im Angestelltenverhältnis sein[73]. Auch kann nach § 35 Abs. 2 InsO eine sogenannte „Negativerklärung" des Insolvenzverwalters abgegeben werden, durch die das Kanzleivermögen von der Insolvenzmasse getrennt wird[74]. Jedenfalls scheidet eine analoge Anwendung des § 12 GewO, der während des Insolvenzverfahrens eine negative aufsichtsrechtliche Entscheidung aufgrund der Tatsache der Insolvenz verbietet, auf den freiberuflichen Berufsträger aus[75].

cc) Gesellschaftsrechtliche Widerrufsgründe

Für Rechtsanwalts-, Patentanwalts- und Steuerberatergesellschaften gelten zusätzliche Widerrufsgründe (§ 59h Abs. 3 Nr. 1 BRAO; § 52h Abs. 3 Nr. 1 PAO; § 55 Abs. 3 Nr. 1 StBerG), etwa wegen **Änderungen des Gesellschaftszwecks** oder in der Gesellschafterstruktur oder Geschäftsführung. Bei dem Tod eines Gesellschafters einer Anwalts-GmbH geht sein Gesellschaftsanteil im normalen Erbgang auf die Erben über. Für den Fall, dass diese keine Angehörigen sozietätsfähiger Berufe sind, sahen die § 59h Abs. 3 S. 2 u. 3 BRAO a.F.; § 52 Abs. 3 S. 2 u. 3 PAO a.F., § 55 Abs. 2 S. 1 Hs. 1 StBerG a.F. eine Mindestfrist von einem Jahr vor, bevor die Zulassung zu widerrufen ist. Diese Mindestfrist wurde jedoch aufgehoben, da sie zu starr und unflexibel erschien[76]. 45

dd) Zusätzliche Widerrufsgründe bei Syndikusanwälten

Bei Syndikusanwälten führt zudem eine **Änderung des Anstellungsverhältnisses**, insbesondere eine nicht mehr mögliche unabhängige anwaltliche Tätigkeit, zu einer Widerrufbarkeit (§ 46b Abs. 2 BRAO; § 41c Abs. 2 PAO). 46

3. Zulassungsverfahren

a) Zuständigkeit

Für Zulassungssachen sind seit 2007 die **Kammern originär zuständig**. Damit ist das Zulassungsverfahren mittelbare Staatsverwaltung[77]. 47

Örtlich zuständig ist die Rechtsanwalts- bzw. Steuerberaterkammer, in deren Bezirk die (hauptsächliche) **berufliche Niederlassung des Berufsträgers** ihren Sitz hat; 48

71 OVG Münster Beschl. v. 29.7.2004 – 4 A 2591/02, AnwBl. 2005, 72 (72 f.) (zu Wirtschaftsprüfern).

72 BGH Beschl. v. 13.3.2000 – AnwZ (B) 28/99, AnwBl. 2001, 296; dazu auch *Kleine-Cosack* AnwBl. 2005, 442 (442 ff.); differenziert *Harlfinger*, Der Freiberufler in der Insolvenz, 2005, S. 81 ff.

73 BGH Beschl. v. 25.6.2007 – AnwZ (B) 101/05, NJW 2007, 2924 (2925).

74 Dazu umfassend *Kühne*, Die Insolvenz des selbständig tätigen Schuldners, 2013, S. 73 ff.

75 *Harlfinger*, Der Freiberufler in der Insolvenz, 2005, S. 71 f.; *Schildt*, Die Insolvenz des Freiberuflers, 2006, S. 137 f.

76 BT-Drs. 19/27670, 189.

77 Bis 2007 lag die Aufgabe grundsätzlich bei den Landesjustizverwaltungen, die sie aber weitestgehend auf die Rechtsanwaltskammern übertragen hatten (vgl. BT-Drs. 16/513, 12). Seit der BRAO-Novelle von 2007 handelt es sich um eine Aufgabe originärer Selbstverwaltung.

für Patentanwälte besteht ohnehin nur die eine Patentanwaltskammer. Eine frühere bestandskräftige ablehnende Entscheidung einer anderen Kammer ist bei unveränderter Sach- und Rechtslage bindend[78].

49 Zuständig für den Widerruf und die Rücknahme der Zulassung ist diejenige Kammer, in der der Berufsträger **gegenwärtig Mitglied** ist (§ 33 Abs. 3 S. 1 Nr. 1 BRAO; § 40 Abs. 1 S. 2 u. 3 StBerG).

b) Verfahren

Friesenhahn Über den Anwaltseid im Rahmen der neueren Entwicklung des politischen Eides, in: FS Carstens, Bd. 2, 1984, 569 ff.; *Redeker* Der Anwaltseid – unzulässig und überflüssig, DVBl. 1987, 200 ff.

50 Die Zulassung erfolgt **auf Antrag** (§ 6 Abs. 1 BRAO; § 13 Abs. 1 PAO; § 40 Abs. 1 S. 1 StBerG). Das Verfahren richtet sich für Anwälte nach § 32 BRAO und § 30 PAO nach den Vorschriften des VwVfG und für Steuerberater gem. § 164a Abs. 1 S. 1 StBerG nach der AO; nach § 34 BRAO bzw. § 32 PAO ist die Entscheidung (förmlich) zuzustellen.

51 Vor der **Aushändigung der Zulassungsurkunde** (§ 12 Abs. 2 Nr. 2 BRAO; § 18 Abs. 2 PAO) bzw. vor der Zulassung einer Rechtsanwalts- oder Patentanwaltsgesellschaft (§ 51d Nr. 3 BRAO; § 52d Nr. 3 PAO) ist der Abschluss einer Berufshaftpflichtversicherung nachzuweisen.

52 Ähnlich wie im Beamtenverhältnis wird die Zulassung erst mit der Aushändigung einer Urkunde wirksam (§ 12 Abs. 1 BRAO; § 18 Abs. 1 PAO; § 41 Abs. 1 StBerG). Anwälte haben einen **Eid zu leisten**[79] (§ 12a BRAO; § 19 PAO), Steuerberater eine Versicherung abzugeben (§ 41 Abs. 2 StBerG).

c) Rechtsschutz

Neuenfeld Das Verfahren der Anwaltsgerichtshöfe nach der Verwaltungsgerichtsordnung, AnwBl. 2009, 749 ff.

53 Rechtsschutz in **Zulassungssachen** der Anwälte wird in einem Verfahren zum Anwaltsgerichtshof nach §§ 112a ff. BRAO bzw. zum OLG nach §§ 94a ff. PAO gewährt[80]; subsidiär gilt die VwGO (§ 112c BRAO; § 94b PAO). Bei Steuerberatern ist nach § 33 Abs. 1 Nr. 3 FGO die FGO anwendbar. Die **Gutachteranordnung** nach § 15 BRAO bzw. § 22 PAO ist kraft gesetzlicher Anordnung selbständig anfechtbar (§ 15 Abs. 2 S. 2 BRAO; § 22 Abs. 2 S. 2 PAO). Abgestellt wird auf den Zeitpunkt der Zulassungsentscheidung, so dass ein nachträgliches Entfallen der Zulassungshinderungsgründe prozessual nicht hilft[81], eine Neubeantragung aber nicht ausschließt.

---

78 BGH Beschl. v. 16.3.2009 – AnwZ (B) 31/08, NJW 2009, 1822 (1822).

79 Hiergegen mit verfassungsrechtlichen Bedenken *Redeker* DVBl. 1987, 200 (201 f.).

80 Die Zuständigkeit der ordentlichen Gerichtsbarkeit für Zulassungssachen der Anwälte, also Verwaltungsrecht, erklärt sich aus der Zeit, als noch die Gerichte für die Zulassung zuständig waren und gegen deren Entscheidungen als Justizverwaltungsakte die ordentlichen Gerichte zuständig sind (§ 23 Abs. 1 EGGVG).

81 BGH Beschl. v. 29.6.2011 – AnwZ (Brfg) 11/10, BGHZ 190, 187 (190 ff.).

Berufungsinstanz ist bei den Rechtsanwälten der Senat für Anwaltssachen beim Bundesgerichtshof (§ 112e BRAO), bei den Patentanwälten der Bundesgerichtshof (§ 94a Abs. 2 PAO) und bei den Steuerberatern der Bundesfinanzhof. 54

Es ist im Hinblick auf die Rechtsschutzgarantie unschädlich, dass insoweit Berufsträger über Zulassungsfragen zu Gericht sitzen, weil es sich dabei gleichwohl um **unabhängige Justizorgane** handelt[82]. 55

II. Verleihung der Fachanwalts- und Fachberaterbezeichnung

Die Verleihung der Fachanwaltsbezeichnung (→ Kap. 13 Rn. 15 ff.) richtet sich nach § 43c BRAO und der **Fachanwaltsordnung (FAO)**, die der Fachberaterbezeichnung nach der **Fachberaterordnung (FBO)**. 56

Die **Ladung zum Fachgespräch** (§ 7, § 25 FAO; § 8 FBO) wird subjektiv manchmal als Sanktion empfunden, ist aber dogmatisch Teil des Verleihungsverfahrens. Wegen der damit verbundenen Pflicht zur Anwesenheit hat eine solche einen selbständigen Regelungsgehalt und ist damit als Verwaltungsakt überprüfbar. 57

III. Tätigkeit von Berufsträgern aus EU-Mitgliedsstaaten

Frenz/Wübbenhorst Rechtsanwaltstätigkeit in anderen EU-Staaten, NJW 2011, 1262 ff.; *Grunewald/H.-F. Müller* Ausländische Rechtsberatungsgesellschaften in Deutschland, NJW 2005, 465 ff.; *Kelbel* Die berufs- und standesrechtliche Stellung des Patentanwalts bei einer Mehrfachzulassung, MittdtschPatAnw 1993, 253 ff.; *M. Kilian* Freizügigkeit für Anwälte in der EU, JA 2000, 429 ff.; *Klein/Ott/Zerdick* Tätigkeit europäischer Rechtsanwälte in Deutschland, 2002; *Sassenbach/Stöhr* Die Niederlassung ausländischer Anwälte in Deutschland, BRAK-Mitt. 2007, 155 ff.

Aufgrund europäischen Rechts besteht für alle Staatsangehörigen eines EU-Mitgliedsstaats **Niederlassungs-** (Art. 49 AEUV) und **Dienstleistungsfreiheit** (Art. 56 AEUV). Obwohl Berufsträger „Organe der Rechtspflege" sind, fällt ihr Beruf nicht unter die Ausnahme von Art. 51 Abs. 1 AEUV („Tätigkeiten, die [...] mit der Ausübung öffentlicher Gewalt verbunden sind")[83]. Die Freizügigkeit für Berufsträger ist durch die Berufsanerkennungsrichtlinie 2005/36/EG ausgestaltet und für Patentanwälte durch das EuPAG und für Steuerberater durch § 3a StBerG in deutsches Recht umgesetzt; für Rechtsanwälte gelten speziell die Rechtsanwaltsdienstleistungsrichtlinie 77/249/EWG und die Rechtsanwaltsniederlassungsrichtlinie 98/5/EG, die beide durch das EuRAG umgesetzt sind. 58

1. Dienstleistungsfreiheit für Berufsträger

Ruppert Gesetz zur Umsetzung der novellierten Berufsqualifikationsrichtlinie – Was ändert sich im Berufsrecht der Steuerberater?, DStR 2016, 1133 ff.

Ein Berufsträger aus einem Mitgliedsstaat der Europäischen Union kann nach §§ 25 ff. EuRAG, § 25 Abs. 2 PatG und § 3a StBerG **„vorübergehend" ohne eine Zulassung in Deutschland rechtsbesorgend und steuerberatend tätig** sein. „Vor- 59

82 BVerfG Beschl. v. 26.6.2006 – 2 BvR 609/06, NJW 2006, 3049 (3050).
83 EuGH Urt. v. 21.6.1974 – 2/74, NJW 1975, 513 (515) – Reyners; anders noch EGH Hamm Beschl. v. 17.10.1973 – 1 ZU 8/72, AnwBl. 1974, 59 (60).

übergehend" ist eine Tätigkeit „nicht nur unter Berücksichtigung der Dauer der Leistung, sondern auch ihrer Häufigkeit, ihrer regelmäßigen Wiederkehr oder Kontinuität"[84]. Dabei muss stets zudem die Qualifikation des ausländischen Berufsträgers entsprechend berücksichtigt werden[85]. Beschränkungen der Dienstleistungsfreiheit können durch zwingende Gründe des Allgemeinwohls gerechtfertigt sein. Als solche hat der EuGH ausdrücklich den Verbraucherschutz und die Verhinderung von Steuerhinterziehung anerkannt. Gleichwohl ist es nicht zulässig, Steuerberatungsgesellschaften aus anderen Mitgliedstaaten per se die Befugnis zu versagen, Steuererklärungen für Mandanten im Inland einzureichen[86].

60 In Anwaltsprozessen vor Gericht darf ein Rechtsanwalt aus einem EU-Staat aber nur zusammen mit einem deutschen Rechtsanwalt, dem sogenannten **Einvernehmensanwalt**, auftreten (§§ 28 f. EuRAG)[87].

2. Niederlassungsfreiheit für Anwälte

Franz Neues Niederlassungsrecht für europäische Anwälte, BB 2000, 989 ff.; *Lach* Die Möglichkeiten der Niederlassung europäischer Rechtsanwälte in Deutschland, NJW 2000, 1609 ff.

61 Hinsichtlich der Niederlassungsfreiheit in Deutschland besteht für Anwälte mit der Staatsangehörigkeit eines Mitgliedsstaates der Europäischen Union[88] oder der Schweiz[89] der Weg über § 4 Nrn. 2 u. 3 BRAO, §§ 2 ff. EuRAG bzw. §§ 20 f. EuPAG. Danach steht es einem Rechts- oder Patentanwalt aus einem anderen EU-Staat offen, sich in Deutschland niederzulassen. Er muss hierfür **in die örtlich zuständige Kammer aufgenommen** werden; das Verfahren richtet sich nach der BRAO (§ 4 EuRAG) bzw. nach § 21 EuPAG; eine bestimmte Zeit der Zulassung im Herkunftsstaat ist nicht erforderlich[90]. Berufsausübungsgesellschaften aus diesen Staaten können sich ohne Rechtsformwechsel ebenfalls in Deutschland niederlassen[91]. Ein solchermaßen niedergelassener Anwalt ist nicht deutscher Rechts- oder Patentanwalt und darf sich auch nicht als ein solcher bezeichnen, sondern führt die **Berufsbezeichnung seines Herkunftsstaates**[92].

62 Für **Steuerberater** ist dieser Weg mangels eines entsprechenden europäischen Rechtsakts nicht vorgesehen[93], partielle Berufszugangsmöglichkeiten wurden nicht eröffnet[94].

---

84 EuGH Urt. v. 30. 11.1995 – C-55/94, NJW 1996, 579 (580) (Tz. 27).
85 EuGH Urt. v. 17.12.2015 – C-342/14, DStR 2016, 557 (559) – X-Steuerberatungsgesellschaft./. FA Hannover-Nord.
86 EuGH Urt. v. 17.12.2015 – C-342/14, DStR 2016, 557 (559) – X-Steuerberatungsgesellschaft./. FA Hannover-Nord.
87 Zu den Anforderungen BAG Urt. v. 13.12.2012 – 6 AZR 303/12, NJW 2013, 1620 (1621 f.).
88 OVG Münster Urt. v. 30.9.2002 – 14 A 1937/99, BRAK-Mitt. 2005, 45 (47) (u.s.-amerikanischer Jurist mit französischer Zulassung).
89 BGBl. 2003 I 2074.
90 EuGH Urt. v. 17.7.2014 – C-58/13, C-59/13, NJW 2014, 2849 (2852).
91 *Grunewald/Müller* NJW 2005, 465 (466 ff.).
92 Bestätigt durch EuGH Urt. v. 3.2.2011 – C-359/09, NJW 2011, 1273 (1274) (zum ungarischen Recht).
93 *Koslowski* StBerG § 3a Rn. 15.
94 *Ruppert* DStR 2016, 1133 (1135).

3. Zulassung in Deutschland

Möglich ist für **Berufsträger aus dem EU-Ausland** aber die Zulassung zur Rechtanwaltschaft, Patentanwaltschaft oder Steuerberaterschaft. 63

Die Befähigung zum Richteramt, also das Absolvieren beider Juristischer (Staats-)Examen ist nicht erforderlich, denn **bereits in anderen Staaten der EU oder des EWR zugelassene Rechtsanwälte** benötigen keine „Befähigung zum Richteramt", weil sie eine entsprechende Qualifikation schon in ihrem Herkunftsstaat erworben haben.[95] Sie können nach dreijähriger Berufstätigkeit in Deutschland (§§ 11 f. EuRAG) oder nach Feststellung einer gleichwertigen Berufsqualifikation (§§ 16 ff. EuRAG) zur Rechtsanwaltschaft zugelassen werden. Das **Beherrschen der deutschen Sprache** ist nicht erforderlich[96]. Europäische Rechtsanwälte sind nach § 27 Abs. 1 S. 2 EuRAG, ggf. i.V.m. § 28 EuRAG, zusammen mit einem Einvernehmensanwalt, postulationsfähig. 64

Sich als **Patentanwälte** niedergelassen habende EU-Ausländer können nach dem EuPAG zugelassen werden, wenn sie eine **Eignungsprüfung** ablegen (§§ 3 ff. EuPAG). 65

Als **Steuerberater** zugelassen werden EU-Ausländer **unter denselben Voraussetzungen wie Deutsche.** Die wissenschaftliche oder praktische Vorausbildung und praktische Tätigkeit muss nicht in Deutschland absolviert worden sein. 66

IV. Tätigkeit ausländischer Berufsträger

Dölling Berufsausübung mit ausländischen juristischen Abschlüssen in Deutschland, ZAR 2016, 139 ff.; *Knapp* Das Allgemeine Abkommen über den Handel mit Dienstleistungen (GATS) und seine Bedeutung für die Anwaltschaft, MittBayNot 2000, 299 ff.; *Sassenbach/Stöhr* Die Niederlassung ausländischer Anwälte in Deutschland, BRAK-Mitt. 2007, 155 ff.

Bei **Rechtsanwälten aus anderen Ländern** – auch bei Deutschen mit einer kirchlichen[97] oder außereuropäischen Zulassung als Rechtsvertreter[98] – bestimmt sich nach §§ 206 ff. BRAO, ob sie sich in Deutschland als Rechtsbeistand niederlassen dürfen. Sie können Mitglied der Rechtsanwaltskammer werden, wenn ihre Stellung in ihrem Heimatland der eines deutschen Rechtsanwalts entspricht (§ 206 Abs. 1 u. Abs. 2 BRAO)[99]. Die in Deutschland erlaubte Berufstätigkeit beschränkt sich allerdings auf das Recht des Herkunftsstaates und das Völkerrecht. Sind sie zugelassen, kann ihre Berufsausübung unter die zwischen ihrem Heimatstaat und Deutschland 67

95 Nicht ausreichend ist es indes, wenn eine Qualifikation in einem EU-Mitgliedstaat erworben wurde, der jedoch eine Ausbildung zugrunde liegt, die nicht überwiegend in einem „EuRAG-Staat" durchgeführt wurde (vgl. OVG Berlin-Brandenburg Beschl. v. 14.11.2018 – OVG 6 S 64/18, NJW 2019, 617 (617 f.)).

96 EuGH Urt. v. 19.9.2006 – C-506/04, NJW 2006, 3697, 3700 (Tz. 70) – Wilson/Ordre des avocats du barreau de Luxembourg.

97 A.A. *Deumeland* VR 2000, 305.

98 BGH Beschl. v. 19.9.2003 – AnwZ (B) 74/02, NJW 2003, 3706 (3706–3708); dazu *Linde* BerlAnwBl. 2003, 601; rechtsvergleichend zu den Zulassungsvoraussetzungen *Krasnicka/Pekowska* (Hrsg.), How To Become A Lawyer?, 2013.

99 Dies wird durch Verordnung des BMJ(V) festgestellt (VO v. 19.5.2005 (BGBl. I 1452), zul. geänd. d. Art. 11 d. VO v. 7.7.2021 (BGBl. I 2363)) sowie für Nicht-EU-Anwälte, die in einem Staat der EU zugelassen sind (Henssler/Prütting/*Kilian* BRAO § 206 Rn. 11 f.).

abgeschlossenen Investitionsschutzabkommen fallen, wenn sie insoweit als „Investition" anzusehen sind[100].

68 Seit 2021 ist auch die **Rechtsdienstleistungsbefugnis ausländischer Berufsausübungsgesellschaften** gesetzlich geregelt (§ 207a BRAO, § 159 PAO; → Kap. 11 Rn. 27).

69 Alle anderen Personen können aufgrund besonderer Sachkunde (nur) eine **Erlaubnis als Rechtsdienstleister „in einem ausländischen Recht"** (§ 10 Abs. 1 S. 1 Nr. 3 RDG) erlangen. Dies gilt dann ggf. auch für den patentanwaltlichen und abgabenrechtlichen Bereich.

B. Aufsicht über Berufsträger

Stephan Berufsaufsicht und Berufsgerichtsbarkeit, in: Kluth, Handbuch des Kammerrechts, 3. Aufl. 2020, S. 319 ff.

70 Der Schwerpunkt der Kontrolle der Tätigkeit von Berufsträgern liegt beim Zulassungsverfahren (→ Rn. 47 ff.). Weil Berufsträger einen Freien Beruf ausüben, findet **keine Qualitätssicherung der eigentlichen Berufstätigkeit** statt. Lediglich die Grenzen des Berufsrechts werden von den Kammern als Aufsichtsbehörden überwacht.

I. Aufsichtsbehörde

71 Die Aufsicht liegt bei den **Kammern**. Die Bundesrechtsanwaltskammer und die Bundessteuerberaterkammer als Dachorganisationen üben selbst keine Aufsichtsfunktionen aus. Nicht zu den Aufsichtsbehörden im eigentlichen Sinne zählt die „Schlichtungsstelle der Rechtsanwaltschaft" nach § 191f BRAO (→ Kap. 14 Rn. 59 ff.).

72 Die grundsätzliche Zuständigkeit der Kammern für die Aufsicht über die Berufsträger schließt allerdings nicht aus, dass daneben **weitere Aufsichtsbehörden** für Berufsträger zuständig sein können. So kann etwa auch die **Bankenaufsicht** für die Abwicklung von umfangreichen Geldgeschäften zuständig sein[101]. Die Aufsicht durch die allgemeinen Datenschutzbehörden ist dagegen ausdrücklich ausgeschlossen (§ 29 Abs. 3 BDSG; → Kap. 6 Rn. 50 ff.).

II. Aufsichtsmaßstab

73 Die Berufsaufsicht beschränkt sich auf die **Einhaltung des Berufsrechts** und leistet keine Qualitätskontrolle[102]. Deutlich wird dies etwa an den Regelungen der § 7 Abs. 1 S. 1 BORA und § 7a BORA, ebenso § 9 BOPA, die für das Benennen von Teilbereichen der Berufstätigkeit oder das Führen der Bezeichnung „Mediator" nur

---

100 Vgl. ICSID, Fall Nr. ARB/99/7 – Patrick Mitchell ./. Demokratische Republik Kongo; dazu *Grubermann* in Knahr/Reinisch, Aktuelle Probleme und Entwicklungen im Internationalen Investitionsrecht, 2008, S. 45, 64 ff.

101 Vgl. BVerwG Urt. v. 13.12.2011 – 8 C 24/10, NJW 2012, 1241 ff.

102 *Schneller* ANWALT 5/2003, 6 (7) („schlechte Erreichbarkeit der Anwälte"). – Anders etwa die gewerberechtlichen Zuverlässigkeitsanforderungen für (heute nicht mehr zulassungsfähige) Rechtskonsulenten, wenn ihnen bspw. die sprachlichen Fähigkeiten für selbst eine einfache Sachverhaltsdarstellung fehlten (prOVGE 28, 329 (330 f.); BVerwG Urt. v. 27.6.1961 – BVerwG I C 34/60, NJW 1961, 1834 (1834)).

eine (nachgängige) *Nachweisbarkeit* von Qualifikationen vorsehen und keinen (vorgängigen) Nachweis[103].

III. Aufsichtsmittel

Kleine-Cosack Sanktionen und Rechtsschutz bei anwaltlichen Berufspflichtverletzungen, ZAP (2000), Fach 23, 507 ff.; *Prütting* Die rechtlichen Grundlagen anwaltlicher Berufspflichten und das System der Reaktion bei anwaltlichem Fehlverhalten, AnwBl. 1999, 361 (364–368); *Römermann* Richtiges Verhalten bei einem möglichen Berufsrechtsverstoß, MDR 2003, 12 ff.; *Teichmann/Bürglen* Ein Gebiss für den zahnlosen Tiger, AnwBl. 2010, 735 ff.

Die Aufsichtsmittel der Kammern müssen **sich aus dem Gesetz ergeben**. Allerdings können Maßnahmen, die keinen (Grundrechts-)Eingriff beim Berufsträger bewirken, auch ohne eine ausdrückliche Ermächtigung im Gesetz getroffen werden[104]. **74**

1. Mitgliederakte

Grundlage der Aufsichtstätigkeit ist die Mitgliederakte (früher: Personalakte) (vgl. § 58 BRAO; § 51 PAO; § 74a StBerG), die über jeden Berufsträger geführt wird. Durch sie und das **Zulassungsverfahren** (→ Rn. 47 ff.) ist die Kammer darüber im Bilde, welche Berufsträger in ihrem Zuständigkeitsbereich niedergelassen sind. Tilgungsvorschriften (§ 205a BRAO; § 144a PAO; § 152 StBerG) balancieren **Wissen und gewolltes Nicht-Wissen** der Kammer aus. **75**

2. Ermittlungsbefugnisse

Peus Zwangsgeldandrohung und -festsetzung nach § 57 BRAO, BRAK-Mitt. 2012, 56 ff.

Die Aufsicht durch die Kammern ist faktisch eine **Anlassaufsicht**, wenngleich es keine rechtliche Voraussetzung für das Tätigwerden der Kammer als Aufsichtsbehörde ist, dass ein Verdacht besteht. **76**

Um die Aufsicht über wichtige Aspekte der Berufstätigkeit sicherzustellen, vor allem über den Widerruf der Zulassung, bestehen für Anwälte **Meldepflichten gegenüber der Kammer** über geänderte Berufsverhältnisse (§ 56 Abs. 3 BRAO, § 24 BORA; § 49 Abs. 3 PAO, § 15 BOPA); das Recht der Steuerberater kennt eine solche Pflicht nur auf der Ebene des Satzungsrechts (§ 22 BOStB). Eine allgemeine Berichtspflicht gegenüber der aufsichtsführenden Kammer existiert nicht. **77**

Allgemein ist der Berufsträger nach § 56 Abs. 1 BRAO, § 49 Abs. 1 PAO und § 80 Abs. 1 StBerG der Kammer als Aufsichtsbehörde gegenüber **zum persönlichen Erscheinen sowie zur Auskunft verpflichtet** und muss – vorbehaltlich seiner Verschwiegenheitspflicht (§ 56 Abs. 1 S. 2 BRAO; § 49 Abs. 1 S. 2 PAO; § 80 Abs. 1 S. 2 StBerG) und im Einklang mit europäischem Datenschutzrecht (Art. 23 Abs. 1 lit. g DSGVO) – die **Handakte vorlegen**. Die Unterlagen dürfen nicht an andere Behörden weitergegeben werden (Zweckbindung)[105]. **78**

---

103 Hartung/Scharmer/v. *Lewinski* BORA § 7 Rn. 41 u. § 7a Rn. 49 f.

104 So schon *Klein*, Die Wirtschaftsaufsicht, 1967, S. 137.

105 Vgl. BGH Urt. v. 11.1.2016 – AnwZ (Brfg) 42/14, AnwBl. 2016, 435 f.

79 Diese Untersuchungsbefugnisse können mittels **Zwangsgelds** durchgesetzt werden, das allerdings jeweils 1 000 € nicht übersteigen darf (§ 57 Abs. 1 BRAO; § 50 Abs. 1 PAO; § 80a StBerG).

3. Einwirkungsbefugnisse

Dittmar Zur Mißbilligungsbefugnis der Rechtsanwaltskammer nach der BRAO, AnwBl. 1980, 174 ff.; *Peus* Rügebescheide der Rechtsanwaltskammern, AnwBl. 2005, 524 ff.

80 Die Kammern haben nur ein beschränktes Instrumentarium zur Ahndung von Berufsrechtsverstößen (→ Kap. 9 Rn. 58 ff.). Für die Handhabung mancher Aufsichtsmittel sind im Berufsrecht nicht die Kammern als Aufsichtsbehörden, sondern nur und erst auf deren Antrag die Berufsgerichte zuständig (→ Kap. 9 Rn. 76 ff.). Soweit auch diesen ein Aufsichtsmittel nicht zugewiesen ist, kann es nicht zur Anwendung kommen. Es gibt **keine berufsaufsichtsrechtliche Generalklausel**.

a) Beratung und Belehrung

81 Vorfeldaufgabe zur Aufsicht ist die **berufsrechtliche Beratung** (§ 73 Abs. 2 Nr. 1 BRAO; § 69 Abs. 2 Nr. 1 PAO; § 76 Abs. 2 Nr. 1 StBerG), die sich in der Praxis durchaus mit der aufsichtsrechtlichen Belehrung (→ Kap. 9 Rn. 59 f.) überschneiden kann.

b) Rüge

82 Das nächstschärfere Aufsichtsmittel ist die Rüge (§ 74 Abs. 1 BRAO; § 70 Abs. 1 PAO; § 81 Abs. 1 StBerG). Sie ist der **Ausspruch einer Missbilligung**.

c) Untersagungsbefugnis

83 Eine Untersagungsbefugnis steht den Kammern nicht zu. Ein „unechtes Aufsichtsmittel“, weil nicht ohne Mitwirkung der Gerichte anwendbar, ist die **wettbewerbsrechtliche Abmahnung von Berufsträgern** nach UWG (→ Kap. 9 Rn. 65).

d) Widerruf der Zulassung

84 Allerdings kann die Kammer **außerhalb des eigentlichen Aufsichtsverfahrens** die Zulassung widerrufen (→ Rn. 41 ff.), was in der Wirkung der gerichtlichen Ausschließung aus dem jeweiligen Beruf (→ Kap. 9 Rn. 86 f.) gleichkommt.

4. Rechtsschutz

85 Der Rechtsschutz gegenüber Aufsichtsmaßnahmen der Kammern (→ Kap. 9 Rn. 66 f.) bestimmt sich (inzwischen) nach den **allgemeinen Regeln des Verwaltungsrechts** (→ Kap. 14 Rn. 44 ff.); zuständig in diesen Disziplinarsachen ist für Rechtsanwälte allgemein das Anwaltsgericht (AnwG), für Patentanwälte (§ 70a PAO) und Steuerberater (§ 82 StBerG) das Landgericht. Möglich sind dann Staats-

haftungsansprüche[106]. Eine wettbewerbsrechtliche Unterlassungsverfügung kann nach den allgemeinen zivilgerichtlichen Maßgaben angegriffen werden.

Dritte, insbesondere Mandanten des beaufsichtigten Berufsträgers, haben grund- **86**
sätzlich **keinen Anspruch auf ein berufsrechtliches Einschreiten der Kammer** gegen einen Berufsträger[107]. Eine (ablehnende) Entscheidung ist zumindest „kurz" zu begründen (§ 73 Abs. 3 S. 2 BRAO; § 69 Abs. 3 S. 2 PAO), was für Beschwerden bei der Steuerberaterkammer nicht ausdrücklich normiert ist.

---

106 LG Köln Urt. v. 3.8.2021 – 5 O 341/20 – unwürdige Assessorin.

107 Vgl. OVG Lüneburg Beschl. v. 29.1.2008 – 11 LA 448/07, NVwZ-RR 2008, 746 (zu Ärztekammer), wo selbst ein Anspruch auf Auskunft über den Ausgang des berufsrechtlichen Verfahrens verneint wird. – Zur verwaltungspraktischen Umsetzung in ein Beschwerdemanagement s. *Deckers* in FS Hartung, 2008, S. 1 (3 ff.).

Kapitel 16: Grenzüberschreitende Mandatsbearbeitung

Brechmann Legal Tech und das Anwaltsmonopol: Die Zulässigkeit von Rechtsdienstleistungen im nationalen, europäischen und internationalen Kontext, 2021; *Drolshammer* A Timely Turn to the Lawyer – Globalisierung und die Anglo-Amerikanisierung von Recht und Rechtsberufen, 2009; *Knöfel* Grundfragen der internationalen Berufsausübung von Rechtsanwälten, 2005.

1 Schon seit einiger Zeit ist das Tor zur **Internationalisierung des deutschen Markts für Rechts- und Steuerberatung** aufgestoßen. Jedoch waren es vor allem in der Rechtsanwaltschaft weniger die deutschen Anwälte, die aktiv die internationale Zusammenarbeit gesucht haben. Zunächst sind vor allem englische, dann auch u.s.-amerikanische Sozietäten nach Deutschland gekommen, die heute das Erscheinen der Law Firms in Deutschland prägen[1]. Französische Anwaltsbüros waren bemerkenswerterweise auf dem deutschen Markt kaum in Erscheinung getreten, chinesische Großkanzleien entstehen gerade und werden wohl zukünftig eine größere Rolle spielen. Dass die Berufsausübung von Anwälten und Steuerberatern Bezüge zu mehreren Rechtsordnungen aufweisen kann, ist keine neue Erkenntnis[2]. Die insoweit denkbaren Konstellationen sind vielfältig. In einer **zunehmend globalisierten und digitalisierten Welt** verliert die räumliche Distanz zwischen Berufsträger und Mandant an Bedeutung. Auch die Kanzleiorganisation überschreitet Ländergrenzen. Standorte und Zweigniederlassungen in mehreren Staaten zu unterhalten ist längst nicht mehr nur großen Law Firms und Tax Firms vorbehalten.

2 Für den grenzüberschreitend agierenden Berufsträger stellt sich die Frage, welche Rechtsordnung(en) für ihn im konkreten Fall maßgeblich ist bzw. sind. Dabei ist zu differenzieren zwischen zivilrechtlichen Aspekten (insb. vertragsrechtliche Beziehungen zum Mandanten), aufsichts- und zulassungsrechtlichen Aspekten, gesellschaftsrechtlichen Aspekten, wettbewerbsrechtlichen Aspekten, strafrechtlichen Aspekten und steuerrechtlichen Aspekten. Die genannten Materien unterliegen jeweils unterschiedlichen **Kollisions- bzw. Rechtsanwendungsregelungen**, die wiederum in unterschiedlichem Maße unionsrechtlich und völkerrechtlich determiniert sind. Auf das Internationale Steuerrecht wird im folgenden nicht näher eingegangen.

A. Internationales Privatrecht- und Zivilverfahrensrecht

Eisenberg Das Internationale Privatrecht der Anwaltshaftung, 1998; *Renna* Die Durchsetzung des anwaltlichen Honoraranspruchs im europäischen Rechtsverkehr, 2010; *Sieg* Internationale Anwaltshaftung, 1996.

3 Die **zivilrechtliche Beziehung** zwischen Berufsträger und Mandant unterliegt bei der grenzüberschreitenden Mandatsbearbeitung den Regelungen des Internationalen Privat- und Zivilverfahrensrechts. Das Internationale Privatrecht ist Kollisionsrecht und bestimmt die anwendbare Rechtsordnung. Dem Internationalen Zivilverfahrensrecht ist zu entnehmen, welche Gerichte international zuständig sind und welche Gerichtsentscheidungen aus anderen Staaten anerkannt werden. Zu diffe-

1 Zu deren Auswirkung auf die deutsche Rechtskultur *Mankowski* JZ 2009, 321 (328).

2 Vgl. bereits *Friedlaender* AnwBl. 1954, 1 (1); noch zuvor *Neumeyer*, Internationales Verwaltungsrecht, Bd. 2, 1922, S. 258 ff.

renzieren ist jeweils zwischen vertraglichen Ansprüchen einerseits und außervertraglichen Ansprüchen andererseits. Über die konkrete Mandatsbeziehung hinaus ist das Internationale Privat- und Zivilverfahrensrecht im Hinblick auf **wettbewerbsrechtliche Fragen** relevant. Alle genannten Bereiche sind stark durch unionsrechtliche Regelungen geprägt. Autonomes deutsches Recht spielt nur punktuell eine Rolle. Zunächst werden im Folgenden die kollisionsrechtlichen Regelungen für vertragliche, außervertragliche und wettbewerbsrechtliche Beziehungen dargestellt. Im Anschluss wird auf die Grundlagen des internationalen Zuständigkeitsrechts einzugehen sein.

I. Internationales Vertragsrecht (Rom I-VO)

Das auf einen **Mandatsvertrag mit grenzüberschreitenden Bezügen** anzuwen- **4**
dende Recht – gleich, ob es sich um das Mandat eines Anwalts oder eines Steuerberaters handelt – ist anhand der Rom I-VO EG/593/2008 zu bestimmen. Ein hinreichender grenzüberschreitender Bezug liegt jedenfalls dann vor, wenn Berufsträger und Mandant in unterschiedlichen Staaten ansässig sind.[3]. Die Verordnung gilt in allen EU-Mitgliedstaaten mit Ausnahme Dänemarks.[4] Wie Art. 2 Rom I-VO klarstellt, ist das nach dieser Verordnung bezeichnete Recht auch dann anzuwenden, wenn es nicht das Recht eines Mitgliedstaates ist. Dieses Recht ist dann für die in Art. 12 Abs. 1 Rom I-VO genannten Aspekte maßgeblich, also etwa für die Auslegung des Vertrags (lit. a), die Verjährung vertraglicher Pflichten (lit. c) und die Folgen der Nichtigkeit des Vertrags (lit. e). Explizit ausgenommen vom Anwendungsbereich der Rom I-VO sind gem. Art. 2 Abs. 1 u.a. Fragen betreffend das Gesellschaftsrecht (lit. e), die Stellvertretung und vorvertragliche Schuldverhältnisse (lit. i).

1. Rechtswahl

Gem. Art. 3 Abs. 1 S. 1 Rom I-VO können Berufsträger und Mandant das **anwend-** **5**
bare Recht frei wählen. Dass das Mandat einen Bezug zu dem gewählten Recht hat, ist nicht erforderlich, weshalb es durchaus möglich ist, ein neutrales Recht zu wählen[5]. Die Wahl einer nichtstaatlichen Rechtsordnung ist hingegen nicht möglich, und auch sog. „Versteinerungsklauseln" entfalten keine kollisionsrechtliche Wirkung[6]. Entsprechendes gilt gem. Art. 3 Abs. 3 Rom I-VO zudem bei reinen Inlandssachverhalten[7].

Gem. Art. 3 Abs. 2 S. 1 Rom I-VO ist die Rechtswahl **jederzeit möglich** und grund- **6**
sätzlich **beliebig abänderbar**. Auch ist es gem. Art. 1 Abs. 1 S. 3 Rom I-VO die Rechtswahl nur für einen Teil des Mandatsvertrags zu treffen bzw. einzelnen Teilen unterschiedliche Rechtsordnungen zuzuweisen.

---

3 MüKoBGB/*Martiny* Rom I-VO Art. 1 Rn. 23.

4 Das bedeutet, die Gerichte sämtlicher Mitgliedstaaten – mit Ausnahme Dänemarks – ermitteln das auf vertragliche Schuldverhältnisse in Zivil- und Handelssachen anwendbare Recht nach der Rom I-VO.

5 Davon abratend *Land* BB 2013, 2697 (2698) mit Blick auf den für beide Parteien erhöhten Beratungsbedarf.

6 Als Versteinerungsklauseln werden Rechtswahlklauseln bezeichnet, die statisch auf das zu einem bestimmten Zeitpunkt geltende Recht verweisen (vgl. dazu mit weiteren Nachweisen BeckOGK/*Wendland* Rom I-VO Art. 3 Rn. 113).

7 Ausführlich zur Auslegung des Art. 3 Abs. 3 *Böhle* ZEuP 2019, 72 (79 ff.). – Die Rechtswahl entfaltet dann lediglich materiellrechtliche Wirkungen, d.h., sie ist wie eine gewöhnliche, eben nicht auf kollisionsrechtliche Rechtswahl gerichtete Vertragsvereinbarung an den nicht-dispositiven Vorschriften des Staates zu messen, zu dem das Mandat ausschließlich Bezüge aufweist.

Beispiel:

Denkbar wäre also, den Mandatsvertrag deutschem Recht zu unterwerfen, mit Blick auf die Vergütung aber das liberalere englische Recht zu wählen.

7 Die **materielle Wirksamkeit der Rechtswahl** bestimmt sich gem. Art. 3 Abs. 5 i.V.m. Art. 10 Rom I-VO **nach dem gewählten Recht**. Im Hinblick auf die Formgültigkeit findet die alternative Anknüpfung des Art. 11 Rom I-VO (→ Rn. 18) Anwendung. Handelt es sich bei dem Mandatsvertrag um einen Verbrauchervertrag im Sinne des Art. 6 Abs. 1 Rom I-VO, ist eine Rechtswahl nur eingeschränkt möglich (→ Rn. 16).

8 Das im Hinblick auf die **anwaltliche bzw. steuerberaterliche Vollmacht** anzuwendende Recht ergibt sich nicht aus der Rom I-VO, sondern aus Art. 8 EGBGB und ist gemäß dessen Abs. 1 ebenfalls einer Rechtswahl zugänglich.

9 **Praxishinweis:**

Um Unsicherheiten bzgl. der Auslegung der Rechtswahl zu vermeiden, sollte auch hinsichtlich der Vollmacht eine **explizite Rechtswahl** getroffen werden.

2. Mangels Rechtswahl anzuwendendes Recht

10 Ist für den Mandatsvertrag keine Rechtswahl getroffen, ist das anwendbare Recht gem. Art. 4 Rom I-VO zu bestimmen. Anwalts- und Steuerberaterverträge, die in aller Regel Dienstleistungsverträge im Sinne des Art. 4 Abs. 1 lit. c Rom I-VO sind[8], unterliegen dann dem Recht des Staates, in dem der Anwalt bzw. der Steuerberater seinen **gewöhnlichen Aufenthalt** hat.

11 Hinsichtlich der Bestimmung des gewöhnlichen Aufenthalts ist dahingehend zu differenzieren, ob der Mandant den Mandatsvertrag mit dem einzelnen Berufsträger oder mit einer Berufsausübungsgesellschaft, der der Anwalt bzw. Steuerberater angehört, geschlossen hat. **Natürliche Personen** haben nämlich gem. Art. 19 Abs. 1 UAbs. 2 Rom I-VO ihren gewöhnlichen Aufenthalt am Ort ihrer Hauptniederlassung, Personenmehrheiten, also etwa **juristische Personen**, gem. Art. 19 Abs. 1 Rom I-VO am Ort der Hauptverwaltung. Hauptverwaltung in diesem Sinne meint den effektiven Verwaltungssitz, also den Ort, an dem tatsächlich die zentralen Leitentscheidungen getroffen werden[9]. Unerheblich sind insoweit der Gründungsort und der bloße Registersitz[10].

12 Zu beachten ist zudem die Regelung des Art. 19 Abs. 2 Rom I-VO, die Vertragsschlüsse im Rahmen von **Zweigniederlassungen** betrifft und gerade im Hinblick auf größere Anwalts- bzw. Steuerberaterfirmen relevant ist. Zweigniederlassung in diesem Sinne meint eine Niederlassung, die auf Dauer als Außenstelle des Stammhauses hervortritt und mit einer eigenen Geschäftsführung derart ausgestattet ist, dass sie selbständig Geschäfte mit Dritten betreiben kann[11]. Auch wenn der Vertrag dann mit dem Stammhaus zustandekommt, liegt der gewöhnliche Aufenthalt am Ort

8 Vgl. nur MüKoBGB/*Martiny* Rom I-VO Art. 4 Rn. 71, der explizit auch Patentanwälte erwähnt, und *Renna*, Die Durchsetzung des anwaltlichen Honoraranspruches im europäischen Rechtsverkehr, 2010, S. 178 in Bezug auf den identisch auszulegenden Dienstleistungsbegriff des Art. 7 Nr. 1 Brüssel Ia-VO.

9 *Mankowski* IHR 2008, 133 (139).

10 BeckOK BGB/*Spickhoff* Rom I-VO Art. 19 Rn. 2.

11 EuGH, Urt. v. 22.11.1978 – 33/78.

der Zweigniederlassung, wenn der Vertragsschluss über diese Zweigniederlassung erfolgt ist.

Beispiel:

Schließt also ein Mandat etwa einen Mandatsvertrag mit einer internationalen Sozietät, deren Hauptverwaltung in New York liegt, hat aber ausschließlich Kontakt mit den Anwälten des Frankfurter Büros, befindet sich der gewöhnliche Aufenthalt dieser Sozietät im Sinne der Rom I-VO in Frankfurt.

Art. 4 Abs. 3 Rom I-VO enthält eine Ausweichklausel für Fälle, in denen sich aus **13** der Gesamtheit der Umstände ergibt, dass der Vertrag eine **offensichtlich engere Beziehung** zu einem anderen als dem nach Abs. 1 bestimmten Staat aufweist. In Bezug auf Rechts- und Steuerberatungsleistungen dürfte diese Ausweichklausel jedoch ohne Bedeutung sein.

3. Verbrauchermandate

Art. 6 Rom I-VO trifft eine Sonderregelung für **Verbraucherverträge**. Sofern die **14** persönlichen und situativen Voraussetzungen vorliegen, ist das Recht des Staates anzuwenden, in dem der Verbraucher seinen gewöhnlichen Aufenthalt hat. In persönlicher Hinsicht müsste es sich bei dem Mandanten also um einen Verbraucher handeln. Darunter wird jede Person gefasst, die einen Vertrag schließt, der nicht im Zusammenhang mit einer gegenwärtigen oder zukünftigen gewerblichen oder beruflichen Tätigkeit steht[12]. Rechtsanwaltliche und steuerberaterliche Mandatsverträge können also etwa dann Verbraucherverträge darstellen, wenn sie **Erbfälle** oder das **Familienstreitigkeiten** betreffen[13]. Bei Patentanwälten ist ein Mandat jenseits gewerblicher Tätigkeit hingegen nur schwer vorstellbar, mit Blick auf **Hobbybastler** aber auch nicht kategorisch ausgeschlossen.

Mandatsverträge mit Verbrauchern sind jedoch nur dann von Art. 6 Rom I-VO er- **15** fasst, wenn die Voraussetzungen des sog. **„situativen Anwendungsbereiches"** vorliegen, die in Art. 6 Abs. 1 lit. a u. b Rom I-VO geregelt sind. Gemäß der wegen ihres Charakters als Auffangtatbestand letztlich allein relevanten lit. b ist das dann der Fall, wenn der Unternehmer, also der Berufsträger, seine Tätigkeit auf den Staat ausrichtet, in dem der Verbraucher seinen gewöhnlichen Aufenthalt hat. Ein solches Ausrichten ist dann anzunehmen, wenn der Berufsträger durch sein Verhalten zu erkennen gibt, dass er am Vertragsschluss speziell mit Personen aus einem oder mehreren bestimmten Staaten interessiert ist[14]. Das ist etwa dann der Fall, wenn in einem oder mehreren Staaten mit konventioneller Werbung, wie z.B. TV- oder Radio-Werbung, geworben wird. Auch das Bereitstellen der eigenen Homepage in der Landessprache von anderen Staaten als dem Heimatstaat des Berufsträgers kann ein Indiz sein[15].

Verbraucherverträge im Sinne des Art. 6 Rom I-VO sind einer **Rechtswahl zugäng- 16** **lich**, allerdings mit einer wichtigen Einschränkung: Gem. Abs. 2 kann dem Verbraucher durch eine Rechtswahl nicht der Schutz entzogen werden, der ihm durch das

---

12 EuGH, Urt. v. 3.7.1997 – C-269/95 – Benincasa.

13 *Renna*, Die Durchsetzung des anwaltlichen Honoraranspruches im europäischen Rechtsverkehr, 2010, S. 208.

14 EuGH Urt. v. 7.12.2010 – C-585/08 u.a., EuZW 2011, 98 (102) – Pammer/Alpenhof.

15 Dieses Kriterium sollte allerdings nicht überbewertet werden. Insbesondere die Verwendung weitverbreiteter Sprachen wie Englisch oder Spanisch wird für sich allein genommen nicht ausreichen, um ein Ausrichten etwa auf das Vereinigte Königreich oder Spanien anzunehmen.

gem. Abs. 1 berufene Recht gewährt wird. Es gilt insoweit ein **Günstigkeitsprinzip**. Vertragsstatut ist das gewählte Recht. Soweit jedoch die Anwendung des nach Abs. 1 berufenen Rechts durch Verbraucherschutznormen zu einem für den Verbraucher günstigeren Ergebnis führt, wird dieses Recht angewandt[16].

17 Liegen die persönlichen und situativen Voraussetzungen eines Verbrauchervertrages vor, scheidet eine Anwendung der Art. 6 Abs. 1 u. 2 gem. Art. 6 Abs. 4 lit. a Rom I-VO dennoch aus, wenn im Rahmen eines Dienstleistungsvertrages die geschuldete Dienstleistung ausschließlich in einem anderen als dem Staat erbracht werden soll, in dem der Verbraucher seinen gewöhnlichen Aufenthalt hat. Auf den ersten Blick scheint die Vorschrift große Bedeutung für Anwälte und Steuerberater zu haben, erledigen diese doch typischerweise einen Großteil ihrer Arbeit in der Kanzlei. Allerdings ist die **Bereichsausnahme** eng und **am Dienstleistungsempfänger orientiert** auszulegen. So soll Abs. 4 lit. a etwa bereits dann ausscheiden, wenn der Mandant aus seinem Heimatstaat heraus mit dem Rechtsanwalt ein Telefongespräch geführt oder E-Mails ausgetauscht hat.[17]

4. Form

18 Art. 11 Rom I-VO trifft eine spezielle Regelung bzgl. der Formgültigkeit von Verträgen. Gem. der Abs. 1 und 2 gilt dabei das **Prinzip der alternativen Anknüpfung**. Das bedeutet, der Vertrag ist formwirksam, wenn die Formvorschriften einer der dort genannten Rechtsordnungen gewahrt werden. Befinden sich die Parteien beim Vertragsschluss im selben Staat, müssen gem. Abs. 1 entweder die Formvorschriften des Rechts dieses Staates gewahrt werden oder die Formvorschriften des Rechts, das gem. Art. 3 oder 4 Rom I-VO auf den Vertrag anwendbar ist. Halten sich die Parteien oder ihre jeweils für sie handelnden Vertreter während des Vertragsschlusses in unterschiedlichen Staaten auf, genügt es gem. Art. 11 Abs. 2 Rom I-VO, wenn entweder die Formvorschriften einer dieser Staaten beachtet werden oder die Formvorschriften eines Staates, in dem eine der Parteien ihren gewöhnlichen Aufenthalt hat oder die Formvorschriften des Rechts, das gem. Art. 3 oder 4 Rom I-VO auf den Vertrag anwendbar ist. Auch eine Teilrechtswahl (→ Rn. 6) hinsichtlich der Form ist möglich. Auf Verbraucherverträge im Sinne des Art. 6 Rom I-VO (→ Rn. 14 ff.) findet Art. 11 gem. seines Abs. 4 keine Anwendung. In diesen Fällen sind die Formvorschriften des gem. Art. 6 Abs. 1 Rom I-VO berufenen Rechts zu wahren.

5. Eingriffsnormen und Ordre public

19 Eingriffsnormen sind gem. Art. 9 Abs. 1 Rom I-VO Vorschriften, deren Einhaltung von einem Staat als so entscheidend für die **Wahrung seines öffentlichen Interesses**, insbesondere seiner politischen, sozialen oder wirtschaftlichen Ordnung, angesehen werden, dass sie ungeachtet des nach Maßgabe der Rom I-VO auf den Vertrag anzuwendenden Rechts auf alle Sachverhalte anzuwenden ist, die in ihren Anwendungsbereich fallen. Gem. ihres Art. 9 Abs. 2 berührt die Rom I-VO nicht die Anwendung der Eingriffsnormen des Rechts des angerufenen Gerichts. Damit stellt Art. 9 Abs. 2 nach herrschendem Verständnis eine Öffnungsklausel dar.[18] Das bedeutet,

16 Ferrari IntVertragsR/*Staudinger* Rom I-VO Art. 6 Rn. 71 ff.
17 Staudinger/*Magnus* Rom I-VO Art. 6 Rn. 73.
18 Ausführlich dazu BeckOGK/*Maultzsch* Rom I-VO Art. 9 Rn. 7 ff.

die Anwendung einer Eingriffsnorm wird nicht durch die Rom I-VO angeordnet, sondern die Entscheidung darüber dem mitgliedstaatlichen Recht überlassen.[19]

Im Hinblick auf Rechtsanwälte und andere Freie Berufe sind Eingriffsnormen vor allem ein Instrument, um zu gewährleisten, dass einer berufsrechtlich verbotenen Vereinbarung nicht durch die Wahl eines ausländischen Vertragsrechtsrechts zu vertraglicher Wirksamkeit verholfen werden kann. Dadurch kann etwa die Einhaltung von **Vergütungsvorschriften**, wie Mindest- und Höchstpreisen, gefördert werden. Heute wird insbesondere noch diskutiert, ob das (teilweise) Verbot rechtsanwaltlicher Erfolgshonorarvereinbarungen nach § 49b Abs. 2 S. 1 BRAO Eingriffscharakter aufweist. Das Meinungsbild in der Literatur ist gespalten[20]. An einer grundlegenden Untersuchung, die diesen Meinungsstreit klären könnte, fehlt es bislang noch. **20**

Art. 21 Rom I-VO enthält einen sog. **Ordre public-Vorbehalt**. Demnach kann ein Gericht die Anwendung des nach der Rom I-VO berufenen Rechts verweigern, wenn die Anwendung mit der öffentlichen Ordnung des Gerichtsstaates offensichtlich unvereinbar wäre. Dabei geht es nicht darum, inwieweit die Lex fori mit dem anwendbaren Vertragsrecht sympathisiert. Es ist vielmehr eine Ergebniskontrolle und -korrektur vorzunehmen: Führt die Anwendung des ausländischen Rechts zu einem Ergebnis, das mit den grundlegenden Gerechtigkeitsvorstellungen der Lex fori unvereinbar ist, ist dieses so weit zu korrigieren, dass es gerade noch erträglich ist[21]. Lässt sich ein Anwalt oder Steuerberater also von einem Mandanten ein Honorar versprechen, das der Höhe nach das Fundament deutscher Wertvorstellungen sprengt, wird auf die noch akzeptable Höhe herabgesetzt. Dabei sind umso größere Abweichungen zu den Vorstellungen der eigenen Rechtsordnung hinzunehmen, je geringer die Inlandsbezüge des Sachverhaltes sind (Relativität des Ordre public). **21**

II. Außervertragliche Schuldverhältnisse (Rom II-VO)

Das auf außervertragliche Schuldverhältnisse in Zivil- und Handelssachen anwendbare Recht bestimmt sich nach der Rom II-VO EG/864/2007. Diese gilt – wie auch die Rom I-VO – in allen EU-Mitgliedstaaten **mit Ausnahme Dänemarks** und ist gem. ihres Art. 3 zudem dann anzuwenden, wenn sie das Recht eines Drittstaates beruft. **22**

1. Deliktische Ansprüche

Die Rom II-VO lässt gem. Art. 14 zwar grundsätzlich eine **freie Rechtswahl** für außervertragliche Schuldverhältnisse, insbesondere für solche aus unerlaubten Handlungen, zu, allerdings nur unter besonderen Voraussetzungen. So ist die Rechtswahl nur wirksam, wenn sie entweder gem. Art. 14 Abs. 1 S. 1 lit. a Rom II-VO nach Eintritt des schadensbegründenden Ereignisses getroffen wurde oder gem. lit. b beide Parteien einer kommerziellen Tätigkeit nachgehen und die Rechtswahl nicht in Allgemeinen Geschäftsbedingungen geregelt wurde. Die praktische Bedeutung dieser Rechtswahlmöglichkeit wird als äußerst gering eingeschätzt (zur allerdings bedeutsameren indirekten Rechtswahl → Rn. 25)[22] **23**

---

19 A.A. *Köhler*, Eingriffsnormen – Der „unfertige Teil" des europäischen IPR, 2013, S. 106 ff.
20 Für einen Eingriffscharakter etwa BeckOGK/*Maultzsch* Rom I-VO Art. 9 Rn. 250; dagegen *Renna*, Die Durchsetzung des anwaltlichen Honoraranspruches im europäischen Rechtsverkehr, 2010, S. 99 f.
21 MüKoBGB/*Martiny* Rom I-VO Art. 21 Rn. 6.
22 MüKoBGB/*Junker* Rom II-VO Art. 14 Rn. 6.

24 Die allgemeine Kollisionsnorm für außervertragliche Schuldverhältnisse aus „unerlaubter Handlung“ findet sich in Art. 4 Abs. 1 Rom II-VO. Anwendbar ist demnach das Recht des Staates, in dem der durch die unerlaubte Handlung verursachte Schaden eingetreten ist. Man spricht insoweit vom **Erfolgsort**. Bei reinen Vermögensschäden – um solche wird es sich regelmäßig bei deliktischen Ansprüchen gegen Anwälte oder Steuerberater handeln – liegt der Erfolgsort dort, wo das primär betroffene Vermögen belegen ist. Lässt sich dieser Ort nicht feststellen, ist hilfsweise auf den Ort abzustellen, an dem sich das Hauptvermögen des Geschädigten befindet[23]. Im Verhältnis zwischen Anwalt bzw. Steuerberater und Mandant dürfte die Regelung wegen Art. 4 Abs. 3 Rom II-VO (→ Rn. 25) kaum eine Rolle spielen. Relevant ist sie für Haftungsansprüche Dritter.

Beispiel:

Beteiligt sich etwa ein Rechtsanwalt an einem Prozessbetrug gegenüber einem Unternehmen, das in Frankreich ansässig ist, und wurde im Zuge des Prozessbetrugs ein Titel erwirkt, auf dessen Grundlage Bankguthaben auf schweizerischen Bankkonten gepfändet wurde, führt Art. 4 Abs. 1 Rom II-VO zur Anwendung des schweizerischen Rechts für die Haftungsansprüche des Unternehmens gegen den Rechtsanwalt.

25 Im Verhältnis zwischen Berufsträger und Mandant wird regelmäßig die Ausweichklausel des Art. 4 Abs. 3 Rom II-VO maßgeblich sein, die abweichend von Abs. 1 das Recht des Staates beruft, zu dem die unerlaubte Handlung eine **offensichtlich engere Verbindung** aufweist als zu dem nach Abs. 1 berufenen Recht. Eine derartige offensichtlich engere Verbindung besteht gem. Art. 4 Abs. 3 S. 2 Rom II-VO regelmäßig dann, wenn zwischen den Parteien ein Rechtsverhältnis, also etwa ein Mandatsvertrag besteht, das mit der betreffenden unerlaubten Handlung in enger Verbindung steht. Insoweit wird von einer akzessorischen Anknüpfung gesprochen, da das auf die unerlaubte Handlung anwendbare Recht in Abhängigkeit vom anwendbaren Vertragsrecht (→ Rn. 4 ff.) bestimmt wird. Über diesen Weg wird auch eine im Mandatsvertrag getroffene Rechtswahl indirekt relevant für deliktische Ansprüche[24].

26 Bislang nicht abschließend geklärt ist, wie sich die Brogsitter-Entscheidung des EuGH[25] auf die Bedeutung des Art. 4 Rom II-VO für **deliktische Schädigungen im Zusammenhang mit Vertragsverhältnissen** auswirkt (→ Rn. 4 ff.). Sollten die Grundsätze dieser Entscheidung zum Zuständigkeitsrecht auf das IPR zu übertragen sein, hätte dies zur Folge, dass Art. 4 Rom II-VO für deliktische Ansprüche zwischen Parteien, die in vertraglicher Beziehung stehen, praktisch irrelevant wird. Denn dann wären selbst Ansprüche wie die aus § 823 BGB und § 826 BGB, die nach deutschem Verständnis eindeutig deliktsrechtlich zu qualifizieren sind, als Teil des Vertragsstatuts einzuordnen und kämen somit (nur dann, aber auch immer) zur Anwendung, wenn deutsches Recht nach der Rom I-VO auf den Mandatsvertrag anzuwenden ist[26].

2. Wettbewerbsrecht

27 Als spezielles Deliktsrecht ist das Wettbewerbsrecht ebenfalls in Kapitel II (Unerlaubte Handlungen) der Rom II-VO geregelt, wurde allerdings in Art. 6 mit eigenen Kolli-

23 BeckOK BGB/*Spickhoff* Rom II-VO Art. 4 Rn. 7.
24 MüKoBGB/*Junker* Rom II-VO Art. 14 Rn. 9.
25 EuGH Urt. v. 13.3.2014 – C-548/12, NZI 2014, 721 ff. – Brogsitter.
26 BeckOGK/*Rühl* Rom II-VO Art. 4 Rn. 39 f.

sionsregeln bedacht[27]. Dessen Abs. 1 und 2 regeln das Lauterkeitskollisionsrecht, Abs. 3 befasst sich mit dem – für die anwaltliche und steuerberaterliche Berufsausübung wohl irrelevanten – Kartellkollisionsrecht. Eine **Rechtswahl** ist gem. Art. 6 Abs. 4 Rom II-VO im Hinblick auf wettbewerbsrechtliche Sachverhalte **ausgeschlossen**.

Mit Blick auf das anwendbare Lauterkeitskollisionsrecht ist zu differenzieren zwischen „marktvermittelten" und „nicht marktvermittelten" Wettbewerbshandlungen[28]. **28**
Letztere kennzeichnen sich dadurch, dass sie ausschließlich die Interessen eines bestimmten Mitbewerbers beeinträchtigen (wie etwa die Verunglimpfung eines Mitbewerbers im Sinne von § 4 Nr. 2 UWG). Gem. Art. 6 Abs. 2 Rom II-VO ist in diesen Fällen die **allgemeine Deliktskollisionsnorm** des Art. 4 Rom II-VO anwendbar (→ Rn. 24).

Markvermittelte Wettbewerbshandlungen, also solche, die nicht nur die Interessen **29**
eines bestimmten Mitbewerbers beeinträchtigen, unterliegen der Regelung des Art. 6 Abs. 1 Rom II-VO. Demnach ist in diesen Fällen das Recht des Staates anzuwenden, in dessen Gebiet die Wettbewerbsbeziehungen oder die kollektiven Interessen der Verbraucher beeinträchtigt worden sind oder (in Bezug auf vorbeugende Unterlassungsansprüche) wahrscheinlich beeinträchtigt werden **(Marktortprinzip)**.

Im Hinblick auf Berufsträger dürfte das Internationale Wettbewerbsrecht vor allem **30**
eine Rolle spielen, soweit es um **grenzüberschreitende Werbung** geht. Anwendbar ist gem. Art. 6 Abs. 1 Rom II-VO das Recht des Staates, in dem die durch die Werbung übermittelte Information bestimmungsgemäß die angesprochenen Verkehrskreise erreicht[29]. Die wettbewerbsrechtliche Zulässigkeit der Radiowerbung eines deutschen Rechtsanwalts in einem spanischen Radiosender wäre also nach spanischem Wettbewerbsrecht zu beurteilen. Im Hinblick auf Werbung im TV und über Video-on-Demand-Dienste (etwa Youtube) ordnen die Art. 2 f. der AVMD-RL (EU) 2018/1808 zwar das Herkunftslandprinzip an (s.a. § 1 Abs. 3 ff. MedienStV). Da die Richtlinie jedoch die lauterkeitsrechtlichen Kernbereiche der irreführenden Werbung und der vergleichenden Werbung nicht koordiniert,[30] gilt auch insoweit die Regelung des Art. 6 Abs. 1 Rom I-VO.

Werbung im Internet bringt die Besonderheit mit sich, dass sie potentiell weltweit **31**
abrufbar ist und somit zahlreiche Märkte betreffen kann. Der werbende Berufsträger müsste sich also theoretisch an alle geltenden Wettbewerbsrechte der Welt halten. Um dieser weitgreifenden Konsequenz entgegenzuwirken, werden verschiedene Einschränkungskriterien diskutiert – wie etwa eine **Spürbarkeitsschwelle** oder ein **Finalitätserfordernis**[31]. Im Hinblick auf den europäischen Markt ist das durch die E-Commerce-Richtlinie 2000/31/EG vorgegebene **Herkunftslandprinzip** zu berücksichtigen. Das Herkunftslandprinzip statuiert zwar grundsätzlich – wie der EuGH klargestellt hat – keine kollisionsrechtlichen Vorgaben[32]. Es wirkt sich jedoch auf sachrechtlicher Ebene dahingehend aus, dass das durch die Rom II-VO berufene Recht eines Mitgliedstaates so auszulegen und ggf. zu modifizieren ist, dass es

---

27 Vgl. dazu ErwGr. 21 Rom II-VO: „Die Sonderregel nach Art. 6 stellt keine Ausnahme von der allgemeinen Regel nach Art. 4 Abs. 1 dar, sondern vielmehr eine Präzisierung derselben."

28 Dazu BeckOGK/*Poelzig/Windorfer* Rom II-VO Art. 6 Rn. 63.

29 Köhler/Bornkamm/Feddersen/*Köhler* Einleitung Rn. 5.19.

30 EuGH Urt. v. 9.7.1997 – C-34/95 u.a., GRUR Int. 1997, 913 ff. – De Agostini (zur Vorgängerrichtlinie); BeckOGK/*Poelzig/Windorfer* Rom II-VO Art. 6 Rn. 123.

31 Überblick bei BeckOGK/*Poelzig/Windorfer* Rom II-VO Art. 6 Rn. 130.

32 EuGH Urt. v. 25.10.2011 – C-509/09 u.a., GRUR 2012, 300 ff. – eDate Advertising.

keine strengeren Anforderungen an werbebezogene Inhalte in Internetauftritten stellt als das Recht des Staates, in dem der Werbende niedergelassen ist[33].

32 In Bezug auf verbraucherschützende Normen des Wettbewerbsrechts wird die Bedeutung des Kollisionsrechts und auch die des Herkunftslandprinzips durch die **UPG-Richtlinie 2005/29/EG** relativiert. Diese sorgt insoweit aufgrund ihres vollharmonisierenden Charakters für einen Gleichlauf der wettbewerbsrechtlichen Regelungen innerhalb der EU auf sachrechtlicher Ebene.

3. Culpa in contrahendo

33 Das anwendbare Recht im Hinblick auf Ansprüche, die auf einem Verschulden einer Partei bei den Vertragsverhandlungen beruhen, richtet sich nach Art. 12 Rom II-VO. Die Normierung in der Kollisionsnorm in der Rom II-VO zeigt, dass diese Ansprüche im Unionsrecht als **außervertragliche Ansprüche** zu qualifizieren sind. Aufgrund der Nähe zur (potentiellen) Vertragsbeziehung bestimmt Art. 12 Abs. 1 Rom II-VO jedoch eine akzessorische Anknüpfung an das Vertragsstatut. Das heißt, die Ansprüche aus Culpa in contrahendo richten sich nach dem Recht, das gemäß der Rom I-VO auf den Vertrag anwendbar ist bzw., falls der Vertrag nicht geschlossen wurde, nach dem Recht, das auf den Vertrag anwendbar wäre, wenn er geschlossen worden wäre. Für den Fall, dass sich bei nicht erfolgtem Vertragsschluss das potentiell anwendbare Recht nicht bestimmen lässt, sieht Art. 12 Abs. 2 Rom II-VO verschiedene Hilfsanknüpfungen vor. Im deutschen Berufsrecht findet sich etwa in § 44 S. 2 BRAO ein spezieller Anspruch, der an ein Verschulden des Rechtsanwalts bei den Vertragsverhandlungen, nämlich die nicht unverzügliche Anzeige der Ablehnung des Mandats, anknüpft.

4. Bereicherungsrecht

34 Das auf bereicherungsrechtliche Fragen anwendbare Recht bestimmt sich nach Art. 10 Rom II-VO. Art. 10 Abs. 1 Rom II-VO bestimmt zunächst, dass im Falle einer bereits zwischen den Parteien bestehenden Rechtsbeziehung das auf diese Rechtsbeziehung anwendbare Recht anzuwenden ist. Mit Blick auf Anwälte und Steuerberater dürfte diese Regel jedoch **weitgehend ohne Bedeutung** sein. Denn bereicherungsrechtliche Ansprüche, die aus der Nichtigkeit eines Vertrags bzw. einer vertraglichen Vereinbarungen resultieren, sind gem. Art. 12 lit. e Rom I-VO Teil des durch die Rom I-VO berufenen Vertragsrechts. Unterliegt also der Mandatsvertrag deutschem Recht und stellt sich heraus, dass eine getroffene Vergütungsvereinbarung nichtig ist und der Mandant deshalb zu viel Honorar gezahlt hat, beurteilen sich seine Rückgewähransprüche gem. Art. 12 lit. e Rom I-VO nach § 812 Abs. 1 S. 1 Var. 1 BGB. Sollte es tatsächlich zu einer berufsbezogenen ungerechtfertigten Vermögensverschiebung zwischen einem Berufsträger und einer anderen Person gekommen sein, ohne dass dies im Zusammenhang mit einem (unwirksamen) Vertrag steht, beurteilt sich das anwendbare Recht nach Art. 10 Abs. 2–4 Rom II-VO.

---

33 Köhler/Bornkamm/Feddersen/*Köhler* Einleitung Rn. 5, 27.

5. Geschäftsführung ohne Auftrag

Art. 11 Rom II-VO, der das auf die Geschäftsführung ohne Auftrag anwendbare Recht bestimmt, ist ähnlich strukturiert wie der Art. 10. Auch insoweit wird gem. Art. 11 Abs. 1 Rom II-VO vorrangig akzessorisch an eine bereits bestehende **Rechtsbeziehung zwischen den Parteien** angeknüpft und zudem ist insoweit Art. 12 lit. e Rom I-VO zu berücksichtigen, der Fälle, in denen der Berufsträger trotz unwirksamen Mandatsvertrags tätig wird, dem Vertragsrecht unterwirft. Relevant sein könnte Art. 11 Abs. 1 Rom II-VO indes bei längeren Mandatsverhältnissen, etwa wenn ein Steuerberater regelmäßig den Jahresabschluss für ein Unternehmen erstellt, für das aktuelle Jahr keinen ausdrücklichen Auftrag erhalten hat, aber dennoch tätig wird – etwa um ablaufende Fristen zu wahren. 35

III. Internationales Zuständigkeitsrecht

Will der Berufsträger einen Anspruch gegen einen im Ausland ansässigen Mandanten einklagen, stellt sich für ihn die Frage nach dem international zuständigen Gericht. Bezüglich der **Rechtsquellen** ist insoweit zu differenzieren zwischen Mandanten, die in einem anderen EU-Mitgliedstaat ansässig sind, Mandanten, die in einem Vertragsstaat des Luganer Übereinkommens (→ Rn. 39) ansässig sind, und Mandanten, die in einem Drittstaat ansässig sind. Sonderregelungen gelten zudem teilweise für Verbrauchermandanten. 36

Klagt der Anwalt oder Steuerberater gegen einen Mandanten, der in einem anderen EU-Mitgliedstaat ansässig bzw. wohnhaft[34] ist, beurteilt sich die internationale Zuständigkeit nach der **Brüssel Ia-VO** EU/1215/2012. Vorbehaltlich einer Gerichtsstandsvereinbarung (→ Rn. 42) sind gem. Art. 4 Abs. 1 Brüssel Ia-VO die Gerichte des Mitgliedstaats zuständig, in dem der Mandant ansässig bzw. wohnhaft ist. Daneben sieht Art. 7 Nr. 1 Brüssel Ia-VO den besonderen Gerichtsstand des Erfüllungsortes für Ansprüche aus Dienstleistungsverträgen vor. Der verordnungsautonom auszulegende Begriff der Dienstleistung ist weiter als der des deutschen Rechts und umfasst jede Art anwaltlicher bzw. steuerberaterlicher Tätigkeit[35]. Gem. Art. 7 Nr. 1 lit. b Brüssel Ia-VO ist ein einheitlicher Erfüllungsort für sämtliche Vertragsleistungen zu bestimmen[36], der an dem Ort liegt, an dem die Dienstleistung zu erfüllen ist. Da ein Großteil der anwaltlichen bzw. steuerberaterlichen Tätigkeit regelmäßig in der Kanzlei stattfindet[37], führt diese Regelung nicht selten faktisch zu einem Heimatgerichtsstand für den Berufsträger. 37

Besonderheiten gelten für **Verbrauchermandate** im Sinne der Art. 17 ff. Brüssel Ia-VO. Die Voraussetzungen für die Annahme eines Verbrauchermandates entsprechen denen des Art. 6 Abs. 1 Rom I-VO (→ Rn. 14 ff.). Liegt demnach ein Verbrauchermandat vor, finden besondere Gerichtsstände wie der des Art. 7 Nr. 1 lit. b Brüssel Ia-VO keine Anwendung. Der Verbraucher kann gem. Art. 18 Abs. 2 Brüssel Ia-VO ausschließlich in seinem Heimatstaat verklagt werden. Umgekehrt wird dem Verbraucher gem. Art. 18 Abs. 1 Brüssel Ia-VO die Möglichkeit eingeräumt, den Berufsträger entweder in dessen Heimatstaat gem. Art. 4 Brüssel Ia-VO zu verklagen oder in 38

---

34 Die Brüssel Ia-VO knüpft im Gegensatz etwa zu den Rom-VO.en bei natürlichen Personen nicht an den gewöhnlichen Aufenthalt, sondern an den Wohnsitz an.

35 *Mankowski* AnwBl. 2006, 806 ff.

36 EuGH Urt. v. 3.5.2007 – C-386/05, NJW 2007, 1799 (1800).

37 BGH Urt. v. 2.3.2006 – IX ZR 15/05, NJW 2006, 1806 (1808).

seinem eigenen Heimatstaat. Gerichtsstandsvereinbarungen mit Verbrauchern sind gem. Art. 19 Rom I-VO nur zulässig, wenn sie nach Entstehen der Streitigkeit getroffen werden oder dem Verbraucher einen zusätzlichen Gerichtsstand einräumen. Diese Regelungen gelten nur für Verbraucher, die in einem EU-Mitgliedstaat wohnhaft sind[38]. Für diese Fälle sind die Regelungen der Art. 17 ff. Brüssel Ia-VO abschließend und entfalten gegenüber etwaigen mitgliedstaatlichen Zuständigkeitsregelungen Sperrwirkung.

39 Ist der **Mandant in Norwegen, Island oder der Schweiz** ansässig, beurteilt sich die internationale Zuständigkeit des angerufenen Gerichts für Klagen gegen den Mandanten nach dem **Luganer Übereinkommen 2007 (LugÜ)**. Inhaltlich ergeben sich keine nennenswerten Abweichungen gegenüber den Regelungen der Brüssel Ia-VO. Der allgemeine Gerichtsstand ist in Art. 2 LugÜ geregelt, der besondere Gerichtsstand des Erfüllungsortes in Art. 5 Nr. 1 LugÜ und die besonderen Regelungen für Verbrauchersachen finden sich in den Art. 15 ff. LugÜ.

40 Die internationale Zuständigkeit für Klagen gegen Mandanten, die in Drittstaaten ansässig sind, beurteilt sich nach **autonomem Zuständigkeitsrecht**. Deutsche Gerichte wenden die Vorschriften der ZPO zur örtlichen Zuständigkeit an, welche die internationale Zuständigkeit implizit mitregeln. Insoweit spricht man von einer Doppelfunktionalität der Zuständigkeitsnormen[39].

41 **Klagen eines Mandanten** gegen einen in Deutschland ansässigen Berufsträger beurteilen sich stets nach der Brüssel Ia-VO. Eine solche Klage wird regelmäßig auf Schadensersatz gerichtet sein. Sofern sich der Schadensersatzanspruch auch aus deliktischen Anspruchsgrundlagen herleiten lässt, läge es nahe, dem Mandanten den besonderen Deliktsgerichtsstand des Art. 7 Nr. 2 Brüssel Ia-VO zu eröffnen. Das wäre insoweit komfortabel, dass der Mandant dann die Wahl hätte, am Ort der Vornahme der unerlaubten Handlung oder am Ort des Schadenseintritts zu klagen[40]. Allerdings hat der EuGH in der Brogsitter-Entscheidung[41] eine erhebliche Einschränkung des Anwendungsbereichs des deliktischen Gerichtsstandes vorgenommen. Demnach sind Schadensersatzansprüche, für deren Beurteilung die Auslegung einer Vertragsvereinbarung erforderlich ist, als vertragsrechtliche Ansprüche im Sinne des Art. 7 Nr. 1 Brüssel Ia-VO einzuordnen – unabhängig davon, wie die konkret geltend gemachte Anspruchsgrundlage nach dem anwendbaren Recht einzuordnen ist. Der Deliktsgerichtsstand scheidet in diesen Fällen aus.

42 Sämtliche genannten Rechtsquellen lassen eine **Gerichtsstandsvereinbarung** der Parteien zu (vgl. Art. 25 Brüssel Ia-VO, Art. 23 LugÜ, § 38 ZPO). Zulässigkeit und Wirksamkeit einer Gerichtsstandsvereinbarung zugunsten der Gerichte eines EU-Mitgliedstaates beurteilen die Gerichte der Mitgliedstaaten nach Art. 25 Brüssel Ia-VO; Gerichtsstandsvereinbarungen zugunsten der schweizerischen, norwegischen oder isländischen Gerichte, sind an Art. 23 LugÜ zu messen, sofern eine der Parteien ihren (Wohn-)Sitz in einem EU-Mitgliedstaat oder einem LugÜ-Vertragsstaat hat[42]. Werden die Gerichte der Schweiz, Norwegens oder Islands prorogiert, und keine der Parteien ist in der EU oder einem dieser Staaten wohnhaft bzw. ansässig,

38 Vgl. nur MüKo-ZPO/*Gottwald* Brüssel Ia–VO Art. 17 Rn. 20.

39 BGH Urt. v. 23.10.1979 – KZR 21/78, NJW 1980, 1224 ff.

40 EuGH Urt. v. 16.5.2013 – C-228/11, NJW 2013, 2099 ff.– Melzer.

41 EuGH Urt. v. 13.3.2014 – C-548/12, NZI 2014, 721 ff.

42 Insoweit unterscheiden sich die Regelungen des Art. 25 Brüssel Ia-VO und des Art. 23 LugÜ, da die Anwendbarkeit des Art. 25 Brüssel Ia-VO nicht voraussetzt, dass eine der Parteien ihren (Wohn-)Sitz in einem EU-Mitgliedstaat hat.

ist das jeweilige autonome Zuständigkeitsrecht des Gerichtsstaates anzuwenden. Gerichtsstandsvereinbarungen zugunsten drittstaatlicher Gerichte sind grundsätzlich ebenfalls an autonomem Zuständigkeitsrecht zu messen. Aus deutscher Sicht ist insoweit zu bedenken, dass Anwälte und Steuerberater keine Kaufleute im Sinne des § 38 Abs. 1 ZPO sind und deshalb eigentlich keine Gerichtsstandsvereinbarungen vor Entstehen einer Streitigkeit treffen können[43]. Hat jedoch eine der Parteien keinen allgemeinen Gerichtsstand in Deutschland, lässt § 38 Abs. 2 ZPO Gerichtsstandsvereinbarungen von Nichtkaufleuten vor Entstehen der Streitigkeit in eingeschränktem Umfang zu.

Die **internationale Zuständigkeit für Wettbewerbsstreitigkeiten** beurteilt sich, **43** wenn der Beklagte ein in Deutschland ansässiger bzw. wohnhafter Berufsträger ist, nach der Brüssel Ia-VO. Neben dem allgemeinen Gerichtsstand, der gem. Art. 4 Brüssel Ia-VO in Deutschland belegen ist, ist vor allem der besondere Gerichtsstand der unerlaubten Handlung gem. Art. 7 Nr. 2 Brüssel Ia-VO relevant. Der klagende Mitbewerber bzw. klagebefugte Wettbewerbsverband[44] kann dabei wahlweise am Ort der Vornahme der Wettbewerbshandlung oder am Ort des Erfolgseintritts klagen. Wie auch auf kollisionsrechtlicher Ebene (→ Rn. 27 ff.) ist insoweit zu berücksichtigen, dass Wettbewerbsverletzungen, die über das Internet erfolgen, potentiell zu einem weltweiten Gerichtsstand führen. Um diese Konsequenz einzuschränken und die Vorhersehbarkeit aus Beklagtenperspektive zu fördern, hat der EuGH folgende Einschränkungen entwickelt: An jedem Erfolgsort kann auf Unterlassung bzw. Schadensersatz geklagt werden, soweit es nur diesen Staat betrifft. Auf Unterlassung insgesamt bzw. Ersatz des gesamten entstandenen Schadens kann auf Grundlage des Art. 7 Nr. 2 Brüssel Ia VO nur am Mittelpunkt der Interessen des Klägers geklagt werden[45]. Dieser Interessenmittelpunkt liegt bei Unternehmen an dem Ort, an dem der wesentliche Teil der wirtschaftlichen Tätigkeit ausgeübt wird[46].

B. Internationales Berufsaufsichtsrecht

Hellwig Berufsrechtliche Fragen bei grenzüberschreitender Tätigkeit und Kooperation in Europa, BRAK-Mitt. 2009, 50 ff.; *Henssler* Anwaltliche Berufspflichten bei grenzüberschreitender Tätigkeit, NJW 2009, 1556 ff.; *Knöfel* Grundfragen der internationalen Berufsausübung von Rechtsanwälten, 2005; *Kohler* Rechtsfragen der grenzüberschreitenden Tätigkeit von Rechtsanwälten, 2010; *Remmertz* Der internationale Anwendungsbereich des RDG, BRAK-Mitt. 2016, 214 ff.; *Zuck* Internationales Anwaltsrecht, NJW 1987, 3033 ff.

Deutsches Berufsrecht bezieht sich grundsätzlich nur auf in Deutschland zugelas- **44** sene Berufsträger und Berufsausübungsgesellschaften mit Sitz in Deutschland. Für Berufsträger aus anderen EU- oder EWR-Staaten sowie der Schweiz gilt deutsches Berufsrecht nach Maßgabe spezieller Regelungen (§ 1, § 6, § 27 EuRAG; § 1, § 16, § 21 Abs. 2 EuPAG; § 3a Abs. 1 S. 3 StBerG), wenn sie sich in Deutschland niederlassen oder hierzulande (vorübergehend) dienstleistend tätig sind. Rechtsanwälte aus anderen Staaten unterliegen, soweit sie Mitglied einer Rechtsanwaltskammer geworden sind, insoweit Rechtsanwaltlichem Berufsrecht (§ 207 Abs. 3 BRAO). Entsprechendes gilt gem. § 207a Abs. 2 S. 1 BRAO für rechtsanwaltliche Berufsausübungsgesellschaften, die Zweigniederlassungen in Deutschland errichten.

43 Kritisch dazu *Kerstges* AnwBl. 2020, 542 ff.
44 Ob ein bestimmter Verband klagebefugt ist, ist keine Frage des Zuständigkeitsrechts, sondern des anwendbaren Wettbewerbsrechts (vgl. dazu MüKoBGB IntLautR/*Drexl* Rn. 212).
45 EuGH Urt. v. 17.10.2017 – C-194/16, NJW 2017, 3433 ff. – Bolagsupplysningen.
46 Köhler/Bornkamm/Feddersen/*Köhler* Einleitung Rn. 5.48.

45 Für die **grenzüberschreitende Berufsausübung der Rechtsanwälte in Europa** galten nach dem inzwischen aufgehobenen § 29 BORA die CCBE-Berufsregeln von 1988 in ihrer Fassung von 1998[47]. Für die Tätigkeit von Rechtsanwälten aus Staaten der EU in Deutschland gilt das Gesetz über Europäische Rechtsanwälte (EuRAG)[48]. Es setzt die Rechtsanwaltsdienstleistungsrichtlinie 77/249/EWG und die Rechtsanwaltsniederlassungsrichtlinie 98/5/EG in deutsches Recht um; Art. 17 Nrn. 4–6 der (allgemeinen) Dienstleistungsrichtlinie 2006/123/EG und Art. 2 Abs. 3 der Berufsqualifikationsanerkennungsrichtlinie 2005/36/EG nehmen Rechtsanwälte von ihrem jeweiligen Anwendungsbereich aus, soweit die zuvor genannten Richtlinien gelten[49].

46 Die Tätigkeit von Patentanwälten ist wegen der größeren Internationalität von Gewerblichen Schutzrechten stärker grenzüberschreitend und mit Blick auf das **europäische Patentrecht** stärker europäisiert als die der anderen Rechts- und Steuerberater. Gleichwohl bleibt für deutsche Patentanwälte beim Wirken im Ausland das deutschen Berufsrecht bindend (§ 24 Abs. 1 BOPA). Für Patentanwälte aus anderen EU-Mitgliedsstaaten gilt das „Gesetz über die Tätigkeit europäischer Patentanwälte in Deutschland" (EuPAG). Anders als die anderen rechts- und steuerberatenden Berufe gibt es den Patentanwalt in Gestalt des „Europäischen Patentvertreters" als eigenständige Berufsgruppe auf europäischer Ebene.

47 Bei **grenzüberschreitender Tätigkeit** haben **Steuerberater** nach § 21 BOStB weiterhin die Regelungen des StBerG und die BOStB zu beachten, wobei in § 21 Abs. 2 BOStB die Tätigkeiten genannt werden, welche die Voraussetzungen einer „Grenzüberschreitung" erfüllen.[50] Das Tätigwerden in Deutschland von anderen Personen aus den Mitgliedsstaaten der EU oder der Schweiz, die dort befugt sind, berufsmäßig Hilfeleistungen in Steuersachen zu erbringen[51], bestimmt sich nach § 3a StBerG, der die „Berufsanerkennungsrichtlinie" 2005/36/EG umsetzt[52].

48 Auch soweit deutsches Berufsrecht nicht für ausländische Berufsträger gilt, kann deren Verhalten hierzulande berufsrechtlich relevant sein. Dies gilt insbesondere, wenn sich deutsche mit ausländischen Berufsträgern in einer **Berufsausübungsgemeinschaft** zusammengeschlossen haben (§ 59c Abs. 1 Nrn. 2 u. 3 BRAO; § 52c Abs. 1 Nrn. 2 u. 3 PAO; § 50 Abs. 1 Nr. 2 und 3 StBerG). So kann die berufliche Vorbefassung eines ausländischen Berufsträgers Anknüpfungspunkt für einen Interessenwiderstreit sein.

49 Im Anwaltlichen Berufsrecht finden sich seit Aufhebung des § 29 BORA a.F. **keine geschriebenen Rechtsanwendungsregeln** mehr. Die BOStB enthält in § 21 Abs. 1 eine Regelung, die sich jedoch auf die Aussage beschränkt, dass das StBerG und die BOStB auch bei grenzüberschreitenden Tätigkeiten grundsätzlich zu beachten sind. Auch im Schrifttum sind bislang nur vereinzelt Versuche unternommen worden, den internationalen Anwendungsbereich deutscher Berufsrechtsnormen zu bestim-

47 BRAK-Mitt. 2001, S. 177; Anlage zu § 29 BORA; kritisch zur statischen Fassung *Hellwig* AnwBl. 2011, 713 ff.

48 BGBl. 2000 I 182, 1349, zul. geänd. d. Art. 24 d. G. v. 5.10.2021 (BGBl. I 4607).

49 Ausführlich zu Anwendungsbereich und zum Verhältnis der verschiedenen Richtlinien Schulze/Kadelbach/Janssen/*v. Lewinski* EuropaR-HdB § 28 Rn. 46 ff.; s.a. *Kühling/Müller* BRAK-Mitt. 2008, 5 ff.

50 Strenggenommen kann die Regelung des § 21 BOStB nur klarstellender Natur sein, da sie als untergesetzliche Norm den Anwendungsbereich des StBerG nicht erweitern kann.

51 Ausführlich zu den zur Steuerberatung befugten Berufsgruppen in anderen Mitgliedsstaaten und den jeweiligen berufsrechtlichen Regelungen *v. Lewinski*, in Deutsches wissenschaftliches Institut der Steuerberater e.V. (Hrsg.), Stellung und Zukunft der freien Berufe in Europa, 2015, S. 75 ff.

52 *Koslowski* StBerG § 3a, Rn. 1; Kuhls/*Riddermann* StBerG § 3a Rn. 1.

men.[53] An einer systematisch kohärenten Lösung, der es aufgrund der zunehmenden Internationalisierung der Anwaltschaft dringend bedürfte, fehlt es nach wie vor.

Praxishinweis: 50

Zum jetzigen Stand muss man sich daher mit folgenden **Faustregeln**[54] behelfen: Wendet sich ein deutscher Mandant in einer Frage des ausländischen Rechts an einen ausländischen Anwalt oder Steuerberater im Ausland, dann ist deutsches Berufsrecht nicht anwendbar. Wendet sich ein deutscher Mandant in einer Frage des deutschen Rechts an einen deutschen Anwalt oder Steuerberater im Ausland, dann ist (neben möglicherweise ausländischem Recht) deutsches Berufsrecht zu beachten[55] (ausdr. § 24 Abs. 2 BOPA). Dies gilt erst recht, wenn die Niederlassung eines Anwalts oder Steuerberaters außerhalb Deutschlands nur zur Umgehung deutschen Berufsrechts gewählt wurde, insbesondere wenn sich die Tätigkeit im Ausland hauptsächlich auf Deutschland richtet. Ein Indiz hierfür ist beispielsweise ein deutschsprachiger Internetauftritt[56]. Für den Fall, dass Berufsträger und Mandant in ihrem jeweiligen Staat bleiben und über Telefon, E-Mail oder Post kommunizieren, kommt es auf die Umstände des Einzelfalls an. Für transnational arbeitende Berufsträger haben sich noch keine einheitlichen und eindeutigen Regeln herausgebildet[57].

51 Für die **Zulassung** in Deutschland gilt ausschließlich deutsches Recht, das allerdings für EU-Ausländer unionsrechtlich vorgeformt ist (→ Kap. 15 Rn. 58 ff., zu Nicht-EU-Ausländern → Kap. Rn. 67 ff.).

C. Internationales Gesellschaftsrecht

Kerstges Brexit, Auslandsgesellschaften und die BRAO-Reform, AnwBl. Online 2021, 116 ff.

52 Anhand des Internationalen Gesellschaftsrechts bestimmt sich, wessen Staates Gesellschaftsrecht eine Gesellschaft unterliegt. Der so ermittelten Rechtsordnung sind insbesondere die Regelungen über das Verhältnis der Gesellschafter untereinander und über die Haftung der Gesellschafter für Verbindlichkeiten der Gesellschaft im Außenverhältnis zu entnehmen. Das deutsche Internationale Gesellschaftsrecht ist nicht kodifiziert und besteht daher aus **richter- und gewohnheitsrechtlichen Regelungen**.

53 Deutsche Gerichte wenden bei der Bestimmung des anwendbaren Gesellschaftsrechts grundsätzlich die sogenannte **Sitztheorie** an. Demnach unterliegt eine Gesellschaft dem Recht des Staates, in dem sich der faktische Mittelpunkt ihrer Geschäftsleitung (der Verwaltungssitz) befindet. Im Ausland gegründeten Gesellschaften, die ihren Verwaltungssitz nach Deutschland verlegen, droht deshalb eine Umqualifizierung der Gesellschaftsform, die insbesondere haftungsrechtliche Nachteile mit sich bringen kann[58].

---

53 *Knöfel* Grundfragen der internationalen Berufsausübung von Rechtsanwälten, 2005, S. 435 ff.

54 Vgl. *Zuck* NJW 1987, 3033 (3035 f.).

55 AnwGH Hamburg Beschl. v. 3.12.2009 – III AnwG 9/08, BRAK-Mitt. 2010, 142 (143); vgl. BGH Urt. v. 5.10.2006 – I ZR 7/04, NJW 2007, 596 (597 ff.) – Schulden Hulp; gegen eine Anwendbarkeit des deutschen Berufsrechts *Henssler* NJW 2009, 1556 (1558).

56 Bei Internetwerbung gilt das Herkunftslandprinzip, so dass es auf den Sitz des Anwalts ankommt (öOGH, MMR 2007, S. 360, 360 f.).

57 *Knöfel*, Grundfragen der internationalen Berufsausübung von Rechtsanwälten, 2005, S. 126 f.

58 Dazu im berufsrechtlichen Kontext *Kerstges* AnwBl. Online 2021, 116 (118).

54 Für Gesellschaften, die in einem anderen EU- oder einem EWR-Staat gegründet wurden, gilt jedoch etwas anderes. Der EuGH hat entschieden, dass die Anwendung der Sitztheorie in diesen Fällen gegen die Niederlassungsfreiheit verstößt[59]. Innerhalb des Binnenmarktes wird das anwendbare Gesellschaftsrecht deshalb nach der sog. **Gründungstheorie** bestimmt. Es wird also das Gesellschaftsrecht des Staates angewandt, in dem die Gesellschaft gegründet wurde – gleich, wo sich der tatsächliche Geschäftsmittelpunkt befindet, und gleich, ob die Gründung nur zu dem Zweck in einem anderen EU- oder EWR-Staat erfolgt ist, um die Regelungen des inländischen Gesellschaftsrechts zu umgehen. Entsprechendes gilt aufgrund des deutsch-amerikanischen Freundschaftsvertrages[60] für in den USA gegründete Gesellschaften.

55 Seitdem der **Brexit** vollzogen ist, profitieren im Vereinigten Königreich gegründete Gesellschaften nicht mehr von der Niederlassungsfreiheit. Da auch der Brexit-Deal, den EU und das UK abgeschlossen haben, keine Regelungen zum Internationalen Gesellschaftsrecht enthält, werden deutsche Gerichte insoweit fortan wieder die Sitztheorie anwenden. Berufsausübungsgesellschaften mit Geschäftsmittelpunkt in Deutschland steht daher die aus haftungsrechtlichen Gründen recht attraktive englische LLP nicht mehr zur Verfügung[61].

D. Internationales Strafrecht

56 Das deutsche Internationale Strafrecht (oder auch: Strafrechtsanwendungsrecht) ist im allgemeinen in den §§ 3 ff. StGB geregelt. Gem. § 3 StGB findet das deutsche Strafrecht jedenfalls auf alle Taten Anwendung, die im Inland begangen werden (**Territorialitätsprinzip**). § 9 StGB stellt insoweit klar, dass dies immer dann der Fall ist, wenn entweder die Vornahme der Tathandlung oder der Eintritt des Taterfolges auf deutschem Staatsgebiet zu verorten ist (**Ubiquitätsprinzip**). Dem Inland gleichgestellt gem. § 4 StGB sind Schiffe und Luftfahrzeuge, die berechtigt sind, die Bundesflagge oder das Staatszugehörigkeitszeichen der Bundesrepublik Deutschland zu führen.

Beispiel:

Offenbart ein in Deutschland zugelassener Rechtsanwalt ein ihm anvertrautes fremdes Geheimnis (§ 203 Abs. 1 Nr. 3 StGB) während eines Skiurlaubes in Kitzbühel seinem Liftgenossen, findet das deutsche Strafrecht nicht (schon) gem. § 3 StGB Anwendung.

57 Für im Ausland begangene Taten gilt das deutsche Strafrecht gem. § 7 StGB wenn der Täter oder das Opfer die deutsche Staatsangehörigkeit besitzt und die Tat auch am Tatort mit Strafe bedroht ist oder der Tatort keiner Strafgewalt unterliegt (**Personalprinzip**).

58 Regelungen, die jedenfalls zum Internationalen Strafrecht im weiteren Sinne zählen, finden sich in § 42 EuRAG, § 29 EuPAG, § 207 Abs. 4 BRAO und § 158 Abs. 4 PAO. Diese Vorschriften stellen klar, dass europäische Rechts- und Patentanwälte im Hinblick auf bestimmte Strafnormen mit speziellem **Täterkreis** (wie etwa § 203 StGB) deutschen Rechts- und Patentanwälten gleichstehen.

59 EuGH Urt. v. 9.3.1999 – C-212-97, NJW 1999, 2027; EuGH Urt. v. 5.11.2002 –C-208/00, NJW 2002, 3614; EuGH Urt. v. 30.9.2003 –C-167/01, NJW 2003, 3331.

60 Freundschafts-, Handels- und Schifffahrtsvertrag zwischen der Bundesrepublik Deutschland und den Vereinigten Staaten von Amerika vom 29.10.1954 (BGBl. 1956 II 487).

61 Ausführlich dazu *Kerstges* AnwBl. Online 2021, 116 (118 ff.).

Kapitel 17: Andere rechts- und steuerberatende Berufe (Überblick)

Karl Recht der juristischen Berufe, 1972; *Nelte* Das Berufsbild des Rechtsanwalts als Auslegungshilfe für den Rechtsbesorgungsbegriff des Art. 1 § 1 S. 1 RBerG und seine Positionierung im RDG-Ref.E, 2007.

1 Die Beratung und Vertretung in Rechtsangelegenheiten und die Hilfeleistung in Steuersachen sind nicht den Rechtsanwälten, Patentanwälten und Steuerberatern allein überlassen. Mit dem Mitte 2008 in Kraft getretenen RDG sind die **Möglichkeiten für Nichtanwälte** gewachsen, im Rahmen ihrer Geschäftstätigkeit Rechtsdienstleistungen zu erbringen[1]. Auch der teilweise Zugang zum Rechtsberatungsmarkt für alle Volljuristen durch das RDG gibt Forderungen nach einer Beschränkung immer wieder Nahrung. Dabei ist die Rede von der Juristenschwemme fast so alt, wie es Rechtsanwälte gibt[2]. Für Patentanwälte besteht dagegen eher das Problem fehlender Sichtbarkeit wegen zu geringer Zahl von Berufsträgern[3]. Steuerberater dagegen scheinen – vielleicht aufgrund der anspruchsvollen Steuerberaterprüfung und der Ubiquität steuerrechtlicher Fragen – weniger durch andere Berufsträger unter Druck zu stehen als durch Maschinen (→ Rn. 61 ff.).

2 Auch die **Standardisierung und Trivialisierung von Rechts- und Steuerdienstleistungen** wird teilweise als Problem wahrgenommen. Einfache Rechtsdienstleistungen, die kaum eine Beratungskomponente enthalten (Vertragsmuster, Musterschreiben), gewinnen an Relevanz. In Anlehnung an das Apothekengeschäft wird hier von OTC-Rechtsrat gesprochen (OTC = Over the Counter). Für den Rechtsanwalt wird eine Zukunft als „Rechtskaufmann" vorhergesagt[4].

3 Nichtberufsträger unterliegen zwar nicht anwaltlichem bzw. steuerberaterlichem Berufsrecht, jedoch **anderen rechtlichen Schranken**, sowohl hinsichtlich der Zulassung als auch der Berufsausübung. Zudem kann, so wird vertreten[5], eine Berufsgruppe und damit auch ihr Berufsrecht erst unter Einbezug benachbarter Berufsgruppen vollständig erfasst werden.

A. Rechtsdienstleistung durch Nicht-Berufsträger nach dem RDG

Albrecht Rechtsberatung und Verfassungsrecht, 2011; *Hamacher* Neuregelung des Rechtsberatungsrechts, AnwBl. 2005, 378 ff.; *Prütting* Rechtsberatung zwischen Deregulierung und Verbraucherschutz, Gutachten G für den 65. DJT, 2004.

1 Wegen der fehlenden Berufsrechtsbindung wird hierin vereinzelt eine gleichheitswidrige Benachteiligung der Anwaltschaft gesehen (*G'Giorgis*, Die Liberalisierung des Anwaltsberufs, 2014, S. 188 ff.).

2 Zum 19. und 20. Jahrhundert *Kolbeck*, Juristenschwemmen, 1978, und *Ostler*, Die deutschen Rechtsanwälte, 1871–1971, 1. Aufl. 1971, S. 60, 207; aktuell etwa *Westpfal* in FS A. Krämer, 2009, S. 149 (160), u. *Peitscher*, Anwaltsrecht, 3. Aufl. 2021, Rn. 167.

3 *Weyrich/Hies* MittdtschPatAnw 2010, 2 (2 ff.).

4 *Jahn* in F.A.Z. v. 27.2.2016, S. 17.

5 Dazu grundlegend *Abbott*, The System of Professions, 1988.

4 Rechtsdienstleistungen waren in Deutschland lange Zeit bei bestimmten Berufsgruppen monopolisiert[6]. Bewirkt hatte dies das **Rechtsberatungsgesetz (RBerG)**. Seit Ende der Neunziger Jahre ist es wegen der Einschränkung der Berufsfreiheit restriktiv ausgelegt worden[7]. 2008 wurde es durch das Rechtsdienstleistungsgesetz (RDG) abgelöst. Nachdem unter dem Regime des RDG eine gewisse Heterogenisierung des Rechtsdienstleistungsmarktes erkennbar wurde, stellten sich Herausforderungen hinsichtlich der Kohärenz zum Anwaltlichen Berufsrecht. Um insoweit einem Gefälle in der Regelungsdichte und somit Wettbewerbsnachteilen für Rechtsanwälte vorzubeugen, aber auch aus Verbraucherschutzgesichtspunkten wurde das RDG 2021 punktuell angepasst und ergänzt.

I. Unentgeltliche Rechtsdienstleistung

5 Während das RBerG die gesamte „geschäftsmäßige", also auf Wiederholung hin ausgerichtete Rechtsbesorgung reglementiert hatte, erlaubt § 6 Abs. 1 RDG **unentgeltliche Rechtsdienstleistungen im familiären und privaten Umfeld** allgemein. Außerhalb des persönlichen Nähebereichs dürfen unentgeltliche Rechtsdienstleistungen aber nur durch Volljuristen[8] oder unter deren Anleitung erbracht werden (§ 6 Abs. 2 RDG). Hierunter fallen etwa sogenannte „Law Clinics", auch „Legal Clinics" genannt, im Rahmen der Juristenausbildung (→ Rn. 57 ff.). Zudem dürfen **vor den unteren Gerichten Angehörige und Volljuristen[9] unentgeltlich vertreten** (§ 79 Abs. 2 S. 1 Nr. 2 ZPO, § 67 Abs. 2 S. 2 Nr. 2 VwGO, § 11 Abs. 2 S. 1 Nr. 2 ArbGG, § 73 Abs. 2 S. 2 Nr. 2 SGG, § 62 Abs. 2 S. 2 Nr. 2 FGO)[10], im Strafprozess gelten mit § 138 Abs. 2 StPO spezielle Regeln für die **Laienverteidigung**.

II. Annextätigkeit. Beratung von Rechtsberatern

J.-H. Schmidt Grenzen zulässiger Rechtsberatung durch den WEG-Verwalter, 2012.

6 Da immer mehr Lebensbereiche rechtlich durchdrungen sind, ist jede Beratung mehr oder weniger immer auch Rechtsberatung. Damit nicht jeder Berater eine Registrierung nach dem RDG oder gar eine Rechtsanwaltszulassung braucht, sind bestimmte, im **Zusammenhang mit wirtschaftlichen Tätigkeiten stehende Rechtsdienstleistungen** vom Erlaubniszwang ausgenommen (§ 5 RDG). So ist z.B. die Testamentsvollstreckung (→ Rn. 48 ff.) nicht bei Rechtsanwälten monopolisiert[11]. Ein Paradebeispiel sind die Architekten, die Rechtsdienstleistungen erbringen müssen, da bei Nicht- oder Falschberatung über baurechtliche Normen Schadensersatzansprüche drohen[12]. Aber auch Patentanwälte und Steuerberater können sich auf die Annexrechtsberatungsprivilegierung des § 5 RDG berufen, wenn es anlässlich der

6 Anders aber z.B. in Frankreich, wo die Befugnis zur Rechtsberatung abhängig von der Qualifikation, der Maîtrise, ist, nicht vom Beruf.

7 Ausgehend von BVerfG Beschl. v. 29.10.1997 – 1 BvR 780-87, BVerfGE 97, 12 ff. – Masterpat; Einzelheiten bei *Weber*, Die Ordnung der Rechtsberatung in Deutschland nach 1945, 2010, S. 228–257.

8 HK-RDG/*Schmidt* RDG § 6 Rn. 39–41.

9 So auch noch zum RBerG OVG Lüneburg Urt. v. 8.12.2005 – 8 LB 119/03, NVwZ-RR 2006, 361 (363 f.).

10 Überblick bei *Otting*, Rechtsdienstleistungen, 2008, S. 55–62.

11 BGH Urt. v. 11.11.2004 – I ZR 213/01, WM 2005, 412 (414); BGH Urt. v. 11.11.2004 – I ZR 182/02, WM 2005, 436 (438).

12 BGH Urt. v. 10.11.1977 – VII ZR 321/75, BGHZ 70, 12 (14 f.); BGH Urt. v. 7.12.2006 – VII ZR 290/04, NJW 2007, 842 (843); zur nun geltenden Rechtslage *Langen* AnwBl. 2009, 436 ff.; *Locher/Koeble/Frik* Einl. Rn. 205 ff.

rechtlichen Beratung im Gewerblichen Rechtsschutz oder bei der Steuerberatung um damit zusammenhängenden Fragen im sonstigen Recht geht.

Vom Schutzzweck des RDG schon gar nicht erfasst und deshalb ebenfalls möglich ist die **Rechtsberatung von Rechtsberatern** durch Nichtanwälte, etwa durch Kenner eines ausländischen Rechts oder auf einem anderen Spezialgebiet[13], insbesondere etwa auch durch Rechtslehrer. Nicht erlaubt ist dagegen die Rechtsberatung eines Nichtberufsträgers durch einen Nichtanwalt, selbst wenn der Nichtanwalt die Hilfe eines Anwalts in Anspruch nimmt[14], wohl aber die Beratung des Anwalts ausschließlich und unmittelbar. 7

Ein Grenzfall ist die **gemeinsame Rechtsberatung durch einen Anwalt und einen Nichtanwalt**, wie sie etwa im Bereich der Mediation in Form der Ko-Mediation (→ Rn. 42 f.) propagiert wird. Hier ist ebenfalls entscheidend auf den Schutzzweck des RDG abzustellen. Es kommt also darauf an, ob die Interessen des Beratenen und Vertretenen im Hinblick auf den fachlichen Standard, die Berufsaufsicht, die Verschwiegenheit und die Sicherung eines eventuellen Haftungsanspruchs unter Berücksichtigung seiner Privatautonomie gewahrt sind. 8

III. Registrierung nach RDG

Kleine-Cosack Restriktive Auslegung des Rechtsberatungsgesetzes – Abwägungsgebot als oberstes Auslegungsprinzip, NJW 2003, 3009 ff.

Rechtsdienstleistungen im Zusammenhang mit **Inkasso** (→ Rn. 15 ff.) oder **ausländischem Recht** sowie **Rentenberatung und Rechtsbesorgung** sind nach einer Registrierung zulässig (§ 10 Abs. 1 RDG). Voraussetzung für Nicht-Anwälte ist nicht die „Befähigung zum Richteramt", sondern „persönliche Eignung und Zuverlässigkeit" sowie „theoretische und praktische Sachkunde" (§ 12 Abs. 1 Nrn. 1 u. 2 RDG). 9

Die **Eintragung in das Rechtsdienstleistungsregister** nach RDG wird nur für bestimmte Rechtsgebiete erteilt. Insbesondere kann einem Ausländer als „Rechtskundigem in einem ausländischen Recht" (vgl. § 10 Abs. 1 Nr. 3 RDG) Rechtsdienstleistung gestattet werden, wenn er nicht den Weg über § 206 BRAO gehen kann oder will (→ Kap. 15 Rn. 67). 10

Die Registrierung kann nach § 14 RDG unter bestimmten Voraussetzungen **widerrufen** werden. Die **Rücknahme** einer rechtswidrig erteilten Registrierung richtet sich nach §/Art. 48 VwVfG. 11

IV. „Berufsrecht" der RDG-Rechtsdienstleister

Ein Berufsrecht der nichtanwaltlichen Rechtsdienstleister ist **nicht** im Sinne eines gesamthaften Regelwerkes **kodifiziert**. Das RDG verzichtete lange Zeit sogar fast vollständig auf spezielle Bestimmungen und begnügte sich mit einem generalklauselhaften Tätigkeitsverbot bei Unvereinbarkeit mit einer anderen Tätigkeit (§ 4 RDG)[15]. Im Zuge der Reform des anwaltlichen und steuerberaterlichen Berufsrechts 2021 wurden auch spezielle Berufspflichten für RDG-Rechtsdienstleister in 12

13 Anders aber LG Hamburg Urt. v. 18.3.2015 – 315 O 82/15, AnwBl. 2015, 628.

14 BGH Urt. v. 29.7.2009 – I ZR 166/06, NJW 2009, 3242 (3244); dagegen *Kleine-Cosack* NJW 2010, 1553 (1554).

15 Ewas detaillierter noch § 1 Abs. 1 S. 1 der 2. AVO zum RBerG.

den §§ 13b–13g RDG normiert. Dort finden sich nun u.a. Bestimmungen zu Darlegungs- und Informationspflichten (§ 13b RDG), zu Vergütungsvereinbarungen mit den Auftraggebern (§ 13c RDG) und zum Umgang mit Fremdgeldern (§ 13g RDG).

13 Hinsichtlich der anzuwendenden Sorgfalt und der daraus folgenden **Haftung**[16] gelten dieselben Maßstäbe wie bei Rechtsanwälten und den anderen Berufsträgern (→ Kap. 9 Rn. 8 f.)[17]. Die **Vergütung** entspricht nach § 4 EGRDG der des RVG, ist also im praktisch bedeutsamsten außergerichtlichen Bereich Verhandlungssache zwischen Rechtsdienstleister und Mandant.

14 So wie die Bezeichnungen „Rechtsanwalt", „Patentanwalt" und „Steuerberater" für die jeweiligen Berufsträger (vgl. § 132a Abs. 1 Nr. 2 StGB) ist das Führen der **Bezeichnung „Rechtsbeistand"** für Rechtsberater monopolisiert (§ 6 EGRDG; vgl. auch § 11 Abs. 4 RDG), so dass von Nicht-Rechtsbeiständen z.B. eine Internetadresse „www.rechtsbeistand.info" nicht verwendet werden darf[18]. Der Begriff „Kanzlei" kann dagegen auch von nichtanwaltlichen Rechtsberatern verwendet werden, wenn klargestellt ist, dass es sich nicht um die Kanzlei eines Rechtsanwalts handelt[19]. Anders als Berufsträgern (→ Kap. 13 Rn. 49 ff.) ist es Rechtsdienstleistern nach RDG nicht verwehrt, **Einzelfallwerbung** zu treiben[20].

V. Moderne Inkassodienstleister

Henssler Prozessfinanzierende Inkassodienstleister – Befreit von den Schranken des anwaltlichen Berufsrechts?, NJW 2019, 545 ff.; *Römermann/Günther* Legal Tech als berufsrechtliche Herausforderung – Zulässige Rechtsdurchsetzung mit Prozessfinanzierung und Erfolgshonorar, NJW 2019, 551 ff.

15 Der in den letzten Jahren am prominentesten in Erscheinung getretene Typ des RDG-Rechtsdienstleister ist der des Inkassodienstleisters. Inkassodienstleister betreiben nach tradierter Vorstellung Forderungsmanagement für Unternehmen, vor allem Forderungsdurchsetzung gegenüber Verbraucherkunden. Im Zusammenhang mit der Mietpreisbremse, Entschädigungen für Flugverspätungen und „Diesel-Gate" sind nun neuartige Geschäftsmodelle entstanden, die häufig unter den Begriff der modernen Inkassodienstleister gefasst werden. Diese modernen Inkassodienstleister lassen sich die **Forderungen von vielen Schuldnern** (in der Regel sind dies Verbraucher) gegen einen oder wenige Gläubiger zur Einziehung abtreten und klagen diese auf eigene Kosten ein. Für den Zedenten entsteht damit kein Kostenrisiko. Der Inkassodienstleister lässt sich für den Erfolgsfall einen Teil der erstrittenen Summe als Honorar versprechen. Gewählt wird diese Konstruktion offensichtlich, um die rechtlichen Beschränkungen für rechtsanwaltliche Erfolgshonorare zu umgehen.

16 Die Zulässigkeit dieser Tätigkeit war in zweierlei Hinsicht **rechtlich umstritten**: Erstens wurde in Zweifel gezogen, ob die Inkassobefugnis nach § 10 Abs. 1 S. 1 Nr. 1 RDG so weitreichend ist, dass sie auch die Durchsetzung strittiger bzw. (im Falle der Mietpreisbremse) noch nicht entstandener Forderungen umfasst[21]. Zweitens wurde

16 Dazu *Sadighi*, Haftung von Nichtanwälten, 2015.

17 Fahrendorf/Mennemeyer/*Fahrendorf* RA Haftung-HdB Rn. 763.

18 Anders LG Berlin Urt. v. 18.6.2003 – 97 O 80/03, CR 2003, 771 ff. (noch nicht zum RDG).

19 OLG Hamm Urt. v. 22.2.2007 – 4 U 153/06, NJW 2007, 2191 (2192) – Wirtschaftsjuristenkanzlei; strenger wohl LG Koblenz Urt. v. 6.3.2012 – 4 HK O 89/11, 4 HKO 89/11, BRAK-Mitt. 2012, 139 (140) – Fachkanzlei.

20 BGH Urt. v. 1.6.2006 – I ZR 143/03, NJW 2006, 3568 (3568) (für Erbensucher).

21 *Henssler* NJW 2019, 545 (546); a.A. *Römermann/Günther* NJW 2019, 551 (552 f.).

diskutiert, ob ein Verstoß gegen § 4 RDG vorliegt, wenn der Inkassodienstleister gegenüber dem Zedenten zugleich als Prozessfinanzierer auftritt[22]. Mit dem LexFox-Urteil hat der BGH zunächst grundsätzlich, wenn auch noch nicht in allen Details endgültig, **zugunsten der Inkassodienstleister** entschieden[23].

Nach dem der Rechtsdienstleistungsmarkt für moderne Inkassodienstleister damit weitgehend geöffnet war, sah der Gesetzgeber Nachbesserungsbedarf im RDG. Zum einen wurden zusätzliche **Informations- und Dokumentationspflichten** (→ Rn. 12) normiert. Außerdem wurde das anwaltliche Erfolgshonorarverbot (→ Kap. 8 Rn. 11 ff.) gelockert, um insoweit die wettbewerbsrechtlichen Bedingungen zwischen Inkassodienstleistern und Rechtsanwälten anzugleichen[24]. 17

B. Hilfeleistung in Steuersachen durch Nicht-Berufsträger

Die Steuerberatung ist neben den Steuerberatern (und Steuerbevollmächtigten) umfänglich nur noch den **Rechtsanwälten** und den **Wirtschaftsprüfern** (→ Rn. 22 ff.) gestattet (§ 3 StBerG). **Patentanwälte** sind, wie **Notare** und **Treuhänder** (→ Rn. 46 ff.), im Rahmen ihrer eigentlichen Tätigkeit zur Hilfeleistung in Steuersachen nach § 4 StBerG eingeschränkt befugt, nämlich begrenzt auf die unmittelbar mit ihrer eigentlichen Tätigkeit zusammenhängenden Steuerfragen. Weitgehend ungeklärt ist bislang die rechtliche Zulässigkeit sog. „Tax Law Clinics" (→ Rn. 59). 18

C. Notare

Bohrer Das Berufsrecht für Notare, 1991; *Haeder* Die Neuordnung des Zugangs zum Anwaltsnotariat in Deutschland, 2009; *Haug/St. Zimmermann/Chr. Zimmermann* Die Amtshaftung des Notars, 4. Aufl. 2018; *Rohs/Heinemann* Die Geschäftsführung der Notare, 11. Aufl. 2002.

Der Notar übt zugleich einen **Freien Beruf und eine hoheitliche Tätigkeit** (Amt) aus[25]. Er ist im Unterschied zu Anwalt und Steuerberater nicht parteilicher Interessenvertreter[26] (→ Kap. Rn. 30 ff.), sondern übt „vorsorgende Rechtspflege" aus, vermeidet also zukünftige Konflikte zwischen seinen Mandanten. Daneben sind dem Notar einige Tätigkeiten ausdrücklich zugewiesen, u.a. Beurkundungen, Beglaubigungen und sonstige Bescheinigungen (§§ 20, 21 BNotO), die Abnahme von Eiden und die Aufnahme von eidesstattlichen Versicherungen (§ 22 BNotO) sowie die notarielle Verwahrung von Wertgegenständen (§ 23 BNotO). 19

Notare unterliegen mit der **Bundesnotarordnung (BNotO)** einer eigenen Berufsordnung. Sie ähnelt in manchem BRAO, PAO und StBerG, unterscheidet sich von diesen aber grundsätzlich dadurch, dass Notare ein öffentliches Amt ausüben (§ 1 BNotO) und dass sie *un*parteilicher Interessenvertreter *aller Beteiligten* zu sein haben. Es besteht zwischen Notar und Mandant auch kein privatrechtlicher Vertrag sondern ein öffentlichrechtliches Verhältnis[27]. Die **Haftung** der Notare ist in § 19 BNotO geregelt; die **Kosten** für die notarielle Tätigkeit richten sich nach dem 20

22 *v. Lewinski/Kerstges* ZZP 2019, 117 ff.; a.A. *Römermann/Günther* NJW 2019, 551 (553 ff.).
23 BGH Urt. v. 27.11.2019 – VIII ZR 285/18, NJW 2020, 208 ff.
24 So explizit die Begründung des Gesetzesentwurfes (BT-Drs. 19/27673, 13).
25 Dazu *Grziwotz* DVBl. 2008, 1159 ff.
26 Vgl. BGH Urt. v. 3.7.1986 – IX ZR 51/85, DNotZ 1987, 157 (159).
27 BGH, Urt. v. 8.2.1990 – IX ZR 63/89, NJW-RR 1990, 629 (630).

GNotKG. **Werbung** ist Notaren weitgehend untersagt[28]. Notare dürfen sich als Notar **nur mit einem anderen Notar zusammenschließen** (§ 9 BNotO), als Anwaltsnotar dürfen sie sich als Anwalt mit anderen Rechtsanwälten nach § 59 BRAO verbinden.

21 Die Zulassung als Notar ist **in verschiedenen Teilen Deutschlands unterschiedlich** geregelt (Nur-Notariat, Anwaltsnotariat nach § 3 Abs. 2 BNotO, früher auch Beamtennotariat[29]). Ein Anwaltsnotar übt zwei Berufe in einer Person aus, den eines Notars und den eines Rechtsanwalts. Die jeweiligen Tätigkeiten sind strikt zu trennen[30].

D. Wirtschaftsprüfer

Koch Die öffentlich-rechtliche Stellung des Wirtschaftsprüfers im internationalen Kontext, Der Konzern 2005, 723 ff.; *Maxl* Berufsrecht der Wirtschaftsprüfer – Schrittmacher der Modernisierung?, AnwBl. 2017, 390 ff.; *Schmitz/Lorey/Harder* Berufsrecht und Haftung der Wirtschaftsprüfer, 2. Aufl. 2016; Schultze-Osterloh Zur öffentlichen Funktion des Abschlußprüfers, ZGR 4 (1976), 411 ff.; *v. Schweinitz* Rechtsberatung durch Juristen und Nichtjuristen, insbesondere durch Wirtschaftsprüfer, 1975.

22 Wirtschaftsprüfer (und die aufgrund von Altrecht zugelassenen vereidigten Buchprüfer) haben wie die Notare eine amtliche Aufgabe, nämlich die **Prüfung der Jahresabschlüsse von Unternehmen** und anderen betriebswirtschaftlichen Sachverhalten (§ 2 Abs. 1 WPO). Sie üben einen Freien Beruf aus, haben aber beim Prüfen von Jahresabschlüssen vornehmlich eine öffentliche Funktion[31] und besitzen deshalb auch ein Siegelrecht. Funktionell handelt es sich bei den Wirtschaftsprüfern genauso um Amtsträger wie bei den Notaren (→ Rn. 19), obwohl eine klarstellende Norm wie § 1 BNotO fehlt[32]; überholt ist die Ansicht, es handele sich bei ihnen um Organe der geprüften Gesellschaft[33]. Bei ihrer berufsprägenden Prüftätigkeit sind sie nicht parteiliche Interessenvertreter; bei der ihnen **erlaubten Steuerberatung** ihrer Mandanten (§ 3 Nr. 1 Var. 5 StBerG i.V.m. § 2 Abs. 2 WPO) sowie der **Wirtschaftsberatung** (§ 2 Abs. 3 Nr. 2 WPO) stehen sie jedoch wie ein Steuerberater oder Rechtsanwalt parteilich auf der Seite ihres Mandanten[34]. Die Kombination von Prüfungs- und Beratungstätigkeit hat wiederholt Zweifel an der Unabhängigkeit der Wirtschaftsprüfer aufkommen lassen[35].

23 Das **Berufsrecht** der Wirtschaftsprüfer ähnelt strukturell dem der Anwälte und Steuerberater. So gibt es eine eigene Berufsordnung (WPO) sowie Berufssatzung (BS vBP/WP) und eine eigene Kammer. Anders als bei den Rechtsanwälten wird die Aufsichtstätigkeit der Kammer nach § 4 Abs. 1 S. 1 WPO von der Abschlussprüferaufsichtsstelle (APAS), einer Behörde beim Bundesamt für Wirtschaft und Ausfuhr-

28 Dagegen *Kleine-Cosack* NJW 2005, 1230 ff.; allgemein *Schuster*, Das Werberecht des Notars im Verhältnis zum Werberecht der freien Berufe, 2007.

29 Die (zuletzt nur noch in Baden-Württemberg bestehenden) staatlichen Notariate wurden zum Jahre 2018 abgeschafft (Art. 2 des G. v. 15.7.2009, BGBl. I 1798).

30 Vgl. *Meyer*, Die Abgrenzung von anwaltlicher und notarieller Tätigkeit beim Anwaltsnotar, 2004, S. 15 3 ff.

31 BVerfG DNotZ 1998, 754 (764); ZIP 2010, 284 Rn. 28; *Schultze-Osterloh* ZGR 4 (1976), 411 (419); vgl. auch Art. 21 Abs. 1 S. 2 Abschlussprüfer-RL 2006/43/EG; *Koch* Der Konzern 2005, 723 (725 ff.).

32 *Baus* ZVglRWiss 103 (2004), 219 (243): „öffentliches Amt"; *Schmalenbach*, Die Aktiengesellschaft, 7. Aufl., 1950, S. 32; Staub/*Habersack/Schürnband* HGB Vor 316, Rn. 19: „privates Amt im öffentlichen Interesse".

33 MüKoHGB/*Ebke* HGB § 316 Rn. 32.

34 S. zu den Problemen gleichzeitiger Beratung und Prüfung *Miß*, Die Unabhängigkeit von Bundesrechnungshof und Abschlußprüfern vor dem Hintergrund paralleler Prüfung und Beratung, 2005, S. 78 ff.

35 Grundlegend dazu BGH Urt. v. 21.4.1997 – IIZR 317/95, NJW 1997, 2178; monographisch *Marx*, Unabhängige Abschlussprüfung und Beratung, 2002, S. 65 ff. et pass.

kontrolle, kontrolliert (§ 66a WPO). Durch die behördliche Fachaufsicht über die Wirtschaftsprüferkammer und eigene Aufsichtsbefugnisse der APAS bei Abschlussprüfungen von öffentlichem Interesse (§ 66a Abs. 6 WPO) ist die Selbstverwaltung des Berufsstandes gegenüber der Anwaltschaft und den Steuerberatern deutlich reduziert. Das berufsgerichtliche Verfahren hat nur noch Bedeutung als Rechtsbehelf und noch auf Antrag eines Berufsangehörigen. Zusätzlich gibt das Berufsrecht Wirtschaftsprüfern, die gesetzliche Abschlussprüfungen nach § 316 HGB durchführen, vor, sich einer externen Qualitätskontrolle durch besondere andere Berufsträger zu unterziehen. Jüngste Änderungen des Berufsrechts infolge des Wirecard-Skandals haben zu einer deutlich verschärften Haftung der Wirtschaftsprüfer geführt[36].

Die **Zulassung** als Wirtschaftsprüfer setzt ein abgeschlossenes Studium (§ 8 WPO), **24** Praxis (§ 9 WPO) und das Bestehen des Wirtschaftsprüferexamens (§§ 12 ff. WPO) voraus. Daneben kennt die WPO bereits seit ihrem Erlass im Jahre 1961 die Anerkennung von Wirtschaftsprüfungsgesellschaften.

Der Beruf als Wirtschaftsprüfer wird häufig **in Kombination mit dem des Steuerbe-** **25** **raters** ausgeübt. Nicht selten tritt die Qualifikation als Rechtsanwalt hinzu.[37]

E. Unparteiische

Bischoff Unabhängigkeit und Unparteilichkeit von Schiedsrichtern nach deutschem und englischem Recht, 2012, S. 29–119; *v. Lewinski* Professional Ethics in Alternative Dispute Resolution, IDR 2004, 150 ff.

Wenn Private als Unparteiische Streitigkeiten beilegen, handeln sie **nicht als „ge-** **26** **setzliche Richter“** und unterliegen keinen geschriebenen berufsrechtlichen Regeln. Gleichwohl haben sich aus Vertrags- und Gewohnheitsrecht bestimmte Anforderungen herausgebildet.

I. Gutachter

Erlaubnisfrei ist das Erstatten „wissenschaftlicher Gutachten“ auf rechtlichem Ge- **27** biet (§ 2 Abs. 3 Nr. 1 RDG). Nichtanwaltliche Gutachter unterliegen bei ihrer rechtsdienstleistenden Tätigkeit keinen besonderen rechtlichen Regeln. Eine formale Qualifikation ist nicht gefordert. An die Qualität oder das Niveau des Gutachtens sind keine besonderen Anforderungen zu stellen[38]; es genügt, dass sich in methodengerechter und damit nachvollziehbarer und diskussionsfähiger Weise mit einer Rechtsfrage auseinandergesetzt wird.

II. Schiedsrichter

Hilgard Verschwiegenheitspflichten eines Schiedsrichters, BB 2015, 1091 ff.; *Lachmann* Die Haftung des Schiedsrichters nach deutschem Recht, AG 1997, 170 ff.; *Prütting* Die Rechtsstellung des Rechtsanwalts als Schiedsrichter, AnwBl. 2012, 28 ff.

36 Überblicksartig *Lenz* BB 25/2021, I.
37 *Bundessteuerberaterkammer* (Hrsg.), Berufsstatistik der Bundessteuerberaterkammer, 2020, S. 11.
38 So auch *Kleine-Cosack*, RBerG, 2004, Art. 1 § 2 RBerG Rn. 1; *Chemnitz/Johnigk*, RBerG, 11. Aufl. 2003, Art. 1 § 3 RBerG Rn. 334 ff.; für das Erste Juristische Examen als Regelanforderung *Piekenbrock* AnwBl. 2011, 848, 850.

28 Schiedsrichter bedürfen **keiner besonderen Qualifikation**[39]. Ihre Tätigkeit ist erlaubnisfrei (§ 2 Abs. 3 Nr. 2 RDG).

29 Für anwaltliche Schiedsrichter gelten nach § 45 Abs. 1 Nr. 1, Abs. 2 Nr. 2 BRAO und § 41 Abs. 1 Nr. 1 PAO die üblichen Regeln bezüglich der **Interessenkollision** (→ Kap. 5 Rn. 1 ff.). Für Nichtanwälte gelten sie als ungeschriebene vertragliche Nebenpflicht ebenfalls, können jedoch abbedungen werden.

III. Mediatoren

Adler in ders. u.a., Anwaltsrecht II, 2. Aufl. 2004, Kap. 1 Rn. 39–44; *Henssler* § 3: Anwaltliches Berufsrecht und Mediation, in: ders./Koch, Mediation in der Anwaltspraxis, 2. Aufl. 2004; *Hornung* Rechtliche Rahmenbedingungen für die Tätigkeit freier Mediatoren, 2006.

30 Mediation ist eine Form der Streitbeilegung mithilfe eines Dritten, der im Gegensatz zum Schiedsrichter aber **keine Entscheidungsbefugnis** hat (vgl. § 1 Abs. 2 MediationsG). Im Selbstverständnis vieler Mediatoren ist ihre Tätigkeit etwas sehr Eigenständiges, aus berufspolitischer Sicht der Anwaltschaft ist Mediation anwaltliche Tätigkeit (→ Kap. 4 Rn. 50).

1. Mediatoren und RDG

Duve Mediation und Rechtsberatung durch Mediatoren im Spiegel der Rechtsprechung, BB 2001, 692 ff.; *Henssler* Mediation und Rechtsberatung, NJW 2003, 241 ff.; *Kunert* Mediation nach dem Rechtsdienstleistungsgesetz, BRAK-Mitt. 2008, 53; *v. Marcard* Das Berufsrecht des Mediators, 2004, S. 50–98.

31 Mediation als „gesprächsleitende Streitbeilegung" ist **keine Rechtsdienstleistung** (vgl. § 2 Abs. 3 Nr. 4 RDG)[40], die Unterstützung oder Beratung bei einer Vereinbarung über die Streitbeilegung („rechtliche Regelungsvorschläge")[41] ist es allerdings fast immer[42]. Ob und wie letzteres nach dem RDG erlaubt ist, hat sich erst mit der Zeit geklärt:

32 Nicht durchgesetzt hat sich das Argument, Mediation sei als Minus zur Schiedsrichter- und Gutachtertätigkeit[43] erlaubnisfrei. In der Praxis kann sich häufig damit beholfen werden, **Rechtsberatung als Nebentätigkeit**[44] **zur Mediation** i.S.d. § 5 RDG einzuordnen. Entscheidend hierfür sind drei Kriterien[45]: Die Mediation im Sinne

39 S. aber BGH Urt. v. 10.10.1991 – III ZR 141/90, BB 1992, 229 (230).

40 So auch LG Leipzig Urt. v. 19.6.2004 – 5 O 1899/04, NJW 2004, 3784, 3785 („unverbindliche Problemanalyse mit einem noch offenen Blick auf die sich in diesem Zusammenhang stellenden Rechtsfragen").

41 Allerdings sind auch in den vorgelagerten Phasen einer Mediation Rechtsdienstleistungen denkbar (vgl. *Ade/Gläßer* ZKM 2013, 57 (59 ff.)).

42 So auch die Rspr. und h.M. LG Hamburg Urt. v. 29.2.2000 – 312 O 323/99, NJW-RR 2000, 1514 (1515); LG Rostock Urt. v. 11.8.2000 – 5 O 67/00, BB 2001, 698 (699 f.); OLG Rostock Urt. v. 20.6.2001 – 2 U 58/00, MDR 2001, 1197 (1198); LG Leipzig Urt. v. 19.6.2004 – 5 O 1899/04, NJW 2004, 3784 (3785); *Mankowski* MDR 2001, 1198 (1199); *Prütting*, 53. DJT-Gutachten, 1980, S. G40–G42. – Auch die vom RDG nach dem Willen des Regierungsentwurfs gestattete „Protokollierung einer Abschlussvereinbarung" (BT-Drs. 16/3655, 50; kritisch aber *Henssler* AnwBl. 2007, 553 (555)) und das dann Gesetz gewordene Verbot des Eingreifens in die Streitbeilegung durch „rechtliche Regelungsvorschläge" (§ 2 Abs. 2 Nr. 4 RDG) zeichnen dies nur nach (vgl. *Sabel* AnwBl. 2007, 816 (818)).

43 *Duve* BB 2001, 692 (693); *Horstmeier* JR 2012, 1 (8); anders *Monßen* AnwBl. 2001, 169.

44 BT-Drs. 16/3655, 50; zu dieser Diskussion bei Art. 1 § 5 RBerG *Strempel* AnwBl. 1993, 434 (435); *Kretschmer* NJW 2003, 1500 (1502); vgl. BGH Urt. v. 30.3.2000 – I ZR 289/97, NJW 2000, 2108 (2109) – Kfz-Werkstatt.

45 BT-Drs. 16/3655, 54.

einer Streitbeilegung muss nach Umfang und Inhalt die Hauptleistung darstellen, die Rechtsdienstleistung muss im Zusammenhang mit der Mediation stehen, und schließlich ist „auf die für die Erbringung der allgemeinen [Haupt-]Dienstleistung erforderliche juristische Qualifikation" abzustellen. Nach der Begründung des Regierungsentwurfs soll in typisierter Betrachtungsweise die für die Haupttätigkeit des Mediators erforderliche Qualifikation herangezogen werden.

Beispiel:

Je mehr etwa ein Familienmediator die familien*rechtlichen* Rahmenbedingungen kennt, desto eher wird er auch „durch rechtliche Handlungsvorschläge" erlaubtermaßen Neben-Rechtsdienstleistungen nach § 5 Abs. 1 S. 1 RDG erbringen dürfen[46]. Während also ein Mediator allgemein keine Rechtsdienstleistung aufgrund des § 5 Abs. 1 S. 1 RDG erbringen darf, darf dies ein spezialisierter Mediator – etwa ein Familienmediator – auf seinem Spezialgebiet – dann dem Familienrecht – u.U. durchaus[47].

Praxishinweis: 33

Die genauen Grenzen sind in der Rechtsprechung allerdings noch nicht ausgelotet; gesichert allerdings scheint, dass **einzelne Rechtsfragen** eine **erlaubte Nebenleistung** sind, während Rechtsdienstleistungen ohne Zusammenhang mit der Hauptleistung nicht nach § 5 Abs. 1 RDG erlaubt sind[48].

Eine Registrierung des Mediators als Rechtsdienstleister nach RDG scheidet jedenfalls aus, weil Mediation in § 10 RDG nicht aufgeführt ist. Man kann insoweit von **Registrierungsbedürftigkeit bei gleichzeitig fehlender Registrierungsfähigkeit** sprechen[49]. In einzelnen Bereichen wie Schlichtungsverfahren (§ 15a EGZPO), dem Täter-Opfer-Ausgleich (§ 155a StPO) und der gerichtlichen (§ 278 Abs. 5 ZPO) und gerichtsnahen (§ 278a ZPO) Mediation gelten u.U. besondere Zulassungsregeln, die dem RDG nach § 3 RDG vorgehen. 34

2. Mediatoren und StBerG

Während die Mediation für Steuerberater erlaubt ist (§ 57 Abs. 3 StBerG, § 15 Nr. 2 BOStB), bestimmt sich umgekehrt die **Steuerberatung durch Mediatoren nach den §§ 2 ff. StBerG**. Aufgrund der im Vergleich zu § 5 RDG strengeren Regelung des § 2 StBerG im Hinblick auf die Steuerberatung als Nebentätigkeit bedürfte ein Mediator, der im Rahmen der Mediation steuerrechtliche Aspekte aufgreift, eigentlich einer Zulassung als Steuerberater oder als Rechtsanwalt (§ 3 Nr. 1 StBerG). Ob diese Regelung praktikabel und lebensnah ist, darf allerdings bezweifelt werden[50]. Denn die für die Mediation erforderlich Herausarbeitung der Bedürfnisse und Interessen der Beteiligten (das gerne sogenannte „Vergrößern des Kuchens") wird unter Außerachtlassung steuerrechtlicher Aspekte regelmäßig nicht möglich sein. 35

46 *Spindler* DVBl. 2008, 1016 (1018).
47 Diese Konstellation übersieht etwa HK-RDG/*Krenzler* RDG § 5 Rn. 89.
48 BGH Urt. v. 31.1.2012 – VI ZR 143/11, NJW 2012, 1005 (Klärung der Höhe von Mietwagenkosten durch Autovermieter).
49 HK-MediationsG/*v. Lewinski* RDG §§ 10–15 Rn. 1.
50 Ähnlich Deckenbrock/Henssler/*Deckenbrock/Henssler* RDG § 5 Rn. 92.

3. Berufsrecht der Mediatoren

Insam/Tischendorf Deutsche Mediationsgesetz (MedG). Entwurf eines Mediationsgesetzes für Deutschland, 2007; *v. Lewinski* Professional Ethics in Alternative Dispute Resolution, IDR 2004, 150 ff.; *v. Marcard* Das Berufsrecht des Mediators, 2004.

36 Das Recht der Mediation, das als ein **rudimentäres Berufsrecht der Mediatoren** verstanden werden kann, ist, jedenfalls in seinen Grundzügen, im MediationsG geregelt. Daneben haben Mediatoren auch das für sie gegebenenfalls geltende **Berufsrecht in ihrem Stammberuf** zu beachten[51]. So umfasst nach Ansicht des Gesetzes das Berufsbild des Rechtsanwalts die Tätigkeit als Mediator (vgl. § 7a BORA, § 34 RVG)[52], ebenso das des Notars (§ 24 Abs. 1 S. 1 BNotO). Sie unterliegen deshalb – in sich folgerichtig – auch als Mediatoren dem jeweiligen Berufsrecht (vgl. § 18 BORA)[53]. Berufsordnungen anderer Berufe gelten dagegen nicht für die Mediation, so z.B. ausdrücklich § 1 Abs. 3 PsychThG und § 1 Abs. 1 HPG[54].

a) Unabhängigkeit und Neutralität

37 Der Mediator hat eine **strikt neutrale Stellung** (§ 2 Abs. 3 MediationsG). Er unterliegt weitgehenden Transparenzpflichten (§ 3 Abs. 1 MediationsG) und Tätigkeitsverboten (§ 3 Abs. 2–4 MediationsG), die in ihrem Umfang etwa denen des § 3 BORA entsprechen, der im Gesetzgebungsprozess Pate stand.

38 Weil die **Unabhängigkeit des Mediators** einen teilweise anderen Stellenwert hat als bei Anwälten und Steuerberatern und sich hinsichtlich der Neutralität von deren grundsätzlich parteilicher Stellung unterscheidet, muss ein Mediator ggf. Mandate ablehnen, die er anwaltsrechtlich ohne Interessenkollision noch hätte annehmen können[55]. Soweit Mediation aber – infolge der systematisch zweifelhaften Einordnung durch den Gesetzgeber (→ Kap. 4 Rn. 50) – rechtsanwaltliche Tätigkeit ist, ist zudem der unterschiedliche Interessenhintergrund der Medianten eine Frage des Rechtsanwaltlichen Berufsrechts[56] und kann deshalb auch zu einer Interessenkollision im berufsrechtlichen Sinne führen (→ Kap. 5 Rn. 6 ff.).

b) Verschwiegenheit

Cremer Die Vertraulichkeit der Mediation, 2007; *Hilber* Die Sicherung der Vertraulichkeit des Mediationsverfahrens, 2006; *Oldenbruch* Die Vertraulichkeit im Mediationsverfahren, 2006; *Schroth der Zweite* Der Vertraulichkeitsschutz von Mediationsinhalten, 2020.

39 Der Mediator ist zur Verschwiegenheit verpflichtet (§ 4 MediationsG). Geheimnisherren sind die Medianden, die den Mediator hiervon **befreien** können[57], allerdings nur **einvernehmlich**. Diese Verschwiegenheitspflicht führt über § 383 Abs. 1 Nr. 6 ZPO[58] zudem zu einem Aussageverweigerungsrecht in Zivil- und anderen Prozessen

51 Kritisch hierzu *Römermann/Praß* AnwBl. 2013, 499 (501 f.).
52 Zur Kritik an dieser Einordnung → Kap. 4 Rn. 50.
53 Zu den damit zusammenhängenden Haftungsfragen *Längsfeld*, Anwaltspflichten und Mediation, 2015.
54 Haft/Schlieffen/*Pons/Kracht* Mediation-HdB § 56 Rn. 75.
55 *Römermann* ANWALT 1–2/2003, 8 (8).
56 RG Urt. v. 18.12.1928 – 1 D 761/28, JW 1929, 3169 (3169); *Ewig* FRP 1996, 23 (24).
57 Kritisch *Horstmeier* JR 2012, 1 (1).
58 BT-Drs. 17/5335, 17 (zu § 4 MediationsG).

sowie im Verwaltungsverfahren[59]. Ob das aus der Verschwiegenheitspflicht folgende **Aussageverweigerungsrecht** auch im Strafprozess gilt, ist unklar[60], mangels einer ausdrücklichen Regelung und wegen der ausdrücklichen Anerkennung entgegenstehender öffentlicher Interessen (§ 4 S. 3 Nr. 2 MediationsG) aber zu verneinen.

c) Bezeichnung als Mediator

Die Bezeichnung „Mediator" tauchte bereits im Zusammenhang mit dem Westfälischen Frieden auf[61]. Sie ist rechtlich nicht geschützt. Als spezielle Regelung bestimmt § 7a BORA[62], dass sich ein Rechtsanwalt nur nach entsprechender Ausbildung als „Mediator" bezeichnen darf (→ Kap. 13 Rn. 14). Durch § 5 Abs. 1 MediationsG ist nun allgemein ein fachlicher und inhaltlicher Mindeststandard formuliert, der eingehalten werden muss, da ansonsten eine (Selbst-)Bezeichnung als „Mediator" im geschäftlichen Verkehr eine Irreführung und damit einen Verstoß gegen das UWG darstellen würde. Die Anforderungen an die **Bezeichnung „Zertifizierter Mediator"** bestimmen sich nach der ZMediatAusbV i.V.m. § 6 MediationsG. 40

Oft führen Mediatoren zusätzlich zu ihrer Berufsbezeichnung als **Klammerzusatz die Institutionen, bei der sie ihre Qualifikation erworben** haben (z.B. BAFM für die Bundesarbeitsgemeinschaft Familienmediation). Dabei handelt es sich nicht um einen staatlichen Titel, sondern lediglich um eine marken- und wettbewerbsrechtlich geschützte Bezeichnung. 41

d) Ko-Mediation

Germund Außergerichtliche Streitbeilegung durch Co-Mediation, 2011.

Besonders im Bereich der Mediation ist die **Zusammenarbeit von Angehörigen verschiedener Berufe**, gerade aus dem rechtlichen und dem psycho-sozialen Bereich, von großer Bedeutung. Sie ist ohne weiteres möglich und wird vom MediationsG nicht nur als sinnvoll vorausgesetzt[63], sondern durch die ausdrückliche Erwähnung von „einem oder mehreren Mediatoren" in § 1 Abs. 1 S. 1 MediationsG ausdrücklich anerkannt[64]. 42

Über die auf eine konkrete Mediation gerichtete Ko-Mediation können Rechtsanwälte und Notare mit nicht „sozietätsfähigen" Berufen wie Mediatoren in **Form einer „Kooperation"** zusammenarbeiten[65] (→ Kap. 11 Rn. 38 ff.) und seit der Reform des anwaltlichen Gesellschaftsrechts 2021 (→ Rn. 3) sind auch gemeinsame Berufsausübungsgemeinschaften zulässig. 43

---

59 *Schroth der Zweite* Der Vertraulichkeitsschutz von Mediationsinhalten, 2020, 83 ff.

60 *Henssler/Deckenbrock* DB 2012, 159 (166).

61 *Guiter*, Wahrhaffte Contrafacturen und Abbildungen derer Weltberühmten und Preißwürdigsten Herren Mediatoren, 1681, zit. nach *Schwartz* MDR 2000, 612; ferner *v. Marcard*, Das Berufsrecht des Mediators, 2004, S. 4 m.w.N. – Besonders wird der venezianische Gesandte *Alvise Contarini* (1597–1651) hervorgehoben.

62 So auch schon BGH Beschl. v. 1.7.2002 – AnwZ (B) 52/01, NJW 2002, 2948.

63 BT-Drs. 17/5335, 17 (zu § 4 MediationsG).

64 *Horstmeier* JR 2012, 1 (4).

65 Vgl. AnwGH Celle Beschl. v. 17.9.2002 – AGH 6/02, NJW-RR 2003, 129 f.

IV. Streitmittler

Nürnberg Verbraucherschlichtung, 2016; *Prütting* Das neue Verbraucherstreitbeilegungsgesetz: Was sich ändert – und was bleiben wird, AnwBl. 2016, 190 ff.

44 Seit Anfang 2016 gibt es nun noch aufgrund des VSBG[66] den Streitmittler, der in **Verbraucherschlichtungsstellen nach VSBG** für die unparteiliche und faire Verfahrensführung verantwortlich ist (§ 6 Abs. 1 VSBG). Er muss Volljurist bzw. zertifizierter Mediator (§ 5 Abs. 2 MediationsG) sein, jedenfalls rechts- und fachkundig sowie fähig, Verbraucherstreitigkeiten beizulegen (§ 6 Abs. 1 VSBG). Seine Unabhängigkeit und Unparteilichkeit bestimmt sich nach § 7 VSBG, die Verschwiegenheit nach § 22 VSBG.

45 Die **Vergütung**, jedenfalls der vom Verbraucher zu tragende Teil für die Tätigkeit der Verbraucherschlichtungsstelle, nicht also notwendigerweise das Entgelt für den Streitmittler, bestimmt sich nach § 23 und § 31 VSBG.

F. Rechtsdienstleistung durch Treuhänder

Albrecht Rechtsberatung und Verfassungsrecht, 2011, S. 219 ff.; *Müller* Der Rechtsanwalt als Treuhänder – ein unterschätztes Risiko, AnwBl. 2007, 787 ff.; *Rehberg* Rechtsberatung durch Treuhänder, 2010; *ders.* Rechtsberatung durch Treuhänder – Plädoyer für einen Neuanfang, BB 2011, 453 ff.

46 Treuhandtätigkeit, wie sie insbesondere im Immobilienbereich vorkommt (Bauträgermodelle, geschlossene Fonds), ist **nicht gesetzlich vertypt**. In ihrem Rahmen sind Rechtsdienstleistungen erlaubt, wenn insoweit bloßes Vertreterhandeln vorliegt[67]. Wie sich auch in § 45 Abs. 2 Nr. 1 BRAO und § 1 Abs. 2 RVG zeigt, gelten für die Tätigkeiten eines Rechtsanwalts als Insolvenzverwalter[68], Testamentsvollstrecker und Nachlassverwalter sowie als Vormund, Pfleger und Betreuer die Vorschriften des Berufsrechts nicht (→ Kap. 4 Rn. 46). Diese Berufsfelder stehen damit Anwälten wie Nichtanwälten gleichermaßen offen.

I. Insolvenzverwalter

Brüning Die berufsrechtliche Stellung des Rechtsanwalts als Funktionsträger im Insolvenzverfahren, 1998; *Henssler* Das Berufsbild des Insolvenzverwalters im Wandel der Zeit, ZIP 2002, 1053 ff.; *Höfling* Freiheit und Regulierung der Insolvenzverwaltertätigkeit aus verfassungsrechtlicher Perspektive, JZ 2009, 339 ff.; *Kästner* Beruf und Berufsrecht des Insolvenzverwalters, 2018; *Stürmer* Das Berufsethos des Insolvenzverwalters in der modernen Marktgesellschaft, AnwBl. 2009, 848 ff.

47 Die **Bestellung** und die **Pflichten** des Insolvenzverwalters[69] richten sich nach §§ 56 ff. InsO, die Haftung insbesondere nach §§ 60–62 InsO[70]. Für größere Insolvenzmandate, etwa von Unternehmen, müssen sie eine entsprechende Büroorgani-

66 Gesetz über die alternative Streitbeilegung in Verbrauchersachen (Verbraucherstreitbeilegungsgesetz, VSBG) v. 19.2.2016 (BGBl. I 254).

67 Differenzierend *Rehberg*, Rechtsberatung durch Treuhänder, 2010, S. 61 ff.; anders noch zum RBerG BGH Urt. v. 28.9.2000 – IX ZR 279/99, BGHZ 145, 265 (269).

68 *Brüning*, Berufsrechtl. Stellung, 1998, S. 231–280; vgl. BGH Urt. v. 12.10.2004 – WpSt (R) 1/04, AnwBl. 2005, 149 (150) (Wirtschaftsprüfer).

69 Zum Herausbilden eines selbständigen Berufsbilds BVerfG Beschl. v. 30.3.1993 – 1 BvR 1045/89 u.a., ZIP 1993, 838 (841).

70 *Weinbeer* AnwBl. 2004, 48–52.

sation und Logistik vorhalten[71]; die hierfür möglicherweise geeignete Organisationsform der **Insolvenzverwalter-Gesellschaft** ist allerdings nicht möglich (§ 56 Abs. 1 S. 1 InsO)[72].

II. Testamentsvollstrecker

Grunewald Rechtliche Befugnisse und Werbemöglichkeiten von Testamentsvollstreckern, ZEV 2010, 69 ff.; *Jess* Die ordnungsmäßige Verwaltung i.S.d. § 2216 Abs. 1 BGB als Grundlage der rechtlichen Befugnisse des verwaltenden Testamentsvollstreckers, 2005, S. 119–173.

Der Testamentsvollstrecker übt ein **privates Amt** aus (Amtstheorie)[73]. In diesem Amt **48** wird er in eigenem Namen, aber auf fremde Rechnung (der Erben) tätig.

Die **Sorgfaltspflichten** des Testamentsvollstreckers werden nach §§ 2216 ff. BGB **49** und die des Nachlassverwalters nach § 1985 BGB bestimmt.

Testamentsvollstreckern steht nach § 2221 BGB eine **angemessene Vergütung** zu; **50** letztwillig kann Abweichendes bestimmt sein. Daneben kann er Aufwendungsersatz verlangen (§ 2218 i.V.m. § 670 BGB); beauftragt er sich selbst (§ 181 BGB) als Berufsträger, kann er die gesetzliche Vergütung fordern (vgl. § 1835 Abs. 3 BGB)[74].

III. Vormund, Pfleger und Betreuer

(Berufs-)Betreuung ist keine rechtsanwaltliche und auch **keine freiberufliche Tätigkeit**[75]. **51** Die **Vergütung** richtet sich nicht nach dem RVG[76], sondern nach §§ 1836–1836e BGB, der Aufwendungsersatz nach § 1835 Abs. 3 BGB. Die **Haftung** der Vormünder, Pfleger und Betreuer bestimmt sich nach § 1833 BGB.

G. Rechtsdienstleistung von Universitätsangehörigen

Typische (Neben-)Tätigkeiten von Rechtslehrern – Begutachtung (→ Rn. 27) und **52** Schiedsrichtertätigkeit (→ Rn. 28 f.) – sind **rechtsdienstleistungs- und steuerberatungsrechtlich seit jeher erlaubt.** Die generelle Privilegierung Unparteiischer verträgt sich gut mit der (wissenschaftlichen) Unabhängigkeit von Hochschulangehörigen. Allerdings unterfällt die rechtliche Beratung durch Rechtslehrer grundsätzlich dem RDG, ist aber nach § 2 Abs. 3 Nr. 1 RDG (→ Rn. 27) weitestgehend erlaubt, jedenfalls in der Zusammenschau mit den teilweise bestehenden Prozessvertretungsbefugnissen und mit § 5 RDG (→ Rn. 6)[77]. Ähnliches gilt nach § 6 Nr. 1 StBerG für wissenschaftliche Gutachten auf dem Gebiet des Steuerwesens, wobei eine Prozessvertretung im finanzgerichtlichen Verfahren für Rechtslehrer nicht vorgesehen ist.

---

71 *Spies* ZInsO 2005, 1254 (1256).

72 BGH Beschl. v. 19.9.2013 – IX AR (BZ) 1/12, NJW 2013, 3374 (3374 ff.); krit. *Römermann* GmbHR 2013, 1249 (1250 ff.).

73 BGH Urt. v. 29.4.1954 – IV ZR 152/53, BGHZ 13, 203 (205 f.); BGH Urt. v. 9.10.1957 – IV ZR 217/57, BGHZ 25, 275 (279).

74 Zu Einzelheiten MüKoBGB/*Zimmermann* BGB § 2221 Rn. 26.

75 BVerwG Urt. v. 27.2.2013 – 8 C 8/12, NJW 2013, 2214 (2214 ff.).

76 *Volpert* NJW 2013, 1659 f.

77 KommRDG RDG § 1 Rn. 7. – S. für die Reichweite der Annexzuständigkeit zu bestehenden Prozessführungsbefugnissen BVerwG Urt. v. 20.1.2016 – 10 C 17.14, DStR 2016, 1493 (1495) (zu Steuerberatern).

I. Rechtslehrer als Rechtsdienstleister und Prozessvertreter

Gruber Prozessvertretung durch Rechtslehrer und das Erfolgshonorar, NJ 2018, 56 ff.; *Karl* Recht der juristischen Berufe, 1972, S. 83 ff.; *v. Lewinski* Rechtslehrer als Berater und Vertreter in Verwaltungs- und Gerichtsverfahren, in: FS Hartung, 2008, S. 93 ff.; *Westermann* Der Universitätsprofessor und die juristische Praxis – ein Erfahrungsbericht und eine Apologie, in: FS Happ, 2006, S. 337 ff.; *Willems* Die unterschiedlichen Interessenwahrnehmungsbefugnisse des Rechtslehrers im deutschen Verfahrensrecht, 2001.

53 Die **gerichtliche Rechtsvertretung** richtet sich gem. § 3 RDG ausschließlich nach der jeweiligen Prozessordnung[78]; diese Unterscheidung ist weniger systematisch als (nur) geschichtlich zu rechtfertigen[79]. Soweit diese (§ 67 Abs. 2 S. 1 VwGO; § 73 Abs. 2 S. 1 SGG; § 22 Abs. 1 S. 1 BVerfGG) es jeweils erlaubt, dürfen neben Rechtsanwälten auch Universitätsprofessoren, Privatdozenten und Fachhochschulprofessoren[80] – „Rechtslehrer" ist weiter als „Professor der Rechte" (§ 7 DRiG)[81] – ohne eine besondere Erlaubnis oder Zulassung als Prozessvertreter tätig sein, wenn sie die Befähigung zum Richteramt haben[82]. Als **Verteidiger** dürfen Rechtslehrer auch ohne Befähigung zum Richteramt tätig werden (§ 138 Abs. 1 StPO, ggf. i.V.m. § 385 Abs. 1 AO; s. § 392 Abs. 1 AO). Dies gilt zudem dort, wo jedermann Prozessvertreter oder Beistand sein kann (§ 79 ZPO; § 10 Abs. 2, § 12 FamFG). Soweit die Prozessvertretung erlaubt ist, dürfen Rechtslehrer nach § 5 RDG **auch die vorprozessuale Vertretung** wahrnehmen, insbesondere im Verwaltungs- und Widerspruchsverfahren[83]. Allerdings besteht für sie kein spezifischer Übermittlungsweg im elektronischen Rechtsverkehr wie für Rechtsanwälte (→ Kap. 6 Rn. 18).

54 Die Befugnis zur Annex-Rechtsdienstleistung nach § 5 RDG führt für Rechtslehrer dazu, dass sie in der Praxis im Straf-, Verwaltungs-, Sozial- und Verfassungsrecht keinen Beschränkungen unterliegen, Rechtsdienstleistungen zu erbringen. Die ihnen früher unter dem RBerG untersagte Beratungstätigkeit ist in den genannten Rechtsgebieten Annex entweder **nachlaufend zu einer Begutachtung** oder **vorlaufend zu einer Verfahrensvertretung**. In den sonstigen Rechtsgebieten, vor allem also dem Zivil- und Arbeitsrecht, den typisch patentanwaltlichen Feldern des Gewerblichen Rechtsschutzes und dem Steuerrecht, sind Rechtslehrer dagegen auf die außergerichtliche Begutachtung und die damit als Annex verbundene Beratung und Vertretung beschränkt.

55 Ein eigenes Berufsrecht für Rechtslehrer gibt es nicht. Zwar gelten die wesentlichen materiellen Berufspflichten (Parteilichkeit, Verschwiegenheit, Gewissenhaftigkeit) als **Vertragspflichten im Rahmen einer Geschäftsbesorgung** auch für Rechtslehrer[84].

---

78 Zur bis Mitte 2008 geltenden Rechtslage *Willms* NJW 1987, 1302 ff.; *Schenke* DVBl. 1990, 1151 ff.; Erstaufl. 2006, S. 173.

79 *v. Lewinski* in FS Hartung, 2008, S. 93 (114 f.).

80 Zu diesen *Pautsch* NJ 2016, 63 ff.

81 BGH Beschl. v. 15.7.1985 – AnwZ (B) 26/85, AnwBl. 1986, 103, 103 f.; *Zimmerling/Brehm* RiA 2001, 82 (83 ff.); *Otting*, Rechtsdienstleistungen, 2008, Rn. 560; zusätzlich auf die Verbeamtung abstellend *Gruber* NJ 2018, 56 (58 ff.).

82 S. BT-Drs. 17/3356, 19. – Teilweise wurden auch Lehrbeauftragte als Rechtslehrer oder jedenfalls als zur Prozessführung befugt angesehen (vgl. VerfGH Berlin Beschl. v. 20.4.1994 – 75/93, VR 1995, 106; OLG Jena Beschl. v. 5.5.1999 – 1 Ws 121/99, StraFo 1999, 349 (349)), doch ist das angesichts der nicht gesicherten und – bei Lehrbeauftragten für „exotische" Veranstaltungen und Schlüsselqualifikationen – u.U. nicht vorhandenen umfassenden und durch eigene Forschung untermauerten juristischen Kenntnisse abzulehnen.

83 BT-Drs. 16/3655, 32; s. nun auch §/Art. 14 Abs. 5 u. 6 VwVfG sowie § 13 Abs. 5 u. 6 SGB X; vgl. zur parallelen Situation bei Steuerberatern in Abgabensachen BVerwG Urt. v. 20.1.2016 – 10 C 17/14, DStR 2016, 1493 (1495).

84 *v. Lewinski* in FS W. Hartung, 2008, S. 93 (103 ff.), insb. S. 107.

Organisatorischen und formalen Berufsrechtspflichten, insbesondere etwa einer **Berufshaftpflichtversicherungspflicht** oder der Nutzung des beA, sowie marktbezogenen Sondervorschriften, etwa hinsichtlich des Erfolgshonorars[85] oder der Werbung, unterliegen Rechtslehrer jedoch nicht.

II. Hochschullehrer als Steuerberater

Bachmann Mit dem Beruf eines Steuerberaters vereinbare Tätigkeit: Wer ist „Lehrer an einer Hochschule" i.S.v. § 57 Abs. 3 Nr. 4 StBerG?, Stbg 2011, 517 ff.; *Schroeder* Steuerberatung durch Hochschulprofessoren?, DStR 1989, 28 f.

Bei Hilfeleistungen in Steuersachen sind Hochschullehrer nicht in demselben Maße **56**
privilegiert wie bei Rechtsdienstleistungen. Zwar sind **wissenschaftliche Gutachten** (§ 6 Nr. 1 StBerG) auch hier erlaubt, nicht aber existiert ein sich gegenseitig verdichtendes Netz von Beratungs- und Vertretungserlaubnissen wie nach dem RDG und den Prozessordnungen (→ Rn. 53). Allerdings sind fachlich einschlägige und erfahrene Hochschullehrer (10 Jahre Lehre, § 38 Abs. 1 S. 1 StBerG) **von der Steuerberaterprüfung befreit** und können sogar als Beamte neben ihrer Hochschullehrertätigkeit als Steuerberater zugelassen werden (§ 57 Abs. 3 Nr. 4 StBerG).

III. Studentische Rechts- und Steuerberatung

Hannemann/Dietlein Studentische Rechtsberatung, AL 2014, 79 ff.; *Kilian* „Legal clinics" – ein neuer Player auf dem Rechtsdienstleistungsmarkt, AnwBl. 2016, 483 ff.; *v. Lewinski* Sind Law Clinics zu gut für den Gesetzgeber?, GJLE/ZPR 2 (2015), 1 ff.; *Wreesmann* Clinical Legal Education – Unentgeltliche Rechtsberatung durch Studenten in den USA und Deutschland, 2010.

Unter der Anleitung eines Volljuristen (§ 6 Abs. 2 RDG) dürfen **Rechtsstudenten** **57**
unentgeltlich Rechtsdienstleistungen (→ Rn. 5) erbringen[86]. Diese Law Clinics erfreuen sich wachsender Beliebtheit und Vielfalt; teilweise werden sie sogar als Mittel der Fachanwaltsausbildung gesehen[87]. Einen spezifischen juristenausbildungsrechtlichen Rahmen gibt es (noch) nicht; soweit sie nicht in freier (studentischer) Trägerschaft organisiert sind, haben sie an der Lehrfreiheit der Hochschule bzw. des Hochschullehrers teil.

Im Bereich der Patentanwaltsausbildung wird das klinische Format nur schwer Fuß **58**
fassen, weil das naturwissenschaftliche bzw. technische Studium nicht spezifisch auf den Patentanwaltsberuf vorbereiten will und soll. In der **praktischen Anwärterzeit** ist kein Bedarf für ein ja ebenfalls praktisches Format wie eine Patent Clinic.

Im Bereich der steuerbezogenen Ausbildung müssen Tax Clinics nicht nur den **59**
Anforderungen des Rechtsdienstleistungsrechts entsprechen, sondern auch denen der §§ 2 ff. StBerG, die freilich keine allgemeine Befugnis zur unentgeltlichen Hilfeleistung in Steuersachen entsprechend dem § 6 Abs. 2 RDG kennen (vgl. § 6 Nr. 2 StBerG). Deshalb ist eine klinische Ausbildung unter der Anleitung von Steuerberatern nicht erlaubt, während aber freilich eine **Tax *Law* Clinic unter der Anleitung von Rechtsanwälten**, deren Berufsbild die Steuerberatung stets umfasst (§ 3 Nr. 1

85 OLG Düsseldorf Urt. v. 18.8.2015 – I-24 U 161/14, NJW-RR 2016, 313 (313 ff.); kritisch *Gruber* NJ 2018, 56 (60 ff.).
86 *Piekenbrock* AnwBl. 2011, 848 (851 f.); *Horn* JA 2013, 644 (645 et pass.).
87 *v. Lewinski* GJLE/ZPR 2016, 53 ff.

Var. 3 StBerG), im Rahmen des § 6 Abs. 2 RDG möglich ist; die Erlaubnistatbestände von StBerG und RDG stehen insoweit parallel nebeneinander[88].

IV. Legal Tech von und aus Hochschulen

v. Lewinski Hochschullehrer, in: Ebers, Stichwortkommentar Legal Tech, 2022.

60 Hochschulen und Hochschulangehörige sind in Bezug auf Legal Tech durch das Gesetz nicht spezifisch adressiert. Den rechtlichen Rahmen gibt zunächst das Rechtsdienstleistungsrecht vor. Entscheidend ist auch bei Legal Tech-Anwendungen, ob diese die Schwelle zur Rechtsdienstleistung (§ 2 Abs. 1 RDG) überschreiten. Hochschullehrer sind in diesem Kontext nicht in dem Maße wie bei der Prozessvertretung und Rechtsberatung privilegiert (→ Rn. 53). Vielmehr unterliegt der Großteil der **Hochschullehrer**, nicht notwendigerweise nur Juristen, wegen der Verbeamtung zusätzlichen Beschränkungen des Nebentätigkeitsrechts. Gewerbliche Legal-Tech-Rechtsdienstleistungen werden also nicht in dem Maße privilegiert wie gerichtliche Vertretung und Gutachtenerstattung[89]. Von zukünftig größerer Relevanz werden an Hochschulen organisierte **Legal Tech Clinics** werden, in denen Studenten innerhalb und aus der Hochschule heraus Rechtsberatungsinstrumente anbieten.[90] Die Betätigung im Bereich Legal Tech durch die Hochschule selbst lässt sich unter die Aufgabe des Wissens- und Technologietransfers fassen (§ 2 Abs. 7 HRG).

H. Automatisierte Rechtsdienstleistung (Legal Tech)

Behrmann Patentwesen in der Wissensgesellschaft: Der Patentanwalt als Partner der lernenden Organisation, MittdtschPatAnw 2000, 143 ff.; *Brechmann* Legal Tech und das Anwaltsmonopol, 2021; *Breidenbach/Glatz* (Hrsg.) Rechtshandbuch Legal Tech, 1. Aufl. 2018, 2. Aufl. 2021; *Fritz* Zulässigkeit automatisierter außergerichtlicher Rechtsdienstleistungen, 2019; Galetzka/Garling/Partheymüller Legal Tech – „smart law“ oder Teufelszeug?, MMR 2021, 20 ff.; *Hartung/Bues/Halbleib* Legal Tech, 2018; *Knöfel* Advocatus electronicus, AnwBl. 2006, 77 ff.; *v. Lewinski* Legal Tech: Neue Pfade, AnwBl. 2020, 147; *Remmertz* Legal Tech-Strategien für Rechtsanwälte, 2020; *Susskind* The End of Lawyers, 2008; *ders.* Tomorrow's Lawyers, 2011; *Wagner* Legal Tech und Legal Robots, 2. Aufl. 2020; *Wertmann* Legal Tech, in: in: Ebers/Heinze/Krügel/Steinrötter, Künstliche Intelligenz und Robotik, 2020, § 22.

61 Inzwischen scheint die „**Industrialisierung** der Rechtsdienstleistungen und der Steuerberatung“ (→ Kap. 1 Rn. 22), wie sie vor allem wegen der **Elektronisierung** des Bilanz- und Finanzwesens für die Steuerberater erwartet wird, auch die Anwaltschaft zu erreichen. Computer werden zwar kaum die letztlich immer auf Wertungen und Abwägungen rückführbare Arbeit der Anwälte übernehmen können. Allerdings wird unter dem Stichwort „Legal Tech“ auch für die Rechtsanwälte der Beginn des **digitalen Zeitalters** für ihren Beruf diskutiert.

62 In diesem Umfeld stehen Anwaltschaft und Steuerberater, vor allem jedoch der einzelne Berufsträger vor der Frage, wie der **wachsenden Konkurrenz aus anderen Berufen** und v.a. auch gewerblichen Anbietern begegnet werden soll. Sieht man sich mit ihr in einem Wettbewerbsverhältnis und stellt sich ihr? Lässt man sich von

---

88 A.A. Kuhls/*Riddermann* StBerG § 1 Rn. 2; ohne Stellungnahme zur Sache FG Hannover, Urt. v. 25.7.2019 – 6 K 298/18, DStR 2020, 406 und (nachfolgend) BFH Beschl. v. 30.9.2020 – VII B 96/19, BeckRS 2020, 32625.

89 Vgl. exemplarisch §§ 7, 12 Abs. 1 Nrn. 1 u. 2 BayHSchNV.

90 *Rose,* Rethinking Law 3/2019, 14 (15) (zur Humboldt Consumer Law Clinic).

ihr „kaufen“ und stellt sich in ihren Dienst? Oder fühlt man sich als etwas anderes, muss sich dafür aber in Nischen, etwa die Prozessvertretung oder individuelle Beratung, zurückziehen?

I. Arten von Legal Tech

Unter dem schillernden **Sammelbegriff** von „Legal Tech“ versammelt sich die gesamte Schnittmenge von Berufsträgern und Computern, von anwaltlicher und künstlicher Intelligenz. Beschreibende Kategorisierungen gibt es viele[91], eine überzeugende Systematisierung steht aber noch aus. 63

Sicherlich hierunter zu fassen sind automatisierte Rechtsdienstleistungen, v.a. etwa für die **Deklarations- und Gestaltungsberatung** im steuerlichen Bereich, weil hier die Finanzverwaltung als „Gegenseite“ ebenfalls schon recht weitgehend auf digitale Hilfs- und Arbeitsmittel setzt[92]. 64

Insbesondere in Gestalt von **Vertragsgeneratoren** treten automatisierte Gestaltungsleistungen zunehmend auch in Konkurrenz zur Anwaltschaft. Ob es sich bei solchen Vertrags- und (sonstigen) Dokumentengeneratoren (auch die automatische Erstellung einseitiger Erklärungen wie Kündigungsschreiben sind möglich) um erlaubnispflichtige Rechtsdienstleistungen im Sinne des RDG handelt, wurde von der Rechtsprechung zunächst unterschiedlich beurteilt. Der BGH hat die Frage in der LexFox-Entscheidung[93] noch offengelassen, das LG Köln[94] hat sie bejaht und das OLG Köln im anschließenden Berufungsverfahren verneint[95]. Mittlerweile hat der BGH sich der Ansicht des OLG Köln angeschlossen und klargestellt, dass es sich bei Vertragsgeneratoren jedenfalls dann nicht um Rechtsdienstleistungen handele, wenn diese den Nutzern entsprechend einem detaillierten Formularhandbuch Vertragsklauseln für gewisse Sachverhaltskonstellationen empfehlen. Der Anbieter des Vertragsgenerators werde dann zwar in einer fremden Angelegenheit tätig, jedoch nicht in einer konkreten fremden Angelegenheit[96]. 65

Im Internet finden sich mittlerweile zahlreiche **Marktplätze** und **Expertenportale**, auf denen Anwälte und Steuerberater sich präsentieren können und an Mandanten vermittelt werden[97]. Rechtlich ist das unproblematisch, solange keine Provisionsvereinbarungen zwischen den Berufsträgern und den Plattformen bestehen, die gem. § 49b Abs. 3 S. 1 BRAO, § 43a Abs. 1 S. 1 PAO und § 9 StBerG unzulässig wären. 66

II. Zulassung

Für im Bereich des Legal Tech Tätige gibt es **keine spezifische Zulassung**, weder im Bereich des RDG noch der Berufsrechte für Anwälte und Steuerberater. Dass eine solche Zulassung de lege ferenda kommen wird, ist auch nicht zu erwarten, da 67

91 Z.B. Breidenbach/Glatz/*Tobschall/Kempe* Legal Tech-HdB Kap. 1.4.

92 *Haase* in Ebers/Heinze/Krüger/Steinrötter, Künstliche Intelligenz und Robotik, 2020, § 21 Rn. 17.

93 BGH Urt. v. 27.11.2019 – VIII ZR 285/18, NJW 2020, 208 (226).

94 LG Köln, Urt. v. 8.10.2019 – 33 O 35/19, DStRE 2020, 1015 ff.

95 OLG Köln, Urt. v. 19.6.2020 – 6 U 263/19, NJW 2020, 2734 ff.; ausführlich dazu auch *Römermann* NJW 2020, 2678 ff.

96 BGH Urt. v. 9.9.2021 – I ZR 113/20, Rn. 27 ff. – Smartlaw.

97 Dazu auch *Hartung/Bues/Halbleib* Legal Tech Rn. 29.

die Systematik des Rechtsdienstleistungsrechts auf inhaltlich-bereichsspezifische Zulassungen ausgerichtet und insoweit „technikneutral" formuliert ist.

68 Insbesondere können digitale **Expertensysteme nicht als Berufsträger zugelassen** werden. Auch sonst besteht keine Möglichkeit, dass sie „selbständig" und „eigenverantwortlich" Rechtsberatung erbringen. Sie können nur ein Hilfsmittel für menschliche Berater sein[98].

III. Berufsrecht von Legal Tech?

69 Auch wenn algorithmische Systeme, Künstliche Intelligenz und Beratungsroboter über kurz oder lang in die Rechts- und Steuerberatung Einzug halten werden, ist einstweilen die Notwendigkeit und erst recht die **Gestalt eines Legal Tech-Berufsrechts nicht erkennbar**, nicht einmal in Schemen. Es wird irgendwo zwischen *Assimovs* Robotergesetzen[99] und dem Vorschlag der EU-Kommission zur Regulierung Künstlicher Intelligenz[100] anzusiedeln sein. Und bei der bisherigen Geschwindigkeit der Digitalisierung des Rechtswesens in Deutschland wird das Berufsrecht hier sicherlich die Nachhut des Fortschritts bilden.

98 Vgl. zu juristischen Expertensystemen allgemein *Ring*, Computergestützte Rechtsfindungssysteme, 1994; *Haman*, Integration neuronaler Netze in regelbasierte juristische Expertensysteme, 1998; zur (frühere) Rechtslage noch nach dem RBerG *Seidel* in Paul, Computerintegrierter Arbeitsplatz im Büro, 1987, S. 735 (737–740).

99 Dazu *Laßmann*, Asimovs Robotergesetze, 2017.

100 *EU-Kommission*, Proposal for a Regulation oft the European Parliament and of the Council Laying down harmonised Rules on Artificial Intelligence (Artificial Intelligence Act) and Amending certain Union legislative acts, COM(2021) 206 final v. 21.4.2021.

Stichwortverzeichnis

Die Angaben verweisen auf die Kapitel des Buches (**fette Zahlen**) sowie die Randnummern innerhalb der einzelnen Kapitel (magere Zahlen).
Beispiel: Kapitel 9 Rn. 10 = **9** 10

FSC
www.fsc.org
MIX
Papier | Fördert gute Waldnutzung
FSC® C083411

Kolibri 360 GmbH
Ferdinand-Jühlke-Straße 7
99095 Erfurt, Deutschland
produktsicherheit@kolibri360.de